两不厌斋文稿

高广丰 著

苏州大学出版社

图书在版编目（CIP）数据

两不厌斋文稿/高广丰著.—苏州：苏州大学出版社，2020.8
 ISBN 978-7-5672-3276-1

Ⅰ.①两… Ⅱ.①高… Ⅲ.①张謇（1853-1926）-人物研究-文集 Ⅳ.①K825.38-53

中国版本图书馆CIP数据核字（2020）第146549号

两不厌斋文稿
高广丰　著

责任编辑　薛华强

苏州大学出版社出版发行
（地址：苏州市十梓街1号　邮编：215006）
苏州市深广印刷有限公司
（地址：苏州市高新区浒关工业园青花路6号2号厂房　邮编：215151）

开本 700 mm×1 000 mm　1/16　印张 31.5　字数 581 千
2020 年 8 月第 1 版　2020 年 8 月第 1 次印刷
ISBN 978-7-5672-3276-1　定价：98.00 元

若有印装错误，本社负责调换
苏州大学出版社营销部　电话：0512-67481020
苏州大学出版社网址　http：//www.sudapress.com
苏州大学出版社邮箱　sdcbs@suda.edu.cn

退到历史深处

■▶（代序）

历史是一条长河。我们每个人生活的现实，将来只是这条长河中微不足道的一个小点，只是河水流淌的一个瞬间。从长远看，其实我们都在历史的长河里徜徉。绝大多数人望着浩浩荡荡的河水惆怅迷惘，不知所之，因而随波逐流。偶然清醒的日子，恐怕应当是上岸小憩，回望来路。而少数高人则喜欢登上岸边的高坡，仔细地观察长河的上游，于是看出了它那奔流的路径，他们把它原原本本地告诉别人，于是便成了历史学家。我对真正的历史学家是十分钦佩的，但是真正的历史学家并不多见。孔子写过一部《春秋》，当然算得上是历史学家了，但他用的是"春秋笔法"，因而便大打了折扣。据说孔子"为《春秋》，笔则笔，削则削"，本来是想原原本本叙述历史的，但后来发现人无完人，只要是人，就总有缺点，于是为了"为尊者讳，为亲者讳，为贤者讳"，他慎选材料，委婉表达，隐晦行文，采用了曲笔。左丘明说"《春秋》之称，微而显，志而晦，婉而成章，尽而不污，惩恶而劝善"，并且吹捧曰"非贤人谁能修之"；后人则认为孔子使用"春秋笔法"是一种妥协，是一种无奈。但这种所谓"遵从事实下的隐晦，婉转的陈述和评论以及有目的的选择"写出的"第二历史"，毕竟与真实的"第一历史"相去甚远。孔子的做法，实际上开创了写史服务于政治的先河。于是在很多人眼里，历史便成了可以任人打扮的小姑娘。由此看来，历史应该经过相当久远的时间，在与之相关的人事代谢之后写出来，才会更真实，否则一般都很难避免政治的影响，也很难靠得住。受政治影响，或出于政治目的的所谓历史研究，毋宁称之为"宣传"更为合适。

我不敢做历史学家的事，我只是喜欢在徜徉长河感到疲惫的时候，上岸小憩，回望来路。而这种奢侈的闲情只在退休之后的今天才有可能获得。

在退休以前，我所有的思索和文字都是为了工作。从参加工作到20世纪80年代中期，我一直是一个循规蹈矩的教书匠，视野从没超出狭小的校园。之后由于所供职学校性质的改变以及本人所扮演角色的转换，我不能不与社会有所接触。我曾经全方位地规划过学校的建设，然而决策者只在北郊农村一个被夷平的乱坟场上划出了二亩一分土地，拨款五万元建一座轿子一样的小楼，让你在那儿创办一所学校，而且还奉之为"海门的最高学府"。在"一切向钱看"渐成风气的时候，吃着"皇粮"的人们苦于生财无道，于是开始动起"化公为私"的念头，我的性格嫉恶如仇，拼命地捂住钱袋子，这样的结果，当然是成了不识时务的失败者。以后十年，我在一所学校潜心思考"新形势"下学生和教师的角色问题，用大量文字阐述了我的思考和实践，我也因此得到了很多荣誉。但是，在我退下以后，已经初具规模、初见成效的格局随之消亡，我的"新政"，只给教师和当时的学生留下了美好的回忆。

世纪之交，我从教学和行政管理第一线退下来。赋闲期间，我应邀去老年大学讲授古典文学，每周有一次与同样赋闲的朋友们交流的机会，是很愉快的事；又应邀到一个企业帮忙，我很乐意融入另一种平生从未接触的环境，也很想有所作为。但是事实很快将我的美好愿望击得粉碎。

2003年，海门为了解决就业问题，全面推行内退政策。我衷心拥护这一政策，主要出于"倦鸟思归"的想法。之后除了仍去老年大学讲课外，便在家里通过电脑进入一个全新的世界。这一年我知道成立了张謇研究会。我不知其为何物，但是前几年开始的学术团体一律行政化，让许多有"身份"而并非学人的人找到了一个新的"社交场所"，因而我对学术团体很不看好，也就很不愿意再搅和其中。后来的事实证明，张謇研究会是在做实事的，有的人也在努力做着学问。与此同时，我也在网上关注起张謇研究，于是发表了第一篇回应袁蕴豪先生的文章，之后便一发不可收。后来，海门市联合中国史学会和南京大学发起举办第五届张謇国际学术研讨会，要找人点校一本清代石印的书，作为会议资料印发，主持老年大学工作的张謇研究会俞茂林副会长便推荐了我。凑巧的是，不久前我的文章正好给袁蕴豪副会长留下了印象，而高其兴会长前些年一直在老年大学听我讲唐诗，这样我便被动员进了张謇研究会。入会以后，我参与筹备了第五届张謇国际学术研讨会，有幸结识了各地许多学者，并在书架上陆续增添了许多有关张謇研究的著作，使我有了研究张謇、研究历史的凭依，也增强了我的信心。

画家陈丹青写过一本《退步集》，又写过一本《退步集续编》，他说："一退再退，所为者何？退到历史的深处，借一双眼，邀请我们更清晰地照看今日种种文化情境。"在人的一生中，有进的时候，也有退的时候。进的时候是在现实中打拼，往往惆怅迷惘，不知所之，从而随波逐流；而退的时候，便可上岸小憩，回望来路，变得格外清醒，有时甚至可以"退到历史深处，借一双眼"，"更清晰地照看今日种种文化情境"，这实在是很美好的生活情趣。有的人是只进不退的，或者身无奈而退，而心永远不退，他们便永远不会清醒。

我所写的有关张謇、有关历史的文章，并不一定有价值，因为我一方面总得寻求文章发表的途径，一方面我自己的思想束缚亦远未解除，政治的影响在所难免，再一方面我更无勇气"照看今日种种文化情境"。"一退再退，所为者何？"于是便将一些专讲历史的文章收集起来，作为对自己和朋友的交代。

（2010 年 12 月 30 日）

目录

退到历史深处（代序） ……………………………………………… 001

第一编 张謇研究 经世篇

退休后，我走上张謇研究之路 ………………………………… 001
我读《啬翁自订年谱》 …………………………………………… 004
略论张謇的家庭出身及其影响 ………………………………… 010
张謇与师山书院 …………………………………………………… 017
张謇父亲的家训 …………………………………………………… 019
张謇弃官与金太夫人遗嘱 ……………………………………… 022
重谈张謇母亲的遗嘱 …………………………………………… 025
从实业救国到谋划合营自治
——"江北三名流"张謇、沈云沛、许鼎霖交往述评 ……… 027
"父教育而母实业" ………………………………………………… 037
海门有小学自常乐始 …………………………………………… 039
张謇与日本大正博览会 ………………………………………… 042
张謇东游坐几等舱的问题 ……………………………………… 044
张謇海军建设思想述略 ………………………………………… 046
张謇提出的南海主权证据 ……………………………………… 062
提倡中西医教学结合的先驱 …………………………………… 064
张謇"有而不与"的人生态度 …………………………………… 066
荡气回肠的爱国情怀
——读张謇的《华族祖国歌》和《拟国歌》 ………………… 069
人非俭不能保其清 ……………………………………………… 072
革命犹易，洗心则难
——张謇趣事一则 …………………………………………… 079
张謇精神是江海文化的绝唱 …………………………………… 081
常乐张謇文化景点建设略论 …………………………………… 088

辛亥革命中的张謇 …………………………………………… 094
关于张謇一通电文发出时间的认定 …………………………… 097
历届张謇国际学术研讨会关于张謇与辛亥革命的论述 ……… 100
在第六届张謇国际学术研讨会分组学术交流第三组上的点评发言 … 106
我如何读张謇原著 ……………………………………………… 109
打开尘封的记忆 ………………………………………………… 113
文章千古事　得失寸心知 ……………………………………… 120

第二编　张謇研究　人物篇

龚自珍与张謇对海门新沙及其开垦者的不同认识 …………… 123
走下神坛的陈朝玉 ……………………………………………… 134
张謇与赵亭 ……………………………………………………… 137
人师之职帜　学官之凤麟
　　——记海门厅训导赵彭渊 ……………………………… 140
"海门大师"徐云锦 …………………………………………… 144
张謇的老师薛时雨 ……………………………………………… 147
王宾论略 ………………………………………………………… 153
读《岱源诗稿叙》……………………………………………… 165
张謇心目中的张之洞 …………………………………………… 168
张之洞是张謇投身实业的驱动者 ……………………………… 174
张謇的"文字学问之友"周家禄 ……………………………… 182
忠勇可敬沈敬夫 ………………………………………………… 198
为南通自治做出贡献的刘桂馨 ………………………………… 201
高清与大生企业 ………………………………………………… 206
通海垦牧"首席执行官"江导岷 ……………………………… 211
合众闸督建者江导岷 …………………………………………… 218
张謇发现和培养的教育家 ……………………………………… 219
传真画师张衡 …………………………………………………… 223
张謇为传真画师张衡所题匾额 ………………………………… 226
沙元炳与张謇 …………………………………………………… 228
研究张謇是为了研究张謇
　　——海门市张謇研究会张謇研究述评 ………………… 235
良农刘旦旦 ……………………………………………………… 240

演绎故事的历史研究
　　——评所谓"刘旦诞"研究 …………………………………… 244
老夫只觉花应惜　特趁飘风荐锦茵
　　——略谈张謇对沈绣的贡献 …………………………………… 248

第三编　张謇研究　学会篇

筹备第五届张謇国际学术研讨会的日子 ……………………………… 254
我对张謇研究会的新定义 ……………………………………………… 264
张謇研究会领导是干什么的 …………………………………………… 265
为所谓张謇研究圈答友人 ……………………………………………… 267
主编《张謇研究》的思考 ……………………………………………… 268
谈学风建设
　　——在海门市张謇研究会2011年年会上的讲话 ……………… 270
漫说张謇的宣传与研究 ………………………………………………… 276
海门市张謇研究会十年总结报告 ……………………………………… 281
在纪念张謇诞辰160周年暨海门市张謇研究会成立10周年学术研讨会
　　上的发言 ………………………………………………………… 288
在第二次青年学者座谈会上的讲话 …………………………………… 290
2018年11月4日在学术沙龙上的讲话 ………………………………… 291
海门市张謇研究会第四届理事会工作报告 …………………………… 296

第四编　地方史研究

海门置县时间辨 ………………………………………………………… 302
《不税过投契碑》探讨 ………………………………………………… 306
海门新沙初涨时的土地所有制 ………………………………………… 309
徐公堤小考 ……………………………………………………………… 311
也谈崇明岛先人来自何处 ……………………………………………… 314
话说海门厅 ……………………………………………………………… 316
清代海门直隶厅厅署旧址碑 …………………………………………… 319
清代海门厅的三位好官 ………………………………………………… 320
解读"通州的海门人"现象 …………………………………………… 321

质疑骆墓"海门说"	328
猛将庙奉祀何方神圣	330
南社中的海门人	332
内山完造眼中的海门	334
惨绝人寰的海门河工讼案	335
师山香市	337
从狮山到西园	339
也说"锡类垂型"	342
海门与军山农民起义有关的人和事	343
感天动地生死交	345
王清穆应对江苏米荒策略述评	347
我知道的周雁石藏书	351
关于海门尊师重教传统的研究	353

第五编 序跋杂稿

说"序"	396
道"跋"	398
《张謇藏旧拓怀素自叙帖》后记	399
《张謇批选四书义》后记	402
《张謇与海门——早期近代化思想与实践》（第五届张謇国际学术研讨会论文集）前言	403
《张謇盐垦事业研究》后记	406
《十年踪迹十年心》后记	407
《张謇语萃》后记	409
《张謇在启东的足迹》序	411
《早春二月的雷鸣》序	413
《张謇诗选注》序	415
《张謇佚文辑注》序	417
《海门诗钞》刊印说明	419
《台湾纪行》序	420
《甘芹集》后记	423
《情感录》序	424
《烟云集》前言	426

不傍名人品自高
　　——读维兴叔的《雪泥集》 ································ 428
致周朗晖老师 ·· 430
黄善祥印象 ··· 432
送别邱华东 ··· 435
我的敬亭山 ··· 438
与某君说大丈夫和女强人 ·· 440
"脾气不好"难为官 ·· 441
"人儿墩" ·· 442
崇明高氏朝宰公支族史略 ·· 443
古代的养老证 ·· 453
1936 年的清华大学毕业证书 ····································· 455
诗词十首 ·· 457
诗要写出至性真情 ·· 460
论诗应重平民诗人 ·· 461
读迪昌师《纳兰词选》一得 ······································ 462
幸福而又自豪的回忆 ··· 464
严师之风，山高水长 ··· 467
析"破灭""迁灭""革灭" ··· 471
构建教师指导下的学生"三自我"体系 ······················ 473
职教三问
　　——学习张謇教育思想的思考 ································ 481

后　记 ·· 487

张謇研究　经世篇

退休后,我走上张謇研究之路

今年(2015)11月,年届"开八"的我,以海门市张謇研究会会长的身份,应邀参加在上海东华大学召开的第六届张謇国际学术研讨会。会上,我被组委会确定为学术点评人,与其他六位来自高等院校的教授一起,对提交的论文进行评价。会议的最后一天,在组委会召集的八方圆桌会议上,我代表海门与其他七个"方面军"一起商讨了张謇研究的交流合作问题。

学术界对我的尊重,使我诚惶诚恐。因为我虽然早就在报纸上发表过一些关于张謇的文章,但正式走上张謇研究之路,却是在退休之后。

那是2007年。那时我不是张謇研究会会员,我的主要精力是在老年大学讲授古典文学。7月5日,老年大学常务副校长俞茂林先生交给我一本《张太史精选四书义》的复印件,问我是否可以帮忙做好点校工作,他说海门正积极策划举办第五届张謇国际学术研讨会,这本书将作为会议资料印发。俞先生是张謇研究会的副会长,而研究会会长高其兴先生也已经在文学班听了我几年的古典文学课。现在他们决定由我这个会外人士做这件事,足见研究会对我的信任,我便一口答应了下来。这年夏天,我冒着酷暑全身心地投入了点校工作。原书是线装石印本,细密的字黑芝麻般撒满了每一页,标点根本无法下手。于是我将复印件的每一页一行一行地裁开,贴到白纸上,行间留下距离,以便标点、勘校和将繁体字改成简化字。真正做起来,才知道这是件非常复杂的事情。因为我当时还在赶一本书稿,这件事后来断断续续地一直做到2009年的年初。记得元旦过后不久,我因这本书专程拜访过淮阴师范学院的语言学专家吴延枚先生,而和南通文史学者赵鹏先生互发的电子邮件,足可编成一本小书。在临近2009年春节时,我还不断就个别字义与赵鹏先生探讨,于是他调侃说:"时近年关还如此辛劳,这也算是认真人的'苦命'了。"而我却把点校看作一项神圣的使命——我在为第五届张謇国际学术研讨会出力。这之后,我就自然而然地成了张謇研究会的一员。不久,研究会常务理事会又决定由我担任副秘书长,分工负责国际研讨会筹备工作。

可是海门从来没有举办过国际学术会议,谁也说不清该如何筹备。而我作为筹备工作的负责人必须弄清,否则"以其昏昏",岂能"使人昭昭"?于是我一头扎进了筹备工作纷繁芜杂的事务之中,忙得不亦乐乎。经过认真梳理,我大致弄清了急需办好的事,应该有:与另外两个主办单位中国史学会和南京大学的沟通、会议实施方案的制订、国内外论文的征集、国内外学者的邀请、会议资料的编写和印刷、会议参观景点的选定和准备、本地论文的筛选等。

筹备工作的艰辛,多年后我曾为南通张謇研究中心所编的《我与张謇研究》(苏州大学出版社 2014 年出版)一书写过一篇万言长文,却也仍然未能备述。我在这里只能就邀请学者一事作点介绍,以见筹备工作之一斑。

尽管早在 2008 年 4 月研究会就先后发出了征集论文通知、组委会成员邀请函和预备通知,5 月,又向部分国外学者发出补充通知,但在虚假广告满天飞的年代,学术界谁也不敢轻易相信它的真实性,而且也并不知道海门在什么地方。所以直到 7 月底,只得到了 16 位学者的回复,而且大多数还只是咨询。于是,不得不在 8 月发出第二个预备通知。又过了两个多月,反应仍然并不热烈,与我们的期望还相去甚远。时任中国史学会常务副会长的张海鹏先生十分着急,决定以他和南京大学著名历史学家茅家琦先生、崔之清先生的名义向同行发出邀请,以表明会议的真实性和档次。我当即拟好邀请函给张先生发去,请他加盖私章后用快件寄还给我,再由我赶到南京请茅、崔两先生盖章。这一招确实管用,国内的局面终于打开了。但是,作为国际会议,我们还必须邀请到海外学者,这就更是难上加难了。张海鹏先生曾经在 7 月份给我们提供过一个海外邀请名单,我们同时向这些学者发出了中、英双语邀请函。但如泥牛入海,没有引起反响,我们不能不另辟蹊径。我听说曾有韩国学者访问过南通张謇研究中心,就立即去找张廷栖先生帮忙联系。我收到由南通市政协转来的天津社科院一位海门籍副研究员的来信后,知道他与日本学者有一定联系,便请他为家乡的这次会议做点贡献。日本孙文纪念馆的武上真理子研究员,是我在一次国际学术研讨会上认识的,就请她在日本代做邀请工作。中国社会科学院近代史研究所客座研究员、日本东北文化学园大学综合政策系副教授高士华先生是张海鹏先生的朋友,我当然没放过他。令我欢欣鼓舞的是,南通大学钱健先生主动找我,表示愿意为我们邀请加拿大学者。就是在许多热心人的帮助和努力下,我们最终邀请到了来自荷兰、加拿大、日本、瑞典、韩国、法国、德国和美国的 17 位海外学者。我还通过海门籍台胞姜兴周先生邀请到了台湾地区著名历史学家张朋园、黄克武两位先生。这样,

2009年4月召开的第五届张謇国际学术研讨会盛况空前，经过中央电视台等50余家媒体的报道，在国内外学术界产生了巨大影响。

我在筹备工作的同时，进行了张謇与龚自珍的比较研究，写成了一万余字的《龚自珍与张謇对海门新沙及其开垦者的不同认识》的论文提交给研讨会，得到了很好的评价。

从此我正式走上张謇研究之路，先后在前人很少涉及或者并未涉及的张謇与王宾、周家禄、张之洞、江导岷、刘桂馨、王清穆、沈敬夫、高清、沙元炳、张衡、薛时雨等人的关系方面做过比较深入的研究，在南通市政协编辑出版的《张謇的交往世界》（中国文史出版社2011年出版）一书中，我的研究占了全书的十分之一。我对张謇与沈绣、张謇海军建设思想等方面进行的探讨，提出的新观点，受到了学术界的重视。我的论文在报刊发表，有的被收入各种论著出版。我主编出版了反映海门张謇研究成果的《十年踪迹十年心》（85万字）、《张謇语萃》，编著出版了《张謇教育思想录》和《开路先锋三十年》，主编的《张謇研究》杂志成为学术界重要的张謇研究交流平台。我与南京大学倪友春先生编辑出版了《张謇与海门》（135万字）一书。

我在张謇研究中找到了无限乐趣。学术界也渐渐知道了我，不少学者开始关注我，与我成了文字之交。

我读《啬翁自订年谱》

一

张謇的爱国、创新精神和他的早期现代化思想与实践，差不多都反映在一部《张謇全集》里了。张謇研究的第一步，是读张謇的书。脱离了张謇的著作，张謇研究真不知从何谈起！

最近参加的两个会议，给予我很大的启发。一次是"严迪昌先生学术思想研讨会"，严迪昌先生是已故当代著名文学史家。在那次会上，年近八旬的顾启教授回忆说："那时我们刚从大学毕业，严先生对我说，研究某人，就要读这个人的全集，读不到三遍，就不要谈什么研究。我当时吓了一跳。"但严先生就这么做了，他终于成了一代大师。是的，否则学术研究何须坐十年冷板凳？还有一次是南通举行"纪念张謇160周年诞辰学术研讨会"。会前遇到张光武先生，有位先生知道光武的身份后，便盯住他，说是要采访这个"张家户里人"，光武说了一句很幽默的话："研究张謇，要到张謇的著作中去采访。"研究张謇，最主要的是读张謇的书，而不是道听途说。我想，天道酬勤，因为未必人人都能像严迪昌先生那样去做，所以未必人人都能成为大师，但一个简单的道理却是明摆着的：研究必须读书。

过去我们许多人常常抱怨买不到张謇著作，现在新版《张謇全集》已经面世，为我们的研究工作提供了最基本的条件。然而，八卷高头大章，洋洋六百万言，从哪里读起，却是个颇费踌躇的事。这使我想到颜渊对于孔子的喟然之叹："仰之弥高，钻之弥坚；瞻之在前，忽焉在后……既竭吾才，如有所立卓尔。虽欲从之，末由也已。"所以我很赞成沈振元先生在《关于"张謇再研究"之管见》中的观点。沈先生说，如果我们将张謇比作一座高山，把我们的研究比作登山，那么我们大多数还在山脚，刚刚起步，因而视野不宽，路径不熟，常有迷茫的感觉，往往抓住一鳞半爪加以发挥，拼凑成一些文字。这难免有"只见树木不见森林"的局限。他又说，倘要知人论世，就应读其"文"，知其"人"，而只有读其"全文"，才能了解其"全人"。沈振元先生的话启示我们，从事张謇研究，需要全面了解张謇其人，否则所谓研究，"往往抓住一鳞半爪加以发挥，拼凑成一些文字"。有的人凭空想象，演绎故事，称之为戏说则可，倘若流传下去，却是贻害无穷的。

而要全面了解张謇其人，莫过于首先看看张謇的自我介绍，这就是张謇晚年所编的《啬翁自订年谱》。至于我们现在究竟如何评价张謇的一生事功暂可不论，至少张謇自己对于自己的认识就是如此，一部自订年谱，"立身行己，本末具矣"。

张謇一生处于中国近代社会的大动荡时期，特别是"黄帝以来，五千年君主之运于是终，自今而后百千万年，民主之运于是始矣"，他自己说，"謇当其间，有一时一地一人一事之见端而动关全局者，往往亲见之，亲闻之"。一生经历的无数往事，一生交往的无数人物，到晚年大多数都可以忽略了，需要记下的，差不多都是重要的人和事。所以，《啬翁自订年谱》实际上是了解张謇一生的大纲。不仅如此，一切历史都是思想史，《啬翁自订年谱》中记录的不仅是历史事实，而且是张謇晚年对这些历史事实的思想认识。有些人喜欢标新立异地将一些本来不属于张謇思想行为的东西强加给张謇，以表示对张謇的崇敬爱戴之情，其实，无论是这些文章的作者还是读者，只要认真读一读《啬翁自订年谱》，头脑就会清醒起来。

所以我认为，如果从读《啬翁自订年谱》开始，然后根据它的提示，再进一步逐一拓展开去，阅读张謇的相关文章，我们就能对张謇有个全面的了解和总体的把握。而从事张謇研究，就必须从这一步开始。

二

《啬翁自订年谱》是张謇一生的总结，虽然写入年谱的未必全是大事和重要思想，但在张謇看来是一生的大事和重要的思想，一定都写进了年谱。按照时间顺序排列事件是年谱的特点，"系日有年，固有事在"，而一个事件、一个人物都有来龙去脉，所以，我认为有必要做点笔记，将某一事件、某一人物前后连贯起来，归到一起。这对全面认识张謇是很有意义的，同时也才不会辜负张謇写作年谱的良苦用心。

其中张謇对待政治的态度，就是最值得我们关注的方面。张謇在《年谱自序》中说到自订年谱的原因："謇年二十有二始有日记，至于七十，历四十有八年，视读古史，殆易数姓。此四十八年中，一身之忧患学问出处，亦尝记其大者，而莫大于立宪之成毁，不忍舍弃，撮为《年谱》，立身行己，本末具矣。"张謇自己认为，一生大事，"莫大于立宪之成毁"。所以我们不能否认张謇是个政治家，我甚至认为比起张謇其他所有的头衔来，他首先应该是个政治家，他一生的所有事业，其出发点和归宿都在"政治"二字。但是，许多人一讲到政治家，首先便想做实他是革命家，甚至最好能做实无产阶级革命家，否则似觉兴味索然，还以不提为好。于是，近些年有些人曾极力挖掘资料，把张謇塑造成五四运动的发动者和辛亥革命的领导者。作为学术研究，其精神是可贵的，我始终对这些学者怀有深深的敬意。但是，我认为当时的有些报刊资料，真真假假，如今日之网络然，很难避免其功利和蛊惑人心的目的,千万不能一概信以为真;而如断章取义,为我论述所用,令读者不能窥其全豹,那便更是不足为据了。其实,我们大可不必舍近就远,只要读一读《啬翁自订年谱》中张謇有关政治、立宪、革命的至死不渝的观点,再据此提示,读一点张謇的其他著作,细细考察一下张謇在历次政治活动中的言行,便完全无须我们多费口舌。

年谱中提及的一些重要人物,也需要特别加以关注。年谱的人物有五百之多,其中有重要的,也有许多不算重要的,这就需要通过摘录,把每个人物的相关内容归到一起,然后区别其是否重要。比如袁世凯其人,在年谱中提及约计三十五处,显然是个重要人物。我们把这些内容摘录出来归到一起,就可以清楚地看出张謇一生与袁世凯的交往和张謇晚年对袁世凯的整体认识。张謇第一次见到袁世凯是在光绪七年,"项城袁慰廷(世凯)至登州,吴公(吴长庆)命在营读书,属余为是正制艺。……旋予帮办营务处差"。在赴朝平乱中,袁世凯有很好的表现,在张謇奉命"措置前敌事,手书口说,昼作夜继,苦不给"之时,"乃留袁慰廷执行前敌营务处事";到达朝鲜,"黎明登岸,慰廷颇勇敢";因平乱有功,"(朝鲜)王飨余与慰廷"。而其后,袁世凯"自结李相(李鸿章),一切更革,露才扬己,颇有令公(吴长庆)难堪者"。于是张謇"移书切让之",并且从此不通音问二十年。直到光绪三十年,"以请立宪故,南皮(张之洞)再三属先商北洋(袁世凯),汤寿潜亦以为说,……至是始一为书"。而张謇也发现袁世凯所具有的才干,"议论视二十八年前大进",论治淮也颇慷慨激昂;看到袁世凯的各项事业,张謇甚至感慨:"袁为总督时,气象自不凡,张南皮外,无抗颜行者。"之后是袁世凯做大总统,张謇成为其下属,直到袁世凯复辟帝制前,张謇经再三辞职,终于与袁世凯划清了界线。民国五年正月,"十四日,闻袁又取消帝制之申令,计帝制首尾八十三日";"四月,闻袁病剧","六日,闻袁病卒"。将这些理清以后,我们可再与日记对照,至少可以发现有三处不同:一是光绪三十年张謇给袁世凯写信,日记是"与项城讯,循彦升说也",不是年谱所说的张之洞、汤寿潜;二是日记没有年谱所说的"袁迭电组阁,力辞,荐熊希龄"的任何记载;三是对于袁世凯的死,日记并不像年谱那么淡然,而是发了一大通议论,"三十年更事之才,三千年未有之会,可以成第一流人,而卒败于群小之手,谓天之训迪吾民乎,抑人之自为而已"。对此三处,我认为很值得研究,这是年谱反映张謇晚年思想的有力证据。第一处张謇对袁世凯态度的转变,说明张謇知人论世从偏重于道德层面彻底地转变到了政治层面。为了强调给袁世凯写信是出于政治需要,不说周家禄,而说张之洞、汤寿潜,因为张、汤是政治人物,周不但不是,而且二十年来还与袁保持着不错的关系。第三处不能不说张謇晚年对袁世凯及其复辟帝制的认识已经有了极大的进步。至于第二处，我不敢妄加揣测，提请读者诸君研究。

三

有些事情，在张謇一生中不算大事，而张謇直到晚年还决意写入年谱，足见对他的影响之深，我们在阅读时也就不能不注意。

如，张謇四岁时，蝗灾肆虐，"饥民满道，……先母杂蚕豆作饭，见乞者恒辍箸予之"，至少说明母亲的良善之心已在张謇幼小的心灵里播下了种子。

十二岁，"先君命与叔兄、五弟随佣工锄棉田草，大苦，乃益专意读书"。二十八岁时，张謇见张裕钊"先生在骡车中，辄握牙管，悬空作书"，感慨地说："老辈之专勤如此！"这些事情显然曾经时时鞭策张謇刻苦攻读，专勤办事。

对待老师，"先君必朝夕起居致敬礼"，父亲尊师重道的行为，对张謇产生的极大影响，在年谱中随处可见。孙云锦卒，"讣至，为位而哭"。王汝骐卒，亲抵太仓吊丧。赵彭渊去世时，张謇正在军幕，后来亲到无锡谒墓，又建赵亭纪念。张裕钊卒，"设位而祭"。李联琇卒，"过江致吊"。盛昱卒，"为位祭而哭之"。即使那位冒籍案始作俑者的问业师宋琛（璞斋），张謇显然不满，且他对张謇又常呵责有加，还让张謇的父亲"任其买宅所值之半"，但是宋琛卒于山东时，三十四岁的张謇仍"为理料其归葬诸事"。对那位不算称职的蒙塾师邱先生，张謇曾在《述训》中说，由于父亲的学费出得高，"视他儿逾倍"，因而"邱先生倚之，虑謇兄弟他适"，"馆课故轻"，教了七年，"试对四字，尚不晓平仄"。但在年谱中，记下的却是自己六岁上学时不慎落水，"邱先生讶少一人，亟出视，见水涌动，伏桥援之起"，救命之恩令张謇终身感激不尽。据传后来张謇每次回常乐，总是先谒邱师墓，然后才进家门。

杨点（梅汀）是张謇十分推崇的朋友，年谱中多有记载，特别是杨点的"义"。其中写到杨点与孙云锦的关系：先是光绪三年，孙云锦奉总督密札查办杨点"以征赋由单讦变案"，杨是"为民请命者，厅人皆冤之"，"经孙先生侦察得实，平反昭雪"；继是光绪八年，孙云锦被人奏参，"解淮安府任听勘"，杨点的反应是"公如被冤，愿生死追从"；最后是光绪十八年，孙云锦逝世，"杨点至服斩衰服，哭尤哀"。张謇称赞杨点，一方面说明张謇自己重义，一方面也说明杨点的义举对张謇的影响。

孙云锦是对张謇产生过深刻影响的人物，张謇在年谱中对孙云锦着墨很多。同治十年，时任提调（通州）知州的孙云锦在奉命查究张謇冒籍案本末中了解了张謇。十二年,"孙先生知余贫,约明年去江宁为书记",在自己月俸五十金的情况下,"给余月十金"。在江宁,孙云锦一方面"逢人游扬"张謇,一方面又批评张謇"少年使气",教育他"须养气",还为张謇"介见"了不少第一流的大师。孙云锦那样的身份,为张謇这个素昧平生的贫苦农家子弟做那么多事,无非是爱惜人才。后来到光绪十三年,孙云锦调任开封知府,张謇随往,恰值黄河决口。当张謇与孙云锦的长子东甫察看水势和饥民灾民状况后,"归告先生,泪如雨下,立诣巡抚请设赈局"。在有人反对设赈局时,"先生苦争","先生曰:'官不做可也,眼前灾民,不能不救。'"十八年,"桐城孙先生卒。讣至,为位而哭。海门乡人,闻而会者数百人,……通人以先生豁免附城三税局,故亦为设祭,复合词上总督、巡抚,请奏付国史《循吏传》"。如何做官,如何为民,如何爱才,孙云锦显然是张謇认定的榜样。

诸如此类的内容,如果我们把它们归纳起来,便一定能看出许多人和事对张謇的影响以及张謇直到晚年对它们的认识。

四

我读《啬翁自订年谱》,这是第二次。第一次读1994年版,心情浮躁,不求甚解,有些地方轻易放过了。"不求甚解"是陶渊明在《五柳先生传》里说的,"好读书,不求甚解;每有会意,便欣然忘食",意思是读书要诀,全在会意,前后贯通,了解大意。但我认为,"不求甚解"是在文字并无障碍的情况下所必须采取的读书方法,否则固执一点,咬文嚼字,就不得要领,成了死读书,既不能会其意,更莫谈自己有什么新的见解。如果文字尚有障碍,半通不通,则应求甚解,否则不要说会意,恐怕理解也往往会是错误的。

比如,年谱有一段话是说在冒籍案中,孙云锦是奉彭久馀命"察究本末"的。1994年版《张謇全集》是这样的:"先生以海门厘局总办汉军黄太守筱霭、海安宣城屠太守晋卿楷皆有书讼余冤,乃属璞斋先生理解之。"当时我虽然有过疑问:今海安县在当时并无建制,而是分属如皋县、东台县和泰兴县,何来海安太守?但我不求甚解,并未深究。新版断句改为"先生以海门厘局总办汉军黄太守筱霭(海安)、宣城屠太守晋卿(楷)皆有书讼余冤,乃属璞斋先生理解之"。两相对照,一目了然。海门厘局总办黄海安,字筱霭,汉军人;另一位是屠楷,字晋卿,宣城人。太守是清代对知府的别称,厘局总办的级别,应该是达到了知府的。

再比如,为王宾对张謇创办垦牧公司是否支持、张謇是否对王宾十分不满的问题,我曾经与人有过争论,就是因为能不能读懂文字的问题。光绪二十七年，张謇"与汤寿潜论荡棍掠夺公司荡草。厅同知颠顸，知州敷衍……"显然张謇对海门同知和通州知州都表现出极端的鄙视和不满。然而这位海门同知是谁呢？那位和我争论的人认定是王宾。王宾是年谱中多次提及的颇为重要的人物，张謇都是肯定的，怎么忽然就翻脸了呢？倘不求甚解，也就罢了，但只要稍做探究，问题是不言而喻的。1994 年版《张謇全集》的日记是这样的："十月六日，电督厅昏而失权。厅丞梁佩祥，广西人。"无论怎么理解，"厅丞梁佩祥，广西人"都是很明白的，断不会是王宾。那么一直认为的海门同知王宾怎么忽然变成了梁佩祥呢？将日记翻到六月，记有"二十七日，与西林去海门，合饯王同知"，"饯"是"以酒食送行"，即是说张謇早在一百天前就为王宾饯行了。而读新版就更为清楚："十月六日，电督，厅昏而失。权厅丞梁佩祥，广西人。""权"是"代理"。发生荡棍掠夺公司荡草的时候，恰恰正由梁佩祥代理着海门同知，由于"昏而失"，于是被张謇斥为"颠顸"。根据王宾办事的干练和他与张謇的交情，想来事情应该不会那样发展。

由此可见，读《啬翁自订年谱》一定要求其甚解，认真读，一字一句都不能随便放过。由于年谱文字简洁，有的显得语焉不详，所以有必要到张謇日记中寻找事情的来龙去脉。如果我们再把新旧两个版本的《张謇全集》对照着读，那么就一定会有更大的收获。

再进一步说，年谱中有些本可忽视的地方，其实也还是不该轻易放过，深究一下很有好处。比如，光绪二十四年翁同龢被"开缺回籍"一节。许多人都曾引用其中张謇"引朱子答廖子晦语，劝速行"来说明张、翁之间的亲密关系，然而都没有深究张謇所引的"朱子答廖子晦语"究竟是什么。我知道赵鹏先生是个用心读书的人，于是向他请教，他很快给我答复道："早年我写张謇与翁同龢交游时曾为此查过《朱文公文集》，其中收录朱熹致廖子晦的书信多通，我觉得最近似的是：'轻犯世祸，非欲如此，顾恐邂逅蹉跌，亦非所能避耳。要之，惟是不出，可以无事。一行作吏，便如此计较不得，才涉计较回互，便是私意也。'因为不敢遽定，故文章中未曾引出。不过据当时境况推想，翁同龢似乎对处罚不满而意欲申辩，张謇则认为事已至此言辞无益，这才恳劝其及早南回以远祸。这个推想与朱熹的'惟是不出，可以无事'比较接近。"赵鹏由此做出了很独特的推想，很有道理，而他又"因为不敢遽定，故文章中未曾引出"。赵鹏先生读书、写作的严谨态度确是值得我们学习的。

在当今浮躁蔚为风气的时候，我所称道的这种类于"书呆子""死读书"的态度，往往为沽名钓誉者流所不齿。然而要么不说张謇研究，凡是号称从事张謇研究的人，却不能不坚定不移地做这种"傻事"。

略论张謇的家庭出身及其影响

"朝为田舍郎，暮登天子堂"，张謇正是这样一位历史上少见的起自田舍的状元。起自田舍的状元，在蟾宫折桂之后，又毅然放弃仕途、投身实业的，张謇堪称绝无仅有。而他在实业救国道路上表现出的以生民为大德的理念和自强不息、不屈不挠的精神，更是千古不朽，足为后人之范。

那么，这与张謇的家庭出身是否有关呢？

回答是肯定的。笔者从张謇著作中看到张謇对于自己家庭情况的反复叙述，深深地感受到用"富裕农民兼小商人"还不足以说明他的家庭出身，因为仅仅是那样的家庭，是不可能出张謇这样人物的。笔者以为，以下四个方面可以说明家庭出身给了张謇重大的影响。

一、几度兴衰

张謇的曾祖张文奎"故有资业"。虽然张謇的祖父张朝彦九岁丧父，寡母姚氏夫人却仍让他继续读书，直到姚氏夫人病危，十六岁的他从村塾被突然召回，这才由于母亲的病逝而辍学。这种情况在普通人家是绝无可能的。张朝彦成为孤儿之后，已经出嫁到邱家的长姐以为这个小弟已经"尽有母蓄"，于是引诱他参与"十张麻雀"的赌博，而事实上因为当时张朝彦见到病危的母亲时，母亲"已噤，不能处分后事"，并没有拿到母亲的任何积蓄。少年张朝彦只能用田宅做赌资，而"每赌辄负，货产以偿，不两岁即产尽"。在"每赌辄负"的情况下，足可以玩两年的资业，其可观也矣！而令这位长姐觊觎，甚至不惜使出如此下作手段以图谋取的姚氏夫人的积蓄便一定是个大数目。这个大数目的最后揭晓，是在张朝彦卖掉房子43年以后，买家"瞿（姓）得姚夫人窖银于灶下，银实以坛，上盖散钱，凡两坛，瞿顿富"[1]。能使"瞿顿富"的两坛银子是多少，是可以想见的。十八岁的张朝彦一下子从"富二代"跌落到了一无所有的境地。这就是张謇之父张彭年后来所说的"余家自先君子少孤中落"[2]。这样，张朝彦才落魄到被"为小瓷商于金沙场"的东台栟茶吴圣揆"赘为婿如子"[3]。

然而跌入社会最底层的张朝彦并不气馁，在"嗣胤日繁"，生了七个子女之后，"虑为外家累"[1]，迁到金沙以西的西亭，"从富人赁田数亩力耕以自给"[4]，而"岁获常不给"[1]。他学着做瓷器生意，而且显然很快超过了老丈人，"为荷瓷行鬻之人尝十余辈"。道光二十六年（1846），五十九岁的张朝彦终于翻身，不但在西亭建造了自己的房屋，将偌大一个家安顿了下来，而且还让儿子上学读书。然而不幸的是，建房的第二年，他的次子"以细故误伤佣工致命"，不能不"倾家营救，借田主周氏钱"。而雪上加霜的是，此后的"道光二十八、二十九、三十年连年大侵"，因为无力还款，"咸丰元年（1851），以宅归周"[1]。于是，张家分崩离析，老大张彭年迁往海门常乐，老三张彭庚迁往通州城南，老二自在官司之中。张家又一次败落。

张謇的母亲金氏正是在此时与张彭年结婚，不久生了张誉、张詧、张謇弟兄三人。金氏"兄弟凡十人，家清贫，衣食常阙乏"。所以结婚时，"无盈桁之衣、半盍之粟"[5]。张彭年继承了父亲"业田外兼货瓷"的传统，规模亦一仍其旧，"为荷瓷行鬻之人尝十余辈"。在张彭年和金氏的努力下，张家又渐渐富裕起来，不仅买地建房，而且因张謇十一岁时能"以'日悬天上'对师所命'月沉水底'"，于是次年聘请西亭秀才宋蓬山到常乐家中教三个儿子读书。宋蓬山病卒后，又命儿子去西亭从宋蓬山之侄宋紫卿学，坚持让张謇走科举之路。可能也在这个时候，张彭年还捐了监生。有资料显示，当时捐监的行情是八十八两银子。可见此时的张家应该不只是一般的富裕。而导致张家第三次败落的，则是冒籍案中遭到如皋张氏与学官相勾结的敲诈。其事广为人知，此不赘述。

家道的中落，在不敌天灾人祸而又世情冷漠的社会，并不罕见。关键在于当事人如何面对这一残酷的现实。有的人从此一蹶不振，有的人一味怨天尤人，而有的人则并不气馁，能够直面人生，艰苦自立，重振家风。张謇的祖父、父亲显然属于后者，他们在家道败落时的态度，给了张謇深刻的教育。张謇记述自己家庭由兴而衰、由衰复兴的过程中，贫困中的张朝彦"虽贫不受人馈遗"，"不欠租，不宿债"；父亲张彭年"虽贫不求援于富室，虽为农不降诎于有势力之人"[4]"劳于小农商辄不暇"[6]"节约自励，攻苦食淡，以幸免于求人"[2]；张彭年说的"同戴三光，吾任吾力。吾不违天而谁吾诎也"[4]"事安能保其终不败，志士图成而已"[1]"从古无穷人之天也，人而惰则天穷之""吾贫未尝愿求人"[4]，等等，无不表现出张謇对于先人人穷志不短、自强不息、不屈不挠精神的赞叹。毫无疑问，张謇后来一生的奋斗历程，正是对这种精神的发扬光大。

二、耕读传统

我国自古以来就有农民崇尚读书的传统，追求务农与读书相结合的生活方式，认为耕可致富、读可养性。然而在旧社会，这种对务农与读书相结合生活方式的追求，于绝大多数农民来说只是奢望，因为读书一要有钱，二要有时间，而他们一年到头面朝黄土背朝天，只能在饥饿线上挣扎。据《海门市志》记载，在整个有清一代，海门可供贫寒子弟免费就读的"义塾",道光初年至十一年一所,道光二十四年海门同知周维新捐资建七所,咸丰四年一所。"[7]又据《光绪海门厅图志》所记录的上述时段海门总人口,则分别是接近六十八万、接近七十八万和超过八十万。[14]所以,这些并未持久的"义塾",除了显现个别有识之士的义举和个别官员的亲民政绩外,对于广大农民来说,似乎并无意义。尽管大家都知道"万般皆下品,唯有读书高",但海门农民们普遍认为"不识字有饭吃,不识人才无饭吃",表达的当然是无奈。旧社会造成了一代又一代"开眼瞎子"式的文盲,直到解放初期的扫除文盲运动开始,才扭转了这一局面。当然在旧社会,也有一些略有积余的农家需要让孩子找个老师"开蒙",能够识几个字,会写自己的名字。于是,私塾应运而生,一些平庸的乡村小知识分子靠收取三五个小孩的学费养家糊口。张謇西邻邱先生即是。张謇说自己五岁入邱先生塾从读,"謇兄弟修金视他儿逾倍,邱先生倚之,虑謇兄弟他适。……馆课故轻","十一岁止读《诗经》,试对四字,尚不知平仄"[1],乃至后来的"(宋)先生检视前所读书,音训句读多误"[3]。所以,"另有地方经董或殷富大户单独或合伙雇请名师教授子弟"[7]。

在当时通、海地区绝大多数农民不敢奢求耕读生活的时代,张謇的家庭显然有着耕读传统。前述张謇的祖父张朝彦一直把书读到十六岁,当然首先是因为张朝彦的父母有经济实力。

但是,张朝彦自己虽不算富裕,却还是让儿子读了很多书。张謇曾说:"是时家承中落,吾父岁十九,佐先大父田作,稍稍能自给。"[8]虽然一方面是家庭经济拮据,而一方面却还在让已经成年的儿子读书,这在当时当地绝对是个特例。后来张謇又在《述训》一文中补充道:"先君幼慧,喜读书,极为塾师静海丁先生(遗其名,诸生)所爱,而先祖恒督之治田。间逃至学,先祖必怒责曰:'家贫口多,不耕胡食?父暴中田,而子坐清凉之屋,可乎?'丁先生为之请,乃定半日读书,半日耕田,读竟《诗经》,能属七言对即止。"[1]由此可见,张彭年上的还是"地方经董或殷富大户单独或合伙雇请名师教授子弟"的私塾;张朝彦逼迫儿子辍学,只是因为无法面对"不耕胡食"的残酷现实。张彭年的三弟张彭庚,曾为听到五岁的张謇背诵《千字文》"竟无讹"而喜;张謇的父亲与谋"明年延师于家"的人也是张彭庚,张彭庚读过书是无疑的。而张彭庚晚年在常乐生活十余年间,曾向张彭年"索田二十余亩",以《农政全书》法试种,结果是"不效,举止遂失常度"[3],则完全是一副不懂稼穑的书生形象了,足以证明他不仅读过书,而且读过不少书。虽然张彭年二弟张彭龄的读书情况没有文字佐证,但我们没有理由相信弟兄三人唯独老二没有读过书。

张彭年一生都是"憾幼贫不能竟读书"[4],因而一生追求耕读生活。

同治三年（1864）在常乐"于住屋外别治一室，室外有五柳，因名仿陶书屋"[3]，此即张謇后来在《迻箊记》中说的父亲"营柳西草堂二楹，有书八棪，题以'自随'"，以后又"易草而瓦，且扩为三楹"。[9]张彭年仰慕的正是归隐田园、以五柳先生自况的陶渊明。是年张謇十二岁，张彭年已认识到他"可读书"，于是开始请秀才来家教授自己的三个儿子。而张彭年所追求的儿子的发展目标，似乎也只是陶渊明式的亦耕亦读。至于张彭年本人，张謇记述说："（先君）性爱读书。自謇兄弟十岁后，即稍购备。恒自检其阙叶脱字，修缀写补，虽不完全之书，亦修整之。六十后，春秋以是为课。……修缉之日，几唯一研一墨一笔一锥一箴一糊器，旁一烘炉，非三餐及溲便，不离坐起立。客至，口语酬答而修缉不废。"[1]张彭年对读书和书籍的爱好，真是到了痴迷的程度。但同时，张彭年又坚持农作。有一次，张謇兄弟"请界佃而征其租"，张彭年便教育儿子说："子弟非躬亲田间耕刈之事，不能知稼穑之艰难。汝曹日后无论穷通，必须有自治之田。"[1]他传承的就是张家这种耕读传统，而"其望子为士之心尤挚"[10]。没有这样的耕读传统，张謇就不可能以大半生光阴蹉跎场屋犹锲而不舍，最终得以大魁天下，张謇也不可能有终生钟情教育和投身实业的壮举。

三、本末兼营

中国从周朝开始，士农工商成为森严的等级制度。农业是本业，手工业、商业则是末业。在周制中，工商业者的地位非常低贱，《逸周书·程典》曰："士大夫不杂于工商。"《礼记·王制》曰：工商"出乡不与士齿"。尽管《史记·货殖列传》中强调过"夫用贫求富，农不如工，工不如商；刺绣文不如倚市门，此言末业，贫者之资也"，但重本轻末的思想始终作为主流意识贯穿于整个封建社会。张謇在中了状元之后而"下海"办厂，作为封建士大夫的他忽然转而投身于长期被视为末业的商人队伍时，也不能不为自己"以皭然自待之身，溷秽浊不伦之俗"做出辩解。但是张謇内心里并不鄙视末业，只是为了顾及社会如何看待自己和使自己求得精神上的安慰，否则他就不可能从此热衷于办实业，而且执着地为之奋斗终生。同样地，另一位与张謇同时奉旨办厂的状元陆润庠虽然创办了两个纱厂，但他热衷的还是仕途，不久又回到朝廷做官。

这是因为张謇出身的家庭就是本业与末业兼营的。最早给这个家庭带来末业元素的是张謇的外曾祖父吴圣揆。吴圣揆由东台栟茶（今属如东）的农村出来，到金沙做瓷器生意，后来又迁到海门常乐"兼治小农"[3]。张謇的祖父张朝彦被吴"赘为婿如子"之后，继承了吴圣揆的衣钵，一边种田，一边做生意。张朝彦真正体会到了"末业，贫者之资"的道理，尝到了做生意的甜头，白手起家，竟不但养活了七个子女，还盖了房，让儿子读了书。张謇的父亲张彭年成人以后，又像张朝彦一样本末兼营。在和金氏结婚"家后稍裕"，他将家里的"一切经纪"都交给妻子"手自厘绪"，而自己则"岁半外出"[5]，经商的地域范围扩大了。有次去宁波，带了很多银子，光救人急难，一掷就有二十余金。他甚至教育张謇兄弟："审观天下大势，非农商不能自立，汝曹志之。"[1]

张彭年认为自己是个"田家"，应该重视本业。他也要求儿子"日后无论穷通，必须有自治之田"，要"躬亲田间耕刈之事"。他说："世人言田为富之终而累之始，未尝无理，而非吾田家之言也。"他直到晚年，"亦喜究徐氏《农政全书》"，与自己的三弟"谈以为乐"。当三弟按《农政全书》"依法试行，字规句摹，费重而收不逮"时，他给张謇分析其原因是"汝叔不审土性而泥守成法"，确实切中要害。他种田精耕细作，"麦豆之行，必使纵横相直，田四周薙草必洁，种树木亦然"，甚至"佣不如法，必移正之"，而且"不厌其数"。[1]在《良农海门刘叟墓碣》中，张謇不经意的一句"叟与先君以种树语合而稔"[11]，透露出一个信息，张彭年很爱结交当地的种田高手，只可惜与其他人的交往没被记录下来。所以，张彭年确实是海门人所说的典型的"田精明"。

张朝彦、张彭年父子经商，并非唯利是图。他们能善待为自己"荷瓷行鬻之人"，"其无家可归而死为之殡者五十余人"，而且岁时为之祭祀。张彭年为此还交代儿子们"他日每节焚冥镪一包"[1]。因此，佣工们对他们也信任有加。例如扬州江都西麻镇人王世麟为张彭年荷瓷行鬻十八年，临死时将"积钱百余千"全部托付给张彭年，用它"备殓葬，余为造石桥一，以名名"，张彭年"曰然。死如其言"，信守然诺。[12]许多事实表明，特别是张彭年，在义、利之间，往往更看重义。这在下文中再作阐述。从这样的家庭走出的张謇，在创办实业过程中始终表现出重民生和讲诚信（在对他人教育中一再强调诚信），就是理所当然的了。

四、乡绅做派

乡绅阶层作为中国封建社会一种特有的阶层，主要由科举及第未仕或落第士子、当地较有文化的中小地主、退休回乡或长期赋闲居乡养病的中小官吏、宗族元老等一批在乡村社会有势力、有名望、有影响的人物构成。按照这个标准，张謇之父张彭年只是"富裕农民兼商人"，显然还不够乡绅的资格，但他又有明显的乡绅做派。就像乡绅一样，张彭年往往显出"近似于官而异于官，近似于民又在民之上"的形象，不像普通农民那样把自己封闭在自给自足的家庭小圈子里，"各人自扫门前雪，莫管他家瓦上霜"，而似乎一直作为一方民众的领头人，甚至不顾自己的实际承受能力，热心公益、慈善，自觉充当乡民利益的保护人。

张彭年曾经捐了个监生。何时所捐，已经无从查考，但肯定在张謇冒籍案即同治六年（1867）之前。张謇在《归籍记》中记述同治十年（1871）的事说，当时孙云锦令宋璞斋解释冒籍一案时，"师（指宋璞斋）言'张生父通州例贡'"[13]，确切地说，张彭年应是例监，《光绪海门厅图志》称张彭年为监生是准确的。明、清两代称在国子监读书或取得进国子监读书资格的人为监生。清代可以用捐纳的办法取得这种称号，以捐纳钱粟得为监生的，叫例监。而例贡须由生员援例捐纳。张彭年当然并非生员，否则张謇应考时就不是"冷籍"了。张謇自己说得十分清楚："生虽世居通州，而祖、父无应试者，是为冷籍。"[13]这说明让百姓捐纳监生，只是腐败的清政府赚钱的一个手段，没有任何实际意义。但捐了监生的张彭年，其身份显然与普通农民有所区别。张彭年捐监，就是乡绅做派。

张彭年一生对于地方公益慈善事业极其关心，是他乡绅做派的最主要表现。《光绪海门厅图志》记述张彭年说："所居濒河，手创通津有梁以十数。岁饥，举债平粜，殷富慕义，输粟恐后。平居收养流亡，恤赎孤寡，抚故人子，祀故人之无后者。人以急难告，量力周之，或不给，则嗟咨累日。"[14]我们在张謇的著作中，也可感受到张彭年的这种乡绅做派。张謇说，"先君性慷爽，贫时亦济人急，既业商稍裕，益事周恤"[3]。道光二十八、二十九、三十年，正当张彭年和他父亲在西亭遭遇衰败的时候，张彭年"贷资附舟至上海，转商于宁波"，途中见一海门妇人"为人掠卖转鬻去宁波"，"值二十金"。张彭年竟"予鬻人值"，"挈之返，归于其夫"。当"其戚族集资归妇值"时，张彭年"卒不受"[1]。在冒籍案"首尾已三年，家益不支""负千金之债"的情况下，当张謇三兄"与里中诸友商办下沙灾赈"时，张彭年竟"质衣为助，并倡捐建长乐市石桥"[3]。光绪四年（1878），张彭年"捐助豫、晋赈"，捐款数目之大，能够让儿子张謇"得奖县丞，分发江西"[5]。光绪十年（1884），张彭年命张謇"议散赈平粜事"[3]。张謇曾有一段对张彭年乡绅形象很生动的描述："先君六十后，以家事付謇，而日为乡里排难释纷，日不足则继以夜。座上常满，遇食即食。先君为之疏析本末，别白是非，必两家告者意释而后已，不得已则出资以解之，由是诉者益众。家人厌苦供应，先君曰：'毋然。穷人有屈抑，欲诉于能为解释之人，既自惭形秽而畏人嗔，复慑于众口而不能尽意，偶不中而归，妻、子亦丧气，汝祖一生处此境。今及我之未衰，以口舌保乡里和平，亦安心之事也。'"[1]张彭年六十岁的时候，张謇还在做幕僚，张謇则还是一介平民，张彭年当然还不够"老太爷"的资格，但他对自己"保乡里和平"的乡绅角色的认同却已十分明确。

张謇后来常常认为自己造福乡梓，实际上是继承着父亲的遗志。光绪二十一年（1895），张謇说自己"举债营先君遗言欲举之家庙、义仓、社仓、石路、石桥"，"岁终，计负债已七千余元，而所以谋竟先君志者尚未终"。[3]其中除家庙是私事外，其他都是关系常乐百姓的义举。光绪二十二年（1896），在海门遭受水灾后，张謇弟兄又"禀先考妣遗训，佐厅同知霍邱王宾经理疏河、散赈、平粜诸事，费出私财，不足则募，又不足则贷以继之"。[15]当然后来张謇辞官回乡，成为一位名副其实的乡绅，事业也越做越大，但其发轫于父亲的耳提面命，受父亲乡绅做派的耳濡目染，则是十分明显的。甚至可以说，张謇一生的道路和事功，就是父亲的乡绅做派早年在他心中播下的乡绅情结的萌芽、开花、结果。茅家琦先生针对人们称张謇为"儒商"一事发表看法说："针对张謇这位具体人物说，就是当'绅士'作官民之中介，为乡人谋福利。因此，我个人认为称张謇为'绅商'切合他的两重身份：既表明他是近代工商业人士，又表明他是地方绅士，发扬孔孟精神，为地方谋福利，做了许多有益的社会工作。"[16]

参考文献：

[1] 张謇：《述训》，《张謇全集》⑥，上海辞书出版社2012年，第284—288页。

[2] 张謇：《集后世贤师吾俭臣父清恐人知联跋》，《张謇全集》⑥，上海辞书出版社2012年，第43页。

[3] 张謇：《啬翁自订年谱》，《张謇全集》⑧，上海辞书出版社2012年，第987、988、989、990、996、1002、1010、1012页。

[4] 张謇：《中宪府君墓志铭》，《张謇全集》⑥，上海辞书出版社2012年，第255—256页。

[5] 张謇：《金太夫人行述》，《张謇全集》⑥，上海辞书出版社2012年，第29—30页。

[6] 张謇：《春晖小识书后》，《张謇全集》⑥，上海辞书出版社2012年，第417页。

[7] 《海门市志》（下册），方志出版社2014年，第1154页。

[8] 张謇：《葛太夫人行述》，《张謇全集》⑥，上海辞书出版社2012年，第40页。

[9] 张謇：《迻簃记》，《张謇全集》⑥，上海辞书出版社2012年，第301页。

[10] 张謇：《重摹朱衣神像记》，《张謇全集》⑥，上海辞书出版社2012年，第258页。

[11] 张謇：《良农海门刘叟墓碣》，《归籍记》，《张謇全集》⑥，上海辞书出版社2012年，第408页。

[12] 张謇：《世麟桥记》，《张謇全集》⑥，上海辞书出版社2012年，第280页。

[13] 张謇：《归籍记》，《张謇全集》⑥，上海辞书出版社2012年，第327页。

[14] 《光绪海门厅志》卷十赋役志、卷十九寓贤列传，光绪二十五年印行。

[15] 张謇：《恭建乐善好施坊记》，《张謇全集》⑥，上海辞书出版社2012年，第348—349页。

[16] 茅家琦：《试说张謇精神》，高广丰主编《十年踪迹十年心》，五洲传播出版社2013年，第3页。

张謇与师山书院

据史料记载，乾隆四十一年（1776），海门厅同知徐文灿在厅署东捐建文庙、学宫，凿泮池。嘉庆十四年（1809），海门厅同知刘平骄于学宫右侧（即西侧），建官督绅办师山书院。学宫即厅学所在地，厅学官为训导，故厅学亦称训导署。有些人误以为训导即相当于今天的教育局长，其实是不对的。训导的职责是管理和教育本厅秀才，并不负有本厅所有学校的行政领导责任。师山书院主要教学生学习制艺，即八股文，专为应科举之用，没考上秀才的为了考秀才，已考上秀才的则为了考举人。书院大致类似于今天的"补习班"，"补习班"是否值得上，得看老师的水平，所以书院的院长（当时一般称山长）一定得聘学问好的人担任。张謇的恩师赵菊泉在出任海门训导前便曾"历掌宜兴、昭文等书院讲座"（见于1921年10月27日南通《通通日报》之《赵菊泉先生家传》）；张謇中举后曾受聘出掌赣榆选青书院、崇明瀛洲书院，中状元后应两江总督张之洞之聘出掌江宁文正书院，应安徽巡抚沈秉成之聘兼安庆经古书院院长。

人们总以为张謇19岁拜赵菊泉为师，是因为他是秀才，理应接受训导的管理和教育。其实不对。张謇是在如皋考的秀才，其学籍管理和教育是如皋学官的事，后来归籍通州，则是通州学官的事，均与海门学官赵菊泉无涉。张謇之所以师从赵菊泉，是因为"先生以道光己酉举人教授其县，门下称盛，知名之士，率从问业"，来海门后"海门士亦多从之游"，可见学问极好，于是张謇之父也动了心，托人向赵先生请求。所以，张謇以赵菊泉为师，与秀才身份完全无关，只是慕赵菊泉名的"借读"而已。这时的张謇求学，第一是为对付作为秀才必须接受由省学政举行的检查性考试（岁考和科考），这是参加乡试以考举人的预试，只有通过了预试，才有资格参加乡试。第二当然也是为提高学识水平参加乡试做准备。

我们还应注意到，官学（府学、厅学、州学、县学）对于秀才的管理其实只是学籍的管理，而并不是在学校的日常管理。事实上，秀才们的年龄差异很大，有的十几岁（如张謇是虚龄16岁进学），有的终其老一直是个秀才（如张謇第二个老师宋琳，晚年便曾与张謇应江南乡试，师生二人双双落第），壮年的秀才自然得为奉养父母，为自己甚至为老婆孩子去谋生计，家庭贫困者一到能做事的年龄也不能不去找饭碗（如张謇22岁开始游幕生涯），因此秀才并不一定在官学读书，只需按时参加岁考和科考，颇类似于今天的"自学考试"。这样，秀才也就可以自由地投师于各地的书院，张謇在江宁做幕僚时便曾师事钟山书院李小湖、凤池书院张裕钊，借住惜阴书院肄业（即今之修业即学习）从杨藟臣学，这三位先生都是著名的学者。

　　说清了这些问题，再回过头来看张謇与师山书院的关系，便很清楚了。

　　张謇在开始"从海门训导无锡赵菊泉先生彭渊学"的同一年说，"余试（师山）书院，亦被称录"，即是说他是考取了师山书院的。第二年，他又说，"师山书院院长太仓孙子福先生寿祺屡置余文前列"，意谓自己的文章常常被孙先生排到前茅的位置。他还说"余肄业师山书院蒙奖许者也"，他是师山书院学生中受到称赞的好学生。这就充分说明，张謇在厅学学习的同时，也是厅学毗邻师山书院的学生。

张謇父亲的家训

光绪八年（1882）十二月，张謇的父亲张彭年将古人的两句话集成一副对联，挂在堂屋里，以此作为家训，教育子孙后代。联曰："后世贤，师吾俭；臣父清，恐人知。"

上联"后世贤，师吾俭"是汉代开国丞相萧何的话。《史记·萧相国世家》中记载说："（萧）何置田宅必居穷处，为家不治垣屋。曰：'后世贤，师吾俭；不贤，毋为势家所夺。'"萧何购置土地房屋，一定要选择贫穷僻远的地方，营造的宅第也不修围墙。他说："后代子孙如果贤德，可以从中学习我的俭朴；如果不贤无能，这种房屋也不担心会被有势力的人家侵夺。"萧何这一位位高权重的大官，能够这样做，核心是个"俭"字。

下联"臣父清，恐人知"是晋代胡威的话。《晋书》卷九十之"列传第六十"中记载了"良吏"胡威的事迹：胡威之父胡质在三国时担任魏国文帝的东莞太守、荆州刺史，后加封振威将军，赐爵关内侯。而他在魏文帝的父亲曹操当政时还只是个不起眼的小吏，后来全靠自己的清正廉洁和勤勉政事官居显耀。他病逝时，"家无余财，惟有赐衣书箧而已"。在胡质担任荆州刺史时，有一次儿子胡威从京城洛阳前去探望他。由于家中贫困，胡威没有车马和童仆，自己单身骑驴前往。十多天后，胡威告辞父亲返家时，父亲拿出一匹绢交给他，说：这是我俸禄多余的部分，给你用作路上的开销。胡质的一个属下在胡威出发前就向胡质请假回家，而事实上，他不是回家，而是暗中购买了路上的所需物品，在百余里外等候胡威，邀胡威作为旅伴，事事都帮助胡威，而自己少食少喝。胡威不知道他是父亲的属下，两人一起行走了几百里。胡威心中起了疑惑，就引诱他说出了实情。于是胡威取出父亲给的那匹绢偿付给了他，向他道谢后与他分了手。这件事后来被胡质知道了，胡质十分愤怒，责打了这位属下一百杖，并把他开除了。胡威后来在晋武帝时当官，以清廉著称。《晋书》中说，有一次，"（晋）武帝语及平生，因叹其父清，谓威曰：'卿孰与父清？'（胡威）对曰：'臣不如也。'帝曰：'卿父以何胜耶？'对曰：'臣父清，恐人知；臣清，恐人不知，是臣不及远也。'"晋武帝问胡威"他与父亲相比谁更清廉"时，胡威的回答是"自己不如父亲"，晋武帝进一步问"凭什么说你的父亲胜过你"，胡威说："我的父亲清廉，他就怕被人知道（'臣父清，恐人知'）；而我清廉，就怕别人不知道（'臣清，恐人不知'）。"胡威认识到，不是做给别人看的清廉，才是真正的清廉。这就可以看出胡威的清廉了，正因如此，胡威累官至监豫州诸军事、右将军、豫州刺史，又入朝廷为尚书，加奉车都尉。死后又追赐为镇东将军。胡质、胡威父子都廉洁自律，克己奉公，堪称清官。胡质、胡威父子作为良吏，已经得到了"清"的真谛。

张彭年要教育子孙的，就是一个"俭"字，一个"清"字。

那么张彭年为什么要在这个时候制订这个家训呢？这一年，张彭年的儿子张謇31岁，张詧33岁。如果张謇弟兄只是一介草民的话，那么作为家训，一个"俭"字也就够了，还需要讲什么"清"呢？而事实偏偏是，本年即光绪八年（1882），张謇作为庆军统领、浙江提督调补广东水师提督吴长庆将军的主要幕僚赴朝鲜平乱，为之"理画前敌军事"建了大功，被吴长庆评价为"赴机敏决，运筹帷幄，折冲樽俎，其功自在野战攻城之上"。事后吴长庆等人极力向朝廷保举张謇，只是张謇坚决表示不愿以军功求官职，才暂时没有做官。而张詧为这次战争筹办南中转运有功，得到了花翎五品衔知县的奖赏，尽管只是个空衔，并非实职，但在张彭年看来，两个儿子走上仕途只是迟早的事，而为官怎能不论一个"清"字！这对已经66岁的张彭年来说，就显得十分迫切了。

张謇深得父训精髓，他在奉父命写的《集后世贤师吾俭臣父清恐人知联跋（大人命）》中，替父亲表达了以此联为训的深意。张謇用自己父亲的口吻说："天道惟敛故舒，人非俭不能保其清，后世子孙或出或处，永矢此言，庶不羞先人矣。"其中阐明了"俭"和"清"的关系：人非俭不能保其清。一个人不能做到俭朴，就不能保持清廉。可见张彭年懂得萧何所说的"俭"和胡威所说的"清"两个字之间的内在联系，所以才集联为训。张彭年希望子孙后代无论当官与否，都要永远以家训为誓，这样就能不使先辈感到耻辱了。后来张謇反复地阐述过"俭"的含义和"人非俭不能保其清"的意思。例如他给儿子张孝若的信中说："省钱去奢，慎事养誉，知足惜福，皆俭之事也。"他在《淮海实业银行开幕演说》中说："言'勤'则办事必依定时，言'俭'则一切开支务从节省。"他在《师范学校开学演说》中说："俭何以是美德？俭之反对曰奢。奢则用不节，用不节则必多求人；求多于人则人必不愿。至于人不愿，则信用失而己亦病（这里的'病'，意为受到伤害）。是奢之病妨人而亦妨己。故俭为美德。今何以独举'俭'之一字为诸生勖？俭可以凝贞苦之心，可以养高尚之节，可以立实业之本，可以广教育之施。……苟能俭，则无多求于世界，并无求于国家。即使适然做官，亦可我行我意，无所贪恋，而高尚之风成矣。"这段话清楚地表达了当官的人能够做到"俭"，就可以"无所贪恋"，不求他人，就能不受掣肘，"我行我意"，公正廉洁，做一个具有"高尚之风"的好官了。

应该说，张彭年的家训对张謇的影响是深远的，张謇一生的立身行事足以说明这一点，无须赘述。

而还有一件足以说明这一点的事例，也值得一说。张謇于民国十年（1921）八月辑录七位古人的诫子言论刻写在他的军山东奥山庄倚锦楼前庭院的石质屏风上，作为教育子孙后代的家诫，当时张謇69岁，他的儿子张孝若24岁。张謇之所以在晚年仿照自己的父亲为后人留下家诫，至少说明：第一，张謇一生都没有忘记父亲的家训，而且切切实实将它贯彻始终；第二，张謇深深地体会到了父亲的家训确实影响了自己的一生，使自己能够有所成就。要不是这样，他怎么会如此郑重其事地制订自己的《家诫》呢？

所以，重新审视张彭年对张謇的影响，进而充分认识家庭教育在人生成长中的作用，是很有必要的。

张謇弃官与金太夫人遗嘱

光绪五年（1879）十一月十八日，张謇的母亲金太夫人病逝。在这前一天，张謇侍奉在侧，金太夫人对他亲授遗嘱。此事张謇在自己的著述中，曾经多次提及，但文字颇有出入。这除了由于将口头语转换成书面语所造成之外，我认为应当还有值得研究的原因。而其中明确记载金太夫人要他慎勿为官的有两处：

第一处见于光绪三十四年（1908）的《亡妻徐夫人墓表》中，写的是光绪二十年（1894）张謇赴京赶考时的事："金太夫人之卒也，诫謇性刚勿仕。戊戌将入京，夫人述太夫人言，且曰：'君勿论营何业，但勿仕，请率家人力作赡家。人自有生耳，何至赖仕！'"

第二处见于1926年即张謇逝世前所编的《啬翁自订年谱》："十七日母语余曰：'……科第为士人归宿，门户名号，自须求之，但汝性刚语直，慎勿为官……'"

许多人在论及张謇考中状元后弃官返乡从事实业救国时，都从当时时代、社会的发展，特别是中日甲午战争失败，受到《马关条约》的强烈刺激方面进行分析，这自然是不错的。但没有人注意到金太夫人遗嘱对张謇的影响。我认为这是有失偏颇的。因为张謇在这之前就一直只求科第，不肯为官。1882年8月，由于入朝平乱有功，当时只是秀才的张謇就名动天下，大学士、直隶总督、北洋大臣李鸿章与在李鸿章丁忧时署理直隶总督、北洋大臣的张树声和庆军统领吴长庆极力合荐他当官，他推辞了。1887年，张謇的恩师孙云锦调任开封知府，张謇随去赴任，河南巡抚倪文蔚请他代拟治河方案，对他十分器重，隔了一年，倪文蔚为他"保六品衔教谕即选（张謇在日记中记为五品衔，而他中状元后得到的也不过六品翰林院修撰），列保之前，倪抚问所欲得，答以无功无所欲"，张謇又一次放弃了做官的机会。同一年，在会试落第的举子中"挑取誊录四十名"（即张謇后来说的"中书"），张謇的入选几乎毫无悬念，但他也放弃了。1890年4月，翁同龢想让张謇"留试学正官"，张謇的态度则是"不能从也"。1892年，翁同龢又想让张謇"留管国子监南学"；甚至国子监祭酒盛昱明确告诉张謇，"南学诸生愿为捐纳学正"，显然张謇深受国子监诸生的拥戴；接着，国子监官员阮引传、李洛才又反复做张謇的思想工作，但他仍"并感而辞"。他对李洛才说："（父）亲在而望中进士，不成进士，依旧归去。生平志事，即此校然，毫发不可自昧。"张謇自16岁考中秀才，直至42岁大魁天下，在科举道路上的拼搏，可谓千辛万苦，这时做官的机会几乎接踵而至，唾手可得，但他始终不渝地坚持自己的生活方式。当然支撑张謇如此坚持不懈的因素很多，但是又怎么能排除他母亲"科第为士人归宿，门户名号，自须求之，但汝性刚语直，慎勿为官"遗训的影响呢？

那么，张謇在母亲金太夫人逝世当天的日记和其后不久所写的《金太夫人行述》中为什么没有提及金太夫人关于科举和为官的遗嘱呢？我认为有两个原因：其一，张謇在当时不便公开这一遗嘱。从来的读书人都接受了孔老夫子"学而优则仕"的"圣训"，拼命读书的目标十分明确，就是为的将来谋取一官半职。至于做官的目的，那是另当别计，有愿为国效力的，自然也不乏追求个人荣华富贵之人。但金太夫人的观点却是"学要优而慎勿仕"。从冒籍案开始，海门师山书院院长王崧畦、海门训导赵菊泉、通州知州孙云锦等人已经逐渐发现了张謇横溢的才华，这种才华在孙云锦、吴长庆幕中还表现为干练的处事能力。所以不少人对张謇寄予了厚望。如果公布金太夫人的这个遗嘱，等于向世人宣告，自己只考科举，而并不准备将来为国发挥才干。那么这肯定会使他的恩师及所有了解和关心他的人感到失望和痛惜，联系到他考中状元后"感母与赵、孙二先生之不及见，又感国事，不觉大哭"，可以想见让许多人失望和痛惜，肯定是张謇所不愿看到的。我们也可以想见，如果当时公开了金太夫人的这一遗嘱，也就绝不会有后来翁同龢等人的提携和关照，张謇也绝无蟾宫折桂的可能。事实上，张謇肯定懂得"学要优而慎勿仕"是一对无法统一的矛盾。他可以牢记母亲的遗嘱，但不会形诸文字。其二，张謇当时亦未必认同母亲的观点。这一年，张謇虚龄只有27岁，年少志壮，风华正茂，虽然已经历经了很多磨难，但对人生美好的前途应该是充满憧憬的。儒家"入世"的思想对这位饱读诗书的青年来说，当然有着很大的影响。而金太夫人是61岁的农妇，现在到了人生谢幕的时刻。母子二人思想观念的不一致是完全正常的。那么，这会不会使得张謇的内心受到不孝的谴责呢？不会。儒家的孝，孔子所谓"无违（周礼）"即"（父母）生，事之以礼；死，葬之以礼，祭之以礼"，甚至可以"事父母几谏"（对父母的错误可以委婉地劝说），可见孔子认为父母也有出错的时候。但是，尽管张謇当时未必认同母亲的观点，而母亲的话也绝不会成为耳边风，在一定的情况下，不能不发生作用。1882年8月，张謇推辞了李鸿章、张树声、吴长庆的合荐，在很大程度上是因为领衔推荐的是他所不齿的李鸿章，他说"吾辈如处女，岂可不择媒妁"。而1884年，在张謇看来政局发生了根本的变化，"贿赂公行，风气日坏，朝政益不可问，由是而有甲午朝局之变"，"故谈朝局国变者，谓始于甲申也"。其后，他可能越来越佩服一直在名利场之外的母亲对于世事的洞察力，越来越认同母亲的遗嘱，这就有了1887年、1890年和1892年三年四次放弃当官机会的记录，而1894年的"甲午朝局之变"自然更深深地刺激了他，这才有了张謇后半生永垂史册的伟大事业。本来，张謇完全可以永远不公开母亲的遗嘱，免得人们对此说三道四，但他在1908年公开地将它写进了亡妻的墓表，并在晚年做一生总结的时候写入了自己的年谱。这说明张謇后来不但认同了母亲的遗嘱，而且确认了母亲遗嘱对自己所产生的影响。

重谈张謇母亲的遗嘱

几年之前，我写过一篇《张謇弃官与金太夫人遗嘱》，探讨张謇弃官与他母亲遗嘱之间的关系。后来这篇文章在某报发表时，编辑给改了个题目曰《张謇为何弃官》。

我的一位在报社供职的朋友告诉我，编辑的水平在于改题目。大约现在的报纸信用度虽然比网络要好，但未必一定叫人信得过。那些用特大字号刊登的诸如"糖尿病新药研制成功"之类，看起来是报道，实际上是欺诈性的广告，真要信了全部内容，就会上当受骗。所以聪明的读者大多是先浏览一下报纸的所有标题，才决定看哪些内容。而我大抵只翻一下，基本不看，因为我属于很不聪明一类，太缺乏辨别力，所以还是不看为好。那么，为了吸引读者，编辑自然只好在题目上下功夫了。

然而那篇文章的题目一改，却歪曲了我的原意。我在文章中说："许多人在论及张謇考中状元后弃官返乡从事实业救国时，都从当时时代、社会的发展，特别是中日甲午战争失败，受到《马关条约》的强烈刺激方面进行分析，这自然是不错的。但没有人注意到金太夫人遗嘱对张謇的影响，我认为这是有失偏颇的。"然而编辑的大笔一挥，却强迫我认定了张謇母亲的遗嘱是张謇弃官的唯一原因，我着实感到冤哉枉也，但是黑字已经落在白纸上，我有冤无处可申啊！

现在事隔多年，我甚至对我原先的观点也怀疑起来。

张謇母亲金太夫人的遗嘱，在张謇于光绪五年（1879）十一月十八日的日记中有着十分详尽的记载：

五更，母病危笃，气急不能成声。切脉脉乱，仓卒不知何计。父命移于堂前，延至未刻弃养。乌乎痛哉！……先一夕，母曰："我病殆不起，门前见有白布幔，吴氏老太太与阿婆都在左右也。"……曰："尔父年老，要当心。尔大舅儿女多，窘甚，须仍时时看顾。有钱必先还债，穷人要周济他，不可放浪作事。我不在，不要做斋事浪费。"……泣曰："好好做人，我平时所说的话，所做的事，要记好，别无话吩咐矣。"

金太夫人的遗嘱，又可见于张謇晚年的《啬翁自订年谱》：

十七日，母语余曰："病殆不起，善事汝父。汝大舅家累重，须看顾。有钱须先还债，穷苦人须周济，不必待有余。科第为士人归宿，门户名号，自须求之，但汝性刚语直，慎勿为官。汝妇能理家事，我无虑。汝作事勿放浪，好好做人。"又："我平日虽诵经礼佛，但身后勿营佛事妄费。"

这两处记载的母亲遗嘱，许多都是大同小异，所不同的是后者多出了两点：一是要张謇"慎勿为官"；二是说张謇的妻子徐氏"能理家事，我无虑"，大有赞扬之意。日记中没有记述的这两点，或许可以理解为遗嘱"好好做人，我平时所说的话，所做的事，要记好，别无话吩咐矣"中的"平时所说的话"吧？

介乎日记和年谱之间，关于金太夫人的遗嘱，是张謇于光绪三十四年（1908）在《亡妻徐夫人墓表》中的记述，写的是光绪二十年（1894）张謇赴京赶考时的事，同时反映出金太夫人和妻子徐氏两个人的卓越见识：

金太夫人之卒也，诫謇性刚勿仕。戊戌将入京，夫人述太夫人言，且曰："君勿论营何业，但勿仕，请率家人力作赡家。人自有生耳，何至赖仕！"

在张謇的著述中，有三个女性是他所最为敬重的：一个是母亲金太夫人，一个是妻子徐氏，一个是亦弟亦友的绣圣沈寿。在上述一段文字中，张謇只用一件事便赞扬了其中两位，徐氏之"应事胆决，勇过丈夫"，尤跃然纸上。

由于记述的遗嘱不同，所以我在探讨其对张謇弃官的影响时，曾经颇费了一番口舌。现在看来，那是牵强附会的。关于遗嘱的研究，还是留待大方之家吧！

去年，我在《漫说张謇的研究与宣传》中说过这样的话："我认为，张謇日记，应该是可靠的真实历史记录，除非不记，凡是记的，都不会有虚假的成分，因为日记在张謇看来，本应是永远的隐私；而自订年谱，则应看作是张謇晚年对自己经历的认识。我想，也许前者更准确地反映了第一历史，具有更高的史料价值；后者则可以让我们更为清晰地看到张謇的思想变化。"张謇日记与《啬翁自订年谱》存在的差异，这样来看，似更合理些。

从实业救国到谋划合营自治
——"江北三名流"张謇、沈云沛、许鼎霖交往述评

一

江苏以长江为界,分成了江北和江南两块。1927年以前,上海虽然隶属江苏,但经济上已成为江、浙两省的联结中枢,对江南的发展产生了很大的影响。相较于江南,江北的发展是滞后的。清末为挽救民族危亡走上实业救国之路的张謇、沈云沛、许鼎霖,却都是江北人,据云曾被当时上海《时报》主笔狄楚青称为"江北三名流"。他们在列强环伺之下兴办实业,为国家谋利,为地方和人民造福。

张謇(1853—1926),字季直,出生于江苏海门直隶厅(今海门市)常乐镇,光绪二十年(1894)甲午状元,钦点翰林院修撰。是年因丁父忧回乡,激愤于《马关条约》之"几罄中国之膏血",遂潜心从事实业救国,不再追求仕进。"自计既决,遂无反顾","二十余年自己所得之公费红奖,大都用于教育、慈善、公益"[1]。1895年首先创办大生纱厂,随后又涉足盐垦、渔业、冶金、电力、水利、交通、运输、通信、商业、金融、外贸、出版等有关国计民生的各个行业,创办包括外地在内的企业40多家,形成了一个跨地区、跨部门、跨行业的经济联合体;1901年,在黄海滩涂围海造田创办通海垦牧公司,在其带领和影响下出现了淮南废灶兴垦高潮,沿黄海南自吕四港、北至陈家港的700里广袤大地上建起70余家垦牧公司,总面积达2 000多万亩。1902年,从创办我国第一所民立师范通州师范学校开始,陆续建起幼稚园、小学、中学、大学、盲哑学校和各级各类实业学校,在通州、海门形成了布局合理、体制完善的教育体系,同时创办或参与创办上海、南京、苏州、扬州、东台等地的高、中等学校和师范学校。创办博物苑、图书馆、剧院、气象台、体育场、公园、养老院、残疾院、育婴堂、济良所、栖流所、戒毒所等公益慈善事业。"凡所当为者,自无至有,自塞至通,自少至多,自小至大。"[2]亲自规划和经营通州,使之成为自己孜孜以求的新世界雏形,被后人誉为"中国近代第一城"。所以胡适说"他独力开辟了无数新路,做了三十年的开路先锋,养活了几百万人,造福于一方,而影响及于全国"[3]。

沈云沛(1854—1918),字雨辰。江苏海州直隶州(江苏连云港市)人,光绪二十年(1894)与张謇为甲午同科进士,钦点翰林院庶吉士,同

年回海州掌教郁州书院。次年,创办海州第一个现代企业海州种植试验场。1898年创办果木试验场(洪门果圃)。同年创办农业企业树艺公司,开发"纵横三百里"的"云台山官荒旷土","振兴商务,辟开地利",种植新茶八百万丛。生产的云雾茶,获得巴拿马—太平洋国际博览会金质奖章、南洋劝业会奖品和江苏省会特等奖。由于树艺公司的成立,前、后云台道路等基本建设逐步完善,还开发了景点88处,使荒芜两百余年的云台山呈现一片生机。同时,在新浦开办油厂,生产茶油和桐油,由临洪口出海远销上海、北京、广州等地;经营中也考虑短期可见效项目,如"设酱园作坊,围菜圃一所,广二百亩",其酱菜销往汉口、九江等地。1903年与许鼎霖联合呈请开发海州、赣榆及山东日照的鸡心滩和燕尾滩4 000余顷土地。得到朝廷的批准后,沈、许两人一南一北,分工合作,共筹集资金42万元,先后于光绪三十年(1904)、三十一年(1905)相继在海州、赣榆两地创办海赣垦牧公司,发展农牧。总公司设在海州,总账房设于上海,以便收股付利,并于云台山、山𰻞山、响水口、青口设分所。此外还创办海州织布厂、毛巾洋胰厂、海州硝皮厂、甡茂行粮行、甡茂永布庄,与许鼎霖合办上海渔业公司海州分公司等[4]。1905年,沈云沛、许鼎霖赴省面见署理两江总督周馥,请准予海州临洪口和赣榆青口开作通商口岸,朝廷遂于同年决定在大浦设立胶海关海州分关,宣布对外开放。沈云沛还为铁路筑到海州,从而促进海州建港做出了重要贡献。

　　许鼎霖(1857—1915),字久香,海州直隶州赣榆县(现连云港市赣榆区)城南人。光绪八年(1882)中举,曾担任驻秘鲁领事官和多处地方官吏。在张謇创办大生纱厂时,成为该厂大股东。光绪二十九年(1903)起任浙江洋务局总办,与张謇在上海来往密切,以半官半商身份投身实业。1903年与沈云沛联合创办海赣垦牧公司。1904年开始与张謇在宿迁创办我国首家玻璃企业耀徐玻璃厂,该厂投资多,规模大,设备先进;1907年投产时,日产玻璃7 000块、50多个品种,工人500余名,当地直接或间接依赖以维持生计者5 000余人。工厂所在地井头镇俨然成了一个小城市。1905年,和张謇、严信厚等集股筹资28万元,在海州开办徐海地区最早的机制面粉企业海丰面粉厂,使用钢磨15部,日产面粉1 500包。次年,海州遭受自然灾害,海丰面粉厂积极参加救济,先捐献万金急赈,后又开办粥厂,办理资遣,耗银11 000串。宣统二年(1910),与沈云沛、严信厚等集资42万元开办赣丰油饼公司,聘请英国人负责技术工作,拥有铁榨200台,日产油饼1 800片(每片25公斤),促进了赣榆和山东等地油料作物的种植,推动了全县油坊的发展[5]。此外,还与张謇、严信厚、汤寿潜等合作经营镇江开成铅笔厂、上海周利机器纺织洋绒麻袋公司、上海大达外江轮船公司、景德镇江西瓷业公司、北京博利呢革厂等。教育方面，成立劝学厅倡导办学，在青口开办新式学校，受其影响，至1918年全县兴办学校37所[6]。

二

张謇、沈云沛、许鼎霖由于实业救国的志同道合，有过许多交往。

张謇将沈云沛视为知己。1898年，张謇正在艰难地创办大生纱厂，他及时地将进展情况告知沈云沛，"刻下机件已运到六成，厂工赶集八月必可开车"，并邀其"正可至通一观"。他还坦露自己的心迹说："苏纶纱厂用通境常阴沙之花，已列头牌。私意大生之纱当更驾而上之。"对于黑暗的官场，他直言不讳地抨击道："要知此世界万无做官之理"，"尸于其位，久而成妖"。他还与沈云沛约定赴京，并不无感慨地说："志同则必可同行！"[6]张謇与沈云沛之间，可谓亲密无间，沈云沛给张謇送牡丹，张謇将之植于植物园（即后来博物苑的一部分）和老家海门常乐镇扶海垞的书斋前。张謇为博物苑收藏石类的需要，请沈云沛"物色若几若杌若笋"的"海州平林镇左近白石"，还请"转托山东人求得《禹贡》所谓怪石"。有一次，沈云沛致函张謇，告以已为他筹办所需林木。张謇在复函中说，"植物园中日后须求于公者正多，若桃、若梨、若苹果、若洋种鸽、若蜂皆是"[7]。

1902年春天，张謇规划的通海垦牧公司开始招募民工围筑海堤。不久，民工受人煽动，一下子走掉了一半。正巧这时遇到春荒，张謇与助手江导岷商议采用"平粜招工"的办法招募民工，并制订了具体方案。张謇日记1902年正月八日记有"与沈雨辰讯，购买平粜杂粮"。张謇叮嘱江导岷："海州先去一船，彼中价如相宜，即由沈雨辰同年处放一船同来。"[8]张謇将这些粮食用平价供应给民工，于是民工乐意前来干活。正月下旬，以"平粜招工"的民工来到工地，民工人数由原来的4000余人增至7000多人。经过十八个月的艰苦奋战，终于完成了规划的六堤中的一、二、三、四堤，为创建通海垦牧公司打赢了关键一仗。这项工作沈云沛功不可没。

沈云沛曾经两次到通州拜访张謇。第一次是在1895年。上一年，他们同时金榜题名，然后又各自回到家乡。中日甲午战争爆发后，为加强江苏沿海防务，两江总督张之洞奏派张、沈二人分别办理通州、海州两地团练。相同的经历将他们进一步拉近了距离。这时张謇的实业救国尚无眉目，但是此次见面却给了沈云沛一个很大的启发。十年以后的1905年四月初三，张謇参观沈云沛的洪门果圃，回忆说："雨辰自乙未至我家，观我蔬圃，感而为此，而大乃百倍之，壮矣。"

张謇根据自己的敏锐眼光，曾致函沈云沛："弟意在新浦沿岸宜广购地皮，将来必获大利，此时尚无人知觉。"[4]于是，沈云沛在南至灌河口、北至临洪口（今灌云、灌南、云台山周围以及赣榆县）购买了广大沿海滩涂和苇荡泽地，这为沈云沛投身实业积累了雄厚的资本。

张謇对沈云沛、许鼎霖的垦牧事业一直牵挂在心，他曾致函沈云沛："垦牧事弟意愚见（笔者未见手书复件，疑此四字释读有误——笔者注）以早日开办为是，得初具规模即可照刊章（笔者未见手书复件，疑此三字释读有误——笔者注）详报，然后再广筹股份也。"[4]这可以说是张謇的经验之谈。

1904年农历九月底十月初，正在筹建海赣垦牧公司的沈云沛和丁宝铨（字衡甫）到通州向张謇取经，实地考察张謇创办实业的情况。这时张謇正在通海垦牧公司指挥五、六、七堤（规划中的第六堤一分为二，分为六、七两堤）的建设。九月二十九日，张謇收到三兄张詧的来信，在日记上欣然记下"得叔兄讯，雨辰、衡甫已至厂（大生纱厂），初三四至垦牧（通海垦牧公司）"。从通州到黄海边的垦牧公司有200多里路，交通十分困难，但沈云沛和丁宝铨还是如期赶到那里与张謇会面，完成了对通海垦牧公司的考察。然后，张謇陪他们返回通州，十月六日，张謇"与雨辰、衡甫至州城师范学校"，当晚三人"宿校"。这次沈云沛到通州的考察十分全面，对张謇已建的大生纱厂、通州师范和在建的垦牧公司有了深入的了解。

1905年农历三月十二日，张謇在清江浦，"晚，为雨辰、久香定海赣垦牧公司呈稿"。四月二日，"冒雨至海州，行八十里"。三日，"雨辰邀往视其洪门果圃。圃大二十顷，果分类成林，亦有美米坚种，有高台可以远眺，蔷薇河环圃西南东三面。……海州地博而值廉，宜其所得之多矣"。四日，"雨辰、久香同往前云台，住海宁寺（俗名三元宫）。雨，入夜颇大"。五日"至树艺公司"，"树艺公司始事者徐绍垣、欧阳炳。欧以官场手法办此事，以湖南物产例此地，于海州风俗绝无理会。其始贪种茶，茶亦湖南种，而不种松，茶死于寒冻者十之八九。他所规画率谬，宜其败矣"。

沈云沛对张謇从事垦牧十分钦佩。张謇为了表示投身垦牧事业的决心，"老夫五十称啬翁"，以"啬翁"即农夫自居，并请江宁画家单林为自己画了两张像：一是《张季子荷锄图》，一是《东海牧夫长五十小像》。张謇的行动得到众多名流的赞许，他们纷纷在画上题诗，其中在《张季子荷锄图》上题诗的竟有翁同龢、郑孝胥、汤寿潜、沈曾植、丁立钧、陈三立等，达十七人之多。但是，值得玩味的是，在《东海牧夫长五十小像》上，唯有沈云沛一人题了一首十四韵的五言长诗，我们不能不承认当时张謇与沈云沛之间非同寻常的关系。这一次的赏画和题诗，是两位真正志同道合者心灵的碰撞。在诗中，沈云沛描写了张謇这位"东海牧夫长"在"万物苦煎淘"的时势下，"挥肱奋一叱，起石南江坳。峥嵘万头角，茁若方春苗"。沈云沛情不自禁地联想到自己创办海赣垦牧公司的艰辛："我亦东滨居，学奏屠门刀。三年刻楮叶，不成牛一毛。念昔致山约，使我心劳切。披图试对君，颊上頳三毫。"[9]

张謇与许鼎霖的交往缘于许父许恩普。1888年，张謇应赣榆知县陈玉泉之邀掌教选青书院，兼修县志，前后五年。而选青书院的督建者正是许恩普，此外他还督建了怀仁、溯沂书院，并有开办养老院、众善堂的义举。张謇对许恩普十分敬重，两人过从甚密，雅相谈洽。

张謇创办大生纱厂遭遇集资困难时，许鼎霖毅然投股，成为大股东，同时又兼官股代表。1907年七月，大生纱厂召开第一次股东常会时，公推许鼎霖为会议议长，许鼎霖"以厂中情况不熟辞，请另举。股东以推定不能辞，仍请许观察为议长"[10]，足见许鼎霖在大生纱厂股东中有着很高的地位。那次会议是大生纱厂创办十二年来的第一次，是在大生纱厂改为公司、大生集团基本形成的情况下，总结经验教训、开创未来发展的一次重要决策会议。从会议的记录看，许鼎霖作为会议议长，确能不负众望，认真负责地领导了整个会议的进程，完成了十五项议案的讨论，特别是决定将大生纺织公司以外的各企业整合成通海实业公司。

许鼎霖担任浙江洋务局总办后，经常盘桓于十里洋场的上海；而张謇的事业正风生水起，不时奔波于通沪之间，于是两人在上海的会面成了常事，除讨论创办实业外，还一起周旋于上海官场和名流之间。后来，张謇与许鼎霖还一起参与清末民初的政治活动。

他们实业救国中的合作，首先是许鼎霖对于张謇大生纱厂的投股，而创办耀徐玻璃公司则使之达到高潮。许鼎霖亲自去宿迁进行了考察。当地父老拿来本地特产的玻璃矿砂告诉许，洋人都重价相购。许鼎霖将砂样寄往清政府驻比利时使馆，委托专家进行化验，得知是上等玻璃原料，即有开办玻璃厂之议。鉴于宿迁地当南北要冲，水陆交通便利，加之此处有煤炭、石灰足供炼制，无业人口众多，工价低廉，在此建厂条件具备，遂与张謇、李经方、袁海观、丁衡甫等人议决在宿迁创办耀徐玻璃公司，由张謇报商部批准立案而由许鼎霖经理主办，先集股本银50万两。1904年农历五月十日，张謇于上海"与衡甫同在久香处，订宿迁玻璃公司集股章程"；八月七日，"玻璃公司已奉谕旨"。一切手续办完以后，次年正月，许鼎霖到通州拜访张謇，同"登狼山望海楼"。三月八日张謇北上，十六日到达宿迁。十七日，"与久香同至河北看玻璃厂基。厂地冈阜也，下临六塘河，河外一高堰，堰外即运河。堰广裁半里许，有河中贯，以通两河，运道良便。

惟运河已浅，六塘河尤淤垫高仰，非疏导不可。厂基之冈，被二十年前骆马湖泛涨冲刷，其中成涧道，冈分为二。因议填平，即用疏辟六塘河之土。砖窑筑于夹堰之上，砖殊不恶，唯工太劣耳。井龙头乃一小村落，当京镇铁路之冲，去厂半里许，可谓适宜"。其后与许鼎霖同往徐州，二十七日回"至宿迁，复视厂基工程"。"二十九日，至峒峿，经白马涧、三台、嶂山，视玻璃砂地，白马之砂尤王，几于充遍涧壑矣。英人李立德初买其地，由土人沈姓，即家涧上者。小民何知？咎我有司及士大夫耳。幸公司所收十倍之，皆环其四周，差足范其逸突。恨虎崖煤矿殊无把握。""四月一日，行一百三十里，至房山，经高流、孟家冢，途中皆见有玻璃砂及白石。"10月，与英商福斯德订立合同，购置机器，聘福斯德为工程师，选购砂地3 200多亩，并把西洋人所购之地191亩收回。光绪三十三年（1907）底竣工，次年初起投产试制。在试生产后不久，英国工程师福斯德背约而去。工厂筹办四年，用银近百万却未见效益，情况十分危急。许鼎霖坚信中国积贫积弱，如不自实业入手，则国穷民困，根本没有富强之日。因此并未心灰意冷，半途而废，而是与张謇等一起，一方面，重金聘请澳洲人维斯罗来厂对设备和技术进行改造；另一方面，为解决资金困难，与张謇等直接筹款垫还银八万两，又由自己主办的海丰面粉公司、赣丰油饼公司支银20万元，终于使企业渡过了难关[5]。宣统元年（1909），耀徐玻璃开始大规模生产。

在筹建耀徐玻璃厂的同时，许鼎霖又与张謇谋划在镇江开办铅笔厂。1904年十一月四日，张謇就"与久香讯，详笔铅诸说"，其后两人又多次往镇江。

许鼎霖一边参加政治活动，一边从事实业经营，由于精力分散，经营不善，欠了不少债务。张謇的通海实业公司在耀徐玻璃厂和镇江铅笔厂有投资银3 150两，合437 639元无法收回，最后只得以"呆账"而销除。据说这笔债务成了许鼎霖晚年的一块心病。民国四年（1915），许鼎霖在弥留之际，命其子许廷琛星夜赶赴通州，拟以股票和房地契等作为抵押，以了宿债。张謇不仅退回股票、地契等，还当场写下了两家债务两清的字据交其子带回，使病榻上的许鼎霖感动不已[5]。许鼎霖逝世后，张謇献挽联说他"仕宦未崇，事农商未终，所苦在毕生疲于津梁，奈何无命"[11]，是很确切的。"津梁"可喻为济渡人生。在张謇看来，这样一位为济渡人生贡献毕生的朋友，可惜去世得太早了。

张謇对海州的建设十分关心。他在致沈云沛、许鼎霖的一函中，说到"油、面、垦三事，事已太细。况□宿事亦是初办"，很迫切地询问"海州步究在何处为安妥长久，想已熟筹"。"油、面、垦"即榨油、面粉、垦牧,此时沈、许二人正在海州着力发展这三项实业。"宿事"即宿迁耀徐玻璃厂事。而张謇显然更关心正在筹划的"海州步"即海州埠,张謇认为海州开埠更不容忽视,其选址则是个"安妥长久"的大事。他说"要须多觅后起之才,千万留心,千万留心!"[7]

当然,张謇与沈云沛在某些具体问题上有分歧,但他们的友谊是持久的。以张謇1912年农历八月十四日日记为证:"沈雨辰招同久香午餐,肴品特佳。"是日,三人同在北京。这可能是他们三人最后的宴聚,其后不到三年,许鼎霖病逝于上海。

1917年八月,在沈云沛逝世前两年,沈云沛最重要的助手董才卿去世。沈云沛对张謇说,"吾乡实业,方曰兴陇海铁路,行且抵于墟沟,繁盛未可量。而实业大家董君亡矣!董君亡而商埠开,求其才如董君而能与外人战者实罕,是可悲也","其家传,吾任之","而铭幽之文阙如,曷可无宣于辞,俾后有所述,请为之铭"。张謇欣然命笔,作《清封中议大夫董公才卿墓志铭》。张謇在墓志铭中忆及与沈云沛的往事,感慨地说:"西人东渡,以商战攫我精华。沿海要区,蚕食殆尽","当此利权外溢之时,君子达而在上,则谋实业以培天下之元气;穷而在下,则谋实业以濬一方之利源。裕国裕民,计固无逾于此","往十二年,德窥连岛,謇与沈君雨辰谋兴实业以相抵"[12]。张謇肯定沈云沛正是一个无论"达而在上"还是"穷而在下"的君子,"谋实业"是他一生的主要事功。

三

张謇、沈云沛、许鼎霖在实业救国的征途中互相扶助的事例很多,然而仅仅如此认识他们交往的意义却是不够的。

1903年农历四月二十七日至六月初六(是年有闰五月)张謇东游日本,进行为期70天的考察。这次考察使他的思想产生了飞跃,他深刻地认识到,中国必须"抉其病根",即改良政府。因为政府如果"昏惰"如故,那么资助实业、倡导教育都只是空谈。这就促使张謇积极地投身立宪运动。在张謇看来,一方面必须推动朝廷实行立宪,另一方面必须推行地方自治。他认为"立宪基础,首在地方自治","治本维何?即各人抱村落主义,自治其地方之谓也。今人民痛苦极矣,求援于政府,政府顽固如此;求援于社会,社会腐败如彼。然则直接解救人民之痛苦,舍自治岂有他哉?"[13]而地方自治的"根本",则是实业。他说:"窃謇以国家之强本于自治,自治之本在实业、教育,而弥缝其不及者,惟赖慈善。"[14]所以凭他对沈云沛、许鼎霖的了解,他是热切地希望他们创办更多的实业,以作地方自治的"根本",在他们的家乡实行地方自治,所以他以满腔的热情帮助、支持他们的实业活动。可惜笔者缺乏沈云沛、许鼎霖此时作何想法的资料,张謇与他们交往看起来只是谋划实业的创办,但其共图地方自治的目的则是显然的。

1904年,张謇曾在《记论舜为实业政治家》中援引《史记》所言"舜耕历山,渔雷泽,陶河滨,作什器于寿丘,就时于负夏",说明舜是个实业家。而舜这个实业家创办实业的地方,"一年而所居成聚,二年成邑,三年成都",舜便是个实业政治家。但是,"舜若止是自了汉,作个人事业,人孰附之","若非舜之实业发达,亦未必人人归附如此"[15]。张謇用舜的故事,说明一个实业家要成为实业政治家,一是不能做"自了汉,作个人事业",二是务必使"实业发达"。张謇向往成为"实业政治家",追求自己的事业像舜一样成聚、成邑、成都,实际上就是将自己的地方自治模式不断推向更为广阔的天地,而并无个人权欲。他构想建立徐州行省就是寄托了这样的理想追求。

张謇在《徐州应建行省议》中说徐州"控淮海之襟喉,兼战守之形便,殖原陆之物产,富士马之资材",在"英将由长江而北规,德将由济南而南越"的形势下,必须在徐州建省,下辖徐州府、海州、淮安,安徽凤阳、颍州、泗州,山东沂州、兖州、济宁、曹州,河南归德的全部或部分,凡四十五州县。他提出徐州行省的四大要政就是他自己一直躬行的"训农、勤工、通商、兴学"[16]。显然是因为当时江南受帝国主义控制比较严密,张謇希望将徐州行省作为经营地方自治和发展民族资本主义的自由天地。不无可能的是,张謇建议徐州建省,会考虑到他和沈云沛、许鼎霖作为"江北三名流"已有的自治基础;而一旦徐州建省,他们可以发挥更大的作用,其事业能够得到更快的发展。应该说,《徐州应建行省议》是张謇苦心殚思设计的完整方案。但是朝廷读不懂张謇的良苦用心,最后决定只设立江淮省以分治江苏,张謇的计划完全落空。

在这样的情况下,1905年农历三月,张謇北上,"过山阳晤丁宝铨,与鼎霖会议淮、海、扬、通合营自治事"。提出"淮、海、扬、通合营自治"正好佐证了张謇主张徐州建省的目的,也佐证了他与沈云沛、许鼎霖频繁交往的目的。这次北上,十日至十三日,张謇和许鼎霖在清江与江淮省巡抚恩寿(字艺棠)谈话多次,"谈学校事,请立师范学校"。十六日至十七日,在宿迁与许鼎霖察看玻璃公司建设工程。十九日张、许二人至徐州。"二十日,拜徐道袁杏南察使(大化)、袁大令兰生(国钧)。""二十一日,袁察使约同久香往看白土山煤矿(山下即白土寨)。"二十四日,与久香等"寅初"即"由青山泉、贾家汪察视煤矿","中饭后复至利国驿",见"铁石则触处皆是,若就近得佳煤以为用,大利可兴矣",随后进入山东境。二十六日，在姚湾"见峄县华德公司煤局"，不禁感叹："谁令华德合者?!"二十七日至四月一日，回到宿迁"复视（玻璃公司）厂基工程"及周边"玻璃砂地"。四月二日，"冒雨到海州"。三日至六日，察看沈云沛的洪门果圃、树艺公司。其后，张謇、沈云沛、许鼎霖三人又一同前往清江，十二日在清江分手。仔细研究张謇、沈云沛、许鼎霖这次行动的范围和细节可以看出，显然有着继续循着徐州建省的思路，退而求其次，依靠自己的力量谋划"淮、海、扬、通合营自治"的意味。如果这一谋划得以实现，那么整个江北的面貌势必会发生很大的变化。可惜的是，"淮、海、扬、通合营自治"终因种种原因（如实力有限，一些实业家的经营不善、入仕等）而并未取得预期的效果，然而张謇、沈云沛、许鼎霖各自为地方自治所作的努力，却厥功甚伟，流芳百世。

论者往往笼统地将张謇、沈云沛、许鼎霖的壮举称之为实业救国，他们的交往也就只是因为在实业救国这一点上志同道合。而笔者以为，张謇、沈云沛、许鼎霖实际上是从实业救国开始，后来走到了力行地方自治，而且曾经谋划合营自治。实业救国和力行地方自治不是一个概念，因为前者表达得更多的是爱国情怀，而后者还明确地谋求变更国体，表达出新兴资产阶级的政治诉求。

（本文为连云港市纪念沈云沛逝世100周年作）

注释：

[1] 张謇：《大生纱厂股东会宣言书》，《张謇全集》④，上海辞书出版社2012年，第549—550页。

[2] 张謇：《谢教育慈善募捐启》⑤，《张謇全集》上海辞书出版社2012年，第196页。

[3] 胡适：《南通张季直先生传记序》，《南通张季直先生传记》，张謇研究中心印行，第3页。

[4] 参见网络资料。

[5] 蒋国宏：《实业救国的力行者，政治活动的同路人——张謇与许鼎霖》，《张謇的交往世界》，中国文史出版社2011年，第124—128页。

[6] 徐俊杰：《张謇佚文辑注》，海门市哲学社会科学界联合会、海门市张謇研究会、海门市历史学会联合印行，第99页。

[7] 张謇手书复印件。

[8] 张謇：《垦牧手牒》，《张謇全集》②，上海辞书出版社2012年，第1433页。

[9] 沈云沛手书复印件。

[10] 《大生纺织公司年鉴》，江苏人民出版社1998年，第132页。

［11］张謇：《挽许久香》，《张謇全集》⑦，上海辞书出版社2012年，第515页。

［12］《江苏赣榆县董氏宗谱》（民国十七年重修）。据1998年新修稿。

［13］张謇：《苏社开幕宣言》，《张謇全集》④，上海辞书出版社2012年，第461页。

［14］张謇：《拟领荒荡地为自治基本产请分期缴价呈》，《张謇全集》①，上海辞书出版社2012年，第430页。

［15］张謇：《记论舜为实业政治家》，《张謇全集》④，上海辞书出版社2012年，第82页。

［16］张謇：《徐州应建行省议》，《张謇全集》④，上海辞书出版社2012年，第83页。

其余未加序码的引文，因有日期标明，均可见上海辞书出版社2012年《张謇全集》⑧的《柳西草堂日记》《啬翁自订年谱》。

"父教育而母实业"

在某次小型会议上,谈到张謇关于教育和实业重要性的问题,有人忽然问了我一个问题:"张謇说的究竟是'父实业,母教育'还是'母教育,父实业?'"我竟被问住了。于是,我反过来问:"那么,究竟是父亲重要,还是母亲重要?"竟也把那人问住了。仔细一想,这里有一个在张謇看来教育与实业究竟孰轻孰重的问题。

于是我在《张謇全集》中寻求答案。张謇的表述大体上有以下几点:

"实业为教育之母。"(1921年《呈报南通地方自治第二十五年报告会筹备处成立文》)

"教育为实业之母。"(1907年《师范学校开学演说》)

"教育者,万物之母。"(1910年《请免提苏属积谷款仍留地方办学议》)

"窃维环球大通,皆以经营国民生计为强国之根本。要其根本之根本在教育。"(1910年《江苏教育总会咨呈江督、苏抚、宁苏提学司请开办实业教员讲习所文》)

"实业教育二事,有至亲至密之关系。"(1903年《师范学校开校演说》)

"国所与立,以民为天;民之生存,天于衣食;衣食之原,父教育而母实业。"(1907年《通海中学附国文专修科述义并简章》)

我找到了张謇的原话是"父教育而母实业"。然而从张謇的表述中,我没有看出他对教育与实业孰轻孰重的表态。教育固然是"万物之母""根本之根本",但同时"实业为教育之母",没有创办实业的成功,没有资金的积累,就根本谈不上创办教育事业。张謇自己的救国之路就是这样走过来的,先办了大生纱厂,有了钱才办了通州师范。他一生办了20多个实业,才有可能创办300多所学校(其中有些是在他影响下创办的)。而反过来,由于教育事业的发展,培养了大批管理和技术人才,为实业服务,才促进了实业的发展。所以"实业教育二事,有至亲至密之关系"。

张謇认为,教育和实业,就像父母亲一样,为人们提供了一切赖以生存的东西,就是人们的衣食父母。"衣食父母",照字面解释,就是供给衣食的父母。人在踏入社会之前,一切都得靠父母提供,岂止衣食而已。所以"衣食父母",意即"生活所依赖的人"。那么,教育和实业就是人们所依赖而无法或缺的。

教育和实业,二者并重,而人们则赖以生存。那么是"父实业,母教育"还是"母教育，父实业"，其实是一样的，尽管张謇说的原话是"父教育而母实业"。张謇在这里用的是"互文"的修辞方法。互文，也叫互辞，是古诗文中常采用的一种修辞方法。它把属于一个句子（或短语）的意思分写到两个句子（或短语）里，解释时要把上下句的意思互相补足，所谓"参互成文，含而见文"。具体地说，就是上下两句或一句话中的两个部分，看似说两件事，实则是互相呼应，互相阐发，互相补充，说的是一件事。

张謇说的"父教育而母实业"难道不正是这样吗？"父教育""母实业"，看似各说两件事，其实是互相呼应，互相阐发，互相补充，说的是一件事。即不是说"教育是父亲，实业是母亲"，而是说"教育、实业就是父母亲"。因此，我们大可不必为"究竟是父亲重要，还是母亲重要"的问题发愁了。

海门有小学自常乐始

"海门有小学自常乐始。长乐之小学，詧、謇及詧夫人邵、謇夫人徐，及詧长子妇沈所筹办者也。"这是1915年印行的《南通地方自治十九年之成绩》一书中附录的《海门长乐小学校之概况》开头的一段话。"长乐"今已改称为"常乐"。这段话告诉我们，是张謇、张詧弟兄和他们的夫人徐氏、邵氏以及张詧的长媳沈氏首先在海门创办了小学。

张謇认为，"强国必先智其民，智民必先普其学，普学以初等小学为最亟，以师范学校为最先"。但是，他于1902年4月7日和8日对两江总督刘坤一阐述这一观点并提议先办师范和中小学时，虽然得到刘坤一本人的认可，却遭到了江宁藩司吴重熹、巡道徐钧树、盐道胡延等人的阻挠，刘坤一左右为难，叹息不已，表示"此事难办"。于是张謇回到南通，靠自己的力量创办了中国第一所民立师范——通州师范学校。1904年7月，张謇按初小教师标准培养的通师讲习科学生毕业，于是决定在常乐镇设立一所初等小学。当时张謇经济拮据，正如他自己所说，"一家之力既营师范，又营小学，实亦难于兼顾"，但张謇终于千方百计地将学校办成了。

正是这所小学，开创了海门小学教育的历史。但是关于这所学校创办的细节一直湮没至今，无人知晓。近有友人将新发现的《张詧张謇建设长乐镇公立初等小学校呈》《海门长乐镇公立初等小学校章程》及该校各项规则的佚文转到我的手上。现据此将该校创办过程叙述如下：

解决校舍 张謇根据朝廷一再下达的准许改用庵观寺院办学的谕旨，决定利用常乐镇东的关帝庙。关帝庙即今张謇纪念馆内古银杏树所在的地方。早在1897年，因为张謇、张詧弟兄在这里设立社仓，劝募储粮，存丰补歉，预防饥荒发生，所以曾经进行修缮。此时庙有三进，大门外另有厢房。张謇决定腾出最后一进作为教室和温习室，中进的西偏殿用来接待客人和建厨房，第一进的戏台和楼房用作寄宿生的宿舍。中进的正殿、东偏殿，第一进的东楼上下以及大门外的东厢房，仍旧放神像。又在庙外买了十四步五分边隙地，建成食堂三间、浴室和厕所三间，腾挪出了神龛、僧房、公所的九间房屋。这样，既解决了校舍问题，又没有影响关帝庙原先的功能，不至于引起人们的反对。至于操场，则是将社仓的晒场填筑修补了一番。

筹集经费 当时张謇估计建房和备制教室、厨房、食堂、宿舍的杂物，以及教学标本、器械等，共需银一千五六百元。张謇在所办的小轮公司大生轮船近三年的余利中拿出银九百元，其余由张謇、张詧弟兄两人捐助。张謇估计购买用于建房的十四步五分土地和所需沟东一百二十步边隙地，加上开挖填补工资，并买旧屋一间，共需银一百二十元。这笔款项请常乐镇董事杨点、沈祺协助在二十八圩内募集。张謇说，募集这笔款子，"欲使凡长乐社仓所系二十八圩之人，咸识教养乡里为众人各应分担之义务，藉明公理而开民智"。至于开办后每年的费用五百六十余元，除收学费外，还缺三百五十余元，仍由大生轮船每年余利及房租等收入中开支，不足部分则由张謇、张詧弟兄两人承担。可见创办这所学校的绝大多数经费来自张謇所办企业的利润和张謇、张詧弟兄的捐助。但为了让众人懂得兴办教育的意义，共同关心海门第一所小学，张謇特地动员大家捐资，并将学校定名为"长乐镇公立初等小学校"，其良苦用心可见一斑。

制订规则　张謇办事，一向十分严谨。在办学之前，他就经过深思熟虑，制订了包括教员规则、学生功课考核规则、校舍规则、教室规则、体操场规则、礼仪规则、放假规则、食堂寝室盥饮栉沐所规则、溷厕规则、夫役规则、赏罚疾病规则、接待外客规则在内的一系列规章制度，学校在各方面均有章可循，从而保证了学校一切都按高质量、严要求的标准运行。

聘用教师　学校建成后，由张謇、张詧担任校长。他们对于教师的要求很高，一方面要求教师以主人翁的姿态，"同担教育义务，一切校事宜协同商酌"；一方面要求教师必须按照"普及教育，养成一乡子弟具有国民知识"的办学宗旨进行讲授，并且"按所定日时上堂讲课，毋得旷废功课，贻误学生"。如果"不实力任事"，就"由校长察实辞退"。在办学的前两年，张謇、张詧先后聘用南通师范讲习科的毕业生施揆之、茅炳元、黄汝霖任教。第三年，南通师范开始有了本科毕业生，张氏又先后聘用了黄钧、施霖长、李云、王能仁来校担任教员，以后还聘用了苏州师范预科毕业的黄善同、太仓中学毕业生刘师厂。

招收学生　这所学校学制规定为五年。按照清政府规定，初小学生入学的年龄不得高于14岁。但在这之前海门并无小学，考虑到这一实际情况，招生年龄在五年内变通为7岁至18岁，第一年招生的结果，平均年龄为15岁。第一年决定招生25名，生源范围是学校所在的二十八圩，如招不足，"则他乡之人补之"。由于新生国文程度不一，开学后经过测试，分为甲班和甲前班两个班。张謇的目标是普及教育，"凡附近校舍之儿童在12岁以内者，概令上学"，所以学校"先编学龄簿"，如一时由于名额限制，则"先令年长者入学，幼者次年入学"。学费的缴纳，根据学生家庭经济情况，规定每年分别为2元至6元（后来逐渐减少到1元），而由学校承担其中的60%，贫困者全免。学校规定，"有不美之名者"入学，必须由家长"具悔过更始书",再犯即令退学,同时上报海门厅署并转呈省学务处;学生在校应该穿布衣,颜色"以蓝、灰、元、青、黑、白为贵","有不正不雅之服饰、形状者,不得入学",并且注明其中包括"高领、窄袖、花鞋、松辫、刷髦之类"。所谓"刷髦",就是在头发上涂油,作为男孩,当然属于怪癖了。

设置课程 学校一共开设五门课程:修身、国文、算术、图画、体操。五门课程显然是按照德育、智育、体育三个方面的要求设置的,这是张謇一贯的教育思想。就文化学习的内容而言,包括了最基本的语(国文)、数(算术)两门,再加图画,以培养学生的兴趣和爱美之心。其中国文的内容非常丰富,包括识字、读经、写字、读文四项。而读文一项,张謇又学习日本寻常小学的做法,将历史、地理、物理合为读本,以拓展学生的知识范围。

这所小学是张謇创办的第一所小学,张謇特地为它写了校歌。因为社仓和学校办在一起,社仓是为百姓救荒,学校是为百姓子弟开智,所以张謇在校歌中说:"父老勿愁荒,儿童勿愁伧(鄙陋无知)","大家爱国先爱乡,长乐之校真堂堂"。

由于张謇的精心筹划和悉心管理,这个海门的第一所小学办出了很大成绩。即就前十年而言,学校共培养了116名合格毕业生,另有58名学生修业。在当时农村文化水平几乎为零的情况下,这些人成了当地的知识分子。

按照张謇当时的设想,为了普及教育,要在二十八圩中,"他日能有初等小学校七所者,上也,至少亦须四所"。于是第二年即1905年,常乐诞生了张氏私立第二初等小学校;1906年,张徐私立第三初等小学校面世。1907年,张謇的年轻即寡居的长媳沈茂筠(沈敬夫之女)不甘落后,创办了张沈私立长乐第四初等小学校。1914年,张謇按照已故夫人徐端的遗愿,开办了海门历史上第一所女子学校——张徐私立女子初等小学校。张謇以"平实"作为校训,并创作校歌。张謇为自己的夫人自豪:"海门溯女校,常乐为之始","夫人亦是女子身,惟明大义能如此"。因此,他教育学生"重义轻财天不限女子","后生后生可兴起"。同一年,张謇和夫人邵氏又将常乐的小学教育从初等发展到高等,兴建了张邵私立长乐高等小学校。这样,小小的常乐就拥有了六所小学,可谓极一时之盛。

张謇与日本大正博览会

1903年,张謇参加日本大阪博览会,并有《东游日记》行世。但很少有人知道他在11年后,作为民国政府的农商总长,亲自主持了我国参加日本大正博览会的全部工作。

1914年是日本大正三年,为庆祝大正新皇即位和谋求国内实业发达,日本于这一年3月20日至7月31日在东京上野公园举办了"大正博览会"。据张謇事后所写的《办理参加日本大正博览会情形给大总统呈文》说,这次博览会共设19个陈列馆,"其中机械馆、动力馆中之工业器械及电力动机,为该国历次博览会所无,足征工艺学术之进步","此外设有外国馆一处,专为陈列各国赴会物品"。所以这次博览会虽然不是世博会,但同样为各国的相互交流提供了平台。

张謇一向非常重视世博会或各国举办的博览会,认为有利于"察视各国好尚风俗,以便推广制造",发展中国经济。与参加大阪博览会不同的是,那时张謇还只是刚刚走上"实业救国"道路的一名探求者,他是去考察日本如何在明治维新后跃升为东亚头等强国的,同时也为了解决自己在创办实业和教育中遇到的实际问题;而现在张謇担任了农商总长,他更是需要站在国家的角度去考虑问题,"为笃念邦交,注重实业起见",他对这次博览会十分重视。早在1913年11月,张謇主持的农商部便向国务院提交了"筹备赴赛经费预算",其中"列地租金三千元",并函请外交部电令驻日本代办"预定(展馆)地八十坪";又将《博览会规则》翻译印发到各地,请"名工商家"上报"出品数目"。由于各地反应冷淡,迟迟不报展品,12月25日,张謇签发命令,称"为期异常迫促,若不切实进行,迅速征集,定难如期赴会",要求各地"赶速劝征","早日核计呈报",并"以民国三年正月杪为限"。随后,又确定农商部佥事胡宗瀛为中国赴会事务长、技正汪杨宝和主事屈蟠为襄理。

在张謇的努力下,我国"荟集中华全国物产八千余件",分为陶磁(瓷)器、美术工艺、丝织物、棉毛织物、皮毛制作、玻璃制造、饮食品、学生成绩、古今书画等9个种类参展。"其中大宗出品,为苏杭之染织品,江西景德镇、江苏宜兴、山东博山之陶磁(瓷)器,直隶、河南、山东、甘肃之毛毡,湖北织布局之棉麻织物";工艺美术类,有"北京之雕漆器、景泰蓝,天津之象牙雕刻及银制器皿";书画类,有"江西李瑞清之隶书,上海吴昌硕之书画,桐城吴芝瑛之小楷,暨小万柳堂廉泉氏所藏唐宋元明清五朝古书画，蔡鲜民、杨建益所藏之宋元明书画珍品"。博览会期间，"我国实业家如孙多森、周晋镳、朱佩珍、印锡章诸人，均联袂赴东"，并与日本实业家涩泽荣一等进行了交流；江、浙等省还组织了观光团先后东渡。我国提供展品的人员共有120余名，其中70多人获得纪念奖章。张謇认为，所有这些，"于我国实业前途，良多裨益"。

张謇东游坐几等舱的问题

一看题目，也许我的这篇小文章会被误为在做学术论文了。其实，在下不敢，也没必要。之所以就此发一点议论，是因为至少曾经有两篇关于张謇1903年东游日本时乘坐三等船舱的稿件被送到我的手上。稿件描述得活灵活现，无法叫人怀疑其真实性。但我老是喜欢追究真相，老是不肯轻易相信那些所谓学者的号称学术研究的文章，这自然总是不讨人喜欢的，然而人活在世上是要做点正经事的，这样才对得起社会，对得起历史，对得起衣食父母。如果一味打算讨人喜欢，恐怕往往做不成正事，所以我何必追求讨人喜欢呢？

于是，我在张謇的《柳西草堂日记》"光绪二十九年（1903），太岁在癸卯年五十一岁"之"四月"中找到了这样一段话：

> 二十五日定附日本邮船会社"博爱丸"东行。
>
> 二十七日早七时开行。日人自甲午后，创赤十字社，造"宏济""博爱"二丸，用日金一百万圆。……二丸宽长与载重均同，舱位三等：上等墨银五十五圆，往复则七五折。二等三十三圆，三等十三圆。博览会规则有减二成之说，既以往复减折则不加折。……坐上等十三号，赖十四号给仕（日语谓使令人）张承训通语而便。

从张謇这段文字我们可以知道，那次张謇应日本驻宁领事天野先生之邀，去参观日本第五次国内劝业博览会，乘坐的是日本邮船会社的"博爱丸"之上等舱，座位是十三号，因为买的是往返船票，打了七五折，所以单程应花四十一圆二角五分。这是张謇在日记上明明白白的记载。张謇东游那段时间所记的日记共二万五千言，他回国后，将它定名为《东游日记》印出，分送挚友传阅，其可靠性自当毋庸置疑。

其实，许多事情，只要稍微动一动脑和手，是很容易弄清真相的。但是，一些人偏不。偏不肯弄清真相也罢，只当戏说吧。当下戏说历史的小说、电影、电视剧多的是，情节的胡编乱造不说，便是历史的基本知识也被莫名其妙地任意颠覆了，所以我常常不敢看。曾经有个叫作《武则天秘史》的电视剧，无论演员还是职员，声名都不乏如雷贯耳之士。但是，在他们的大作中，竟然以为高宗、中宗、睿宗就是他们生前的头衔，自己不懂也罢，偏要通过电视剧来传授这样错误的历史知识，以致谬种流传。文艺作品可以虚构，但不能离谱，尤其是对于知识的传授则仍需持谨慎态度。

记得张謇说过："教育以通俗为最普及，通俗教育以戏剧为易观感。"既然如此，电视剧的编剧和导演应该不忘自己教育的重任，不要戏说到天昏地暗、伸手不见五指、一片混沌的地步。

而现在的问题是，那些关于张謇1903年东游日本时乘坐几等船舱的稿件的作者不是在写文艺作品，所以也绝对不是什么戏说，而是货真价实地在做关于张謇的"学术研究"。从现在的眼光看来，坐三等舱的张謇自然要比坐上等舱的张謇来得可爱，多么地绝不炫富，多么自觉地从士大夫阶级归属到平民百姓之中！倘若说清张謇的路费还不到大生纱厂的账房中去报销之类的话，那张謇简直就是廉洁奉公的光辉典范了。所以，许多所谓学者不是懒得去查第一手资料，而是乐意凭空想象出一个"伟大"的张謇来。

然而张謇自己留下了600余万字的著作，他自己向后人和盘托出了他的思想和言行。尽管有时对同一件事在说法上有不尽一致的地方，但大体八九不离十，不会太过离谱。弄清这些事实，恢复历史本来面目，是张謇研究者的责任。我认为，在张謇的所有著作中，最接近历史本来面目的，非《柳西草堂日记》莫属。

张謇海军建设思想述略

一

尽管中国是世界上较早拥有水上武装的国家之一，而且发展水平几乎一直居于世界领先地位，但是，几千里的海岸线历来被看作是一座天然长城，以为天朝上国的王土就到此率土之滨，亦更没有想到敌人会有能力从海上破门而入。只是从明代开始，来自东洋这个蕞尔小国的倭寇在沿海屡有骚扰，那么实行海禁可也。然而，清道光二十年（1840），天朝上国却被从海上而来的西方帝国主义海军的坚船利炮打开了国门，这极大地刺激了中国的许多有识之士，令他们意识到海岸这座天然长城之不可靠，从而萌生出近代海防意识和开始了建设近代海军的实际行动。

张謇生也晚，这位一介寒士第一次接触海军，是在光绪八年（1882）跟随吴长庆将军去中国的藩属朝鲜平乱。此前吴长庆虽然调补了广东水师提督，然而率领的却是陆军。而渡海朝鲜，张謇们乘坐的倒是北洋海军的"威远"号兵舰，同发的还有"镇东"号，继发的又有"日新"，另有"泰安""拱北"也同时开到朝鲜。这些兵舰的任务是运兵，不是战斗。

光绪二十年，岁在甲午。是年四月张謇大魁天下。五月，朝鲜内乱再起，日本又一次趁机出兵，强请朝王向中国谢绝藩称而为自主之国，并逼令辞去中国通商交涉员暨进剿乱党之军，朝王不许。六月，清政府决定进一步出兵护援，而掌握军事和外交大权的李鸿章却是主和派，寄希望于西方列强调停。西方列强出面调停无效，李鸿章"迫于上旨"，只好开始调兵遣将。

清政府和国人对李鸿章和他的北洋海军寄予厚望。光绪十四年（1888）北洋海军成军时，这支海军被认为是亚洲一流、位居世界第四。过了三年，李鸿章曾经校阅过北洋海军，事后他报告说："综核海军战备，尚能日新月异，目前限于饷力，未能扩充，但就渤海门户而言，已有深固不摇之势。"[1]前不久，李鸿章举行了又一次空前规模的校阅，为期近二十天，并于四月二十五日上奏他看到的情形：鱼雷艇"攻守多方，备极奇奥"，施放鱼雷"均能命中"，登陆演习枪炮阵法"灵变纯熟，快利无前"，水兵打靶"均甚灵速"，各舰万炮齐发"起止如一"，"灵准非常"。这份奏折使得龙心大悦，乃下旨"李鸿章督率有方，著交部议叙"。[1]

然而，刚刚中了状元的翰林院修撰张謇却不以为然。他在六月初十的

《代某公条陈朝鲜事宜疏》[2]中条陈援助朝鲜八事，表示了坚决主战的态度，从外交到军队的布防和作战部署，进行了十分周密详尽的策划，而对北洋海军应起的作用却几乎忽略了。其第四条云："今以南北洋兵船计之，分别战守策应，仍恐不敷调度，亦虑兵力单薄，不足以壮声势"，于是"拟请饬下北洋大臣于旅顺防营中，择曾在朝鲜带兵、明白耐劳之员，统率十余营由间道前往，规平壤为后路，助前敌之声援，通奉天之形便"。说的首先是南北洋亦即整个中国海军的兵船"仍恐不敷调度"，"兵力单薄，不足以壮声势"；然后是需要"择曾在朝鲜带兵、明白耐劳之员"，率军"驰出间道，以为攻心之助"，可知此军当的只是"奇兵"的角色，算不上主力，而"明白耐劳之员"似乎也不多，尚须挑选。而第三条则是专讲北洋海军的了："查神机营之外，别立海军，将以收拱卫京师之效，如宋时禁兵之制也。平时养以重饷，而临事不足折冲，是縻甚有用之钱，养群无用之人，安用此军？且技艺可习于无事之时，而胆智之习，非使之经历行间、习惯艰苦危险之事不可。应请严饬该军翼长人等，简调精壮，参置前敌，与他军相为磨荡，增长胆气，庶目前不致有虚设海军之名，将来亦可望钳制他军之用。"这是很值得玩味的一段文字。先是将北洋海军与神机营相提并论，地位特殊得"如宋时禁兵之制也"，此话不无调侃意味。整段话虽然说得闪闪烁烁，但是字里行间却几乎全是对北洋海军的批评和指责，说白了，就是技艺不精，胆智不足，"养群无用之人"，"临事不足折冲"，在目前只有"虚设海军之名"，然而倒是"縻甚有用之钱""养以重饷"，所以一言以蔽之："安用此军？"看来"收拱卫京师之效"只是一句空话，李鸿章说的就"渤海门户而言，已有深固不摇之势"似乎也完全靠不住，那么二十年来以数千万两白银计的海军经费，岂不等于是打了水漂？

仗还没有开打，张謇何以说出这样耸人听闻的话来呢？我们从是年六七月间张謇给翁同龢写的书信中可以找到若干信息。张謇曾经在信中向翁同龢报告他所知道的日本海军的实力："日本铁甲船五：金刚、比睿、龙骧、东舰、扶桑。扶桑最坚，金刚、比睿次之，东舰不足道。但见过光绪十四年顾厚焜《日本新政考》云：'日本五船，其三船皆造于英厂，图式为英前监船官乐利德所定。扶桑一船仿土斐梯布仑德之制，为甲舰纯式；金刚、比睿以木质傅甲，底包铜片，乃有甲快船之船，甲太薄，在今时已难适用。龙骧、东舰惟求旧，盖无识矣。'余二十九舰皆名巡海快船，无铁甲也，亦远不及我快练船。"[3]张謇其实此时知道的只是老皇历，他所说的五艘最坚的铁甲船，还是六年以前的事，那时北洋海军的七艘带"远"字的军舰是其实力的两倍，然而今非昔比，现在日本"最坚"的已是新添的另六艘军舰，吨级已经翻了一番。但是张謇所说的"东舰不足道""远不及我快练船"之类的话,反证了张謇对北洋海军实力的信心。可见张謇说北洋海军徒有虚名,不在于它的装备。如果就实力而言,对北洋海军参战没有信心的,不应是张謇,反倒应该是李鸿章。李鸿章说,"近年部议停购船械,自光绪十四年后,我军未增一船",而日本则"乘我方方难购添之际,逐年增置","倘与驰逐大洋,胜负实未可知,万一挫失,即设法添购,亦不济急",[4]"彼之军械强于我,技艺精于我,即暂胜终必败"[5]。事实上,张謇和翁同龢之所以以为北洋海军徒有虚名,不在于它究竟能不能打,而在于它究竟愿不愿打。他们认为,这支实力不逊于日本的海军偏偏掌握在了不想打仗的李鸿章手里,而李鸿章又通过安插亲信,特别是将同乡兼心腹的丁汝昌放到了直接指挥北洋海军的提督的位子上,北洋海军简直成了李鸿章的私人武装,因而内部赏罚不明,腐败堕落,乌烟瘴气。张謇对此一直耿耿于怀,直到光绪三十四年(1908),张謇在谈到甲午战争时还坚持说:"甲午一役,一败涂地,坚舰利械,转为敌资。推求其故,则李鸿章误用一浮滑不学之同乡丁汝昌为提督……"[6]当时,张謇和翁同龢渴望北洋海军能够摆脱淮系的控制,特别渴望由主战派来掌握北洋海军,他们曾经反复讨论"丁(汝昌)须速拔",而且先后拟定过几个接替的对象。在丰岛海战前一天,张謇提议"以武毅军江提督代之",因为"似亦可免淮人复据海军"。但又考虑到"江非水师,恐于驾驶事不习,转为士卒所轻",于是接着提议"左翼之林泰曾、右翼之刘步蟾似可择一",而且认为"似林逾于刘",[3]因为无论林还是刘,都是福建船政学堂毕业后留的洋,不是李鸿章的淮军出身。后来张謇又认为"聂士成尚忠勇,今审势不退,而力战取胜,……似此人即可为丁将来之替",聂士成虽是淮军,但是"尚忠勇"。[3]在丰岛海战失败以后,张謇和翁同龢认为抓住了把柄,张謇指责"丁为提督,何以并不前往?"[3]又说,"丁须速拔,仍令效力前线,戴罪自赎",并进而直接把矛头指向李鸿章:"李本势利人,非鞭策不可,则调度乖方、接应失机之罪,薄科共罚,亦应照东捻北窜故事,拔翎褫褂。"[3]张謇给翁同龢的信反映了张謇对于如何运用海军参战的种种想法。如,"径薄日本之说,所以解救朝鲜也。……今为可进可退、亦战亦守之活着计,中国可战铁船约二十余艘,约四分队,每队五六船,各以经事提镇统之,密授方略,时时游弋于中国、朝鲜、日本之间,忽东忽西,忽南忽北,使彼牵掣顾忌,不敢分兵扰我边海,则我之南北洋海防,但就本有营垒,严饬将士,谨候望、备战守而已。而我之兵船规利图便,遇有可乘之机,飙驰前进,或毁其船厂(日厂皆在横滨),或沉其战船,此则声势相援、虚实迭用之道,而亦海军练胆、海防固围之要施"[3]。张謇提出的这种"时时游弋于中国、朝鲜、日本之间"的策略,丁汝昌实实在在地实施了,他在丰岛海战第二天即开始连续多次率领大规模主力舰队出海游弋，以追寻敌踪，主动打击敌人，却又被张謇说成是"托名游弋，实则避匿"[7]。当然我们无从知道张謇和翁同龢是否了解丁汝昌的主战态度和坚持主动出击的策略，但丁汝昌这位民族英雄确是做了李鸿章的替罪羊，蒙冤受屈。这与张謇、翁同龢显然有关。"拔丁"意在倒李，争夺对北洋海军的控制权不能不说是倒李的一个重要手段。张謇曾在一封信中扼腕长叹："安得战舰三五艘，以重兵径薄倭东京湾也？办海军十年，而临事一无所措手，欺罔误国，至于此极，欲得而食其肉矣！"[3]张謇确有一些很好的用兵策略，比如他曾向翁同龢建议说："此时似宜电购穿甲铁甲二艘，闻德厂有造成者，似一月可到。此于实事则为将来游弋之资，于虚声则示日本以不轻于和之势。（若再添购铁甲，明无直捣之说，而隐有若作直捣之势，或亦可掣日人之心，俾不为我海边之扰。）"[3]但是，遗憾的是北洋海军不在张謇手上，也不在翁同龢手上，再怎么思飞神驰，也只能是纸上谈兵而已。

关于甲午年主战和主和两派的斗争，已经讨论了两个甲子的轮回，本文无意参与讨论，只是主战派的张謇对于主和派李鸿章的北洋海军始终持不满和批评的态度，是事实。他认为中国的海军不能那样办，也不能办成那样。"破"字当头，"立"也就在其中了。于是在对北洋海军的批评中，张謇的海军建设思想就开始形成了。

二

甲午年六月二十三日发生了丰岛海战，日本海军向中国雇用运兵的"高升"号等英国商船及护航的北洋海军"济远""广乙""操江"等舰发起攻击，致"广乙""高升"被击沉、"操江"被俘、"济远"受伤，七百余官兵殉国。这是北洋海军首战而首败，其原因自然是多方面的，但对于张謇来说，则是强烈地感到自己的预言变成了现实。可能是受到此事的强烈刺激，张謇感到赖以拱卫京师的禁兵、赖以防御东三省与强邻接壤之区的练兵和"滨海七省攫持而狙伺、旦夕与人共利害之门户、所赖以建威销萌"的海军三者，成了三个"不足恃"，所以亟须重新考虑如何治兵的问题。七月初二，张謇在给翁同龢的信中说："有治兵议，迟二三日录上，急切固不能行也。"[4]可能是由于忙于关心朝鲜战局发展，而所说的治兵议又都是"急切固不能行也"的事，所以直到七月二十三日才最后"改定《治兵私议》上下、《治兵余议》三篇"[8]。

《治兵私议》上下、《治兵余议》[9]三篇是张謇第一次关于海军建设比较全面的论述，是基于北洋海军"不足恃"而提出的重建海军的方略。

在治兵议中，张謇对于海军的地位有着很深刻的认识。张謇说："而中国之所以见侮于外夷，并海七省五六千里，一有蚍蜉蛾子之动，上下相顾愕眙无策，葸葸而却缩者，海军之弱也。"由于海军之弱，已是中国"见侮于外夷"的主要原因，而中国已到了"海七省五六千里"的海岸线上竟经不起"蚍蜉蛾子之动"的地步，实在是极为可怜的局面。这就反证了建设一支强大的近代海军的重要性和迫切性。在给海军的定语中，"玃持而狙伺"，这自是军队的天职，算不上新鲜话题；"建威销萌"，将海军作为一种威慑力量和在第一线消除国家危难苗头的观念，比起以往李鸿章一味坚持的防御方针来，已是高出一筹；而将数千里海岸看作是"旦夕与人共利害之门户"，则有着全新理念的萌芽了。"门户"既是"旦夕与人共利害"的，那么，我与人都是既可以进，也可以出，我们当然也应该顾及海岸以外。"门户"自当防守，但我们也可以走出去与人共争利害。几年之后，张謇知道这就叫作海权。

　　基于这样的认识，张謇提出中国近代海军的规模是，以沿海七省计，每省各建二军；每军五船，其中上等穹甲战舰二艘、次等铁甲快船三艘。这样，全国共十四军，拥有上等穹甲战舰二十八艘、次等铁甲快船四十二艘。

　　其体制，则是强调了省的作用。强调省的作用，这对于调动各省督抚的积极性和加强他们的责任心，显然是有益的。一旦开战，便可避免如甲午战争中当日军进攻威海的最后时刻，山东巡抚李秉衡竟不肯发兵援助一类的情况。张謇设计，每省二军，各军设一统将；全海军"易南北洋大臣之名而立一总统、一会办"，即总统和会办是海军的最高领导。总统、会办并不固定一处，"各半年驻南洋，半年驻北洋"。这就改变了过去以海域划分、全军无法统一指挥的体制。过去的做法，各自自成体系，畛域分明，互不统属，最后导致海军成了集团甚或个人的武装。如李鸿章将北洋海军视为私产来把持，植党营私，遍布亲旧。朝廷的命令，也只有通过他才能起作用，当时就有人批评说，北洋水师"乃李鸿章之水师也。……恐用以御敌则不足，挟以自重则有余"[10]。李鸿章始终把北洋海军和淮军看成维护自己政治地位的两大支柱。对于这一体制的弊端，日本在甲午战前发现了，于是紧急取消了原来按区划分舰队的办法，将原来的五个海军区整合为两个舰队，不久又将两个舰队组成联合舰队，统一了指挥权，从而提高了战斗力。但是，张謇的设计还有一个问题，即海军的最高领导总统、会办与各省督抚关系如何协调，以保证海军全军的统一指挥呢？这确是一个十分棘手的问题。当年沈葆桢、李鸿章分别以总督兼办南、北洋通商事务，督办海防事宜，由于他们与各省督抚官阶相等，不构成隶属关系，便受到掣肘，呼应不灵。只是李鸿章凭地位、资望和清廷重视才办得较为顺利，沈葆桢则几乎无所作为，原议的"南洋"最终变成了南洋、福建、广东三支海军。

张謇为了提高海军全军的战斗力，同时也为进一步解决体制问题，设计了战备训练的具体方案。其方案是："各省战舰，十日一游弋于海上"，而且"奉直东之舰，游弋必至闽粤；闽粤之舰，游弋必至奉直东；江浙之舰，北必至奉直东，南必至闽粤"，在保证海上始终有舰队游弋的同时，各舰队又可"更番休息"。这样打破海域的游弋，对于各省海军确立自己"不是一省之海军，只守卫本省海疆，而是全国之海军，须保卫全国国疆"的观念，无疑是有效的。过去各支海军分割，各自为政，无法形成合力，是导致削弱战斗力，甚至失败的重要原因。十年前的甲申马江海战中，虽经清廷一再催促，只有广东派了二舰前往增援，南洋、北洋却始终未派一船，作壁上观。甲午海战，竟成了"以北洋一隅之力，搏倭人全国之师"，只有前不久广东海军的几艘军舰北上受阅未及返离而参加了战斗。[11]

游弋的战备训练，有些什么具体任务呢？张謇说："游弋之时，练炮准也，测沙礁也，狎风涛也。""练炮准"是为了实战时提高命中率，有效打击敌人；"测沙礁"是为了熟悉航道，以便实战时进退自如，不致造成过去发生过的触礁等非战斗损失；"狎风涛"是为了习惯海上生活，培养在险恶的自然环境中搏击的胆气和能力。这些都是海军将士所必需的素质，只有养成了这些良好的素质，才能有战胜敌人的可能。在游弋的战备训练中，还制订了赏罚条例，年终汇总，对"能中炮准而过半""能得沙线礁石于洋图之外""能经大风涛而不损舰一器"的最优者给予奖赏，"否则罚之"，赏罚分明，尤能扶持正气，鼓舞士气。为了检阅海上游弋的成效，张謇提出"岁四会操"，而且会操之地也不固定于本舰队熟悉的海域，而是"会之地或粤海，或闽海，或浙海，或江海，或东海，或奉直之海"，这显然是为了全海军能够适应各个海域环境，以便实战时各省海军随时可以开赴任一海域作战，同时也显示出会操对于各舰队的公平性。而在过去，虽然在《北洋海军章程》中有"每年由北洋大臣阅操一次""每逾三年由总理海军事务衙门请旨特派大臣同北洋大臣出海校阅一次"的规定，但事实上光绪十年（1884）至光绪二十年（1894）中仅阅操五次，且大多流于形式，做一个报喜不报忧的报告了事。张謇设计会操的地点并非各省协商，而是明确"先期由总统、会办示日"，这就赋予了总统、会办对全军的指挥权。更值得特别注意的是张謇提出的另一个游弋任务："岁又以两次省各轮抽穹甲一艘，游弋东西洋，保护中国商旅，熟习各国海道。一省四穹甲，二岁而周矣。"这就是说，中国海军舰队应该走出内海，向大洋进发，去熟习各国航道，也去保护中国商旅。张謇的这一观点，颠覆了中国近代海军建设二十年来的根本指导思想和战略。西方近代海军是资本主义发展的产物,其战略本能地具有主动性和进攻性;而被刺激被动产生的中国海军则浸透了大量传统的保守性和惰性,因而形成了被动、消极的防御战略,只求摆脱危机,以保和局。李鸿章说过:"居今日而曰攘夷,曰驱逐出境,固虚妄之论。即欲保和局、守疆土,亦无具而保守之也","我之造船,本无驰骋域外之意,不过以守疆土、保和局而已","目前固须力保和局,即将来器精防固,亦不宜自我开衅。彼族或以万分无礼相加,不得已而一应之耳"。[5]所以,中国海军从没想到走向外洋,也从没想过两军对阵须先声夺人,甲申和甲午的失败,实际上就是这种战略的失败。海上作战胜败之关键,在于能否取得制海权。取得制海权,当然有多方面的因素,但是如果根本连想都不敢想,连外洋都不敢出,那便注定永远无法取得。张謇至少想了,而且设计了措施,这在当时的中国,确是难能可贵的。张謇设计的战备训练任务十分具体,极具实战性,不像北洋海军在战前四年中的训练大多虚应故事,"无事之秋,多尚虚文,未尝讲究战事。在防操练,不过故事虚行,故一旦军兴,同无把握,虽执事所司,未谙款窍,临敌贻误自多"[12]。

关于将领,张謇说,"成军之始,统将管驾不足,亦可杂用洋将为之"。在当年创建海军之初,确曾"借材异域,冀救目前之急",聘用洋将以"师夷之长",洋将中亦不乏尽心竭力者,如担任北洋海军总查的英国人朗威理。朗威理治军严明,办事勤勉,认真按照英国海军条令训练,为官佐所敬惮,亦为提督丁汝昌称赞为"洋员之在水师最得益者,朗总查为第一",自他甲午战前四年辞职后,北洋海军便越来越松弛了。但是,帝国主义者也想借此"得到对中国政策有一个更大的影响力"和"获得军舰和大炮等等的定货"。[13]所以洋将中确有少数企图损中国之权、为本国谋利的别有用心之徒。李鸿章藉任用洋将以换取外国政府的欢心,就在甲午战争爆发后,他还任命了两个外行的洋人为北洋海军总顾问,一个是英国一艘拖船的船长马格禄,一个是德国陆军退休少尉汉纳银,无非是梦想博得英、德两国在政治上的同情。张謇在这个问题上,既面对现实,又持谨慎态度。首先立足于使用本国将领,在其"不足"的情况下,方才"亦可杂用洋将为之",措辞极为严谨。而值得称道的是,张謇强调兵舰游弋时,"统将必与焉",这对将领的锤炼提高、改变官僚习气、密切上下关系等,都有极其深刻的意义。关于军士,张謇主张"听各省募沿海精壮为之",这种就地取材的做法,确能有利于军士尽快熟习海战。

张謇在三篇治兵议中用很大的篇幅论述了筹饷问题。中国海军建军之初,决定自光绪元年(1875)起,每年从粤海、潮州、闽海、浙海、山海、江海六关及沪尾、打狗二口和苏、浙、赣、闽、鄂、粤六省厘金中拨款四百万两白银，作为筹办海军专款。但事实上这一规定执行得很不理想，最初的三年中，北洋海军总共只拿到二百万两，占计划的三分之一，南洋海军则更可怜，只拿到一百二十万两，占计划的五分之一。各地资金不能到位，连最富庶的省份也拖欠了海军拨款，如江苏十八万两、浙江八万两、江西十五万两。再加上朝廷一遇有事，便动辄动海军经费的脑筋。先是山西、河南等地灾荒，后是为建设慈禧归政后作颐养之地的"三海工程"，都不断向海军"借款"。醇亲王甚至曾示意李鸿章"指称创建京师学堂或贵处某事，借洋七八十万两之谱"[4]。光绪十四年（1888）起，为建颐和园作慈禧六十大寿祝嘏之所，竟将海军经费和颐和园工程款混为一谈，集款二百六十万两交海军衙门生息，息款供颐和园工程使用。从此李鸿章再也不敢开口购船，连翁同龢也说："海军乃生息之款，一时未能遽提。"[4]经费一紧，就想着裁汰原有舰炮，缩小规模，更不想购买新舰。这些历史说明海军筹饷之难。而现在按照张謇设计的建军规模，"非二千万两不可"，自是缺口更大，筹饷愈难。张謇决定改变原来运用关税和部分省协款的办法，发动全国各省合力，"以六年分办，每年三百三十万两。通十八省计，每省岁出不及二十万两"，但是又并非平均摊派，如"江浙必倍于他省"。但是，即使这样，也一定仍然困难重重，包括江浙也是。所以张謇提出了两个办法：

其一，"尽裁厘捐分卡而归于一"。张謇早就知道到处设卡船收厘金对老百姓的危害，设卡船越多，则危害越大，那些管事的人会想出种种办法对过往商贩进行敲诈勒索。结果，"上（政府）所得捐千，而下（老百姓）所输必倍于千"。所以早在十余年前，张謇就和好友沈燮均一起，联合通海花布商，请求政府减少厘金征收数额。如何既能增加政府的厘捐收入，以为海军经费，又能使老百姓不致增加负担呢？张謇的办法是：各地应"酌十岁所收之多寡以为常，而岁大歉许免捐其出货，又尽撤各卡船而便其行焉"，这样，厘金"虽加二三成，民有不欢欣如鱼之脱网、牛马之解羁者乎？"因为"尽撤各卡船而便其行"，老百姓不再受敲诈勒索之苦，"去蠹蠡之蚀以还诸民"，实际上省下了很多钱，而政府却比以往增加了两三成的收入。这无疑是利国利民、两全其美的好事。

其二，劝谕在各国与各岛的数十万中国商工之人，"各联会定章，集捐购船"。张謇知道，早先这些商人曾"有请于使臣，愿得中国派兵岁时保护，而船炮薪粮由商捐备"，当时未能满足他们的要求，现在如果这样去做，又是一件利国利民、两全其美的好事。

张謇之所以这样做，是因为他认为筹饷要采取得民心的措施。张謇在《治兵余议》中特别强调了兵力与民心的关系："天下势之强弱在兵力，而机之得失在民心。民心得，则兵力虽弱而犹可为迁延之图；民心失，则兵虽强而终不免于灭亡之祸。"所以，张謇认为："治兵者治其标，苏民者治其本。苏民以治兵者，里中有表也；治兵而即苏民者，表中有里也。故言治兵，而不专于治兵也。"这确是具有远见卓识的建军理念。

张謇写成治兵议之后四十天，北洋海军于黄海败绩，日本遂大举进犯，最后全歼了这支中国苦心经营了二十年的舰队。事实证明张謇考虑以新的理念建设中国海军确是必要的。

三

黄海海战一结束，主和派李鸿章就成了许多人唾骂的目标，并被朝廷"拔去三眼花翎，褫去黄马褂"，看起来海战是打败了，而主和派却胜利了。张謇自然是怒不可遏地奏劾李鸿章。在张謇看来，海战的失败，就是李鸿章"历时二十年之久，用财数千万之多""筹三省之海防"的失败，亦即创建北洋海军的失败；失败的要害在于"贪私专忌、悖谬张皇"，在于"徇纵欺罔，骄蹇黠猾"。章开沅先生在《张謇传》中讲到张謇的这一奏折时用了"旧仇新恨""发泄无遗"的字眼来形容，确为至当。

此后，张謇因父丧南归，在家乡接受两江总督张之洞奏请的总办通海团练的任命。此时张謇深感"家忧国难，怵目痛心"，而兴办团练本身只是清廷的自欺欺人之举，对于张謇来说，"事无可为，义不容谢，而经费、器械一切扫地赤立"[14]。但从张謇起草的《海防团防营制》《民团续议》《通海劝防歌》中可以看出，张謇在有限范围内为抗击日本所做的努力和他"以主待客、以逸待劳"的积极防御策略仍然弥足称道。不久，张謇得到《马关条约》签订的消息，痛彻心扉："和约十款，几罄中国之膏血，国体之得失无论矣。"[15]几年以后，张謇东游日本，也仍然心潮难平："是谁亟续贵和篇，遗恨长留乙未年！"[16]正是甲午战败刺激和教育了张謇，促使他走上了实业救国的道路。

《马关条约》签订后，张之洞所上《吁请修备储才折》，普遍认为为张謇代拟，并以《代鄂督条陈立国自强疏》[17]的篇名编入张謇著作中。这篇奏疏是国家在当时"割地驻兵之事，如猛虎在门，动思吞噬；赔款之害，如人受重伤，气血大损；通商之害，如鸩酒止渴，毒在脏腑"的情况下，提出了八个方面需要解决的困难和如何解决的办法。这八个方面综合起来，其目的是"立国自强"，其手段是"修备储才"，在张謇和张之洞的著作中，此文的标题正好分别用了概括其目的和手段的文字作为定语加以修饰。这八个方面实际上也就很难割裂开来。

但是值得注意的是关于海军的部分，所用的小标题却与其他七个有明显的不同，在"宜如何如何"的"宜"字后面，特别加了个"亟"字，"宜亟治海军也"，可见海军建设问题在当时与其他各项相较，不仅是"宜"，而且是"亟"。可以想见，辛辛苦苦建立起来的北洋海军一朝覆灭了，犹如一个人家，其他多少艰难困苦都还在次之，要紧的是家门已被打破，得赶紧把它修葺起来，不至于到人人皆可随意闯入的地步。所以，再不能像治兵议那样的"急切固不能行也"的从容，凡所论及，都是为了救燃眉之急。虽然其撰写时间，上去治兵议不足一年，而其中的观点已与治兵议有了很多变化。这实在是不得已而为之的事，严格说来，只能算急就章，还不能算是张謇的思想。

比如，关于规模和体制，只是笼统地说"论今日大势，自以北洋、南洋、闽洋、粤洋各设海军一支为正办。若限于物力太巨，则南北两支断不能少"，并未如治兵议那样提出具体的编制目标。各军舰船的配备标准，根据实战，确定为"必以一二大舰为老营，而以穹甲快船为战兵，以鱼雷炮船为奇兵"，"约附穹甲快船四五艘，鱼雷炮船七八艘"。因为时不我待，而且又囿于战后艰难的财力，这与治兵议的"以五年计"设计，便有了很大差距。虽然希望"有筹巨款、购多船之举"，但事实上绝无可能实现，所以只想借此"先声所播"，以"足见中国志气未衰""足以隐折各国吞噬之志"，有点在百无聊赖的困境下自欺欺人的意味。再比如，关于将领，已不再是治兵议说的那样，"统将管驾不足，亦可杂用洋将为之"了，而是干脆纯用洋将，"至水路尤难于陆路，将领必用洋将为之"，"且非用洋将，则积弊必不能除，操练必不能精，考核拔擢必不能公"，一直要"俟洋将于各船弁勇中考有出色可信者，再以派充各船管带"，"至各船应如何配用布置，应请旨敕琅威理迅速来华，并带精熟水师将弁数人同来，以便通筹全局，及早举办订购"，总之是一切依靠洋人了。其原因，可能主要是有鉴于北洋海军腐败的教训，比如，曾有一军官谈到北洋海军的训练时说："前琅威理在军时，日夜操练，士卒欲求离舰已难，是琅精神所及，人无敢差错者。自琅去后，渐渐放松，将士纷纷移眷，夜间住岸者，一船有半；日间虽有章操作，未必认真。至有事之秋，安耐劳苦？"[12]再如张謇在《呈翰林院掌院代奏劾大学士李鸿章疏》[18]中列举的种种腐败和赏罚不公现象，于是以为只有依靠洋将来解决问题了，这是未免偏激的做法。另一个原因，在北洋海军被摧毁以后，中国近代海军建设差不多又回到了二十年前的原点，大多数中国自己培养的优秀海军将领已在战争中殉国了，以至于无良将可用。

《代鄂督条陈立国自强疏》所论海军建设，大抵是迫于当时战后的艰难环境和鉴于战争失败的教训进行的。它在讲到海军地位时说，"今日御敌大端,惟以海军为第一要务",这可以说是对整个甲午战争最深切的体会了,日本全歼了北洋海军,就战胜了中国,就赢得了"几罄中国之膏血"的战争赔偿。李鸿章一味强调北洋海军的防守战略,显然与海军建设的宗旨相去甚远,因为"沿海七八千里,防不胜防,守不胜守",结果是"彼横行海面而我不能断其接济,彼空国出师而我不能攻其巢穴"。等于说北洋海军自己主动放弃了争夺制海权的斗争,这是甲午战争失败的重要原因,也是北洋海军建设最大的失败之处。再就具体而言,一个很深刻的教训就是海战"以船快炮快为要著",这"与从前专恃船坚炮巨者稍异"。资料显示,在军舰的速度方面,日本海军比北洋海军时速平均快了1海里;日本海军的速射炮发射速度,是北洋海军旧式后膛炮的4—6倍[11]。所以现在讲到舰炮,无不需要围绕一个"快"字展开:"中等穿甲……每一点钟行三十二海里","鱼雷炮船……每一小时行二十八海里","穿甲、雷船所配,皆系大小快炮"。另一个很深刻的教训就是"中国海军尤以断敌船接济为要著"。这本来是一个简单的军事常识,但是在消极防御思想的指导下,却需要用血肉的代价来重新进行启蒙。至于舰船及装备,强调的则是向西方帝国主义购买,"若分向英、德各大厂订造,则一年内外,海军数支之船,皆可齐备应用,庶免悠忽延误","至于福州船政局,亦宜速筹整顿展拓,令其每年可成两三船"。这显然是出于战后的应急考虑。《代鄂督条陈立国自强疏》还强调"必宜多筹船坞",不仅设在沿海,还要设到长江以内,"船坞若不设多处,设一坞为敌所踞,或海道为敌所截,我船不能归坞修理,数战之后,多船均废矣"。将多筹船坞作为海军建设的一个重要措施,颇具远见。在"宜亟治海军"一项中有建造铁路之论,论及其于军事的重要作用,"调兵之捷速,可省多营",江宁、苏州、杭州之间的铁路,更可将三地"联为一气,外远内近,可以随方策应,省兵省饷,是于兵亦有大益"。主张"洋商垫款包办",但又明确"此事断不宜英、法诸大国商人包办","恐获利以后,收回或费口舌"。铁路建设隶属于此,可能是其职责曾划归海军衙门之故。

由于《代鄂督条陈立国自强疏》是个综合治理的方案,所以关于海军建设的部分问题又在其他各项中提出。如在"各省宜分设枪炮厂"里,讲到"若沿海沿江数局,并宜造船台大快炮,盖取其(指已为克虏伯厂归并的德国格鲁森厂的快炮)身轻而及远","今日守台及兵船,若仅用旧日之后膛炮,尚不能久与敌人相持"。再如在"宜广开学堂"里,讲到办水师学堂,"博延外洋各师教习,三年小成,乃择其才识较优者,遣令出洋肄业",在应急专用洋将的同时,这是培养海军人才的长远了。又如在"宜多派游历人员"里,讲到牵涉海军需要用心考求的,就有水陆兵事、炮台、战舰等。

《代鄂督条陈立国自强疏》与治兵议不同。撰写前者的主导者是鄂督张之洞，首先自然是张之洞的观点。张謇的一帮朋友，包括文廷式在内的三十八人曾经上《奏请密联英德以御倭人折》，其中透露了张之洞在黄海海战之后、甲午战争结束之前曾经与英国人秘密接触，寄希望于英国出兵反击日本。张謇本人也参与了联络英、德的讨论。显然主战派的清流们与张之洞走得很近，他们都对洋人抱有很多不切实际的幻想。所以这篇奏疏也一定反映了他们的共同思想，不应视为张謇个人关于海军建设的思想。而治兵议则是张謇跟自己恩师的畅言，并未掺杂其他任何人的观点。

四

甲午以后，帝国主义一个接着一个地把魔爪伸到中国。于是中国"外交益棘，国势益危"，清政府在下坡的路上加速跌滑，虽然亦曾为重建海军做过一些努力，然而收效甚微。这诚如恩格斯所说的："经济情况供给暴力以配备和保持暴力工具的手段"，"没有什么东西比陆军和海军更依赖于经济前提"。[19]

而张謇经过自1895年以来实业、教育救国道路的艰苦实践，积累了许多宝贵的经验，也开始成为中国早期的资产阶级一员。光绪末年，在朝廷关于海军建设问题旧事重提时，张謇写了《代苏抚条陈规复海军疏》[20]。此时的张謇在政治、经济诸方面已有了很高的地位和很大的影响，发表观点完全无须看人眼色，更何况此次重论海军建设，融进了自己这些年增长的国内外知识和实践经验，而这些都是当时许多人所望尘莫及的，因而自然是又一番新的见识。

《代苏抚条陈规复海军疏》一开始从形势讲海军："窃自环海交通，五洲万国，非海陆军相辅而强不能立国。而海军与敌相见尤先，其关系视陆军为尤重。"形势是"环海交通"的新形势，海洋提供了国际贸易的便利，"五洲万国"到了凭借海洋频繁交往的时代，当然也增加了敌人从海上入侵的忧患。这就涉及国家的海权了。海权问题是张謇近些年来得到的新知识和最为关注的问题之一。他知道，"际此海禁大开，五洲交会，各国日以扩张海权为事"，"滨海数十里外，即为公共洋面，一旦有事，人得纵横自如，我转堂奥自囿，利害相形，关系极大"，[21] "海权界以领海界为限，领海界以向来渔业所至为限"[22]，所以要"以商界保国界，以商权张国权"[23]，"若不及早自图，必致渔界因含忍而被侵，海权因退让而日蹙"[21]。因此，他主张创办渔业公司，他说："渔业公司之设，名为保护鱼利，实则爱惜海权。"他在创办渔业公司时说："查海权渔界，相为表里，海权在国，渔界在民。不明渔界，不足定海权，不伸海权，不足保渔界，互相维系，各国皆然。"[21]"各国则视渔业为关系海权最大之事，其领海界限，由三海里渐展至十海里。所谓领海者，平时捍圉边警及战时局外中立之界限，亦即保护渔利之界限。两国分界处往往以兵舰守之，每有因争渔界而开衅者，其郑重海权如此。"[24]张謇还详细地以事实证明了中国的渔界："英国海军官局图册载，中国琼州岛渔艇每年常离岛七八百里收采海参，剥玳瑁，晒鱼翅，西历三月进至爪哇。又觅出礁林、康岛、树岛、蒲拉他士岛各条下，皆云恒有中国渔人在此掘井、避风、围鱼。是南海全境皆中国渔界。《广舆记》直隶湾桃花岛渔人捕鲸多在朝鲜海东。按桃花岛即英国海军图册所谓马鞍列岛之一，日本海也。中国渔界幅员之广如此。向惟小船来往，且一年之中不过三数月，非有渔轮时时往来其间，譬诸荒地失管，必有侵占之者。"[21]张謇一系列关于海权的言论，清楚地表明建设一支强大的海军就是要保卫国界、保卫海权，而不再仅仅是守卫海岸、保卫大陆。军舰要开到海洋中的两国分界处去，而且要能够在公共洋面上纵横自如。所以，海军在"环海交通"的时代，势必"与敌相见尤先"，虽说"非海陆军相辅而强不能立国"，而海军的地位已经凸显了。张謇在当时能用如此先进的理念论述海军建设，确是难能可贵的。

接着，张謇提出了海军建设的"三计"：

一是将士培养之计。将士的培养，张謇不再寄希望于洋将，而是立足于自主培养。张謇的原则是"因地制宜，因人施教"。"地"是奉、直、东、江、浙、闽、粤沿海七省濒海之地；"人"是"狎习风涛"的海滨子弟。张謇希望在这里将这些人培养成海军的将士。具体办法是进行三个层次的教育：一是"沿海七省，广设初、高两等小学"。但是，海滨居民是靠渔业为生的，所以张謇知道，"以子弟入学肄业，求不可必得之报于将来，而先失其目前治生之佐，必非所愿"，应该实行义务教育："于初等则强迫渔户子弟人人入学，于高等则必以初等毕业人数之三成入学。"张謇把它称为"播种植苗之法"，用以培养士卒。传统的观念是士卒不必识字，而张謇认为，"使将弁有学而士卒无学，必不能收指臂之效。是非使士卒同受教育不可"。二是"沿海七省，先设海军中学"。海军中学相当于过去的水师学堂，只是过去水师学堂"止南北洋两处，教科不备，成材不多"。现在沿海七省都办，"选各高等小学毕业者为学生，酌参高等学功课，而延长其学期"，"兼注重于游弋、攻守"。这样，无论人数和质量，就都超过了过去的水师学堂。这些毕业生可以进入海军大学深造，张謇把它称为"移植树木之法"，以培养将领。三是"沿海七省酌设商船专学"。这是为了满足那些"资性、体格不宜军学"的初、高小毕业生的家长"遣子弟就学之心理"而开设的类似今天职业教育性质的学校。这种学校的程度"兼高等小学及中学","须注重于驾驶、管理",三年毕业。毕业后,"复加考察","进可令为兵,退亦可听为商,亦犹陆军之后备"。再上面便是培养将领的海军大学了,"南北洋各一区:北洋须能容三省中学毕业升入之学生,南洋须能容四省中学毕业升入之学生。规模宜闳,教科宜备"。海军大学毕业,"更出洋游历或留学一二年"。前后十六七年,"学成年壮,正可有为"。张謇还特别希望朝廷表现出锐意图强的诚意,令亲贵子弟"使历京师高等小学,而海军中学,而海军大学",让他们"平日侪伍士庶,共竞长于学问之途",这样"临时任用将弁,得不谬于臂指之使"。

二是舰炮制造之计。海军舰、炮,几十年来都以外购为主,现在张謇说:"今谋海军,而舰、炮所资,唯倚外人,是竭本国人民之资财,为他国工业之代价。"所以不能"仍不自为计","长此仰息于他人"。张謇提出的具体措施是:一是福建船厂专重造船,借用名师,广教学生,讲求新法。二是创办工科大学,先设预备科,后设本科,注重军工,即就上海制造局为实习之地。三是扩充湖北、上海枪厂。四是奖励凡能造船之商厂,指令分任精造兵舰所需之机械,授图定式,验力程功;人苟各专一艺之长,分令承造炮身、炮弹、枪筒、枪弹,由官授式,监督验收。五是各省产铁地方兴炼铁厂,如徐州利国监之铁,富甲天下的山西煤铁。这些措施,有属于政府要做的,也有属于鼓励民间厂商做的,后者是张謇这些年兴办实业的经验,他知道民间资本在发展经济中的重要作用,知道民间厂商是充满活力的,同样可以为海军建设出力。但是,张謇认为,这种带有市场化性质的措施,不是放任自流,"工获竞争之利,即惩劝有所施;官严约束之方,即流弊无所出"。再者,也需要政府"实行提倡、保护、补助、奖励,鼓舞众商又为之酌税则之宜,谋交通之便"。所有这些,如果不是张謇自己的切身感受,是无论如何讲不出来的。

三是经费筹备之计。张謇说:"力以分多而见轻,事以预久而益立。"所以,一要作十五年规划,张謇计算了海军建设十五年所需经费,其中教育两千余万,舰、炮制造一千万之外,合计三千数百万圆;二要以十八行省共同负担,如平均计,每省岁筹不及两百万圆。

张謇提出的"三计",其鲜明特征是强调自主和重视民生。这是张謇这些年来总结出的重要经验。张謇知道会有人借口"外侮之来日剧,协谋之患孔多"来批评他这个强调自主的"十五年之预备,为时太迂",还是想走过去购洋舰、聘洋将的老路。张謇回应说:"使以为剧,以为多,而急遽张皇,猝求速意,恐将士以非所习而不精,舰、炮以非己有而易竭","若教育未兴,人才缺乏,即有坚舰利炮,谁能用之?"

次年，宣统元年（1909）闰二月二十九日，张謇作《上度支部大垦淮徐海荒地为规复海军及地方自治教育费基本说》[25]，为筹集海军经费出了一个绝妙的主意，这显然是针对当时宣统之父、摄政王载沣亲自代理全国海陆军大元帅，重新提出振兴海军的主张后，"今筹海军者，惟闻司农仰屋而嗟"的情况提出的。当时许多人为此出了各种各样的点子，"有为仿行他国各种征税之谋者"，"有为田赋附加税之谋者"，其共同点则无非是"与民争利"，加重老百姓负担。其实，通过增加老百姓负担是无济于事的，因为老百姓已无力承担，"即使令行如水，……是一州县所得，且不足供一州县自治教育之岁需，更何论经营海军之大计！"所以，一向以民生为重的张謇批评这种做法是"削足适履，所伤实多"。他认为，与其"与民争利"，不如"略筹资本，经营榛芜，开辟利源"，"国有产业之岁入增，则国民担负之喘息减"。这仍然是张謇早就主张的"苏民以治兵""得民心"的思想。张謇根据自己几年来创办垦牧公司的经验，建议政府用公司法筹集资本，开垦荒地，以获取利润，用作海军经费，并表示愿意"其详细规划，如蒙派员南来，协同勘度，当更次第胪陈"，其爱国赤诚之心，跃然于字里行间。

综上所述，张謇海军建设思想的发轫是有鉴于北洋海军建设中的教训，它的发展，大致可分为两个阶段：第一阶段是甲午战争前后，张謇作为一个刚刚跨入封建士大夫行列的先进知识分子，站在主战的立场上，从批评北洋海军入手，以满腔的爱国热忱和爱民情怀所作的思考；第二阶段是张謇经过实业救国实践，开始逐步蜕变成新兴的资产阶级一员，用全新的知识和眼光，站在民族的、爱国爱民的立场上所作的思考。

（2014 年 8 月为纪念甲午战争120 周年而作）

参考文献：

[1]《李鸿章奏巡阅海军事竣折》，《清末海军史料》，海洋出版社1982 年，第 275 页、第 279—284 页。

[2] 张謇：《代某公条陈朝鲜事宜疏》，《张謇全集》①，上海辞书出版社2012 年，第 4 页。

[3]《张謇全集》②，上海辞书出版社2012 年，第 56 页、第 56 页、第 61 页、第 59 页、第 58 页、第 54 页、第 64 页、第 59 页、第 59 页。

[4] 包遵彭《中国海军史》，中华丛书编审委员会1970 年，第 939 页、第 638 页、第 659 页。

[5]《李文忠公全集》奏稿，卷二十四第12 页，商务印书馆1921 年，卷二十四第 13 页，卷十九第45 页、第 47—48 页。

[6] 张謇：《代苏抚条陈规复海军疏》，《张謇全集》①，上海辞书出版社2012 年，

第 160 页。

[7] 张謇：《呈翰林院掌院代奏劾大学士李鸿章疏》，《张謇全集》①，上海辞书出版社 2012 年，第 14 页。

[8]《张謇全集》⑧，上海辞书出版社 2012 年，第 382 页。

[9] 张謇：《治兵私议》上下、《治兵余议》，《张謇全集》④，上海辞书出版社 2012 年，第 4—7 页。

[10]《洋务运动》丛刊第 17—18 页，转引自《中国近代海军史》，解放军出版社 1989 年，第 61 页。

[11]《中日战争》丛刊第三册，第 112 页，转引自《中国近代海军史》，解放军出版社 1989 年，第 208 页。

[12] 盛宣怀档案之三·中日战争下，第 399 页、第 388 页，转引自《中国近代海军史》，解放军出版社 1989 年，第 185—186 页。

[13]《十九世纪的德国和中国》第 149—150 页，转引自《中国近代海军史》，解放军出版社 1989 年，第 189 页。

[14] 张謇：《上黄体芳书》，《张謇全集》②，上海辞书出版社 2012 年，第 70 页。

[15]《张謇全集》⑧，上海辞书出版社 2012 年，第 389 页。

[16]《张謇全集》⑦，上海辞书出版社 2012 年，第 127 页。

[17] 张謇：《代鄂督条陈立国自强疏》，《张謇全集》①，上海辞书出版社 2012 年，第 15—25 页。

[18] 张謇：《呈翰林院掌院代奏劾大学士李鸿章疏》，《张謇全集》①，上海辞书出版社 2012 年，第 12—14 页。

[19]《马克思、恩格斯列宁、斯大林军事文选》，战士出版社 1977 年，第 217 页。

[20] 张謇：《代苏抚条陈规复海军疏》，《张謇全集》①，上海辞书出版社 2012 年，第 159—163 页。

[21] 张謇：《为创办渔业公司事咨呈商部》，《张謇全集》①，上海辞书出版社 2012 年，第 101—103 页。

[22] 张謇：《呈南洋大臣议略》，《张謇全集》①，上海辞书出版社 2012 年，第 108 页。

[23] 张謇：《请设上海大达轮步公司公呈》，《张謇全集》①，上海辞书出版社 2012 年，第 73 页。

[24] 张謇：《呈请试办渔业公司办法条陈》，《张謇全集》①，上海辞书出版社 2012 年，第 59 页。

[25] 张謇：《上度支部大垦淮徐海荒地为规复海军及地方自治教育费基本说》，《张謇全集》①，上海辞书出版社 2012 年，第 171—173 页。

张謇提出的南海主权证据

直到清朝末年，中国人基本是没有海权思想的。在长达几千年的以农业为主的时代，中国广博的陆地足够人民的活动与发展，所以海岸线便是疆域的边界了。所谓"普天之下，莫非王土；率土之滨，莫非王臣"，就是将海滨作为国家边界的，海滨之外就是管不着也不必管的海外了。当然，沿海居民仍然必须以海谋生，不能不与海发生关系，但他们在全国人口中占比是极小的。

第一次鸦片战争中，一个没有海权思想的国家，一下子被经过工业革命发展强大起来的西方殖民者从海上呼啸而来打破了国门。一些有识之士开始意识到，海岸线这道蔚蓝色的天然长城靠不住了，中国还需要在海上保护自己的权益，中国不但要有领土，而且还应该有领海。

张謇就是当时一位杰出的有识之士。张謇在光绪三十年（1904）及次年开展了通过创办渔业公司以宣示海权、保卫海权的爱国行动。张謇首先告诉人们，欧美国家是将海洋和大陆看得同样重要的（"欧美视海与陆并重"），现在我们放弃了海权，这在欧美国家看来，就跟放弃了土地一样，而《万国公法》规定，一个国家如果有荒弃的土地，别国是可以代为垦荒的（"一国有荒弃不治之地，他国得为代垦，载在《万国公法》"）。张謇举例说，"一千八百三十六年，英法议立渔约，渔界止三海里。今英国渔界展至二千五百海里"，英国人岂不是按照《万国公法》来替别国"代垦"了？在此情况下，"各国以扩张海权为事，若不及早自图，必致海界因含忍而被侵"。

那么，我们的海权在哪里呢？张謇说："海权界以领海界为限，领海界以向来渔业所至为限"，"海权、渔界相为表里，海权在国，渔界在民。不明渔界，不足定海权，不伸海权，不足保渔界，互相维系，各国皆然"，"是海权之存亡，视乎渔界之涨缩"。用一句话概况，就是"渔界所至，海权所在也"，历史上中国的渔民捕鱼到达的地方，就应该是中国拥有海权的地方。而这并非独创，本是"各国皆然"的国际惯例。遗憾的是，"领海主权附于渔界，中国渔界极远，向来自视在若隐若显之间，近来各国认中国渔界，亦似在若可若否之际"。自己都弄不清自己的渔界，就难怪别人"若可若否"。所以张謇认为，当务之急，便是通过确认渔界来宣示海权。

然而要确认渔界，就该有充分证据证明我们的渔民曾经到达了什么地方。我们有证据吗？

张謇的回答是：有。光绪三十一年（1905），张謇在《为创办渔业公司事咨呈商部》的公文中提出了中国南海主权的证据："英国海军官局图册载，中国琼州岛渔艇每年常离岛七八百里收采海参，剥玳瑁，晒鱼翅，西历三月进至爪哇。又觅出礁林康岛、树岛、蒲拉他士岛各条下，皆云恒有中国渔人在此掘井、避风、围鱼。是南海全境皆中国渔界。"在同一年的《呈南洋大臣议略》中，张謇又说："中国向来渔业，南海直至爪哇及林康岛、树岛、蒲拉他士岛，……此皆英国海军海图官局所编中国海方向书之言，其为外人公认，即此可见。"张謇所说的"琼州岛"即今之海南岛；"林康岛"即属于西沙群岛的东岛，它在永兴岛东南约50公里，是西沙群岛中面积第二大岛。树岛即西沙群岛中的赵述岛，因岛上多树得名。"蒲拉他士岛"就是东沙群岛中的大东沙岛，1866年西方人蒲拉他士航海遇风，在这里避难，西方人于是用蒲拉他士来命名大东沙岛。至于"爪哇"，则是今天印度尼西亚的爪哇岛。在元朝时，爪哇曾是中国的藩属国，两国之间的官方和人民往来密切。张謇所说的林康岛、树岛在南海的西端，蒲拉他士岛在南海的东端，这就勾画了中国渔民在南海活动的东西两端渔界。而阳历三月，中国渔民就到了南海最南端还要往南的爪哇。所以张謇得出结论："是南海全境皆中国渔界。"而"渔界所至，海权所在也"，则中国在南海全境拥有海权是毋庸置疑的事了。这一证据的无可辩驳，在于它不是出自中国人之手，也不是出于中国的友邦之手，反倒是"此皆英国海军海图官局所编中国海方向书之言"。英国海军是最早用坚船利炮打破中国国门的强盗，所以"其为外人公认即此可见"。

然而当今世界偏偏有一些无赖成性的国家睁着眼睛说瞎话。美国一方面操纵他国，一方面亲自登场，南海局势骤然紧张。但这些兴风作浪国家的丑恶表演一定是徒劳的。张謇提出的证据，你们真能视而不见？世界之大，毕竟有许多主持正义的国家在，不是你们说了算的。

提倡中西医教学结合的先驱

最近看了中央电视台《百家讲坛》山东中医药大学王新陆教授讲中医历史，便想起了张謇关于医学的论述。这就是1919年张謇给当时主政山西的阎锡山的复信。张謇在信中说，"医学与人生、性命息息相关，亟应注意"，"走（张謇谦称自己）办此间医学专校亦已八载，毕业三次，三十余人，并设医院为学生实习地"，"中医主气化，治虚证亦诚有独至之处，因是添设中医一级"，"但中医教材缺乏，教者、学者又鲜通才，与西医教材、教法实相径庭，一时沟通亦不易"，"兹拟于中医科加生理、化学两科，西医科加本草药物科，令学生自加融洽，希冀沟通；并欲学生先习中医数年，徐习西医，气化、形体洞悉无遗，期以十年，人材当有可言"。

我找了很多资料，企图弄清提倡中西医教学结合的第一人是谁，至今尚没有一个准确的说法。自从西医进入中国以后，中医的位置便有了动摇。首先是拥有三千弟子的国学大师俞樾举起了反对中医的大旗，提出"废医存药"。他的学生章太炎虽然不完全主张"废医存药"，但对中医的五行学说加以彻底批判，主张完全废弃。章太炎的学生余云岫则是一个更坚定的废中医派，采用西医的观点对中医理论进行了全面批驳。辛亥革命时期的中国，思想文化界人士把中国的落后归结为中国传统文化，他们认为在中国传统文化中，一是孔孟之道，一是传统医学，要中国新生，就必须破除这两个东西。于是1913年，教育总长汪大燮公开提出废除中医中药，搞出个"教育系统漏列中医案"，宣布禁止中医开办学校。经中医界的极力争取，方得以自筹资金创办中医学校。但是，张謇不信这个邪，到1919年的时候，就"办此间（即南通）医学专校亦已八载"，而且"中医主气化，治虚证亦诚有独至之处，因是添设中医一级"。当然由于政府的干预，中医教学已经举步维艰，"中医教材缺乏"。在中医"与西医教材、教法实相径庭，一时沟通亦不易"的情况下，张謇"拟于中医科加生理、化学两科，西医科加本草药物科，令学生自加融洽，希冀沟通；并欲学生先习中医数年，徐习西医，气化、形体洞悉无遗"，进行了中西医教学结合的尝试。诚然，在废止中医的喧嚣声中，中医界不乏抗争之人，亦不乏寻求中西医结合的贤才，例如并称为北京四大名医的肖龙友、施今墨、汪逢春、孔伯华即是。但是，有资料表明，孔伯华、肖龙友创办北平国医学院是在1930年，施今墨创办华北国医学院是在1931年，汪逢春开办国药会馆讲习班则迟至1942年。因为他们是提倡中西医结合的名医，所以他们是以主张"中西兼授"来积极推进中医教育的。但从办学时间上来说，却是完全不能与张謇相比的。我孤陋寡闻，至今找不到比张謇更早提倡中西医教学结合并且拿得出切实措施的人。当然我们并不能就此确认张謇是第一人，但他肯定是提倡中西医教学结合的先驱。可惜王新陆教授做客《百家讲坛》开讲中医历史时，没有看到《张謇存稿》上的这封短信。

张謇"有而不与"的人生态度

张謇珍藏的一本旧拓《怀素自叙帖》，前年夏天在海门发现。今年（2009），这本字帖由张謇研究会印制后，作为资料发给了参加第五届张謇国际学术研讨会的代表。其目的在《后记》中说得很明白，是"希望有助于我们认识作为书法家的张謇和多侧面地了解这位先贤的思想、品格和生活"。果然，我在字帖中便感到读出了张謇的人生态度。

我发现在怀素龙飞凤舞的草书之末，张謇钤有一枚收藏章，印章文曰"曾在南通张啬翁处"，"啬翁"是张謇晚年的号。它淡然地告诉后人，这本字帖不过只是"曾在南通张啬翁处"而已。而值得注意的是，这本字帖是张謇终生追求的宝物，而且凝聚了张謇晚年的心血。他先是在扬州看到一本，贵得舍不得买；后来是苏州名医唐翊之觅得一个缺106个字的残本送给他；再后，辛亥革命的元勋、扬州人方泽山又赠给他一个残本，补到了69个缺字。张謇喜出望外于"居然获之"之时，又慨叹"尚缺四十七字，丰城之剑，不知何时得合也"。直到5年之后，张謇从大出版家刘葱石处借到了一个明代刻本，才由陈邦怀用"双钩"的方法补足了47个缺字，由柯昌颐补抄了缺漏的释文。陈、柯二人，后来都是我国著名的学者。这来之不易的字帖给了百事纷扰的晚年张謇以无限乐趣，他说："百冗之暇，偶一披览，正如与奇人怪士作世外谈，益人神智不少。"

对孜孜以求得到的东西，又能淡然处之，这是一种什么样的人生态度呢？

同样是字帖，我不禁想起一个极端的例子，据传唐太宗对王羲之的《兰亭序》爱不释手，临死把它带进了棺材殉葬，害得后人再也看不到"书圣"的真迹，学书者只能永远临写唐人的摹本。联想这位太宗皇帝发动玄武门之变从父兄手中夺过天下的往事，他对待《兰亭序》的做法，似乎也足可反映他的人生态度。而这正好与张謇相反。

我认为收藏章反映出的张謇的人生态度是"有而不与"。1913年，张謇应民国教育部之邀拟写国歌，他在《拟国歌》中警示国人"天下为公兮有而不与"，因为在他看来，这是中华"开化"（即文明）的精髓，这样才能"世进"（社会进步）、"民主"、"民合"（人民团结）、"圉固"（巩固国防）、"国昌"（国家昌盛）。"天下为公"和"有而不与"分别语出《礼记》和《论语》。前者说，天下是天下人的天下，为大家所共有；后者说，虽然拥有了，但是并不将它占为己有。张謇对追求一生的《怀素自叙帖》，采取的便是"虽然拥有，但并不占为己有"即"有而不与"的态度。其实，张謇对待任何东西，无不采取这种态度。因而，"有而不与"便是他的人生态度。

说到人生，有不少人是所谓看破红尘的，人生苦短，白驹过隙，因此产生出两种消极思想：一是百无聊赖，无所事事；一是声色犬马，及时行乐。前者不想拥有什么，后者则只图个人享乐。张謇却与此截然不同。应该说，张謇对人生是大彻大悟的。他说："天之生人也，与草木无异。"即是说，他知道人会"与草木同生"，"与草木同腐"。但是，他却采取了积极的人生态度。

一方面，张謇一生都在努力追求事业的成功。他说："下走之为世牛马，终岁无停趾。私以为当今之人，当以劳死，不当以逸生。"（我作为社会的牛马，一年到头都不能停步。我认为现在的人，应当劳苦而死，不应享乐而生。）"若遗留一二有用事业，与草木同生，即不与草木同腐。"因此，他踊跃为社会、为老百姓做事，"做一分便是一分，做一寸便是一寸"。他考中状元后，本可以太太平平做官，安安稳稳吃皇粮，但他忧国忧民，勇肩责任，宁愿抛弃仕途，投身实业，舍身喂虎，救亡图存。在吃尽千辛万苦以后，他终于建设了一个堪为全国楷模的"新世界之雏形"，享誉全国乃至世界。

另一方面，张謇一生都没有将成功的事业作为自己享乐的资本。作为大生纱厂的总办，张謇曾经对大生纱厂的股东们说，"为公仆可，为众仆不可"（我可以做公仆，但不能做众仆）。他认为公仆应该"使入资人享优厚之利，因渐以开投资合群之风气"，走实业救国之路；而众仆是"为有限股东之牛马而悦之，而于世无预"，只为少数股东谋利，让他们高兴，但不考虑社会的发展。所以他告诫股东们不要只关心自己的利益，而应更多地关心社会的利益。在张謇逝世前一年的 1925 年，张謇给自己算过一笔账，他将自己办厂应得的收入用于纺校、农大、医专、女师、图书馆、蚕桑讲习所、医院、残废院、栖流所、气象台、博物苑等地方教育、慈善、公益事业的钱，与三兄张詧共同负担了两百多万，自己又单独借债负担了八九十万，此外他还负担了地方及别处的教育、慈善、公益事业有案可稽的另外一百五十余万。所以，张謇在创办实业的前 20 年间在南通根本没有固定的住处，或住纱厂，或住通师，直到 1915 年才建造濠南别业，有了一个家，而这时他已是 63 岁的老人。张謇也并不霸占着自己创办的事业不放，而是多次求贤自代，希望有贤才来发展未来。早在 1907 年，张謇在大生纱厂第一次股东会上就说："謇年已五十五矣，精力日退，意兴日减，度能为各股东效牛马之劳者不过三五年，抑恐此三五年中人事或有更变，不能久肩斯任。"他早就作好了六十岁前退下来，将权力交给后人的准备。他甚至满怀信心地说:"将来及他业之经理人,才具必十倍于謇,自不待言。"然而,张謇直到去世前夕还在为各项事业奔波,病中的他于1926年8月1日还冒酷暑视察沿江保坍工程,致病情加重,24日与世长辞。

  这不就是"有而不与"的人生态度吗?张謇在他的一生中,一方面努力追求"拥有"事业,一方面又并不把拥有的事业占为己有。他既为事业献身,又不索取回报以图个人享受,并能坦然将它放手。正像张謇对待得来不易的《怀素自叙帖》一样,他的事业也不过是"曾在南通张啬翁处"而已。这就是"有而不与"的人生态度。

荡气回肠的爱国情怀

——读张謇的《华族祖国歌》和《拟国歌》
（本文与施友明先生合作）

张謇一生写过不少爱国诗篇，其中有两首是直抒胸臆的，这就是《华族祖国歌》和《拟国歌》。

《华族祖国歌》写于1904年至1905年间。几乎与此同时，张謇接二连三地创作了通州师范、通州小学、长乐镇初等小学等校的校歌。"爱国先教稚子歌"（《东游纪行二十六首》），在这些校歌中，他一再注入了爱国爱乡的元素。所以，《华族祖国歌》极有可能是为了对学生进行爱国主义教育而写的。其全诗如下：

仰配天之高高兮，我昆仑祖峰；俯表地维而建极兮，黄河大江。前万国而开化兮，帝庖羲与神农；怀先民以策后来之人兮，万岁万岁，华种华种。

勿徒耻，或擎我西兮，或犄我东；或乾我北与南兮，或腐蚀我中。昊天不常夜，四时不常冬。越鸟怀南枝，胡马依北风。我自爱我之昆仑峰，我自爱我之黄河大江，我自爱我之帝庖帝羲与神农。

我们可以在诗中感受到张謇对于国家危亡的忧患和挽救国家、民族危亡的信心，以及由衷抒发的爱国情怀。

19世纪末20世纪初，世界上主要资本主义国家过渡到了帝国主义，列强在全球疯狂扩张。在中国，列强划分势力范围，掀起了瓜分中国的狂潮。腐败无能的清政府，1895年与日本签订《马关条约》，1901年与英、美、日、俄、法、德、意、奥、比利时、西班牙和荷兰签订《辛丑条约》。中国面临着空前严重的民族危机。特别是《辛丑条约》签订后，帝国主义的对华侵略改变了以往公开倡言瓜分和采取军事入侵咄咄逼人的方式，转而鼓吹"保存主义"和推行较为"温和"的"以华治华"的政策，即通过利用清政府作为自己统治中国的工具，加紧对中国进行野蛮的经济掠夺，控制中国的工矿、交通和金融业，以及海关、常关和盐课，从而使帝国主义进一步操纵了中国的经济命脉。帝国主义的野蛮掠夺，使中国陷入百业凋敝、国衰民穷的悲惨境地。当时，许多有识之士认识到"经济既尽，国家随亡"。1903年《湖北学生界》第3期上有人撰文尖锐地指出："今外人之对我中国，曰势力范围，曰特别利益，为各国独营之政策；曰商务，曰开矿筑路，曰内河航行，为各国公同之政策。美其名曰交通利益，输入文明。从表面观之，一似平和无事，依然锦绣之山河，而不知夺我主权、灰我民气之狡谋，其毒不知几千万倍于枪林弹雨也。夫岂必待屠鼎、易器、改正朔、易服色而始谓之亡国哉？"

张謇无比愤怒地以"或掣我西兮，或掎我东；或龁我北与南兮，或腐蚀我中"的诗句形象地描绘了帝国主义强盗们这种丑恶的行径。但同时，面对西方列强对中国的宰割，又坚定地呼唤"勿徒耻"，我们要像"越鸟怀南枝，胡马依北风"那样，"我自爱我之昆仑峰，我自爱我之黄河大江，我自爱我之帝庖帝羲与神农"。张謇为祖国骄傲，因为我们不仅有"昆仑祖峰""黄河大江"这样的大好河山，我们更有"前万国而开化"的辉煌历史。张謇坚信"万岁万岁，华种华种"，中华民族是不可战胜的。当时的张謇，已经走上了实业、教育救国的道路，并且开始投身于立宪运动，他希望通过实行君主立宪来改革政治体制。这正是他对祖国前途充满信心的原因。在诗中，张謇对开创了中华文明，使祖国"前万国而开化""怀先民以策后来之人"的"帝庖帝羲与神农"，充满了深深的敬意。这表明，此时的张謇希望"后来之人"的当代君主不辜负"帝庖帝羲与神农"的鞭策和勉励，不要忘记祖国曾经"前万国而开化"的历史。

然而，历史的发展，终于使张謇对清朝政府失去了信心。在风起云涌的辛亥革命中，张謇激流勇进，转而走向共和。

民国建立后，1912年2月，南京临时政府教育部开始征集国歌，但并不成功。1913年2月，北平政府教育部"易广征为专恳"，向当时的博学之士征集国歌歌词。经过此次"专恳"，教育部收到了章炳麟（太炎）、张謇（季直）、钱恂（念劬）、汪荣宝（衮甫）四家的回复。4月，教育部将四家作品提交国会公议，最后的结果是："章之作近于郁勃悱恻，汪之作近于秀丽靡绵。虽各有优点，殊少发挥我民族之荣誉，及国民品行。惟张季直氏之作，盛世和鸣，音韵适合，兹已经国务院定。"然而，张謇之作似乎只是通过了国会的决议而没有得到总统的批准。此后，民国国歌的制定由于政治的动荡一直议而未决。张謇应征的国歌作品，就是现在我们看到的《拟国歌》：

仰配天之高高兮，首昆仑祖峰。俯江河以经纬地舆兮，环四海而会同。前万国而开化兮，帝庖牺与黄农。巍巍兮尧舜，天下兮为公。贵胄兮君位，揖让兮民从。呜呼尧舜兮，天下为公。

天下为公兮，有而不与。尧唯舜求兮，舜唯禹顾。莫或迫之兮，亦莫有恶。孔述所祖兮，孟称尤著。贵民兮轻君，世进兮民主。民今合兮族五，合五族兮固吾国。吾有国兮国谁侮，呜呼！

合五族兮固吾圉。

  吾圉固，吾国昌，民气大和兮敦农桑。民生厚兮，劝工通商。尧勋舜华兮，民燮德章。牖民兮在昔，孔孟兮无忘。民庶几兮有方，昆仑有荣兮江河有光。呜呼！昆仑其有荣兮，江河其有光。

  与《华族祖国歌》对照，《拟国歌》的开头几句与之基本一致，表达了作为中国人的自豪之感，所不同的只是加上了"环四海而会同"，认同了与世界的沟通。此时帝制已被推翻，孙中山领导的南京临时政府已由袁世凯的北京政府取代。张謇在辛亥革命推翻君主专制后说"黄帝以来五千年君主之运于是终，自今而后百万年民主之运于是始"，但是他又说"一国之权犹鹿也，失而散于野则无主，众人皆得而有之，而逐之，而争以剧"。他迫切地希望恢复国家的统一和秩序。这首《拟国歌》表达的主要是张謇对国家政治的期望，或者说是他描绘了一幅新国家的美好蓝图。诗歌，表现出张謇对传统儒学难以割舍的深厚情结，希望"孔孟兮无忘"。他秉承了中国传统士人的精神潜质，而又赋予它新的时代内涵。张謇在强调"天下为公"的思想时，举出儒家推崇备至的尧舜禅位，尽力寻求合适的能担当天下大任的接班人，"尧唯舜求"，"舜唯禹顾"的故事。他希望国家的领导人都能像尧舜那样"有而不与"。他运用孟子"民贵君轻"思想来阐释民主。在诗中，张謇强调"合五族""固吾圉"，加强民族团结，巩固国防；强调"民气大和"，达到社会和谐；实现"敦农桑""劝工通商"，达到"民生厚"的理想。

  袁世凯对张謇的《拟国歌》显然是没有兴趣的，所以他不会批准它作为国歌。两年后帝制议起，"洪宪"党人作了《洪宪国歌》呈教育部审议。当时，教育部长汤化龙兼议乐主任十分不满地说："中华民国乐歌，南通张季直已手订三章，世多采用，今弃而不录，诸公乃自撰新国歌，无一句通者，言之不文，行之不远。况以如此不通之言，而天下人歌诵之，化龙虽不学，不敢附和此种不通之语。"可见张謇的《拟国歌》在当时的影响之大。

  我们读张謇的两首爱国诗歌，并且结合他走上实业救国道路开始的奋斗历程，就更能体会到他在国家危亡关头和大变革年代表现出的荡气回肠的爱国情怀。

人非俭不能保其清

近代实业家、教育家、政治家张謇，在中国早期现代化的实践中进行了一系列探索。其中关于廉正问题，他提出了一个著名论断：人非俭不能保其清，强调了俭朴与公正、廉洁之间的密切关系。这对我们当前的廉政建设有着许多有益的启示。

一

光绪八年（1882）冬，张謇奉父命作《集后世贤师吾俭臣父清恐人知联跋》。"后世贤，师吾俭；臣父清，恐人知"这一副作为家训的集古人语联，上联"后世贤，师吾俭"强调的是"俭"，下联"臣父清，恐人知"强调的则是"清"。俭即俭朴；清是公正、廉洁，亦即我们常说的廉正。这副对联包含了两个历史人物的故事。其一是汉代丞相萧何。《史记·萧相国世家》中记载："（萧）何置田宅必居穷处，为家不治垣屋。曰：'后世贤，师吾俭；不贤，毋为势家所夺。'"说的是萧何购置土地房屋，一定要选择贫穷僻远的地方，营造的宅第也不修围墙。他说："后代子孙如果贤德，可以从中学习我的俭朴；如果不贤无能，这种房屋也不担心被有势力的人家侵夺。"位高权重的大官萧何，崇尚的是"俭"。其二是晋代良吏胡威。《晋书》卷九十之"列传第六十"中记载，胡威之父胡质病逝时，"家无余财，惟有赐衣、书箧而已"。胡威后来在晋武帝时当官，有一次，"（晋）武帝语及平生，因叹其父清，谓威曰：'卿孰与父清？'（胡威）对曰：'臣不如也。'帝曰：'卿父以何胜耶？'对曰：'臣父清，恐人知；臣清，恐人不知，是臣不及远也。'"胡威认识到，不是做给别人看的廉正才是真正的廉正。古往今来，俭朴和廉正都被称颂为为官者的美德，而两者之间是什么关系呢？张謇明确指出："人非俭不能保其清。"[1]这是张謇十分重要的廉正思想。光绪三十三年（1907）正月二十六日，张謇在《师范学校开学演说》中进一步申述了自己的这一思想。张謇说，"俭之反对曰奢。奢则用不节，用不节则必求多于人，求多于人则人必不愿。至于人不愿，则信用失而己亦病。是奢之病，妨人而亦妨己。故俭为美德"，"在今日尚沿科举余习，人人歆羡做官。官之所以令人歆羡者，岂不以贵乃可富？富乃可以快吾之所欲，……苟能俭，则无多求于世界，并无求于国家。即使适然做官，亦可我行我意，无所贪恋，而高尚之风成矣"，所以，俭"可以养高尚之节"。[2]张謇认为，俭朴是因，廉正是果。"苟能俭"，"即使适然做官"

也可"无所贪恋","无所贪恋","而高尚之风成矣"。反之,"奢则用不节",当然"可以快吾之所欲",而这正是一些"歆羡做官"的人的当官动机,"以贵乃可富","富乃可以快吾之所欲",于是"贪恋"而"求多于人",最后导致"信用失而己亦病","妨人而亦妨己"。

张謇一向强调为官廉正。他说:"自念居官,安有致富之理?……自一命(周代最低级别的官——笔者注)以上,皆不当皇皇然谋财利。"[3]早在光绪二十七年(1901),他就在《变法平议》中说:"凡当官所入,不在俸之列者皆入公;凡因公之用,皆定额以取诸公。"[4]张謇作为全国水利局总裁,在民国三年(1914)的《导淮借款草议条件之要点及余义》中讲到"回扣"时明确表示,"政府并无回扣之说。导淮关系救灾除患,且当此国家杌陧之时,政府尤应示人以诚信廉公,应请声明。……若能因此而债票折扣稍轻,亦国家之福,政府之荣也"[5]。为官廉正,不在官俸之外谋取任何"灰色收入",生活当然也不可能奢侈;廉正反过来又促进了官员保持俭朴的作风。所以,俭与清是因果关系,同时又相辅相成。

张謇在当官时就极力倡导俭朴之风。1913年至1915年,张謇担任中华民国北京政府农商部总长,在《农商部训令第一百六十四号》中表达了他对属下热切的期望:"愿各职员克己奉公,养成俭朴之纯风,庶有廉隅之可望。本总长有厚望焉!"[6]廉隅指的是有节操、端正的品行。张謇在训令中抓住了"可望"立廉隅的关键,则是"各职员克己奉公,养成俭朴之纯风",可谓一语而切中肯綮。张謇本人在任上极力倡导俭朴,农商部官员尽管内心并不赞同,但为了表示响应,每个人都做了一身布衣放在办公室,一上班就穿上。事隔十余年后的1926年7月7日,上海《申报》刊登一条消息说,曾经担任江苏省省长的郑谦被任命为北京政府颜惠庆内阁的内政部总长,于是内政部官员便开始议论这位以廉洁出名的新总长,认为他可能会做"张謇第二"。原来在整个北洋政府时代,既能严于律己,又能努力改变官场风气、严格要求下属的,似乎只有张謇一人,因为郑谦后来不肯就任,所以"张謇第二"也终于没有出现。

二

张謇认为,"人非俭不能保其清"的思想,并非只适用于官场。但凡立足社会,为人处世,谋生做事,都必须保持廉正。张謇在《集后世贤师吾俭臣父清恐人知联跋》中表述了"人非俭不能保其清"之后,以他父亲的口吻要求"后世子孙或出或处,永矢此言"[1]。

张謇本人一生中"或出或处",都始终不遗余力地以身作则,倡导俭朴。张孝若在《南通张季直先生传记》中有这样一段文字记述张謇的俭朴:

"他穿的长衫，有几件差不多穿了三四十年之久，平常穿的大概都有十年八年。如果袜子、袄子破了，总是加补丁，要补到不可再补，方才换一件新的。每天饭菜，不过一荤一素一汤，没有特客，向来不杀鸡鸭。写信用的信封，都是拿人家来信翻了过来，再将平日人家寄来的红纸、请帖裁了下来，加贴一条在中间，日常都用这翻过来的信封。有时包药的纸，或者废纸，拿过来起稿子或者写便条用。拿了口利沙的空酒瓶，做了一个塞子，寒天当汤婆子，告诉人适用得很。有时饭后吃一支小雪茄烟，漏气了就粘一纸条再吃，决不丢去。平时走路，看见一个钉、一块板，都捡起来聚在一起，等到相当的时候去应用它。"[7]

张謇在给夫人吴道愔的信中，再三要求她节约开支："帐房开来家用，云须四千五百元，福食一项，即须二千，大为不合。余为按人核计，至多不过一千二百元。又他项尚有可省者数百元，大约每年用度以三千二百元为限，亦已不小。……望卿在家加意管理，加意节省，每日菜蔬，一腥一素已不为薄，……衣服不必多做，裁缝即可省。""余家须一切谨慎，勤俭。""今日时局，今年岁收，能少奢一分好一分。亦惜福不享尽之福，须知此意。"张謇甚至详细地嘱咐夫人如何为他缝衣做鞋："旧裤寄回，须拆开洗过重修，交叉处勿多去，铺棉絮仍可穿。""寄回旧鞋一双，可照做，惟底须用旧布包成百叶五层，便冬天着。"[8]张謇在为独子张孝若办好婚事后，致函吴夫人："家中今年用度之费，过于平常不止一倍，以后须加节省，凡人家用度，若但出入相当，已不足以预备非常之急。若复过度，则更不合处家之道。新妇新来，汝宜为之表率，俾知处乱世处穷乡居家勤俭之法。"[8]

作为教育家，张謇在对学生的教育中，经常将"俭"放在最为突出的位置。张謇的《师范学校开学演说》，通篇说的全是一个"俭"字。张謇说："今何以独举俭之一字为诸生勖？俭可以凝贞苦之心，可以养高尚之节，可以立实业之本，可以广教育之施。"[2]"今与诸生约，自今年始，每饭率以二簋，一腥一蔬，簋则重之。下走在校与诸生共之，监理、监学诸君与诸生共之，附学十岁之儿子（张孝若）与诸生共之。"[2]张謇在《农校开学演说》中盛赞勤是乾德、俭是坤道，"乾之德在健，健则自强不息"；"坤之德在啬，啬则俭之本"。他说还需要"加一苦字于勤字之下，加一朴字于俭字之下"，因为"未有苦而不出于勤者也"，"非朴则不足表示俭之实行"。[11]在北京商业学校演说时，张謇说："吾见夫世之企业家矣，股本甫集，规模粗具，而所谓实业家者，驷马高车，酒食游戏相征逐，或五六年，或三四年，所业既亏倒，而股东之本息，悉付之无何有之乡。即局面阔绰之企业家，信用一失，亦长此已矣。吾观于此，乃知勤勉节俭任劳耐苦诸美德，为成功之不二法门。"[3]他在《总理校谕（辛亥年）》中说："诸生饭食费每日以一角为限，不得逾越，能俭更好，此亦生计学上应知之理。"[12]张謇对即将走上社会的商校本科生提出了"初出问世，勿稍萌发财之念"的要求，告诫学生"盖吾人供职社会，仅可得相当报酬，而不可作逾分奢念，否则操守难信矣"[13]。

张謇在创办实业时，也处处注意节俭。他在《通州广生油厂集股章程》中规定经理对"支销之奢俭，应随时考查"[14]。在创办大生纱厂过程中，因"闻日本厂屋制俭价省"，便请"友人沈敬夫训导、高立卿上舍、刘一山理问往沪探考"[15]。他要求所办的残废院"在院之人力从节俭"[16]。在《通海垦牧公司招佃章程》中明确"愿招爱重身家、能勤俭成业之人为佃，共享永远公平利益"[17]。在办厂中重用沈敬夫，是因为沈"生平见道之处，以俭朴笃实四字为大宗"[18]。

张謇之所以不遗余力地以身作则，倡导俭朴之风，主要是出于关注塑造国人人格的目的，而并不一定是要解决某个具体问题。比如，张謇认为，做不做官不重要，他曾说过，"鄙意所谓政界之人者，官也；所谓大学者，养成可以为官之国民，不必尽为官也"[19]。所以张謇认为俭对于每个人来说，都是必须具备的美德。有了这一美德，"养成可以为官之国民"，"即使适然做官"，也便成为"无所贪恋"的廉正之官。但是，张謇仍然认为，官员在整个社会形成俭朴之风的过程中应该起到模范作用。他在《农商部训令第一百六十四号》中强调，"本部为实业中枢，在部人员尤宜崇实去华，为全国士夫之模范。国奢示俭，古训昭然"[6]。他认为在部人员"为全国士夫之模范"，要"克己奉公，养成俭朴之纯风"，这样，整个社会才"庶有廉隅之可望"。

三

历史是人类最好的老师。今天，我们从张謇"人非俭不能保其清"的廉正思想中可以得到很多启发。

第一，倡导俭朴之风是当今廉政建设的重要途径。当今进行的廉政建设，可以有许多途径和措施，而倡导俭朴之风仍然不失为一个十分重要的途径。老一辈无产阶级革命家流传下来许多终生保持俭朴的生动事例，已经广为人知。近些年在反腐斗争中揭露出来的贪腐分子，几乎无不生活极其奢靡，亦已经广为人知。这就从正反两个方面证明了倡导俭朴之风的重大意义。但是有些人认为，随着社会的发展进步，人民的生活水平普遍大大提高，我们也应该与时俱进，去享受改革开放带来的物质文明的成果，今天再提俭朴之风，未免不合时宜。水涨当然船高，我们确实不应该再要求人们去过"苦行僧"的生活，但这不能成为可以追求奢靡生活的理由。

因此需要有一个可以把握的"度"。这个"度"是什么呢？张謇说："诸君要知个人享用，绝无可以过人之理。同此人类，有何理由而谓吾之自奉可以独奢乎？吾人之享用，不可较最普通之今人增一毫；吾人之志趣，不可较最高等之古人减一毫也。"[3]这就是我们平常说的不应该搞特殊化。普通老百姓都能享受的东西，干部当然也应该享受；反过来，普通老百姓还未必都能享受的东西，干部之是否享受，就应该慎重考虑了。

第二，要充分认识今天倡导俭朴之风的难度。很长时间以来，种种原因（本文对此不展开讨论——笔者）造成了整个社会的奢侈之风。虽然看起来这反映了祖国的繁荣、人民生活水平的提高，但它造成的资源浪费、环境破坏、人的精神的毁损，却是无法估量的。"国奢示俭，古训昭然。"机关、干部的作风是整个社会风气的反映，而机关、干部的作风又影响着整个社会的风气。所以无论从哪个方面说，倡导俭朴之风都是当务之急。问题在于要改变这种状况，倡导俭朴之风却是很难的。张謇说："由俭而奢如流水，由奢趋俭如登高，势也。今欲趋于俭，非逆其势而制之以强力不为功。"[20]我们现在是需要"逆其势而制之以强力"，采取强有力的切实可行的办法，首先在机关、干部中倡导俭朴之风，然后带动整个社会风气的转变。关键在于事事落到实处，不做表面文章，得寸是寸、得尺是尺。当年张謇在农商部倡导俭朴之风，部内官员恶习难改，尽做表面文章。他们上班穿布衣，一下班便换上华帽鲜衣，成群结队地出入饭馆酒店，饮食征逐，花天酒地，留连于青楼勾栏，狎妓嫖娼，淫猥苟合。所以当时流传一首顺口溜："布衣朴素见长官，花团锦簇入歌筵。早晚易衣身一转，只瞒总长两只眼。"这段往事，可以说是张謇留给我们的教训[21]。

第三，将倡导俭朴之风与提倡敬业、奉献精神相结合。诚如前述，倡导俭朴之风的真正意义在于塑造良好人格。所以，可以将倡导俭朴之风作为塑造良好人格的切入点，与提倡敬业、奉献精神紧密结合起来。先说与敬业的结合。1924年，张謇在《交通银行第三届会议录序》中，说到了俭的不同层次：其一是"度身而衣布，量腹而食麦，不美家，不耀客，钱百结，钱千纳"，这种俭是老百姓的俭，"随地随时无在蔑有，而不足为世得失"；另一种则是"图匮于丰，审出于入，规行而绳思，无求而戒得"，一方面自己做到"无求而戒得"，而另一方面又以敬业精神去谋划，去工作，张謇认为"此君子之俭也，可以为德，而一人一家之则也"[22]。张謇在这里对俭的价值取向十分明确，前者虽然是可贵的，但还不足为"一人一家之则"。这就将俭朴和敬业结合了起来，机关、干部的俭，就应该是这样的。再说与奉献的结合。张謇曾经对通州师范学校学生道明节俭所得的钱直接用于赈济徐海灾荒，"多得钱一千，即多救一命"，"欲为诸生增长公德",“自二月朔日始,每一星期止星期三及六二日食腥,余皆蔬食,至四月晦日止。所节之资,于二月中旬计核汇沪,转解助赈"[2]。张謇为了事业,自己一生俭朴,处处克己奉公,即使是成了很成功的实业家,"应得之公费,则丝毫未尝支取也"[12],"二十六年(止 1925 年张謇作此文时——笔者)以来,謇之得于实业而用于教育、慈善及地方公益者,凡二百五十七八万,仍负债六十万有奇"[23]。张謇告诫人们,与敬业、奉献相结合者的俭朴,才是最值得称道的俭朴。

参考文献:

[1] 张謇:《集后世贤师吾俭臣父清恐人知联跋》,《张謇全集》⑥,上海辞书出版社 2012 年,第 43 页。

[2] 张謇:《师范学校开学演说》,《张謇全集》④,上海辞书出版社 2012 年,第 122、124 页。

[3] 张謇:《北京商业学校演说》,《张謇全集》④,上海辞书出版社 2012 年,第 186、186、188 页。

[4] 张謇:《变法平议》,《张謇全集》④,上海辞书出版社 2012 年,第 39 页。

[5] 张謇:《导淮借款草议条件之要点及余义》,《张謇全集》④,上海辞书出版社 2012 年,第 327 页。

[6] 张謇:《农商部训令第一百六十四号》,《张謇全集》①,上海辞书出版社 2012 年,第 315 页。

[7] 张孝若:《南通张季直先生传记》,张謇研究中心,第 306 页。

[8] 张謇:《致吴夫人》,《张謇全集》③,上海辞书出版社 2012 年,第 1518—1519 页。

[9] 张謇:《为儿子举行冠婚礼请观礼启》,《张謇全集》⑤,上海辞书出版社 2012 年,第 154、167 页。

[10] 张謇:《致孝若》,《张謇全集》③,上海辞书出版社 2012 年,第 1524、1545、1548、1551、1553、1531、1536、1562 页。

[11] 张謇:《农校开学演说》,《张謇全集》④,上海辞书出版社 2012 年,第 344 页。

[12] 张謇:《总理校谕》,《张謇全集》④,上海辞书出版社 2012 年,第 190 页。

[13] 张謇:《商校本科毕业训词》,《张謇全集》④,上海辞书出版社 2012 年,第 442 页。

[14] 张謇:《通州广生油厂集股章程》,《张謇全集》⑤,上海辞书出版社 2012 年,第 34 页。

[15] 张謇:《致汪康年梁启超函》,《张謇全集》②,上海辞书出版社 2012 年,第 103 页。

[16] 张謇:《残疾院开幕演说词》,《张謇全集》④,上海辞书出版社 2012 年,第 340 页。

[17] 张謇:《通海垦牧公司招佃章程》,《张謇全集》⑤,上海辞书出版社2012年,第35页。

[18] 张謇:《致沈敬夫函》,《张謇全集》③,上海辞书出版社2012年,第1589页。

[19] 张謇:《复端方函》,《张謇全集》②,上海辞书出版社2012年,第192页。

[20] 张謇:《整理盐垦公司刍议》,《张謇全集》④,上海辞书出版社2012年,第521页。

[21]《申报》1926年7月7日。

[22] 张謇:《交通银第三届会议录序》,《张謇全集》⑥,上海辞书出版社2012年,第589页。

[23] 张謇:《太虚以佛法批评社会主义录答问》,《张謇全集》④,上海辞书出版社2012年,第623页。

革命犹易，洗心则难
——张謇趣事一则

1926年，曾任江苏省省长的郑谦（1876—1929，字鸣之，号觉公）被任命为北洋政府颜惠庆内阁的内务部总长。这年7月7日（阴历五月二十八日）《申报》即刊出一条消息说，虽然郑谦一再推迟，表示不愿就任，但内务部部员早就开始商议说郑谦可能是张謇第二，我们不可不预先准备一身布衣，免得临渴掘井才是。

原来张謇于1913年至1915年间在北洋政府农商部总长任上，用简朴要求属下，于是部内官员都做了一身布衣，一上班就穿上，以表示自己奉行简朴之风。但是，一下班，这帮老爷马上换上华帽鲜衣，风度翩翩，与上班时的寒酸相判若两人，他们成群结队地出入饭馆酒店，饮食征逐，花天酒地，流连于青楼勾栏，狎妓嫖娼，淫猥苟合。这些事情，张謇却完全不知道。于是，当时流传了一首顺口溜："布衣朴素见长官，花团锦簇入歌筵。早晚易衣身一转，只瞒总长两只眼。"

时隔10多年后，内务部部员担心即将到任担任总长的郑谦有可能成为"张謇第二"，不是没有道理。因为许多人知道郑谦的为人，郑谦虽然是奉系军阀张作霖的心腹，做过东北大官，不久前又担任过江苏省省长，但是却始终保持着书生本色，绝没有染上丝毫官场追求豪华摆阔的坏习气。前年他回南京扫墓时，竟然与几个老朋友只在小巷的茶馆里相聚，他有时还亲自提着篮筐到街上买菜，身上穿的是穿了十年的旧布袍，甚至还有很多补丁。在当时，不要说官场上找不到郑谦这种人，就是清苦的读书人，甚至农村的小学教员，因为要面子，也绝不肯这样。

于是，《申报》记者感慨地说："革面犹易，洗心则难，作伪之戕贼，犹甚于习侈。观此能无喟然？"意思是说，做做表面文章还是容易的，但是要彻底改变观念却很难。而弄虚作假的危害，比坏习惯还要严重。看到这种情况能不令人叹息吗？

当然郑谦终于没有到任，所以北洋政府也始终没有出现"张謇第二"。

在整个北洋政府时代，能严格要求自己的人，显然不止张謇一人，比如郑谦就是。但是，既能严于律己，又能极力希望改变官场风气、严格要求下属的人，似乎只有张謇一人。然而在当时，即使张謇既能以身作则，又能严格要求下属，却又终于毫无成效，只能留下一段笑话，可见转变官场风气之难。

这件事对当今的反腐倡廉，也有着警示的意义。张謇的为人确有值得我们学习的地方，所以提倡学謇、弘謇是必要的。但是，机关的主要领导，恐怕不能满足于做"张謇第二"。而要有对于"革面犹易，洗心则难"的充分认识和准备，因而不仅自己始终保持清廉，还要坚持不懈地发现和揭露"作伪"现象。这样，才能切实转变机关作风。

张謇精神是江海文化的绝唱

一

目前,江海文化可以说是海门最热门的话题,也是众说纷纭的话题。

其实,文化是一个很复杂的概念,很难给文化下一个严格和精确的定义。普遍认为,文化是一种社会现象,是人们长期创造形成的产物,同时又是一种历史现象,是社会历史的积淀物。而不同的学科对文化又有着不同的理解。比如,只从存在主义的角度看,文化是对一群人存在方式的描述。人们存在于自然中,同时也存在于历史和时代中;时间是一群人存在于自然中的重要平台;社会、国家和民族(家族)是一群人存在于历史和时代中的另一个重要平台;文化是指人们在这种存在过程中的言说或表述方式、交往或行为方式、意识或认知方式。文化不仅用于描述一群人的外在行为,文化特别包括作为个体人的自我心灵意识和感知方式,一个人在回到自己内心世界时的一种自我对话、观察方式。如果再从哲学角度去解释,可以说,文化从本质上讲是哲学思想的表现形式,哲学的时代性和地域性决定了文化的不同风格。根据我的理解,文化的形成有一个渐进变化的过程;在这个过程中有两个因素起决定作用,一个是自然即地域环境,一个是历史和时代,而两个因素又互相影响和互相作用。

文化有很多分类,从广义上说,文化包括了物质财富和精神财富。关于属于物质财富的文化,比如海门人创造的重要农具铁锸和芦菲花布就是典型的海门人的文化标识。而我们往往更多地着眼于精神财富的文化,甚或只是其中的心态文化,即人们的价值观念、审美情趣、思维方式等主观因素,相当于通常所说的精神文化、社会意识等概念,而这确是文化的核心。

所以,我认为要论江海文化,一要明确其地域环境的特征,二要明确其人,三要厘定在此地域中文化现象的普遍性以及区别于其他地域的特殊性。张謇在《通海垦牧公司第七届说略并帐略》中曾经论及通海两境其人,他说:"通境之民性弱知保守,而乏振作之精神。海境之民性强知进取,而乏急公之思想。……而所以成此性质者,习惯也。……通海人之习惯不同,通人之习惰,海人之习偷。"张謇的话,高度概括地说明了通海两境人民普遍的心态文化,对我们研究江海文化很有启示作用。进一步研究其形成的原因,具有很重要的意义。

二

本文要研究的是海门的江海文化。海门于后周显德五年（958）置县之初隶属于通州，县治东洲在今启东吕四东南，后因土地坍塌殆尽，于康熙十一年（1672）归并通州。其后，坍地复涨，置为海门直隶厅，与通州两大。所以在历史上，海门拥有的海岸线远远超过今天的海岸线。《光绪海门厅图志》说海门之水，"曰江，环厅南境，各沙港河南出之水皆入焉；曰海，绕厅南、东、北境，各沙横河东出之水入焉"。海门濒海临江，真正处在江海第一线。

海门是江海平原的东端，今天的江海平原有它值得自豪的得天独厚地缘优势。它集"黄金海岸"与"黄金水道"优势于一身，拥有长江岸线200多公里，其中可建万吨级深水泊位的岸线30多公里；拥有海岸线200公里左右，其中可建5万吨级以上深水泊位的岸线40多公里。海岸带面积1万多平方公里，沿海滩涂21万公顷，是中国沿海地区土地资源最丰富的平原之一。已探明的矿产资源主要有铁矿、石油、天然气、煤、大理石等。耕地总面积数百万亩，土壤肥沃，适种范围广，盛产水稻、蚕茧、棉花、油料等。水产资源十分丰富，是全国文蛤、紫菜、沙蚕、对虾的出口创汇基地。其中吕四渔场是全国四大渔场、世界九大渔场之一。

这是今人的眼光。由于水上运输的兴起和发展，只要建好长江和黄海的港口，就一定会给人们带来比陆路运输更大的便利，无论是规模还是效益，都是陆上交通所远不能比的。当然，从历史上看，这里同样有着得天独厚的地缘优势。第一，由于长江这里"位于江海之交，地当长江入海口的北岸。它是由长江北岸沙嘴不断发育合并若干沙洲而形成的。长江年入海流量达 1.06^{12} 立方米，平均年输沙量在4.5亿吨左右，对长江下游三角洲和南通地区的成陆起主导作用"（陈金渊原著、陈炅校补：《南通成陆》苏州大学出版社2010年，第15页）。浩浩荡荡的江水裹挟着万里长江流经地域冲刷下来的带着丰富养分的泥沙在这里沉积，土地之肥沃，别处的确很难企及。第二，由于东濒黄海，"民间谣谚称'海是鱼盐之仓''日出一金牛，胜过万担粮'"，"通之资于盐利也久矣"（《民国南通县图志》），"……自古煮盐之利重于东南，而两淮为最"（《嘉庆两淮盐法志》），"……在淮盐中，清末以前，通、泰、楚三州一直是淮盐主要产区，其生产规模与盐税额在全国各产盐区中首屈一指，素有'淮南灶甲天下''淮南盐课甲天下'之誉"（《光绪两淮盐法志》）。（张荣生《南通盐业志》"概述"第1页）当地现在许多带"灶"的地名就很好地说明了这一点，而海门的包场就曾经是海盐的集散地"盐包场"。

但是，由于昔时生产力的低下，人们抵御自然灾害的能力很差，人们利用水上运输的水平很低，特别是明代开始实行海禁，这样的地域环境并没有给人们带来福祉。历史上的长江和黄海带来了什么呢？

第一是造成闭塞。南通即古代的通州，海门隶之，虽曰"通"，其实是"不通"。后周显德五年（958），后周世宗柴荣在"不通"之地的静海军置州，而偏名之为通州，我认为可从《资治通鉴·后周纪五》中得到解释。这年春天，周世宗柴荣御驾亲征南唐，"拔静海军，始通吴越之路"，作为中原大国的后周终于没有南唐的阻隔，可以由此直接通往仅有一江之隔的吴越国了。其后"帝自扬州北还"之前，分析当时形势为"即今南北才通，疆场甫定，是玉帛交驰之始，乃干戈载戢之初"。然而长江历来毕竟是天堑，历史上一旦出现南北两个政权，往往隔江而治，可见南通面临的长江的阻隔作用有多大了。太平天国运动曾经发展到长江以南大部分地区，攻占江北的却只有安庆和扬州。壬戌十二年（1862），亦即同治元年。这年秋天，在太平天国面临失败的形势下，通州对岸的守军曾决定在通州军山一带登陆，夺取沿海及里下河地区，以挽救败局，最后也并未成功。张謇曾说，"南通地处江、淮、海之间，东更无他，兵家言形势者所不争。除宋、金之际及倭寇内犯有兵事，而三百余年间较他冲要处兵祸为少"。南通与早就繁荣起来的上海隔江相望，却可望而不可即。许多贫困的农民生活无着，不惜冒着生命危险乘坐经不起风浪的小沙船去上海谋生，每年海难不断，而上海的繁荣风气则根本无法吹到南通。100多年前的通州、海门一带，一直维持着自给自足的自然经济。

第二是带来水患。海门的历史，最有力地说明了这一点。据黄志良主编的《海门市水利志》记载，自元至元元年（1264）至2008年，共发生洪潮70次（其中新中国成立后15次）、涝灾90次（其中新中国成立后21次）、台风和灾害性大风167次（其中新中国成立后142次）。从新中国成立前后的发生次数看，显然根本不成比例，说明由于古代历史文献的缺失，这种统计是很不完全的，其实际情况肯定远远超出这组数字。在江海风潮的侵袭下，古海门曾经四迁县治。一迁由东洲至利安，二迁由利安至通州之余中场，三迁由余中场至金沙场，四迁由金沙场至永安镇。至永安镇时，官民只剩2 200余人，于是裁县为乡，正式归并通州。并入通州后，最后再迁至兴仁镇。《嘉靖海门县志》中说，"江海交啮，月异而岁不同，逼则内徙以避之，……旧县旋即沦没，桑田沧海，鲸鲵鱼鳖"，"迄今患月益深，土日益削，民日益离"。直到海门坍地复涨并且建厅后，乾隆四十六年（1781）"闰六月十八日，飓风陡作，江潮泛滥，漂没民居庐舍，毁禾棉无数，风潮入厅署大堂，毁墙垣"（同知王恒《徐公堤碑》）。张謇在《咨呈江督商部盐垦两公司被灾情形》中说到光绪三十年（1904）台风侵袭海门和崇明外沙（今属启东）的情况："南北七十余里，东西十五六里至二十余里不等，所有堤岸无不残破，甚则荡平房屋。惟三数市镇地基较高之处，仅存三数家，余悉漂没，人口淹毙十分之九。民间新收之包米、高粱，尽被潮浸，不能煮食。淡水沟渠，亦都咸不可当。故潮退后渴而饥死者，数亦不少。淹死人畜，狼藉纵横，遍于一千二百余方里之内，沟渠道路、田塍岸脚，臭气充塞，人行几绝。"

所以，我认为，就心态文化而言，海门的江海文化就是海门人民同江海搏斗过程中形成的文化。

三

在江海大地，历史上受江海之害严重者，莫过于海门。然而，正如清代李兆星在《顺治海门县志》中所说的，"吾海沧桑靡定，文献播迁，其志之攸击，较他邑倍蓰"，至今留下的历史资料确是太少了。然而尽管如此，在少量留存的文献中，我们仍然能够看到海门先民与江海搏斗的不朽业绩。

王安石《海门县沈兴宗兴水利记》中说的"既堤海七十里，以除水患，遂大浚渠川"，虽在赞扬县令沈起修建沈堤之功，然而却让后人看到了一幅海门先民奋勇抗击水患的《战洪图》。而清乾隆五十七年（1792），海门厅同知王恒在《徐公堤碑》中说到十七年前在同知徐文灿领导下筑堤的情景，则更为生动地描述了海门先民在与江海搏斗中不屈不挠的精神："畚钟如云，万夫邪许"，"然而新堤未坚，屡患溃决，其合口处数十丈当洪之中，水深沙嫩，填以土牛，旋即随潮浮去，工难迄功"，然而最后毕竟成功地筑成了一条"长二千一百八十丈、广一丈四五尺至三四丈，按水势之缓急而宽狭因之"的大堤。

海门先民不屈不挠的精神，就是今天我们说的江海文化的精髓之一。

而不断进取的精神又是今天我们说的江海文化的另一个精髓。安土重迁，一向是中国农民的传统文化。海门先民当然也看重自己有着肥田沃土、鱼盐之利的美好家乡，并不愿意轻易迁徙。但是，他们又不能不背井离乡，迁徙他处，另谋生路，否则，只有死路一条，这才有了古海门四迁县治的悲壮历史。长期的江海水患，使海门先民彻底地抛弃了安土重迁的传统文化，对长期安稳的生活不抱任何希望，随时准备舍弃一切，重建家园。久而久之，也就形成了不断进取的精神。今天海门的沙地人是在海门坍地复涨后主要来自崇明的垦荒移民。崇明在江海的影响下，坍涨无常。明代时，可能是崇明涨出了很多新沙，许多外地农民前往垦荒。而经过两三百年的繁衍生息，岛上逐渐人满为患，于是这些明代移民的后裔又选择了到海门新沙垦荒。现在绝大多数海门人在追溯自己的先人来历时都发现来自崇明，而更早则是从句容流向崇明。这段历史，更加生动地证明了现在的海门人遗传了他们先人不断进取的基因。

我认为，这就是海门人在地域环境的长期影响下形成的带有普遍性而又有别于其他地域因而带有唯一性的江海文化。

四

出生在海门常乐镇一个普通农民家庭的张謇，就是在这样的文化熏陶下成长起来的。1895年，甲午战争的失败与《马关条约》的签订，使张謇受到极大刺激。他认为《马关条约》"几罄中国之膏血，国体之得失无论矣"，于是走上了实业救国的道路。他立足于家乡通州、海门，历经千辛万苦，冒着极大风险，不屈不挠地创办实业，并且不断进取，开拓了诸多领域的事业，做了三十年开路先锋。可以说，张謇正是继承了海门先辈近千年以来在与江海搏斗中形成的江海文化传统，并且以一生心力，将其发扬光大到极致，使之臻于绝唱。

我们且看张謇是如何在与江海的搏斗中表现出不屈不挠、不断进取的江海文化传统的。

（一）长江通航

如前所述，正是长江造成了江海大地与得近代风气之先的上海的阻隔。光绪二十一年（1895），张謇即提出开办长江航运申请，但一直未获批准。直到光绪二十六年（1900），张謇才得以与上海慎裕号商人朱葆三协商通沪合股开办大生轮船公司事宜，开通上海至通州、海门等地航线。但是，其后上海方面横生枝节，多有龃龉。先是轮船迟迟不能到位，接着是通股交款一年半中"通股之人，未见一股票，未见一账目，责言纷至"，再是上海方面的"二账款目不合商法，势且兴讼"。张謇在大生轮船公司创办三年"沪股尽并通州"后，感慨地说："此三年中，各股东所纷纭督过之时，皆謇所容忍绸缪之会也。"（1902《大生轮船公司通股合股事略》）但是通航以后，轮船只能停靠江中，客、货仍需划子或舢板转运。于是张謇在通州天生港筹建通源、通靖趸船码头，又于光绪三十一年（1905）开始在上海筹设大达轮步公司，张謇自任总理，在十六铺建造码头。先后购进大新、大安、大和等轮船，从而将长江这一黄金水道利用起来，用中国人自己的力量打破了江海大地的闭塞状态。

（二）江岸保坍

长江江岸坍塌，历史上是危及人民生命财产而又一直无人解决亦无法解决的大祸害。"光绪三十四年（1908）四月，张謇斥资三千余银元，由关牧（即通州知州炯）电请江督端（端方）饬浦工程师奈格履通察视。十五日，荷兰奈格工师至通，由通溯江达京口，审度上游形势已。"其后，"奈格复派瑞典工程师海德生偕施美德复勘。……往返四次，至十一月成图两，说明书一"。从此开始了长江江岸保坍工作，由张謇之兄张詧担任保坍会长。民国元年（1912）五月，担任民国政府盐政总理的张謇，又"延英工程师葛雷夫诣通复勘椹线善奈格说"，并由葛雷夫介绍向鹰扬银行借款五十万两，但需中央政府认可。六月，张謇致电袁世凯及财政、农林两部，请求认可立案，获得批准。于是，"七月复延比河海工程师平爵内复勘"。九月，时任导淮督办的张謇"入都晤平爵内于津门，得介绍于比领事。复商允华比银行借银五十万两"，随后张謇"复谒商大总统、国务院，请以保坍工程附导淮案，冀得以联带委托一著名之工师为我通肩巨任"。此事得到政府许可，却遭一议员抗议，最终导致鹰扬和华比两银行因担心政府担保不实而不肯放贷。民国三年（1914），担任民国农商总长的张謇"复饬河海工程师贝龙猛复视，建议先筑椹二十四支，椹与椹之间复筑岸墙四万尺为之护"。无论张謇身在何方、担任何职，也无论他遭遇了多少困难，他都始终坚持不懈地推进保坍工程，而且卓有成效。（《南通地方自治十九年之成绩》第218—222页）保坍是他终生牵挂的事业。1926年，在张謇逝世前两个月，他在日记中记有"保坍会十七椹沉排，往观"，接着又视察十八椹工程。8月1日起，张謇已感遍体发烧，但次日清晨，他还是偕同工程师视察江堤，规划保坍工程，直到五天以后才请医生诊治，农历七月十七日便溘然逝世。所以，章开沅教授在《张謇传》中说，"保坍涉及众多居民切身利益，也涉及南通经济长期稳定发展，因此成为张謇最后的牵肠挂肚的一桩事"，"始终是他的一块心病"。

（三）黄海盐垦

随着黄海海势东迁和生产关系的不合理、生产力落后，本来是通海大利的盐业已经逐渐衰落。光绪二十一年（1895）张謇在黄海边看到的"高天大海间之一片荒滩"，于是下决心将它改造成棉纺织原料基地，同时趁机改革极端落后腐败的盐法，酝酿出了一个创建通海垦牧公司的宏大计划。他还曾对朋友刘厚生说："上海拉洋车及推小车的人，百分之九十是海门或崇明人。我曾调查他们生活，都很困苦，他们所以到上海谋生的原因，即是无田可种，迫而出此也。"（《张謇传》143注）这也是他创建通海垦牧公司的一大原因。但是，光是清理收买这些看似荒滩的产权，张謇想尽办法，还是用了整整八年时间。海堤工程开始后，不断遭到台风海潮袭击，筑了毁，毁了筑。从光绪二十八年（1902）开始，一直奋战到宣统三年

(1911)，以十年时间，共筑大堤12 739丈、石堤260丈、里堤21 384丈、格堤8 264丈，合计起来，总长竟达300里。至此，"堤成者十之九五，地垦者十之三有奇"，聚集了丁口6 500余人，"栖人有屋，待客有堂，储物有仓，种蔬有圃，佃有庐社，商有廛市，行有涂梁，若一小世界矣"。而十年间，许多"事劳而俸薄则不愿留，责重而效远则不能留"的人都走掉了，只有那些有志与张謇"共成荒凉寂寞之事之人"吃尽千辛万苦，最后收获了成功。十年间，"进筑各堤，则随堤址所在之荡搭盖草房，率数人一屋"，"饮食之水，晨夕之蔬，必取给于五六里或十余里外"，"建设工作，运入一物，陆行无路则自为路，舟行无河必自为河"，遇到风潮，"皆昼夜守护危堤，出入于狂风急雨之中，与骇浪惊涛相搏。即工头、土夫无一退者，卒至堤陷乃归"。在此同时，张謇又在吕四创办同仁泰盐业公司，成为中国盐业经济走向现代化和后来沿黄海建立98家盐业公司的典范。通海垦牧公司创办成功后，张謇继续北上，直至连云港云台山南麓之陈家港，在700多里的黄滩上继续发动、组织盐垦。在此过程中，北上垦荒的又大多是海门人。

（四）发展渔业

渔业资源是海洋对人类的恩赐。张謇深感散乱的传统渔业在小农经济的自闭、各自为政的状况下阻碍了渔业生产的发展，因此极力主张建立渔业公司，还强调成立民间渔会，要求公司和渔会结合，把渔会作为公司与渔民联系的基层组织，将分散的渔民组织起来，相互帮助，遭遇海难或海盗时相互救援。他还鼓励有资本的民间力量多建造新式渔轮，采用新法捕鱼。张謇的这些主张促进了民间渔业的发展。1906年，张謇担任经理的江浙渔业公司成立，对原本荒凉的浙江嵊泗地区最终成为繁盛的渔业基地和我国当时主要的外海渔业的重要渔场起到了关键作用。

以上仅就张謇与江海有关的事业进行了挂一漏万的叙述，如果从心态文化而言，我认为将张謇精神称为江海文化的绝唱是绝不为过的。

常乐张謇文化景点建设略论

位于江苏省海门市中部的常乐镇,是清末状元,近代著名实业家、教育家、慈善家、社会活动家张謇的出生地。去年(2008),中共海门市委、海门市人民政府作出"集全市之力,打造张謇文化"的决策,常乐镇的张謇文化景点建设便很快提上了议事日程。本文拟对常乐镇张謇文化景点建设进行一些粗浅的探讨。

一、常乐张謇文化景点建设的意义

(一)有利于打造海门的旅游品牌

现在的海门市,基本上是清康熙年间新涨的沙地,迄今为止,不过二百年历史,所以有价值的旅游资源很少。但是,常乐镇却因为张謇的原因而驰名中外。

咸丰三年(1853),张謇出生于常乐镇"敦裕堂前进之西室"。张謇和他的家人长期生活在常乐,他在这里开始读书,接受父母严格的家庭教育,吸收海门这个江岸涨坍无常的移民社会里人们的忧患意识和勇于抗争、顽强拼搏、勇于进取的开拓精神,从而形成了影响他一辈子的性格。同治十三年(1874),张謇离开常乐外出谋生,开始了十年的游幕生涯,直到赴朝平定壬午之乱。光绪十年(1884),张謇回到常乐乡居十载,经营乡里。他十分重视家乡福祉,努力维护地方利益,他把地方建设与发展作为自己义不容辞的职责。他与父亲一起鼓动乡民种桑养蚕,并为免除丝捐和花布减捐奔走呼号;他为防止法国海军可能的侵犯,参与筹办武装防卫组织"滨海渔团";他倡议推行平粜放赈,建立社仓;他请求增加海门生员名额和商定拔贡办法;他倡导恢复溥善堂,以办理掩埋无主野尸。光绪二十年(1894),张謇考中状元之后不久,因父丧回常乐守制,并开始在海门和通州等地兴办实业、教育、慈善,走上了实业救国的道路。直到1915年在南通建成濠南别业之前,张謇的家一直在常乐镇。光绪十七年(1891)开始,张謇奉父命在出生地建扶海垞敦裕堂;光绪二十八年(1902)开始,于敦裕堂沟西建尊素堂(即状元府)。张謇还在常乐镇建造了河西街市房205间、颐生酒厂和多所学校。颐生酒厂的茵陈酒因1906年为中国酒类获得了世博第一金而名闻遐迩。以后,张謇在常乐镇南的陈家仓球湾创办大生三厂,这里最终形成了功能齐全的三厂镇。张謇创办通海垦牧公司时,常乐一度成为有力的后勤保障基地。常乐有张謇的启蒙老师邱畏之和问业之师徐云锦；有秦驾鳌、"孝威先生"杨梅汀等一大批好朋友；有张謇十分敬重的"田状元"刘旦旦。张謇曾和许多当时国内著名人士在常乐指点江山，激扬文字。可以说，张謇一生与常乐有着密不可分的关系。常乐赋予了张謇一生受用不尽的性格和潜质，张謇在常乐留下了许多不可磨灭的遗迹和事迹。张謇一生到过的地方和创办事业的地方很多，但常乐作为他的出生地却是唯一的，张謇对于常乐的感情是其他任何地方所无法比拟的。

随着张謇的历史价值越来越被重视和张謇的影响力不断扩大，国内外许多人常常怀着朝圣的心情到常乐寻访张謇故里。所以，要论海门的旅游，实在莫过于打造"张謇故里"这一品牌。常乐张謇文化景点建设，必将最为有效地打造这一旅游品牌。

（二）有利于打造海门的城市名片

自隋朝开始直至清末1300年的中国科举史上，张謇这样平民出身的状元本不多见，而在中了状元以后又能毅然放弃仕途，走上实业救国道路，倡导君主立宪，最后走向共和，彻底地站到了封建帝制的对立面，成为中国早期现代化的先驱，则肯定是绝无仅有的。毛泽东曾高度评价张謇："提起民族工业有四个人不能忘记，重工业不能忘记张之洞，轻工业不能忘记张謇，化学工业不能忘记范旭东，交通运输业不能忘记卢作孚。"江泽民说："张謇是清末状元，很了不起。"胡耀邦说："张謇是一位伟大的人物，为国家富强、人民幸福，创造了许多企业，兴办了许多学校，捐资兴办了许多慈善事业，他是做实事的人。"在历史上，梁启超称张謇是"崛起于新旧两界线之中的过渡时代之英雄"；胡适说："张季直先生在近代中国史上是一个很伟大的失败的英雄，这是谁都不能否认的。他独立开辟了无数新路，做了三十年的开路先锋，养活了几百万人，造福于一方，而影响及于全国。"让我们感到十分荣幸的是，张謇这个绝无仅有的状元特例，这位我们不能忘记的人物，这位很伟大的英雄，正是出在我们海门。

一个城市有自己独特的能够让国内外记得住的城市名片，这个城市才能令人向往，才能吸引投资，从而出现勃勃生机。城市名片正是这个城市众多独特优势和魅力的结晶。对于海门来说，滨江临海、紧靠上海、交通便捷等等，当然都是优势，但长期以来，人们却忽视了一个足以体现海门灵魂的优势，那就是张謇和张謇精神。张謇是海门土地上孕育出来的中国早期现代化的先驱；他的思想和精神，又鼓舞着一代又一代海门人在建设家乡的道路上顽强拼搏，奋勇前进；他的思想、精神和实践，对于今天所有投身四个现代化建设的人来说，都是值得借鉴和弘扬的。因此，张謇和张謇精神，正是海门的灵魂和荣光。

把张謇和张謇精神体现出来，需要各种载体。而常乐张謇文化景点建设，就是最好的载体之一。所以常乐张謇文化景点建设，有利于打造海门的城市名片。

（三）有利于推动海门的经济建设和社会发展

精神可以转化为物质是马克思主义的一个基本观点。江泽民在新的历史条件下继承和发展了马克思主义关于精神转化的理论，他说："按照马克思主义的唯物辩证法观点，在一定条件下，精神可以变物质，精神的力量可以转化为物质的力量。强大的精神力量不仅可以促进物质技术力量的发展，而且可以使一定的物质技术力量发挥出更好更大的作用。"

城市的精神力量，能够引领公众、凝聚人心、赢得广泛认同、营造和谐氛围，统领行动、唤起斗志和催人奋进，从而创造出更多更好的物质财富，推动经济建设和社会发展。新时代的海门精神归纳为八个字，即"海纳百川，强毅力行"，而它的源头却是张謇，"强毅力行"更是张謇的原话。海门精神已经在这些年的海门经济建设和社会发展中发挥了巨大作用，这是有目共睹的事实。

为了不断推动海门的经济建设和社会发展，进一步深入宣传海门精神，应该是当前和今后一项长期的工作。宣传海门精神有许多办法，而追根溯源，通过形象、生动的载体宣传张謇，显然有着事半功倍的成效。过去我们已经在这方面做过一些工作，如叠石桥对张謇及沈寿的宣传，就极大地推动了家纺业的发展。而常乐张謇文化景点建设，让人们更多地认识张謇，学习张謇，弘扬以张謇精神为源头的海门精神，必将有力地推动海门的经济建设和社会发展。

张謇的很多观念和实践在当时确实相当前卫，因此他在并不很长的时间里，便将非常偏僻闭塞的通海地区建成为令世人瞩目的新世界的模范，而他的观念和实践至今仍有相当宝贵的借鉴意义。例如江苏正在实施沿海大开发战略，省委书记梁保华在去年9月11日的"全省沿海地区发展工作会议"上特别指出："南通人富有开拓精神，一百年前张謇在沿海开发中就办银行、开公司、发债券、请外国专家，其开发模式现在看来仍很先进，非常了不起。可以说，在江苏沿海开发中，南通人起了先导作用。"因此，在常乐张謇文化景点建设时，如果能够结合景点，组织力量对张謇进行深入研究，并且把研究成果提供给广大市民共享，那么必会使大家在经济建设和社会发展的实践中得到许多启发，从而取得更好的成绩。

由于常乐张謇文化景点的建设，以及对张謇研究的深入开展，一定会吸引国内外专家学者和投资者对海门产生更多关注。去年举行的第五届张謇国际学术研讨会在海门举行，10个国家和地区的160余位专家学者云集到了海门这个县级市，就是史无前例的盛事。去年在海门举行了"张謇和王宾学术研讨会"后不久,英国和韩国的投资商便开始对海门发生了浓厚兴趣。国内外专家学者和投资者对海门的关注,无疑能有效地推动海门的经济建设和社会发展。

二、常乐张謇文化景点建设需要明确的几个关系

(一)明确新与旧的关系,坚持正确的政绩观

将几十年来不断遭到破坏的常乐镇反映张謇文化的历史风貌进行保护和复建,把常乐建设成为一个历史文化名镇,反映了我们海门人的历史责任感、文明程度和历史文化水平,同时也将反映出当今在职干部为官一方的政绩。但是,一讲到政绩,有些人往往会急于求成,好大喜功,贪大,贪洋,贪新。事实上,历史文化景点的建设,恰恰不需要大、洋、新,而需要尽量地还历史的本来面目,要在尊重历史、以史为鉴、古为今用的基础上,将历史与现实、昨天与今天、经济与文化有机结合、交融、渗透。这才是科学发展观。创造新景固然重要,但只能反映当代文化,绝对无法替代历史文化。十个新景不如一个历史旧景的厚重,新景往往是今天建造,明天拆改,造成资源浪费。异地复建,则又失去历史的真实。这样,知情人找不到感觉、激不起情感;不知者,蒙受欺骗误导;以讹传讹,必将祸及万世。所以,一定要保持原貌,修旧如旧,复建如旧。一味注重建造新景,盲目追求政绩,是错误的。修复旧景才是真正的、更为重要的政绩。

(二)明确权与法的关系,强化建设的法制观念

历史文化是人民创造的,任何人无权轻易摧毁。过去,长官意志造成的破坏历史文化景点的教训已够多够深刻的了。这是没有处理好权与法的关系造成的结果。现在保护和复建历史文化景点,其实仍然有一个权与法的关系问题。过去,有的地方换一个领导,就改一种方案,弄得新旧方案迭相实施,最终成为"四不像"。这种教训也是很多很深刻的。在常乐镇建设张謇文化景点时,任何人都要让权服从法,力避按照长官意志与权力产生出新的畸形儿,把景点弄得不伦不类。所以,参与这项工作的各级领导必须自觉严格遵守国家的文物保护法,严格履行法律程序,谁都不能随心所欲。应该邀请专家介入,从建筑学和史料学(特别是张謇研究方面)的角度共同为景点的维护和复建把关把脉。应给予市民以充分的知情权、监督权。在广泛听取各方面意见的基础上,认真制定常乐镇张謇文化景点的保护、修缮、复建方案,并报请人大审议。这样,才能保证不因领导的改变而擅自改变建设方案。市人大、市政协应该进行有效的监督。

(三)明确河东与河西的关系,保证建设的协调统一

常乐张謇文化景点的建设,以青龙河为界,分为河东与河西两大块,

应做到各有侧重而又协调统一。由于河西要恢复的是老景，而河东建设的则是新景，所以原则上应该不是河西服从河东的协调统一，而是河东服从河西的协调统一。

1. 河东的重点是张謇纪念馆

作为张謇出生地，理所当然地应该拥有国内一流的张謇纪念馆，以满足日益增长的国内外参观者的需要。而建于20世纪80年代的张謇纪念馆，二十余年来虽然发挥过很大的作用，但是随着时代的发展和张謇研究的深入，无论从规模还是从内容来说，都已经完全不能适应社会的需要。应在现有纪念馆内另建不小于2 000平方米的展馆，并配备声、光、视频等现代化设施。展览内容应该包括截至目前的所有张謇研究成果和所能收集到的世界各地学习、研究、纪念张謇的资料。展览应体现思想性、科学性、真实性、翔实性、逻辑性、生动性等。展馆建成后，应配备一支高素质的真正懂张謇的讲解员队伍。由于张謇逝世10周年时所建的张公祠已经不复存在，现有展馆可改作张公祠，塑张謇铜像，供人们瞻仰。这样，南端以张公祠广场开始，经纪念馆大门、张公祠，一直到纪念新馆，可以形成一条中轴线。已经获准建造但尚未开建的所谓"謇公禅院"，与弘扬张謇精神风马牛不相及，应该予以制止。颐生酒厂拟投资建造的"张謇酒文化陈列馆"亦不宜建在河东，张謇并无所谓"酒文化"，它只是商家的炒作而已。

2. 河西的重点是张謇故居和张謇建造的老街

河西的建设，不在规划，而在回忆，恢复原貌就是成功。张謇出生地和状元府的恢复，势在必行，因为它无疑是所有到张謇出生地的参观者最希望看到的景点。当然，目前无论在认识的统一上还是财政的能力上，可能还达不到整体恢复张謇出生地和状元府的程度。但从历史发展的角度考虑，我们不能给后人留下无法整体恢复张謇出生地和状元府的遗憾。因此，为了对历史负责，应该一次规划到位，尽力实施，做不完的，让后人继续去做。规划必须按文物保护法的规定制定，以在原地恢复为原则，决不能"见缝插针""挤芋艿种"式地搞得低水平、"四不像"。目前可以做的是，出生地周边的公有土地、公房应一次性转为张謇文化景点建设所用。在此土地上与景点不协调的公房应一次性清除干净，然后复建相关景点，复建时尽力保持原貌。复建状元府有三种方案可供选择：第一种是一次性全部恢复，即将原状元府地块内的酒厂除保留当年老厂作为保护文物外，其余整体拆迁，酒厂土地置换到宅西或宅后。此方案能展示完整的状元府，但耗资大，难度大，目前很难实施。第二种方案是局部恢复，即将酒厂西半部南端30—40米局部拆迁，恢复状元府前两排房，酒厂土地置换到宅西或宅后。这样，状元府的主景尊素堂既得以展示，而耗资又少，因而比较易行。第三种方案是就近移建恢复，即在离原址60米内的公有土地北部，至少复建状元府两至三排房。这是为保全酒厂现状的无奈之计，但有违原地恢复的基本原则。我们认为第二种方案既符合历史的真实，又符合客观的现实，是应该实施，也是必须实施，而且有条件实施的。老街是张謇为造福百姓、繁荣常乐而亲自建造的，又是连结河东河西两个景区的重要通道，并有张謇设立的警察局、救火会、市民教育馆及谭家宅、郁家宅（郁钧剑祖辈）等名人住宅的旧址，所以必须恢复。目前1/5可直接利用，2/5应修缮，2/5该复建。张謇出生地、家庙、柳西草堂、乐善好施坊、老酒厂头排房（或老酒厂大门）、酒厂小码头、张謇启蒙读书处（邱畏之宅）等平房小景，花钱不多，但内容丰富，颇有意义，完全应该恢复。河西景点建设，应按先易后难的原则，分三步走：第一步，张謇出生地、家庙、柳西草堂、乐善好施坊等4景；第二步，修建状元府、张謇启蒙读书处、老酒厂头排房（或老酒厂大门）及酒厂小码头等4景；第三步，修建老街。

　　除了建好常乐镇河东、河西两大景区外，还可结合常乐镇区西侧官公河景区的开发，在那里做足刘旦旦的文章。刘旦旦是张謇称为"田状元"的普通农民，被张謇树立为"良农"，并报请两江总督褒奖，刘旦旦去世后，张謇亲撰《良农海门刘叟墓碣》。刘旦旦的农产品曾在江宁劝业会参展并获奖，他对发展海门农业生产起过重要的模范作用。可在官公河畔辟刘旦旦纪念馆，也可象征性地重建三进两场的刘宅，以展示海门传统民居的情况和海门的民俗。

辛亥革命中的张謇

1911年10月10日，辛亥革命武昌首义的时候，张謇正好在武昌。他是10月4日到达武昌的，此行的目的是去接办湖北纱、布、麻、丝四厂。在武昌，张謇两次拜访了帮助自己取得湖北四厂承租权的湖广总督瑞澂，瑞澂设宴招待了他。7日，工厂正式开工。10日（阴历辛亥年八月十九日）晚八时，张謇登上"襄阳"轮启程返回。不久就看见武昌草湖门火光冲天，火光"横亘数十丈不已，火光中时见三角白光激射"。十时开船后，"舟行二十余里，犹见光熊熊上烛天也"。12日早晨，张謇按预定计划在安庆拜会安徽巡抚朱家宝商议导淮，方"知武昌以十九日夜三时后失守"，安庆也是"势处大难，无暇更说导淮事矣"，于是当晚十时又坐"江宽"轮东下。14、15日两天，张謇在南京劝说江宁将军铁良与两江总督张人骏出兵支援武昌并立即奏请立宪，但遭到否决，于是张謇大骂他们是"无心肝人"。16日，张謇到达苏州，拜访江苏巡抚程德全，当夜与学生雷奋、杨廷栋为程德全赶写"请速宣定宪法、开国会"的奏章，彻夜不眠。可见，张謇在武昌起义的时候，一方面为清廷失守武昌而痛心，一方面又认为这是迫使清廷实行立宪的好机会。此前，作为立宪派的领袖，张謇已经为此做过很大努力，甚至发动了全国性声势浩大的请愿活动，但顽固的清廷始终采取欺骗和拖延的手段。

武昌首义之后，势不可挡的革命烈火迅速蔓延。10月30日，张謇到达上海便听说湖南、陕西、山西已经相继独立，各地兵变不断发生。11月3日，上海革命党人发动起义，上海光复。不久，杭州起义，苏州"和平光复"。面对"飙举潮涌，不可复遏"的革命形势，张謇经过将近一个月的"焦思殚虑，广邀时彦，博采舆评"，认为"非政治根本改革不能救乱"，而革命正是一种取代清朝专制政府、建立宪政政府的机会，一种既能团结中国人民又能免于兵火灾难的机会，于是下定决心转向共和。11月6日，张謇打电报给正在奉清廷之命进攻湖北民军的袁世凯，劝他尊重国内大多数人"趋于共和"的现实，赶紧前往北京，不要让清廷逃跑，争取尽快与南方达成协议，确立共和政体。11月8日，张謇分别给铁良和张人骏写信，劝他们断然放弃武装反抗。张謇主动与上海民军联系，在南通实行"和平光复"，11月8日晚上海军政都督府派兵前往南通，当时张謇不在南通，于是由他的哥哥张詧安排数百人到江边欢迎。通州军政分府成立后，张詧出任总司令。11月13日，张謇等人致电张家口商会，转请内蒙古各界人士赞成共和。

当时清朝政府还在苟延残喘，革命党人因为自身力量弱小，一时还无力推倒清政府。而掌握实权的清朝政府内阁总理大臣袁世凯仍然拥护清朝，敌视革命，中国政治形成了南北对峙的局面。如何结束南北分裂，实现国家统一，成为当时迫切的议题，而袁世凯则又是个中关键人物。袁世凯请张謇出任江苏宣慰使和内阁农工商大臣，张謇断然予以拒绝，表示坚决与清廷决裂，并向清廷发出"最终之忠告"："与其珍生灵以锋镝交争之惨，毋宁纳民族于共和主义之中"，要求清廷识相地退出历史舞台，同时也警告袁世凯给自己留一条出路。张謇与程德全写信给袁世凯，并派杨廷栋前往当面进言，希望他不要为清朝尽愚忠愚节，而要学习美国共和伟人华盛顿，"能做中国的华盛顿，行民主共和于中国"。张謇的这一思想，在当时已是社会各界的共识，甚至连革命党的领袖人物也无例外。革命党二号人物黄兴曾于11月9日以革命军总司令的名义致书袁世凯，竭力颂扬了袁的才能，并说只要他倒戈覆清，归附革命，"非但湘、鄂人民戴明公为拿破仑、华盛顿，即南北各省当亦无有不拱手听命者"。孙中山在就任临时大总统后也致电袁世凯，表明自己只是"暂时担任"，并称"虚位以待之心，终可大白于将来。望早定大计，以慰四万万人之渴望"。在这种情况下，为了实现全国统一共和，维护局面稳定，张謇开始了调和南北的活动。在此过程中，张謇和程德全、汤寿潜等人经常在上海赵凤昌的私宅惜阴堂商讨，北方代表唐绍仪也往往在和议的会后来此密商。张謇在促成袁世凯政治态度的转变，最终背离清政府，接受民主共和的过程中起了很大作用。

在辛亥革命的关键时刻，张謇在争取江苏全省和平光复无望的情况下，请江苏军政府都督程德全从苏州亲临前线督促江浙联军会攻南京，自己则留下来坐镇苏州。原立宪派领袖张謇、程德全、汤寿潜等实际上充当了江浙联军攻克南京战役的重要策划者。张謇不仅以江苏省议会名义送牛50头、酒千瓶，还以通海实业公司名义送6 000元、面千袋、布千匹，犒劳江浙联军。12月1日，南京光复。张謇经过努力，最终协助程德全以江苏都督身份移驻南京，实现了江苏独立。光复南京是辛亥革命的战略性一役，是辛亥革命取得一定成功的决定性因素之一。从此，南京成为一个新的革命中心，为中华民国在南京建立临时政府奠定了基础。张謇在这一战役中功不可没。

南京光复后的第二天，张謇在上海第一次与革命党高层领导人章太炎、宋教仁、黄兴、于右任晤谈。两天以后，在上海的各省代表举行了临时政府大元帅、副元帅选举。这次选举的幕后策动者正是包括张謇在内的江浙地区的立宪派、上层绅商等。不久，在张謇等人的推动下，又在上海成立了中华民国联合会，敦促黄兴赶紧到南京组织临时政府，黄兴也"已商请张謇向日商三井洋行借款三十万元作为到南京后军政费的开支"。后来由于孙中山的迅速回国，才搁置了这一方案。12月29日，各省代表在南京开会公举孙中山为临时大总统，开会的地点就是张謇任议长的原江苏咨议局大楼。1912年1月1日（辛亥年十一月十三日），南京临时政府正式成立。孙中山宣誓就职也在咨议局大楼举行。张謇于同日应黄兴之邀到达南京，出任实业总长。孙中山原来想请张謇担任财政总长，但张謇进行了临时政府逐项收支的权衡，估计每年将短缺8 000万两，认为"财政一端，关系重要，列强之能否承认，全视此为关键"，"一身名誉不足惜，但因此而误全局，致惹起各国干涉财政之端，虽万死无以谢同胞"，于是坚决不就财长之职。尽管如此，张謇在临时政府成立前后，仍多次筹款解决临时政府的燃眉之急。

1912年2月12日（阴历辛亥年十二月二十六日），袁世凯利用全国革命声势，迫使清朝宣统皇帝退位，通电赞成共和："共和为最良国体，……永不使君主政体再行于中国。"次日，孙中山即辞去临时大总统之职，在辞职咨文中称"此次清帝退位，南北统一，袁君之力实多。其发表政见，更为绝对赞同，举为公仆，必能尽忠民国"。

中国两千多年的封建帝制终于在辛亥革命的暴风骤雨中被推翻了，中国开启了民主共和的新纪元。至此，辛亥革命落下了帷幕。

辛亥革命从准备、爆发，一直到结束帝制，开创共和，是一个很复杂的过程。考察张謇在这个过程中的思想、实践和发挥的作用，我们认识到，张謇作为一位爱国、创新的政治家，在辛亥革命中能够审时度势，顺应历史潮流，坚决地从立宪走向共和，从而为创建共和体制做出了贡献。正如革命党领袖黄兴所说，张謇和赵凤昌等人为"缔造共和，殚尽心力"，这是很确切的评价。

关于张謇一通电文发出时间的认定

1911年10月10日武昌起义之后,张謇曾给林述庆发过一个电报,全文如下:

林都统鉴:

感电敬悉。镇江当前敌,剧战方来,敝处现在金融万分恐慌,义当力筹,以效同仇。初一日,派大安轮专送五千元到镇,请嘱财政长验收,并已转电如泰盐栈协助,得复再闻。

张謇印

《张謇全集》(2012版)载此文于第二册"函电(上)"第279页,注明电文发出时间为"清宣统三年八月(1911.10.中旬末)"。

文中表明,在"敝处现在金融万分恐慌"的时候,张謇决心"义当力筹,以效同仇",并于"初一日,派大安轮专送五千元到镇",同时还"已转电如泰盐栈协助"。在"镇江当前敌,剧战方来"之时,张謇对革命有如此态度,足见其所持立场之坚定。

但是,"清宣统三年八月(1911.10.中旬末)"这个发电文的时间,显然靠不住。

第一,此时的张謇,立场还在清政府一边。查阅张謇日记就可以分明地看出张謇在辛亥革命中立场的逐步转变。武昌起义当天,张謇正好乘船离开武汉,在船上"见武昌草湖门火作""横亘数十丈"的情景。第五天,他赶到江宁,"诣铁将军(江宁将军铁良——笔者注),说军、督合力援鄂,奏定宪法";而"铁嘱商张(指两江总督张人骏——笔者注)"。于是张謇于次日"诣张督,申昨说",而张"大否之,谓我自能保",张謇对此十分不满,大骂张人骏"其无心肝人哉"。此后直至10月30日(农历九月初九日),张謇对革命军攻下的地方,均称为"失守",显然是站在清政府立场上反对革命的。其后立场开始变化:11月1日(农历九月十一日)用"兵变";11月6日(农历九月十六日)开始用"为国民军所据""独立";12月2日(农历十月十二日),记下"知江宁以昨夜三时攻下""攻下"二字,才表明张謇完全站到了革命军一边。

第二,接受电报的林述庆,此时还在做南洋新军第九镇三十三标的管带。林述庆其人,1902年被选拔入福建武备学堂学习,其间与林森等创建革命团体"福建学生会"。1905年,毕业后进入驻扎在南京的南洋新军第九镇三十三标任队官,1906年担任三十三标三营管带、二营管带,在标统赵声的影响下倾向革命党。1909年，调任第三十六标一营管带，驻扎江阴，秘密加入中国同盟会。1911年辛亥革命爆发后，林述庆于11月7日率部起义，攻占镇江，任镇江都督。11月26日，率领镇江军一部参与江浙联军攻打南京。12月2日率军首先攻入南京，任江宁临时都督。

那么，电文究竟应该是何时发出的呢？

我们分析一下电文内容。

首先，张謇称林述庆为"都统"，又请林"嘱财政长验收"自己送的五千元大洋，即林述庆手下有位官居"民政长"的人。这是林述庆"于11月7日率部起义，攻占镇江，任镇江都督"的情况。营的"管带"当然称不上"都统"；也只有辛亥革命过程中，都督以下设军政、民政二长。

其次，张謇捐款五千元是按照林述庆"感电"的要求送去镇江的，而此时"镇江当前敌，剧战方来"。武昌起义后，镇江在军事上处于这种态势，是在11月中旬。11月8日，由统制（师长）徐绍桢领导的清新军新建陆军第九镇（师）起义，发动攻打南京城的战斗，经激战后于9日失利，相继撤出战场，向镇江方向退去，徐绍桢立即东去上海。此后，上海都督陈其美主持会议，决定组建江浙联军，以徐绍桢为总司令，会攻南京。11月15日，参加会攻南京的各路人马齐聚镇江，总共约2万人。正在围攻武汉的清海军"镜清""保民""楚观"等14艘舰艇，顺江而下，来到镇江，投奔革命党人，使得会攻南京的联军水陆并进，军威大振。决定兵分四路：中路以镇军、浙军为主力，右翼镇军攻打天堡城，左翼浙军由孝陵卫攻朝阳门；南路苏军攻雨花台、聚宝门；北路淞军攻沿江各炮台；柏文蔚率镇江二支队和扬军徐宝山部沿江北岸向浦口进攻，以截清军退路；沪军为总预备队。此时林述庆正是镇江都督，统率镇军准备以右翼攻打南京天堡城。后来"率军首先攻入南京"。

再次，据庄安正《张謇先生年谱》（晚清篇）载，张謇于11月7日"与上海联系，由沪军都督府派狼山镇前总兵许宏恩率军抵达通州芦泾港，'通与之约，毋扰地方'，故通州系'和平光复'"。8日晚，许宏恩抵通，"张謇在张詧支持下，任军政分府总司令，孙宝书为民政长，许为军政长"。此时的张謇才会按照革命军的要求，向革命军捐款，在南京战役即将爆发之际，来表示"以效同仇"。而在此之前是绝不可能的。

所以，我们必须确定电文是在这个时间段发出的。

于是笔者请教赵鹏先生关于《张謇全集》确定"清宣统三年八月（1911.10.中旬末）"为发出电文日期的依据。赵鹏先生告诉笔者，此电出处见于管劲丞先生的《辛亥革命前后关于南通财政的几件事》。其有关部分如下：

（四）通州对攻宁镇军的一次协饷

镇军都督林述庆曾于八月二十七日以感电向通州军政府要求协饷接济，通州则用张謇名义以如下电文答复：（从略——笔者）

此一复电，无发电日期，据文中有初一日派轮送款到镇江云云，当在同日或略后。又据通州财政处辛亥九月份账略支出项下，有此五千元一款，称为"协助攻宁军饷"。

从上文可以看出，管劲丞先生对于此事的认定是正确的，只是时间出了差错。"感"字在韵母代日表中确是指二十七日，但林述庆的"感电"不是八月二十七日，而是九月二十七日，即阳历11月17日。在接到这封"感电"后，南通军政分府，即在九月份的通州财务处账上开支五千元，并于十月初一日（而不是九月初一日）即阳历11月21日派轮船送往镇江。如果提前了一个月，那么此事本身和相关的事情就都不可能发生。因此，笔者认定张謇电文是在清宣统三年十月初（1911.11.下旬）发出的。

历届张謇国际学术研讨会关于张謇与辛亥革命的论述

辛亥革命一百年了,张謇在辛亥革命中的是是非非也被人们议论了一百年,而这也理所当然地成了历届张謇国际学术研讨会的重要议题。

在1987年召开的第一届研讨会上,刘文源在《甲午、辛亥年间张謇的政治主张与政治活动》中说,"张謇在光绪、宣统年间,'除戊戌政变并未参加外,其他关乎当时中国内政外交剧烈变动、重要发展的事件,都有张謇的背景'。张謇既然在政治上具有相当的'潜势力',而且参预两朝的一系列重大政治活动,因此也可以说张謇不仅是近代史上有名的实业家、教育家,而且是一位政治家","1911年10月10日,革命党人在武昌发动起义胜利。张謇曾奔走于安庆、南京、苏州之间,策动两江地区的督抚将军出兵'援鄂',但无人响应。张謇见清王朝覆灭的命运无法挽救时,毅然改变态度,一面断然拒绝清政府以他为江苏宣慰使和农工商大臣的任命,表明与清政府决裂,一面公开表示拥护共和。……张謇还支持江苏独立,对促使清王朝的垮台,无疑是有重大作用的。……张謇审时度势,当机立断,顺应民主共和的进步潮流,堪称为识时务的俊杰"。孙顺智在《张謇的政治思想》中说,张謇"辛亥革命起,先则赞成立宪,转而赞成共和,为民国催生;南北议和中,折冲樽俎,调和袁世凯与孙中山之间的权力分配,促成统一;民国肇建,因临时政府缺资,曾以大生厂为担保向日本三井公司借款30万元;孙中山、黄兴从盛宣怀议,将汉冶萍公司抵押日本借款,张氏力持不可。凡此张氏都发挥了极大的影响力"。藤冈喜久男在《立宪主义者张謇》中说,"武昌起义爆发时,张謇正在武汉。值得一提的是,当见到火光冲天的时候,他没有批评革命党人,而是批评了政府,认为政府追剿太紧,逼他们揭竿而起","在11月6日致袁世凯的信函中,张謇表示支持共和并赞成革命。11月8日,继上海、杭州和苏州之后,张謇的家乡南通州也宣布独立。……但是即使他支持革命,也不是支持革命本身。他仅仅把革命看作是一种取代清朝专制政府、建立宪政政府的机会;一种既能团结中国人民又能免于兵火灾难的机会"。陆仰渊在《论张謇从主张立宪到赞成共和的转变》中说,"辛亥革命爆发之际,又是他在政治上寻求新的出路之时。当他看到清政府的统治局面确实已经维持不下去,而革命已经在许多省取得胜利、共和已成定局的形势下,他立即赞成共和。这种转变是自然的,顺应时代潮流的","世界各国的资产阶级革命,……有以中小资产阶级参加，采取暴力革命的手段，也有由上层资产阶级为主发动的君主立宪运动。……张謇发起的立宪运动并不是单纯为维护摇摇欲坠的清朝封建统治，而是在争取通过非暴力手段，达到在中国发展资本主义，为资产阶级争得政治和经济上的利益和地位"，"综观张謇立宪主张的三个主要方面，其目的和效果，都是为在中国发展资本主义之政治、经济、文化，为新兴的资产阶级谋利益，看不出他在维护封建统治。因而我们可以把张謇的立宪思想理解为：他企图用和平的、不流血的手段，达到在中国发展资本主义的目的，以其所处的时代来说，不能称其为反动"，"马克思和恩格斯在说到无产阶级夺取政权时尚认为'必须考虑到各国的制度、风俗习惯'，并认为'工人可能用和平的手段达到自己的目的'。那么，以张謇为首的资产阶级上层人物，在清朝封建专制统治时代，企图用和平手段达到在中国发展资本主义之目的，是难以非议的"，"但是到了20世纪初年，清政府已昏庸到无以复加的地步，即使对于张謇这样温和的君主立宪主张都听不进去，还玩弄了一场更大的骗局……因而张謇从立宪派倒向共和并不是'投机革命'，而是顺应了时代的潮流，有其进步的一面，而且还推动了东南各省的独立运动"。张喜阳在《论张謇政治思想的嬗变及特征》中引用了张謇所说的"自武汉事起，即持非政治根本改革不能救乱之议。一月以来，焦思殚虑，广邀时彦，博采舆评，征之国土民族，验之人心，核之中西政治家之学说，审之各国君主立宪民主共和之适宜，而知此次事变之来"之后，认为经过这样的过程，张謇方才"开始审慎地选择并接受共和思想了"，"在他看来无论是借君主立宪，还是借共和立宪，只要能争取到实业者阶层的立法权、参政权、对政府的监督权，实现'分治'前途就行。他从共和理论中发现了实现立宪的一条新径，这就是既可在共和之召下与革命派合作干掉君主专制政府、扫除发展工商的障碍，又可借'分治'的机会，团结商绅士民的势力壮大实力，实现其改良政治、改良社会的理想"。

在1995年召开的第二届研讨会上，周月思在《张謇与袁世凯》一文中分析"当时张謇拥袁的根本原因"是，"在张謇心目中，孙中山虽然具有优秀的革命家品质和在革命党中享有崇高威望，但却缺乏政治实力可以直接左右清政府，又无经济实力来支撑危局；只有已控制了清政府，又拥有北洋庞大军事实力并得到帝国主义列强支持的袁世凯，才有可能承担此任务，因而就成为无可替代的人选"。文章说，"当时持张謇同样观点和态度的，并非少数人，可以说成为社会各界的共识，甚至连革命党的领袖人物也无例外。如革命党二号人物黄兴，他于1911年11月9日曾以革命军总司令的名义致书袁世凯，竭力颂扬了袁的才能，并说只要他倒戈覆清，归附革命，'非但湘、鄂人民戴明公为拿破仑、华盛顿，即南北各省当亦无有不拱手听命者'。孙中山在就任临时大总统后，也曾致电袁世凯，表明自己只是'暂时担任'，并称'虚位以待之心，终可大白于将来。望早定大计，以慰四万万人之渴望。……1912年2月13日，即清帝正式下诏退位的第二天，当袁世凯通电赞成共和时，孙中山即在辞职咨文中称'此次清帝退位，南北统一，袁君之力实多。其发表政见，更为绝对赞同，举为公仆，必能尽忠民国'。特别是1912年秋，他应邀到北京会晤袁世凯后回到上海时的演讲中宣称'余信袁之为人，甚有肩膀，其头脑亦甚清楚，见天下事均能明澈，而思想亦很新'，'欲治民国，非具有新思想旧经验旧手段者不可，而袁总统适足当之。故余之推荐项城，并不谬误'"，"他（张謇）既恨清政府不听忠告，'专己自逞，违拂民心，摧抑士论'，导致'人民希望之路绝，激烈之说得以乘之'的后果；同时，他也不得不面对革命形势已'飙举潮涌，不可复遏'的现实，与其让战祸绵延，'各省金融之闭塞，实业之拘困，父老之惊恐，子弟之死亡，妇孺之流徙'的惨剧进一步扩大，最明智的选择，是顺应历史潮流，努力争取实现共和，而且态度越来越坚定，这无疑是张謇政治上一大进步"。杨东梁的《略论张謇的政治追求》说，"渴望政局稳定"是张謇政治追求的一个重要目标，"求稳怕乱的思想像幽灵一样伴随着他的政治生涯"，"张謇最不愿见到'颠覆眩乱'的局面"，所以"他认为只有立宪才能避免革命"，"但一旦当他认清'绝弦不能调，死灰不能爇，聋虫不能聪，狂夫不能智'时，并没有固执己见，而是立即改弦易辙，由立宪转向共和，并寄希望于'和平光复'的模式，以避免更大范围内'极烈之暴动'"，"在张謇看来，当时只有袁世凯才是唯一能够稳定政局的中心人物。于是在南北议和期间，他致力于让袁世凯出面总揽大权，以便在全国范围内恢复'统一'与'秩序'"。严学熙在《张謇与辛亥革命——由立宪转向共和的思想基础》一文中认为，张謇"以民族大义为重支持辛亥革命"，"为国家和民族利益放弃了自己为之奋斗的君主立宪制，毅然转向共和，为结束中国数千年的封建君主专制政体作出了杰出的历史性重大贡献"，"他害怕社会激烈动荡，不仅在于自己的企业，更怕由此国家'兵连祸结'，分崩离析，甚至'外人乘机生衅'"，"张謇公开赞成共和，加速了辛亥革命之进程"。讲到张謇对于辛亥革命的贡献，文章说，"联军攻克南京是辛亥革命取得一定成功的决定性因素之一，是继武昌首义后之战略性一役。而江浙联军的组织者和参与者则主要是原立宪派的领袖人物程德全、汤寿潜和张謇等"，"张謇对于辛亥革命的重大贡献，还在于帮助解决建立临时政府时财政上的燃眉之急"。

在2000年召开的第三届研讨会上，藤冈喜久男在《辛亥革命运动中的张謇——兼述与孙中山、袁世凯的异同》中，针对"在日本的辛亥革命研究员之间，现在关于谁领导了革命有三种之见解：孙文、袁世凯或张謇；关于辛亥革命之'政治文化'也有三种之见解：孙文之'民权'，袁世凯之'皇权'和张謇之'立宪'的政治文化"，"认为是张謇领导了辛亥革命"，"认为是张謇之'立宪'的政治文化，它不仅在辛亥革命本身里，并且还自革命以后继续到1924年"。杨乃器、杨萃在《清末民初民族资产阶级杰出的思想家政治家实践家——张謇》中引述吴相湘的观点说，"啬公与国父的合作，'第一是促进南北和议；第二是参加南京临时政府，筹款筹饷。张謇用他自营的大生纱厂作保，向日本三井银行借款30万元，随后又拨付盐税50万元，总共100万元之数目，临时政府才算勉强渡过难关'。啬公的奔走联络，功不可没"。侯宜杰的《张謇与辛亥革命——兼驳种种讹传，还历史以真实》认为，"张謇在武昌起义后不久即由君主立宪转到民主立宪，成为共和制度的热烈拥护者，做了许多有益的工作，为推翻清王朝，建立中华民国做出了重要贡献。辛亥革命是革命派和立宪派的联合行动，辛亥革命的胜利是两派的共同胜利，其中当然也有张謇的一份不可磨灭的功劳"，"革命党领袖黄兴也认为他与赵凤昌等人'缔造共和，殚尽心力'。他对辛亥革命的贡献是不容抹煞的"。文章有力批驳了"所谓震于革命声势，随风转舵，伪装拥护革命，进行政治投机"，"所谓拒绝担任财政总长，拆临时政府的台"，"所谓担任实业总长不到南京就职，消极怠工，抵制和涣散临时政府，借此为自己的企业攫取新的经济权益，并且日后借财政难题进行拆台预留地步"，"所谓大叫'勿扰商'，阻止临时政府筹款，有意造成临时政府的财政困难，幸灾乐祸，希望把临时政府置于死地而后快"，"所谓以筹款为名，垄断两淮盐税，牟利而外，有意对革命派进行经济封锁，造成临时政府的财政困难"，"所谓以辞职反对临时政府借贷外债，打击孙中山的威信，拆临时政府的台，压临时政府尽快与袁世凯妥协"，"所谓销去党名，分裂革命党人的内部团结，力促革命党人解散同盟会；和章太炎等组成统一党，与同盟会对抗"，"所谓利用沪杭甬铁路作抵，为袁世凯代购了一大批军火"，"所谓在洪述祖密示下，配合袁世凯借南方势力以挟制北方"，"所谓拥护袁世凯为民国的总统，充当袁世凯窃国的帮凶、反革命的助手"等十条强加在张謇头上的罪名。

在2006年召开的第四届研讨会上，徐梁伯在《社会的脊梁：张謇政坛三进三退评析——再论民国历史人物评价问题》中分析了研究评价包括张謇在内的历史人物时"会犯定位不准确的错误"的原因。其一是简单化地运用阶级分析的方法，"多年来我们讲得最多、用得最多的方法，恐怕就是阶级分析的方法。即首先对历史人物社会经济地位、身份职业，甚至思想言行，以定其当时所属阶级，是统治阶级还是被统治阶级，是地主还是农民。在极'左'思潮流行时期，对前者是立足于批判否定，对后者是立足于歌颂肯定。……阶级分析的方法是研究历史的重要方法，其本身没有错，错在简单化。用阶级分析的方法分析历史人物，可以更清楚地明白他的思想、言论、行动之由来，为什么是这样，而不是那样。但阶级分析的方法，不能作为评价历史人物的是非标准。反动阶级反动，但作为其成员，未必个个反动；革命阶级革命，作为其成员，未必个个都革命"。其二是"以政治意识形态划线的方法。以革命或反对革命，以这一派那一派，以权威人物或路线斗争划线，定是非，分敌我。站队站对了，万事大吉，一好皆好；站队站错了，一切皆错，不错也错"。徐文指出，"自上个世纪80年代以来，随着思想解放拨乱反正，民国人物研究已开始摆脱过去极'左'思潮影响，但有时习惯使人们总是不忘'政治'，'政治'始终是一把或隐或现无法舍弃的重要标尺。拥护、支持、亲近革命派为是，相反为非；拥护、支持、亲近反对派的当然为非，相反则是。哪怕是反对派的真面目尚未暴露时，曾经拥护和支持过，也一样难脱干系。在张謇研究中，对其疏离孙中山、一度支持袁世凯的非议，便是这一现象的典型表现"。周新国、丁慧超的《异彩夺目与殊途同归——孙中山与张謇的比较研究》说，"看整个一部近代史，轮廓分明的是中国近代社会历史朝着独立、富强、民主的社会目标，不断演进的过程"，"就孙中山与张謇来说，在这个不断演进的过程中他们都各自作了不懈努力……他们都同时融入了向资本主义目标不断演进这一历史过程，可谓殊途同归"。文章认为，张謇作为立宪派的领袖，从立宪转变到反清革命上来，"张謇的通电声明虽然是较晚的，但由于张謇是立宪派'唯马首是瞻'的人物，所以张謇立场的转变，无疑对推动反清形势有决定性作用。而张謇立场转变的同时所准备的政治策略，就是'拥袁代孙'，张謇是这一策略实施的关键人物"，"这一时期，张謇在不到两个月时间里，还是干了不少实事的：'第一是促进南北议和，第二是参加南京临时政府筹款、筹饷，以及起草清帝退位诏书等等"。谢俊美在《张謇与晚清社会变迁》中分析南京临时政府成立后的形势是"清朝统治并未结束，宣统皇帝作为一国之君，仍在发号施令，以袁世凯为代表的一批清朝大臣仍然拥护清朝，敌视革命，中国政治形成了南北对峙的局面。如何结束南北分裂，实现国家统一，成为当时迫切的议题，而袁世凯则又是个中的关键人物"，"革命党人因为己身力量弱小，一时还无力推倒清政府"，希望袁世凯"能做中国的华盛顿，行民主共和于中国"，"1912年1月6日，袁世凯公开表示赞成共和，随后清帝宣布退位，统治中国260多年的清朝也因此正式结束"，"促成袁世凯政治态度的转变，最终背离清政府，接受民主共和的原因固然很多，但若从人事上来说，张謇在其中所起的作用是不可小觑的","他为君主专制制度的终结,民主共和政体在中国的确立,作出了自己的贡献"。

在2009年召开的第五届研讨会上,谢俊美在《张謇:一位爱国创新的政治家》中明确指出,"我从近代中国社会新陈代谢的大视角出发,结合张謇一生的事功,提出我的看法:张謇是一位爱国创新的政治家","从他一生的经历来看,张謇始终希望中国能建成一个民主政治的国家,在中国发展资本主义","在晚清社会变迁中,张謇不是一个风派人物,不是宣传鼓动家,而是一个稳健派、务实派、实干家","他赞同民主共和,除了政治上坚持进步,还与他在民族、民治、民生等问题上与孙中山的三民主义有不少相同相近之处。他在民初复杂多变的政局下,始终保持自己政治初衷,坚持民主共和政治,反对帝制复辟活动;坚持进步,反对倒退;坚持发展实业,促进社会经济发展;坚持以办实业、参加社会活动的政治家身份活跃在民国社会的舞台上"。邱华东的《张謇与辛亥革命——必须历史地、客观地、科学地研究张謇》不同意"将'君主立宪派'和'革命派'混为一谈",不同意"认为两者仅是'形式'上的差异,而在'立宪'问题上没有什么本质区别,是所谓'殊途同归'"的说法。文章说,"有的认为'辛亥革命'主要是由'立宪派'的影响所致,甚至提出了'张謇领导了辛亥革命'这样的说法。有的认为,'辛亥革命'之爆发,完全是因为清王朝拒绝'君主立宪'的'不明智'……如果清王朝能够'明智'地接受'君主立宪'的道路,中国岂不是可以避免流血的革命,避免革命所必然引发的动荡,岂不是可以走上'平和中正'的发展道路?这些观点,实际上都是脱离了科学的唯物史观,脱离了当时的国际背景,脱离了中国当时的社会实际","其(张謇)之所以'赞成共和',系之于'君主立宪'之'不能解纷而徒以延祸',唯'共和'方能'敉乱'。其对'民主共和'之认识也仅如此。……在以后的'南北'之争中,张謇也是始终倾向于北方的袁世凯和之后的北洋政府一方","他虽然也努力跟随着历史的潮流,经历了怀疑、反对、对抗到最后赞成'民主共和'的转变。但是,由于历史的和他本人的局限,也由于对清王朝的'知遇之恩',始终未能走出温和的'社会改良主义'的思想体系。直至最后,依然奉行'国家主义',极力维护着'国家'的权威"。

在第六届张謇国际学术研讨会分组学术交流第三组上的点评发言

各位同仁：

接到点评任务后，我的心情可以用四个字来形容：诚惶诚恐。所有论文的作者在课题研究过程中，都经过了很长时间的资料积累、分析、研究，付出了辛勤的劳动。而我在很短的时间里浮光掠影地拜读你们的论文，点评就很难评到点子上。所以我是抱着学习的态度，来讲一点自己粗浅的感受。

（一）王玉茹（南开大学经济研究所教授）和刘福星的《棉贵纱贱与二十世纪二三十年代中国棉纺织业危机——大生纱厂等企业的市场环境分析》

关于张謇大生纱厂的衰败，许多人做过许多分析，众说纷纭。在当今经济发展过程中，总结大生纱厂的经验和教训无疑有着很大意义。本文抓住"棉贵纱贱"这一现象，深入分析了造成这一现象的原因和它所反映出的种种矛盾，是一个新的视角，观点很有见地，在今天也有借鉴意义。论述数据翔实，列表形象，很有论述力量。我认为由这篇论文，人们可以反过来认识到张謇为解决纺织业原料问题而废灶兴垦以及张謇为厘金问题所做的种种努力的意义。

（二）冯小红（邯郸学院教授、地方文化研究院副院长）的《再论张謇与南通纺织业现代化》

正如本文导语所言，不少论者认为张謇是南通现代化的发动者、组织者和总设计师。同时，导语还列举了以往研究中由此形成的两种倾向。而本文力图对张謇及其创办的纺织企业在南通纺织业现代化历程中的角色予以重新定位。本文通过对南通纺织业现代化过程的考察所得出的新的结论，是值得重视的。历史是复杂的，在研究中出现不同的观点是正常的、必然的。它有利于弄清历史真相，是好事。所以，我很乐意看到这种表达新观点的论文。张謇是个历史人物，对于他的研究，也应该像他本人在追悼孙中山时所说的"为天下惜人才，为万世存正论"。我们应该看到的是，就整体而言，闭塞、落后的南通的现代化进程是从张謇创办大生纱厂开始的。张謇做了开路先锋，在这里创造了许多全国第一，才使南通进入了向现代化转型的行列。大生企业的创办改变了南通的面貌，过了一百年的今天，人们仍能感受到张謇经营之艰辛、成就之辉煌。当然作者一再强调自己是

"仅就南通纺织业一个产业的现代化"而言的,但是我觉得本文导语的表述可能会给人造成错觉。关于文中所说的"经过张謇及其大生集团契入的南通棉纺织业形成的现代产业与传统产业并存的二元结构"问题,我注意到的事实是,大生三厂开办时,即"计及于织厂";1914年,张謇派郁芑生去英国为大生三厂购买机器,其中就有与迭更生公司订购织布机250台;1915年秋,大生一厂新厂纱、布机就已装设完成。不知能不能供作者作一参考?另外,建议部分内容进一步作点数量的分析。

(三)刘志英(西南大学历史学院教授)的《张謇的金融实践与思想探析》

张謇金融实践和思想的研究,作为张謇研究的独立分支,大约是在21世纪初才开始的,较多的研究者着眼于银行和货币制度。本文作者表示由于时间关系,没有论及货币问题,但我认为值得肯定的是她较为深入地研究了张謇的股份制与证券市场、公司债的实践和思想。上午朱江关于通泰盐垦五公司银团债票的论述也正好说明了这一点。本文对张謇银行业实践与现代银行思想的研究也更为深入和全面。论文从实践到思想的逻辑顺序,更好地揭示了张謇金融思想逐步形成的过程。张謇的金融民营化思想十分重要,是否可以更加深入地进行研究?

(四)庄安正(南通大学文学院教授)的《张謇、卢寿联所办中影公司经营概略》

拜读这篇文章,我便联想到王敦琴教授介绍的第22届国际历史科学大会上许多外国学者生动活泼地进行个案研究的报告。我认为本文就是这样一种类型。作者运用了许多学者很少甚至从未运用过的资料,将中影公司的情况讲得非常生动,而且有自己的新见解。作者所说的几个"基本搞清",我认为是实事求是的。对于中影公司的深入研究,确实很有必要。光看影片公司定名为"中国",就可想见张謇、卢寿联的雄心。是否可以与当时或稍后的电影公司进行比较研究?关于中影公司与上海的关系,很值得研究。其实还不仅是中影公司,张謇与上海的关系,都是值得研究的。100年前,张謇是否像今天的南通人一样看待上海?张謇立足于南通看上海,两者在他心目中究竟各是什么地位?我认为恐怕未必是我们今天许多人的普遍心态。

(五)姜平(南通纺织博物馆副研究馆员)的《刍论张謇大生纱厂的兴衰沉浮与上海的关系》

过去人们不大注意考察张謇创办事业与上海的关系,这是本届研讨会确立的主题的意义。本文紧扣研讨会确立的主题(但在所有论文中有1/3没有按规定选题),非常清晰地梳理了上海在大生纱厂发展过程中的影响,所讲六个问题是符合实际的。特别有两点值得我们重视：一是作者长期致力于通海土布史的研究，本文正面肯定了上海对通海土布商业化的作用；二是作者在研读李升伯第一手资料的基础上，肯定了上海银团接管大生企业后的作用，这是以往无人论及的。现在南通努力接轨上海，接受上海辐射，而张謇在100多年前就有这个意识，并且取得了成就。进一步深入研究这一课题，对南通的发展是有意义的。

（六）李振武（广东省社会科学院历史研究所副研究员、副所长）的《张謇举办实业模式浅析》

本文以"实业模式"为中心整合张謇研究的诸多内容，是一个很好的角度。本文认为张謇的实业模式是一体化产业网络。对此，研究者不少。我对本文两个提法很有兴趣：一是"地方自治自足"，一是"自给自足"。张謇是个实业政治家。他认为舜这样的人就是实业政治家，通过办实业来实现政治目标。所以，我认为将实业模式与地方自治结合起来研究，很有必要。还有，关于张謇在立宪运动中的态度，过去正面论述较多，本文从高官与巨绅之间的相互提携来论述，是有道理的。文中所说的"道不同不相为谋"的那个问题，不妨做点研究。文中所说"主权沦丧，利用外资只是一种理想"，对今天显然有借鉴意义。在引资引技方面，我补充一点，张謇在引进外国专家方面很突出，如与荷兰水利专家特来克的关系，就是一段佳话。我觉得从全文看，内容有属于模式的，也有属于与模式相关的，论文题目不知是否可以重新予以考虑？

（七）李玉（南京大学教授、民国史研究中心主任）的《张謇的实业诚信观》

很抱歉，我直到今天中午才知道李玉教授的论文调在我们这一组交流，所以还没有时间拜读他的论文。听了他的报告，我认为本文的"余论·人格抑或制度"是很新的观点，值得我们注意。

以上发言，不当之处，请予批评指正！

我如何读张謇原著

一、为何选读这篇文章

《张謇全集》六百余万言，往往不知读哪篇为好。我之所以要读《太虚用佛法批评社会主义录答问》，是因为南通张謇研究中心决定在今年纪念张謇逝世90周年之际，开展一次关于张謇与孙中山的研讨。我对这一课题，过去从未关注。我知道，张謇与孙中山少有接触，但在中国历史的重大关头曾经走到一起。张謇对孙中山的评价，莫过于1925年的《孙中山追悼会演说》，这是他对孙中山的盖棺论定。我为了获取更多的材料，于是开始阅读张謇发表《孙中山追悼会演说》同期的一些文章。同时，还要关注当时的日记及年谱的相关部分、函电、公文、诗词。

此文所表达的观点，受了几十年正统教育的我们往往不能卒读。尽管从理性上说，我们知道不应苛求张謇这个历史人物；但从感情上说，我们希望张謇是个千古完人，而且事实上近些年的宣传也有点并不完全符合史实。然而，当我读完这篇文章，我被震撼了。虽然百年前的张謇确实并不理解社会主义，但文中所说的"三十年所感想、所推究、所主持之意义"对于我们今天却有着很深刻的现实意义。张謇回顾说，"二十六年以来，謇之得于实业而用于教育、慈善及地方公益者，凡二百五十七八万，仍负债六十万有奇。叔兄所出亦八九十万，不与焉"，但"盖地方教育无已止之时，而个人担负有衰歇之日，非筹资产不能持久"。所以，"以謇个人言之，若徒抱志愿而不得资本家之辅助，则二十年来无一事可成，安有地方教育、慈善可说？……要之，无资本家则劳力且无可谋生，无劳力人资本家亦无可谋利，可断言也"。关键则在于"计必先从有益贫民着想始，必先使资本家安心投资始"。政府应"明定法令：凡有大垦业、大工厂之公司，每一会计年度终，获有纯益赢利，法定提十成之一，补助地方教育、慈善；无大垦业、大工厂之地，而田产饶、商业裕者，每年亦提纯益赢利十之一，或照南通办法，营垦者就其垦地分拨地亩，作为该处慈善、教育之基产"。张謇在文中所说的"居末世而欲复古，势既有所不能；当狂澜而但听天，国将何以存在"表现出的清醒头脑和爱国精神，也是很值得我们学习的。

由此，我得到启示，作为学术研究，应该能够心平气和地阅读各种观点的书籍、文章，心平气和地倾听各种不同的意见，然后择善而从，为我所用；切不可闭目塞听，见闻不同观点、不同意见即火冒三丈，而拒不同观点、不同意见于千里之外。

2013年6月，北京大学王晓秋教授来参加纪念张謇诞生160周年暨海门市张謇研究会成立10周年活动。他对我说："张謇研究也应该像孙中山研究一样，对他的著作一篇一篇地反复研究。"王教授的意见无疑是正确的。我们确应该在认真阅读张謇的原著上下更多的工夫。

二、我的阅读目标和过程

张謇的文章，相比许多我们常见的古文，阅读难度更大。在张謇之前的古文中的语词，历史上经过许多语言文字学者的研究，大多有了比较详尽的解释。张謇所处的年代，西风东渐，语言也受到很大影响。张謇本人在科举道路上奋斗了半辈子，博览群书，对中国古代文化的积累，很少有人能与之比肩。而张謇又是一个敢于创造和善于创造的人，他在很大程度上打破了中国古代语词的束缚，创造了许多不见于古代词书的词汇。

当然读张謇六百余万字原著，很多时候也许只能如陶渊明说的那样"好读书，不求甚解"，那么阅读张謇的文章也还不算难。然而，作为研究，这显然是不够的。因此，我对一些重要文章确定的阅读目标，大致相当于教师的备课，达到能给人讲解的程度，这可能因为我是教师出身的缘故。

我的阅读过程大体如下述：

1. 进行忽略疑难字词的通读。通读不通，可能是版本有了问题。如2012版《张謇全集》中的下面一段就是无法读通的：

> 故斯贵至于卿相而苟贫贤者，自有义命之可安，不肖者亦尚有彼此以自慰；贱至于综其役盗贼而苟富夸者，可以广张声气，穷极侈大，愿者亦可厚营田宅，上拟素封。甚贫差等大别，即衣食之有余不足。

在这种情况下，我将它与《张季子九录》和1994版《张謇全集》对照，结果发现后两者是一致的，均为（我在原断句的基础上用了新的标点符号）：

> 故斯贵至于卿相而苟贫，贤者自有义命之可安，不肖者亦尚有彼此以自慰；贱至于厮役盗贼而苟富，夸者可以广张声气，穷极侈大，愿者亦可厚营田宅，上拟素封。综其差等大别，即衣食之有余不足。

这样，这段文字就可以读通了。问题出在2012版《张謇全集》是"据1925年7月28日《通海日报》"，而其中部分又据《九录》校正。客观地说，编辑《九录》是张謇生前开始的，张孝若在《例言》中明确指出，"集名张季子九录，先君所自定"，"教育录"中的论议演说，"凡经先君修正者亦载入"。可见，《九录》的内容应该都是张謇修正认可的。编辑《九录》又是张孝若十分重视的继承父亲遗志的工程，他在张謇逝世尚未出殡之时，在致友人朱中道函中谈及父亲后事的安排，其一便是《九录》："父之遗著九录，已由束劢直兄编订成书，即将印公世。"张謇生前即确定束劢直主持其事，束的学问素养自然是张謇所肯定的。所以，在张謇研究中，《张季子九录》的地位应该得到肯定。尽管《通海日报》最早公开此文，似乎更接近原文，但张謇认定的，却是《九录》所载。

2. 弄懂不理解的词语和内容。在通读中一定有不少无法理解的词语和内容，绝不能轻易放过，而必须求其甚解。我采取的办法是：（1）查《辞海·语词分册》；（2）搜索百度；（3）查阅相关文献。

如，"事畜"一词，如望文生义，就会大错。而无论《辞海·语词分册》还是百度，对此都有准确的解释。

张謇文章中有许多并不见于各种辞书的语词。如"华门""轸涂有导"，"财房顽悭"之"顽悭"，"曲学我执"之"我执"（一般用"我见"）。"欲恶"不见于辞书，但《资治通鉴》中陆贽回答唐德宗所问"当今切务"时说："臣谓当今切务，在于审察群情，若群情之所甚欲者，陛下先行之；所甚恶者，陛下先去之。欲恶与天下同而天下不归者，自古及今，未之有也。"可见"欲恶"就是喜欢和讨厌。

因为这篇文章是就太虚的观点而发的，所以张謇又用了佛家语，如"广长舌""恒河沙""一转语"，也很值得玩味。

如，"夫人生活于衣食、贫富之分，亦分于衣食之有余、不足。就中山所谓三民说之中，民生为要。唐虞三代皆君相为之擘画，而周特加详，其见于《周礼·地官·大司徒》之职，凡土地之图，土会、土宜、土均之法皆是。而于贫富丰凶之际，尤致意焉：保息六，三曰振穷，四曰恤贫，六曰安富；本俗六，五曰联朋友。正月布教，五家为比，使之相保；五比为闾，使之相受；四闾为族，使之相葬；五族为党，使之相救；五党为州，使之相赒；五州为乡，使之相宾。保之言爱护，受之言寄托，葬言同戚，救言同灾，赒言相济，宾言相礼。夫同为受田百亩之民，何以须赒须救？是即人事之不能齐一，而贫富之不能无差。其有不保、不受、不葬、不救、不赒、不宾者，于是乎有不睦、不姻、不任、不恤之刑；其能备孝友、睦姻、任恤六行者，则与六德、六艺同以宾礼兴举而进之。至遗人、旅师、仓人、司稼诸职，凡所以备民艰厄老孤、宾客羁旅、凶荒不足之施惠而剂于平者。法如是其均且详也"一段，如不查阅《周礼》，则如坠五里雾中。《周礼·地官·司徒第二》中说："大司徒之职，掌建邦之土地之图与其人民之数，以佐王安扰邦国。"大司徒"以天下土地之图，周知九州之地域广轮之数"，从而区分"山林、川泽、丘陵、坟衍、原隰"之"五地"；"以土会之法辨五地之物生"，区别"五地"不同的动、植物和民的各自特点，对民"施十有二教焉"；"以土宜之法辨十有二土（土壤——笔者注，下同）之名物，以相民宅而知其利害，以阜（使繁盛）人民，以蕃（繁衍）鸟兽，以毓（使生）草木，以任土事（土地承担贡赋）"；"以土均之法辨五物九等，制天下之地征（贡赋），以（鼓励）民职，以令地贡（纳贡赋），以敛财赋，以均（公平）齐（统一）天下之政（税政）"。所谓"保息六"，是《周礼》提出的六项保安繁息的护养万民政策。张謇文中引用了其中一项，即"三曰振穷（救助困穷之人）"，"四曰恤贫（周济贫苦之人）"，"六曰安富（安定富裕之人）"。所谓"本俗六"，是《周礼》提出的六项传统的善良风俗使万民安居，张謇文中引用了其中一项，即"五曰联朋友（使朋友之间互相信任）"。"正月布教"是说每年正月初一起大司徒用文字公开颁发教法十天，施教于人民，从而达到"五家为比，使之相保（信任）；五比为闾，使之相受（托付）；四闾为族，使之相葬（吊祭）；五族为党，使之相救（帮助）；五党为州，使之相赒（救济）；五州为乡，使之相宾（敬重）"。此外，《周礼》还设置了各种职官，张謇文中列举了其中的"遗人（掌管储蓄之钱财）""旅师（掌管用于救助之粮食）""仓人（掌管收进国家的粮食之储备）""司稼（掌管巡视人民的耕作）"。这些职官的职责，就是"备民艰厄老孤、宾客羁旅、凶荒不足之施惠而剂于平者"。诚然，读懂《周礼》的这些内容是很费功夫和精力的事，却又是理解张謇原著必做的功课，只得勉为其难了。

　　文中诸如"盐商、典商眼光""以阡陌废井田"（张謇认为"秦破井田尚功利，而贫贱富贵乃始悬绝。由是以降二千余年，不能复三代之旧"）、"秦越人之相视"等，也需要通过查阅相关文献资料弄清，否则没法读通此文。

三、做进一步的思考

　　读完此文，我大体上知道了张謇对孙中山的认识。他认为"若孙中山三民主义，……皆持之有故，言之成理。即有间涉理想之言（如民生中将来私有产业须加限制云云），要无妨其大体"，"而中山劳工、资本家利益在调和之说，见解有当也"。进一步用阶级的观点加以分析，是可以说明某些问题的。到此为止，我阅读此文的初衷是得以实现了的。

　　但是，我觉得还有许多问题需要做进一步的思考。例如，张謇的观点与当今的社会主义初级阶段理论究竟是什么关系？我们如何正确看待从张謇当年直到今天近百年间中国社会发生的一切？

　　可见，即使对于张謇一篇文章的阅读和研究，也是没有止境的，更何况他六百余万字的鸿篇巨著呢？要之，除非不言研究张謇，否则只是空谈而不去认认真真地努力地读一点张謇的著作，肯定是不行的。

（本文为2016年6月23日学术沙龙发言稿）

打开尘封的记忆

张謇先生逝世 90 周年了。

今天，人们来到南通，虽然仍能见到张謇留下的许多事业，也处处感受到当地人对张謇的崇敬感激之情，却很难想象 90 年前因张謇逝世在南通造成的空白而引起的人们的迷惘甚至惊慌，很难想象当时在江海大地乃至全国引起的震动。

让我们翻阅当年的报章，打开尘封的记忆！

一

1926 年 8 月 24 日，《通海新报》的"南通新闻"于头条位置刊发了一则简短消息：

张啬公逝世志哀

张啬老病状昨（十六）晚忽变，即打强心针无效，于今晨八时势益加剧，牙关紧闭，知觉全失，延至十二时三刻溘然长逝。治丧处设濠南别业，已分电北京、南京、汉口、镇江、上海报丧云。

这则并不显眼的消息马上震惊了小城南通。当天，张謇的濠南别业成了人们关注的焦点，别业前的马路上一下子"汽车往来如织，包车衔接而行，尤形拥挤"。至 8 月 25 日，"本县（当时南通为县——笔者）各区人士暨外埠来通吊唁者不下三千人，其中以如、海、崇、泰等县到者为最多"。"吊客中如张镜湖、吕鹿笙、陈星南、袁南生、章希瑗诸老，与啬公生前交谊素笃，哀恸逾常"，"韩国遗老金沧江受啬老荫惠尤多，痛念故人谢世，号哭极为凄惨"。"各方要人纷纷致电唁问"，其中省长陈陶遗"特电嘱其公子端白留通送殓"。

各地唁电、唁函、祭文、诔词、挽联、挽章如雪片般飞往濠南别业，据事后统计，竟达 2 243 件之多。这些文字，有的出自辛亥革命元老和当时在任或卸任国家首脑，有的出自张謇的生前友好、门人弟子，也有的出自张謇所创事业的管理人员和普通员工。所有这些，连同张謇生前收到的许多寿序、寿诗、寿联和颂词，后来编成《张南通先生荣哀录》。其中虽不乏官样文章和敷衍之作，但大多数确是发自肺腑的深情流露。这些文字，反映出张謇所创事业的辉煌和影响之深远以及当时张謇具有的历史地位。即使是官样文章和敷衍之作，也不能不反映出当时的公论。令人吃惊的是，经过将近一个世纪的风雨沧桑，对于张謇的评价，几乎回到了当年的原点，这自然足证"公论自在人心"的道理。

8月25日，风雨如磐，人们认为老天也在为张謇逝世而恸哭。午后未时，张謇大殓，"采用祭天大礼服，棺椁外髹珠红色"。这时，"鸣礼炮二十一响，军乐、哀乐、锣声并作，声震数里外，炮声远达念余里"，"闻者不禁肃然起敬"。但是，张謇入殓时所穿内衣却是老人家亲手创办的大生纱厂所织的棉布所制。"殓毕，设主祭奠。主系白绫制，上书'显考张太公啬庵府君位'十个字，据闻系孝若公子拜题"。当天，通崇海泰总商会发出通告，要求各商店、工厂一律停业半天。各学校停课三天。各法团、机关一律停止集会，下半旗三天。

8月25日、26日，《通海新报》连续两天刊登介绍张謇生平伟业的文章，说"张啬公先生道高望重，举世钦崇，其尽瘁地方自治事业，维护东南安宁，嘉惠通邑人士及苏省各县者，实足令人铭感无已"。

接着，全国各地的吊唁者蜂拥而至，素车白马，日不绝途。年逾古稀的前省长韩国钧，淞沪商埠督办丁文江，上海交涉使许沅，前总统曹锟的特派代表刘文犀中将，浙、闽、苏、皖、赣联军总司令孙传芳的代表陈季侃，江苏省省长陈陶遗的代表徐鼎康，浙江省省长夏超的代表唐慎培，沪海道尹傅疆的代表陈简文，徐州总司令陈仪的代表陈学谦，前财政总长周学熙的代表王伯生，江苏财政厅厅长李耆卿，安徽督办陈调元的代表关子安等许多政要及其代表先后赶到濠南别业致祭。为此，治丧处设立招待处专事接待工作，由章静轩、陈葆初任主任，安排了会计、文牍、庶务各方面常驻办事人员和八位常驻招待人员。治丧处还特别邀请各界人士约150人分日轮值，分别负责军界、政界、外宾、实业、学界等的接待工作，其中包括通海镇守使张仁奎、淮南盐垦局总办吕鹿笙、已卸任即将调往丹徒的县长卢鸿钧和新任县长瞿鸿宾等。此外还安排了驻沪、驻天生港、驻芦泾港、驻任港、驻各轮船、驻各旅社等的接待人员。

在张謇的家乡海门，人们得到张謇逝世的噩耗，纷纷赶往常乐镇张謇的尊素堂哀吊。8月25日，"午间秋雨淋漓，新河湾马路上，各吊客车辚辚不绝于道"。29日，常乐镇"扶海垞预备红伞、清道旗、高帽、亚牌等，赴四扬坝迎接运河汽船送来啬公灵位"，灵位"由长兴过常乐，两镇各店铺皆供设香案致敬"。9月27日，海门的法团代表们赴南通公祭啬公，行三献九叩礼。

二

张謇创办的所有实业、学校及其他各类社会公共事业单位的全体人员，都以沉痛的心情举行追悼会，悼念他们敬爱的啬公。崇明外沙久隆镇（今属启东）的大生二厂、联合驻崇警卫团、大生高级小学，以总办事处为会场连续举行了三天追悼，该厂主任施仲奇还宣布自己在此期间醮荐。垦牧乡学界同人在代师二附校礼堂陈设祭筵，礼堂前有花匾，中嵌"斯人不朽"四字，左右有"千秋事业""一代文章"的联语。

江苏教育会于上海职工教育馆举行追悼会。事前请于敬之担任筹备委员，会场悬挂的张謇大幅遗像也由该会袁观澜、黄任之专门托于敬之向濠南别业索到。南通教育会推举干事员孙东儒赴会，并带去顾薛一会长的挽联。

在北京的社会名流、张謇在北洋政府任职时的同僚汪大燮、熊希龄、梁启超、庄蕴宽等，9月12日在弘内广济寺为啬公举行追悼会，并且在前几天已函知南通会馆的同乡们。在该寺藏经大楼西侧室的追悼会现场，四壁挽联多达百余副，灵前横额"大梦先觉"四字为弘慈寺方丈现明所赠。张謇曾任总长的农商部，由次长率五六十名部员以部名义致祭；汪大燮、熊希龄、梁启超率来宾百余人致祭，均升香，献爵三次，鞠躬，读祭文。前国务总理孙宝琦等与各部总长、次长等亦亲临会场悼念。追悼会从上午十点半开始，直到下午五点方才结束。

张謇逝世后，作为地方军政长官的五省联军总司令孙传芳和江苏省省长陈陶遗即致电北京政府代理国务总理杜锡珪，请求予以"明令优恤""颁给饰终礼"，电文称颂张謇"硕学巍名，文孚特望。甲午而后，力图自强，孜孜以提倡实业、教育为职志，在籍创办各工厂、公司暨各专门学校，逐年推广，成绩昭然。厥后办理地方自治及各公共事业，尤能尽心规画，卓著劳勋。综其生平事迹，实足上裨国家，下益社会；东南耆旧，无与伦比"。9月3日，北京政府颁发"大总统令国务院摄行"说，"前农商总长张謇，耆年硕德，体国忠诚，位望崇隆，邦人所重。民国肇造，于建设因革诸大端，多所赞助。嗣后总管农商及督办水利、导淮、商埠各事宜，筹画经营，效绩昭著。比年引退，尤复振兴实业，造福邦家"，决定"给予治丧银三千元，派陈陶遗前往致祭，生平事迹宣付国史立传，并交国务院从优议恤"。

10月29日，南通各界追悼张啬公大会于南门浦子巷之公共体育场举行。追悼大会由通海镇守使公署、县知事公署、警察厅、通属总场长公署、通如货物税所、江海关南通分关、议事会、参事会、通崇海泰总商会、农会、教育会、教育局、中等以上学校联合会、实业总务处、水利会、保坍会、地方路工处、慈善款产经理处、南通市董事办事处等单位发起，并事先在通崇海泰总商会内组成以于香谷、高楚秋为正副主任的筹备处，筹备处下设撰述、礼仪、陈设、缮印、招待、会计六股。追悼大会前一周的22

日,即向民众发出大会公告。27日,又在报纸刊发筹备工作的详细报道。追悼大会会场门外有布扎牌楼三座;会场中架台一座,四周围以白布,前缀花圈及纸灯、布球;台中高悬啬公遗像,其旁张挂挽联,案上供设祭品。当天,"清晨即有来宾络绎莅会,至八时许到者愈众","会场虽甚广阔,然以到会者甚众,大有人满之患",到会者计有万余人。全体到会者均于左臂佩戴黑纱,除学生、军警穿制服外,其余一律长袍马褂。地方官员以通海镇守使张仁奎、县长瞿鸿宾为首(前县长卢鸿钧已去丹徒赴任)的全班人马以及社会名流孙瑾臣、于香谷、邢演初、习位思、钱实秋、王鼎清、薛郢生、于敬之、顾觊予、程启姚、顾怡生、高楚秋、费范九、薛墨卿等参加了大会。会场秩序井然,所有参会人员全部按照筹备处事先编配绘图通告的位置站立。上午九时,赞礼员陆雁宾摇铃开会,升礼炮十七响,奏哀乐。大会主席于香谷首先报告开会意旨,接着由高楚秋宣读啬公略史。随后全体行三鞠躬礼,静默五分钟。王孟毓致追悼词,追悼词称颂说,张謇"会遭世变,生平所抱负不克自效于国,又不肯降志辱身,浮治仕途以自损,遂乃倏然引退,戢影州闾,又得退公先生解官归里为之策画,共济艰危。故一方领袖群流,持全国舆论之中心;一方经营村落,作地方自治之先导,如是者盖三十年。此三十年中先生之心力,盖无日不倾注于地方;其勤劳所获之资耗于地方者,以数百万计;先生盖视地方如一家,视地方之官民如一家之人。迨今地方事业,灿然大备,而先生负债累累,而老病,而溘逝。先生之逝,岂惟一人一家之不幸?实一地方之不幸,盖有先生,而后有今日之南通;有今日之南通,尤不可无先生"。大会最后,全体齐唱追悼歌。这一天,南通全县下半旗致哀,各学校停课,全县禁止屠宰。

三

有人在参加追悼会后在《通海新报》发表文章说:"南通举行盛大之追悼会者仅两次:一悼孙中山先生,一悼张啬庵先生。"接着文章对两次追悼会作了对比:"孙为建设民国之伟人,追思悼惜,义不容免,然犹非出于情。若张先生者,则南通自治之导师,南通之有今日,悉为先生一人拮据经营,所构成其设施者,无老无幼,无智无愚,罔不沾其惠而被其泽。情之所感,虽欲不追思、不悼惜,可乎?"一次出于义,一次出于情;一次出于理性,一次出于感性。对于老百姓来说,情自然更直接、更重要。这篇文章说的是老百姓的大实话。在时势紧张、前景难卜的情况下,一个为人们感情所系的人的逝世,常常造成社会的恐慌甚至发生动乱。在张謇逝世之前,中国军阀混战已经很多年,但是因为张謇在,谁也不敢染指南通,所以在到处不太平的中国,只有南通百姓在张謇的庇护下安享太平。那些奉派到南通做官的人，也只做不管一事的太平官而已。张謇逝世后，全国各派各系都争相吊唁，就足以说明张謇的威望。最典型的是通海镇守使张仁奎，此公次年告老辞职，迁居上海，成为青帮头目，并成立仁社，与黄金荣的荣社、杜月笙的恒社鼎足而三，军阀、政客韩复榘、蒋鼎文、朱绍良、陈光甫等都拜他为师。然而，在张謇逝世时，他却谦卑地一再自称"受业"，感恩张謇说，"我自移镇十年于斯，不以为武，许我追随"。所以，几十年来，张謇是南通百姓的感情所系，南通百姓最忧虑的就是从此失去张謇的庇护。另有一篇文章在回顾了张謇的丰功伟绩后说："其功固无可限量，以故先生之殁，县之人尤其有特殊悲悼之感情。"因为有此"特殊悲悼之感情"，所以这次追悼会"非徒具形式、敷衍从事者可比"。确实的，世上多少所谓"隆重""沉痛"的追悼会无非"徒具形式""敷衍从事"而已，然而这次悼念张謇流露的却是人们的真情。

　　还有一篇文章说："今日之会，予意不在悲死，而在勖勉生者。""吾人不能不脱离依赖而谋自立，吾人不能不谋继述发挥之志而谋有所慰于先哲在天之灵。"确实的，几十年来张謇"为世牛马，终岁无停趾"，决心"当以劳死，不当以逸生"，对于南通百姓的呵护，是无微不至的。南通百姓对他是绝对的信赖和依赖。人们知道，在南通可以没有官府，却不能没有张謇，因为官府该做而总做不成的一切，几乎都由张謇用他创办的实业赢利包揽起来，南通在他的规划和经营下，由一个名不见经传的小城变成为名闻遐迩的模范县，这里的许多全国第一令世人瞩目而且艳羡。可是，现在张謇突然撒手西归，南通怎么办？我们怎么办？而此时"国事益扰争，战益烈，尸几积而成山，血亦流而成海，连天烽火，遍地干戈，国愈危而民愈苦"。这正是当时人们的普遍心理。

　　追悼会当天，《通海新报》特刊以头版头条的位置刊登署名文章《求所以不死啬公者何在》一文。看起来文章似乎是对所有人说的，当然也确实表达了这层意思，而仔细玩味，却可看出其中表达的忧虑和对啬公继承人的期望："啬公死而承啬公之志者有其人，则啬公虽没，啬公之精神未泯也。如继公而起者以啬公已死，悉反啬公之所为，使啬公之抱负与其设施随啬公之逝而俱逝，则啬公真死矣。吾所谓不死啬公者，谓继啬公之人能时时不忘啬公，凡所措置，罔不本啬公之遗旨，绝不因啬公之死而异其志趣，视啬公如不死，斯即所以不死啬公者。""啬公斥私资为地方造福，惨淡经营历数十载。虽貌兹小邑，已粗具民治之雏形，使天假其年，则所以光大其事业者，自当不止于此。吾侪既享先哲建设已成之幸福，曷可不自勉自励以竟其功乎？公视地方之饥如己饥，视地方之渴如己渴，视地方之溺如己溺。尝谓改革新政尚建设，不尚破坏，宜合作，不宜纷争，如今日全国人士咸明此意,则又何至争地争城,一再糜烂不已乎?"

张謇的独子张孝若理所当然地成了舆论关注的中心。这时,正沉浸在极度悲哀的丧父之痛中的张孝若知道,自己作为父亲的接班人有责任站出来消除人们的疑虑和惊慌。

于是,张孝若先后在《通海新报》发表了自己于9月11日致友人朱中道的信和10月29日家祭的《告父文》。张孝若说自己和大家有同样的忧虑:"通之县为父三十年辛苦经营之地,而通之业为父三十年心血结成之物","父视通事如家,而通人奉父如家主,父今长眠,通将焉托?"自己"悲哭父死,而尤悲哭南通或将随父逝也"。

今后怎么办?张孝若首先回顾自己曾经得到父亲赞同的苦心和方略:"八年之前,不孝自美旋国,感于美盛治之根于法,而立法者为创造美邦之人,乃念父之前言,继证美之治理,终策通之安全,而有自治会之设。不孝苦心,父所知也,不孝方略,亦父所知也。"只是"当日闻其言者众加首肯,而尼其行者隐生阻力",再加上"适遭岁歉,天灾人事,相逼为难"而未能实行。"设其时者共喻斯旨,共赞其成,则今日父虽长去,将无人亡政息之虞。此亦父所熟知,而亦父所深痛者也。"可见,张孝若得到父亲赞同的方略,是法治而非人治。于是,他提出了今后的办法:"地方一切事业,凡父所创办者,不孝已决定组织一管理董事会,交由地方主持,章程订立,当期久固,董事人选,自以父及不孝向所信重者任之。"关于人选,也可让人们放心的是,"孰者忠勤,孰者奸伪,孰者能负责,孰者将误事,父平日亦为不孝言,不孝心识之,今后益当明察之,慎施之,永念之也"。"欲使天下人知吾父之事业为千万人而设者,今归之千万人所有。""实业事有股东及董事会自理,亦皆伯父所习知,伯父主持仍如父在。"他在致朱中道函中明确表示:"实业有吴寄尘、江知源二兄协助伯父主持,亦称得人。二君均忠事吾父患难不去者。刘厚生兄与父道义相知,近二十余年来,操守廉洁,识见瞳亮,事遇难决,商之即决,父极信之任之。兄才干学识亦为父极赞许之人,近年匡导弟事,尤深佩慰,常为弟言宜加亲近。至家事、文字一切,有管石臣兄商理甚善,石兄从父亦近念年,通达谨慎,为父所称,弟素信任之。故将来管理董事会之组织及弟今后立身行己之方,弟深愿师友诸兄惟诚惟谨……"

对于人们十分关心的地方公共事业能否继续得到实业支持、能否继续发展的问题,张孝若肯定地说:"至实业对地方关系,必能追体父志,续助经费。"张孝若甚至说:"父数十年来,于地方所志尚未行其十一,于实业所志亦未行其十一,孰者应兴,孰者应革,孰者应继进,孰者应缓图,父平日为不孝言,不孝心识之,今后益当力谋之,勉为之,继成之也。"张孝若表示,"父生平尽斥私资谋教养成志愿之公心,与生平独往独来不受人支配之精神,固已日月同光,为世大重,不孝将永奉为遗训而终身服膺矣"。特别还应指出的是,张孝若在信中对正在广东的朱中道提出要求:"父创造南通之志业,幸为粤当局详切言之,俾知事实,此则尤望于兄者也。""粤当局"是指国民党领导的广州国民政府,是年7月,国民政府已成立国民革命军从广东起兵北伐,北伐的对象正是吴佩孚、张作霖和孙传芳。应该说,张孝若毕竟是张謇的儿子,此时他已成竹在胸,他的识见、他的谋划在当时很好地抚慰了民心。

四

11月1日(农历九月二十六日)是张謇出殡的日子。这天天气晴朗,霜露凝素。黎明,在濠南别业前的马路上,在王孟毓主持下,由杨薇生担任总指挥,开始编排仪仗。仪仗从导引线开始,一直排到灵舆,共有120项之多,占满了濠南别业往西两里的马路。马路两旁列队站着前来送殡的近三千名代表,他们分别来自张謇创办的南通师范、商校、医校、农校、纺校、女子师范、省立七中(原通海五属中学)、女工传习所等14所学校。另外还有张謇生前极为关心的幼稚园的孩子们和养老院的老人们。军队、警备队、警卫团和工商团也派出代表参加。六时,随着炮声和哀乐声响起,出殡队伍出发。各界一万余人步行执绋,肃穆相送。队伍中汽车多至五六十辆。沿途设祭者极多,十数万人如墙如堵,屏息嗟叹。据目击记者记载,"仪仗中最为特别者为方相氏,俗称开路神,高约五丈余,以彩色纸及竹篾扎成,各服盔甲,持矛戟,状极魁梧。其一眼眶瞳仁突出,活动有生气。又各种鲜花篮、鲜花圈及匾牌之属制作精巧。灵舆上之缎罩系天青色,锦绣斑斓"。队伍向西走模范马路,由交通银行角转弯向南,过公园第三桥至西公园车站,向南走姚港坝,由松树路经女师范校前至易家桥,转至灰堆坝向东至大生副厂停舆公祭。各界在大生副厂设路祭向啬公致敬。送殡者也在这里辞柩,告别敬爱的啬公。随后,按事先编定的随柩赴茔执事单重新编队起舆,直达袁保圩茔地。十二时,啬公灵柩被安放到墓穴。啬公之墓规模宏壮而简朴,面积八方丈,周围植树及辟为向道,不用石人石马,墓上不铭不志,仅在石阙题刻八个字:"南通张先生之墓阙。"整个工程由宋达庵、孙支厦、陆思成负责管理完成。

从此张謇长眠在这个他自己生前选定的长眠之地。他曾自拟生圹墓门联:"即此粗完一生事,会须身伴五山灵。"现在,苍翠的五山就在他的面前。

文章千古事　得失寸心知

我最早发表张謇研究的文章，是关于江导岷和沈敬夫的。时间过去了好多年，现在把它们找出来，深感不胜惭愧之至。白纸黑字，确是贻笑于方家。

其错误有二：

一是关于江导岷的生卒年份，错成了"1881—1947"。当时我手头没有文献资料，《张謇全集》也还没有购得，几乎一切全靠网上搜索。而我又不加思索，人云亦云。

直到现在，网上关于江导岷的介绍仍然是：

> 江导岷（1881—1947）字知源，别署滋园。江西婺源江湾人。生于1881年（光绪七年）。1893年（光绪十九年）入张謇为山长之崇明瀛洲书院。1896年（光绪二十二年）张謇任江宁文正书院山长，再度为张謇门生。后考入两江陆军学校测绘专业。1901年（光绪二十七年）张謇创办通海垦牧公司，首聘江谦负责，江谦又推荐其参与筹办公司，任常驻经理，主持日常事务，负责前期测绘，与龚伯源培基雇用青壮劳力，教以拓荒护垦。后任通海海泰盐垦总管理处处长，主抓盐垦。约于1931年（民国二十年）寓居大连。1947年（民国三十六年）卒。享年六十有六。

百度上的这一段文字，错谬之处甚多。比如，张謇在《重建江湾萧江宗祠记》中说，江导岷"既冠，籍学官，负笈游江宁，因谦之介，同肄业于謇所主讲之文正书院。时新政萌动，分遣弟子求应世之学，令谦入南洋公学，令导岷转学陆师。既均以高材生毕业，适謇营通海垦牧，同时创师范学校，为国嚆矢，亟招谦助校务，导岷助垦务，均艰苦相与有成"（《张謇全集》6册564页）。这就与上述网络文字所述有很大不同。可见网络文字之不能轻信，然而我当时却是信以为真的。

2009年，我在编辑第五届张謇国际学术研讨会论文集时发现，吴昊翔、冯剑辉的《张謇事业与近代徽商》一文纠正了网上广泛流传的江导岷生卒年为"1881—1947"的错误，而且表现出十分严谨的态度。该文在"注释"中做了如下辨说：

> 关于江导岷的生卒年，江湾乡贤园立有他的石像，题为"1881—1947年"。而据民国年间的《申报》发现，1939年7月5日第二版、7月6日第二版的丧报栏中均登载有讣告一条："江知源老太爷于国历七月四日丑时寿终于沪寓，择于六日下午二时在海格路

中国殡仪馆大礼厅入殓哀。"故江导岷实卒于1939年。关于其生年，张謇作《重修宗祠记》称江导岷"八龄时甲戌元旦"，甲戌为清同治十三年即1874年，所谓"八龄"当为虚岁，则江导岷应生于同治六年，即1867年。故江导岷生卒年应为1867—1939年，江湾乡贤园资料有误，媒体报道以讹传讹，应予纠正，附简要辩说于此。

不久，《大生集团档案资料选编·盐垦编》印行，我又在书中找到了大量的相关佐证。如《通海垦牧公司第四次股东大会》，江导岷在讲话中说："岷三十四岁承乏垦牧，今年已五十二岁矣……"大会召开日期为"戊午年八月初一"，可查知为1918年9月5日。张謇的《自订年谱》中记有："（光绪）二十六年庚子，九月，从新宁（两江总督刘坤一——笔者注）借南京陆师学堂毕业生江知源（导岷）、章静轩（亮元）、洪隽卿（杰）至吕四测量通、海沿海海滩。"《柳西草堂日记》记有："九月二十五日，江知源、章静轩、洪隽卿来，为测量海滩。二十八日，知源等三人去吕四。"《自订年谱》又有："（光绪）二十七年辛丑，八月，以江生导岷任垦牧公司事。"光绪二十六年即1900年，是江导岷参与张謇垦牧事业的开始，江导岷自谓是年三十四岁。到1918年则是五十二岁。这就非常容易推定江导岷的生年为1867年了。《大生集团档案资料选编·盐垦编》中的《（通海垦牧公司）第六十八次董事会议案》记录："报告事件：一、报告江董事知源在沪逝世。……"会议时间记为"民国二十八年（1939年）八月十日"。所以，江导岷去世是1939年无疑。

二是认为沈敬夫之所以是海门人，是"因为他的家乡姜灶港自涨成沙地后，于1768年设立海门直隶厅时便属于海门"。我甚至错误地理解了张謇在《南通县图志·沈燮均传》中所说的"沈燮均，故海门厅岁贡，民国以来为县竞化市人"，认为直到民国建立后姜灶才划到了南通县的竞化市。我当时根据姜灶距海门边界很近的情况，想当然地作出了这一不负责的判断。后来我查阅《光绪海门厅图志》，在"地志"部分没有找到姜灶；在"厅境总图"中，姜灶港标示在厅境以外；在属于海门西北部的"西天补沙图"中，明确标示"通界姜灶港"。这就证明了我的错误。造成这一错误，是因为当时我不懂海门建厅时的情况。后来读的书多了，我方才弄清楚。海门坍地复涨是在康熙中期（十八、十九世纪之交），其时"通州、常熟间东地，望洋无极，潮退沙现，豁然划然亘二百里"，"江海之交，新沙骈联相望"。陈金渊、陈炅的《南通成陆》中说"各沙出水的时间不一，最初各沙洲并不连接，如西天补沙与通州川港、姜灶港之间，……都有较阔的夹江存在"。乾隆三十三年（1768）海门建厅，划通州所辖的19沙（7 525人）和崇明所辖的11沙（2 958人）以及通、崇之间又新涨的11沙，共计41沙。上述"与通州川港、姜灶港之间""有较阔的夹江存在"的西天补沙正是原属通州管辖而建厅时划给海门的19沙之一,夹江以西的川港、姜灶港当然本不在西天补沙上,也就仍属通州了。这就是说,当时的通、海交界并不是现在土地相连的情况,两地划界则是以沙为单位的。而姜灶所在的沙并没有划归海门厅,所以它们始终属于通州。至于沈敬夫居住通州却占籍海门的原因,我后来在《解读"通州的海门人"现象》一文中做过论述。

我的上述两个错误,就整篇文章而言,是无关大旨的细节。但是,即使细节的出入对于全部论证不发生直接影响,也会使人对于材料的全部可靠性发生怀疑,以至伤害论证的说服力量。有时看来是无关大体的细节上的马虎,却会造成关键问题上的错误。

每当事后发现自己文章中的错误,总感到十分惭愧,我常常想到杜甫的诗句:"文章千古事,得失寸心知。"虽说诗无达诂,但这两句诗的基本意思还是很清楚的:文章可以流传久远,而其中的得失,作者本人应该是最为清楚的。当然,我们不敢妄自尊大,将自己的文章看作如曹丕所说的"经国之大业,不朽之盛事"。而我觉得,既然成了白纸黑字的文章,虽说其影响未必有多大,但总会有读者,也总会流传下去。所以,"千古事"并不一定意味着文章的重要,却意味着一定有一个必须负责任的问题。那么,在研究和撰文的过程中,出于何种动机,用了多少工夫,虽说只是作者"寸心知"的事,却需要我们自己始终抱着认真负责的态度,抛弃一切追名逐利的功利之心,宁愿多琢磨几天,多请教几个人,在"寸心"之中反复地用"得失"的尺度去悉心衡量。否则一旦发表出去,谬种流传,必然贻笑大方,而自己也一定追悔不及,甚至痛感无地自容。这个"寸心知"的过程,是一个修炼的过程,是一个增长知识、提高水平的过程,因而是值得十分珍视的过程。

但即使这样,囿于知识和水平,也一定仍有"寸心"所不能知的"得失"。愚拙如我,这种情况是屡见不鲜的。文章既有得失,就牵涉到要不要批评和是否发表的问题。我以为只要是真正具有负责态度的作者,都不会介意于此,因为负责任是包含了多方面意义的:既为他人,也为自己;既为当下,又为后世。

由于世风浮躁,学风也在所不免。近些年在做《张謇研究》的编辑工作,我对各种报刊颇多关注,发现错误多得惊人。因此,我常要求我们杂志编辑部在工作中做到慎之又慎,不管来稿作者的身份如何,也不管其他报刊对稿件作何评价,我们务必通过自己认真负责的工作,体现出我们所能达到的水平。我们这样做了,也仍能听到一些学者的批评意见,我为此感到欣慰。

(2018年2月24日)

张謇研究 人物篇

龚自珍与张謇对海门新沙及其开垦者的不同认识

海门位于长江出海口北侧，最早于五代后周显德五年（958）设县。由于临江濒海，这个县饱经了沧海桑田的历史变迁。仅明、清两代500余年内便坍而复涨，地非其地，人非其人。明正德九年（1514），海门旧县土地坍塌殆尽，官民流亡通州。至清康熙十一年（1672），全县人口只剩2 200余人，于是裁县为乡，归并通州，乡民在今通州兴仁镇定居。今天的海门市则是在清康熙年间长江中涨出的新沙基础上逐渐形成的。所谓海门的先驱者，就是这片海门新沙的开垦者。清康熙四十年（1701）前后，江流回向南泓，长江北岸开始涨积，其后六七十年间，在通州与崇明之间逐渐涨出了几十个沙洲，绵亘百余里。这片涨出的广袤沙地上，崇明等地的开垦者纷至沓来，其中就有人称海门新沙最早开垦者的陈朝玉。最早者之说，缘自龚自珍（1792—1841）中年以后所写的《海门先啬陈君祠堂碑文》。据《海门县志》记载："陈朝玉（1688—1761），字荩秋，号璞完，崇明县人。……带了妻子涉江来到海门，时年17岁。"[1]在龚自珍写了《海门先啬陈君祠堂碑文》六七十年后，张謇于1898年写了一篇《龚定庵海门先啬文书后》。客观地说，龚自珍和张謇都对陈朝玉这样一位普通农民投以关注的目光，特别对他在开垦海门新沙的过程中所做的贡献进行了热情的讴歌，以他们的身份，在他们那个时代，的确是难能可贵的。但是，这两篇文章，却反映了龚、张二人对海门新沙及其开垦者的不同认识。

对海门新沙开垦者的不同认识

龚自珍把开垦海门新沙的功劳几乎完全归于陈朝玉。他说，"是时皇政熙清，后祇效灵，海之君王，来献土壤"，"通州、常熟间东地，望洋无极，潮退沙见，豁然划然亘二百里"，"君（陈朝玉）履其侧，四居无人，苍茫独览"，于是"率妻来迁，创草屋，斫木为耜，冶釜为犁。夫任半耦，妇任半耦"，结果是"不封不爵，乐衎自保"。然后才是"远近之民闻之"，"效君而归君,愿为海农,洋洋载道"。这样,"不十年,群姓益众,皆造瓦屋,炊烟起如海云,国家岁入地丁漕米,累千近万,为江海大聚"[2]。所以,龚自珍的结论是,陈朝玉就是"海门先啬"。称陈朝玉为"先啬"的依据,龚自珍记述陈的后人的话说,"昔者伊耆氏始为蜡,飨农,先农也。先啬、司啬,皆农之配也。今法,凡城、郛、大聚,皆得立蜡祠。吾祖宜为先啬。始吾祖刘杀此土,以利后之人"[3]。这样,陈朝玉这位普通农民就被龚自珍捧上了神坛。

为了确立陈朝玉这位"海门先啬"的地位,龚自珍对陈朝玉竭尽了神化之能事。他说陈朝玉"生有奇异,如天之公侯",他"幼有异禀","脐洼若臼,环腰有白文,其圜中规,相人者言,是为玉带围,当奇异","故其乡人尝已疑其神"。"年十三,让产伯兄",然后竟"鸿骞凤逝,去之无迹"。因为是神,所以开垦海门是轻而易举的,"旬有五日,水咸者立甘,沙疏者立坚,沙肤寸者立厚"。这种奇迹不能不令远近之民"佥曰:'神哉!'"陈朝玉"不知书,乃能作书,点画英硕,神明所流,匪道匪艺,不可得而详也","凡六十年,不蓄笔楮,结绳而治。岁终夫妇解绳之纷以计事,事纤芥无忘失"。所以龚自珍颂曰"生为功民,众疑以为神;没为功神,尚其福吾民。琴瑟士女,以招君兮;豆觞明粢,以报君兮"[4]。

一个神人率先开垦了海门新沙,这就是龚自珍对海门新沙开垦者的认识。龚自珍说过,"天地,人所造,众人自造,非圣人所造",但是,他所说的"众人"并不就是广大创造了历史的人民群众,而是所谓"自我"和"心力"。他解释道:"众人之宰,非道非极,自名曰我。我光造日月,我力造山川,我变造毛羽肖翘,我理造文字言语,我气造天地,我天地又造人……"[5]他把个人的力量夸大到创造天地万物的地步。然而这种创造主要却是靠"心力","心无力者,谓之庸人。报大仇,医大病,解大难,谋大事,学大道,皆以心之力"[6]。这种观点,其实就是唯心主义的理论。正是在这些思想的指导下,龚自珍把原本只是千千万万个海门新沙开垦者中一员的陈朝玉,神化成了不同于凡民庸人的人物。而且只有这样的人物,才能创造奇迹,成为人们"效"而"归"的"魁于凡民"的"先啬",成为"奇杰之士,达节之民"。广大开垦者则无足轻重,是不值得一提的。

张謇的认识不同。首先,他不认为陈朝玉是海门新沙的第一个开垦者。他记述陈朝玉"语妇:'海门有大沙,往垦者踵趾相接实繁,吾将往农。'"就是一个明证。"新沙骈联相望",自然便有很多"徙而垦者",海门新沙的开垦,就是这样一个群体行为。谁是第一个开垦者,其实本来就是说不清的。其次,张謇认为陈朝玉这样一个较早开垦海门新沙而且卓有成效的开垦者不是神,而是一个"敢作为,识进止,不畏权势,强直自遂,瑕瑜长短，坦白与人共见"的"草莽英雄"。他是普通人，他有缺点，甚至还有不少上不得台面的"磊砢不泽之节目"，但他更有着令人赞叹的可贵精神。早先他"嗜博辄负"，弄到"尽货弃所余产物，襆被箧衣具并一纺车担而荷之"，带着老婆投靠老丈人的狼狈地步；在老丈人家又忍受不了仆人对他的"久之懈"，因而"怒而抶仆"，因为不肯"视奴辈眉睫"，又"昂然荷担挈妇"离开了老丈人家，"赁一屋而居"；以后又冒着"触法贾祸"的危险贩卖私盐。初到海门垦荒时，他看不惯当地粮户明氏那种"租无丰歉，纳必如额"的蛮横无理，于是"负气故靳明氏租"，甚至对其司租人"抶而仆之"；在明氏告官将他"逮系"后，他又咽不下"颇被窘辱"的气，耍了个小聪明，从牢中溜出杀了那个司租人，竟还"蘸血题'杀人者陈朝玉'六字于壁"，然后奔而回狱，官府对他用尽酷刑，又加诱供，他不但不承认，竟能使"刑幕语塞"；出狱后，他直挟明氏父"超登屋，要以所佃田，偿所受枉痛"，否则"并命死"，使得明氏不能不立马答应他的要求。后与人争讼田界时，他又设计用钱雇人挪动界碑，"越界数丈而植焉"，官府却反认为他公正，又一次戏弄了官府。但在富裕之后，他"施与为善"，让八个子女皆读书，并为子"捐倅贰职"，"诫子有得人赃私一钱者非吾子，不得归"。于是张謇对陈朝玉赞不绝口："伟哉男子！""异哉男子！"认为"其人胆智术略过人"。[7]

显然张謇坚持认为海门新沙是所有开垦者共同的成果，不应该归功于陈朝玉一个人。但他把陈朝玉看作是一个典型，通过这个典型，说明海门新沙的开垦是广大具有陈朝玉那种创业精神的开垦者艰苦奋斗的结果。这种思想，在张謇后来创办实业、教育的过程中得到了充分的体现。尽管论者普遍认为张謇事业的成功主要是他个人的作用，没有张謇，就没有近代第一城的南通，就没有中国第一滩的苏北盐垦，但是张謇本人懂得众人的创造力量。他在追述通海垦牧公司初创时，曾经深情地说："江君（江导岷）与龚君伯厚、李君伯韫等诸人，皆昼夜守护危堤，出入于狂风急雨之中，与骇浪惊涛相搏。即工头、土夫，无一退者，率至堤陷乃归。而所得之俸，视通之他公司裁半；视他处之公司裁三、四之一耳。"他认为通海垦牧公司的成功是"办事人之心血，土夫之肩皮与海潮相搏战"的结果，所以，十年后仍能坚持下来的，"皆有志与鄙人共成荒凉寂寞之事之人也"。[8]张謇知道"人无完人"，他不求完人，而是强调人的志气和精神。

对海门新沙这个社会的不同认识

作为中国近代杰出启蒙思想家的龚自珍，曾经以他特殊的敏感性，感受到社会"日之将夕，悲风骤至"[9]，"将萎之华，惨于槁木"[10]。他认为社会的主要问题在于土地兼并、贫富两极分化，造成了大量流民。在他看来，社会存在等级，"君取盂焉，臣取勺焉，民取卮焉"，是完全合理的，然而现在已经超出了"小不相齐"的限度，"贫相轧，富相耀；贫者阽，富者安；贫者日愈倾，富者日愈壅"[11]，"大抵富户变贫户，贫户变饿者"，造成了"大不相齐"的局面，"不士、不农、不工、不商之人，十将五六……终不肯治一寸之丝、一粒之饭以益人。……人心惯于泰侈，风俗习于游荡"[12]。造成这种情况，官吏是有责任的，他们唯求个人功名利禄，不去关心国计民生，亦毫无经世致用之才，"知车马、服饰、言辞捷给而已，外此非所知也"[13]；而君王更有责任，这个"霸天下之氏"，实行"一人为刚，万夫为柔"的专制统治，"震荡摧锄天下之廉耻"[14]。而其结果，"世乱亦不远矣"[15]，将"有大音声起，天地为之钟鼓，神人为之波涛"[16]。但是，在描述海门新涨沙地时，他却一反常态，他所深恶痛绝的社会黑暗完全不复存在。这里没有土地兼并，也没有贫富不均，不但没有流民，而且外地的"民"反而流至于此，都找到了一块"皇政熙清"的乐土。

嘉庆二十五年（1820），龚自珍在《西域置行省议》中设计过移民西北的方略，在新疆设置行省，改变政府屯田办法，分配移民土地，"公田变私田，客丁变为编户，戍边变为土著"[17]，把大量无业无田游民安置到农业生产中去。在此同时，龚自珍又为解决社会问题设计了一个称为"农宗"的方案。在这个方案里，他企图实行古代宗法制，建立大宗、小宗、群宗、闲民四个等级，然后按宗授田。他试图以宗法关系为依据进行社会组织管理，按血统关系划分和组成社会聚居与职业团体。这个方案的实质，就是强化中小地主对农民的剥削关系和农民对地主的人身依附关系，让中小地主"为天下养民"，让流民"无田亦不饥为盗"[18]。而现在海门新沙是"海之君王来献土壤，以福我黎元"的，所以远比他预想的方案为好，连"按宗授田"或者"公田变私田"的步骤也可尽行省去。陈朝玉在"秭苗既成，龟鱼大上"时能够"不封不爵，乐衎自保"，那些"归"而"效"他的百姓们也在"不十年"中"皆造瓦屋"，而"国家岁入地丁漕米，累千近万"。这是一个何等美好的社会！不仅如此，龚自珍还要强调的是，这里既尊长抚幼，上下和睦，井然有序，而又不乏民主的气氛，当然更没有任何不公平的世态。稚、长、老的宗法秩序井然，正、吏、大吏、天子的封建等级森严。远近之民归效陈朝玉，并非流民的混乱无序行为，而是遵循宗法制度，"稚请于长，长请于老"的结果。海门厅的设立，则体现了自下而上的民主程序，"稚请于长，长请于老，老谒于正，正谒于吏，吏白于大吏，天子籍其地以为海门厅"[19]，既有封建等级制度的存在，又不乏充分的民主。这本是很矛盾、很荒谬的，可是龚自珍认为，人们因此便可以找到自己的幸福生活。因为龚自珍很难在现实社会中找到一块他满意的乐土，于是他将海门新沙看成了他的"桃花源"。至于海门新沙的事实究竟如何，似已不再是他所要考虑的问题。这种富于理想化的认识，偏离了历史的事实，也完全背离了他过去对社会黑暗的基本认识。

而张謇却认为陈朝玉生活的海门新沙是个充满矛盾、暗伏冲突的社会。其一是佃户与地主的矛盾，陈朝玉与明氏之争已如前述。其二是民与官的矛盾。官是站在地主一边，维护地主利益的。在佃户与地主的冲突中，官府的介入，导致了矛盾的激化。陈朝玉与明氏的斗争就是一例。少数开垦者成为新兴地主后也与官府勾结，以致老百姓痛苦连绵。如常阴沙顾七斤一类，他们勾结官府，"凭藉势家，交通官吏，骫骳官尺，以弊田自肥，厚封殖，广第宅，纵子孙奢逸无度"[20]。此外，当然还有强势群体与弱势群体的矛盾，例如通人与沙民的矛盾，"通人先辈自负，视沙民仆僮易与，并以沙蛮沙蛮呼之，因事陵轹，或利其贿纳，沙民极感不平"[21]。还有垦荒者之间因土地纠纷引起的矛盾，常常是因此越界争讼至官府，官府则并不公正断案。总之，张謇对当时海门新沙矛盾冲突的事实是了然的。

张謇的观点是符合历史事实的。事实上，从海门新沙初涨时起，这块土地就从未平静过。移民们"用自己的劳动，冒着风险，就不毛之地的江滩上挑泥筑岸，圩成了良田。可是他们不能完全享受自己的劳动成果，州官不许他们直接报领滩地乃至成田完粮；他们用自己血汗圩成的良田，只能被视为暂时占有。他们的土地所有权得不到官厅的承认与保障，于是地主恶霸们就有机可乘了。地主恶霸们借着代行出名报领，从而骗取了农民集体拿出来的资金，在申请书上用上自己的名义，向官厅报领了滩地；及至成田以后，依然沿用自己的户名登记完粮。他们不破钞，不费力，凭空取得了土地所有权，被称为'粮户'；而费钱劳力、圩筑成田的农民倒变成佃户"[22]。

既然社会有矛盾冲突，那么必然有一个站在哪一边的问题。从张謇对陈朝玉与官和与粮户明氏冲突的连连赞叹中，我们可以看出张謇毫无疑问地站到了被欺压的开垦者一边，反映出他强烈的平民意识。

张謇在官与民的关系上，往往站在民一边，替民说话。张謇说："廉平忠厚之吏，能自行其志意以爱利于民，民之报之亦往往有甘棠蔽芾笃悱无穷之意。故吏诚爱民，民亦诚爱吏。"[23]官的好坏之分，在于对待民的态度。他在《南通县图志·杂记》中直言不讳地说："南通近四十年官吏之贤者最，桐城孙云锦；否者最，霍邱裴大中。"[24]他说孙云锦在通州做官不过一年，对海门"亦以事再至焉耳，而平政儿，兴利儿，决滞狱儿，除苛税私敛几，治豪猾蠹吏几，拯冤几，植弱几，通海之人，时举而称道之"[25]。而裴大中"牧通亦年余，……讼案收押之人，乃至内外班房、捕厅、学署不能容；白昼荷校系缧之人，由大堂连属至大门外。而搜括库藏一空"[26]。张謇的爱憎何等分明！光绪十三年（1887），张謇在郑州黄河决口处看到灾民的悲惨境况，而"河督、河道所驻，距决口四十余里，漠然不相厚恤。河道以灾民刈柳条庇窟，且斥为不成事体，出示严禁"，禁不住发出内心的愤怒："吾不知其何心也！"[27]他说："今日官之贼民，不足奇也"，"而官一张口，大率'鞅民、鞅民'，岂不可痛"。[28]光绪二十七年（1901），张謇在江西任上被调到东乡处理"刁民抗粮事件"，张謇给他写信说："今日民之刁不刁，视昔日粮之抗不抗，若东乡向不完粮，谓之刁可也；若自有不能完之故，官曰刁民抗粮，民不曰灾区求缓乎？当察情实，明是非。"[29]他自己就表示"愿为小民尽稍有知见之心，不愿厕贵人受不值计较之气；愿成一分一毫有用之事，不愿居八命九命可耻之官"[30]。

张謇在"粮户"与佃农的关系上，往往能够站在佃农的立场上考虑问题。他对明氏那样"租无丰歉，纳必如额"地对待佃农是十分反感的。他后来在经营通海垦牧公司时实行的是"议租分成制"："每当收获季节，业佃双方到田间实测产量，按规定的分成比例议定当年地租额。"一开始"取四、六议租分成制，即公司得40%，农民得60%"，后来"降至三五、六五分成"，"如遇丰年，业佃可共享其成；如遇歉收，也不致由佃农一方面负担其灾害"，"总体而言，盐垦区各公司的地租率较低"，佃户每年均有盈余，"而同期无锡等地佃农在支付农本和地租后已几乎没有盈余"。[31]张謇在给做过自己家里会计的张福林写的《张君墓碣》[32]中，就着重称赞了他"应对乡里佃农，有宽隐无朘剥"的好品质。张謇也一向主张富人要多为善举，所以他对陈朝玉晚年"施与为善"的种种表现赞叹有加。他本人创办实业盈利后，就开始办教育事业，办慈善事业，办一切有利于国计民生的事业，正是这种思想的发展。

形成不同认识的原因

龚自珍和张謇生活的时代和社会是不同的。龚自珍生活的五十年间，是中国封建社会开始发生变化的前夜。龚自珍知道"世乱亦不远矣"，但他还是认为"与其赠来者以劲改革，孰若自改革"[43]，他并无与封建王朝果断决裂的决心。他的思想充满了矛盾和无奈。龚自珍逝世的前一年，爆发了鸦片战争。鸦片战争以后，由于国门被打破，外国强盗纷至沓来，共同分享中国这块肥肉。处在半殖民地半封建社会的中国发生了很多重大的历史事件，外患内忧迭起，清王朝在农民大起义的冲击下风雨飘摇，封建帝制到了彻底崩溃的边缘。张謇考中状元后不久，便爆发了中日甲午战争，并且以中国战败告终。社会现实远比龚自珍的时代更为严酷，国家面临危亡，人民贫困不堪。民族危机又使得清廷内部的矛盾日益激化。西方列强强化对中国的侵略，一方面加深了中华民族的苦难，另一方面也唤起了中国人民的觉醒。中国的先进分子为了拯救国家，积极地向西方寻求救国救民之路，出现了一股学习西方、实践西法的"西学东渐"的社会潮流。张謇虽然经过大半辈子的努力，刚刚登上科举的顶峰，但他的爱国情怀和丰富阅历使他成了一位顺应这一潮流的先进知识分子。在张謇写《龚定庵海门先啬文书后》的时候，正发生着戊戌变法这一在中国近代史上振聋发聩的壮举。张謇参与了与之有关的活动。张謇开始以全新的视角看待中国的政治和社会，并且已经为实践他的实业救国思想奔忙。所以，他对海门新沙及其开垦者的认识，是当时其他士大夫很难与之比拟的，更何况龚自珍这位基本上并未经历半殖民地半封建社会的先辈？而陈朝玉"强直自遂"的精神对开辟一条新路的张謇来说，无疑是个莫大的鼓舞。章开沅先生在《张謇传》中说，这时的张謇好像传说中的龙女一样正在经受"脱鳞"的熬煎，开始从龙到人的蜕变，以诀别龙宫并进入凡人的群落。那么可以说，龚自珍虽然已经预感到并警告了龙宫的倾颓之势，他却不知所措，也并未想到诀别龙宫。

除了时代和社会的原因之外，就龚自珍和张謇个人而言，形成他们对海门新沙及其开垦者不同认识的原因有三：

第一，原本所属的群体不同。

在封建社会里，农民和士子，处于不同的梯级。龚自珍是士子群体的后代，而且一直没有脱离过士子群体；而张謇却是从农民群体挤入士子群体的，因此他们两人都被各自原本所属的群体打上了深深的烙印。

龚自珍出生在浙江杭州一个"簪缨文史，称浙右族"的官宦世家。伯祖父龚敬身进士出身，官至迤南兵备道。祖父龚禔身，也是进士出身，官至内阁中书军机处行走，进入了清廷的核心机关。父亲龚丽正考上进士后，曾任江南苏松太兵备道，署江苏按察使。母亲段训是著名训诂学家、经学家段玉裁之女，著有《绿华吟榭诗草》。龚自珍从小受到外祖父的严格教育，16岁起移居京师，17岁游太学，21岁担任武英殿校录，29岁任内阁中书，44岁擢宗人府主事，46岁移礼部主事，直到48岁辞官离京，50岁暴卒于丹阳。龚自珍虽然一辈子官职卑微，困厄下僚，但毕竟一直做着京官；虽然他的科举道路十分坎坷，但终于在38岁成了龚家的第三代进士。始终生活在城市的士子群体一员的龚自珍，对于农民群体的实际状况以及他们生活的农村社会确实知之甚少。有一次，"自珍壬申春出都，近畿小旱，车夫以棰柄击道旁土，蝶蝶然落，形如棰，讶之。明年入都，大旱。与山东一老父谈，言：吾土确不受水，受亦即渴，安得南边松泥！""田夫、野老、驵卒之所习熟，今学士大夫谢之，以为不屑知道，自珍获知之，而以为创闻。"可见他与许多学士大夫相比，虽然不至于对"田夫、野老、驵卒之所习熟"，"以为不屑知道"，但他总觉得新鲜而"讶之"，大多亦为"创闻"。[33]那么，他对农村社会自然是隔膜的，也就只能提出"农宗"一类从宗法、等级观念出发，根本无法实施的改革方案，也就对海门这样一块新沙地生发出许多美好的幻想来。他实际上并没有处理地方政务的经验和能力，也许正因为此，他在考中进士后，"奉旨以知县用，呈请仍归中书原班"；46岁"选湖北同知，不就，还原官"。[34]

张謇则不同。他出生在江苏海门常乐镇一个农民兼小商人的家庭。他自己说，"由府君而上，高祖、曾祖仍世为农"[35]。祖父张朝彦在穷困潦倒的情况下，入赘通州金沙开小瓷器店的吴家，后随吴家迁常乐镇，租种几亩田以外，亦兼事瓷器贩运。父亲张彭年因家境贫寒，只维持了短时间的半耕半读便辍了学。后来"憾幼贫不能竟读书，则益务并力于农，而督謇兄弟读书力田"[36]。他要求儿子随雇工在棉田锄草，在建房时帮助做杂工。他告诫儿子说："子弟非躬亲田间耕刈之事，不能知稼穑之艰难。汝曹日后无论穷通，必须有自治之田。"[37]张謇最初的老师是个只令学生死记硬背，教属对不特不讲究四声，连平仄声也不区分的乡村塾师。第二个老师是个多岁屡试不中的老秀才，也无非是一个学识有限的农村塾师，但竟也发现张謇过去所学音训句读多误。直到19岁后张謇才找到了好老师赵菊泉。张謇因为"冒籍案"弄得倾家荡产，背上沉重的债务后，21岁便开始了长达十年的游幕生涯，亲自处理过包括工程、水利、救灾、军事、外交等各种具体事务。又在家乡养蚕种树，建立社仓，平粜放赈，筹办团练，创办实业、教育、慈善。他对农村社会的关注，对自己出身的农民群体的关心是贯穿一生的。他在随军赴朝平乱途中，甚至也没有放弃这种关注。他在日记中写道："行五里，一路山多树密，田畴背倚山水，种植与中土略同。是时稻有未秀者，据土人云，今岁较歉于往。"[38]所以张謇具有强烈的平民意识，懂得站在农民的角度思考问题，对于农村社会和农民生活了如指掌，对于农村社会的矛盾把握得十分准确，必然能够作出深刻的剖析，找到解决问题的关键。

第二，思想源流的差异。

龚自珍从接受外祖父段玉裁的训诂、经学教育开始，接触的都是儒家文化。以后师从今文经学家刘逢禄研习公羊学。公羊学的创始人公羊高是孔子的再传弟子，它侧重对孔子"微言大义"的阐释，援经议政，为现实政治服务。龚自珍正是借此议论朝政，讲求经世之务，一生志存改革。可见他的思想源流一直没有离开儒家。他看到了"无八百年不夷之天下"，却又承认"有亿万年不夷之道"，[39]即儒家之道，因此"药方只贩古时丹"[40]。这样，他的改革也就只能在这个基本框架内进行设计，因此不得不常常陷入矛盾、烦恼和痛苦之中。于是，他33岁开始学佛，对佛学著作"笃信赞叹"，"更日定课程，诵《普贤》《普门》《普眼》之文"[41]，企图求得超世间的解脱。因此，他在其后所写的《海门先啬陈君祠堂碑文》中反映的，大体上是儒、佛两家的思想。

张謇从童年时代起，接受了几十年的正统儒学的朝夕濡染，他的儒家思想也是根深蒂固的。但是，他的出身和经历又使他对封建等级观念产生动摇，他在很大程度上接受了站在平民立场上思考的墨家思想。张謇在《师范学校第一届简易科卒业演说》中说："孔子言欲立立人，欲达达人；有教无类。墨子言兼爱，言尚同。若武训者，真知孔、墨之意，行孔、墨之道者矣。"[42]他显然是把孔、墨两家相提并论的。他曾经给予最高评价的两个海门人沈敬夫（燮均）和杨点（梅汀），就是明显地兼行儒、墨二道，甚至墨家的"侠义"气概更浓一些。沈敬夫在张謇创办大生纱厂筹款四处碰壁，一筹莫展时，毅然把自己布庄的资金全部接济张謇；不足，又以布庄名义向上海、通州的钱庄透支巨款，转借给张謇；还利用他与通崇海花纱布商的关系，动员他们投资；在张謇创办通州师范时也赞助了巨款。杨点因为"厅民苦丞行纳赋易知单法之扰"，"率其邻父老数十人"向丞请愿。当大家进入官府后，遭到"禽系"，"点故长技击，愤立当门，麾众逸"。他被逮后，"白丞：'此事杨点一人主之，无预乡众。'"丞"严刑逼供，三木并下，再晕绝而供如故。下狱，则胥役掠拷尤酷，点自分必死，然气不少馁"。他对探望的乡亲们说："我自为公忿耳，丈夫便死，终须清白。"[43]沈、杨二人的侠义壮举，岂是儒者便可称之的！因此，张謇的《龚定庵海门先啬文书后》，就传统思想而言，大体体现了儒、墨两家，尤其是墨家打破了儒家等级观念的"兼爱"思想。但是，更为重要的是，该文在一定程度上反映出张謇开始挣脱旧思想羁绊进行的新思维。

第三，对海门的了解程度迥异。

没有任何材料可以证明龚自珍到过海门，因此龚自珍对海门新沙的情况其实一无所知。他对海门新沙及其开垦者的认识，缘于陈朝玉的曾孙陈奂和玄孙陈兆熊提供的材料。陈奂（1786—1863），长州（今苏州）人，以专治《毛诗》闻名，是龚的老朋友，龚在著作中曾一再提及。陈兆熊，崇明人，官居翰林院编修。晚年的陈朝玉由海门迁居苏州，其后代散居于江南各处。陈奂、陈兆熊对海门新沙及先祖陈朝玉的情况，也只是以讹传讹，所知甚少。他们对陈朝玉的认识，诚如张謇所批评的，"经生、翰林，抢榆控地之蜩鸠，恶足以测抟风负天几千里之鹏背哉！"[44]而他们给龚自珍提供材料是为了请龚撰写陈朝玉祠堂碑文，真实性就更是大打折扣。于是，龚自珍以他文学家的头脑神游海门，给海门新沙及其开垦者涂抹了许多理想主义的色彩。

而张謇却是生于斯、长于斯，张謇从小生活在海门新沙这个需要不断顽强拼搏、奋力抗争的移民社会，养成了不屈不挠、敢于挑战的性格。他从这块土地的平民中走出去，并且终生与之有着千丝万缕的联系。所以，他对海门新沙这个社会是再熟悉不过的。而且他对陈朝玉们强直自遂的精神特别欣赏，对他们所受的欺压深为同情。而且，张謇掌握的有关陈朝玉的材料，又是得自"父执海门秦驾鳌"。秦驾鳌（烟锄）既是他的父执，又是他的好友。而"秦之叔母，朝玉第三子之女也，秦亦有女于陈者，盖重世姻娅。秦生平健谈而直方不妄语"[45]，所以张謇据以形成自己对海门新沙及其开垦者的认识的材料，当然是确凿可靠的。

注释：

[1]《海门县志》，江苏科学技术出版社1996年，第953页。

[2][3][4][19]龚自珍：《海门先啬陈君祠堂碑文》，《龚自珍全集》，上海人民出版社1975年，第158页—159页。

[5]龚自珍：《壬癸之际胎观第一》，《龚自珍全集》，上海人民出版社1975年，第12—13页。

[6]龚自珍：《壬癸之际胎观第四》，《龚自珍全集》，上海人民出版社1975年，第15—16页。

[7][20][21][44][45]张謇：《龚定庵海门先啬文书后》，《张謇全集》卷五，江苏古籍出版社1994年，第216—219页。

[8]张謇：《垦牧公司第一次股东会演说公司成立之历史》，《张謇全集》卷三，江苏古籍出版社1994年，第386—387页。

[9][16]龚自珍：《尊隐》，《龚自珍全集》，上海人民出版社1975年，第87—88页。

[10][15]龚自珍：《乙丙之际箸议第九》，《龚自珍全集》，上海人民出版社1975年，第7页。

[11]龚自珍：《平均篇》，《龚自珍全集》，上海人民出版社1975年，第78页。

[12][17]龚自珍：《西域置行省议》，《龚自珍全集》，上海人民出版社1975年，第106—110页。

[13]龚自珍：《明良论》，《龚自珍全集》，上海人民出版社1975年，第32页。

[14]龚自珍：《古史钩沉论之一》，《龚自珍全集》，上海人民出版社1975年，第20页。

[18] 龚自珍：《农宗》，《龚自珍全集》，上海人民出版社1975年，第50页。

[22] 管劲丞：《军山农民起义史料》，江苏人民出版社1956年，第3页。

[23][25] 张謇：《桐城孙先生七十寿序》，《张謇全集》卷五，江苏古籍出版社1994年，第334页。

[24][26] 张謇：《〈南通县图志〉杂记》，《张謇全集》卷五，江苏古籍出版社1994年，第186页。

[27][29][38] 张謇：《日记》，《张謇全集》卷六，江苏古籍出版社1994年，第275、456、199页。

[28] 张謇：《海通蚕桑兴衰事略复汪穰卿书》，《张謇全集》卷三，江苏古籍出版社1994年，第760页。

[30] 张謇：《致沈曾植函》，《张謇全集》卷二，江苏古籍出版社1994年，第83页。

[31] 严学熙：《张謇与中国农业近代化——论淮南盐垦》，《张謇农垦事业调查》，江苏人民出版社2000年，11—12页。

[32] 张謇：《张君墓碣》，《张謇全集》卷五，江苏古籍出版社1994年，第459页。

[33] 龚自珍：《乙丙之际箸议第十九》，《龚自珍全集》，上海人民出版社1975年，第10页。

[34][41]《定庵先生年谱》，《龚自珍全集》，上海人民出版社1975年，第618、621、609页。

[35][36] 张謇：《中宪府君墓志铭》，《张謇全集》卷五，江苏古籍出版社1994年，第380页。

[37] 张謇：《述训》，《张謇全集》卷六，江苏古籍出版社1994年，第288页。

[39] 龚自珍：《乙丙之际箸议第七》，《龚自珍全集》，上海人民出版社1975年，第5页。

[40] 龚自珍：《己亥杂诗》，《龚自珍全集》，上海人民出版社1975年，第513页。

[42] 张謇：《师范学校第一届简易科卒业演说》，《张謇存稿》，上海人民出版社1987年，第596页。

[43] 张謇：《海门孝威杨君墓碑》，《张謇全集》卷五，江苏古籍出版社1994年，第444页。

走下神坛的陈朝玉

清康熙三十年开始的六七十年间，由于长江主泓道南移，在通州（今南通）与崇明交界处，遂渐涨出了几十个沙洲，这些沙洲绵亘百余里。这就是海门沙地的复涨。复涨后的广袤沙地，引来了崇明等地的许多开垦者。

那么，谁是最早的垦荒者呢？现在普遍认为是崇明人陈朝玉。但是，笔者认为正确的表述应该是：有文字记载的清初复涨后最早开垦海门新涨沙田的人是陈朝玉，但不能简单地把他说成是最早的，更不能误认为是第一人。

陈朝玉事迹最早记载在清代思想家、文学家龚自珍的《海门先啬陈君祠堂碑文》里。这篇碑文将陈朝玉说成了"先啬"，按照《礼记·郊特牲》郑玄注的说法，"先啬，若神农者"，所以陈朝玉不仅理所当然地成了海门复涨后的开山鼻祖，而且还被大大地神化了。龚自珍的碑文说陈朝玉"幼有异禀"，长得也有异相，"环要有白文，其圜中规。相人者言，是为玉带圈，当奇异（腰里有一圈白色的斑纹，就被相面的人说成是玉带圈，是个奇人）。故其乡之人已疑其神"；他离开老家的时候也很神，"年十三，让产伯兄"，然后竟"鸿骞凤逝，去之无迹"（十三岁就把家产让给了哥哥，自己却像鸿鸟一样高飞，像凤凰一样一去不返，走得无影无踪）；他来到"望洋无极，潮退沙见，豁然划然亘二百里""四无居人，苍茫独览"的海门新涨的沙地时，大有造物主降临时的那种寂寞；他夫妻两人在十五天内竟使"水咸者立甘，沙疏者立坚，沙肤瘠者立厚"，大自然似乎全听了他的使唤，这种奇迹，不能不令"远近之民闻之，佥曰'神哉！'"他像上古那样"结绳而治"，到"岁终夫妇解绳之绐以计事"，竟能"事纤芥无忘失"（在绳子上打结记事情，年底能把细小的事都记得一清二楚）；他虽然不通文墨，竟能写出"点画英硕，神明所流"（笔画雄伟，流露出精神）的字来。通篇扣住了一个"神"字。能够把一个农民加以神化，这在封建社会里是很难得的。这反映了龚自珍可贵的人才观，正如他在《己亥杂诗》里表达的"我劝天公重抖擞，不拘一格降人才"的思想，因为历来的统治者都把人才限制在通过科举考试选拔这"一格"里。正因为此，所以这篇碑文在中国文学史上享有盛誉。但是，由于写得"神"，便显得玄，变得空，反倒失去了"真"。

于是张謇根据自己从父亲的朋友秦驾鳌处听来的关于陈朝玉的旧事写了《龚定庵海门先啬文书后》一文。因为秦、陈两家有几代的婚姻关系，秦的说法有极高的可信度。在张謇的文章里，陈朝玉走下了神坛。张謇对陈朝玉一生"敢作为，识进止，不畏权势，强直自遂"和晚年的"为善教子以义"赞不绝口。但是，张謇同时又写了他"所行为多磊砢不泽之节目"（做了许多并不光彩的事），早年在家乡"嗜博辄负"，弄到卖光家产挑着一担家当，带着老婆投靠老丈人的狼狈地步；在老丈人家又忍受不了仆人对他的"久之懈"，因而殴打仆人，不肯"视奴辈眉睫"，又"昂然荷担挈妇"地离开了老丈人家，"赁一屋而居"；以后又冒着"触法贾祸"的危险贩卖私盐；在贩卖私盐的过程中，方才知道了"海门有大沙，往垦者踵趾相接实繁"，从而萌发了"吾将往农"的念头。初到海门的陈朝玉看不惯粮户明氏的恶行，故意不肯缴租，又将司租人打了一顿，被明氏告到了官府。他又咽不下"颇被窘辱"的气，耍了个小聪明，从牢中溜出杀了那个司租人，竟还"蘸血题'杀人者陈朝玉'六字于壁"，然后"奔而回狱"，官对其用尽酷刑，又加诱供，他不但不承认，竟能使"刑幕语塞"（让刑名师爷哑口无言）；出狱后，他直奔明氏家，将明父夹在胳膊下跳上了屋，要明氏用租田"偿所受枉痛"，明氏父子不能不立马答应他的要求。张謇还经过实地考察，肯定了陈朝玉治理裙带沙（今海门镇一带）的功绩，说明了海门人要称颂他这个"老牛筋"的原因。与龚自珍的碑文相比，张謇给了我们一个有血有肉的"瑕瑜长短，坦白与人共见"的"草莽英雄"形象，令我们感到真实而又亲切，并且由衷地生出敬佩来。值得注意的是陈朝玉对妻子说的"海门有大沙，往垦者踵趾相接实繁"这句话。既然在陈之前来海门的"垦者"已是"踵趾相接实繁"，陈朝玉当然不可能是最早，更不可能是第一个了。

那么，为什么陈朝玉能在众多的垦荒者中有幸成为有文字记载的第一人呢？首先，诚如张謇称道的那样，陈朝玉确有其突出的人格魅力。而很关键的是由于他的曾孙陈奂和玄孙陈兆熊出力。陈奂于清咸丰元年（1851）举孝廉方正，为著名经学家。陈兆熊为嘉庆二十四年二甲进士，散馆后授编修，并于道光五年任过福建乡试副主考官。他们一个出生在长洲县（今苏州），一个出生在崇明，回到海门，也算衣锦还乡。对当时的海门农民来说，来了朝廷的两个大官，自然应该恭敬有加。据龚自珍的碑文说，陈氏两个后代"召其乡之人而谋之"，从上古说起，讲了一番大道理，然后定调子说："吾祖宜为先啬，始吾祖刈杀此土，以利后之人。生有奇异，如天之公侯。"接着又肯定"今海门厅士姓（值得注意的是'士姓'二字，士姓者，士族也，农民自然不在其列），无吾陈氏旧且大"，最后提出"宜为吾祖祠"的主题来。话说到这里，一般老实巴交的农民更有何说！龚文描写道："皆曰：'田父老之志也。'"当时究竟是何种情况，谁人见得！两陈与时任内阁中书的龚自珍很有交情，于是事先写好其先祖陈朝玉的"行状"，托龚写了一篇文字,刻在祠堂的匾额和碑石上。这样,后人便知道了陈朝玉其人。而与他同时甚至更早的,都湮没无闻了。

张謇对此是很不以为然的。他说,"经生翰林,抢榆控地之蜩鸠,恶足以测抟风负天几千里之鹏背哉!"这段话用的是《庄子·逍遥游》的典故。在他的眼里,陈朝玉这个"农佃海门"的"草莽英雄",正是其背"不知其几千里","怒而飞,其翼若垂天之云","海运则徙于南冥"的大鹏;而陈朝玉的有了出息的后代(一个是经生,一个是翰林)反倒成了"抢榆控地之蜩鸠",根本无法理解他们先人的伟大。张謇真是一位充满了平民意识而最具实事求是精神的先贤!

张謇与赵亭

上海证大集团在兴建海门滨江新城的证大中学（海门中学分校）时，在校园西南隅复建了赵亭和师山书院。虽是易地复建，且又未必尽如旧制，但仍然很有意义。

赵亭是清光绪二十七年（1901）张謇与同学周家禄等人为纪念前海门厅训导赵菊泉而在海门文庙学宫建造的，可惜在抗日战争中被毁掉了。师山书院始建于清嘉庆十四年（1809），同治十年（1871），十九岁的张謇拜赵菊泉为师，同时肄业于师山书院。赵菊泉的训导署在文庙学宫，而师山书院恰"在学宫之右"。今天海门中学的校园涵盖了当年的文庙学宫和师山书院，所以，在海门中学分校复建赵亭和师山书院，既是合理的，更是为了弘扬张謇精神。

论者普遍认为张謇等人建造赵亭是为了感念赵先生的教养之恩，这在张謇尤然。这自然是对的。诚如张謇题赵亭联的序中所说"余从之游，提撕奖借，唯恐不至，三年未收学费一文"，故而上联云"人通利则思其师，几席三年，濩落何堪高第列"，没有赵先生的三年教育，一个"濩落"的张謇怎么可能名列高第、状元及第、大魁天下呢？张謇说的"濩落"，当然既指自己没有学识，也指缺乏志向。对于攀登科举顶峰的张謇来说，此二者缺一不可。而赵菊泉正是在这两个方面给了张謇关键性的影响。

在学识方面，赵菊泉是张謇遇到的第一位高明的老师。张謇一开始从赵菊泉先生学习时，"先生令尽弃向所读之文，以桐城方氏所选《四书文》及所选《明正嘉隆万天崇文》授读"，首先是选对了教材；而"每课艺成呈阅，则乙抹过半，或重作，乙抹如前"，其次是几乎一而再、再而三地否定了张謇的作文。这说明赵先生对张謇过去所受的教育和此时张謇的水平是非常不满意的，几乎一切从头开始。正因如此，张謇当年便考得了如皋生员一等十一名，主持考试的方侍郎甚至说张謇"文可第一"，只是考虑到他即将归籍到通州去，为了"避众忌"因而故意将名次排后了。

在志向方面，赵菊泉像张謇的父母一样不断地给予鼓励和支持。从学之初，张謇因于冒籍案，倾家荡产，负债累累，甚至被如皋学官"押于学宫，索重贿"。首先向张謇伸出援手的便是赵先生和师山书院院长王崧畦，几经周折，张謇方才归籍。赵先生经常对张謇说，"出头之路，可以救贫；否则作几句散体诗，习几句应酬话，终不足以报亲师之恩，副戚友之望也"，"无事便读书，勿得因贫而短气。子早得腾达去，则予心慰矣"。赵菊泉总是"谆谆以努力读书为勖","谆谆以韬晦浑厚为勖"。同治十三年（1874），张謇因家贫入江宁发审局孙云锦幕为书记。他与赵先生辞行后，走了十几步，先生将他招回，送给他两样茶食，并且再三叮嘱他：孙先生是个爱才的人，你去后不要放松功课而去沾染社会世故，"予年老，有厚望于子，勿忘斯言！"直到张謇走了半里路，先生还远远地目送他。

正因为如此，张謇考取状元后首先想到的三个对自己寄予厚望但已过世的人中便有赵菊泉，"感母与赵（菊泉）、孙（云锦）二先生之不及见，又感国事，不觉大哭"。

然而，张謇等人建造赵亭的深意却远不止于此。张謇赵亭联的下联说："公魂魄犹乐兹土，衙斋咫尺，风流敢告后贤知。"赵先生虽然早已病逝于家乡无锡了，但是他的魂魄至今以海门为其乐土，深爱海门这块土地。先生的魂魄尚且如此，那么他生前之为海门尽心竭力，便是不言而喻的了。张謇等人认为赵先生的"风流"亦即他的杰出贡献，是一定要让后之来者了解的，更希望后辈们发扬光大。建造赵亭的意义尤在于此。

赵菊泉对于海门教育的贡献是不可磨灭的。《光绪海门厅图志》说赵菊泉"同治中选授厅学训导，厅治僻左，文庙乐舞祀典多阙略。彭渊（即赵菊泉）考求图谱，布算以审音，髹器以实馈，循文演阐，蹈咏彬彬，邦人称颂"。而据史料记载，海门文庙及学宫建于乾隆四十一年（1776），到赵菊泉出任海门训导时已有百年历史。奇怪的是，在这一百年中，象征教育的文庙竟因"厅治僻左"而"乐舞祀典多阙略"，文庙不过形同虚设而已。那么文庙内的官方学校学宫的状况也便可想而知了。直到赵菊泉才切切实实地做了开创性的工作，他把文庙祭礼的规制和乐舞弄清了，把礼器油漆了，于是当地才能"循文演阐"起祭礼。虽然这只是形式，但至少能使文庙包括厅学的一切开始步入轨道，从而使海门的官方教育发生了实质性的变化。《光绪海门厅图志》接着便说到赵菊泉的教育，说他"教人以笃实为本"，他对学生"一屏矫激之行文，以雅正为宗"，于是"一时操觚之士，靡然向风"，读书人都来拜他为师，结果是"及门成就者甚众"，其中就有我们熟知的清末江苏五才子中的张謇和周家禄。正因为这样，当赵先生告老还乡时，学生和父老依依不舍。张謇在《奉送赵训导师归无锡序》中说，人们"毕集于学舍之门，乞先生少留"，先生临走时，"祖者（送行的人）车塞道，以香果茗饵夹舆前后而攀呼者，闻且数百人云"。人们都说，过去来海门做学官的都看不起海门百姓，对读书人无动于衷，只有赵先生"进士若秀与良者而翼植之，犹子弟也；简若秀而或不良者督鞠之，犹子弟也。而士砥于行，而文有章矣"。无论学生优劣，赵先生都当自己的孩子看待，培养督促，因此海门的读书人品行和学问都提高了。不仅如此，赵先生还重视民风的教化,"约婚丧之宜以训俭,行乡饮酒,以示尊让絜敬长长老老之义,而民知有礼矣",甚至还做了许多学官职责以外的好事,"倡浚通渠以泄潴水,赞积谷以备年之荒,而民有利矣"。赵菊泉离任 23 年后,张謇和周家禄回到当年读书的海门文庙学宫,感慨万千,他们分别在《请建赵亭禀牍》和《赵亭启事》中,几乎用同样的语言描写了此时他们眼前的海门厅学的衰败景象:"见夫立雪之宇,稍翳夫蓬蒿;饮射之堂,侵寻夫葵麦。"赵先生当年振兴的海门厅学已经渐渐没于蓬蒿葵麦中了。所以,他们猛然意识到,是赵菊泉开创了海门一代良好的教育风气;赵菊泉的贡献,在海门厅学历史上可谓"前无古人,后无来者";赵菊泉的确无愧于"人师之职帜,学官之凤麟"的美誉。

值得注意的还有当时海门厅同知王宾在张謇等人的《请建赵亭禀牍》上的批示。王宾接到张謇等人的禀牍后,立即批示同意,并认为建亭正如历史上人民纪念石庆、栾布、鲁宗道、范纯礼一样,"遗爱所著,名迹斯芬";认为为赵菊泉在孔庙建亭和东汉时为溧阳长潘元卓树"校官碑"一样,都是为了颂扬他们兴学的业绩,建亭能够"庶从土望,亦作邦型",正是需要这样为海门树立一个振兴教育的榜样。

赵亭,实际上不仅是张謇等人,而且是海门父老为赵菊泉所立的丰碑。更值得注意的是,张謇此时已经走上了实业救国之路,并且正在思考进而发展教育的问题。这一年,他通过起草《变法平议》,极力劝说两江总督刘坤一兴办新式学校,并为之拟订中小学课程。第二年,他便开始筹建我国第一所私立师范学校。随后一发而不可收,亲自创办或参与创办大、中、小学数十所。所以这个时候建造赵亭,不能不说张謇是在表达向先贤学习、振兴教育的决心。

人师之职帜　学官之凤麟
——记海门厅训导赵彭渊

赵彭渊（1806—1882），字养怡，号菊泉，清道光己酉举人，江苏无锡人。曾任海门厅训导，民望很高。他是张謇的老师，有"饮食教诲生华枯木之恩"。张謇非常敬重这位恩师，赞之为"人师之职帜，学官之凤麟"。赵彭渊禀赋聪颖，弱冠时就能写出优美的诗文，"赋成辄夺五花簟，贵重何翅双玉盘"。道光十二年（1832），林则徐任江苏巡抚，提倡奖掖士类中"穷、孤、寒"三类青年才俊，赵彭渊是当时被看好的三个知名人物之一，张謇诗称"同辈知名王与李，与公如龙头腹尾"。周家禄《李刚烈王武愍事略》载："吾师训导赵公之言曰：余与刚烈、武愍皆连居同闬，无三日不见，见必纵论天下事及古今人臧否以气节相砥厉。"后来林则徐被谪戍伊犁，王（恩绶）、李（福培）二人先后为国捐躯，赵彭渊在家乡无锡未被重用，致力于家乡的教育事业，"拥皋比，历道、咸、同、光四代，陶英育秀累百辈"。

一　人师之职帜

人们常说，"经师易遇，人师难遭"。经师，指传授儒家经学的教师，在古代这种教师比较多，因而"易遇"。人师，指有知识、会教学，当老师；有道德，做表率；善于做学生的思想工作，引导学生做君子，这样的人师自然"难遭"。赵菊泉正是不可多得的人师。

1. "师道最重曾南丰"。师道，即为师之道，相当于今天的教育思想、教育理念，它是教师素质的主要标志，赵彭渊最敬重曾南丰的教育思想。曾南丰，即唐宋八大家之一的曾巩，江西南丰人，人称南丰先生。他著有两篇学记：《宜黄县县学记》和《筠州学记》。宋代和清代的学者对"两记"评价很高，认为"两记"揭示了教育的真谛，集中体现了曾氏的"师道"："盖凡人之起居、饮食、动作之小事，至于修身为国家天下之大体，皆自学出，而无斯须去于教也。其动于视听四支者，必使其洽于内；其谨于初者，必使其要于终。驯之以自然，而待之以积久。噫，何其至也！故其俗之成，则刑罚措；其材之成，则三公百官得其士；其法之永，则中材可以守；其入人之深，则虽更衰世而不乱。"阐明了教育的重要性与必要性以及教育中必须遵循的原则和方法，为师之道备矣。赵彭渊深谙曾氏师道。最敬重曾氏师道，有高度的教育自觉，正如曾巩所说，"使一人之行修，移之于一家；一家之行修，移之于乡邻族党，则一县之风俗成、人材出矣。教化之行，道德之归，非远人也，可不勉欤！"由此可见，"师道最敬曾南丰"，不只是张謇对老师教育思想、教学品格的界定，而且是对恩师教育水准的高度概括和赞美。

2. 其施其蕴，肫肫然符于仁。 正确的教育思想铸就了赵彭渊纯正优美的教师品格。张謇在《无锡赵菊泉先生像赞》中称赞老师"不城府以漓真，不崖岸以拒人"，"其施其蕴，肫肫然符于仁"。菊师饱读诗书，城府很深，但他对待学生"不城府"，因而表达的情感接近本真；赵彭渊德高望重，似乎难以让人亲近，但他对待学生"不崖岸"，一点都没有架子，平易近人，和蔼可亲。无论是向学生施教还是蕴藉于内心的思想情感，都很诚挚，符合儒家仁爱的道德规范，即孔子提倡的"己所不欲，勿施于人"，"己欲立而立人，己欲达而达人"的境界。

3. 力学孤贫挺楩梓。 张謇在《奉题赵训导师菊隐图》一诗中称："梁溪奕奕赵夫子，力学孤贫挺楩梓。"他继承林则徐"奖掖士类穷孤寒"思想，并付之于行动。同治十年（1871），十九岁的张謇回到家乡海门，其父张彭年欲使其从学于赵先生。赵要张先呈上以前所做的作业，以审视其才学的优劣。发现他是个受困于"冒籍案"的寒士，又是个大可造就的"楩梓"式的才子，于是欣然接纳。接着要求张"尽弃向所读之文，以桐城方氏所选《四书文》及所选明正、嘉、隆、万、天、崇文授读"，全面改变张謇的阅读范围、阅读内容和阅读方式，使张謇读书进入新的境界，达到新的高度。这是行家里手的高明之举，是私塾小儒无法企及的状态。接着狠抓作文，"每课艺成呈阅，则乙抹过半，或重作，乙抹如前，训督严甚，乃大愤苦。逾半年，抹渐少"。这又是一个狠招，通过"乙抹过半"或"重作"，纠正其积久而成的不良写作习惯和写作思路，学习和掌握桐城方苞等文章大家的为文之法。通过严格训练，张謇的写作水平显著提高。一年后，师山书院山长孙寿祺将张謇的文章列于同侪的前列。

赵彭渊的德育更是别具一格，平时言传身教潜移默化，化德育于无形；遇到问题，他围绕目标，调动一切情感因素，给人以心灵的震撼。同治十二年（1873），张謇应孙云锦之约，离开书院赴江宁发审局当书记（秘书），目的是纾解张家的经济困境。张謇对于前途有些迷惘。离开之前，张謇拜亲访友忙得不可开交。二月初六，赵彭渊"固留"张謇，晚上与之长谈，"谓勉前程，以为出头之路，可以救贫；否则作几句散体诗，习几句应酬话，终不足以报亲师之恩，副戚友之望"。轻轻一点，触及张謇内心深处的要害问题，张謇因而"闻之悚然！"初八，张謇早起辞别赵彭渊，并在日记中记下了这难忘的一幕：

  辞菊师，不言而神伤。行十数武，菊师招回，以茶食二件赐余，殷殷谓"孙观察爱才者，至彼无懈功课而习世故。予年老，有厚望于子，勿忘斯言"。余泪不敢落，恐伤菊师意也。是时雨濛濛如飞沙，行已半里，菊师犹遥遥目注。噫！知己之感，江深岳重，茫茫身世，顾安得报恩于万一哉？零涕潸然，心焉如醉。

  这是一幅感人肺腑的爱生尊师图，又是一幅刻骨铭心的情景教育图！让受教育者终身不忘。人师的本质就是爱生，以自己的真知和真情奉献给学生。张謇在赵彭渊门下从学三年，赵彭渊分文不取，正如张謇在诗中所云："侗子有命师哉师，负笈三载期朱丝。岂独为文得修抴，不嫌竟学无酬资。"因此，赵彭渊不愧为"人师之职帜"。

二　学官之凤麟

  同治八年（1869），赵彭渊奉命离开家乡无锡调任海门厅训导，从城市来到荒僻的海滨，担任这个没有多少权力的"冷官"，是个很苦的差使。但是他勤于职守，尽心竭力地一直干到光绪四年（1878）"以引年乞归"，四年后去世。可以说，赵彭渊把晚年的心血都奉献给了海门。

  独特的地理环境造成海门的经济文化相对滞后。置厅之始，人们"辟草莱，浚沟洫，以耕种为急"，没有条件读书，建厅后十一年，才建造文庙。置厅后四十四年，政府才派来训导，海门才迎来了第一个学官，《海门厅图志》称："海门之有学，自嘉庆十七年（1812）始。"可见，到海门厅任训导，绝不是轻松愉快的事。正如张謇在《奉送赵训导师归无锡序》中借"诸生父老之言"曰："海门濒僻江海，自康熙而始有土，自乾隆而始有官。夺蛟龙之窟而耕易之，土地之浮瘠，而民俗之薄也；贯菰芦之薮而弦诵之，士气之固而儒术之不得也。学官官于斯者，率什八九鄙夷吾民而恝吾士，吾民与士恒戚戚不得保绥艾而造于声明也。"由于以往的学官大多数轻视海门的百姓，不把海门学生放在心上，因此"诸生父老"都非常担心海门厅的学生不能得到平安的养育而大声疾呼。

  而赵训导与他的前任不一样，他忠于职守，扎扎实实做好训导工作。一是造士。士，指读书人；造士，即造就一批知识分子。张謇在《奉送赵训导师归无锡序》中说："先生来几年，进士若秀与良者而翼植之，犹子弟也；简若秀而或不良者督鞫之，犹子弟也。而士砥于行，而文有章矣。"这里指两种学生，一种是向上推举的优秀学生及在校的较好学生，他们都像他的学生一样站在他的两旁；另一种是简慢轻忽的学生，看似很好，但有时表现不够好，对这些人，赵彭渊也像对待自己的子弟一样加强管教，鞠养他们。这样，海门的读书人经过刻苦磨砺，文也有章法了。二是隆礼，

"约婚丧之宜以训俭，行乡饮酒，以示尊让絜敬长长老老之义，而民知有礼矣"。即以约定俗成的办法引导人们以节俭办婚丧之事，通过乡饮酒以明示尊让、絜敬、长长、老老的意义，使百姓知礼，提高社会的文明程度。三是利民，"倡浚通渠以泄潴水，赞积谷以备年之荒，而民有利矣"。他提倡浚通河渠，排泄积水，赞成积储谷物，以备荒年，对百姓来说都很有利。事实上，赵彭渊在海门所做的事已经远远超出了他作为训导的工作范围。只要有益于海门，有利于读书人，有利于百姓，他都不惮辛劳，努力为之。赵彭渊先生之"大有造于吾士民而不忍舍先生"，佐证了这位学官的杰出贡献和深得民心。而更加难能可贵的是他为官清廉，退休时两袖清风，"今先生之归也，葛巾单衣，簿笨（制作粗简而行驰不快的车子）就道，田不上中人，居庐蔽风雨而已"。让人肃然起敬，甚至为他的穷困鸣不平，"归之日，祖者（送行的人）车塞道，以香果茗饵夹舆前后而攀呼者，闻且数百人云"。总之，赵彭渊是一位忠于职守的学官、大得民心的学官、清正廉洁的学官，因而可称之为"学官之凤麟"。他的英名将永存于海门的史册。

"海门大师"徐云锦

徐云锦（1815—1892），字石渔，恩贡生，海门常乐镇人。他是张謇的恩师之一，被周家禄誉为"海门大师"，是一位深受海门人敬仰的文化、教育名人。

据张謇自述，早在少年时期，徐公已是他心中的偶像，在他十二三岁读书稍有知识时，其父就"举里徐先生之学行，谓当师事"；在他十六岁补学官生员时，"先子率以请见，从问业"；张謇十七岁时，从学于西亭宋璞斋先生，时而归，"并以文质里中徐石渔先生云锦"；张謇十九岁考取师山书院，"从学于海门赵先生署，亦从徐先生问业"；之后，张謇客旅吴长庆麾下，岁暮归省，"亦时时省先生于家"。有一次，徐公与张謇谈自己少时贫，且耕且读，"壮役于授徒养亲，不能多读书，专精成一家言，追偶古人。今时过，虽欲勤，弗可及已"，叹息良久。张謇听后，"瞿瞿焉而思，栗栗焉而惧"。可见徐公对张謇教育影响之深远。

一、贫而早孤，勤而好学

徐云锦祖籍句容，始迁崇明。曾祖尚相是个监生，继迁通州。祖父凤池，农耕为业。父徐允孝殁于道光元年，时其母戴氏年仅二十四岁，守节扶孤，又从通州迁至娘家海门常乐镇。云锦七岁丧父，禀赋聪颖，少年时从村塾师读书，师有《三国演义》，阅后竟能综论其时世人物。母亲守节，处境维艰。云锦十五岁废学，为母分忧。十六岁，母命之下田劳作，盛夏偕佣锄棉，暴烈日中，背胛尽赤，不堪其苦。于是对母亲说：愿从崇明黄晴谷先生游。黄晴谷，即黄旭，是个博通经史百家的学者，曾任师山书院山长。从此，他白天反复诵读曾一度放弃的书籍，晚上匿灯帐中，边读边究其义。对这段亦耕亦读的岁月，张謇如此描述："孤贫奉母，力田致养，恒时辍耒，研劭典籍。幕灯晦读，而烟缁于帷；带经饷耕，而曦忘以笠。"于是云锦学业大进。第二年，收邻里五六孩童，始以章句教授弟子，以所得之薪酬补为家用。他一面教书，一面自学，并开始学写文章，往往一写就是数百言，但无人评品，不知优劣。于是走试于书院。书院教长常常将他的文章冠其偶。云锦大受鼓舞，学习更加努力。二十九岁时补为厅学生员。此时，"六经皆可背诵，手录汉唐旧著，密行细字累数寸"；足见他学养之深厚。四年后廪于庠；又六年贡太学。按惯例，恩贡就职州判，因门生为之请求，改就教谕候选。

二、和不浑流，贞不绝俗

徐先生个性笃孝，母病，曾多次割股和药；母殁，每逢祭祀，向子孙讲述其先人在世时的事情，常悲哀涕泣。他对于乡里人"恭俭而易直"，平日乘小车出游，在路上遇到有人称其先生者，不论贵贱、老幼、亲疏，一律下车，"款款语三数而去"。为人处事，顾全大局，"不争众人之争，而为众人所不争，辞众人所不肯辞"。光绪元年，皇帝下诏直省州县，举孝廉方正之士。徐公在被举之列，"郡吏奉行，博求其当。邦人聚论，金曰君谐，君则再白府君，屡回旌命"。当时儒学训导、厅同知，带了文书、钱币，一再以礼聘请，先生终不肯就职。他确实是一位不慕名利的"征君"，生活简朴高雅，"容与雅步，委蛇幅巾，海濒一庐，有琴有樽，弦之酌之，陶陶以春"。光绪十年，师山书院山长沈之瑾，发现衙门官吏侵占书院钱财，向书院报销常年房费、节礼费等占书院年收入的三分之一，因而书院经费入不敷出，难以为继。院长准备向同知反映情况，请求裁撤"浮费"。时在书院任教的徐云锦积极支持，并会同陈子兰、黄景仁、刘逢吉、龚日孜等人联名"禀请当事"，并要求"转详大吏"，结果"得如所请"，一举解决书院办学经费困难的大问题，使古老的师山书院重现生机。

三、行修业崇，邦闻孔淑

徐先生潜心教育，桃李芬芳。张謇赞美徐公："学道而不大夫，穷经而不著书。隙然大顺于里间，而渊乎为宗于其徒。"他"学道"而不愿为官，"穷经"而不热衷于著书立说，心甘情愿当一名普通的教师，为家乡植德树人，为后人树立了一个不朽的楷模。他是一位"经师"，以儒家经学教授生徒，张謇称赞他"高居却聘，笃老传经，伟兹海澨耆英"。他也是一位"人师"，注重道德修养，其教弟子，弃取人一绳以根本；注重因材施教，"各随所受之才以为深浅高下，故用力顺而收效常丰"。他更是一位"大师"，热爱教育，终身授徒，取得丰硕的教育成果，"从而成名者，前后数十百。虽至鲁钝，渐渍于先生之教，未有终弃于时者"。他为教育事业殚精竭虑，付出毕生的精力。他通常每年总要将所研读的《易》《诗》《书》《三礼》《左氏春秋》《论语》《孟子》等书温习一遍。光绪十七年（1891）夏天，徐师已七十七岁。他先将诸经温习一遍，又分日定课，研读周秦诸子文章。其中《管子》七十余篇，内容驳杂，逻辑上亦有欠妥之处，有些篇目一向未读通。此时，他下定决心要将其读懂弄通。于是，"旁陈群籍，纵横爬疏，坐诵行思"。通过与多种典籍的对照考订，进行梳理，以求融会贯通。他刻苦攻读数十日，积劳成疾，吐血卧床，从此一蹶不振。其间又不顾年老体衰，为请业弟子纠正文字，致使身体每况愈下，终于一病不起，于光绪十八年正月初四卒。先生操铅椠主坛坫四十年，一旦"皋比既撤"，其学生无不"临丧号恸"，遂与乡人商议，考其德行，号曰"孝懿先生"。

张謇得石渔师凶讯，"即往省视"，称先生"生平和厚介洁，为一乡之望"，联想去年背诵经书致疾，老成凋谢，"可胜慨然！"张謇一向对先生敬重有加，光绪十三年（1887）作《征士徐君清寿之颂（有序）》，赞颂先生"雅素冲懿，开亮纯洁"的优良品德。光绪十八年（1892）作《徐先生墓志铭》，客观地叙述了先生光辉的一生。民国十四年（1925），又为《徐征君并子元尹孝廉遗著序》，思老师之恩德，赞学友（徐孚吉）之才华，怅师友生平之零落，情感真挚，催人泪下。近代文史学者、诗人周家禄一向景慕徐公，曾作《原养寿徐征君》，赞美徐公淡泊名利，沉潜教育，善于养生，培植浩然之气。光绪十八年（1892），又作《祭徐征君文》，赞扬徐公顾全大局、公而忘私的品格。其《挽徐孝懿先生》写道："未得为夫子徒，私淑诸人，近问鲤庭闻绪论；是曾以贤良征，固让不拜，远从蕃榻溯清风。"可见这位"海门大师"在儒林中的崇高地位。徐先生一生撰有多部著作，经史部有《易义辑录》《书义辑录》《前后汉书菁华》；子部有《寸草庐省身录》、《寸草庐文集》三卷、《寸草庐诗集》六卷等。

由是观之，徐云锦虽不是显官鸿儒，却美名远播。他沉潜于海门教育，创造了不平凡的业绩，"确乎潜龙，寥乎隐豹"（张謇语），是一位值得后人敬仰和学习的海门大师。

张謇的老师薛时雨

一

张謇的老师薛时雨一生诗词作品甚多，集为《藤香馆诗钞》四卷、《续钞》二卷、《藤香馆词》一卷，其门人谭献又删定为《藤香馆诗删》四卷。薛时雨的诗词，历来有很高的评价。徐世昌的《晚晴簃诗汇》称，"其诗亦如西湖山水，清而华，秀而苍，往往引人入胜。至伤时感事，沈郁顿挫，骎骎入少陵之室"。陈衍则以为薛时雨"治行循良，而宦流勇退，诗境故自时近随园"。金鸿佺在《藤香馆词·跋》中说，薛时雨以为"拈毫托兴，贵在遇事即书，直抒胸臆"，故"激而改弦，力洗柔靡之习"，而"能挥洒如意，一气卷舒"。在清代诗词史上，薛时雨应是占有重要一席的诗人。

当代著名清诗词研究学者严迪昌在《清词史》中不无感慨地说，"翻一翻道、咸、同、光四朝浩如烟海的词别集和各类词选，有多少不止于靡靡者？""占数三分之一的晚清'名家词'能读到多少堪目为'词史'之作的？"词而能"堪目为'词史'之作"，必须能够抑扬时局。然而，即使在太平天国战事长达十余年的时间里，社会动荡纷乱，人民离乱亡散，诗人们也同样几乎写不出既有大背景又切近实际感受的抑扬时局的作品来。严迪昌认为，除了蒋春霖的《水云楼词》中写的与当时那场战争有关的作品应该说是"上乘佳制"外，差强人意的还有薛时雨的《藤香馆词》。尽管严先生谨慎地用了"差强人意"四个字，但薛时雨的词在当时已属难能可贵。

薛时雨在《藤香馆词·自序》中说自己的词"律疏而语率，无柔肠冶态以荡其思，无远韵深情以媚其格，病根仍是犯一直字"。严迪昌评论说，"这个'直'字倒是'以志春梦'式地记录了从咸丰四年（1854）到同治三年（1864）这10年间他在浙、赣二省目击身处战乱前后的感受"。薛时雨有一首词写清军长期围困杭州，使城内驻军和百姓断绝粮食后终于攻复杭州后的惨状，让人一看便知清军正是惨状的制造者。目睹这一惨状的薛时雨心情凄怆之极，次年即挂冠去官。薛时雨的一些词"至少从战后现实的惨苦和宦海浮沉的无味这两个角度，揭示了所谓'中兴'气象背后的破败景观和落寞心绪，可作为理解末期王朝的覆亡已无可挽回的参照"，这对清王朝鼓吹的"同治中兴说"无疑是有力的抨击。薛时雨还曾在词中"言辞颇犀利"地"表现了对帝国主义势力的侵蚀的殷忧"，批评了"门户洞开，国力孱弱，执政者只知以赔款割地来换取苟安"。薛词《望海潮·舟泊黄浦》的"八蛮重译来同。算汉家长策,只是和戎!水驿驰轮,楼船激箭,海门百道能通。落日大旗红。叹藩篱久撤,谁靖边烽?聊把黄金,买醉歌舞向西风"诸句,何等慷慨,何等深刻,何等警策!蒋春霖、薛时雨等当时凤毛麟角般的个别诗人的词,在一定程度上"反映了时代的陵替轨迹,从而构成了一条'词史'之唱的脉息","为清代词苑开出了一串幽艳的晚花"。[1]

二

薛时雨不仅是一位在清代诗词史上享有盛誉的诗人,而且为官耿介清廉,卓有政声,他的一些题联和故事直到今天仍然为人津津乐道,甚至在各地编写的廉政教材中还时有应用者。例如,被应用的即有他的杭州府署题联:

为政戒贪:贪利贪,贪名亦贪,勿骛声华忘政事;
养廉惟俭:俭己俭,俭人非俭,还从宽大保廉隅。
铁面无私,凡涉科场,亲戚年家须谅我;
镜心普照,但凭文字,平奇浓淡不冤渠。

这些联语至今仍能振聋发聩,对当代公仆有深刻的教育意义。所以,薛时雨这样一位封建时代的官吏能有如此高尚操守,确实应该青史留名。

薛时雨(1818—1885),字慰农,一字澍生,因祖居桑根山,晚号桑根老人。安徽全椒人,祖父薛凤鬵,父亲薛鑫,皆以一介寒士教授乡里。薛时雨自幼攻读,博览群书,道光二十三年(1843)中举;咸丰三年(1853)和仲兄薛春黎同登进士第。

薛时雨中进士之次年,获授浙江嘉兴知县。到任的第三年,恰遇嘉兴大旱,草木枯黄,田地干裂,颗粒无收。薛时雨在巡察中看到满目饥荒,心中不安。而上司却再三催逼赋税,于是薛时雨向知府如实通报旱情,要求停征。知府不但不予理睬,而且给他发来催科檄。据传薛时雨置大府催科檄于不问,亲自击鼓升堂,下令停征赋税。当时曾有人劝阻,以免得罪上司,薛时雨当场表示"我一人做事一人当,回家的包袱我已收拾好了"。不久,薛时雨即被罢官。百姓闻讯,纷纷挥泪相送。

咸丰七年(1857),薛时雨署嘉善县令。十年,离职赴吏部引见,归途闻杭州为太平军所克,遂流寓南昌,曾谒曾国藩军中论兵事,后赴上海,入李鸿章淮军佐幕。同治三年(1864)为左宗棠荐补杭州知府,后又署粮储道,代行布政、按察两司事,公务非常繁忙,但他才智过人,处事果决。他上任时,杭州大战刚刚结束,尸横遍野,百业凋敝。他一到杭州,便招集流亡,赈济平民,鼓励百姓复兴,建东城讲舍,发展文化教育。经过薛时雨的整治,杭州逐步恢复了生产和经济,百业兴旺。薛时雨深得百姓爱戴,却受到了同僚的诋毁。恰在这时,仲兄薛春黎前往江西主考乡试时在试院暴病身亡，薛时雨被急调江西改任乡试提调官。此时，只有48岁的薛时雨看透了官场腐败，愤然托病辞归。时任浙江巡抚的马新贻深知薛时雨的学识才干，于是以二品衔候选道来挽留他，他却坚辞不受。最后，马新贻提出聘他于杭州主持崇文书院，他才答应了。时任浙江学政的吴存义曾说薛时雨"其实囊无买山钱不能归也"[2]，他为官清廉，哪有银两回乡置田舍安度晚年？

薛时雨在杭州主持崇文书院三年后，其伯兄薛暄奉卒于安庆，薛时雨乡关之思愈切。同治八年（1869），已调任两江总督的原浙江巡抚马新贻聘薛时雨到江宁掌教。江宁去薛时雨的家乡全椒仅百二十里，风土最近，遂应聘领江宁尊经书院，后又主持惜阴书院，直至终老。薛时雨后半生潜心从教，吴越文人，多出其门。

薛时雨本是个很有抱负、很有干才的官员，但是社会和时代决定了他并不能见容于官场。晚年他回顾自己一生曰："作吏十六年，主讲十六年，壮志消磨，借一角溪山娱老；种竹数百本，植松数百本，岁寒苍翠，与满城桃李同春"；他说自己"两浙东西，十年薄宦；大江南北，一个闲人"，表达出自己的无奈而又从容。

薛时雨十分热爱家乡，年轻时经常到琅琊山赏景作诗，写下了许多楹联诗词，诸如"踞石而饮，扣槃而歌，最难得梅边清福；环山不孤，让泉不冷，何须恋湖上风光"（影香亭联），他甚至要"愿将山色共生佛，修到梅花伴醉翁"（琅琊寺山门联）。咸丰三年（1853），由于战乱，作为我国"四大名亭"之首的琅琊山醉翁亭与丰乐亭同时毁废。薛时雨从江宁回全椒时，看到醉翁亭亭倒阁塌，丰乐亭泉竭树枯，非常痛心。他从小就十分仰慕欧阳修的学识品格，于是决心重修醉翁亭、丰乐亭，以拳拳之心报答故乡养育之恩。可薛时雨是清廉之官，做官多年，却清贫如洗，况且当时又重病在身，要重修醉翁亭谈何容易。薛时雨找到刚迁居滁州的吴棠，请他帮忙。吴棠曾任闽浙总督、四川总督、署成都将军。在吴棠及亲友、门生的资助下，薛时雨筹集了部分款项，并亲自鬻字以凑集不足者。时薛时雨已年过花甲，又重病在身，常常每天接连为人写字10多小时。开工后，薛时雨又不顾重病在身，亲自督工，并为醉翁亭书写了"翁去八百年，醉乡犹在；山行六七里，亭影不孤"；等楹联，还留下了"醉翁亭"门匾、亭旁的"晴岚叠翠"、二贤堂院门的"有亭翼然"等手迹。光绪十一年（1885）薛时雨病逝于江宁，遗体运回全椒时，路过琅琊山，家人遵照他"生前长期在外，没有看够滁州的山水，死后也要与琅琊山色为伴"的遗愿，特地绕醉翁亭和丰乐亭走了一圈，最后葬于全椒青龙冈。[3]

薛时雨还有一个贡献，便是曾与金和一起集资刊印了同乡吴敬梓的

《儒林外史》（同治八年苏州群玉斋本），并嘱金和作跋。金和在"跋"中说，"薛慰农观察知（吴敬梓）先生于余为外家，垂询及之"，"是书为全椒金棕亭先生官扬州府教授时梓以行世，自后扬州书肆，刻本非一"，后"扬州诸板散佚无存，吴中诸君子将复命手民，甚盛意也"。

三

张謇有幸于同治十三年（1874）从游于薛时雨这位当时难得的清官和曾经创作了"词史"之唱作品的国学大师门下。

张謇之成为薛时雨的弟子，缘于张謇的恩师孙云锦。是年，张謇应已由署理通州知州调任江宁办理三江京控发审局的孙云锦之邀前往担任书记。孙云锦是能"为天下惜人才"的好官。此前，孙云锦在通州任内处理张謇冒籍一案时，表现出对张謇这位"冷籍"子弟极大的同情。他知道张謇家贫，因而在不让张謇知道的情况下自己拿出钱来给如皋张家，以尽快结案，使张謇归籍通州，甚至在离任时还嘱继任的梁悦馨"终其事"。张謇在海门时的老师、训导赵彭渊（字菊泉）在送张謇游幕江宁时便对张謇"殷殷谓，孙观察爱才者，至彼无懈功而习世故"[4]。这样，到达江宁的张謇，先是对孙云锦"执弟子礼"[5]，接着在孙云锦的支持下报考了李联琇（字小湖）任山长的钟山书院。李联琇这位前大理寺卿，江苏、福建学政，早在十年前就在张謇的家乡海门避战乱时担任过师山书院山长，赏识过张謇的学长周家禄。张謇对他十分仰慕。为张謇报考事，孙云锦"本欲为扬于韩某（指钟山书院校课韩弼元）之前"，但张謇既"不欲以气节换虚名"，又"自顾文字何至于百人中不能得一名"，然而却偏偏被韩弼元所斥，致名落孙山之外。[6]从次年"韩某为人揭控""受请托"之事来看，此人确善于弄权。[7]此时少年负气的张謇咽不下这口恶气，马上写了个"上韩某启"，接着又"谒陈子舫太守"，"托为于小湖先生（即李联琇）前先容"[8]，又"上小湖先生书"[9]，表现出他投师小湖先生门下的迫切心情。在此同时，张謇又投考了薛时雨为山长的惜阴书院。结果是先后被李联琇和薛时雨以第一名录取。

就在张謇从李联琇那儿得到"惜阴投考亦列第一"消息的翌日，张謇便被薛时雨"招往"，薛时雨"且已逢人延问矣"。此事使张謇深感"顾虚名因实，忧之深也，敢不惕惕！"[10]几天以后，薛时雨亲去张謇处，"称为前事责备过韩弼元"，并为张謇"上韩某启""已代向韩致歉"。[11]显然，薛时雨和张謇的师生情缘的开始，固然是张謇为找到了小湖先生之外的又一位好老师而高兴，而薛时雨则亦无法掩饰自己得到了一位好学生的兴奋。此后，除完成惜阴的功课外，张謇经常"往惜阴见薛山长"，"诣薛山长"，同时"极承激赏"，并且结交了薛时雨的儿子饴澍、葆楹。薛时雨对张謇，除了命题、改文外，还时有所馈，如《味经得隽斋赋》，欧阳文忠像，丰乐亭、醉翁亭、解醒阁帖及笔墨诸件。生活上亦备极关怀，甚至在当年九月底张謇将返家应岁试和完婚前，还派人送行。我们从张謇的日记中可以看出，薛时雨与张謇的感情，在很大程度上已经超乎师生关系。

这样，才有了后来张謇寄住惜阴书院的经历。张謇寄住惜阴书院的原因，是由于孙云锦出于对张謇的由衷喜爱，"逢人游扬"，因而张謇"颇遭同辈之忌，讽刺或见词色"[12]，"是时肆力谤诋者若蛆侩之多，吠影吠声"[13]，弄得张謇十分苦恼。光绪元年（1875）三月，张謇在日记中说："自家启行，至是凡一月余，读书未终卷，写字未终帧，心如鹿撞之乱，身若蚁旋之劳，学殖荒落，悔惭交至。待得一席地，便杜门谢客，抱佛脚为觅举计矣。"[14]为此，他求助于薛时雨，于是年"六月，借住惜阴书院肄业避之"[15]。此事张謇当然对孙云锦亦不便明说，只能说些"息神定志，专一前程"之类的话与之告辞。[16]

惜阴书院"在清凉山麓，横列三院，右为薛先生所居，中祀前总督陶文毅公（书院创始人陶澍），后楼三楹，故空无人"，便是张謇寄住之处。[17]张謇入住后，薛时雨"又命仆于窗外种蕉"，以营造一个更好的环境。[18]在薛时雨处，张謇感到格外舒畅，他在当天日记中记下了自己与薛饴澍在清凉山下散步纳凉的情景，写景中透露了当时心境："山云含雨，草木葱蒨，苍翠之气，浸人肌发"；他在给孙云锦的信中有"武陵鸡犬，当亦傲人"；在给朋友的信中又有"自爱武陵山色好，旁人都说避秦来"。他感到自己找到了一个世外桃源般的读书佳处。有天晚上，"凉风入窗，一萤点帐"，一心"为觅举计"的张謇竟然"怦然动季鹰之思"。[18]在这里，张謇可以更多地向薛时雨求教，而"坦率豪直"[19]的薛饴澍则差不多成了与他朝夕相处的学友，有一次，"饴澍以《文待诏帖》《藤香馆诗抄》见惠"。薛时雨的《藤香馆诗抄》，令张謇爱不释手，有一次晚"看《藤香馆诗抄》，又竟烛二寸"。

薛时雨对张謇寄予了非同寻常的厚望。光绪元年（1875）七月，张謇为参加乡试，即将暂时离开惜阴书院，张謇在二十八日日记中记述道："晚见慰师，其相属望，坚嘱场前勿多访友，勿读闲书，一以凝文心、养文机为主。且谓于子期望最切，勉旃勉旃云云。"听了这位恩师的嘱咐，张謇十分感慨地写道："噫！不才安得培九万里风，扶摇直上，报我生平知己耶！"[20]乡试结束以后，张謇于八月十八日"以（乡试）文呈慰师，谬承赏誉"，随后又"至李（小湖）师处，师之所赏，与慰师略异；师之所论，与慰师多同"。二十四日，"李师久谈，期望至深，感不可状，而慰师尤甚"[21]。光绪二年（1876）张謇又一次参加乡试，八月二十三日，他去拜见薛时雨,"场作颇承奖赏,以为欧阳子三年抱璞,当不致以谩取罪矣",薛时雨不仅鼓励有加,而且进行了点评,张謇听了,连呼"愧愧"。[22]光绪三年(1877),为生计所迫,张謇已经入吴长庆幕于浦口,三月初一,"渡江至惜阴书院,……更许,薛师招往,询近状,歔欷者再",表现出对张謇这位高足不能一意读书的万分同情,最后他对张謇说,"谋生急于读书,张扬园之论,熟思无忽。但事皆有命,毋役于境,斯为养气之学耳",教导张謇在谋生的同时"毋役于境",继续努力。[23]此后,张謇仍不时就教于薛时雨,他的日记中多有"至惜阴书院见薛师""与薛师信,以文就正也""以文呈薛师""诣薛师取文"等记载,一直延续到光绪五年(1879)。此后,张謇随吴长庆北上山东,东渡朝鲜,进入了人生的另一个天地。

张謇对薛时雨的道德文章由衷地景仰。光绪三年(1877),薛时雨六十岁,张謇以磬作为贺礼,八月十一日,张謇"作《磬铭》为薛师寿:玉德金声,曰惟泗英,考之击之,终龢且平。宜人神兮通修名,曼寿命兮虞长生"。颂扬磬之石质如玉,声音如铜钟,果真如泗水所出的宝物,能敲击出平和的声音。这种声音能令人与神和畅愉悦,并借此来传播它的美名,来祝愿老师长寿永年。难道这不正是张謇以磬喻师,颂扬薛时雨德音远播吗?[24]清光绪六年(1880),薛时雨在江宁莫愁湖畔的新居落成。九月十三日,正随吴长庆驻在山东的张謇作《金陵小西湖薛庐记》,文中说,"謇尝忾夫林泉水石草木之胜,何在蔑有,而金陵、杭州特以山水名,始非有巨人长德不轻重于地而能使地因以重者,游咏焉,栖息焉,则亦寻常薪樵网罟之所,而弗能以传","当世称儒林者必曰俞先生(指俞樾),……今海内岿然,独师与俞先生两人","以师所以惠此邦,与此邦懃懃爱慕于师者,薛庐之名,其必传必世无疑","庐而传,小西湖之幸可知,邦人士之幸其幸者又可知已",并表示"奉觞长跽为师乎寿",[25]文章表达了张謇对恩师薛时雨的崇敬之情。

注释:

[1] 严迪昌:《清词史》,江苏古籍出版社1990年,第485—487页。

[2] 吴存义:手卷《还山行》题字。

[3] 薛来彩:《椒邑乡贤薛时雨》,安徽人民出版社2003年。

[4] [5] [6] [7] [8] [9] [10] [12] [13] [14] [15] [16] [17] [18] [19] [20] [21] [22] [23] [24]《张謇全集》卷六,江苏古籍出版社1994年,第15、839、20、53、23、837、59、62、837、59、837、60、52、65、67、106、124、25页。

[11] 庄安正:《张謇先生年谱》(晚清篇),吉林人民出版社2002年,第14页。

[25] 张謇研究中心:《张謇全集》补遗、校勘活页选三,第1页。

王宾论略

王宾（1837—1909），字雁臣，晚年自号晏叟。他于光绪十九年（1893）二月起任海门厅同知，直至光绪二十九年（1903）在"海门河工讼案"中蒙冤"以抗延被劾"，同年八月"告老归休"，其间除光绪二十七年（1901）五月至次年五月由广西人梁佩祥署理外，实际担任海门厅同知的时间长达九年半，为海门厅144年历史上88名同知中任职时间最长的一位。

王宾任海门厅同知期间，正是张謇在通海地区实施实业救国宏图大计的早期。当时，张謇在通州还没有安家，先寄住在西门万寿宫江西会馆，之后住大生纱厂或通州师范，他的家还在海门常乐镇，王宾是张謇名副其实的父母官。从张謇的著作中可以看出，王宾与张謇有着十分密切的交往。

研究王宾，也就成了张謇研究应有的题中之义。

一

王宾出任海门厅同知前的情况比较模糊。近年，其后人编成《霍邱王宾家谱》一书。该家谱的主要依据是《安徽霍邱县志》《海门县志》《北洋军阀史话》中关于袁世凯的部分以及王宾第五子、曾任国民党"总统府参事"及何应钦"主任秘书"的王家槩（懋生）1976年所编《安徽霍邱王家父子遗墨》中的《先世述略》。

《霍邱王宾家谱》称：王宾祖籍山东，其先人于清初迁安徽霍邱定居。咸丰六年（1856）六月，捻军势力进入霍邱；次年二月，捻军和太平军联合攻克霍邱县城。其时，王宾之父王肇基"倡办团练，助官军守战"，"城陷之日，阖族数十人皆奋战阵亡，门内妇孺悉自引决"。王宾之得以幸免，是此前因"有戚将返云南"，其奉父命随送。之后王宾发奋读书，"以拔贡入仕"，"受知于江督刘坤一，曾以即选道特保"。1876年至1879年间，王宾曾为袁世凯之师。1880年至1888年任上海水利厅同知等。1889年至1892年，受张謇禀请至海门，提倡种桑。1893年调任海门厅同知。

这里有四个值得探讨的问题。

其一，王宾何时受知于刘坤一。 受知，意即受到赏识和重用。王家槩在《先世述略》中说，"先父通儒学，兼擅吏才，受知于江督刘坤一，以即选道特保任用"，"与先父同案特保之袁海观，由此致身显贵"。即是说，王宾受知于刘坤一，一是刘在两江总督任上，能够特保即选道的，资格当然应该是总督以上；一是同案被保举的还有后来官至两广总督的袁海观。刘坤一任两江总督，一次是在1874年至1875年间的署理，只有一年多时间；第二次是1879年底至1881年10月，将近两年；第三次则在1891年至1902年（其间1894年至1895年被委为钦差大臣，由张之洞署理）。关于袁海观，民国时陈赣一所作的《新语林》说他"以知县指分江南，历权高淳、铜山、上海，补南汇，旋以知府分江西，司榷景德镇。刘忠诚疏荐其才堪大用，特授天津府知府，未之官"。另外有一则资料中说到1890年时的南汇县令是袁海观。可见刘坤一"疏荐其才堪大用"一定是在这以后，即刘第二次任两江总督任内，最早是1891年。而王宾既与袁海观"同案特保"，也就一定是在这时。此前王宾任何职不得而知，但由于刘的"特保"而升为同知，则是很清楚的。即是说，王宾在上海任水利同知，应该是在1891年之后。当然，不能排除刘坤一更早赏识王宾的可能，比如，刘坤一于1864至1874年曾任江西巡抚，而其间王宾肯定在江西做过官，他的1872年出生的次子王潜刚就是因为生在江西饶州才取了"饶生"为字。张謇后来说王宾是"湘乡旧人"（刘是湘军名将），也许王宾最早受知于刘坤一还是那时的事。

其二，关于"上海水利厅同知"的说法。 当时上海的最高衙门是苏松太兵备道，因驻在上海，也被称作上海道，它是介于省与府之间的一级行政机构，辖苏州、松江两府和太仓直隶州。据《光绪会典事例·书吏事》称，道员衙门的内部人员只有典吏若干人，协助道员办事，有的还设库大使、仓大使，个别的还设攒典。即是说，上海道没有水利厅同知一职。当时的松江府辖上海、嘉定、青浦、崇明等十县一散厅，等于现在的上海。府的长官是知府，知府的佐贰有同知（正五品）、通判（正六品），《清史稿·职官三》说：府"同知，通判，分掌粮盐督捕，江海防务，河工水利，清军理事，抚绥民夷诸要职"。可见在上海，有资格设同知掌水利的应是松江府。即是说王宾的官职应为松江府同知，分管水利。

其三，王宾担任袁世凯之师的确切时间和具体情况。 据《霍邱王宾家谱》说，王宾"拔贡入仕"是在1858年至1875年，而1876年至1879年"任袁世凯之师"，意即王宾入仕后又改去做袁世凯的老师。这种说法是不合理的。恐怕应该是王宾入仕后曾经担任学官，在这期间正好成了袁世凯的老师；当然也可能因为王宾是拔贡出身（十二年才在生员中选拔一次，且限每县一人），学问很好，袁世凯的父辈（嗣父袁保庆或堂叔袁保恒、袁保龄）慕其名让袁世凯问业其门下。但是，时间限定在1876年至1879年是有问题的。袁保庆1873年病殁江宁，自七岁起一直随嗣父生活在官所的袁世凯于次年春随堂叔袁保恒到北京，并受到另一堂叔袁保龄的严督；

1876年秋回河南乡试不第，次年春又回到北京；直到1878年袁保恒去世才返回家乡项城，后移住陈州（今淮阳）。此时袁氏分家，袁世凯在袁保庆名下得到丰厚家产，成为一家之主，从而放荡不羁。1879年，袁世凯受姑丈张向宸委托分办陈州捐务，秋天乡试，再次落第。据上述，1876年至1879年，袁世凯并不固定住在一地，那么王宾自然不可能一边做官，一边跟着袁世凯东奔西走。因此，关于王宾任袁世凯之师一节，似可表述为"1858年拔贡，随后入仕，其间袁世凯一度拜其为师"。又据王宾后裔转述年长者的回忆说，王宾任袁世凯塾师大约在袁十岁以前，袁小的时候顽皮捣蛋得出奇，好些个塾师被这个小孩儿捉弄得狼狈不堪，气得宁可丢掉在袁家的饭碗，也不愿伺候这个小祖宗。伤透脑筋的爹娘（实为嗣父母）经友人介绍，请王宾来彻底搞掂这个小家伙。据说王宾才到袁府时，袁世凯故伎重演，趁着夜色，把萤火虫的分泌物涂在脸上，没头没脑地冲着在园子散步的王宾撞将过去，遇到别人早就吓得不轻，但之前摸清袁荒诞"前科"的王宾先生是有备而来，他身子一闪，给冲上来的鬼脸一个大嘴巴子。出乎意料的是，挨了巴掌的袁世凯不哭不恼，就像什么事都没发生过似的，第二天乖乖地坐在先生面前。从此不爱读书的袁公子才上了正道。如此顽皮之状确很符合10岁左右小男孩的心理特征。这种说法是颇为合理的。袁世凯于1866年七岁时随嗣父袁保庆至济南，1868年九岁时随至扬州，不久移江宁，直到1873年袁保庆病逝后才离开江宁去北京。所以极有可能的是王宾在这段时间或在扬州或在江宁成为袁世凯的老师。《家谱》引用的一个材料说，1880年，袁世凯到上海叩访任上海水利厅同知（其实当时王还不是同知）的老师王宾，混迹烟花场中，王宾对其不轨行为严加责备，并令闭门读书。其后两月中，袁竟能奉师命足不出户。王宾见其颇有悔改之意，年底遂将其推荐给正在山东登州督办山东海防的庆军统领吴长庆。这可以说是袁世凯投奔吴长庆的又一版本。因为王宾与袁世凯有师生之谊，这一说法是合理的，但王宾与吴长庆的交情则无从查考。另一种普遍的说法是，袁世凯嗣父袁保庆与吴长庆是结拜兄弟，袁保庆死时就是吴长庆办的后事，袁世凯以"世谊"投靠吴长庆。无论何种说法正确，结果是王宾的门生袁世凯于1881年五月来到吴长庆军中，又恰恰成了张謇的弟子。

其四，所谓"1889年至1892年，受张謇禀请至海门，提倡种桑"。这依据的是《海门县志》"光绪十五年（1889），张謇禀请同知王宾提倡种桑"的记载。这一记载不知出于何处，其实是不合情理的。这一年，王宾还不是同知，但肯定在做官。以后受刘坤一特保做了水利同知，一个正五品的朝廷命官怎么会莫名其妙地去职，被当时仍是举人的张謇"禀请至海门，提倡种桑"呢？据张謇于光绪二十四年（1898）写的《海通蚕桑兴衰事略复汪穰卿》说,"光绪十二年,謇会试报罢归,始有志于农桑","桑既大利,乃约同人请于厅同知(此时同知还不是王宾),谕劝兴办,民无应者","而若进若退,历四五年","十八年,謇与同人陈请明白晓示,免丝捐十年以兴蚕利。督部付局议,议驳。总办欧阳霖既寤其非,令海门厘员复禀,许免"。这些过程其实都没有与王宾发生什么关系。这以后,乡民仍在"相率观望"。"謇念无锡蚕桑之兴,由于茧行,乃与厅同知王宾议招商开行收茧,反复久之始定,(如果王宾早就在海门提倡种桑养蚕,此事势必了然于胸,现在既已大权在握,又何须'反复久之始定'!)二十年,海门一行收茧殆尽。"这里应注意,十八年许免丝捐,"乡民未敢遽信,相率观望",十九年(1893)二月王宾便来海门就任同知,这样才有了"与厅同知王宾议招商开行收茧"之事。

二

我们知道清代有所谓"康乾盛世",其实清代的由盛转衰正是从乾隆朝逐渐开始的。海门厅正好设置于乾隆朝中期的1768年,从它诞生的时候起,清代便开始走向衰亡。王宾出任海门厅同知是在甲午战争的前一年。本已风雨飘摇的中国,经过甲午战争,并签订了丧权辱国的《马关条约》,更是雪上加霜,沦入了痛苦的深渊。王宾作为行将崩溃的清朝政府这个腐朽不堪的专制独裁政权下的一个州厅级地方官,而且偏处海门这块天涯海角的新涨沙地,注定是不可能有所作为的。但是,当张謇这样一位爱国创新的政治家在他的地盘上开始进行实业救国的时候,他选择了积极支持的态度。他与张謇相互支持、密切合作,从而共同为海门百姓做了许多好事。可列举以下事实为证。

(一)王宾与张謇合力劝民农桑

海门这块新涨沙地当时还只有百余年历史,百姓以农耕为业。发展农业,使农民获利,无疑是重中之重。张謇发现了"以勤究农业冠于时"的刘云程后,告诉了王宾,王宾即"请于督部,奖良农,榜其庐",给予刘极大的荣誉。这不仅激励刘带头发展农桑生产,其产品后在江宁劝业会获得上奖,而且为海门百姓树立了一个榜样,对发展海门农业具有很大意义。

张謇自光绪十二年(1886)在海门提倡种桑养蚕,购买了湖州桑苗劝人赊购,分送《蚕桑辑要》,亲自带领家人育蚕,后又仿效西法集资办公司,均未能奏效。张謇发现,茧需"走卖上海、苏州,出江时辄为厘局司事签手,以漏报科重罚",于是经反复陈请,方才获准免捐。然而免捐以后,售茧"往返资斧"仍是困扰百姓的一笔大开支,所以依旧"相率观望"。正在这时,王宾到任,张謇便与他"议招商开行收茧"。王宾采纳了张謇的建议，"（光绪）二十年，海门一行收乡茧殆尽"，"二十二年，海门增一行，益共放价争收，乡民获利大丰"。当厘局总办"顿翻免捐之成案"，"严督厅州重输，商怨且忿，请缴帖闭行"时，"二十三年，王宾虑乡民茧成滋闹，恳切劝商，视上年出资十分之三，抑价收买，姑塞民望"。王宾为海门蚕桑之兴，可谓尽心尽力。所以张謇后来就此事评论说："夫今日官之贼民，不足奇也；所奇者，不知民为谁何之民，而官自以为贼民乃可效忠。"接着说王宾却是个例外："由海门来者，诵王宾与沪商书，'愿自弃官，不肯爽信'，以为此一书，真岂弟君子、民之父母之言？夫一事也，民之美之已如此！"

（二）王宾与张謇共同谋求海门的安全和安定

鸦片之毒害人民，造成社会的不安定，是显而易见的。张謇发现有人种植罂粟时，认为此举蔓延，必将贻害无穷。于是他于光绪十九年（1893）七月，致函王宾，请禁乡民种植，并应王宾所请，为其拟定了《禁种罂粟示》。

对于海门的形势，王宾说，"海门各港纷歧，直走外洋，小轮之往来，行旅便之，而无穷之患实隐伏于兹矣"，特别是"世变之来"，"海禁既开，边氛日警"之时，"余所不及防者，志虑更深且长也"。因而，他主张"居安思危"，"世变者所当思患预防，固结人心，俾众志有成城之势"。王宾还曾打算"筑垣阙濠，以为仓卒之备"，只是未被上司批准。同样，张謇也非常担心海门的防务。于是，他们两人形成了加强防务的共识。光绪二十二年（1896）正月三十日，张謇得到署理两江总督张之洞奉派他总办通海团练的消息。而在五天之前，张謇就已经为王宾起草了防务章程，并商定了妥善安排即将前来驻防的仲字六营。光绪二十六年（1900），义和团事起，德国公使被杀，西方列强正磨刀霍霍，以求一逞，各地局势混乱。张謇为此十分忧虑。六月十日，张謇自通州返抵常乐时，迂道茅家镇，与王宾议练团练保护地方。不久又致函王宾，劝令海门各典当不要停业，以免引起地方骚乱。

（三）王宾支持张謇创办大生纱厂

光绪二十一年（1895）十二月，初定"官招商办"的大生纱厂招商初见成效。张謇邀请海门人沈燮均、陈维镛，通州人刘桂馨和正在上海经商的福建人郭勋、浙江人樊棻、广东人潘华茂即大生纱厂最初的所谓"通沪六董"在通州议商认办纱厂事宜。王宾参加了这次会议，并与通州知州汪树棠一起"监订合同"。随后他们将这一办厂方案上报署理两江总督张之洞，申请奏咨立案，不久朝廷批准了张之洞的奏章。在张謇办厂筹资极其困难的情况下，经张謇请求，两江总督刘坤一曾要求通州借公款三万千、海门借公款两万千给张謇，不久王宾即真心实意地如数将款借给了张謇，而实力远胜海门的通州汪树棠却只拿出了一万千应付，为此还借机给张謇制造了许多麻烦。张謇又多次致函或亲访王宾，告知筹办进程及困难。大生纱厂办在通州唐家闸，本与海门关系不大，张謇这样做，可见他是把王宾看作创办实业的一个知己的。

（四）王宾与张謇共同抗击自然灾害

光绪二十二年（1896），"海门自夏徂秋，霖潦涨溢，下沙灾况尤酷"。张謇与其三兄张詧"佐厅同知霍邱王宾经理疏河、散赈平粜诸事，费出私财，不足则募，又不足则贷以继之"。两年后，王宾缘他事顺便将此事汇报了督、抚。江苏巡抚"疏闻于朝"，朝廷给"乐善好施"字以旌奖张謇弟兄已故父母的教导有方。十三年后，"乐善好施"坊建于常乐镇河西。张謇为此专门写了一篇《建乐善好施坊恭记》，回忆了当年与王宾一起抗灾赈灾的往事。

光绪二十六年（1900）六月底，"蝗见通海"。张謇立即致函王宾，"请出示捕蝗"，并与王宾约定"罄各社仓麦，给乡民麦一升，易蝗一斗"，以激励乡民抗击蝗灾，保护民生。

（五）王宾支持张謇疏浚青龙港

青龙港是当时海门在长江上最重要的港口，形成于乾隆年间。由于长江水流影响，早期所建码头曾多次搬迁。光绪十四年（1888），英商祥茂公司首开木壳船经营上海至青龙港客运业务。以后，泥沙逐渐淤塞，使港口难以继续使用，张謇遂于光绪二十六年（1900）决定疏浚，但苦于资金缺乏。九月二十日，张謇亲访王宾，向他商借河工存款。三天后，王宾果断决定"许刘宋河款永为青龙港工用"。于是青龙港疏浚工程顺利开展。那次疏浚，以及"刘宋河款永为青龙港工用"，对于提升青龙港的功能，特别是1915年张謇在青龙港与常乐镇之间筹建大生三厂，肯定起到了重要的作用。后来张謇还修筑了青龙港至大生三厂的铁路，青龙港逐渐繁荣起来，成为苏北连接上海、苏南的重要水路通道，开航大型客、货轮船。直至20世纪末，随着公路交通的迅猛发展，青龙港外口严重淤塞，才失去了它保持了百余年的地位。当年王宾的决策，显然是很有眼光的。

三

封建时代的地方官，能像王宾那样对待张謇事业的，为数不多。他们中的大多数以一方霸主自居，即使自己无所作为，亦不想有所作为，但绝对容不得治下的任何人说三道四，更容不得别人在自己的地盘上有所作为，卧榻之侧，岂容他人鼾睡。否则就不能解释当时官场的黑暗腐败，不能解释张謇一类爱国志士成就事业何以如此之难。当时的通州知州汪树棠和署理了一年海门厅同知的梁佩祥就绝不支持张謇的救国救民事业。这正好从反面证明了王宾的历史作用。

汪树棠任通州知州是在光绪十八年（1892）至二十九年（1903）间，与王宾几乎同时。张謇的事业主要在通州，汪树棠本可以借机做很多有为之事，以造福通州百姓。然而，他对张謇的事业，做的却是表面文章甚至反面文章。在张謇创办大生纱厂时，他不仅像王宾那样"监订合同"，而且曾与张謇、沈燮均往上海召开"通沪六董"会议，甚至还致函张謇，促其返通与沈燮均、潘华茂、郭勋等议商纱厂事。张謇也曾将他引为知己，像对待王宾一样地告知筹办情况，请他帮助解决困难。然而他却在暗中捣鬼。光绪二十四年（1898），张謇为纱厂筹款问题弄得焦头烂额，十一月间连续给刘坤一、张之洞、盛宣怀等发了许多函电，请求借用地方公款以救燃眉之急。刘坤一曾令汪树棠助股，而汪的回电却"皆陂词也"。他竟指定挪用津贴秀才、举人应乡、会试的"宾兴""公车"两项费用的积存。这两笔款项总共不过一万千，根本解救不了大生纱厂的危急。相反却引起了三百多名秀才的公愤，联名递呈公禀反对，甚至准备在明伦堂召开大会抗议。汪又趁机密禀刘坤一"张謇办纱厂，不洽舆情"。汪还故意派遣"签役四出"，把协助募股丑化成强征苛捐杂税的模样，引起老百姓很大的不满与疑虑。张謇为之啼笑皆非，连忙恳求汪停止这种帮倒忙的"劝募"。结果筹款非但没有着落，"厂终不成之谣复四起"。后来，在大生纱厂建成后，张謇授意绘了四幅《厂儆图》，讽刺妨碍建厂诸人，其中题曰《水草藏毒》的一幅中，"水"指的就是汪树棠，"草"则是汪的幕僚黄某。光绪二十八年（1902）初，正在通海垦牧公司举步维艰之时，汪树棠又"四布谣言，江宁藩台为其所动，对人言有五千户不服。凡兴一事，有五千户不服，断无成理"。1915年出版的《南通地方自治十九年之成绩》中关于通海两地种桑养蚕一事有如下记述："前清光绪十二年间，张謇先生在海门劝民种桑育蚕，以缫丝不能合法，茧无销处。十九年商由厅同知王宾招商，在搭连镇设灶收茧，并禀请督抚院批准宽免丝茧捐十年。二十年推广常乐镇茧灶。二十一年，刘桂馨、陈维镛即在通境劝兴农桑，购办桑秧发民种植，并援照海门成案，禀请地方官详准宽免丝茧捐十年，在川港、三十里两处设灶收茧。……二十二年秋，金陵厘捐总局忽背定案，创兴灶捐，令每灶捐洋二百元，商不能承，知州汪树棠即将川港、三十里两处茧灶封闭七年。三十里今为平地矣。而海门王宾以示谕在先失信不义，与张謇力争之。朝三暮四，迁就转圜，仍得免捐十年，不致与通俱废。"这是很能说明汪树棠与王宾的异同以及张謇对他们的不同态度的。

梁佩祥只署理过一年海门同知，而在其任内发生了通海垦牧公司与吕四批户陆、彭两氏的地权纠纷，即张謇说的"荡棍滋事劫草"事件。张謇在光绪二十七年（1901）九月的日记中记述说：十日，"批户陆、彭连横，祸胎于州差之迟下"；十四日，"与海门同知电，缉陆"；十五日，"与通州电究彭"。但是，汪树棠、梁佩祥很不得力。于是到十月三日，张謇又得"陆氏抢草讯，报厅电督"；四日，"电督讯厅，陆氏以因粮法抢后到案"；五日，"讯厅，陆氏以犯弟顶充正犯"；六日，"电督厅昏而失权"，张謇并注明"厅丞梁佩祥，广西人"；直到十九日，张謇方"闻陆犯凤歧到案"。这件事发生在创办通海垦牧公司的关键时刻，此案了结后才三天，即十月二十二日便是通海垦牧公司祭神开工的日子。这件事，说明了汪树棠、梁佩祥对张謇垦牧事业的不支持态度。事件之发生，"祸胎于州差之迟下"，而厅同知则"昏而失权"。直到张謇晚年自订年谱时，还记下了当时"与汤寿潜论荡棍掠夺公司荡草事，厅同知颟顸，知州敷衍。余答之曰：毒，与其闷也宁发；官，与其昏也宁滑；事，与其钝也宁辣"的话。

张謇与汪树棠们的矛盾，实际上是"救民"还是"贼民"的冲突。汪树棠是典型的"贼民"之官。据《张謇轶闻》中管劲丞记录费范九口述说，汪树棠曾在通州西门万寿宫附近设有一条巡船（即后来的跃龙桥下），专收苛捐杂税，收税无税目无税则，什么都得上税，连农民卖菜也不例外，或是出钱，或送实物，人民怨恨之极。为此事，张謇曾借故为难汪树棠。汪无奈，只得请总兵出来打圆场，以撤销巡船了事。

张謇认为官的好坏之分，在于对待民的态度。他说："廉平忠厚之吏，能自行其志意以爱利于民，民之报之亦往往有甘棠蔽芾笃悱无穷之意。故吏诚爱民，民亦诚爱吏。"他在《南通县图志·杂记》中曾经指名道姓地点出了南通"官吏之贤者最""否者最"。张謇对当时的官场是十分憎恶的，认为"今日官之贼民，不足奇"，身为父母官，却"不知民为谁何之民"，因而"民之疾官"也就"不足奇"了。所以他自己"愿为小民尽稍有知见之心，不愿厕贵人受不值计较之气；愿成一分一毫有用之事，不愿居八命九命可耻之官"。而当他为老百姓"成一分一毫有用之事"时，受到过汪树棠们的暗算，却又得到了王宾的支持，他自然把王宾视为同道。从张謇日记看，张謇与王宾的交往很多，其中不乏作为绅商与地方官的"人情来往"，也许可以看作是场面上的应酬。但是，去职以后家居通州的王宾仍亲抵常乐参加张謇之父张彭年逝世十周年祭奠；张謇也仍多次拜访王宾，王宾在海门养病时，张謇"回常乐，视雁老病于海门"。在张謇创办通明电气公司时，王宾的孙女婿徐浩渊是十二股东之一，其孙王孝爵任公司总务主任。王宾的次子王潜刚是张謇的学生，与张謇有过十分密切的交往。王宾逝世后，张謇亲去吊唁，记入日记，并题写挽联。值得注意的是，在王宾去世前不足一月，与张謇有过很多交往的一品重臣张之洞去世，张謇既没有送挽联，甚至在日记上也没有留下片言只语。究其原因，是因为在立宪运动中，张之洞"创为有限制宪法之说"，主张"民间有义务无权利"，站到了"民"的对立面，张謇对此不能容忍。张謇在官对民的不同态度上，是爱憎分明的。这就证明，张謇与王宾两人之间的交往绝对不是普通的应酬，而是志同道合而形成的友谊。

王宾作为地方官，注定很难有所作为，但是他与当时黑暗的官场中绝大多数"贼民"之官有着明显的不同，他是努力"以爱利于民"的。这就是他有别于当时绝大多数地方官的施政理念。

四

张謇对王宾的评价很高。

光绪二十二年（1896），王宾治理、扩大了厅署西北的花园，取名"西园"。张謇为之作《西园记》，借题发挥，大谈王宾的施政。在张謇笔下，这个前人经营了百余年的花园，在王宾治理之前，"山陊而崩，池沮而垩；树弗屏其翳，而梁弗备其阑楯"，一片破败景象，恐怕未必仅仅说的是花园。他说"霍邱王君来海门之三年，政事既理，士庶安习，益展园之西北，累土为小丘，而亭于其上，因益治园"。"政事既理，士庶安习"，说的既是王宾治园的背景，又是王宾治厅的成效。王宾新筑一亭，"名亭一黄，言其俭于似山之阜也"。"俭"字，说的恐怕既是王宾治园的理念，又正是王宾施政的思想。张謇在对西园今昔对比之后，感慨地说："王君施于政而不杂，事成而有理致，冲融简夷，即之久而不厌，其若治斯园也矣。"这是对王宾施政特色的高度评价。

张謇在挽王宾联中，对王宾的一生作了恰如其分的评价，联云："使君是湘乡旧人，吏事风规，卅载都成前辈范；并世唯润州太守，农桑学校，一编补订谕蒙书。"上联从王宾为湘军宿将刘坤一识拔入手，说他为官三十载，堪称前辈风范；下联说他重视农桑和教育（在王宾任上，师山书院改建为推行新式教育的中西学堂，即今海门中学前身），能与他并称于世的只有一个润州太守而已。这个润州太守，就是被张謇称道不已的镇江知府王仁堪。王仁堪（1850—1896），字可庄，福建闽县人，光绪三年（1877）状元。光绪十七年（1891）出任镇江知府。光绪十九年（1893）王仁堪病逝时，张謇非常悲痛地说："可庄温重简雅，不露圭角，实令器，出知镇江府，劝民荒山种树，整治地方，移知苏州，亦得士心，享年不永，可恸也！"据镇江《丹徒县志》载，王仁堪调任苏州知府时，镇江"士民夹道欢送，乃至攀辕哭泣"。镇江人民为纪念他，曾在西郊中泠泉南建有"王公祠"。由此可知王宾在张謇心目中的地位绝非一般。

不仅张謇，清末重臣刘坤一对王宾同样有很高的评价。戊戌变法期间，光绪帝曾多次下诏求贤。在翰林院侍读学士徐致靖保举康有为、张元济、黄遵宪、谭嗣同、梁启超之后，各路封疆大吏纷纷保举贤才，超过百人。时任两江总督的刘坤一也向光绪帝推举了王宾，他在保举折中称王宾"实心实政，宜民宜人""士民莫不爱戴"。光绪帝下令"交军机处存记"。只是就在光绪帝看到这个奏折之后的第五天，便发生了戊戌政变，光绪帝自己也被慈禧囚禁起来，此事自然也就不了了之。

张謇和刘坤一的评价是极其中肯的。

王宾确是一个"施于政而不杂，事成而有理致"的人。他能从纷繁复杂的政务中理出头绪，形成自己的思想，再运用到实际工作中。崇明与海门为小安沙的归属问题，前后打了八年官司。王宾由此很快理清了思路。第一，他认识到地图的重要，"正响绘图，藏之档册，庶乎其垂久远也"。于是，他在主持编纂《光绪海门厅图志》时，非常强调"图"的必要性：这部厅志编纂完成后，"首系以图"，精确地绘制了当时海门厅全境地图（精确到每方格五里）、厅治茅家镇地图（精确到每方格五十丈）、全厅各沙地图、水道图、边界图等，具有很大的实用价值，这些地图不再是以往"志"上的示意图，今天看来，仍然一目了然。第二，他认识到"地利不如人和，人和在于政通"，即是说，表面上看起来是边界的地权纠纷，深层的根本问题却在于解决"人和"，而解决"人和"的关键在于使"边境寥绝"的崇海两地能够"政通"，以消除"民情隔绝"。为此，王宾奏请"改崇明之貊貔司为崇海司，移驻接壤之久隆镇，以通政教，以和民情"；为加强教化，他还主张"于筹建司署时，并设崇海书院"，使两地边境百姓"兴仁觏让，共敦和睦"。这是何等清晰的为政思路！光绪二十四年（1898），巡检司果然移驻久隆镇，并兼营厅境三阳以东田土水利。

王宾确是一个"实心实政""冲融简夷"的人。他办事很实在，每办一事，都能取得实际效果。如前述之兴办蚕桑，便能使"乡民获利大丰"，而且在厘局看不得乡民获利而重行盘剥的时候，他仍能站出来"愿自弃官，不肯爽信（于民）"，请茧行商人继续收购，以解决百姓的实际困难，维护地方的安定。王宾果断决定动用刘宋河工款，甚至"永为青龙港工用"，支持张謇疏浚青龙港，是造福于海门百年的实事。在河工（兴修水利）方面，他发现"大户即河董，每届开河，则自匿其按亩应开之段，而摊分于小户；尤不肖者，又敛小户之费而自肥"，于是于光绪二十三年（1897）"请借积谷息款兴工，按下沙霈利地亩，由各河董经收以还所借，其法有利小户而不利大户"。这就维护了大多数处于弱势的小户农民的利益。大凡办实事的人，也一定"冲融简夷"，恬淡平易，不事张扬，不急功好利，不标榜自己，一切低调处之。在海门任职八年后，王宾在《海门厅图志序》中说到自己的政事时说："勉尽心力，犹未克有"，"蚕桑兴矣，而利未并于木棉；水利兴矣，而力未尽于沟洫；社仓积谷荒政也，而规划未周；训练役丁兵制也，而勇略未裕"。反映了他在海门做了许多有益于百姓的好事后，仍然抱着深深的愧疚和自责之心。而他说到张謇、沈燮均等"诸君子"所做的"增学额、举乡饮、协律习舞、礼乐之兴，余则乐观厥成"，兴奋之情溢于言表。我们还应注意到，早年与王宾一起被刘坤一"同案保举"的袁海观后来官至总督，而王宾却在五品同知的位子上徘徊了十余年，直到"辞官归休"。在那样的官场，这不能不说与他的处事低调有关。他的得了志的学生也一直想帮他的忙，但他却"屡辞升擢"。

所以，王宾是一个"宜民宜人""即之久而不厌""士民莫不爱戴"的地方官。但王宾并不以此自矜，而是淡然曰"幸与吾民相安无事"。这样的人，也就很难见容于当时黑暗腐败的官场。于是，他终于在"海门河工案"中被劾。此案之起，源于王宾的"有利小户而不利大户"的河工改革。梁佩祥这个昏官在署理同知期间滥用职权，挑起纷争，造成毁坏庄稼并且发展成械斗的事件。而接着是梁佩祥这个"听讼者偏执不通，而争乃不可解矣"。张謇曾经淋漓尽致地分析此事，连问四个"何至有争"、一个"何至终于不可解之争"、一个"争不解，河不开，河董应主之目的安在"。然而，酿成了纷争以后，正好是梁佩祥去职，王宾回任，让王宾来收拾烂摊子。但王宾"固熟知下沙河工情状"，其中当事一方还是向他建议改革河工办法的人，但他并不给予偏袒，而是向上级"列陈其事，以'各有不合'详请核办，督抚司亦饬王确查，秉公讯断"。凭王宾对事情的熟知程度和他的办事能力，是完全能够妥善解决此案的。但是，王宾还未动手处理，另一方当事人就通过"走后门"的办法，绕开王宾，将案子弄到完全无关的松江府勘办。松江府"共审四十余堂，阅时三百余日"，被告一方十余人被"刑责至二万七八千板，倾家荡产者六七人"；结案时，"已责数百数千板之业户仍拟杖"，"杖而收赎"，将一起普通的民事纠纷弄成了惨绝人寰的大冤案。结果王宾也"以抗延被劾"。这件事，大概是王宾决心归休的原因，年老也还不算主要。张謇面对如此黑暗之官场，激愤地说："中国无律师，此等违法之折狱，小之小者，不足论，不足论！"

王宾在清末民不聊生的动乱大环境中，用自己作为海门厅同知所掌握的权力，支持张謇，与张謇合作，从而求得了海门的安定，并且在一定程度上发展了海门。他是海门厅历史上一位颇有建树、受到百姓称颂的父母官，因而是海门历史上一个值得纪念的人物。

主要参考文献：

《张謇全集》。

《张謇全集》补遗校勘活页选。

《海门厅图志》（光绪二十六年刊行）。

《海门县志》（1996年版）。

《霍邱王宾家谱》。

《清史稿》。

《大生纺织公司年鉴》。

张謇研究中心：《张謇轶闻》。

《丹徒县志》（网络转引）。

茅海建：《戊戌变法期间的保举》（第二届清代档案国际学术研讨会论文）。

读《岱源诗稿叙》

近年来，通过对张謇交往人物的研究，横向拓宽了张謇研究的路子。由于我对张謇与王宾的研究，去年10月，《上海商报》王文琪先生给我发来了新发现的张謇和王宾分别为《岱源诗稿》作的"叙"。文琪先生是清海门厅同知王宾的玄外孙，这次发现的《岱源诗稿》是其家藏。

《岱源诗稿》扉页有张謇题"岱源诗稿张謇署端"，第二页注明"光绪甲辰十月定远陈氏校印"；再后依次为张謇、王宾、韩天驷的"叙"。三个"叙"由我加以标点后，抄录如下：

张謇叙

王生饶生持定远陈君岱源诗，以君子宝岑直刺之意乞序为言。不佞少壮雅好吟咏，年来以国家多故，退屏江海，而不自量度，颇味亭林"匹夫有责"之言，役役从事于实业教育，坐席不温，开卷隔世，久不复周旋坛坫矣。而山川性灵，时落襟袖，每乐闻悲歌慷慨之音。君诗有奇气，知为怀才不遇、忧时侘傺者流。闻王生言，君世名族，少经丧乱，奋身戎行，横戈跃马，思立功异域，卒不得志，以知府来官吴中；慨惜官常政令窳腐凋败，大言睥睨，或托于诗，以是见嫉当道，抑不使展所长，遂郁郁死也。吾闻而悲之。虽然，君在二十年前已汲汲如是，抑乌知今日官常政令窳腐凋败，有百倍于昔者耶？抑乌知今日天意人事之伤心凄怆，有不可托之歌诗者耶？以彼其才，当今之世，必能勤恳于救时济世之术。而眼中之人，落落奇气如君诗者，又不数觏也。是则恻恻予怀，不更深于王生故旧之感也！通州张謇。

王宾叙

定远陈岱源太守，同籍皖北，同官吴中。予初未深识也，嗣同役上海者十年，往来是亲，遂成骨肉之交。君后返金陵，踪迹虽不可合并，而书函慰问，无殊接席。两情相结，盖不自知其何以然也。今君卒十年矣，会予来金陵，君子宝岑世兄出遗诗一卷属订，为抚卷凄然竟日。君故名家子，少负俊才，屡荐而未获一第。勉入仕途，非其素志，然胸怀磊落，随所遇一皆安之。其为诗，不屑屑格律派别，而性真所寄，时流露于行间而不自觉。读者可以想见其人，可谓得古诗人之意者也。当君弥留时，望予与决别甚笃,君夫人于予往吊垂涕言之。殆不愧死友之目,今思之尤为恻怆。嗟乎,予何以得此于君哉!君夫人有贤行,教君子成立有声,能世其家学,君盖可自慰地下,予亦藉慰人琴之感于万一已。光绪壬寅四月二十六日,霍邱弟王宾拜书。

韩天驷叙

叙曰:人事无聊,滞留白下,陈君宝岑出诗一册,命就参读之任,诗则其尊人观察所著也。诗旧别为风帆、听鼓、戎马、河上、宦游诸集,今都为一卷,曰《岱源诗稿》,诗经公之执友王丈雁臣删订。宝岑持以授余,以余粗能知声音之学。余既受是卒业,谨以归诸宝岑,且语宝岑曰:以余为能诗,则一生既得三十有二之年,略能识字辨声,则既盗窃虚名,自致困穷。余以时方尚武,不欲用文事自累累人,自比识字耕田夫足矣,不用忧劳成疾,上比《离骚》《天问》之牢愁;盖屈子遇虽穷,余并其穷而无之。读尊人诗,尚当同、光中兴之盛,尊人官虽不达,在上位者则尚多贤能,国尚殷隆,土地不削弱,朝廷尊名器如九鼎,故有以发其歆美哀吟,雄心壮气,写之以曼声,而一花一物亦尚有情,入诗人之肠胃,不惮以笔墨为之写生,比化工肖物。若丁斯时,盖不能矣,盖不能矣!然天苟能许余以草檄为生活,而奔走于左旗右鼓,则余尚能想见"落日照大旗"时也。光绪癸卯嘉平之朔,丹徒韩天驷。

张謇的序言,确为前所未见,将被收入新编《张謇全集》。笔者孤陋寡闻,不知《岱源诗稿》的作者陈岱源和序作者之一的韩天驷为何许人,因而提供给方家进行深入研究,而自己只想通过三个"叙"的阅读谈谈张謇给陈岱源《岱源诗稿》作叙的原因。我以为主要有三个:

其一,陈岱源是个关心国家命运的人。

陈岱源是安徽定远人,生于何年未详,而"光绪壬寅"时"卒十年矣",即其当逝世于1892年。他出身"名族","少负俊才",然而"屡荐而未获一第"。"少经丧乱,奋身戎行,横刀跃马,思立功于异域"。以后"勉入仕途",到"吴中"做知府。他之所以得以入仕,大概是因为有这么一段戎马生涯吧?然而做官却"非其素志",因而"卒不得志"。于是"慨惜官常政令窳腐凋败,大言睥睨,或托于诗"。这样的人自然会"见嫉当道,抑不使展所长",结果"遂郁郁死也"。张謇作叙时,正"以国家多故"而"退屏江海","颇味亭林匹夫有责之言,役役从事于实业、教育"。而造成"国家多故"的原因,首在"官常政令窳腐凋败",而且当时已经"百倍于(陈岱源所处的)昔者",所以张謇"愿为小民尽稍有知见之心,不愿厕贵人受不值计较之气；愿成一分一毫有用之事，不愿居八命九品可耻之官"（《致沈子培函》），"役役从事于实业教育"。因而陈岱源其人，也就不能不令张謇"恻恻于怀"了。张謇认为，像陈岱源那样对"官常政令窳腐凋败"能"在二十年前已汲汲如是"的人，就是一个关心国家命运的人，因此"以彼其才，当今之世，必能勤恳于救时济世之术"。

其二，陈岱源"忧时侘傺"的诗引起了张謇强烈的共鸣。

张謇本人也是诗人，但他自己说"少壮雅好吟咏"，只是因为"役役从事于实业、教育"，弄得"坐席不温，开卷隔世，久不复周旋坛坫矣"。这自然是他的自谦。事实上，这时正在"役役从事于实业、教育"的张謇仍然写了很多诗作，光《东游纪行》，一气便有二十六首之多。但他说的"山川性灵，时落襟袖，每乐闻悲歌慷慨之音"却正是实话。他自己那时的作品，与前相较，就有更多的"悲歌慷慨之音"。例如"无限兴亡画图里，花朝风雪送愁来"（《明杨龙友秦淮雪后泛舟图》），"夏秋三日雨，浊浪起豆沙。三年两不登，饥馑忧父老"（《蒿枝港》），道出了自己"不自知百感之横集"的忧愁；"万事自人力，何者关有昊"（《蒿枝港》），不能不叹息"明年年五十，晚矣事农谋"（《东堤》），但同时又表示"我来营垦牧……膏煎正自取，于人亦何悒"（《蒿枝港》）；更多的则是抒发了自己荡气回肠的爱国情怀，他在日本马关春帆楼前写下了"是谁亟续贵和篇，遗恨长留乙未年。第一游人应记取，春帆楼上马关前"，他希望"爱国先教稚子歌，画沙亦解认山河"（《东游纪行》），身在东瀛，却是心向故国，"轩眉未觉东邻富，举首还看北斗高"（《札幌》）。如此情怀的张謇，自然是"乐闻"陈岱源的"悲歌慷慨之音"了。陈岱源是将自己对当时"官常政令窳腐凋败"的"慨惜"和"睥睨""或托于诗"的，这些"怀才不遇、忧时侘傺"的诗怎能不引起张謇强烈的共鸣呢？再加上陈岱源的"诗有才气"，"落落奇气如君诗者，又不数觏也"。

其三，陈岱源是王宾交情深厚、至死不相负的"死友"。

王宾作为张謇家乡海门的同知，对张謇实业、教育救国事业十分支持，张謇与王宾建立了深厚的友谊。而陈岱源与王宾则是"同籍皖北，同官吴中"，"嗣同役上海者十年，往来是亲，遂成骨肉之交"，甚至陈岱源至死都希望王宾能与之诀别，确实是王宾交情深厚、至死不相负的"死友"。王宾认为陈岱源是个"胸怀磊落"的人，"其诗不屑屑格律派别，而性真所寄，时流露于行间而不自觉"，因而亲自为他删订了诗稿。这本诗稿经由王宾之子王潜刚（饶生）送到张謇手中，王潜刚还向张謇介绍了作者的为人和经历，张謇又看到了朋友王宾的"叙"，知道王宾和陈岱源非同寻常的友谊。王潜刚是张謇的学生，两人交往十分密切，在辛亥革命后张謇调和南北的政治活动中，王潜刚成了他的主要助手。

张謇心目中的张之洞

张之洞是张謇一生中交往很多的人物。在三个不同的时期，张謇心目中的张之洞是很不相同的。

一

早年，张謇曾经认为张之洞是个念旧爱才的"贤者"，同时又不满于他"以功名耸动一时"的"务外"志趣。

无论从年龄还是资历上说，张謇都是张之洞的晚辈。张之洞生于道光十七年（1837），比张謇长18岁。同治二年（1863），26岁的张之洞即考中一甲三名进士（探花），而张謇的崭露头角，则是在光绪八年（1882）的"壬午之役"。那时，张謇作为吴长庆的幕僚，在战前坚决主张出兵朝鲜，镇压乱党，抗衡日本；在战斗中，正如主将吴长庆所评价的，"赴机敏决，运筹帷幄，折冲樽俎，其功自在野战攻城之上"；兵变敉平后又以《朝鲜善后六策》提出了对朝鲜问题根本性的解决办法。这个29岁的处于游幕生涯的秀才，由此展示出很高的政治、军事、外交才能而名动天下，成为高官们争相延揽的对象。其中就有在此前一年已从"前清流"中脱颖而出做了山西巡抚的张之洞。

是年，张之洞致书征聘张謇，张謇婉言予以谢绝，此时张謇仍在有知遇之恩的吴长庆幕中。在吴长庆的部将李某应张之洞之聘往山西时，张謇在赠序中说："今上七年，南皮张公以侍郎巡抚山西。又明年，求将于吴公，公以将军荐。夫张公，贤者也，其交于吴公至笃也。笃其交者信其人，信其人必推而及其所称举。张公其必为将军重哉！"在张謇看来，张之洞"其交于吴公至笃"，"笃其交者信其人"，这才有"求将"之举。而吴长庆是位贤者，与吴相交"至笃"的张之洞，当然亦可视为贤者。而"求将"之"求"，自然是爱才的表现。因为同时张之洞又来求张謇自己这个士，张謇当然不能明说张之洞的爱才之意，但一个"求"字的潜台词是很明显的。这种认识，张謇直到光绪二十一年（1895）及其以后仍然没有改变。在张之洞奏派他总办通海团练时，他说："承服明公夙问旧矣。山西之辟，粤东之招，虽以事会不获陪左右贤俊之列，公所勤勤于吴武壮旧人之义，每用三叹，以为难能"，"自武壮吴公之殁，深有感于人生知遇之难"。在吴长庆死后，张謇目睹了一幅尔虞我诈的世情图，看穿了袁世凯之流的许多势利小人。所以他对张之洞一贯的念吴长庆之旧好，是很有好感的。这也正是他与张之洞在光绪二十一年（1895）及其后几年密切交往的感情基础。

光绪十年（1884）闰五月，吴长庆去世，七月，已经升任署理两广总督的张之洞便迫不及待地嘱蔡金章延请张謇入幕。在张謇婉谢之后，八月，张之洞又托李鸿章帮忙，李嘱袁保龄出面相邀，袁又趁机"并述北洋意"。此次张之洞爱才心切，志在必得，还给张謇寄了聘银40两。对于张之洞和李鸿章的相邀，张謇一概婉谢。这件事后来被演绎成张謇"南不拜张，北不投李"的豪语。对此，管劲丞在五十年前就认为"主要是地和人不中他的意"，"李鸿章对吴长庆（压制打击）那一手，在对吴怀有知遇之感的他是深切痛恨的，为此再也不愿投奔他的幕下"；对张（管误以为张树声），"那是为的广东太远。而他还没有中举，到了南边应考试不方便，而他一心要从科名上爬上去"。管劲丞的说法不无道理。光绪十一年（1885）四月二十六日张謇在《致邱履平函》中说："弟于南皮之招，已由漱兰年丈（即黄体芳）婉为致谢。袁子翁（即袁保龄）为送之四十金，顷亦送还。此行就京兆试……到京拟便杜门谢客，钻我故纸。"这可以作为管说的注脚。然而，这也许还不是主要原因。

值得注意的是同年七月二十二日张謇日记的记载："云阁（文廷式）来谈，说南皮方回避不与试时告人曰：'即不翰林亦足千古，但非翰林不能耸动一时。'以功名耸动一时，便是务外。为人少日志趣如此，成就有限矣。声名日戚，何怪焉！"张之洞的"回避不与试"，是在咸丰九年（1859）。是年，22岁的张之洞将赴会试，因族兄张之万为同考官，循例"回避不与试"。张謇以儒家"学者为己"注重内省修己的标准来评论张之洞的那段高论，认为他"为人少日志趣如此，成就有限矣"，同时联系到他"声名日戚"的情况，以为"何怪焉"。在"壬午之役"之前，张謇也许未必十分注意张之洞。但在"壬午之役"之后，张謇则一定十分注意张之洞，张之洞那时曾经坚决支持吴长庆和张謇的对日政策建议。然而，注意几年后，张謇发现官越做越大的张之洞竟是"声名日戚"。这应该是张謇终究不肯入张之洞之幕的主要原因。张謇对于入谁的幕是很在意的。他入孙云锦幕，除了感于孙的恩德，更重要的是，在他看来孙是一个难得的好官。他入吴长庆幕，除了孙的举荐，吴的优礼有加，更重要的是，在他看来吴是一个仗义疏财又礼贤下士的儒将，深受清议好评。张謇从张之洞的少日志趣，看出了他与孙、吴的差异。

二

在经营南通的早期，张謇认为张之洞是最"能知言可与言"的"大官贵人"，但不满于却又能理解他的"反君子"之行。

自光绪十年（1884）张謇不入张之洞之幕以后十一年，两张之间没有交往。其间张謇历尽坎坷，终于于光绪二十年（1894）大魁天下。而张之洞则由两广而湖广，成了很有作为的封疆大吏。张之洞力主抗法、重视国防、办理洋务、创办实业、兴办教育等一系列壮举，表现出的忠君爱国情怀很让张謇钦佩。其时正值中日甲午开战，张謇和张之洞都站到了主战一边。不久，张謇因父丧回乡守制，而张之洞随之署理两江总督，成了张謇的父母官。共同的抗日志向使他们开始合作，首先是张之洞奏派张謇总办通海团练，张謇则以守制之身欣然受命。张謇说："今明公觥觥以义见督，謇不肖，不敢以礼自处也"，"寇在门庭，古人乃有变礼"。张謇由衷地对张之洞说："闻公移督，重为民幸。度公宏规远略，将有以造于吾民也。"次年，随着丧权辱国的《马关条约》签订，他们都意识到了国家的危亡，于是互相视为同道，交往密切。张之洞多次邀张謇商讨政务，张謇遇事亦总是告诉张之洞，请他设法解决。针对《马关条约》，张謇为张之洞起草了《条陈立国自强疏》。这是两人形成的关于当时形势和应对策略的共识。

有人根据张謇日记做过统计，仅光绪二十一年（1895）一年中，张謇与张之洞的交往就达14次之多。我们看到，是年六七月间，张謇日记中就有"谒南皮尚书，久谈"，"至江宁诣南皮，论下不可无学，学不可无会，若何实地实行"，"留谈商务"，"久谈，留饭"，"留谈商务，归有筹辟海门滨海荒滩之议"等许多与张之洞交往的记载。由此我们也可以看出，后来从海门沿海开始的苏北大规模移民垦荒的伟业正是其间两人商谈的直接结果。

由于《马关条约》中"有日人得用机器在中国内地各州县城乡市镇制造土货之条"，光绪二十一年（1895）九月，张之洞"分属苏州、镇江、通州在籍京官，各就所在地方，招商设立机厂，制造土货，为抵制外人之计"，因"通州产棉最王而良"，张謇遂决定开办纱厂。年底，张之洞奏派张謇在通州设立商务局，并开办工厂。可见张之洞是张謇投身实业救国的当之无愧的驱动者。此外，张之洞还为张謇提供了现存的机器设备，尽管这些设备的锈损已经相当严重。在创办实业过程中，张謇多次拜访或致函张之洞。张之洞回任湖广总督后，张謇又于光绪二十三年（1897）三月亲去武昌拜访张之洞，"说通厂事"；次年阴历十一月还致函求助于张之洞，痛陈大生"决踵见肘之势"，请与盛宣怀通意，"力为维持，暂资挹注"。

光绪二十一年（1895），张之洞奉清廷命为改革腐败的税收，改通海一带名目繁多的厘捐为产地统捐。由于藩司和厘捐总局的把持，贪官污吏使厘捐"数浮于旧者几及六成，商民大哗"。七月直至年底，张謇一而再再而三地致函或亲访张之洞，申明"统捐利病"，"通海不可增厘捐理由"，拟自行认捐。十一月，张之洞致电张謇"论包捐"，"属查淞沪花包数"，企图借以确定认捐数。此事功败垂成，张謇痛恨藩司和厘捐总局的破坏，同时当然亦不免责怪张之洞"迟回不决之误"。

仅以上几项，及光绪二十三年（1897）三月二十一日，张謇在武昌参观铁厂和枪炮厂，感叹"南皮要是可人"，已足可证明同年六月三日张謇对周家禄所说的"今天下大官贵人能知言可与言者，无如南皮"，确是肺腑之言。然而，也正是在此同时，张謇又向周家禄坦陈了自己对张之洞为人的看法："南皮有五气：少爷气、美人气、秀才气、大贾气、婢妪气"，"南皮是反君子，为其费而不惠，怨而不劳，贪而不欲，骄而不泰，猛而不威"，至于他的"好谀不近情，则大官贵人之通病，不足怪"。从儒家标准出发，张謇显然十分不满于张之洞的这些做派。到光绪二十八年（1902）张之洞再次移督两江时，张謇的这种不满便益加强烈起来。是年十月间，张之洞邀张謇与沙元炳"往议学校"，首次拜访，因张之洞午寝未遇，约隔五日晤；五日后再访，因张之洞"时已初，仍未起也"而未晤；次日"谒南皮，仍值其寝"，于是又推迟一日。次年二月，又遭遇了"谒南皮，值其寝"的尴尬事。张謇在日记中的记述，不满之情溢于字里行间。而这正反映了当时官场的腐败和张謇对官场的厌恶。然而在张謇看来，在"中国之官专与商人诘难以为能"的官场上，张之洞确算得上是一个很开明、很能办实事而且卓有成效的人。张謇以大节视人，是十分公允的态度。

三

在立宪运动中，张謇不满于张之洞的"其气殊怯"，尤其不能容忍张之洞的"民间有义务无权利"的"有限制宪法之说"。

张謇在晚年总结一生大事时认为皆"莫大于立宪之成毁"。可以看出张謇对立宪的热诚态度和追求精神。他在光绪二十七年（1901）写的《变法平议》中首次提出"设议政院""设府县议会"，开始了政治体制改革的探索，到光绪二十九年（1903）东游日本进行考察后，形成了立宪意识。从张謇来说，第一，他在投身实业的过程中，逐渐认识到"商之视官，政猛于虎"，政府"但有征商之政，少有护商之法"，从而深感商民参政与限政的迫切与重要；第二，他在发展实业的过程中希望有一个安定的环境，他说，"是时革命之说甚盛，事变亦屡见"，他认为"革命有圣贤、权奸、盗贼之异"，而"圣贤旷世不可得，权奸今亦无其人"，必致"盗贼为之"，再加上"今世尤有外交之关系"，所以"不若立宪可以安上安下，国犹可国"。于是，张謇以无比的热忱投入立宪运动，并且成了这一运动的领袖。

立宪很快成了一股潮流。面对主张激烈的革命论者的日益蔓延之势，清政府也想利用立宪之说，以消除在他们看来极为可怕的革命"灾祸"。所以当慈禧太后看到张謇等人组织编辑出版的宣传立宪的著作后也说："日本有宪法，于国家甚好。"弄得"枢臣相顾，不知所对，唯唯而已"。于是，"立宪"二字很快成了士大夫们的口头禅。然而，说归说，慈禧的心思是摸不透的。立宪毕竟是把双刃剑，它不能不使清廷处于两难的境地：为消除革命，维护专制，必须立宪；而实行立宪，必须结束专制，放权于民众。尤为要命的是，能否消除革命，尚属未知；而当下实行立宪，首先便得放弃专制。这对清廷及其权势官员来说，确是十分痛苦的抉择。

张之洞就是属于这一类人。精于政治，一味揣摩慈禧心思的张之洞，自然是首鼠两端、疑虑重重的。许多人认为张之洞是反对立宪的。胡钧的《张文襄公年谱》卷六说："丙午（1906年）六月，考察大臣归国，行抵上海，以立宪事征公意见，公电覆云：'立宪事关重大……此时实不敢妄参末议。'七月，有旨以载泽等陈奏，各国富强，由于实行宪法，立即宣布中外，预备立宪，从厘定官制入手。……议既定，乃举大纲电询各督抚。公电致张筱帆云：'……鄙人断断不敢附和。'"于是有，人找出光绪三十三年（1907）八月初七的《张之洞入京奏对大略》予以驳斥：当慈禧说到"立宪事我亦以为然，现在已派汪大燮、达寿、于式枚三人出洋考察，刻下正在预备，必要实行"时，张之洞说："立宪实行，愈速愈妙，预备两字，实在误国。……臣愚以为，万万不能不速立宪者也。"其实这只能说明当时张之洞首鼠两端、疑虑重重的态度，并不能说明他反对或者支持立宪的明确立场，因为清廷的所谓立宪，本身即与张謇等立宪派的主张和目的大相径庭，甚至南辕北辙。

张謇在领导立宪运动的过程中，十分注意各地封疆大吏的态度，力求取得他们的支持，其中当然包括张之洞。光绪二十九年（1903），他两次致函张之洞的前幕僚赵凤昌加以询问。次年三月二十三日，张謇与两江总督魏光焘及自言自京师返鄂途经江宁的张之洞议商奏请朝廷立宪事，确定由张謇与蒯光典代为起草奏稿。五天后，张之洞复议立宪时，张謇发现他"其论亦明，其气殊怯"。于是，到四月奏稿"经七易，磨勘经四五人，语婉甚而气亦怯"，张謇对此奏稿显然极为不满。五月，"以请立宪故，南皮再三属先商北洋"，张謇自然认为这也是张之洞气怯的表现。而当袁世凯认为立宪"尚须缓以俟时"时，张之洞、魏光焘也终于没有将那个"语婉甚而气亦怯"的奏稿出手。六月，倒是慈禧说出了"日本有宪法，于国家甚好"的话。至此，问题的关键便已不在于口头上是否表示立宪，而在于实质上立什么宪了。不久，便传出了张之洞的"有限制宪法之说"。张謇闻此，反应十分强烈，他于六月一日秘密致函赵凤昌："言南皮创为有限制宪法之说，民间有义务无权利，讥其毒民，后必不昌。岂真有此说耶？公有所闻否？此老发端既不勇，而以大学章程例之，正恐学术杀人之事不免。公与之有休戚之谊，不可不尽言。"接着张謇就"学术杀人"大发"昔人言，以嗜欲杀身，以货财杀子孙，以学术杀天下后世之人，士君子不可有此罪孽"的议论，信中还以翁同龢的"病榻所谈"，反衬张之洞的顽固态度，又嘱赵凤昌"印书必望速成、速布、速进"，表达了坚决推进立宪和对张之洞无法容忍的立场。此前一日，他在给赵凤昌的信中还特别提及翁同龢对于立宪的态度："老人极赞，亦以非此不可救亡也。"显然借此表示对张之洞的批评。如果说，在是否奏请立宪的问题上，张之洞仅仅"其气殊怯"，张謇仍不过不满而已；而到了"创为有限制宪法之说"，主张"民间有义务无权利"，则完全以抽象的肯定来具体地从根本上否定立宪的本质，借以维护垂死的专制的封建帝制，这是张謇愤怒至极而绝不能容忍的。至此，张謇与张之洞终于分道扬镳。其后张之洞逝世，张謇没有在日记上留下只言片语；一生中为许多人写过挽联，甚至常常乐意为他人代写挽联的张謇，此时却保持了沉默。

以上从时间顺序上分三个阶段概述了张謇对张之洞的看法。我们可以发现，张謇早年大抵主要从个人道德的角度去看待张之洞；到了把全部精力投入实业与教育，以挽救日趋危亡的国家时，张謇则主要从忠君爱国的事功方面看好张之洞，不再拘泥于他的个人道德；在为了改革封建专制而投身立宪运动时，张謇已经主要从政治态度方面去看待张之洞，不再注意对社会影响而言比政治态度小得多的个人道德。这三个阶段，反映了张謇知人论世标准不断修正、知人论世能力不断提高的过程，并且从一个侧面反映了张謇从封建士子转变成新兴资产阶级一员的过程。

参考文献：

《张謇全集》，江苏古籍出版社，1994年，第一卷政治、第三卷实业、第四卷事业、第五卷艺文（上）、第六卷日记。

《张謇轶闻》（张謇研究中心）。

孔祥吉：《晚清佚闻丛考——以戊戌变法为中心》之《张之洞劝慈禧速行立宪》。

张之洞是张謇投身实业的驱动者

张之洞与张謇都为中国民族工业的发展作出了不朽的贡献。新中国成立之初，毛泽东就对张謇的侄子、时任南通大生企业董事长的张敬礼等人说："讲到中国民族工业，有四个人不能忘记：中国最早有民族重工业，不能忘记湖北张之洞；最早有民族轻工业，不能忘记南通张謇；最早有民族化学工业，不能忘记南京范旭东；最早有民族航运业，不能忘记四川卢作孚。"[1] 而在毛泽东称为"不能忘记"的四个人中，张之洞与张謇又有着很特殊的关系。可以说，张之洞是张謇投身实业的驱动者。

一

张謇（1853—1926），字季直，号啬庵，祖籍通州，出生于江苏海门常乐镇一个务农兼营小商的家庭。张謇自幼在父母的督促下，一边读书，一边从事农业生产和其他"贱役"。张謇因为是三代内没有人取得过秀才以上功名的"冷籍"而不能参加科举考试，如需应考，必须请人"连环担保"，支付保人和保人的保人一笔相当昂贵的费用。于是在一位老师的安排下，张謇冒如皋籍张氏考中秀才。然而其后，张謇一家遭到了该张氏无休止的勒索，家境困窘至极，于是不能不自谋生路。张謇历经十年游幕生涯和十年经营乡里，从事过书吏、军事、水利、农桑、教育、著述等许多行当的磨炼。光绪二十年（1894），41岁的张謇经过无数次的场屋蹉跌，终于大魁天下，"钦点翰林院修撰"。然而，同年九月又因父丧返乡守制。其后，张謇在家乡从创办大生纱厂开始，将实业逐渐扩展到农业、交通运输、机械、冶铁、食油、面粉、制盐、渔业、蚕桑染织、印刷、酿酒、玻璃、制皂、房地产等行业和家乡以外的不少地方，建成了20多个企业。在发展企业初见成效后，他从建立我国第一所民办师范——通州师范开始，又努力在家乡和其他各地兴办大、中、小、幼、特、职等各类新式学校370余所，以及包括博物苑、气象台、影戏制造、医院、体育场等在内的各种社会事业，在家乡通、海地区率先进行了我国早期现代化的实践。胡适说："他独立开辟了无数新路，做了三十年开路先锋，养活了几百万人，造福一方，而影响及于全国。"[2] 这个评价张謇确实当之无愧。张謇是清末民初最有影响力的人物之一，他的事业对中国历史的发展产生了直接影响。

一向把通过科举入仕视为正途，因而为此奋斗了大半辈子终于攀登上科举最高峰的张謇，却弃官从商，走上了实业救国的道路。其原因是多方面的，并且已有许多学者论及。但是，从张謇投身实业的过程来看，我们不能不认为，正是张之洞首先驱动张謇走上了这条道路。关于这段历史，张謇的《承办通州纱厂节略》等文章和张季直先生事业史编纂处所编的《大生纺织公司年鉴》都说得非常清楚。

第一，张之洞是最早要张謇"招商设立机厂"的人。 张謇在《承办通州纱厂节略》一开头追述大生纺织公司的创办时说："自光绪二十一年中日定约，有日人得用机器在中国内地各州县城乡市镇制造土货之条。九月间，前署南洋大臣张，分属苏州、镇江、通州在籍京官，各就所在地方，招商设立机厂，制造土货，为抵制外人之计。通州产棉最王而良，謇因议设纱厂。"其后，张謇即"招商历两月余"，形成了最早的通沪六董。"十二月率同到省，开折请于署大臣张核定办法"，随至通州，邀通州知州和海门同知"监订合同，会详立案"。[3] 二十八日（1896年2月11日）张之洞即上奏朝廷派张謇在通州办厂。"明年二月，奉硃批：知道了，钦此！"[3] 至此，完备了张謇"奉旨办厂"的一切手续。

第二，在办厂资金无法筹集的情况下，张之洞为张謇找到了一条出路。 在张之洞奏派张謇办厂后不久，两江总督刘坤一回任，张之洞即返湖广总督任上。三月，张謇就开始"与两江总督刘岘庄坤一议兴通州纱厂"，而不再是已经返归武昌的张之洞了。此时要"议"的也已经不是办不办的问题（因为这个问题早经张之洞解决，并且张謇已经招商数月），而是如何解决集资中出现的几乎无法解决的困难。此时张謇正焦头烂额，深感难以为继。光绪二十二年（1896）二三月间，张謇为此致函已经调回武昌的张之洞。次年三月，张謇又专程前往武昌拜访张之洞，寻求支持。七月，张之洞给走投无路的张謇找到了一条新的出路。在此之前，已经有人促成将原先由张之洞为湖北南纱局订购的堆放在上海杨树浦江边的40800纱锭"官机"作价50万两股金加入张謇筹办的纱厂，这样张謇只需再招50万两商股，即可办成一个"官商合办"的企业。但是，由于长期形成的官府诚信的缺失，"官商合办"的性质吓退了投资的商人，张謇根本无法筹满50万两商股。这时，张之洞在得到两江总督刘坤一的同意后，决定将"官机"由张謇与盛宣怀对半平分"合领分办"，张謇的纱厂性质遂转变成能够为投资商接受的"绅领商办"，而且张謇可以因此少筹25万两股金。虽然此后又有很多周折，张謇不能不再次向张之洞等人求援，也尽管张之洞此举不过是空头人情而已，但是张之洞的这一步棋确实帮助张謇打开了筹办纱厂的僵局。张謇深感张之洞是支持他办厂的，所以直到光绪二十四年（1898）底，张謇仍致函张之洞，痛陈大生"决踵见肘之势"，请与盛宣怀通意，"力为维持，暂资挹注"。[4]

第三，张之洞在武昌的实业、教育业绩有力鼓舞了张謇。光绪二十三年（1897）三月，张謇参观了张之洞所办的湖北炼铁厂、湖北枪炮厂等实业，大开眼界，感叹"于此见西人学艺之精，南皮要是可人"[5]，找到了学习的榜样。正是在武昌，当张謇知道总理衙门振兴商务公牍大意为"官助商本，抵制外洋"时，他持的是悲观态度，认为"顾中国之官专与商人诘难以为能，何可冀有此日也"[5]。但同时，因为他亲眼目睹了张之洞的壮举，所以不久之后，他在回答好友周家禄问及张之洞旨趣时就说"今天下大官贵人能知言可与言者，无如南皮"[6]，显然他把张之洞与"专与商人诘难以为能"的"中国之官"区别了开来，因而不是"何可冀有此日"，而是可以寄予希望的。这就为他自己在办厂过程中一再求助已经不是两江总督的张之洞的行为作了注脚。

二

张謇在张之洞嘱他在通州办厂之前是否已经决定实业救国，或者已经形成了实业救国的思想呢？已往的论者都给予了肯定的回答，其根据便是收录在《张季子九录》和《张謇全集》中的《代鄂督条陈立国自强疏》，说那是张謇于《马关条约》签订后，为张之洞起草的疏稿。疏稿内容大体与张之洞于光绪二十一年（1895）闰五月二十七日所上的《吁请修备储才折》基本相同。一般认为，在这篇疏稿中，张謇比较系统地阐明了自己的救亡主张，是张謇实业救国思想形成的标志。但是，也有人曾从文句和内容上指出过该文存在的矛盾；甚至有人指出文中的激烈言论同张謇起初不敢奉命办厂的实际表现是矛盾的，但又普遍认为这种矛盾只是反映了纸上谈兵和亲身实践并非总是一致的现实。

近年都樾发表的《〈吁请修备储才折〉作者考证》[7]一文，用缜密的考证推翻了这篇重要历史文献的作者是张謇的公论，认定疏稿是由沈瑜庆、郑孝胥先后执笔，经张之洞亲自删改而成的。这样，也就失去了当时"张謇实业救国思想形成的标志"。仔细查阅张謇的同期其他文字，确也并未发现能够表达张謇实业救国思想的内容，这篇文章确实显得过于突兀了。可惜在此之前并未有人对《吁请修备储才折》亦即《代鄂督条陈立国自强疏》的作者进行过认真考证，包括笔者本人在内，不免人云亦云。根据都樾的新观点，人们已经发现的此篇疏稿中反映出的矛盾也就迎刃而解了。

张謇在光绪二十四年（1898）十一月十四日的《致两湖督部张之洞函》的开头第一句即是"謇荷盻睐，乙未之岁令即通州设立纱厂以开风气而保利权"[4]。"盻睐"一词见于《古诗十九首》之十六，诗云"盻睐以适意，引领遥相睎"，张謇用于此，是很值得玩味的。《啬翁自订年谱》中说到自己于光绪二十二年（1896）三月"与两江总督刘岘庄坤一议兴通州纱厂"时，接着说"先是南皮以中日马关约有许日人内地设工厂语，谋自设厂，江南北苏州、通州各一。……通任余，……此殆南皮于学会求实地进行之法。……踟蹰累日，应焉"。[9]张謇明确指出"谋自设厂"并"通任余"的正是张之洞，尤其值得注意的是他描述当时自己的态度却是"踟蹰累日，应焉"，即是说张謇此时还远没有下定由自己来走实业救国道路的决心，要不是张之洞的奏派，他还绝无"下海"打算。他解释其原因是"余自审寒士，初未敢应。既念书生为世轻久矣，病在空言，在负气，故世轻书生，书生亦轻世"，而"秉政者既闇蔽不足与谋，拥资者又乖隔不能与合"，"然固不能与政府隔，不能不与拥资者谋"。[8]可见他对自己作为一介书生而去创办实业，既心有不甘，也缺乏信心。所以经过激烈的思想斗争，才终于"应焉"，而决定由自己担任"通官商之邮"的角色。[8]这是张謇自己直到晚年都并不讳言的当时心态。张謇又多次说到张之洞对于创办大生纱厂的作用，他说过不少类似于"南皮督部既奏以下走经理其事，不自量度，冒昧肩承"[9]，"前因广雅、新宁之属，创设通厂"[10]的话，话中多少带着某些被动的意味。张謇当时确实并未达到以状元的身份主动去通过创办实业来挽救中国命运的认识水平，张謇认为"兴实业则必与富人为缘，而适违素守"，以后"又反复推究，方决定捐弃所恃，舍身喂虎"，奉旨办厂。然而仍"认定吾为中国大计而贬，不为个人私利而贬，庶愿可达而守不丧"[11]，坚持"言商仍向儒"。

而张之洞却不同。他从出任封疆大吏开始便大力从事洋务活动，先在广东设立枪弹厂、铁厂、枪炮厂、铸钱厂、机器织布局、矿务局；调到武昌后，他将在广东向洋人订购的机器移设湖北，建立了不少堪称中国第一的近代化企业。例如建成于光绪二十年（1894）的汉阳铁厂，共有铸铁、打铁、机器、造钢轨、熟炼铁等6个大厂、4个小厂、2个钢炉、3 000工人、40个外国技师。而更在十年之前的光绪十年（1884）马江之役败于法人以后，张之洞便大声疾呼"及今不图，更将何恃"[12]。其幕僚辜鸿铭说"其意以为非效西法图富强无以保中国，无以保中国即无以保名教"[13]。张之洞的"中体西用""以工立国"的思想早在那时即已形成。况且对于张之洞来说，创办实业，发展经济，正可作为封疆大吏的政绩，并不存在张謇所顾忌的从居于四民之首的封建士大夫"贬"向被视为末业的商人队伍中的问题。所以，张之洞能够很自然地嘱张謇办厂，而张謇却不能不"踟蹰累日"方可"应焉"。

那么，张之洞又为什么偏偏要在通州找张謇办厂呢？其一，通州有办厂的充足而又优质的原料。通州的地理位置很适宜于种植棉花，产量高，而且质量好,很早就盛销于东南沿海地区。"张之洞很早也注意到了通州的棉花。他于督粤期间曾在光绪十四年(1888)筹划在广东创设织布纺纱官局,其所拟议的原料来源即已列入通州棉花。"[14]他在奏派张謇办厂的奏片中说"通州、海门为产棉最盛之区,西人考究植物,推为中国之冠,各地纱厂无不资之",再加上"通海近年所产蚕茧亦渐向旺",[3]这些当然更可视为与张謇商量后得出的一致结论。其二,张謇是张之洞一向十分看好的人才。早在张之洞出任山西巡抚的第二年,即光绪八年(1882)朝鲜发生变乱,日本趁机觊觎朝鲜,张謇作为吴长庆的幕僚,在战前坚决主张出兵朝鲜,镇压乱党,抗衡日本;在战斗中,正如主将吴长庆所评价的,"赴机敏决,运筹帷幄,折冲樽俎,其功自在野战攻城之上"[15],兵变救平后又以《朝鲜善后六策》提出了对朝鲜问题根本性的解决办法。这个29岁的处于游幕生涯的秀才,由此展现出很高的政治、军事、外交才能而名动天下,成为高官们争相延揽的对象。张之洞也致书征聘张謇,然而被张謇婉言谢绝了。吴长庆去世后,升任署理两广总督的张之洞便又一次延请张謇入幕,甚至志在必得,给张謇寄了聘银40两,而张謇又予以婉谢。这一次张之洞署理两江总督,做了正在家乡守制的张謇的父母官。而且,中日甲午开战时,张謇和张之洞都站到了主战一边。张之洞经过长期考察,认为张謇"学识素优,博通经济,实心任事,允洽乡评"[16]。所以,接着张之洞便奏派张謇总办通海团练,而张謇则以守制之身而能欣然受命。张謇说:"今明公觥觥以义见督,謇不肖,不敢以礼自处也","寇在门庭,古人乃有变礼"。张謇还由衷地对张之洞说:"闻公移督,重为民幸。度公宏规远略,将有以造于吾民也。"[17]在办理通海团练过程中,张謇表现出一贯的认真负责态度和严谨细密作风。接着他们两人就开始有了频繁的接触,有张謇"访张之洞,作尽日长谈",也有"张之洞回访,留谈商务",张謇向张之洞辞行时,又"久谈,留饭",[18]当然更多的是互相致函。张之洞没有看错人,张謇也确实没有辜负张之洞的期望,"自计既决,遂无反顾"[12]。

三

但是,长期以来人们对张之洞在张謇投身实业中所起的作用说得很不到位。究其原因,可能与1930年出版的张孝若的《南通张季直先生传记》和1931年出版的《张季子九录》有关。"这两部巨著不仅成为后人研究张謇和大生集团的重要文献,而且也是研究近代中国社会经济曲折发展过程和经验教训不可或缺的宝贵资料"[19],张孝若的确功不可没。但另一方面,也正因这两部巨著的"重要"和"宝贵",一旦出现偏颇就会产生不可估量的影响力。张孝若在《南通张季直先生传记》中说,"我父先前没有翁公,成名没有这样大;后来没有刘公,成事没这样快",在充分肯定翁同龢和刘坤一的同时,显然忽略了张之洞在张謇"成事"中的作用。《张季子九录》收录了那篇其实并非张謇所作的《代鄂督条陈立国自强疏》,从而大大提前了张謇思想演变的时间,也就相应淡化了张之洞的作用。

其实更重要的是反映了张謇研究中的一种倾向。因为张謇的历史功绩和历史地位,从而在评价与张謇同时代的人物和与张謇交往的人物时,往往出现以张謇的是非为是非的现象。

我们知道,尽管光绪二十一年(1895)及以后几年,张謇与张之洞有过非常密切的接触,张謇对张之洞有过很好的评价,特别是对自己创办实业中张之洞的作用有过很客观的叙述,但张謇对张之洞一向是有看法的。张謇与张之洞的关系,与翁同龢完全不同。翁同龢是最早赏识并一意提携张謇,最终使得张謇状元及第的人。接着在帝后两党斗争和维新运动中,两人始终志同道合。所以即使在翁同龢被开缺回籍后,两人仍然密切交往。甚至在翁同龢逝世二十年的1924年,张謇还在南通长江边的马鞍山上建了一座虞楼,以便隔江眺望有着恩师墓葬的常熟虞山。而根据王玉良的研究,张之洞又恰恰与翁同龢不睦。[20]

张謇与张之洞的关系,与刘坤一也不同。刘坤一于光绪二十二年(1896)回任两江,光绪二十九年(1903)去世,在这七年时间里,刘坤一是张謇在创办大生纱厂和通海垦牧公司的具体过程中多次求助过的人,刘坤一也的确为张謇解决了不少实际问题。而张之洞署理两江时间不长,前后两次不过一年稍多。他对张謇投身实业的最大功劳是起了驱动作用,为张謇办完了办厂的合法手续。因而刘坤一的作用似乎足以掩盖张之洞的作用。

至于张謇对张之洞的看法,拙文《张謇心目中的张之洞》[21]已有详述。光绪九年(1884),当"云阁(文廷式)来谈,说南皮方回避不与试时告人曰:'即不翰林亦足千古,但非翰林不能耸动一时。'"张謇对张之洞的"以功名耸动一时"的"务外"志趣非常不满,认为"以功名耸动一时,便是务外。为人少日志趣如此,成就有限矣",此时的张之洞正开始由清流派向洋务派转变,而张謇却认为张之洞已"声名日戚"。十年以后,投身实业的实践使张謇得出了张之洞是"能知言可与言"的"大官贵人"的新结论,但同时又认为"南皮有五气:少爷气、美人气、秀才气、大贾气、婢妪气"即"骄、娇、迂、官、小"五气,"南皮是反君子,为其费而不惠,怨而不劳,贪而不欲,骄而不泰,猛而不威",他"好谀不近情",则是"大官贵人之通病"。后来在立宪运动中,张謇对张之洞的"其气殊怯"十分不满,当听说张之洞提出的"民间有义务无权利"的"有限制宪法之说"后,就完全无法容忍了。他秘密致函赵凤昌说:"言南皮创为有限制宪法之说,民间有义务无权利,讥其毒民,后必不昌。岂真有此说耶?公有所闻否?此老发端既不勇,而以大学章程例之,正恐学术杀人之事不免。公与之有休戚之谊,不可不尽言。"接着张謇就"学术杀人"大发"昔人言以嗜欲杀身,以货财杀子孙,以学术杀天下后世之人,士君子不可有此罪孽"的议论。更有意思的是张謇在信中还以翁同龢的"病榻所谈"反衬张之洞的顽固态度,又嘱赵凤昌"印书(宣传立宪的书)必望速成、速布、速进",表达了坚决推进立宪和对张之洞无法容忍的立场。此前一日,他在给赵凤昌的另一信中还特别提及翁同龢对于立宪的态度:"老人极赞,亦以非此不可救亡也。"显然借此表示对张之洞的批评。至此,张謇在政治上与张之洞分道扬镳。其后张之洞逝世,张謇没有在日记上留下片言只语;一生中为许多人写过挽联,甚至常常乐意为他人代写挽联的张謇,此时却保持了沉默。民国十二年(1923),张之洞铜像筹备处请张謇捐资,他自称"敝处历丁灾歉,所营教育、慈善、实业苦难维持",因而分文未捐,"捐册奉还,乞赐曲宥"。而第二年,他就慨然独资建了一座怀念翁同龢的虞楼。两相对照,其爱憎之强烈,竟至于此!

在这种情况下,许多人在赞颂张謇的同时,便不会去赞颂张謇后来很不喜欢的张之洞,更忽视了张之洞在张謇投身实业中的驱动者地位;他们宁愿相信《吁请修备储才折》亦即《代鄂督条陈立国自强疏》的作者确是张謇,因为这可以证明张謇的思想发展水平至少可与张之洞比肩,甚至张之洞还得有赖于张謇来系统地阐述自强立国的思想和策略。因为张謇在历史上创造的堪称英雄的伟业,因而也就掩盖了张之洞这个驱动者的光辉,同样也掩盖了刘坤一这个支持者的光辉。其实这是不公允的。张謇不是先知先觉者,连张謇都说自己"生平万事居人后"[22],而他的可贵,恰在于他起步并非一定最早,而一旦认准目标以后,便坚忍不拔、强毅力行,可以干出一番常人难以干出的事业。

注释:

[1] 穆烜:《毛泽东主席谈张謇——访张敬礼先生追记》,1993年12月24日《江海晚报》。

[2] 张孝若:《南通张季直先生传记》,中华书局1930年,第3页。

[3] 张季直先生事业史编纂处编:《大生纺织公司年鉴》。

[4] 张謇:《致两湖督部张之洞函》,《张謇全集》卷三,江苏古籍出版社1994年,第8页。

[5] 张謇:光绪二十三年(1897)三月二十一日日记,《张謇全集》卷六,江苏古籍出版社1994年,第391页。

[6] 光绪二十三年（1897）六月三日日记。

[7]《张謇与海门——早期现代化思想与实践（第五届张謇国际学术研讨会论文集）》，南京大学出版社，2010 年，第 746 页。

[8] 张謇：《啬翁自订年谱》，《张謇全集》卷六，江苏古籍出版社 1994 年，第 855 页。

[9] 张謇：《厂约》，《张謇全集》卷三，江苏古籍出版社 1994 年，第 17 页。

[10] 张謇：《为纱厂致盛杏荪函》，《张謇全集》卷三，江苏古籍出版社 1994 年，第 6 页。

[11] 张謇：《大生纱厂股东会宣言书》，《张謇全集》卷三，江苏古籍出版社 1994 年，第 115 页。

[12] 张謇：《筹议海防要策折》，《张文襄公全集》第十一卷，中国书店 1990 年。

[13]《张文襄公幕府纪闻·清流党》，岳麓书社 1985 年。

[14] 章开沅：《张謇传》，中国工商联合出版社 2000 年，第 75 页。

[15] 张謇：《为吴长庆拟致张树声函》，《张謇全集》卷一，江苏古籍出版社 1994 年，第 11 页。

[16]《留张謇沈云沛办通海等属团练片》，《张文襄公全集》第三十六卷。

[17] 张謇：《致张之洞函》，《张謇全集》卷一，江苏古籍出版社 1994 年，第 41 页。

[18] 光绪二十一年（1895）七月二日、七月七日日记，《张謇全集》卷六，江苏古籍出版社 1994 年，第 373 页。

[19] 严学熙：《大生纺织公司年鉴》序。

[20] 王玉良：《张之洞与翁同龢的关系》，见《张之洞研究》（纪念张之洞逝世 100 周年），2010 年总第 8—9 期。

[21] 见《张謇的交往世界》，中国文史出版社 2011 年。

[22]《戊戌正月十八日儿子怡祖生志喜》，《张謇全集》卷五下，江苏古籍出版社 1994 年，第 107 页。

张謇的"文字学问之友"周家禄

周家禄与张謇、顾锡爵、朱铭盘、范当世并称为"江苏五才子"。他们在青年时代意气相投,关心国事,躬行变革,研讨学问,因此有人称他们是江淮文人集团的领军人物。在"江苏五才子"中,顾锡爵说周家禄"生平见知者多以文事",而周家禄自己"亦毅然以文事自任而不疑"[1]。张謇说"(周)彦升博达,善属文"[2],"刻意好文,又好为考据雠校之学"[3]。周家禄用毕生精力将横溢的才华形诸笔端,特别在考据雠校之学方面取得了很高的成就,以30种共102卷著作传世,被公认为诗人、文学家和史学家。

张謇一生与周家禄交往密切,视周家禄为"文字学问之友"[3]。周家禄逝世后,张謇感叹"又失一老友"[4],撰挽联说,"君负文誉,校《晋书》尤勤,故属联引晋人况之",在挽联中将周家禄比作《晋书·文苑传》中的曹毗和袁宏[5],袁曾为大司马桓温府记室,曹则因仕途不得意而致力于文学,从而表达了对这位老友高度的评价和无限痛惜之情。

一

周家禄(1846—1910),字彦升,一字蕙修,晚年自号奥簃老人。其先人于元末自湖南常宁迁崇明,清初由崇明迁通州之西川港沙,应当属于长江北岸复涨新沙的最初移民。乾隆三十三年(1768)海门建厅后,周氏占籍海门。据周家禄自己说,其可考先祖直到他本人"十四世皆种田食力,间读书应科举"[6],家境很坏,从师时甚至"贫不能具脩脯"[7]。

周家禄从小勤奋好学,"自为儿时不好嬉戏,诣戚友必挟书自随"[1],很早便显示出卓越的才华。最早赏识周家禄的是曾任大理寺卿和福建、江苏学政的国学大师李联琇。"咸丰十年(1860),李联琇因病告假归江西故乡,行至常熟时,正逢太平天国进军苏杭,无法前进。(海门)茅炳文知道后,立即派子铁卿(即茅铮——笔者注)赶往常熟,把李联琇全家迎到海门,安置在本宅附近住下。"[8]茅炳文的"本宅"即在周家禄所住的川港。"(李联琇)先生无事,尝散步乡间,入一村塾,见塾案有学生所作之《牵牛花赋》,先生大称异之。识其人,叩其他所业。其人则周家禄也,年裁十六七(实为14岁——笔者注)……周、茅故有连,茅以先生器重家禄,则引与其诸弟读。家禄因大得茅氏藏书读之,业顿进"[9],"李联琇在海门住了四年,曾任师山书院院长两年"[8],周家禄受其亲灸自然是情理中事,不久便"以文采声名踔越州乡"[3]。李联琇在周家禄的一生中是个很关键的人物，所以周家禄"终其身，感李先生知遇不绝"[9]。同治三年（1864），18岁的周家禄考补为厅学生（秀才），3年后补为廪膳生，又3年经科调考获优行贡太学，次年25岁时经朝考授予教职。然而，命运之神从此不再眷顾这位少年才子。此后周家禄一而再、再而三地参加乡试，都是名落孙山。直到光绪二十三年（1897），51岁的周家禄仍然坚持参加了乡试，然而仍然不第。病弱的周家禄有一次参加乡试，竟至于因病未能终卷。而他25岁时得到的空头教职，也直到9年以后即光绪五年（1879）才终于被选授江浦县训导，却又因父丧丁忧，不能赴任。后来到了光绪二十九年（1903），陆宝忠以经济特科疏荐周家禄，晚年的周家禄看淡了功名，辞不就试。

周家禄"亲炙戴揖苏、叶涵溪、李小湖（李联琇）诸老先生，文有师法，其无韵之文隽永如魏晋人，其有韵之文上通于骚人之清深"[1]，他又恪守自己的"众誉勿喜，众毁勿惧，相观而善，与古为徒，克念厥艰，惟求斯获"的"为学之方"，[10] 所以周家禄一生取得了很高的学术成就。但是，周家禄的学术研究和写作的道路是极其艰辛的。他说，"行年四十，进趣之心渐衰，惟考勘古书，间有所获"，然而"藏书寡少，假读艰难，兼依人作计，不获壹意治经，每申卷发函，慨然有日暮途长之虑"[11]。而且，学术研究和写作亦不能养家糊口，他曾经哀叹自己"不能赡一身一家"[12]，而凝聚自己心血的著作，又很难刊印，他的《晋书校勘记》经张之洞刊入广雅书局丛书后，他不能不多次谋求再印其他著作。他哀叹"垂老欲刊集，苦贫不能偿其愿"[10]，他自己选定的诗文合集《寿恺堂集》，直到他逝世后13年才由他的儿子周坦付梓。

像很多科场失意而又家庭拮据的文人一样，周家禄一辈子为谋求生计而东奔西走。

周家禄谋求生计的手段，一是教书或兼以修志。他自己说，"同治壬申（同治十一年，即1872年——笔者注）授徒二甲陈氏"[13]，当然或许还有他更早的任教记录不为我们所知。张謇说他于同治十三年（1874）起"教授里闬"[2]，大概这是他主师山书院讲席的开始。此后，他在光绪二十四年（1898）及其后二三年间在做湖广总督张之洞的幕僚时，也兼任过武昌武备学堂的教职。晚年，他担任上海南洋公学总教席。周家禄在教育方面的最大贡献，是他与他的学生刘桂馨于光绪十八年（1892）开始在家乡川港镇创办白华书塾。对于周家禄来说，创办白华书塾不是为了谋生，而是寄托了自己的理想。白华书塾依官学堂制，国文、外国文并授，兼教历史、地理、算学、图画、体操。后来针对甲午战败后"倭约既成，欧美各国皆有觊觎中国之心"的现实，又决定改为"通今学塾"，"专课西学，为江北各郡邑倡"[14]。虽然由于种种原因直到光绪二十八年（1902）方才正式开办，但它毕竟开创了通州小学的历史。

周家禄对于海门史志的贡献很大。早在同、光之间，海门同知俞麟年就曾邀周家禄等人编纂《海门厅图志》，因参与者"会议不合"未成。以后周家禄又应海门同知刘文澈之邀从光绪十六年（1890）开始用三年多时间编纂成光绪《海门厅图志》，"论其体例，颇异时贤"。此书后由继任同知王宾作序刊行，是海门厅144年历史上唯一的一部志书，特别是考虑到"海门画沙建治，壤畔纠纷，不有地图，奚资考证"[6]，又"病旧图简陋，乃属厅司马刘君文澈延闽县王兆基、长宁曾兆瀛用西法逐沙测量，绘为每方五里之总图，拟就总图析为各沙分图"，但一年后周家禄发现王、曾二人"意存苟简，但取总图纵横剖裂之为三十余幅，名为各沙分图，其实未绘一图"，于是请新任海门同知王宾令人通过测量重绘，终于"使阅者一览瞭然"，"循方证形，不差累黍，方志地图之精美，无过是矣"[15]。这些地图有很高的实用价值和史料价值。

周家禄谋求生计的另一手段是做幕僚，这也是当时许多文人，包括早年的张謇在内的谋生之道。据顾锡爵在《墓志铭》中说，周家禄曾先后担任夏同善（学政）、吴长庆（提督）、张绍臣（学政）、陆宝忠（学政）、卞宝第（总督）、张曾敭（巡抚）、张之洞（总督）、袁世凯（总督）的幕僚。其实，有的时间非常短暂。每次改换幕主的间隙，周家禄都返归故里，其中光绪十七年（1891）以后，他曾有较长时间"奉母闲居，躬耕海滨"[12]，但这样做终究不能赖以为生，于是又赴武昌湖广总督张之洞处。不管怎样，周家禄毕竟凭着自己的才华，不断辗转于高官幕中，但他"生平虽奔走衣食于大人，然风裁峻逸，绝不干预世俗，专心一致于文字"[1]，"未尝以荣利自为，然亦不斥讦责人以为名高"[16]。

值得一说的是周家禄入吴长庆、张之洞和袁世凯幕。其中入吴长庆幕且留待后述。

周家禄与张之洞的关系可以追溯到当年周家禄在吴长庆麾下时，当时出任山西巡抚的张之洞广揽人才，向张謇、周家禄等人同时发出了邀约，然而他们都没有应邀。到光绪二十三年（1897），周家禄在做过多人的幕僚之后，经人介绍准备入张之洞幕时，虽然他也曾就张之洞的为人请教过张謇，但回想当年，不免遗憾，他说，"南皮尚书前抚山西见延，不果往；嗣开府粤鄂，中间移节南洋，不复理前说，家禄亦不欲无因至前，迄未往见。此次承润生廉访介绍，俾复践十年前旧约，何幸如之"[17]，"俾家禄垂暮之年复得睹当代伟人，何幸如之"[18]。正是在张之洞处，周家禄写了大量反映自己先进社会变革思想的文章。

周家禄与袁世凯相识于吴长庆军中，袁世凯小周家禄13岁。袁世凯初到营中，吴长庆令袁世凯问业于张謇、周家禄。光绪二十六年（1900）爆发了八国联军侵华战争，慈禧带着光绪皇帝逃往西安，国内一片混乱。其时已是封疆大吏的袁世凯邀请周家禄入幕，闲居在家的周家禄慨然应邀，并对袁世凯推崇备至，认为"识见之卓，策划之周，实超东南之疆臣之上，将来肃清宫禁，迎还两宫"，非袁莫属[19]；但一方面又推三阻四，迟迟不肯北行。直到"辛丑条约"签订，洋兵撤退，袁世凯升任署理直隶总督兼北洋大臣后，才终于决定于光绪二十八年（1902）"东风解冻"后，"挈两儿北行"[20]。当然我们不能否认周家禄滞留家中迟迟不行的客观原因，但他在此时给张方伯的信中似乎透露了另外一种耐人寻味的信息。他说："西迁（指当时传言的迁都西安）若果，畿辅一带，兵火惊心，盗贼蜂起，就目前而论，珂乡未为乐土。公每怀止足，万一引退，不可不审择所处。家禄见粤捻之乱，士大夫流寓里下河者，皆获安全。敝邑僻左，同于里下河，而距上海仅一衣带水，消息灵通，兼以民俗驯良，食物价贱，故近来江左诸公挈家避地者，时有所闻，定庐亦有买田阳羡之约，公倘有意乎？"[21]周家禄之一再入幕，无非谋生而已，既然袁世凯所在的畿辅一带兵火惊心，他是犯不着冒此风险的。这可能正是他迟迟不去的主要原因。

周家禄"为人渊懿简默，往往畴人广座中意有所不然，辄倚坐不语"[16]，"恂恂似不能言者"，"貌为城府之人"，但他又"善饮，数十觥后，则清谈滔滔，锋不可当，豪荡感激之气流露于不自知，足见其性情直率"[1]。他是一个非常传统而恪守儒家忠孝节义的文人。戊戌变法期间，他认为"自横议繁兴，主张民权，昌言自主，然后臣叛其君，子忮其父，妻背其夫，皆视为无足轻重之事，不足怪异之端，毒中人心，祸延家国"[22]。有一次，他听到朝廷将要"立储"的传言，认为"本朝未有预建储贰之成案"，因而绝不能违了祖制，他希望"大臣能争则争，不能争则去"，并且指名道姓地说，"抱冰（张之洞）既义不可去，则当合天下诸侯共论之"[23]。顾锡爵说周家禄"笃于内行，事亲孝谨，伯叔兄弟，敬爱有加，戚族贫者，岁有赡济，常自困窘，而无吝悔"[1]。张謇游幕于外时，周家禄不赞成他"谋一日之奉于千里之外而不能以赡"父母，对张謇"辄风（讽）勿久客"[2]。光绪二十年，他在贫困中发起集资在家乡川港捐建费孝子祠，以倡孝道之行。

二

虽然周家禄终生以文事自任，但他绝不是一个只钻故纸堆的冬烘先生；虽然周家禄大半辈子旅食于方面大员幕中，但他也绝不是一个仰承鼻息的刀笔小吏。他是在封建帝制末期、受尽列强蹂躏的中国处于大变革时期的一个清醒的知识分子，他的许多著作中闪耀着先进思想的光辉。特别是他于戊戌变法期间即光绪二十四年（1898）写成的《家塾答问》和若干"条议"，全方位地阐述了关系到中国经济和社会发展的一系列问题，其中包括铁路、矿务、邮政、纺织、蚕桑、商务、税收、公法、新闻、海军、军械、学校、科举、艺学等。其见闻之广、识见之深，今天读来，仍不免令人油然而生敬意。

（一）介绍国外经济和社会发展情况

当时，对于许多人来说都是闻所未闻的新鲜事物，周家禄却无不了如指掌。例如，他介绍铁路的演变历史与当时状况说："罗马时，德国用木道凹辙以运煤炭；一千六、七百年间，英人用木作轨为车路；一千七百六十七年，英营造师耳洛德弃木用铁造一路于高布娄克铁厂，始以马驾，继用汽机；一千八百二年，英提威细克创造火车，载重十吨，每一小时行八启罗迈达；一千八百三十年，英斯提弗森制车头，载重十七吨，每点钟行二十二启罗迈达；至气筒车头，则一千八百二十九年法人萨干所创，即今火车之式也。六七十年来，火车通行于五大洲。崇山际天，穴而洞之；巨浸中阻，隧而通之。欧美名都伦敦、纽约，铁轨纵横于重檐之上，如棋罫，如蛛网。"[24]

（二）分析中国接受世界文明成果的迫切性

仍以铁路为例。周家禄认为，"中国若能闭关谢客，则人巧我拙，人逸我劳，人利便我迟钝，听之可也"，然而残酷的事实是中国的国门已被打破，中国人不能再关起门来过自己虽然落后但却安稳的日子。于是周家禄向国人敲响警钟："近年英复由印度造铁路一，逾克什米尔之仰江，由阿瓦直抵滇边；法由越南造铁路以达云南、广西；俄造西伯利亚铁路包中国西、北、东三面，南达盛京海口；四面驰突，数道并进，皆迫我于不能不筑之势。"[24]周家禄提醒国人，稍有懈怠，中国只能任人宰割，断无还手之力。

（三）剖析中国存在的诸多弊病

周家禄在谈到任何一个话题时，都深切剖析中国存在的弊病。例如，他讲到中国开矿之弊，竟有十项之多："士大夫鉴于有明矿税，因噎废食，一也；愚民狃于风水，遇事阻挠，二也；刁商侵吞股银，矿股为世诟病，三也；商办固虑侵吞，官督益滋糜费，四也；矿无专学，听命矿师，辨苗不真，五也；不谙格化，熔炼失度，六也；不明机括，以重价购窳器，七也；重视金银，贱视煤铁，八也；地无定价，公司倚势强占，民情不顺，九也；税则不定，人怀观望，十也。"[25]十项弊病中有官的问题，有商的问题，也有民的问题；有政策问题，也有技术问题。这就为发展中国的矿务提供了切实有效的途径。

（四）提出许多切实可行的措施

周家禄不仅剖析需要破除的弊病，还以敏锐的眼光找到解决问题的办法。例如关于商务，他阐明了两个"提倡之事"、两个"推广之事"和两个"抵拒之事"。"提倡之事"之一，是向外国学习，设立商部，"由商贾出身而又精知制造、明于税则"的人担任商务大臣。这样，可以"随时考验""本国及属地制造之土货"，以便"适用而畅销"；又能"力为维持"其他国家进口中国货物时的"税则"，"务令赢此而缩彼"，即在与外国进行贸易时不致吃亏。"提倡之事"之二，是各省设立商务局，"以商力富厚者主之"，统筹产品的改造和加工、物价的增减、税则的损益、条约的变更，做到"有益于商，无损于国"。两个"推广之事"，即是推广轮船和铁路，发展交通，因为"商以通为主，通商以水陆营运无阻滞为主"。"抵拒之事"是指抵拒外国货物的侵入，一是通过"设法仿造"，"务使彼国之来货不如本国之精良，本国之货物不若彼国之昂贵"；二是"税则为本国自主之权，外国入口之货则重其税，使之无利可图；本国出口之货则轻其税，使之销流愈畅"。[26]所有这些，在当时特定的历史条件下，对于发展民族工业、抵制列强的经济侵略，无疑有着相当积极的意义。

（五）呼唤民族工业的诞生

周家禄举纺织为例，大力呼唤中国民族工业的诞生。他痛切地叙述了"洋纱洋布通行五大洲后"，虽然"中国通商口岸始亦用机器纺织"，但或"毁于一炬"，或"连年折阅巨本"，或"亦未获利"，民族工业的诞生举步维艰。他分析了当时阻碍中国民族工业发展的主要问题：一是"中国局厂官办居多"，而官僚办厂官员名目繁多，"浮支冒领，半入私囊"，因而成本很高，制造不精；二是税收的不合理，即"重征华商以增土货之价值而阻其销路，轻征洋商以减洋货之成本而厚其利"。两者使民族工业失掉了竞争力。周家禄指出的道路是像"通州绅商创办纺纱厂"和国家减轻税则。[27]

（六）指出中国只有自强一条出路

当时的中国，先是盲目地以世界唯一大国自居，鄙视一切外邦；而在国门被西方列强的坚船利炮打破以后，又天真地对所谓公法心存幻想。周家禄警告说，"公法者凭权势而立，强者可执以绳人，弱者必隐忍受屈"，"势均力敌，则公法为和约之准绳"，反之，"法无如何也"，"公法亦可恃而不可恃"。他在打破了当时国人的种种幻想后，指出了中国唯一的出路——"中国其亟图自强庶有济乎？"然而当时的"当国者"仍以"今中国并自有之权，而不能有徒低首下心，求之于人"的空话自欺欺人，周家禄反问道："人其许我乎？"所以他更是明确地指出："有国者亦亟图自强！"[28]

（七）强调在自强中人和人才的特殊地位

周家禄多次将物与人的作用做过比较，一再地强调中国要与西方列强较量，关键在于人，在于人才。他分析了甲午海战，就战舰而言，当时在世界上"中国第八，日本则列第十六"，然而"铁甲战舰，苟不得人，适以资敌"，"统将不得人，有舰如无舰"。[29]同样地，周家禄在讲到军械时说，"枪炮不能自发其机以击人，是故有人以用之，则枪炮可以击敌；无人以用之，则枪炮适足以资敌而击我"，"故练枪炮不如练人心"，"军事利钝，全凭士气"。[30]

（八）提出了改革教育的见解

周家禄基于富国强兵需要人才的认识，提出了关于教育的许多精辟见解。其一，周家禄说，"欲兴学校，造人才，非变科举不可"，"非广开学堂不足造人才，非大变科举不足得人才"。他以培养能"济当今之世变"的人才为目的，设计了上、中、下三策：上策是自京师至县，各级分设大学、中学、小学，并选其尤异者出洋留学；中策是将考试科目按人才的特点分为明经科、明算科、明法科、使才科、译才科、将才科、艺学科、医学科，彻底改变过去只考八股的单一模式；下策是"仍今日取士之制而变通之"，分级加考中西历史、天算、地理、路矿、农商、兵法、格致、工艺等实用科目。[31]其二，周家禄提出"今之民五：士农工商兵"，"莫不当学"。他将中国与列强在农工商兵各方面的情况做了比较，中国的差距均在"不学故也"。所以他主张对于"英美法德俄诸学校规制""参互考订，博采兼收"，"博考西书，择善而从"。[32]其三，周家禄提倡"重艺学"。他说，中国"士大夫薄工匠为小技，不知欧美各国富强之基，根于工艺"，所以虽然"颇言西学"，却仍"卒致有轮船而不能驶，有机器而不能用"。因此，周家禄认为，"习西学者，必举水、火、光、气、声、电、重化、矿务、铁路、军械诸艺各专一门，而先引其端于算数"[33]。

（九）希望重农务本

中国历来视农业为本业，但是一讲西学，许多人就盲目地认为"今各国为通商之天下，非务农之天下"，于是大有轻视农业的趋势。周家禄认为："商由人通，物从地产，农学不讲，商务奚兴？"他随时关心当时西方各国的报纸上关于农业的报道，发现"各国之于农业考之精而又治之精"，慨叹世界各国于农业"标新立异，层出不穷，吾中国独未有行之者"。早在这以前，周家禄就曾因洋纱布的倾销导致全靠植棉织布的乡人"生计将绝"，亲自做了许多工作，在家乡推广蚕桑。这正是他自己提出的"标新立异，层出不穷"的思想。[34]中国是个农业国，周家禄在当时的忧虑是完全正确的。

（十）认识到新闻"通上下之情"的作用

周家禄认为"报以通上下之情"，主张像外国官私各报那样，"凡国有大政，朝有举措，议院有论议，以及军事利钝、年岁丰凶，苟有见闻，无不立登报纸，传遍五洲"。他"叹中国君民上下彼此漠视"，因此"应请政府稍宽限制，明定章程，事无大小，随时宣布"，"下有不便，亦许据实登载"，以"维系人心"，使"国与斯民休戚与共"。[35]他认为官报的宗旨在于"开风气"和"正人心"，因此要"审国势""察夷情""觇世变""考人才"和"明伦理""端教术""泯猜嫌""导忠爱"。[36]当时周家禄对新闻有如此意识，的确难能可贵。

上述周家禄的种种思想，集中到一点，是对国家的热爱和对国家、对社会强烈的责任感。如果不是这样，他尽可以吟诗作文，尽可以做他的历史典籍校勘。而同样地，他也曾在为一些官员所写的奏疏中，淋漓尽致地表达出自己的爱国情怀。甲午战争失败以后，醉生梦死的朝廷仍在积极"查照乾隆年间成案恭办"慈禧"六旬圣寿"庆典。周家禄在《为陆学士奏请将庆典银两拨充军饷疏》等文章中一再表达出对于国事的无比忧虑："倭逾平壤而北，其锋甚锐，天下之人皆知其意不在朝鲜"[37]，"寇焰鸱张，警报日至"[38]，"边警频闻，军务日棘，近则海军挫衄，陆将阵亡"[39]，特别是"大军由平壤退屯义州，距盛京边境仅一江之隔"[39]，"万一虏逾中江，其如东三省何！"[38]因此，一方面猛烈抨击那些"既坐失事机，继复一筹莫展"[38]的大臣，一方面要求"典礼宜权常变，用款宜审缓急"[39]，"一面停止工作，一面将此项银两尽数拨解军前"[39]。在此同时，希望作出在"倭酋移驻广岛，巢穴空虚"时"由台湾直捣东京、横滨"的决策[37]。

三

张謇与周家禄的交往，在他们两个人的著作中有很多记录，但有时语焉不详。根据他们的文字，我们可以通过推算，大致划分成以下五个时期：

（一）同学乡里（1871—1874）

周家禄比张謇年长7岁，当他们于同治十年（1871）相识并且成为朋友的时候，周家禄25岁，张謇18岁。在这前一年，周家禄已经取得优贡，"朝考用教职授"，虽然没有实授，但也算得了一官。在当时的海门，是所谓"六年一贡"，六年才选拔出一个贡生来，周家禄的才名也就可想而知了，所以张謇说当时周家禄"以文采声名踔越州乡"，而自己正在遭遇冒籍讼案，"皇皇吏胥之间暇理举业，以自振拔"。[3]他们有幸同游于海门训导赵彭渊（菊泉）门下。这一段同学友情，可谓刻骨铭心。张謇说，当时周家禄"教授近里，簪朋唱酬，益研故籍，阅其蓄蕴，岁时接对，从论训诂，旁及比偶声律之文"[3]。在张謇日记中，我们可以看到，周家禄的名字经常与张謇的恩师赵彭渊放在一起，他们经常互访畅谈。赵、张、周师友之谊，确实非同寻常。

（二）两地牵念（1874—1880）

同治十三年（1874），张謇去江宁，入发审局孙云锦幕谋生，而周家禄则在家乡"膺修方志，从容著述"[3]。张謇行前，两人依依惜别，周家禄赠以"谨身慎言"四字[40]，后来又在信中申述"前劝弟慎言，乃指涉世而言。若知己之前，正不妨直抒所见"[41]；张謇则为周家禄题室名"奥簃"[42]。其后两人身居两地，书信不绝。周家禄劝张謇"奏记之暇，尚望求所以安身立命与任天下之重而应世变者，勿汲汲与人竞尺寸之长"[41]，完全是一个老大哥的肺腑之言。张謇回乡过年，或者周家禄赴江宁乡试，两人必晤面畅谈并至于连日欢饮。张謇结婚，周家禄来贺。两人同为赵彭渊祝寿，同访厅同知张开祈和友人范当世等，也曾议商海门下沙赈灾事宜。周家禄读张謇日记并予点评，"谓多汲公戆语，非潜晦之道"，张謇听了，"心甚感之"，还承认"其点定诗稿规益处尤多"，并认为"余于彦升可谓得三益矣"[43]。当时周家禄十分贫困，张謇"设法借谈醴泉洋二十元助之"，谈某一向吝啬，张謇此次不得已，"书券以二分息报之"[44]。又一次，到年底"得彦升讯，知志局（时周家禄参与修志）薪水无着"，张謇因"不能为之解一厄"而大呼"奈何"[45]。光绪二年（1876）底，已在吴长庆幕中的张謇在一次随吴过江时，舟中向吴力荐束纶、周家禄等。接着，孙云锦想续招张謇入幕，张謇即又力荐周家禄以代。次年年底，张謇又致函孙云锦，"荐周家禄为记室"。光绪五年（1879），两人同时遭遇了失去亲人的痛苦，周家禄丧父，张謇写了《周丈哀辞》；张謇丧母，以母亲金氏节略寄周家禄等九人，征集唁文。周家禄随即写了《张母金孺人诔》，以"伯母"称之，说自己"有四方之游而不给于资粮"而"（张）謇（张）謇资而助之"，"举债多不能偿，（张）謇（张）謇资而助之"，且皆以"告孺人之命也"；"始遭大故也，贫不能治丧，会謇来吊，言謇且归，归且吊我，吊我，且以孺人之命资我"；又回忆先父所说的自己与张謇"二人所志同、所学同、所遇合又同，吾惧蹭蹬不偶无所不同也"[46]。所以，周家禄曾无限感慨地回忆两人自相识以后"试同衽席，游共巾车，悲必交唏，欢亦互噱"[47]的情同手足的友谊。

（三）营中幕友（1880—1884）

周家禄丧父之后，循例丁忧，不能赴江浦训导任，后经张謇力荐，入吴长庆幕，成为张謇的幕友。张謇对周家禄的才干推崇备至，说自己"以幕务旁皇亟肆"，而周家禄"才敏事理，应若有余"，两人"遇感同赋稿"，周则"稿辄先脱"。[3]光绪七年（1881）年初，张謇与周家禄等幕友随吴长庆奉命开赴山东登州。在此期间，"军事简，多读书之暇"，周家禄与张謇、朱铭盘、束纶、林葵"意气方盛，约为兄弟"，"时有唱酬"。[48]次年阴历六月初九，朝鲜发生"壬午之乱"，吴长庆奉命赴朝平乱。当时除张謇因母亲葛氏卒未久，"丁内艰独留"营中外，其他幕友包括周家禄在内纷纷去应乡试，于是吴长庆命张謇"理画前敌军事"。张謇"手书口说，昼作夜继，苦不给"[49]。壬午之役的一举胜利，张謇功劳卓著，正如吴长庆所评价的，"赴机敏决，运筹帷幄，折冲樽俎，其功自在野战攻城之上"[50]。在此之后，周家禄也东渡朝鲜。在朝鲜期间，周家禄作为吴长庆的主要谋士，出谋划策，写过许多文字，如《东援纪事碑》即是，确实功不可没。朝鲜政府后来为吴长庆建祠纪功，并在祠中的《去思碑》上镌刻随征将士姓名，张謇、周家禄等被列于最前。

但是，张謇对周家禄至少有两件事很有看法。

其一，当刚刚完成平乱回国的张謇听说李鸿章、张树声、吴长庆合荐他和薛福成、何嗣焜时，即致函何嗣焜，表示坚决辞谢。相反地，此时刚参加完乡试回到军中、还没有去过朝鲜的周家禄却在一次酒席上"自论其功，气颇壮盛"，"颇以保荐未优为憾"。[51]这就与张謇形成了鲜明的对比，张謇的不满当在情理之中。但是，这件事似乎又正是周家禄"数十觥后，则清谈滔滔，锋不可当，豪荡感激之气流露于不自知，足见其性情直率"的注脚。况且，周家禄自18岁考上秀才，至此已有一十八年，参加乡试，屡试屡败，本次结果，亦尚属未知，当然不久"报罢之问自顺天至矣"。36岁的周家禄，父亲过世已经三年，家中上有80岁的祖母和60岁的老母，下有三男一女四个孩子，生活之窘迫是可以想见的。于是，乘着酒兴，发点牢骚，也并非不可理解。

其二，光绪十年（1884）五月，吴长庆在金州病危，十六日张謇与周家禄共拟《上朝廷遗疏》。可见当时两人都是吴最为信任的僚属。周家禄在后来的文章中也一再表现出他对吴的由衷敬意。但是周家禄在闰五月十五日，即一个月之后，"忽作归想"，"以公先有赠予五百金之手谕，因索三百金先去"。[52]而六天以后，即二十一日，吴长庆便撒手西归。张謇在当天的日记中写道："悲夫！十载相处，情义至周，遂终于此，固其命也，而感念旧义，悼痛何如！"[53]张謇对吴长庆的为国忠勇非常钦佩，对吴长庆的知遇之恩刻骨铭心。其后几天，张謇和朱铭盘料理丧事，"日必写数千字，曼君（朱铭盘）外，无将伯者也"[54]，乃至彻底不眠。在为吴长庆题位时，又"不觉悲涕之无从也"[55]。直到吴长庆灵柩南归前两天,张謇方于七月十一日离开金州返乡。又是一个鲜明对比!然而,我们注意到,吴长庆逝世后只有二十天,营中便因散伙前的经济问题大兴波澜。很快,张謇兄弟和朱铭盘等受到吴长庆重用的幕僚"处于众浊群撼之难"。连一向十分坚强的张謇也深感"群小之可畏甚矣","然忍气平心,唇焦舌敝,至非人所能堪之境"。那些过去被吴长庆相对冷落的"诸吴与群小"借题发挥,对张謇们"冀一网打尽"。张謇不能不慨叹"人情如此,可胜惧哉!"这场风波持续了将近一个月,张謇竟弄到"无饭吃"的地步,最后才终于拿到了吴长庆遗命的三个月薪水,其中一个月的薪水甚至直到开船前吴夫人方送来。[56]我们有理由推测,凭周家禄的智力和他对"诸吴与群小"的了解,完全可能预感到吴长庆身后的局面。所以他宁愿少拿对他来说是笔巨款的二百金,也要早点一走了之,去另谋生路。

但是,对张謇来说,这两件表现出两人截然不同态度的事却令他终生难忘,直到晚年自订年谱时,仍然记录在案,尽管此时周家禄已经作古十有六年。因为张謇是极其重视义利之分的人。

此外,袁世凯攀缘李鸿章,做了许多令吴长庆难堪之事,张謇与张詧、朱铭盘联名"移书切责之",要他"脚踏实地,痛改前非","以副筱公(吴长庆)知遇之恩"。[57]此事发生在张謇与周家禄共拟吴长庆《上朝廷遗疏》前不久,周家禄却并未参与"移书切责之"其事。其后张謇与袁世凯绝交,而周家禄则与袁保持了关系。还有一次,周家禄听说张謇上书劝朝鲜国王内禅,便写信给范当世给予批评,并说"揆度事理,未见其可"[58]。值得注意的是,信并不写给张謇本人,却在第三者前面说事。

正是这些,可能导致了张謇和周家禄之间的裂痕。周家禄后来说他和张謇之间"青蝇交构,晚节参差"[47]。究竟有没有青蝇("青蝇"语出《诗经·小雅·青蝇》,谓进谗之人),谁是青蝇,何时"青蝇交构",当然我们都已无从知道。

(四) 分道渐远(1884—1903)

张謇和周家禄分手后各自走上自己选择的道路,是在甲申年即光绪十年(1884)以后。张謇返抵家乡常乐,从此经营乡里十年,直到大魁天下,后来走上了实业救国的道路。张謇自己概括道:"自吴公之殁,无意诸侯。一客汴梁,数月即去。由是展转都讲,淹逾累岁,偶玷朝籍,而官非其本怀,又奉讳遽归,自远于人外。感激时会,而奋志农工,杂伍傭侩,开径自行,长往不顾。"[3]而周家禄在家乡待过一段时间,生活非常艰难,以后则先后到湖南、福建、湖北、天津等地做幕僚谋生,期间还在家乡办过学校,在家乡和外地做过讲席。

在这段时间里，张謇和周家禄保持着联系。在周家禄困难的时候，张謇向他伸出了援手。光绪十四年（1888），太仓知州莫祥芝邀张謇主持娄江书院，张謇举周家禄、郑孝胥自代，并派家人携函往太仓专荐周家禄，此事未果后又为周家禄致函国子监祭酒。同年，张謇在娄江书院得到周家禄借款来函，即复告托刘桂馨寄银二十元。一直到光绪二十七年（1901），两人经常互通信函，不乏诗词酬唱，也有多次晤谈，其间已经高中状元的张謇在江宁还曾送51岁的周家禄进入乡试考场。周家禄在入张之洞幕前，曾向张謇询问张之洞的旨趣，张謇回答说"南皮（张之洞）有五气：少爷气、美人气、秀才气、大贾气、婢妪气"，"南皮是反君子，为其费而不惠、怨而不劳、贪而不欲、骄而不泰、猛而不威"。[59]这种一问一答，没有相当的交情是断无可能发生的。也许正是张謇接着说的"然今天下大官贵人能知言可以言者，无如南皮"[59]，坚定了周家禄入张之洞幕的决心。光绪二十六年（1900），正在武昌的周家禄将"鄂谣"函告张謇，意谓朝廷将罗织党人，祸及张謇，"属远避"，充满了对朋友的关切之情。同年，义和团事起，八国联军发动侵华战争，慈禧太后和光绪皇帝逃往西安。张謇在应两江总督刘坤一之邀赴宁时，经川港与周家禄讨论了时局，两人共同的看法是"退敌、剿匪、迎还两宫、议约"。到江宁后，张謇又致函周家禄。周家禄曾致函张謇说，"东南诸镇不敢为晋王（唐李克用勤王有功被封晋王——笔者注），不可不效十国之各保疆土"[60]。这与张謇力促"东南互保"完全吻合。后来"东南互保"成功，周家禄致函陆润庠，高兴地说："此间地方安静，长江互保之约久而未渝。南皮（张之洞）、新宁（刘坤一）左提右挈，东南遂有长城。"[61]两人在庚子之乱中的交流，显示出他们对国家命运的关心，说明他们在政治上仍然有许多共同语言。在张謇正在为创办大生纱厂的筹款焦头烂额时，周家禄却认为大生纱厂"以就地产出之棉供就地织布之用，土棉既不必外销，洋纱亦无庸外购"，因而"出入两利，获利当在意中"。[62]周家禄无疑是第一个预见到大生纱厂的光明前景，第一个高度评价张謇的大生纱厂，同时也是第一个高度评价张謇为发展民族工业作出贡献的人。光绪二十七年（1901），周家禄和张謇通过纪念自己的恩师赵彭渊这个"人师之职帜，学官之凤麟"，倡导振兴海门教育，共同发起在海门厅学建造赵亭。上述足以说明，周家禄和张謇一样有着引领潮流的先进性，他们在政治态度和思想意识方面并不存在根本性分歧。

对于周家禄所走的道路，张謇也早就认为是很适宜的。光绪十一年（1885），张謇在应顺天乡试结识杨锐后说，杨"风神明隽，当文学侍从之易达者。大致略似彦升，开朗处，彦升不及"[63]。幕僚则大体类于"文学侍从"，而周家禄的性格又并不开朗，"恂恂似不能言者"，所以周家禄不能有张謇那样"开径自行"的魄力。张謇后来在《寿恺堂集序》中对亡友周家禄诉说自己在这段时间里,"未尝不壮君之游,而悲君之悴也",这确实是真心话。然而张謇又说,"此数年中,与君趣异,赠答不嗣,迹亦疏焉"[3]。光绪二十七年(1901)下半年,周家禄决定应袁世凯的入幕之邀,这显然是张謇很不能容忍的事。但次年正月,张謇集通、如、泰、海士绅议设通州师范时,也仍有周家禄的参加。[64]两人关系是"疏"而未"绝",由此可以窥见。

张謇和周家禄两人自离开吴长庆幕以后的关系,各自的感受并不一样,这可能与他们的性格和所处的环境有关。除了后来的"趣异"之说,我们没有发现张謇的其他说法,而周家禄则在张謇考中状元时给张謇三兄张詧的复信中就十分痛心地把两人的关系说成"投胶一离,断带莫续",回忆起两人过去的情谊,特别是"点检废簏,积函盈尺,督过之词十之三,亲爱之词十之七,每诵朝鲜感事诗……未尝不感唔拊心,当食辍箸";并且连用四个典故,表示了自己"勿疑、久敬、欢咄、终始"的心愿。[47]他在《祭张丈文》中,又对不久前张謇"逢岛虏之猖披,愤疆吏之误国,独请对于丹墀,枢府为之动容,天子为之嗟咨"的壮举表示了由衷的钦佩。周家禄也一再表现出其时"龙蛇之悬绝""驽骥之不并驰"的自卑和伤感。[65]

(五) 晚年趣近(1903—1909)

一生四处漂泊的周家禄最后到上海担任南洋公学总教席。南洋公学为盛宣怀于光绪二十二年(1896)所创,与北洋大学堂同为中国近代历史上中国人自己最早创办的大学,即今上海交通大学前身。周家禄在南洋公学任总教席,足见其当时已具有了很高的学术地位。不幸的是,一日周家禄"暇饮于市,暮归,仆司灯忘塞其管,烟四流,先生触之,仆。既苏,脑溶溶如浸水中,遂弃繁就简,寂居疗疾,与世相忘"[10]。晚年的周家禄"意倦于游",回到家乡。张謇则忙于兴办实业、教育、慈善和地方自治,参与政治活动,倡导君主立宪。光绪三十年(1904),周家禄为了张謇倡导立宪的成功,建议张謇与袁世凯复交,再加上张之洞的劝说,张謇终于致函和拜访袁世凯。张謇说周家禄"不复以余倔强为非",因而两人"每见款款辄作深语,趣若渐近"。[3]可见周家禄曾经看不惯张謇的倔强,也许张謇与袁世凯的关系即是一例。张謇竟至于与昔日弟子兼幕友、后来位极重臣的袁世凯绝交20年之久,不可谓不倔强;而一贯劝说张謇"谨身慎言"的周家禄自然也不能不以之为非。

那么,张謇所说的两人"趣异"究竟是指什么呢?张謇晚年曾这样表述其人生志趣:自己本农家子弟,"生平耻随人世间一切浮荣虚誉,及流俗猥下之是非,向不以为轻重。徒以既生为人,当尽人职,本吾所学与吾所志,尺寸行之,不可行则止"[66]。而张謇在《奥箧遗训跋》中说周家禄在"尚无病而健在"之时,即"遗训诸子"而且"周详审慎,反复丁宁至矣",所以说他"生平往往忧贫,中年后辄忧死,与余趣不合",张謇对他"时有所规讽",而他"亦韪焉,而忧故不止"。[67]我们在周家禄的著作中,确也看到他一生的无限忧虑。用这一点来考察张謇与周家禄的交往,特别是他们之间发生的问题,应当是合适的。

周家禄与生活在最黑暗的半殖民地半封建社会的其他许多知识分子不同的是,他清醒而不甘流俗,用自己的笔墨为后世留下了许多不朽的文字;而他又与当时绝大多数知识分子一样,缺乏坚忍不拔的抗争决心、信心和勇气,"庶几用世,而世未用","何当忧死,乃死于忧"。[5]就这一点而言,周家禄的一生,不能不说是一个悲剧。

注解:

[1]顾锡爵:《海门周府君墓志铭》,《寿恺堂集》卷首,民国十一年周宝臣排印本。

[2]张謇:《周丈哀辞》,《张謇全集》卷五,江苏古籍出版社1994年,第463页。

[3]张謇:《寿恺堂集序》,《张謇全集》卷五上,又见于《寿恺堂集》卷首,第289—290页。

[4]张謇宣统元年(1910)十二月初九日日记,《张謇全集》卷六,江苏古籍出版社1994年,以下凡引日记,均此。

[5]《张謇全集》卷五下,江苏古籍出版社1994年,第576页,挽联云:何当忧死,乃死于忧,虫臂鼠肝,无复天倪证奥祀;庶几用世,而世未用,金羁玉轪,空传文苑比曹袁。

[6]周家禄:《海门厅图志序传》,《寿恺堂集》卷二十三,第6页。

[7]周家禄:《刘太母陆太孺人寿序》,《寿恺堂集》卷二十一,第11页。

[8]张熙瑾:《茅炳文踪迹补寻》,《师山诗存》,第336页。

[9]张謇:《南通县图志杂记》,《张謇全集》卷五上,江苏古籍出版社1994年,第186页。

[10]陈诗:《寿恺堂集跋》。

[11]周家禄:《与林怡庵》,《寿恺堂集》卷二十八,第10页。

[12]周家禄:《复徐侍郎》,《寿恺堂集》卷二十九,第5页、第4页。

[13]周家禄:《书束锦遗稿后》,《寿恺堂集》卷十七,第6页。

[14]周家禄:《通今学塾启事》,《寿恺堂集》卷二十二,第10页。

[15]周家禄:《海门厅图稿序》,《寿恺堂集》卷二十,第9页。

[16]《南通县新志·耆旧传》之"周家禄",文末云"民国元二年,范铠为《南通新志》,于《古今志》例不欲有所袭,独引《海门厅图志》资效法焉"。转引自《寿恺堂集》卷首。

［17］周家禄：《与陈阁学》，《寿恺堂集》卷二十九，第6页。

［18］周家禄：《与张尚书》，《寿恺堂集》卷二十九，第5页。

［19］周家禄：《复袁中丞》，《寿恺堂集》卷二十九，第11页。

［20］周家禄：《与袁中丞》，《寿恺堂集》卷二十九，第14页。

［21］周家禄：《与张方伯》，《寿恺堂集》卷二十九，第11页。

［22］周家禄：《湖北官报条议》，《寿恺堂集》卷三十，第5页。

［23］周家禄：《与张方伯》，《寿恺堂集》卷二十九，第9—10页。

［24］周家禄：《答问铁路》，《寿恺堂集》卷二十四，第2页。

［25］周家禄：《答问矿务》，《寿恺堂集》卷二十四，第2页。

［26］周家禄：《答问商务》，《寿恺堂集》卷二十四，第8—9页。

［27］周家禄：《答问纺织》，《寿恺堂集》卷二十四，第14—15页。

［28］周家禄：《答问公法》，《寿恺堂集》卷二十四，第6—7页。

［29］周家禄：《答问海军》，《寿恺堂集》卷二十四，第3—4页。

［30］周家禄：《答问军械》，《寿恺堂集》卷二十四，第5页。

［31］周家禄：《答问科举》，《寿恺堂集》卷二十四，第12—13页。

［32］周家禄：《答问学校》，《寿恺堂集》卷二十四，第11—12页。

［33］周家禄：《答问艺学》，《寿恺堂集》卷二十四，第15页。

［34］周家禄：《答问农务》，《寿恺堂集》卷二十四，第13—14页。

［35］周家禄：《湖北官报余议》，《寿恺堂集》卷三十，第5—6页。

［36］周家禄：《湖北官报条议》，《寿恺堂集》卷三十，第4—5页。

［37］周家禄：《为陆学士奏请饬调师船直捣倭巢疏》，《寿恺堂集》卷二十二，第6页。

［38］周家禄：《为陆学士奏劾枢臣贻误军机请召用亲贤疏》，《寿恺堂集》卷二十二，第4页。

［39］周家禄：《为陆学士奏请将庆典银两拨充军饷疏》，《寿恺堂集》卷二十二，第5页。

［40］张謇同治十三年（1874）二月初四日日记。

［41］周家禄：《复张树人》，《寿恺堂集》卷二十八，第2页。

［42］张謇同治十三年（1874）正月十六日日记。

［43］张謇光绪元年（1875）十二月初五日日记。

［44］张謇光绪三年（1877）十月二十三日日记。

［45］张謇光绪三年（1877）十月二十八日日记。

［46］周家禄：《张母金孺人诔》，《寿恺堂集》卷十七，第4—5页。

［47］周家禄：《复张叔俨》，《寿恺堂集》卷二十八，第12—13页。

［48］周家禄：《林葵四十岁序》，《寿恺堂集》卷十八，第6—7页。

［49］张謇：《啬翁自订年谱》光绪八年（1882），《张謇全集》卷六，江苏古籍出版社1994年，第844页。

［50］张謇：《为吴长庆拟致张树声函》，《张謇全集》卷一，江苏古籍出版社1994年，第11页。

[51] 张謇光绪八年（1882）八月二十三日日记。

[52] 张謇光绪十年（1884）闰五月十五日日记。

[53] 张謇光绪十年（1884）闰五月二十一日日记。

[54] 张謇光绪十年（1884）闰五月二十四日日记。

[55] 张謇光绪十年（1884）闰五月二十五日日记。

[56] 张謇光绪十年（1884）六—七月日记。

[57] 张謇：《与朱曼君、张詧致袁世凯函》，《张謇全集》卷一，江苏古籍出版社1994年，第17—21页。

[58] 周家禄：《与范肯堂》，《寿恺堂集》卷二十八，第5页。

[59] 张謇光绪二十三年（1897）六月三日日记。

[60] 周家禄：《与张季直》，《寿恺堂集》卷二十九，第10页。

[61] 周家禄：《与陆侍郎》，《寿恺堂集》卷二十九，第12页。

[62] 周家禄：《答问纺织》，《寿恺堂集》卷二十四，第14—15页。

[63] 张謇光绪十一年（1885）七月二十日日记。

[64]《南通师范学校史·第一卷·纪事》第1页。

[65] 周家禄：《祭张丈文》，《寿恺堂集》卷二十二，第8—9页。

[66] 张謇：《谢教育慈善募捐启》，《张謇全集》卷四，江苏古籍出版社1994年，第565页。

[67] 张謇：《奥簃遗训跋》，《张謇全集》卷五下，江苏古籍出版社1994年，第267页。

忠勇可敬沈敬夫

说到张謇创业的艰辛，便不能不说到被张謇称为"始终忠勇可敬"的沈敬夫。沈敬夫，名燮均（1841—1911），清代海门厅岁贡，住通州姜灶港。

张謇在1921年作的《南通县图志·沈燮均传》中说，"謇为人言通纺业之兴，归功于燮均，谓与共忧患屡濒危阻而气不馁志不折谋不贰者，燮均一人而已"；在1925年作的《致沈敬夫旧牍跋》中说，"所倚以为建设纺厂，独一敬夫"，"自丙申至庚子五年之间，余与敬夫殆无十日半月不通讯，中历艰辛劳瘁，与所受人世之炎凉侮弄不胜数"。张謇说的"燮均一人而已""独一敬夫"，便明白无误地昭示了沈燮均在张謇兴办南通纺织业过程中所起的作用是任何人所无法比拟的。张謇说"纱油诸厂，昔恃一友，今恃一兄"，沈燮均便是这个"一友"。

沈燮均早年刻苦攻读，以图走上仕途，但"既长犹屡踬院试，久之，始隶学官为生员"，考上秀才费了很多周折。又经过多年努力，由于成绩突出，终于被选为岁贡，即取得了去国子监深造的资格。然而沈燮均却放弃了科举的道路，"下海"经商，做起了土布生意。南通、海门一带盛产棉花，当地老百姓普遍以纺织为生计，家庭纺织业迅速发展起来，而布商在其中起到了重要的推动作用，诚如张謇所说的"纺织业绾毂于商"。但当时官府向布商收取很重的"厘捐"，致布商连年亏本，这就严重打击了布商的积极性，进而也就严重打击了通海人民聊以为生计的家庭纺织业。沈燮均在当地常常"一言定曲直"，威望颇高，于是大家推选他与官府交涉，申请减捐。沈燮均不负众望，积极活动，但官府却始终不肯让步。光绪九年（1883），他找张謇相助。张謇为沈燮均作了《呈请代奏核减海门花布厘捐禀》，并"与敬夫理通海花布减捐"。经过努力，减捐终于成功。这是我们现在知道的张謇和沈燮均的第一次合作。这次合作，使张謇了解了沈燮均，并且十分敬重沈燮均，两人成了终生好友。这件事至少还说明，早在张謇中举之前，虽然他一方面仍在科举道路上拼搏，另一方面却已经注意到了地方实业的振兴，并且和地方上从事商业活动的业者建立了联系。

光绪二十一年（1895）九月张謇开始筹办大生纱厂，直到光绪二十五年（1899）四月开车试生产，"首尾五载，阅月四十有四"。在此期间，招股困难导致的资金不足，始终是最突出和最困难的中心问题，多次使得大生纱厂濒临夭折。因为招股困难，张謇曾尝试了商办、官商合办和绅领商办三个方案，股东也几经更换。张謇"一再求助于江鄂二督及桂道及凡相识之人"，但成效却十分有限。署理江宁布政使桂嵩庆曾"许协助集股六七万"。盛宣怀亦曾答应代张謇筹集流动资金。但当大生纱厂工程开始，"用款日繁日紧，而各路许入之股不至"时，桂嵩庆答应的钱却"屡催不应"。盛宣怀同样是"久之寂然如桂"，张謇"屡催屡请执约，告急之书，几于字字有泪"。张謇旅沪时"不忍用公司钱"，"卖字自给，龃侩黠吏阴嗤而阳弄之者，比比皆是；然而闻谤不敢辩，受侮不敢怒"。1899年春，大生纱厂开工之前，张謇为筹集工程扫尾、装机购花、清付利息等费用，"奔走宁沪，图别借公款，不成；图援湖北、苏州例，以行厂机器抵借，不成；告急于各股东，不答"，而"上年汇款到期，若不还，则益失信用，后路且绝"，无奈张謇只好卖棉花应急。在四处碰壁的情况下，张謇再一次向江督刘坤一求援，此时张謇的处境是"哀于江督，则呼吁之词俱穷；谋于他人，则非笑之声随至"。在一筹莫展的情况下，他只好向江督呼吁"另派殷富员商接办"，但"函牍再上"，回答却是"不可"。"及至开车，所恃为运本者仅数万金"，为勉强维持，张謇东挪西借，甚至以每月1.2分的高利向钱庄借贷。即使这样，到新花上市时，依然是"资本已竭，危险万状"。

当时的张謇走投无路，与一二朋友在上海"每夕相与徘徊于大马路泥城桥电光之下，仰天俯地，一筹莫展"。而沈燮均在其他人"次第观望委去"时，始终同张謇并肩携手，表现出格外的"忠介勤勉"。这时的沈燮均已经是南通最大的布业巨商、创立同兴宏大牌的恒记布庄老板。沈燮均的布庄专运南通土布到东北三省行销。他所经营的土布，布质细、门面大、尺头足，合东北人的脾胃，营业额相当大。沈燮均为了支持张謇，破釜沉舟，把自己布庄的资金全部接济了大生纱厂，不足，又以布庄的名义向上海和南通钱庄透支巨款，转借给大生周转。沈燮均还利用他与通、崇、海花纱布商的紧密联系和自己在花布同业中的声望，动员棉花商、布商等向大生纱厂投资。

不仅如此，由于沈敬夫精通商业，洞悉南通的棉花和纱销行情，还献计献策，协助张謇经营纱厂。沈燮均献计"尽花纺纱，卖纱收花，更续自转"，终于使纱厂渡过了难关，得以存续并有了以后发展的基础。大生投产后，张謇请沈燮均担任进出货董，掌管供销事务。张謇兄弟与沈燮均、高清、蒋锡绅等本地商人相结合，组成了大生领导集团，成为推动南通近代化事业的核心层。在张謇创办通州师范等学校时，沈燮均也欣然赞助了巨款。作为张謇的挚友，沈燮均为张謇实现"父教育母实业"造福一方的理想做出了重大贡献。但是，沈燮均在帮助张謇创办大生纱厂并使大生纱厂取得很大经济效益以后，于1901年"乃坚决引退，自营布业"。从此，张謇经营纱油诸厂由"昔恃一友"开始"今恃一兄",张詧成了他的主要助手。

但是,张謇对沈燮均的友情始终不渝。沈燮均去世后,张謇"伤痛不已",亲往姜灶港吊唁并撰挽联,其上联云:"州敢云实业开幕之先,方其作始,将伯助予,沥胆相扶资老友",肯定了沈燮均在南通实业发展中的特殊地位,念念不忘当年他对自己的支持。张謇对沈燮均在创办大生纱厂过程中的作用给予了极高的评价:"纱厂甫兴,謇由书生入实业,未为众信。其时燮均已业布,布商感燮均减捐之劳惠,信望过謇。謇于营厂至顿极窒之时,赖燮均为之转输慰藉,未尝对謇作一语无聊,亦未藉厂有一事自利。"

为南通自治做出贡献的刘桂馨

张謇从创办实业开始,进而办教育,办慈善,直到全面推行地方自治,把南通建成为当时的全国模范县。在整个过程中,刘桂馨可谓如影相随,如响之应,为南通的地方自治做出了重大贡献。

刘桂馨(1859—1916),字一山,亦字省斋,通州川港人。刘桂馨很早死了父亲,家中自曾祖母起"三世五孀",他成了家中唯一的希望,于是五个寡妇"日惴惴,耳所听,目所视,心所念虑,唯一山"。而少年刘桂馨受业于同镇周家禄时,"读不尽二十行,复诵不成句读",周家禄"辄怒呵之,甚则朴责之"。后来,刘桂馨"卒以成业",成为通州有名的花布商号刘正大关庄布行兼花庄老板。刘桂馨不忘周家禄的教养之恩,周家禄曾经感慨地说,"家禄无裨于一山,而一山之为报,恒什佰所施,其恩义周浃,贤于子弟之顺父兄",可见这对师生的交谊很深。周家禄是张謇于同治十年(1871)便结识的朋友,所以张謇认识刘桂馨应该是很早的事。据张謇日记记载,光绪十四年(1888)十月间,穷困潦倒的周家禄向张謇求助,张謇请刘桂馨"代付二十番钱交周宅";不久,张謇收到了刘桂馨寄给他的"颍滨手迹"所书诗二律;十一月,张謇抵沪,刘桂馨等置酒欢迎;光绪十七年(1991)六月,张謇致函刘桂馨,托购李邕《岳麓寺碑》。这些记载至少透露了两个信息:一是张謇与刘桂馨交往很早,亦很深;二是刘桂馨经常往来于通沪之间。这样的机缘,使刘桂馨成为张謇于光绪二十一年(1895)筹办大生纱厂时的第一个响应者,并且由此成就了刘桂馨后半生轰轰烈烈的事业。

光绪二十一年(1895)九月,张謇"以通州产棉最王而良,议设纱厂"并开始招商时,刘桂馨不仅第一个响应,而且还为之奔波。刘桂馨经常往来于通沪之间,这就为大生纱厂最早的投资人"通沪六董"的形成创造了机会。"初议通州设立纱厂时,由刘桂馨说合,潘华茂、郭勋、樊棻作主,桂馨与陈维镛同办","十二月到省先递手折,后即到通由张謇添约沈燮均订立合同,禀请通州、海门地方官会详定案"。沈燮均是张謇的老朋友,早在光绪初年两人就曾合作,联络各处花布商人,请求政府减少厘金征收数额;也曾共同谋求增加海门拨贡名额。而在最早的"通沪六董"中,坚持到底的也只有刘桂馨和沈燮均两个人。在由通州知州汪树棠和海门同知王宾监订的合同中,"通沪六董"议定"分通沪为两股,潘领沪股,沈领通股,合集银六十万两。潘认集三分之二,沈、刘认集其一","议由潘、郭管银,购纱机二万锭设厂"。接着,"二十二年七月,凭汪通州(汪树棠)及张謇在沪会议,按照六人分任招股"。订立合同后,刘桂馨、陈维镛、沈燮均三位"通董"相当积极,当月,便以"通股购厂基地于州西十五里唐家闸","旋规划垫基,浚港,筑岸,建造行栈及监工住宿之房"。然而在"通股"用了二万余以后,上海的"潘、郭股则不应,机亦不定",筹建工作进入了困境。于是,次年七月,樊棻、陈维镛知难而退,辞去董事职务。这时上海的郭勋提出了将堆放在上海杨树浦江边已经整整三年无人过问的40 800纱锭官机折价入股的主意,并且得到潘华茂的支持。在此情况下,张謇决定推荐增补通州木材商高清和典当商蒋锡绅,仍然合成"六董"之数,希望以本地绅商作为集资的主要依托。张謇到江宁拜访江宁商务局总办桂嵩庆等人进行议商。十月中下旬,高清、沈燮均、蒋锡绅到江宁,与张謇一起确定了40 800纱锭官机折价五十万两作为官方股金,另招商股五十万两,由通、沪各集二十五万两,合共一百万两,纱厂由"官招商办"改为"官商合办"。但是此议遭到官机入股倡议者郭勋、潘华茂"以官有股必干涉掣肘"为由的反对。高清等"通董"决定承担三十四万集股任务,只要郭勋、潘华茂承担十六万。光绪二十三年(1897)开始"规建厂屋",而郭勋、潘华茂很不积极,"仍持缓议"。高清等"通董"不得已提出"请拨官款",郭勋、潘华茂表示"既用官机,复用官款","沪股顿散,即有亦不交",于是辞去董事责任。后来大生纱厂建成后,张謇请人画了四幅《厂徽图》,其中《鹤芝变相图》就是寓指潘华茂(字鹤琴)、郭勋(字茂芝)在关键时刻退股作难。这样,最早的"通沪六董"中就只剩了刘桂馨和沈燮均两人。

在刘桂馨、沈燮均和后来加入的高清、蒋锡坤的坚决支持下,张謇最终建成了大生纱厂。张謇在董事们纷纷退出,招股连遭挫败时,在湖广总督张之洞的帮助下,找到了一条新的出路,即由张謇承领一半官机,折二十五万两,由张謇扮演"通官商之邮"的角色,集商股二十五万两,使纱厂变成"绅领商办"。光绪二十三年(1897)下半年开始,集股和建厂的重任就全部落到了张謇和"通董"刘桂馨、沈燮均、高清、蒋锡绅的身上。他们不断地会晤和通信,通报进展情况,议商办法,吃尽了千辛万苦。光绪二十四年(1898),大生纱厂建设全面启动。"造厂运机,造工匠房,修闸,砌岸,建坝,造桥,一切工程,先后并举。"光绪二十五年(1899)四月十四日,大生纱厂终于正式投产。之后,为了工厂建设,张謇曾将刘桂馨、高清、沈燮均介绍到上海《时务报》汪康年处,找人学习"日本厂屋制俭价省"的经验。

刘桂馨同时又是张謇创办通海垦牧公司最早的支持者。光绪二十七年

（1901），张謇与汤寿潜、李审之、郑孝胥、罗振玉共同署名刊布《通海垦牧公司集股章程》后，刘桂馨等七八个人就成了继发起者之后最早的股东，刘桂馨（含代表他人）共投资七十九股（规银7 900两）。宣统三年（1911），通海垦牧公司召开第一次股东大会，刘桂馨出席会议，并在会上十分活跃。在议到实行包租制还是议租制时，刘桂馨力主有利于佃农的议租制。正如有学者指出的，议租制的好处是，"如遇丰年，业佃可共享其成；如遇歉收，也不致由佃农一方负担其灾害"。在会上，刘桂馨被选为两位查账员之一。

光绪三十年（1904）起，刘桂馨参与通崇海泰总商会的领导工作，1909年成为该会总理，从而演出了他人生最为精彩的华章。

通崇海泰总商会实际上是张謇推行地方自治的核心机构。通崇海泰总商会始名南通州商务总会，成立于光绪二十八年（1902），与同年盛宣怀所建的上海商业会议公所，为中国最早的两家商会。南通州商务总会一开始由张謇的三兄张詧任总理。当时，张謇等人兴办大生纱厂已有七年之久，通州及周边地区的花纱布行业带动各行各业迅速发展，实力雄厚的经营者随之而出，群力自生的意识催生了商会的诞生。而此时张謇正全面创业，亟须商会这样的团体做自己牢靠的基础和有力的支持。于是，应运顺势而生的南通州商务总会从花布行业发展到各行各业；地区从通州发展到海门、崇明（主要是崇明外沙，即今启东）、泰州，其实还涵盖了如皋、泰兴、姜堰、海安等地。光绪十年（1904）八月，在通州、崇明、海门设分会，同时，改名为通崇海花布总商会，张詧继续任总理，另由刘桂馨任协理，三个分会也各设总理。光绪三十二年（1906），改名为通崇海泰总商会，拟定《会章》十三章凡八十条，总商会范围遍及通州、海门、如皋、崇明、泰县、泰兴、东台等处商务，会员多达数万人，在二十世纪初与上海、南京、苏州总商会并列为江苏四总会。其职能包括联络工商、调查商情、受理商事纠纷、保护工商业利益等。宣统元年（1909）八月，张詧奉调担任江苏农工商局总办，由刘桂馨继任商会总理。宣统二年（1910）七月，改称通崇海泰商务总会（以下简称"总商会"）。

由于张謇成功地开展地方自治，通崇海泰商务总会有别于全国其他商会的是，它不仅开展商业范围内的活动，而且涉及本地的政治、军事、教育、慈善、市政等方面，几乎无所不及。张謇等新兴力量的出现使腐朽的地方政权显得无能和不作为，"绅重官轻"成为当时的南通特色。通崇海泰商务总会的作为是形成这种特色的一个重要方面。总商会事实上诚如《民国南通县图志》所说的，成为"一邑之总枢"。

宣统二年（1910）正月，总商会办理在江宁举行的南洋劝业会通海物产会，派员运输赛品，并设事务所于江宁。南洋劝业会是中国最早的博览会，甚至也可看成是中国创办世界博览会的预演。民国元年（1912）七月，总商会改建了在南洋劝业会之前即于光绪三十三年（1907）所建的通州商品陈列所和劝工场，陈列商品分为天产、工艺、美术、教育、参考五部，推陈出新，供人参观，以促进经济和社会的发展。民国三年（1914）五月，总商会筹设巴拿马世博会南通物产会。

宣统三年（1911）七月，总商会设银行专修学校及乙种商业学校，刘桂馨自任校长。当时全国"各省所设之专科学校无几"，刘桂馨在开学后不久，便请张謇到校演讲，教育学生。张謇说，建"商业初等者，即启牖商业初等之知识为普通商业用"，又"以近日中国金融机关不灵之故"而设银行专科；并且强调"商业无道德，则社会不能信用，虽有知识、技能，无所用之。故知识、技能与道德相辅，必知识、技能与道德三者全，而后商人之资格具"，教育学生"在学校中须养成道德之习惯，毋谎言，毋占便宜，毋徒取虚名，著著从实上做起，自审将来在世界上作一何等人物"。两校前后共毕业学生六十七人。民国三年（1914），刘桂馨与张詧、张謇因原有的乙种商业学校借助通海五属中学办学，校舍难以扩充，且乙种学生于商业上知识尚欠完足，而议设通海甲种商业学校，并由他们三人补助经费的不足。

宣统三年（1911）六月，沿江堤决，总商会办理潮灾救济会及保坍会，筹筑江堤；民国二年（1913）五月，总商会集股组织大聪电话公司；民国三年（1914）一月，总商会筹设城港道路工程局。

宣统二年（1910）十一月，总商会设商业体操会，张詧任会长，刘桂馨等任副会长。宣统三年（1911）五月，又在商业体操会附设工业体操会。两会学员均为工商业执业人员，教以兵式体操，目的在于使学员"秉尚忠尚武之训，有卫国卫家之思"，共毕业学员七十八人。辛亥革命后，沿江戒严，驻通兵力本来单薄，不敷分布，于是由商业体操会和工业体操会辅助军警，并承担筹募军饷和维持地方治安之任；民国二年（1913），南通三十里土匪滋事，由两会学员开赴前敌和维持城区治安；七月，赣宁兵叛，南通当江北第一门户，风声鹤唳，一夕数惊，两会学员辅助军警尽力防卫。

由于通崇海泰商务总会在南通自治中的地位和贡献，民国三年（1914）四月，大总统曾向总商会颁发"拱卫国家"匾额。

通崇海泰商务总会在辛亥革命南通光复中的积极作为，是它介入政治最突出的事例。宣统三年（1911）武昌起义爆发时，张謇正泊舟武昌城外，他最早把起义爆发、清军节节败退的消息带到了通州。于是，在张謇的幕后策划指挥下，总商会便成了张詧等头面人物和纱布、杂货、京货、木业、茶烟业等行业人士的密商之地，研究通州光复应变策略。九月十八日（阳历 11 月 18 日），上海光复军派舰来通，总商会领衔邀约地方各界到港欢迎。第二天在总商会召开地方大会，推选张謇等五人为总司令长、民政长、军政长、财政长和司法长，并相应成立了总司令部、民政处、军政处、财政处和司法处。总商会总理刘桂馨担任了财政长。过了四五天，在总商会举行了庆祝光复大会，也就是这些新的南通领导机构成员的就职典礼。新的南通领导机构名义上与总商会虽是两个系统的机构，实际上是合二而一，不分彼此。由此我们知道，刘桂馨在南通自治中做出了很大的贡献。

其实，刘桂馨对于地方事业的关心是一贯的。早在光绪二十一年（1895），刘桂馨就曾和陈维镛一起在通州境内劝兴农桑，并设灶收茧。光绪十八年（1892），刘桂馨与老师周家禄一起在家乡川港开始创办白华学塾。后来针对甲午战败后"倭约既成，欧美各国皆有觊觎中国之心"的现实，又曾决定改为"通今学塾"，"专课西学，为江北各郡邑倡"。虽然因为种种原因，白华学塾直到光绪二十八年（1902）才正式开办，但它开创了南通兴办小学的历史。白华学塾依官学堂例，国文、外国文并授，兼课历史、地理、算术、图画、体操。

刘桂馨受到人们的尊敬和信赖。他的朋友陈维镛死前曾向他托孤，他在请周家禄所写的送给陈维镛的挽联中说，"托孤寄命，古人所难，重任愧仔肩，亲当养，子当教，惟力是视；送往事居，后死之责，遗言犹在耳，危不持，颠不扶，于心何安"，表现出他对朋友的一片深情。

刘桂馨亦曾任江苏分银行经理、省议会议员。

1916 年，刘桂馨因误食河豚鱼中毒去世。刘桂馨去世后，被乡谥为"惠定"，《谥法》云，"爱民好与，曰惠；安民大虑，曰定"，这正是人们对刘桂馨一生事功的肯定。

参考文献：
《张謇全集》卷三实业、卷六日记，江苏古籍出版社 1994 年。
《张謇全集》补遗校勘活页选（二）。
《大生纺织公司年鉴》。
《大生集团档案资料选编》之纺织编、盐垦编。
《南通地方自治十九年之成绩》。
周家禄：《寿恺堂集》。
庄安正：《张謇先生年谱》（晚清篇）。

高清与大生企业

高清一生中的最后十五年，全身心地投入了张謇创办的大生企业。他是张謇创办和经营大生纱厂最坚定的支持者和助手之一。

高清逝世后，张謇在挽联中说他"佐成工业与敬夫同"，敬夫即沈燮均，张謇将高清与沈燮均两人在自己创办工业的过程中所给予的帮助是相提并论的。张謇曾称道沈燮均"忠勇可敬""沥胆相扶"。有意思的是，张謇又在给大生纱厂上海事务所所长林兰荪的挽联中借称赞林兰荪而评价了高清与沈燮均这两位大生纱厂的元老，他说林兰荪"兼立卿（高清）谋虑所长，补敬夫局量所短"。大生纱厂建成后，高清和沈燮均都参与了工厂的管理，成为张謇的主要助手，但光绪二十七年（1901）十二月，"敬夫坚以病辞，固留不得，意似与夫已氏（指高清）有不两立之势。谓夫已氏去，则犹可时来照料云"。沈燮均与高清曾吵过一场，弄到"不两立之势"，其实沈燮均辞职的原因很复杂，而对他的"坚以病辞"，张謇认为是他的"局量所短"。而高清却有"谋虑所长"，这是对高清很高的评价。

高清（1850—1912），字立卿，民国成立后更名为高寿阳。中年时，一度曾"惩俗浮竞，慕无怀、葛天之世"，自号怀葛。相传在上古帝王无怀氏和葛天氏的时候，风俗淳朴，百姓无忧无虑，高清自号怀葛，实际上表达了他对当时社会的不满。高清祖籍江西龙泉（今属浙江），其父高执瑶"营木业江淮间"，后来定居在通州的金沙镇。高清五岁时便死了父亲，而"父在时，尝令对客诵书、演珠算，无舛，父老奇之"；后来在书塾读书，"七年塾书毕举"；十三岁时，"愤里无良塾，思负笈出游，母以孤贫泣沮之"。这样，自幼聪颖的高清只好早早地结束了正式的读书生涯，但是，他并没有因此放弃学习。有个名叫凌翼宸的秀才在金沙教书时，高清虽然不是他的入室弟子，而"趁邻儿问业其门"，几年下来，竟也渐渐地懂得了"文章门径"，但多次参加科举考试，都是名落孙山，于是看淡了科举，但学习更加勤奋了。这就为他后来的事业打下了良好的文化知识基础。高清后来成了通州很有影响的木材商。

张謇于光绪二十一年（1895）经过两个月的招商活动，邀请到本地花布商海门人沈燮均（字敬夫）、陈维镛（字楚涛）、通州人刘桂馨（字一山）和上海商人福建人郭勋（字茂之，上海洋行买办）、浙江人樊棻（字时薰，上海绅商，捐班知府衔）、广东人潘华茂（字鹤琴，上海广丰洋行买办）等六人，组成了所谓"通沪六董"。经反复磋商之后，这年十二月八日，张謇和他们到江宁向两江总督张之洞开折禀报，筹划在通州唐家闸一带水陆近便之处建厂，拟名"大生"，"先办纱机二万锭"，"俟二万锭办有成效，再行扩充"，"周转营运需本六十万两"，"仿照洋厂以一百两为一股，合计集股六千份"。随后，他们回到通州，"邀集通州知州汪树棠、海门同知王宾监订合同，会详立案"，议定"分通沪为两股，潘领沪股，沈领通股，合集银六十万两。潘认集三分之二，沈、刘认集其一"，"议由潘、郭管银，购纱机二万锭设厂"。三位"通董"相当积极，当月，便以"通股购厂基地于州西十五里唐家闸"，"旋规划垫基，浚港，筑岸，建造行栈及监工住宿之房"。在"通股"用了两万余以后，上海的"潘、郭股则不应，机亦不定"，筹建工作进入了困境。于是，次年七月，樊棻、陈维镛知难而退，辞去董事职务。这时上海的郭勋提出了将堆放在上海杨树浦江边已经整整三年无人过问的40800纱锭官机折价入股的主意，并且得到了潘华茂的支持。在此情况下，张謇决定推荐增补高清和典当商蒋锡绅（字书箴），仍然合成"六董"之数，希望以本地绅商作为集资的主要依托。高清就是在别人知难而退的情况下，反其道而行之，投身到了张謇创办实业的活动中，开始了和张謇长达十五年的合作。光绪二十二年（1896）九月二十五日，由高清、蒋锡绅参加的大生纱厂新的"通沪六董"组成。高清、蒋锡绅与沈燮均合为"通股"，刘桂馨、潘华茂、郭勋合为"沪股"，各认集二十五万。第二天，高清与蒋锡绅、刘桂馨、郭勋会合通州，同张謇一起议商创办纱厂事宜。第三天，他们"同至唐家闸，规度厂基"。但是接下来，张謇在招股中却连遭挫败，人们"一闻劝入厂股，掩耳不欲闻"，"入股者仅畸零少数"。上海的潘华茂、郭勋"屡言股不易集"，对办厂"微露怯意"，有"从缓举手待来年，姑看沪上各厂开后如何情形再行筹办"等语。通、海地方官亦告以通州集股更为困难。于是，张謇到江宁拜访江宁商务局总办桂嵩庆等人进行议商。十月中下旬，高清、沈燮均、蒋锡绅到江宁，与张謇一起确定了40800纱锭官机折价五十万两作为官方股金，另招商股五十万两，由通、沪各集二十五万两，合共一百万两，纱厂由"官招商办"改为"官商合办"。但是此议却遭到了官机入股倡议者郭勋、潘华茂"以官有股，必干涉掣肘"为由的反对，并"以集股不易为辞"。于是高清等"通董"决定承担三十四万集股任务，只要郭勋、潘华茂承担十六万。光绪二十三年（1897）开始"规建厂屋"，而郭勋、潘华茂很不积极，"仍持缓议"。高清等"通董"不得已提出"请拨官款"，郭勋、潘华茂表示"既用官机，复用官款"，"沪股顿散，即有亦不交"，于是辞去董事责任。最后在湖广总督张之洞的帮助下，张謇找到了一条新的出路，即由张謇承领一半官机，折二十五万两，由张謇扮演"通官商之邮"的角色，集商股二十五万两,使纱厂变成"绅领商办"。这年下半年开始,集股和建厂的重任就全部落到了张謇和"通董"的身上。张謇和高清、沈燮均、刘桂馨、蒋锡绅不断地会晤和通信,通报进展情况,议商办法,吃尽了千辛万苦。光绪二十四年(1898),大生纱厂建设全面启动。正月初七,高清便拜访了张謇。于是,"造厂运机,造工匠房,修闸,砌岸,建坝,造桥,一切工程,先后并举"。在重重困难之下,尽管四至六月间,张謇因结束父丧丁忧循例进京销假,但在沈燮均、高清等得力助手的艰辛维持下,建厂工程并没有中途夭折。五月中旬,两江总督刘坤一派代表到厂,会同沈燮均、高清点验了纱厂分领的官机。光绪二十五年(1899)四月十四日,大生纱厂终于正式投产。之后,为了工厂建设,张謇曾将高清及沈燮均、刘桂馨介绍到上海《时务报》汪康年处,找人学习"日本厂屋制俭价省"的经验。

大生纱厂投产以后,张謇自任总理,掌握全厂大权,以下设进出货董、厂工董、银钱账目董、杂务董,另设驻沪帮董协助进出货董工作。《厂约》规定,每天下午两点钟,各董要集中到总办事处"考论花纱工料出入利弊得失,酌定因革损益"。高清担任了厂工董。按《厂约》规定,厂工董须住在工厂执事(办公)楼,主要负责考察、督促机器设备的保养、维修,成品、半成品质量的提高,操作工人的勤惰和技术状况,决定燃料、机物料的储备数量等事项。高清担任的主管全厂生产的工作,困难很多。纱厂是在极其简陋的设备条件下开工的。这些设备,就是张謇领用的官机,它们在上海黄浦江边堆放了三年,风吹雨淋,锈蚀严重,零部件残缺不全,"运通安设之时,剔出腐败者堆积如阜"。由于资金不足,"凡可以将就暂用者,仍搜求擦洗而用之"。经过试车,却只能开出 9 000 锭,五个月后经过继续整理,定购零部件,才开出了 14 400 锭,设备利用率达到 65.6%。大生纱厂从一开始就在设备、技术方面不得不仰仗外国,以后所有工厂机件的添置,也都由洋工程师汤姆司和洋匠忒纳指定瑞记、怡和、地亚士等洋行承办。技术力量则更难以自立,一度必须听汤姆司指挥。高清一方面不得不与洋人周旋,一方面又根据张謇的部署,努力培养自己的技术人才。后来在开足 20 000 锭时,每年用棉达到了六万担,形成了很大的生产规模。纱厂以"魁星"为商标,早期生产 10 支、12 支、14 支纱,以 12 支为大宗。在简陋设备条件下生产的棉纱竟至于"纱色光洁调匀,冠于苏、沪、锡、浙、鄂十五厂"。开工生产的当年,在不到一年的时间里,即获利规银 26 850.791 两,第二年获利 118 936 两。大生纱厂在短期内取得如此业绩,而且从此走上了正常发展的道路,高清确实功不可没。

光绪三十三年(1907),高清在大生第一次股东常会上提请辞职,他在

《辞职意见书》中说,"清自光绪二十二年七月间承总理张季直先生嘱以厂工程事。初随沈、蒋二君赴省订领官机,既而专管建筑行栈、厂屋等事,旋任装机、招工、纺纱,及至续增新厂,所有添备机车、锅炉、电机、灭火机、保险等事,亦清承乏。先后共开纱锭四万八百,历时十载",至此人们才得以全面了解到高清在创办和参与经营大生纱厂中所做的贡献。他说,"当创办此厂之始,一切訾如,冥行直前,时时有颠覆之患",这确是实情。他认为"清生长通州,效力通州,略兼乡之义务之性质",所以辞职以后,"决不以不在其位,坐视得失于不顾"。但是新产生的董事局和总理张謇没有接受高清的辞职请求,而是决定由他出任考工所长,职务换了个名称,做的仍是原来的工作。

光绪二十七年(1901),高清支持张謇创办通海垦牧公司,投资10股(规银1 000两)。宣统三年(1911),高清参加了通海垦牧公司第一次股东大会,他在会上支持扩充垦地,又投资20股(规银2 000两)。

光绪二十九年(1903),高清协助张謇在唐家闸创办大生系统企业阜生蚕桑染织公司。当初筹建大生纱厂时,张謇曾设想丝、纱两项并提,在对两江总督、南洋大臣的奏片中说的就是"就通州近江地方设立纱丝厂"。后来先办了纱厂,所以在纱厂盈利后便创办了阜生蚕桑染织公司,其出发点是希望发展植桑养蚕的副业,所以"于地方公利关系,实非浅鲜"。公司筹款两万元,另由大生系统其他企业调集五万八千元。公司成立后,高清担任经理。公司分三步开展业务:第一步,设蚕桑学校,招工学习选种、育秧、栽桑、养蚕知识;第二步,造蚕灶,设蚕行;第三步,购置缫丝盆和织机。到光绪三十一年(1905),学员们初步掌握了种桑、育蚕、烘蚕等技术,公司遂以自缫之丝织了花式绸、绉,命名为"通绸""通绉"。年产绸、绉4 300多匹、棉织品1万匹。不久,公司又增设染织考工所,聘用曾被派往日本学习染色工艺的学生和日本技师,仿造各种绒线毯、丝缎带和丝棉绸。然而,薄利并不能多销,公司因此亏损。宣统元年(1909),公司在海门定兴桥设立烘灶,就地收茧、缫丝,使成本下降,当年有了盈利。次年开始,上海市场萧条,公司产品销路呆滞,继续出现亏损。

光绪三十三年(1907),在大生纱厂第一次股东常会上,股东们提出将大生纱厂改成股份有限公司,另外成立通海实业公司统管大生系统其他企业的投资。这是因为大生纱厂获利后,张謇未经股东同意,动用60万两公积金创办了一系列企业,股东们担心影响自己的利益,所以要求另建通海实业公司来限制张謇的个人权力。次年在通海实业公司股东会上,高清被选为董事,后参与过议商公司所属的大兴机器磨面厂破产善后事宜。事实上,通海实业公司的建立并没有实现股东们的愿望,实业公司也没有经营投资的目的,它只是专管大生纱厂与大生系统其他企业往来账目的账房。

高清与张謇相知甚深,受到张謇很深的影响,非常重视兴办教育。光绪二十八九年间(1902—1903),高清回到金沙与其兄高杰以及乡绅顾鸿阊、孙儆等在金沙运河南北两岸各开设一所初等小学。后来,在"花布统捐事件"中,"乡民误惑",捣毁南岸学校,并祸及高清住宅。两江总督周馥派兵镇压时,高清力主调解,希望通过释疑来劝导乡民。他认为"乱之所生,由于失教",所以兴办教育"讵可缓乎?"于是,他与人联合兴建了一所高等小学校,自己又捐资办了一所初等小学校。接着,通州金沙等镇又有多人效仿他创办学校。高清也很重视慈善事业,每年都拿出"千数百金谋公众之利"。有一年,金沙发生水灾,"饥民盈千",高清发起赈灾济民。辛亥革命后,高清被推举为南通县军政府执法员和县议会参事员。人们认为高清"刚果坦直,见义必为,不计毁誉",在他去世后,乡谥其为"果敬"。

参考文献:

《张謇全集》卷三实业、卷六日记,江苏古籍出版社1994年。

《大生纺织公司年鉴》。

《大生系统企业史》。

《大生集团档案资料选编》之纺织编、盐垦编。

庄安正:《张謇先生年谱》(晚清篇)。

通海垦牧"首席执行官"江导岷

张謇创办的通海垦牧公司，不仅仅标志着张謇的企业活动跨上了一个新的台阶，即从近代工业扩展到近代农业，而且为中国农业经营方式由封建小农经营向资本主义大农业经营过渡树立了一块跨越社会形态的里程碑。此后，在江苏北部范公堤以东，南起吕四，北抵陈家港，在纵约700里、宽逾百里的12 000平方公里的海涂滩地上，掀起了沿海开发的热潮。

关于通海垦牧公司的创办和发展，江导岷无疑是张謇的第一大功臣。如果说张謇是总策划者和总设计师，在具体实施中又负了"督教"之责的话，那么江导岷则是"首席执行官"，他成功地将张謇的理想变成了现实。江导岷除参与决策外，更以非凡的才干将张謇的蓝图变成现实，表现出杰出的管理才能和经营能力，为垦牧事业的成功做出了特殊贡献。他不辞劳苦、勇于任事、坚韧不拔的作风，赢得了张謇的特殊信任和社会各界的广泛尊重。张謇和江导岷在垦牧事业中可谓同心一体，密不可分。张謇曾致函江导岷称："仆为世界公益，至弃家不顾，舍儿不顾，亦与释迦之割肉喂鸟兽无异。其真能悯我而为我计者，退翁（张詧）外，老弟与易园（江谦）数人耳。"1924年张謇在《垦牧乡志》里详细阐述了通海垦牧公司的历史和取得的成绩后说："凡此种种设施，謇以二十年心力，得其弟子江导岷率各执事绸缪惨淡，与海潮争区区二百里之荒滩，成其九万一千七百六十一亩之田。"明确地说明了江导岷在通海垦牧中的特殊地位和贡献。

江导岷（1867—1939），字知源，安徽婺源（今属江西）江湾人。生活在江湾的萧江氏家族自北宋晚期迁居此地以后，甘冒风险，勇于开拓，至明代时，已发展成一个经商人数众多、足迹遍及全国的典型徽商家族，富甲一方。江导岷属萧江三十五世，幼年丧父，成年后在江宁店铺中做学徒。光绪二十一年（1895），已于上年考中状元的张謇应两江总督张之洞之邀去江宁主持文正书院，他在崇明瀛洲书院时的得意门生江谦追随来到文正书院就读。江谦是萧江三十四世，长江导岷一辈。正在江宁的江导岷经江谦介绍，也进入文正书院读书，成为张謇的入室弟子。张謇"自丙戌（1886）之后，即思致力于实业而无所借"，痛感了解近代事业人才的匮乏，"业无专学，士鲜苦志；先事无储才之力，当职鲜坚忍之才"。于是张謇从戊戌变法开始便决意派遣最信任的弟子求取新学，"时新政萌动，分遣弟子求应进之学，令（江）谦入南洋公学，令（江）导岷转学陆师"。江导岷进入的江宁陆军师范学堂，是张之洞于光绪二十一年（1895）创办的一所专门培养近代军事人才的新式军校。江导岷于光绪二十四年（1898）入校后，学习了包括测量、绘图、算术、营垒、桥路等各种学问，还一度兼习德语，光绪二十七年（1901）以优异成绩毕业于测绘专业。

江导岷为张謇创办通海垦牧公司提供决策依据。张謇创办的大生纱厂建成投产后，棉花原料的供应成为必须解决的大问题，"因念纱厂，工商之事也。不兼事农，本末不备"，于是张謇于光绪二十六年（1900）闰八月二十一日至吕四沿海一带察看可耕之地，"期辟此地，广植棉产，以厚纱厂自助之力"。此举首先得到当地李审之、张如峰的支持，张謇依靠他们的帮助，解决了纷繁复杂的地权纠纷。但问题是张謇需要筹集开垦资金，"然当时尚未得可垦之地数，何由定应需之股数？"于是实地察看之后一个星期，张謇便写信给江导岷，约请这位"贤弟""合共三人或四人""同画海滨荒田图"，同时向两江总督刘坤一商借江导岷等人。九月二十五日，江导岷等三人来到海门常乐镇向张謇报到。隔了一天，张謇即派他们前往吕四海滩进行测量。江导岷等人不辞辛劳，埋头苦干，只用了一个多月时间便完成了任务，测得"凡滩地方里二百三十二，凡亩十二万三千二百七十九"，绘制成"东海荒地图"，为张謇创办通海垦牧公司提供了决策依据。此后，在江导岷等陪同下，张謇又三次到海滨勘测，做好了开垦的前期工作。十一月中旬至十二月中旬，张謇根据"东海荒地图"撰成《通海荒滩垦牧初议》，议订《通海垦牧公司集股章程》。次年五月，张謇与汤寿潜、郑孝胥、李审之、罗振玉发起集股，组建通海垦牧公司，得到刘坤一支持，报部批准。

江导岷受命主持筹办和经营通海垦牧公司。光绪二十七年（1901）七月二十七日，张謇找江导岷谈话，确定由江导岷主持通海垦牧公司筹办事宜。一场轰轰烈烈的垦牧大战拉开了序幕。九十月间，发生了当地批户陆、彭两人向公司寻衅滋事案件，张謇连续六天"终日手披口答，内筹开工，外筹御侮"，在此紧急关头，江导岷于十月七日拜见张謇，商讨对策。半个月后，即十月二十二日，通海垦牧公司基建"祭神开工"。不久，为了"御侮"，江导岷等在首批佃农中挑选壮丁，组织操练，一面拓荒，一面护垦。为了加快开垦进度，张謇决定在闹饥荒的光绪二十八年（1902）春天，实行"平粜招工"，以提供平价杂粮的办法，招募民工。年初二，张謇与江导岷议商了这一计划的具体方案。正月下旬，以"平粜招工"的一千多人来到工地，民工人数由原来的四千余人一下子增至七千余人，一直干到了这年夏天。三月，江导岷又协助张謇制订了围垦川流港南荒地的规划。在张謇日记中，有很多张謇与江导岷决策和视察公司工程的记录，如"与知源审定第七堤址"，"与知源相度牧场堤势"，"与知源论明年垦事，订第一堤更正百亩法"。虽然张謇自任公司总理,但他自己说,"规划大纲,统筹全局,下走任之,责无旁贷。然走以一身牺牲于一州一省之社会,不能常驻垦牧,故以监督、总账房分任内外事,以代理之"。江导岷担任的职务正是监督,张謇说,"监管者,下走所托之代表人也","遇有关系全局及外界之事,各管理可集于此堂(垦牧公司慕畴堂)会议,研究事理,而取决于监督"。这就明确宣布,他自己只掌握大的决策,公司规划、运作、经营、督导和人事等则完全由江导岷负责。宣统三年(1911),第一次正式股东会议决定按《公司律》规定,江导岷由监督改称协理。董事会又议定,总理、协理"由股东公举",总理"有主持公司一切事务全权,有进退指挥公司职员之大权";协理"驻公司办事","总理不在时,有代总理之全权,有协赞总理之责任,总会计以下职员及各堤经理并执事员役,均受监督"。

江导岷为通海垦牧公司倾注了毕生心血。开办之初的垦牧公司,"地或并草不生,人亦鸡栖蜷息",生活极其艰苦。"无地可栖","修丁荡之海神庙","聊借休息","而不可栖众,乃买三补施姓仓而葺之,为根据地",然后"随堤址所在之荡,搭建草房"。"饮食之水,晨夕之蔬,必取给于五六里或十余里外"。"建设工作,运入一物,陆行无路也,则自为路;舟行无河也,则自为河"。在这样的环境中,江导岷及其领导下的公司"在事之人,质明而起,蹑芒屦或乘小车奔驰督工,项齑而踵茧,非大风雨雪,虽岁除正旦未尝辍也"。江导岷因为忙于公司事务,很难有机会回家乡探望年老的寡母。张謇说,"如何禁知源之不归省?然知源心中实有公司堤渠全局在"。光绪三十一年(1905),江导岷的母亲病重,他仍然丢不下手头的工作,张謇写信给他说:"尊堂病剧,如何可留?"催促他赶快回家。张謇说:"通海垦牧公司之地,天下最难垦之地也。知其难,而欲以是为凡易垦之地倡,故为之。"江导岷深知自己所承担使命的重大意义,所以他在困难面前从不低头。在通海垦牧公司的十年筹建过程中,遇到的最大难题是抗击风潮,"去年潮,今年雨,旷世难逢之事"。江导岷能在自然灾害之前"准而为之防",灾后又加紧修复被破坏的海堤。例如光绪二十八年(1902)七月二十五日至八月初一日的台风,"七八十岁老人诧为未见",由于防御工作做得好,"甫灾之后,虑耗逾万,而补筑工竣不过八千";光绪三十一年(1905)"八月初三日夜大风,暴潮猝至","潮乘风势,排空蠹起,跨堤而入",执事人"夜半编筏凫水,及据桌终夜","死长夫三,漂牧场羊略尽",次年春动员了三千余人修堤,并筑格堤,"计日并举"。两次风潮中,"江(导岷)君与龚君伯厚、李君伯韫等诸人,皆昼夜守护危堤,出入于狂风暴雨之中,与骇浪惊涛相搏",这样,"即工头士夫,无一退者,卒至堤陷乃归"。经过十年的艰苦奋斗,"堤成者十之九五,地垦者十之三有奇"，终于"道路砥平，沟渠疏通，田畴整治，芦苇丰蔚，木苗发生"，"栖人有屋，待客有堂，储物有仓，种蔬有圃，佃有庐舍，商有廛市，行有涂梁，若成一小世界矣"。江导岷后来在1918年曾将张謇写给他本人及其同事的数百封手书汇编印成石印本《垦牧手牒》，作《后记》云："垦牧开办在清光绪二十七年，而全堤划分在民国七年，首尾十有八年。岷承师命，监督其间，凡关于工程之计划，垦务之经营，吾师督教之手牒积数百首……须知昔日广漠之荒滩，今日青葱之沃野，中间迂回挫折，几回困难，皆吾师坚决之苦心淬励，各执事与风潮搏战，乃有区区之田以相畀乎！"光绪三十四年（1908），在完成大部分基础设施后，公司放佃，开垦速度大大加快。宣统三年（1911），公司荒滩全部开垦成功，年产棉花三万六千担。开垦成功后，公司开始赢利。1925年获利最多，达12.4万余两。1911年至1925年，15年中所获纯利达84万余两，为原始投资的3倍。在垦牧取得初步成效的时候，正值清末新政，倡行地方自治。张謇、江导岷亦进一步提出以垦牧公司为中心，实行地方自治。江导岷按照张謇"治地治人"的设想，将垦区行政建制单独定为垦牧乡，建立自治分所，同时通过革除佃户陋习，振兴实业，创办中小学教育以至农业专科教育等措施来实现自治。民国初年，垦区内设有自治公所、工场、消防室、拘留所、公安局等机构，加上工商业和武装力量，从而真正成为一个集工、农、兵、学、商于一体的"新世界"雏形，构成了一个中国前所未有的体系完整的近代化样板。

江导岷在围垦成功后，并不以功臣自居。在宣统三年（1911）召开的第一次股东会议上，江导岷提出"今照《公司律》办法立请选举董事"。不少人认为不必改变原有体制，有人主张"暂缓举董"，江导岷说，"即为办事人一方面计，亦以有董事为宜"，并提出"总、协理权限及他办事人权限应并规定"，自愿接受董事会的领导。在议到"酬劳办事人及分红、公积金之办法"时，他与张謇一起提出从他们的"花红"中"各提拨一成助通州新育婴堂"。在1915年召开的第三次股东会议上，股东们要求按股分地。因为土地的成熟程度差异很大，出于对江导岷的信任，有股东提出：如何分配？请江导岷"担责"。而他坚持"经各股东互定"，而不是由他一人说了算，最后才决定推举股东代表先行审查，然后再确定分地办法，这就更能体现出公平合理。

张謇对江导岷十分信任、倚重、赞赏、关怀。张謇对江导岷说，"走不能至海上共之，尤欿欿也"，"东事一切烦吾弟矣"。张謇对江导岷提出的意见总是称赞有加："所见极当"、"来函所见甚是"、"措语极当"、"所拟办法亦是"、"照弟拟办处之"。张謇日记和《啬翁垦牧手牒》中有许多张謇热切盼望见到江导岷，与之商量垦事的文字："走十四日去通，弟何日去？""望弟来计议本年进行之事，希勿过迟"，"若不能即来，望条答"，"老弟可来通一行，藉谈种种"，"请新正初二日来长（常）乐"。有一次，张謇盼望与江导岷在春节里见面，他叮嘱说，"知源初三日来亦好，能初二日否？新年途中无吃饭处，大约聚星东沈行……三条桥路东小店可得开水，唯须自带点心"，关切之情，溢于言表。谈到人事，无论来头多大，张謇总是说，"望吾弟细心体察之，若不胜任，不必迁就"，"能用与否，吾贤度之，能驾驭否，吾贤亦自度，走无从悬断"，"用人变动，老弟尽可酌拟见告。办事人之尽职与否，仆所闻不逮老弟亲见"。张謇非常欣赏江导岷的办事能力，有时甚至把垦牧以外的事也交给他去办。有一次信上说，"学校体操、测绘、图画教习尚无定人，亦欲知源为我一去江宁也"。另有一次，张謇委托江导岷调解已拖了三年有余的"梅汀、镜清讼田之案"，要他"持正理平情以断之"，"为一言之断"。还有一次，张謇收到汤寿潜的信，转寄给江导岷说："蜇老来讯寄弟一阅，雨中无事，弟能为创一草稿否？不暇勿强。"尤其是张謇为答谢朋友贺其儿子婚事，也请江导岷"代表行之"，可见两人知己程度之深。张謇曾对总账叶玉昆说："知源劳苦可爱，其深自引咎尤可爱。"后来，在苏北掀起的一场大规模的围垦运动中，为了协调各公司业务，交流经验，培养人才，张謇设立了通、如、海、泰盐垦总管理处，自任总理，由江导岷任处长，主持其事。大有晋、大豫、大丰、合德等公司都是在江导岷的主持下创办的。在垦牧公司取得成功以后，江导岷作为公司的主持人，获张謇赠送的60股红股，在三堤分得一千四百亩"红田"，他又自购六百亩，共有田两千亩，后来分地以后，号称"导耕仓"。

从1914年开始，江导岷"遽萌退志"。江导岷于1914年5月26日致函张謇，称"垦事十有余年，远离桑梓，家乡之事多置不理"，"谨请辞职，俾息仔肩"。其实，这绝不是江导岷辞职的真正原因。我们从张謇6月5日的复函中便能找到答案：第一，"为人作事，辛苦如此，着效如此，而当不为人所谅，拂袖引去，亦固其宜"，江导岷"不为人所谅"，"信而见疑，忠而获谤"，确实太委屈了；第二，"就今日股东会现状，论主张分地之人，志在速获厚利，不知获利之前后左右犹有事"，股东"主张分地，志在速获厚利"，使江导岷对再为股东尽责十分灰心；第三，"股东中有斥自治之事不当办者"，江导岷对股东反对在垦牧公司实现自治大失所望。这次辞职被张謇劝阻了："以垦事论，尚有未竟之工、未堤之地，方期吾弟于二三年内，为吾终成之。"谈到自治，张謇说："鄙人守此志，当愿吾弟为吾终之也。"江导岷敬奉师命，忍辱负重，又继续挑起了重担。在1915年召开的第三次股东会议上决定将四万多亩土地分给股东。在1918年召开的第四次股东会议上,有人提出了将所有土地按股分光的动议,有人认为"今次地亩既已完全配分,公司将告结束"。张謇知道股东"有愿其(公司)为模范村落者,有仅愿保一己产业者",提出"无论如何,必当做成此模范村落也",实际上不主张将地分光。江导岷紧接着提出"本末终始先后之说",要大家"不致逐末而舍本,顾私而废公",说张謇"成一国村落之模型","言婉而意深"。他要求分地后,要对公产的收入支出有所规定,要妥为保藏图册案卷;接着便提出"自明年始,请解职权",说自己"解职之后,得以安居海滨,耕百亩之田,治一家之事,宽闲岁月,自在优游"。人们从中不难体会出江导岷当时的心情。由于大家认识到土地的差异太大,会议结果议定"俟三年后察核情形公同议分",直到1925年的第六次股东会议才又决定分地,次年第七届股东会议议定"分地共管"。土地分给股东以后,曾先委托公司代管,以后逐渐分领自管。张謇原先兴办新式资本主义机耕大农场的理想未能实现,公司终于全面实行了封建的租佃制和分散耕种。至公司后期,职权仅是代管租息,统筹水利建筑,管理镇基、房屋、岸台等公产,以及公司对外投资和协助地方行政。1926年,张謇逝世。1927年江导岷再次提请辞职,但股东们仍以仅次于张謇的高票选举他担任董事,名列第二,事实上仍由他以"办事董事"名义统揽全局。接着,国民党军队占领通海,张謇被指为土豪劣绅后逃往大连。江导岷遂于1928年召开的第八届股东会议上说,"导岷年逾六十,精力就衰。政局方新,凡百嬗递。周旋内外,应付潮流,断非一人之力所能胜任",请求改选董事,自己则"即于会后解除职务",并表示如"必予援留为识途之助,则量畀顾问等职,从旁赞助"。但在改选时,他又以最高票当选。不久,俞步九等人举发江导岷开办通海公司"侵占苏、狼两营兵田",案子一直弄到了国民党军政部,接着又加之于"通匪扰乱之罪"。1929年6月7日,江导岷出席了第二十三次董事会后,即避居大连,并向7月5日的第二十四次董事会书面提请辞职。在辞职书中,江导岷回顾了自己"惨淡经营"通海垦牧公司的过去,他说,"今幸御潮有堤,潴水有渠,交通有路,贸易有市,内涵外闸,可蓄可宣。十万亩悉垦成田,五千户安居乐业","农功大定之后,股东有受分之地,佃户有世耕之田,为之成立乡区,以图自治。为之建设小学,以课村童。办警察以卫闾阎,定规章以维乡俗","公司悉军警之力,以保一隅之治安,而邻区亦得无匕鬯之惊"。因而自己"不辱师命","对于股东可以交代","于垦之外,凡所以为农佃计者,亦可以交代矣","对于地方,自问亦可告无罪"。"乃近顷有人以导岷办公司之故,架词控告,初则构以侵占兵田之罪案,继且诬以通匪扰乱之罪名","为个体免祸计,为公司安全计,惟有远蹈以谢侮我辱我之人,或即以保艰难缔造之业"。董事会坚决予以挽留,"并请早日南旋"。9月,江导岷致电董事会,"去志坚决,务乞谅允",并拟议了自己辞职后的"善后三策"。1930年3月20日,董事会议决请江导岷任公司顾问。1933年,所谓"侵占兵田案"得以平反。1934年开始,江导岷重新出席股东会议。这时通海垦牧公司已经内外交困,股东们迫切希望江导岷复出挽救危局。1935年12月25日,董事会决定,因张孝若逝世,以江导岷递补为董事,认为"公司已往情形江知源董事最为熟悉,应请江董就各同人请求各项,查明原委,酌拟办法"。此时,并未参加这次会议的江导岷正积极为公司出谋划策,提出了张孝若之后的继任董事长人选和筹还上海银行借款办法等。在1936年2月12日的董事会上公推江导岷任会议主席,并代表董事长。同一天,第十七次股东会上,尽管江导岷表示"鄙人年迈,精力日衰,代理董事长名义,实不能承当",股东们仍一致要求江导岷代理董事长一职。在有人提出分红时,江导岷说,"现在公司财力异常支绌,正同舟共济之时,分红云云,不应提及"。1938年12月28日,董事会议到修复秋潮损坏的海堤尚缺两千元时,公决"请江董事知源设法筹措,择急施工,以固海防",可见公司已经窘迫到何等程度,江导岷断无回天之力。1939年,为通海垦牧贡献了毕生心血的江导岷在上海去世。

江导岷作为张謇最忠实的一个学生,常表示"以此为幸",且颇有乃师之风。1930年,他与江谦共同出资在家乡修建了江湾中心小学,添制一应教学设备,制发统一校服,首开婺源创建省标准中心小学之先河,为家乡教育事业做出了贡献。

参考文献:

《张謇全集》卷三实业、卷六日记,江苏古籍出版社,1994年。
《张謇全集》补遗校勘活页选(五)。
《大生集团档案资料选编》(盐垦编)。
庄安正:《张謇先生年谱》(晚清篇)。
顾毓章:《江苏盐垦实录》。

合众闸督建者江导岷

2006年6月26日《海门日报》刊登了袁蕴豪先生的《合众闸残碑》一文，缘碑之残，作者对合众闸督建者是江岷还是江导岷存有疑虑。我认为应是江导岷无疑。

张謇认为自己事业有成，"赖于不绝贤人助阵，功归'一兄一友两弟子'"。他说的"两弟子"即江谦和江导岷。他们是同族，都是江西婺源江湾人。1900年秋，张謇着手筹建通海垦牧公司，首聘江谦筹办，江谦则推荐了当时34岁的江导岷。江导岷（1867—1939），字知源（滋园），张謇任江宁文正书院山长时，正在江宁谋生的江导岷经族人江谦介绍入文正书院成为张謇的弟子。他后来毕业于陆军师范学堂测绘专业。张謇便派江导岷参与通海垦牧公司的前期测绘，制订规划，并雇用劳力，教以拓荒护垦。1901年5月，公司成立，张謇亲任总经理，委任江导岷为常驻经理，主持日常工作。江受命以后，竭诚以赴，在200平方里范围之内，砌河堤，造桥梁，筑道路，建水闸，埋涵洞，开洮沟，并参与筹建和训练公司民团，以保卫安全。

江导岷后来在1918年曾将张謇写给他本人及其同事的数百封手书汇编印成石印本，定名《啬翁垦牧手牒》，并作《后记》云："垦牧开办在清光绪二十七年，而全堤划分在民国七年，首尾十有八年。岷承师命监督其间，凡关于工程之计划，垦务之经营，吾师督教之手牒积数百首……须知昔日广漠之荒滩，今日青葱之沃野，中间迂回挫折，几回困难，皆吾师坚决之苦心淬励，各执事与风潮搏战，乃有区区之田于相畀乎！"可以说，通海垦牧公司的创办和发展，江导岷是第一大功臣。如果说张謇是总策划者和总设计师，在具体实施中又负了"督教"之责的话，那么江导岷无疑是"首席执行官"，他成功地将张謇的理想变成了现实。

而蒿枝港七孔合众闸正是通海垦牧的重要水利配套工程之一，在垦牧区北端还建有遥望港九孔大闸。那么，由江导岷督建便是理所当然的事了，诚如上述所引江之《后记》中所说"岷承师命监督其间"。

江导岷作为张謇最忠实的学生之一，一生以张謇门人自称，并常表示"以此为幸"，且颇有乃师之风。1930年，他与江谦共同出资在家乡修建了江湾中心小学，添制一应教学设备，制发统一校服，首开婺源创建省标准中心小学之先河，为家乡教育事业做出了贡献。2001年，时任中共中央总书记、国家主席、中央军委主席的江泽民同志视察了这所小学，挥毫题写"江泽民二〇〇一年五月三十日于江湾中心小学"。2002年9月1日，张绪武先生到婺源，专程去江湾寻访了江谦和江导岷的后人，表达了对江氏这两位先人的仰慕之情。

张謇发现和培养的教育家

江谦是中国现代教育事业的先驱之一，一位著名的教育家。

2002年，在南京大学校庆100周年之际，人们曾经深情地回顾，在南京大学百年的发展中，出现了不少成就卓著、引领风气的人物，江谦就是其中的一位。他奉行教育救国的理念，开创了作为南京大学前身的南京高等师范学校的事业。他的贡献不仅永远定格在南京大学的发展历程中，也在中国现代教育史上留下了浓重的一笔，值得后人永远纪念。

1914年8月，当时的江苏省民政长（后任省长）韩国钧（字紫石）委任江谦在前两江师范学堂基础上勘察校舍，筹办南京高等师范学校。经过一年的筹备，南京高等师范学校成立，韩紫石延请江谦出任校长。是年开设国文、理化两部，招生126人。至1919年江谦因病辞职时，南高师设有国文史地部、数学理化部、教育专修科、农业专修科、工艺专修科、商业专修科、体育专修科；有校园包括农场土地370亩，房屋200余间，教员53人，职员41人，学生416人。在当时，这是很大的规模。江谦担任校长期间，躬身下问，倡导训育、智育、体育"三育并举"，以"诚"为校训，勉励师生为师、为学、为人都要以"诚"为训，培养子弟以"知、仁、勇"为目标，携手奋进，形成"尊师爱生"风气。在江谦的严谨治校下，才三年多时间，南京高等师范学校便成为当时享有盛望的南方第一学府，可与北京大学相媲美。

现在的《南京大学校歌》就是当年由江谦作词、李叔同作曲的《南京高等师范学校校歌》。歌词集中反映了江谦的办学思想，歌中唱道：

大哉一诚天下动，

如鼎三足兮，曰知、曰仁、曰勇。

千圣会归兮，集成于孔。

下开万代旁万方兮，一趋兮同。

踵海西上兮，江东；

巍巍北极兮，金城之中。

天开教泽兮，吾道无穷；

吾愿无穷兮，如日方暾。

难能可贵的是，在当时情况下，江谦提倡"三育并举"，将体育列为必修课，这在全国是个首创。江谦认为办学应以理想为先，以精神教育为前提。他认为训育（即德育）就是对学生的管理与训练，其要点有三：第一是目的，要养成国民的模范人格；第二是方法，要渐次扩张学生的责任感和服务观念，使之自觉地向所定之目的前进；第三是程序，学生对自己之品性行为负修养之责任，对同学之品性行为负规劝之责任，对本校校风负巩固培养之责任，对本校之附中、附小等附属单位负协助责任。他说："教育事业是精神事业，有赖完全强健的躯干作基础，否则学科程度纵有可观，而孱弱的肢体不足以发展其文明的思想，而于应尽之义务，亦不能收到良好之效果，这种看不见的损失，对教育事业及其前途影响甚巨"，"学生用脑过多，非教育之幸"。在江谦教育思想指导下，南高师从招生开始，就十分重视学生体格，文化考试成绩合格者必须经中西医作严格的身体检查，体格孱弱者概不录取，并以此引起社会与考生的警觉。学生晨起后，一律要做米勒氏呼吸运动。学校建立各种体育会、队，开展各种运动、技艺、球类竞赛。1916年还开设了体育专修科。

江谦认为国家的富强有赖于科学、实业，于是积极筹措增设了农业、工业、商业三个专修科，在南高师校内提倡和重视"实科"教育，南高师此举开了全国之先河。

江谦提倡在教学中严慈皆备，反对"我教你学，我讲你听"，强调启发学生的自觉自悟。江谦倡导以"诚"为校训，自诚始，以诚继，以诚终，认为"诚者自成"。江谦对教学和教学法重视基础，重视培养学生的自学能力。南高师学生来自苏、浙、皖、赣等省，水平悬殊，故规定新生均须先入预科，对较差学生单独编班，特别辅导，一年后入本科，而成绩突出者可跳级，不及格者可重读。江谦很注重笔记，把笔记列入成绩，要学生笔记时务须记大意而少记词句；要求课后通过阅读自修，再记上自学心得，用想象力阐述自己的感受，用判断力抉择要义，加强记忆，随时备教师查阅，给以打分。在当时的历史条件下，江谦就提出了"调整师生关系"。江谦要求教师改变只管授业的状况，倡导关心、接近学生，尽导师的全责；要求学生尊敬老师，组织学生主动看望老师。在师生共同努力下，南高师逐步形成了一种新型的"尊师爱生"风气。

作为语言学家的江谦，早在1909年就第一个提出用"国语"替代"官话"，次年又提出了"用合声字拼合国语，以收统一之效"的主张。江谦精于文字音韵之学，由英文切音，发明阴阳声母通转规则，创造性地提出和成功试行音标方案，为后来普遍推广汉语注音字母开了先河。

江谦确是中国教育史上一位敢为人先、富于创造精神的著名教育家。而发现和培养江谦的，则是张謇。

张謇发现江谦这位奇才，是在1895年张謇担任崇明瀛洲书院山长时。张謇后来在《江生祖母七十寿序》一文中曾经深情地回忆道："方余校艺崇明书院之三年，得婺源江生谦文，嘉叹以为美才，非县所尝有，再试再冠其曹。"其实一开始他并不知道文章的作者究竟是谁，因为当时江谦"不以己名试也"。张謇爱才心切，进行了细致的察访，终于弄清了两次得冠的原来是江谦。1895年，张謇即将辞去山长职务时，江谦才由崇明渡江到海门拜见张謇。张謇第一次认真地观察了江谦，江谦"举止温而恭，察其业，颇窥三代两汉之书，与人语，辞顺而气下"，张謇"益爱重之"。江谦是1894年因科场失意来到崇明的。说起来也实在冤枉。江谦自幼聪颖，五岁开始读书，九岁熟读"四书"，十三岁通明"五经"，且工诗文。十七岁应童子试，六场皆获冠，荫补"博士弟子员"，就读家乡婺源的紫阳书院。1894年，时年十九岁的江谦赴南京乡试。在考场因一时疏忽，只顾笔下作文，未顾及试卷篇幅，卷纸写满而文章未完，只好把续文写在试卷背面，主考官阅卷时以"未卷不得弥封"，不予录取。此时他的父亲已中年殂逝，幸伯父旅外经商，"稍葺祖业于崇明"，于是江谦离乡来到崇明。江谦对张謇十分仰慕，便"介请问学"。张謇慧眼独具，在崇明任职的最后一年发现了江谦，认为这是自己在崇明三年间最大的收获。他在晚年所编的《啬翁自订年谱》中讲到自己"长崇明瀛洲书院"时，只说了一件事："得士婺源江谦。"可见对他来说，这绝对是他一生的大事。1896年，张謇改任江宁文正书院山长，江谦便追随他到文正书院读书。张謇当时和后来曾多次记述此事，兴奋地说江谦"从游江宁，朝夕与居处"。

张謇对江谦寄予了厚望。他说，"今天下外患飙忽，四面而至，如火之燎原，其势方扬而不可遏，而内治窳坏，百端不易一二举。而其弊始于学术"，"謇尝欲得渊颖有志识之士数十辈，端本经训，而各专其一二家之言，以待世变而应天下之所乏"，"生才而有志"，"他日学成志遂，果足以效天下之用，其为显扬益远大卓玮有光"，"我今散发栖蓬蒿，期于谦也心忉忉"。江谦在文正书院学习三年后，张謇又推荐他去南洋公学深造。1902年，以江谦的真才实学经官方奏保，获"经济特科"文衔。现在我们还可以在《张謇全集》中看到许多与江谦有关的内容，张謇对江谦的学业、工作甚至身体健康都谆谆教导，语重心长。

江谦对张謇，不但仰慕其才，且钦佩其实业救国之志，也没有辜负张謇的培育和期望。江谦曾经和江导岷一起，在"仰惟苍天白云，俯有海潮往来"的茫茫海滩，率领两三千人，以顽强的毅力与海潮拼搏，终于让盐卤变成膏腴。张謇创办大达内河轮船公司后，江谦又推荐江石溪（江上青烈士之父）为公司协理，开通了南通到扬州的航线。

但是张謇知道，江谦最大的特长还是办教育。1902年，张謇筹建我国第一所师范学校——通州师范学校，亲任校长。开办之先，他便与江谦商议了校名、校章等有关事宜。次年就把26岁的江谦从垦牧公司调来任国文课教习，一年后又任用江谦为监理，继而代理校长，实际上一直由江谦主持学校的工作。1914年后，江谦继张謇担任校长。在通师期间，江谦倡俭朴学风，传"明德新民"之教，信行"知行合一"，注重"能读能耕"，矫正"袖手空谈"，与日籍教师一起倡导教学改革，试行日本师范教育经验，并制定校训、校歌，作为学校精神的象征。在江谦的努力下，通州师范校发展很快，校誉日隆，名声越省，远近诸省皆以公费派员来学。从此江谦的治学才能闻名遐迩，受到社会的普遍关注。是时苏皖两省教育当局争相延聘，江谦因为与张謇深厚的师生之谊，婉谢了各方延请。如安徽省优级师范学校曾聘请他为教务长，江谦辞谢不就。其间虽被选为安徽省教育会长、江苏省教育司长、安徽省咨议局议员、京都资政院议员、中华民国众议院议员，这些头衔体现了江谦在当时的政治地位与社会影响，而他主要尽瘁心力的，仍是通州师范。他在受命创办南京高等师范学校以后，得以在更为广阔的天地里施展他那横溢的才华。

江谦之所以能够在南京高等师范学校取得卓越的成就，不能不说是得益于张謇的长期悉心培养，特别是他在通师作为张謇的主要助手所受到的磨砺。江谦长期协助张謇办学，因而对张謇的办学精神、办学理念体会最深，他说："先生非有政府之责，地方之助也。惩于国族之危，奋于寒素之力，身支一校，十年而费四十余万金，而未尝告倦"，"以先生之冒风雨，犯寒暑，而不敢自居其苦，以先生之捐身家，徇社会，而不敢不忘其穷"，"学者虽贫，以先生支校之难也，而未尝不纳"。他真正体会到了张謇说的"家可毁，师范不可败"一语的深刻含义。江谦正是在自己的实践中发扬了张謇精神，发展了张謇的办学理念。

所以，江谦确是张謇最得意的门生和创办教育事业最主要的助手。张謇平生有两大弟子是他念念不忘的，他说："开垦，兴学，此恃一弟子，彼亦一弟子"。这就是江导岷和江谦。

江谦，字易园，号阳复，1876年出生。1919年，江谦积劳成疾，辞去南京高等师范学校校长一职。但南通师范提供的材料表明，江谦任通师校长一直延续到了1928年。此后他潜心研究佛典并著书立说，出版著作20部，其中文化教育类图书9部、佛学类图书11部。

江谦对南通深有感情。1935年，年届花甲的江谦年老体衰，来到南通三余镇广运乡生活了三年。这里是他追随张謇开创旷世大业的起点，令他终生眷恋。他在这里给后人留下了"三余耕读处"的遗迹。1942年，江谦在上海去世，他的亲朋好友和门下弟子共500余人集会追悼，扶柩送至南通三余镇广运乡安葬。江谦去世前，留下了视死如归的《临终诗》：

收拾多途向一途，闲忙随地有功夫。
生西便得了生死，此事何须论智愚。
点点雨花铺玛瑙，琅琅峰竹弄珊瑚。
不忘净念悬心目，已见莲邦入画图。

传真画师张衡

传真画师张衡是张謇的朋友。传真画师是使用国画工笔画的技法给人画像的，因为当时摄影还没有流入民间。光绪三年（1877），张謇的父亲张彭年和母亲金氏六十大寿，张衡为张謇父母亲作画像，金氏的像画得"尤肖"。金氏于光绪五年（1879）十一月十八日病逝，次年二月一日，张衡为张謇画"张氏吴氏四代支像"，因为"士庶祭只四代"，故"支像"中有张謇的高祖父张元臣及妻子秦氏、外高祖父吴松年及妻子徐氏和陆氏、曾祖父张文奎及妻子姚氏、外曾祖父吴圣揆及妻子殷氏、祖父张朝彦及妻子吴氏、父张彭年及妻子葛氏和金氏四代，此外还有张謇的十岁时溺水而殇的仲兄吴庆华及妻子（应是冥婚）。其时，张彭年和妻子葛氏还健在，这是张彭年"及早为衰老而自图"。画此"支像"的目的是"将以奉祭也"。这幅支像后来供奉在海门常乐镇的张氏家庙里，而往家庙致祭，则是张謇一生中十分重视的事情。光绪二十一年（1895），张謇请张衡做了一件在张謇看来很是神圣的事，即"重摹朱衣神像"。张謇说自己三岁时，母亲金氏曾梦见一个"金冠、朱衣、白须之叟"对她说"知若家善祥，行来就居"，第二天父亲从余东返家带回的友人所赠朱衣神像，竟然就是母亲梦见的老叟，神像"图纸逾百年，香气染薰"，此后"敬谨收藏"，唯"岁除一展祀"。朱衣神即文昌魁星。在张謇看来，自己后来大魁天下必然是这位"行来就居"的文昌魁星的关照了。于是，张謇在考中状元的第二年，将朱衣神像"缄囊加柙藏焉"，而"别属海门张衡重摹以永之"。可见画师张衡的画技在张謇心目中应该有很高的位置。

张衡，字莘田，生于道光二年（1822），长张謇31岁，住通州福星沙即今南通开发区竹行镇北约五里之新丰村，世籍海门，张謇称之为"海门张莘田君衡"或"海门上舍生张莘田衡"。张衡与张謇两家相距五十里之遥，年龄差距也很大，我们无从知道他们的交往始于何时。

据张謇日记记载，光绪二年（1876）二月二十五日，张謇"往少田处吊丧"，"晚晤薰南、烟锄、馥棠、少谷、莘田辈。吉甫招饮，与诸人往，酒兵鏖战，自酉至亥，予之外多醺醺然已"。少田、吉甫都是竹行镇人，所以这一次的"酒兵鏖战"，是发生在竹行镇。一个月以后，张謇由于"烟锄嘱为代庖馆事"，于三月二十三日申刻到达竹行镇黄家。当晚，便有张衡"来谈"。张謇代秦驾鳌（烟锄）在黄家教书，"西斋一月师"，前后一共二十六天。因为离得近了，张衡隔三岔五地来拜访张謇，有一次两人还一起

"散步至野寺中"，其间张謇还为张衡题《竹林七贤图》。再后来，就是上述张謇请张衡画父母合像和四代支像，以及重摹朱衣神像。这几件事的时间跨度将近20年之久。

据《民国海门图志》说，张衡"年八十余卒"，即是说他一直活到了20世纪初，即重摹朱衣神像后至少6年以上。近年发现在张衡去世后张謇为他题的乡谥匾，只可惜残缺了。从残匾可知，乡谥张衡为"端懿"。关于"端懿"，《谥法》有很多解释，其一云，"守礼执义曰端"，"尚能不争曰懿"，这恐怕正是乡谥对张衡的评价。张謇的跋文曰：

> 莘田先生吾乡之耆硕也。幼敦庸德，壮厉通材。鄙帖括为雕虫，付之一笑；摹写生与审象，勤且卅年。遂探北苑之精，浸入南田之室。奋仁者之勇，靖伏莽于将萌。……

张謇的跋文，肯定张莘田是"吾乡之耆硕"，他不求仕进，甚至"鄙帖括为雕虫，付之一笑"。"帖括"指的是八股文，说张衡对八股取士，鄙夷不屑。而张謇虽然做了状元，到20世纪初的时候却也已动摇了对科举的信念，特别对八股取士持的是否定态度。而张衡在学画方面，却"勤且卅年"，最终"遂探北苑之精，浸入南田之室"，成了一名传真画师。值得注意的是接下来的"奋仁者之勇，靖伏莽于将萌"，说的是张衡牵涉到的一个重大政治事件——通州军山农民起义。（详见下文）

在张謇与张衡密切交往的光绪初年，张衡"奋仁者之勇，靖伏莽于将萌"一事已经过去了十多年，张謇当然不会不知道张衡的这段历史，但其时也还没有顾曾沐一类的"以志感仰，并藉以存其姓字"的文字，我们没有发现张謇对此事有过任何说法，一直到张衡去世后才有了张謇所写的这个乡谥的跋语，表示了对张衡的敬意，也表示了自己对后人称为"军山农民起义"这一事件的态度。

通州一向是个很闭塞的地方，战乱相对较少，诚如张謇所曾言，"南通地处江、淮、海之间，东更无他，兵家言形势者所不争。除宋、金之际及倭寇内犯有兵事，而三百余年间，较他冲要处兵祸为少"。太平天国运动时期，通州与太平军占领的江南只有一江之隔，逃避战乱来此的江南老百姓，甚至一些官吏、士大夫不在少数。通州发生军山农民起义的时候，已经处于衰末的太平军，行为已大不如前。对此，通海地区的老百姓十分清楚，因此能够避免一场战事，自然是皆大欢喜的，这应该并非只是官方的立场。到20世纪初，张謇为张衡乡谥写跋语时，正是其为通海早期现代化奋斗的时候，他比其他任何人都更渴望有一个安定的社会环境，所以他所表示的态度是完全可以理解的。

据张衡后人说，张衡的儿子张祖骞曾应张謇之聘，担任过南通养老院院长之职。

参考文献：
《张謇全集》卷五艺文上、卷六日记，江苏古籍出版社，1994年。
管劲丞：《南通军山农民起义史料》。
《光绪海门厅图志》。

张謇为传真画师张衡所题匾额

笔者清明返乡扫墓,偶闻宅东里许张姓藏有张謇所题匾额,喜不自胜,乃请堂兄陪去一观。谁知此匾已被截成几块,做成了碗橱,其中文字最多的一块为碗橱后壁。于是,只得探身橱内,遂见到如下文字(标点为笔者所加):

……端懿(此为大字,每字约50厘米见方;以下为小字,每字约8厘米见方)莘田先生吾乡之耆硕也。幼敦庸德,壮厉通材。鄙帖括为雕虫,付之一笑;摹写生与审象,勤且卅年。遂探北苑之精,浸入南田之室。奋仁者之勇,靖伏莽于将萌。……

张莘田其人,管劲丞于1956年所著的《南通军山农民起义史料》一书中有述。笔者幼时曾听先辈说过,故方能略知一二。他不求仕进而长于丹青,经过多年努力,成了一个隐居乡间的画家。所以张謇说他"鄙帖括为雕虫,付之一笑;枕写生与审象,勤且卅年。遂探北苑之精,浸入南田之室"。在当时应该很有名望,被张謇称为"吾乡之耆硕"是恰如其分的。因此,张謇才有赠匾之举。笔者访诸张莘田后人,知道张莘田的儿子张槎仙还曾应张謇之聘,担任过南通养老院院长之职。因此,也就产生了张謇借该张氏之谱考秀才的传说。但那肯定是由张謇"冒籍案"敷演出来的攀龙附凤的故事。然而,张謇与这个张家有着良好的关系,则是毫无疑问的。

张謇的这块匾额题于何时,因何而赠,不见于《张謇全集》,所以仍是个谜。但从张謇表示出对张莘田轻视科举态度的赞赏来看,笔者认为应该是在十八、十九世纪之交。当时张謇虽已金榜题名,但随着形势的发展,他对科举的信念已经动摇,特别对以八股取士的选官制度已持否定态度。他在1901年于江宁文正书院所编的《张謇精批四书义》一书的序言中就嘲笑了由于废八股改试策论后,"海内帖括之徒憷焉若丧","如瞎马登途,茫无趋向"。帖括,八股之别称。不久,张謇便以无比的热忱投入到了"废科举,兴学校"的潮流之中。

笔者以为张謇在匾文中赞扬张莘田"奋仁者之勇,靖伏莽于将萌",是很重要的一句话,它反映了张謇对被后人称为"南通军山农民起义"这一事件的态度。我们很难在其他文献中看到张謇对此事的态度。事件发生在1863年,当时由于长江南岸江阴、常熟地区太平军反攻常熟不克而自动撤退,形势对于江南沿江一带的太平军变得非常严峻,太平军急切地希望获得北岸的应援,以挽救太平天国的危局。从1862年开始,逐渐走向衰末的江南太平军就开始与北岸通州的一些人频繁地发生地下联系。这时,太平军在通州地区的地下宣传对当地老百姓的心理产生了很大影响。家住军山附近的黄朝飏逐渐进入太平军的视线，成为他们发展的重要目标。据清人王步青的《见闻录》说，黄朝飏本是一个本分厚道而又胆小怕事的农民，家境较为殷实。太平军在一江之隔的常熟似欲北上，而西边的捻军又大有东进之势，战火即将燎及通州地区的时候，黄朝飏"每虑贼至，避则恋田舍，处则忧家财。人劝其结民团，练乡兵，则又以不敌为惧"。其中所谓"贼"即太平军。太平军暗中派人与黄朝飏交往，而且常给他送礼。黄朝飏当然也不免回赠些礼物。这时，太平军声言"有降者弗杀，执官出献者赏职，举兵助应者世袭爵禄"。凡与太平军有联系的，都得到了厚待，授以"伪职捐照，使分给各乡，出资领照。有照之家，贼至不敢扰。资之多寡，视官之大小为差"。正是在这种背景下，怀着患得患失心理的黄朝飏也加入了这个捐资保家的行列，并领取了太平军的"照"，在这份捐照上，太平军授职黄朝飏为"超天义"，相当于清兵的游击参将。不久，太平军又加封他为"朝将"，类似清军的总兵提督。于是黄朝飏开始以宗教形式秘密结社，发展力量。之后，捻军头领盛广大东来，黄朝飏接受了他的启发和策动，将自己发展的力量改组成后天会。入会者"设宴于堂。宴罢，人各分钱二百"。"会中有劝人入会者，以人数计功超职。其职有会副、会总、会长等名。月得金三两"，"男有男神、煞神、瘟神之号，女有电母、月母、星母之呼，月给米五斗"。"于是贫民之乐于入会者，纷至沓来，数月之间，蜂屯蚁附，不下万人。"黄朝飏"阴为部勒，私备火器军械"。1863年冬，太平军攻打扬州失败，派人与黄朝飏商定于1864年5月晦日狼山举火为号，策应江南太平军北渡长江，以图夺取通州、泰州。然而，在后天会内部传递消息时却导致了泄密。直接的原因是张芝山镇后天会骨干袁廷爵将消息告知了其妹婿朱一诚，而朱一诚又透露给了他的干爹张莘田，张莘田则与"沙董"高天成查抄了起义的证据从而报告了官府。由于南岸太平军没有见到狼山的烽烟信号，出兵北渡的战略计划被迫放弃，太平军后期酝酿已久的江北战略也就因此胎死腹中。

对于这一事件的态度，笔者认为应该运用历史唯物主义的观点实事求是地进行分析，而不能按照后来的革命或反革命的非此即彼简单地划线。太平天国后期的腐败，与清朝相比，是有过之而无不及的。连马克思也在1862年就说太平天国"给予民众的惊慌比给予老统治者的惊慌还要厉害。他们的全部使命，好像仅仅是用丑恶万状的破坏来对立与停滞腐朽，这种破坏没有一点建设工作的苗头"。当时，有不少人从江南逃难来到江北，备述深受战乱之苦。笔者幼时曾亲聆先人讲起过这些往事。因此，当时一直生活在平安无事的南通的百姓，对于能够避免一场战事，自然是皆大欢喜的，这应该并非只是官方的立场。而张謇作为清朝的状元，站在清廷的立场上认识和评价这一事件，则更是情理中事，我们诚不能苛求先贤。

沙元炳与张謇

沙元炳与张謇的出身不同，一个出自书香门第，一个起自田舍小户。但两个人经过各自的不懈努力，沿着科举的台阶不断攀登，同时金榜题名，一个进士及第，一个大魁天下。他们都进入了当时知识分子梦寐以求的翰林院，一个被授修撰，一个受任编修。光绪二十四年（1898），他们一起辞别朝堂，开始了共同合作的创业之路。

沙元炳（1864—1927），字健庵，别号碢髯，江苏如皋人。父亲沙宝臣（字瀛仙），母亲孙濂贞，博学多才，教子甚严。沙元炳自幼好学，手不释卷。光绪七年（1881）院试录为附生，光绪十七年（1891）乡试中举。沙元炳与张謇相识，是"执徐之岁，邂逅京师"。"执徐之岁"即为辰年，亦即光绪十八年（1892），他们都参加了这一年的会试，于是"邂逅京师"，结果沙元炳中式贡士，而张謇名落孙山，"乃弃其试具"。光绪二十年（1894），两人"再就公车，遂同庭试"，经殿试，沙元炳择为庶吉士，而张謇则成了状元，例授翰林院修撰。七月八日，沙元炳返乡；而张謇这个六品京官则卷入了帝后党争，直到九月十七日父丧丁忧南返回乡。这以后，两人过从甚密，时有书信往来，也利用一切机会相见。光绪二十三年（1897）正月，张謇往东台时往返途经如皋，就曾两次拜访沙元炳，沙元炳专门设宴招待。他们也曾讨论过"通、海、如、泰合练乐舞事"，张謇还为沙元炳的父母七十寿辰写了寿序和寿屏。

光绪二十四年（1898）闰三月，已经投入实业的张謇进京向翰林院去销拖了很久的丁忧假，与沙元炳京师相遇，一起住进会典馆，一起参加了保和殿散馆试。之后，他们目睹了自己的恩师、帝党首领和戊戌变法枢纽的相国翁同龢被开缺回籍以后，"忧心京京，朝局至是将大变，外患亦将日亟矣"，痛失信心。沙元炳"以二亲年高，谒告归养"，六月三日，他与张謇一起离京南返。张謇自嘲说："读书卅年，在官半日，身世如此，可笑人也！"沙元炳回家后名其书斋曰"志颐"，决心"读书养志，以终其身"。此次两人弃官回乡，大有"壮士一去兮不复还"的豪气，从此一心一意致力于兴办实业和教育，造福桑梓。

沙元炳为发展通州及如皋的教育事业做出了不可磨灭的贡献。他与张謇一起兴办学校，改革教育，实施教育救国，"启迪民智，御侮图强，洗雪国耻，振我华夏"。

沙元炳参与创办了通州师范学校。光绪二十八年（1902）正月，张謇

两不厌斋文稿

集通、如、泰、海士绅议设师范学校，沙元炳参加了会议。二月下旬，张謇去江宁劝说两江总督刘坤一首先兴办师范，一年后各州县分别设立高等、寻常小学校，三年后各府立中等学校，五年后各省设高等专科学校，京师设大学校。此举受到刘坤一周围守旧官员的攻讦，刘坤一则暮气渐增，下不了决心。于是张謇回到通州自行创办通州师范学校。三月十九日，沙元炳等陪张謇于城西京江公所等处勘定校址，最后确定利用城东南濠河外千佛寺废址建校。四月二十一日张謇将拟定的《通州私立师范学校公禀》寄给沙元炳等人，经会商修改后，由沙元炳寄送刘坤一批准。五月十三日，张謇与沙元炳、范当世等会商开办师范学校的具体事宜，并拟定《通州师范学校开办章程》。十月，沙元炳与张謇一起应移督两江的张之洞之邀去江宁议商教育，又一起参观了拟改新式学校的文正书院。返抵通州后，沙元炳又马上到通师拜访张謇。次年四月一日，我国第一所私立师范学校通师建成开学。通师虽然主要培养小学教师，但师生的文化程度都非常高，最初聘任的一批教员中有著名学者王国维等以及日籍教师共十八人，学生都是原来的秀才，由于来报考的科举士人很多，学校不得不宣布"学生遵旨不取举人"。学校后来又陆续创办了测绘、蚕桑、农、工等科，还建立了工科教室、农学教室、农场、博物苑、测候所（气象台）等，超出了中级师范的范围，显然是想往大专学校发展。

沙元炳还参与了通海五属公立中学（即今江苏省南通中学）的创办。有资料显示，光绪三十二年（1906）三月二十日，沙元炳作为如皋代表参加了张謇在通州南门外濠河边通海五属学务公所召集的通州府、海门厅、如皋县、泰兴县、静海乡五地士绅商议设立中学事项。此次会议提议事件六项：定名、校地、校舍、名额、筹费、筹备。会后形成了《通海五属公立中学集议要略》，从而奠定了创办通海五属公立中学的基础。

几乎在此同时，光绪二十八年（1902）九月，沙元炳创办了如皋公立简易师范学堂、乙种商业学校等新式学校。如皋公立简易师范学堂创办之初，沙元炳为总理，张藩、马文忠为副办。校址用的也是近于废弃的庙宇，即南东岳庙和常胜庵，拆庙搬掉了偶像。次年，附设师范传习所。光绪三十一年（1905）兼办附属高等小学堂。光绪三十四年（1908）兼办中学，易名为"如皋初级师范兼中学附属两等小学堂"。1912年更名为"如皋县立师范学校"。在办学中，沙元炳以"贵全"为教育宗旨，立"沈笃醇和"为一代学风。在建校的过程中，沙元炳满腔热忱，全力以赴，邀请张謇、李审之等知名人士商讨办学事宜。他四处奔波，勘察校址，筹措经费，规划校舍，延聘教师，可谓事必躬亲。光绪二十九年（1903）校舍全部建成后，计有楼房和平房174间，教室、会堂、讲台、饭堂、操场等均可适应需要。

师资建设方面,沙元炳举贤任能,不论亲疏,不分畛域,南至福建,北达直隶,旁及浙江、安徽、湖北等地广揽人才十余人。他苦于国内缺乏理化、教育学、外国史地教员,就委派协办张藩到日本一面考察日本明治维新以后的师范教育,一面聘请日籍教员。同时又选派教员任为霖、姜渭璜等和学生邹士冕等赴日本留学,学成后回校任教。

教学改革方面,沙元炳要求教员钻研教材,认真备课,按学科采取切合实际的教学方法,做好课前预习、课堂练习、课后复习,以体现如皋师范的教学特点,"贵使学生于受业之际,须会教授之有法"。在教学改革中,着力于教材建设。沙元炳提倡自编教材或对原有教材进行增、删、改。不论自编还是修订教材,他均主张"中西结合,讲求实益"。当时开设的课程,数学、物理、化学、博物、外国历史、外国地理、教育学、体育等学科,属于新学范畴的课程,占总课时的一半以上;"讲经读经"课程,开始作为必修科,旋改为选修科,进而只在国文课内安排一些章节。沙元炳主张学习西方先进的科学技术以拯救中国,培养具有"事事之实"的专门人才。沙元炳在他的办学过程中特别注重科学技术和实践环节。他仿照日本建立普通学校、师范学校、实业学校三个教育体系以刷新教育的做法,先在如皋师范学堂内附设了中学堂与测绘专修科,后又创办了"如皋乙种工业学堂"和"如皋县乙种商业学校"。光绪三十一年(1905),他将如皋公立高等小学堂改为如皋师范附属高等小学堂,给师范生提供实习场所。三年后又将附属高等小学堂扩充为附属两等小学堂。光绪三十二年(1906),张謇应如皋知县周松孙和沙元炳之邀到如皋高等小学演说,张謇说,"江北学校,通、如最先而最多。如皋设无健庵倡之,焉能如此?校之规模稍逊于通,然非扬属所及,可喜也!"对沙元炳在教育方面的杰出贡献作了高度评价。

光绪三十一年(1905),为了推进教育,成立了通海五属学务公所的地方自治组织,作为统筹推广新式教育的办事机构。沙元炳和张謇、孙宝书一起出任议长,议员十三人(通州、静海五人,海门、如皋各三人,泰兴二人)。通海五属学务公所成立后,开展了卓有成效的工作:"通州金沙、如皋石庄之初等小学校及泰兴高等小学校,先后为愚民所毁,均维持之";陆续在各地兴办了一批中学和小学,"先是通州已成立初等小学校五所,是年力增九所";九月,清廷诏废科举,"遂主张进行之法,为齐一课程,综核教法,议设初等小学调查员"。特别值得一提的是,光绪三十二年(1906)三月二十日,张謇邀集士绅四十人在通海五属学务公所议商设立公立中学校事宜,沙元炳出席会议。会上讨论了学校定名、校地、校舍、名额、筹费、筹备等六件大事，形成了《通海五属中学集议要略》的文件。以后围绕办学问题又先后进行过两次会议。是年八月，校舍兴工；光绪三十四年（1908）十二月工竣；宣统元年（1909）二月十六日正式开学。从而诞生了南通历史上第一所中学，这就是现在江苏省南通中学的前身。

作为张謇志同道合的好朋友，沙元炳积极支持张謇"舍身喂虎"、创办实业的壮举。他除了投资张謇的一些实业外，还直接与张謇合作创办实业，甚至主持实业的经营活动。

沙元炳与张謇一起创办了大达内河轮船公司。创办大达内河轮船公司的动议，发轫于光绪二十六年（1900）。当时大生纱厂已经建成，其他企业亦相继兴办。"民船转运迟而偷漏多，难济厂需，故议购小轮拖运"。是年正月，张謇结识了在上海开办永安轮船公司的浙江人朱葆三，议租他的"济安"小轮，为突出大生纱厂标识，改名为"大生"。因租价低廉，又允许搭客，朱葆三见有利可图，于是提出通沪合股经营，通股一万两千元，沪股二万元，定由朱葆三负责经营管理，从此"大生"轮开航于通州、海门、常熟、上海等地。但是，通沪合作之初纠纷即起，而两年后通州股东既没看到一张股票，也没见到任何账目。光绪二十八年（1902）四月十六日张謇日记记有"叙小轮事"，很可能便是计议自办的开始。次年五月，张謇与沙元炳于唐家闸北川桥"议商股本，创设大达内河小轮公司"，重新集股两万六千元，改订章程，实际接手续办，从此与朱葆三无涉。初创时定名为"通州大达小轮公司"，后改称"大达内河轮船公司"，原计划集资本40万两，但实收不足12万两，其中大生纱厂投资18 500两。公司由张謇任总理，首任经理顾莼溪上任仅数月即病故，遂由沙元炳任经理。在开辟内河航线的过程中，公司曾遭到盐运使和盐商的百般阻挠。公司特别与受盐官、盐商控制的木船运输业的利益直接冲突。木船运输商深恐小轮代替了木船，影响其特殊权利，便以河道狭窄小轮要碰撞木船，掀起水浪会冲坍河岸而致运河阻塞，小轮烟囱的火星会引起草船火灾，轮上炉灰将污染饮水等种种理由，先后通过盐运使和常镇道进行反对。张謇曾愤慨地说，他们把"水火、盗贼、瘟疫世间一切大患，悉归狱于小轮，多方阻抑"。经据理力争，几经周折，后来终于得到了两江总督的支持。这时公司拥有"达淮""达湖""达江""达河""达海""达泰"6艘小轮。到光绪三十年（1904），航行于通州、如皋、泰州、扬州；东路有通州、金沙、余东、余西、吕四。公司以后续有发展，全盛时期曾有小轮20艘、拖轮14艘，开辟航线10条，沿途设有56个码头。

沙元炳又与张謇一起创办了广生油厂。光绪二十七年（1901），盛宣怀的华盛纱厂准备与外商在通州、海门分别合办轧花、榨油厂。南洋大臣魏光焘认为有违成约，遂令盛宣怀不得与洋商合办，要求他将榨油机器并设于大生纱厂。次年三月二十一日，沙元炳抵达大生纱厂与张謇商议创办油厂事宜。经华盛与大生协商，所购榨油机器价1万两，由双方各认一半，在唐家闸筹建广生油厂；初步测算，共需资本5万两，除双方各认5 000两外，需另招新股，此事由沙元炳"帮同招集料理"；并决定"其管理重要厂事之人"，"由通厂与沙（元炳）编修商酌分派"。沙元炳开始了负责广生油厂的集股筹建工作。后在招股基础上又由大生纱厂投资，于光绪二十九年（1903）建成开车。广生油厂由沙元炳任总理，张詧、张謇任协理。光绪三十一年（1905）华盛将股权全部让给大生，大生共投资5万两。广生油厂以大生纱厂轧花下来的棉籽为原料，产品主要是棉油和棉饼。由于棉油生产有很强的季节性，生产规模过小，容易造成亏损，于是又在原厂东边另建了东厂，并增购了机器设备。到宣统元年（1909），第一次股东会议决定继续增加资本，筹办新机，其时股本达到21.3万两。以后又陆续增资，到1914年，资本已达30万两以上。1921年以后，因资金周转不灵，曾两度由金融界维持，最后由上海银行单独放款，监理账目。

沙元炳还和张謇等人一起投入了收回与自办苏省铁路的运动。"自中日战后，外人窥伺中国益亟，侵略之策，以揽办铁路为先"，这不能不使中国人民感到触目惊心，而新兴的民族资产阶级为了争夺国内市场，尤感忧虑。其中"沪宁筑路，倡于盛宣怀，……方从事淞沪工作，而英声请承办，宣怀与订草约。二十九年，正约成，借英金三百二十五万镑，五十年为期"，"而糜费之巨尤为各路所无"，"五十年后万无收回之望。为中国自削其主权，则为外人益固其基础"。光绪三十年（1904）英国开始建造铁路，引起了当地人民的极大愤慨，纷纷表示抗议。次年秋，形成了斗争的高潮。九十月间，张謇偕王清穆、沙元炳等向商部呈文和联电两江总督周馥"言沪宁路事"，痛陈路权丧失的危害，反对盛宣怀将铁路主权出卖给英国银公司（即中英公司），表示"欲责成收回，亦必自逐款钩勒始"，综核路政，以清积弊，"拟公推监督二人，实行逐款钩勒之法"。张謇还主张苏人自筹路基地价25万镑，以减少借款和多少收回一些主权（地权），希望早日将路权赎回。张謇等人在致商部头等顾问官黄慎之的电函中，告诉他"津镇铁路苏省辖境，拟地方筹款自办"，并请他明示"沪宁铁路是否官款收赎，抑俟核减后仍由地方筹款"，"苏省路政紧要，应如何保护地方主权之处"。在这场由张謇领衔的斗争中，沙元炳坚决地站在张謇一边，与之并肩作战。

沙元炳十分赞赏和积极支持张謇创办的文化事业。民国元年（1912），张謇利用南通岳庙原址创办图书馆。图书馆的规模颇为宏大，"先后凡用银二万六千二百四十三元，岁用之银二千四百元或强"，"计有图书楼两幢二十间，曝书台五间，厢楼上下十二间，阅览楼上下八间，两廊办事室十间，道故斋上下六间，燕息亭三间，庶务室、门房、厨房、厕所等十三间，共六十七间"，"书橱二百架，图书十三万千百卷，他人赠者五万卷弱"。图书馆建成后，沙元炳担任了馆长。张謇创办伶工学社，延请梅兰芳、欧阳予倩为南通培养戏剧人才，沙元炳非常支持，他在《梅欧阁诗录序》中说道："梅欧二生，伶之极工者也。啬庵既建伶学于南通，延欧阳主之，并招梅生歌，各尽其艺。广场既开，万掌竞拊，赞不尽辞，多寓于诗。"极具赞赏之情。

沙元炳深爱家乡如皋。他说，"吾皋处长淮之委，南滨江，东北滨海，宛然交通之会"，"水土沃衍，半耕而倍获"；他决心通过努力，"更始自新，强立不反，以善其群，以厚其力，以阜其财，充之以学，而纳诸法度"；他认为，"有天有人，安在百里之县不能起而争天下之先耶？"沙元炳在如皋一心一意埋头苦干，除了老友张謇外，他很少与士大夫们交往，"当代公卿大夫邮筒时至，常不见省答"，"平生知交姓字，大率为乡里布衣、诸生"。沙元炳在如皋，也像张謇在通州、海门一样，苦心经营，只要是有利于国计民生之事，几乎无所不做。他先后倡导和集资创办广丰腌腊制腿公司、广生德中药铺、鼎丰碾坊、裕如钱庄、皋明电灯公司，主持创办如皋公立医院，出任县中医医学公会名誉会长、如皋医学研究社社长。光绪三十年（1904），沙元炳被推为如皋县商务分会会长。辛亥革命爆发，沙元炳还对革命军给予经济支持。如皋光复后，沙元炳出任如皋县民政长。1913年，沙元炳被选为江苏省议长。不久沙元炳以"自审病躯万万不足以任事"为由辞职，他认为"天下之患，莫大于任事者仅居其名而无事事之实"，而"议会者，固吾江南北六十县之人所托以表示其意思者也；议长者，又国会百数十君所认为首事者也"，他不愿因为自己耽误了大事。1914年沙元炳任如皋县水利会会长、清丈局局长。1915年主持编修《如皋县志》，测绘如皋县境图，病中还叫来朋友兼助手金鉽"坐卧榻旁商量文字"，然而《如皋县志》"久而未就，遂抱遗恨以终"。沙元炳"虽当百事倥偬之时，不废吟咏。而于乡邦文献，探讨尤勤。晚年探研内典（佛经），修持净业"。1927年1月29日病逝后，其遗著由门人项本源、姚祖诏等编辑成《志颐堂诗文集》。

沙元炳与张謇的友谊至深至厚，他们经常相聚，并有许多诗词唱和。沙元炳的医术十分高明，堪称一代名医，而张謇每请必到。例如，从1920年年初开始，刺绣艺术家沈寿病情恶化，直到五月三日逝世，张謇日记中有很多关于沙元炳应张謇之邀为沈寿诊治的记载。而在张謇临终前，沙元炳也为挽救这位终生知己尽了自己的心力。

参考文献：

《张謇全集》卷二、三、四、五、六，江苏古籍出版社1994年。
《大生系统企业史》。
《南通地方自治十九年之成绩》。
《志颐堂诗文集》。
庄安正：《张謇先生年谱》（晚清篇）。
《大达内河轮船公司》（大生集团档案资料选编）。
《南通师范学校史》。
《南通中学百年发展史》。

研究张詧是为了研究张謇

——海门市张謇研究会张詧研究述评

2011年农历九月三十日（10月26日）是张詧诞生160周年纪念日。张詧，字叔俨，号退庵，为张謇三兄。他曾经协助张謇在海门和南通创办实业、教育，进而实行地方自治，为南通的早期现代化做出了重大贡献。是日，海门市张謇研究会借座光华大酒店，通过举办张詧学术研讨会来纪念这位杰出的家乡先贤。张謇研究会会员与外地学者交流了张詧研究的最新成果。海门市政协领导、张詧后裔出席会议。研讨会共收到论文15篇，施友明等7位学者在会上做了发言。这次研讨会取得了预期的效果。正如海门市政协副主席郁斌所说："此次研讨会具有史料性，为研究张詧先生提供了丰富的资料，对后人的研究很有帮助；具有学术性，学者们透过史料进行学术思想归纳，有学术深度和研究的参考价值；具有思想性，在对张詧先生的研究中，吸收了他开放、包容的思想理念，能为海门市四个文明建设提供借鉴。"

此次研讨会的论文，大致可以分为两大类：

一类是做了张詧研究的基础工作。

徐慎庠通过对大量资料的研究而编制的《张詧生平大事年表》，为张詧乃至张謇的研究提供了极大的方便。该《年表》详细地叙述了张詧从"咸丰元年（1851）九月三十日，生于海门常乐镇敦颐堂前进之西室"开始，一直到"1939年1月26日在上海寓所逝世"及逝世之次年"灵柩归葬南通城北钟秀山东麓"88年的人生历程，全文近7 000字。

黄志良查阅了多个档案馆保存的档案，参阅了许多资料，整理成4万字的《张詧所创企事业概览》一文，详尽介绍了张詧自办和参与创办的工业方面20个工厂，农业方面的盐垦公司、南通大学基产处、农学会、保坍会、水利会等17个项目，交通方面的轮船公司、码头、转运中心、货栈、桥梁、电话公司等10个项目，教育方面的学务处和各级各类学校12所以及其他方面的商务总会、钱庄、交易所、房地产公司及各种社会公共事业、慈善事业等14个项目。这对全面了解张詧在张謇创办事业中所处的地位和所起的作用无疑有着十分重要的意义。

邱华东的《介绍几篇少见的关于张詧的资料》，对《南通县警察状况·序》（张詧）、《南通县栖流所记》（张詧）、《大生纺织公司开机二十年纪念会开幕词》（张詧）、《张公退庵墓表》（李宣龚）、《张公退庵墓志铭》（夏敬观）等做了研究。

顾永祥的《一枚由通州知州张育采颁发的毕业证书》和《一张难觅的海门大达趸步公司股票》，以两件文物佐证了张詧的贡献，也为研究当时的情况提供了依据。前者反映了地方自治所办事业与官府的关系，后者反映了大达趸步公司的集股情况。

另一类论文是张詧与张謇关系的研究。此类论文是本次研讨会的重点，大体反映了张詧与张謇亲密无间的兄弟情谊和张詧对张謇实业救国的支持、协助。

袁蕴豪、黄志良的《研究张謇不能忽略张詧》，以"兄长助弟中状元""弟帮兄长显才干""兄弟联手创伟业"三个部分，分析了张詧、张謇兄弟在不同时期的相互关系。施友明的《张詧与张謇至深兄弟情》与袁、黄文有所不同的是，还特别强调了在张謇大力实行南通地方自治中张詧先后作为"通崇海三属商务总理""江苏农工商局总办""南通州总司令长"所起的"提供安全保障"作用；此外还通过分析张詧的诗作和楹联，强调了张詧在张謇精神世界中的地位。郭士龙、曹云泉的《张詧托起文曲星》虽然着重论述张詧对于张謇走科举道路的全力支持，但视野更为开阔，甚至分析了兄弟两人对仕途的不同旨趣。郭士龙、曹云泉的《"张三衙门"与"近代中国第一城"》将"张三衙门"即通崇海三属商会以及筹备自治公所的性质、当时在南通的实际地位和作用以及来龙去脉做了详尽的分析，证明张詧对于南通地方自治、创建"近代中国第一城"作出了不可磨灭的贡献。论文还对流传的"借着张四吃白水"的民谚产生原因做了分析，认为张氏兄弟在创办事业的过程中为了解决各种矛盾和困难，不能不"一个唱红脸，一个唱白脸"，这样张詧往往成了人们的"出气筒"，其实张氏兄弟是为了实现共同的目标而扮演了不同的角色。施耀平、徐晓石的《张詧一手操办创建大生三厂》以海门境内的大生三厂为例，论证了张謇和张詧两人在创办事业中的"謇无詧无以致其深，詧无謇无以致其大"的密切关系：一方面张謇依赖张詧的精明强干把实业救国、教育强国的事业做大做强；一方面张詧在张謇这面大旗下，才华得以施展，成就了一番大事业。张红的《试析张詧践行张謇中国式近代大农业观》分析了张詧创办的如东大豫公司的工作流、物流和信息流，认为大豫公司是近代大农业的一个缩影；论证了张詧在创办盐垦公司、进行沿海开发中所作的贡献，而这些贡献又是践行张謇中国式近代大农业观的结果。这就极为清晰地表述了张氏兄弟在进行中国早期农业现代化探索中的相互关系和各自贡献。邱华东曾经撰文论述过张謇的近代警政思想及其在南通的警政建设，南通警察的创建曾被评价为"警察之冠"，当年南通警察对打造"近代中国第一城"起了不可或缺的关键作用。此次在《张詧与南通近代警察》中，邱华东通过大量事实的挖掘后指出，"南通近代警察的创立，张詧是主要的实行者"。邱文从一个侧面说明了张氏兄弟在共同创办事业中的关系。

另有四篇论文，即周至硕的《张詧的人格魅力》、李元冲的《张詧与慈善事业》、徐慎庠的《诚笃求真为民——解读张詧江西仕途政绩》和陈有清的《大豫公司民居格局的积极意义》，看起来似乎是只论张詧的，而实际上也仍然没有离开张謇。周文在论及张詧1882年前是"为国分忧的平民百姓"时所做公益事业，说的是张氏兄弟共同的作为；1982—1902年间是"为民作主的地方官吏"，而所举张詧奉江西巡抚李勉林之命去东乡县弹压"刁民抗粮"，赴任之前曾与张謇交流对乡民抗粮事件的看法，兄弟俩达成了"今日民之刁不刁，视昔日粮之抗不抗，若东乡向不完粮，谓之刁可也；若自有不能完之故，官曰刁民抗粮，民不曰灾区求缓乎？当察情实，明是非"的共识，而提出这一观点的正是张謇，结果张詧"代民负债六千金，上谕传旨嘉奖"；至于"手足情深的培哥叔兄"一节，那自然更是张謇心目中的张詧了。李文开头便明确指出张謇作为慈善家的事迹已为世人皆知，而"张謇的慈善事业，也正是有了张詧的爱心参与，才显得完美无缺"。无疑，全文正是从这个角度立论的。徐文是专论张詧江西政绩的，文中却也不时闪现出张謇的思想和身影。陈文介绍了张詧的大豫公司的民居格局，并且通过与其他多处民居格局的对比，分别从"适应地理环境""优先从生产考虑""相互守望，便于防患互救""生活方便""环境卫生"等方面分析了它的积极意义；而同时又指出，"大豫公司曾吸收中国传统村落布局特点与西方现代农业的先进模式，借助于通海垦牧公司已取得的成功经验，经张詧先生、张謇先生及江导岷先生等高层领导于民国五年再次策划创建的民居格局"，仍然没有离得开张謇。

因此，我们可以说，此次研讨会，虽然是研究张詧，其实正是为了研究张謇。对于张詧的研究，使张謇的许多活动细节更加清晰了，张謇的形象更加丰满和生动了，从而让我们更多地了解了张謇和更深刻地认识了张謇的影响。

从深入研究张謇的需要出发，海门市张謇研究会提出研究包括张詧、周家禄、王宾、沈敬夫等人在内的海门本土与张謇有关的人物，是很有意义的。张謇研究已经有了百年历史，它在纵、横两个方面都有了极大的发展。从纵的方面说，按照张謇所处的时代和这个时代的主题，较好地研究了张謇一生的活动，评价了他一生的事功。从横的方面说，张謇一生有很多横向联系，与许多历史人物有着各种各样的关系。这一方面的研究，近些年来有了很大发展，特别是将张謇与这些人物进行比较研究，甚至成了第五届张謇国际学术研讨会的一大特点。南通市政协编辑出版的《张謇的交往世界》也以70个人物的研究拓展和深化了张謇研究。

在张謇众多的交往中，张詧是与之一生始终不离不弃、相扶相助的，也是张謇日记中出现次数最多的人物。张謇说"纱油诸厂，昔恃一友，今恃一兄；开垦、兴学，此恃一弟子，彼亦一弟子"，明白无误地告诉人们，在倡导实业、教育救国的道路上有一个张謇领军的以沈敬夫、张詧、江导岷、江谦等人为骨干的创业团队。张謇又说，"退庵（詧）无弟，则创之势薄；啬庵（謇）无兄，则助之力单。故蛩蹶相依，非他人兄弟相比"，就特别强调了张詧的作用。张謇的好友刘厚生说，"张詧为张謇三胞兄，干练胜于张謇。换言之，张謇为理想家，而张詧则为实行家也。……张謇在南通所办的实业，则非倚重张詧不可，张詧也义不容辞也"；张謇的儿子张孝若说，"我父创办实业、教育、地方自治，都是伯父赞助一切。大概我父对外，伯父对内。我父亲规划一件事的大纲，他就去执行；或者我父主持大计，他去料理小节（按：指处理具体事务）"。这些话大体上反映了当时人们对张氏兄弟在创业中不同地位、作用和贡献的认识。张詧自己说，"寒家生自畎亩，余兄弟少壮之日，以国事之日危，思致身于实业、教育，以尽匹夫之责，草茅之土，甘苦相同，成败相依者四十年"，高度概括了他和张謇共同奋斗的历程。刘厚生又说，"张謇所办实业全由张詧经办，基本上由乃兄实施，是以研究张謇，不能忽略张詧"，这是张謇同时代的一位前辈最深切的体会，也是这位前辈对后来张謇研究工作者的忠告。因此，如果我们要纵横结合研究张謇的话，研究张詧正是一个极佳的切入点。

长期以来，我们研究张謇的主要依据是张謇留下的文字资料。现在如果从张詧留下的文字资料着手研究，那就等于打开了另外一个宝库。虽然在有关张詧的记载中都曾提到他的著作《具孺堂集》，然而迄今为止没有人确切地知道它的存在。但是，我们海门市张謇研究会，包括如东分会和南通市区会员，还是有着得天独厚的条件。南通市档案馆保存着有关张詧事业的大量档案，其中包括张詧本人留下的文字和讲话记录，它们都是有待挖掘的宝藏。另外，张詧在家乡海门生活过很长时间，现在常乐镇还完好地保存着他的旧居；张詧在海门留下了他的足迹，他在如东创办了大豫垦牧公司，民间对张詧有许多口口相传的东西可以搜集。张詧的后人很多，现在散居在世界许多地方，从他们那里，可以抢救出很多有价值的历史资料。所有这些，都能为我们研究张詧提供有利的条件。

我们研究张詧，是为了研究张謇。这个目的是坚定不移和毋庸置疑的。但同时我们也应该认识到，张詧毕竟也是一位了不起的人物。张詧在大生企业中有着举足轻重的地位，创办大生三厂后，还曾长期担任董事长；张謇逝世后只有半个月,他便众望所归,被公推为大生一厂、二厂的董事长,直到其后张孝若接任大生一厂董事长。1927年,蒋介石在南京成立国民党政府后,为了应对即将出台的土地条例,张謇主持召开淮南盐垦各公司联合董事会,拟组建"联合委员会",并商讨"共同之具体办法"。这就是说,无论在张謇生前还是身后,张謇的贡献都不容忽视,特别是在张謇逝世以后,他一度成为大生集团和淮南盐垦"后张謇时代"新的核心。即使仅此而言,张謇也确实值得我们加以深入研究。

良农刘旦旦

常乐往东不足四里的头匡河西岸、通沙河北侧的刘家是个大姓。将近百年之前生活在这里的刘旦旦（1826—1914），现在算得上是海门的历史名人了。1984年版的《海门县志》专门为他立了传。现在在网上搜索，也可以找到很多有关他的文章，"百度百科"还专门有一个介绍他的条目。然而，刘旦旦生前只是一个普通农民。1914年阴历四月十六日，他以八十九岁高龄病逝。临终前，他向儿子表达了一个心愿：希望请张謇为他写一篇墓志。当时的张謇，正担任中华民国政府农商总长兼全国水利局总裁，在北京忙于公务，偶然回到常乐，也是来去匆匆。这时，袁世凯正逐渐走向独裁，同时又与日本就"二十一条"进行无耻的政治交易，妄图换取日本的支持，恢复帝制。张謇对此极为不满，于1914年11月和1915年3月两次请求辞职，在未获批准的情况下，告假南归，在袁世凯称帝之前，终于彻底与之断绝了关系。大概正是在这个时候，1915年，张謇应刘旦旦的儿子所请，写了长达1035字的《良农海门刘叟墓碣》。于是，刘旦旦墓前树起了张謇亲撰亲书的墓碑，这个普通农民因此得到了莫大的荣耀。墓碑于"文革"中被毁。"文革"结束后，海门张謇研究的先驱顾振虞先生经多方寻访，找到了字迹模糊、残缺不全的断碑，现存于常乐的张謇纪念馆。

改革开放以后，人们开始重新提到刘旦旦。但是在没有任何文献资料的情况下，只能收集一些口口相传的故事，于是出现了许多错讹。他的名字被误写成了"刘旦诞"。人们误以为他之所以叫"旦诞"，是因为出生在大年初一（古代的元旦），所以他的生日也搞错了。也有的由于虚龄和足龄的计算错误，将他的生年提前了一年。至于事迹，既然无所依据，更是随心演绎。如果仅仅作为故事来看，本无不可，然而将这些作为历史，就未免太过轻率了，写史是一件极其严肃的事，实在苟且不得。

1994年，《张謇全集》出版，人们可以读到《良农海门刘叟墓碣》了，但至今仍未能予以重视，关于刘旦旦的错讹也仍未得到纠正。应该说，张謇所写的墓碣，是距离刘旦旦这个人物最近而且是唯一完整的文献，理所当然应当成为研究刘旦旦的唯一可靠依据。除此之外，张謇在宣统三年（1911）阴历七月十一日的日记中记有"刘叟云程三代同来。叟八十六岁，属狗，道光元年生人，长于怡儿七十二年，说田事"一条。日记中之所以说刘旦旦"属狗"，是因为他比张謇的儿子"怡儿"即张孝若（名怡祖）年长七十二年，"怡儿"正是属狗。可见那次谈话很轻松随意，除了"说田事"，还拉了家常。只是张謇记错了，道光六年才是丙戌年（狗年），道光元年却是辛巳年（蛇年）。这一条日记，既可以作为刘旦旦生年的佐证，又可以看出张謇这位当时已经名动天下的大人物与刘旦旦这个普通农民之间浓厚的乡情。

为了让更多的人了解刘旦旦，同时也给纠正目前关于刘旦旦历史性表述的错误提供依据，笔者不揣浅陋，将《良农海门刘叟墓碣》用白话文翻译如下：

良农海门刘叟墓碣

刘老名炜，字一飞，又字云程。因为出生于早晨，所以乳名旦。他凭着勤奋研究农业生产，在当时最为出名。人家问他的名字，他用"云程"回答人家，所以人们都知道他叫刘云程。他的邻居却把他的乳名重叠起来叫他"旦旦"，并不知道他还有别的名字。

刘老世居海门，父亲叫刘槐，母亲姓施。他的父母生了三个儿子，他是长子，生于清道光六年五月十三日，到民国三年四月十六日八十九岁去世。他的妻子姓袁，生有三个儿子，都善于依靠种田继承家业。邻居称他的长子叫少云，次子叫又程，幼子叫再飞，这也是三个儿子的字。

刘老自从父母去世后，与两个弟弟一起生活了二十年，到四十二岁时，因为晚辈人口多了，才分了家，这时他只有四亩地。四十六岁，他自己才建了宅。五十二岁时，他有了三十二亩地。

刘老身材高大，手臂修长，行走矫健，耕地劳作，超过常人。他种棉花、麦子、高粱、豆类、蔬菜、瓜果，划分区域，一起种植。他常常用自己的创意来争抢季节，所以每年的收成总比别人多出一倍。他的性格刚直，做事不甘落于人后，讲起话来声音清朗响亮，同人辩论，一定会把事情和道理讲透彻，一定要表达出自己的意见，因此也就被轻薄放荡和苟且因循之流所忌恨。那些人又看到他家道日益上升，于是有天晚上将饿死在路上的尸体搬到了他的田埂上。当时的法律是田里有死尸，应报告官府勘验，这就一定会使田主破产。众无赖用这个办法来要挟他，逼他卖了地才得以摆平。没多久，这些人又将尸体挂到他田间的树上，他又因为砍树树倒下而压死了雇工。后他又死了妻子，接着死了长子；妻子娶了六个，便死了六个。直到六十二岁，前后十年，他遭受的不幸，差不多每年都能碰到，弄得家业几乎全毁了。

刘老曾经与和尚有过交往，听说江南的和尚服食黄精，黄精出产于杭州，很值钱，于是他就前往购买黄精种子，改在高地上种植，两年后便获了利，他就种得更多了。这时，海门刚刚开始提倡养蚕种桑，官府正督办这件事。厅同知霍邱人王宾与我一起鼓动他，又向两江总督请求表彰刘老为"良农"，在他家里挂了匾额。于是，他叫小儿子到湖州去学习种桑养蚕的方法。他的家业从此又兴旺起来，逐渐收回了卖出的土地。宣统初年，在江宁率先开办国内的劝业会，地方农商界一起谋划选送他的农产品，结果多项获得了高等级的奖励。于是，他见了人更是津津乐道农事了。他去世那年，一共有一百多亩地，还积聚了一千元丧葬费。

刘老汉种田的时候，天将亮未亮，就督率儿子和雇工一样来到田间，不到中午和黄昏，便不休息；有时他也扔下农具，背着手观察竹子、树木、瓜果生长得过度还是不足，研究它们合适的生长程度，区别它们的喜好和禁忌。他观察劈柴的纹理，就能知道它生长的环境是朝阳还是背阳；观察果树生长处所的隐藏还是暴露，就能知道果实成熟的迟早；观察人们在买瓜果短暂时间的表情，就能暗中察知瓜果的销路好坏；观察土地在未开垦之时的状况，就能精辟地预见到它的将来。他的说法往往与古时的说法相吻合，而超出按照科学谈论农业的人之外。

刘老住宅的东面和南面都是四通八达的大路，那些用作篱笆来护卫园圃的树木、用来作为道路标志的树木，整齐得像用木工的墨线弹过的一样，又像排列着的屏风一样，路过的人不消问，就知道这是刘云程的家。但是，在他种植这些树木时，被攀折和拔起的树苗，每月每日总有十几棵，而他预先存放着准备补种的树苗，一般要有几倍。到了园圃得到护卫、道路能够标示的时候，人们十分惊异，于是问他种树之事，他说："攀折和拔起树苗的人用心不专一，而我专一；攀折和拔起树苗的人意向变化无定，而我坚持不变；所以我一定取胜。"他坚定而有识见，就像这样；他能崛起而改变败落状况，从而成就自己的家业，原因正在这里。这尤其不是高谈学理而没有坚贞不移操守的读书人所能够及得上的。

刘老与我已故父亲因为种植方面谈得拢而很熟悉，我认识他也有三四十年了。以前天气晴朗温暖的时候，我拜访他家，间或向他讨些果树；也曾请他到我家，拜托他指导园圃的事。他因为这些，觉得很快乐。

刘老在六七十岁时，好几次从高处跌下来，但是身体硬朗，没有跌伤，于是说起话来就常常自夸身体好。我曾经坚决地劝他家人把他当作婴儿来养护。过了八十岁时，他摔了一跤，于是出门就一定要依靠两根拐杖了，但还很健谈。想不到我与他分别不到一年，他竟突然患了手足瘫痪的毛病而去世了。临终时，他叮嘱儿子一定要请我给他写墓志。于是，他的小儿子来请求我做这件事。

　　唉！像刘老这样的人，可算是善于种田的良农了。别的优秀的农民，大抵善于从事种田的事情，却不善于说出其中的道理；刘老好像善于说出道理，却又好像不善于用笔把道理写成书，不能将自己的经验一一教给别人；而世上的农书又往往适用于这里，不适用于那里，可以用它帮助谈论却不可以成就事业。这是我国农业一天天衰退的原因。而像刘老这样的人，是成千上万的人里面很不容易见到的一个，怎么忍心听任他在世上湮没无闻呢？于是写了这篇文字，作为墓碣来立在他的墓前。

演绎故事的历史研究

——评所谓"刘旦诞"研究

演绎故事的历史研究,真是一个极其荒唐的命题。历史研究怎么能演绎故事呢?然而,我真碰上了,从而长了见识。日前,(南通)张謇研究中心的一位朋友给我发来一个邮件,说是网上有关于"刘旦诞"的研究文章与张謇所述大相径庭,问我对此有何看法。

不看不知道,一看吓一跳。网上关于"刘旦诞"的文章真还不少。最具权威的,可能要算"百度百科"的"刘旦诞"条了,其文曰:

> 二十世纪初,南通海门常乐镇出了一名"田状元",他就是刘旦诞。刘旦诞学名云程,号一飞,因他生于1825年年初一清晨,故乳名旦诞。刘家祖孙三代,均以农业为本。旦诞专心农业,勤耕巧作,创造了很多优质高产的农业记录。如玉米、赤豆夹种,每亩可增产百斤。后又引进良种大红袍赤豆,以提高产量。旦诞很重视经济收益。他曾派人去浙江湖州,学习栽种湖桑。由于湖桑叶子肉厚养分足,能使蚕茧大,色泽好,产量高,在他的带领下,周围百分之八十的人家养了蚕。由于刘旦诞在农业上有造诣,清末状元张謇曾数次上门拜访。一年秋季,张謇亲自见到刘在菜地操作,暗暗佩服。在研讨一些植物的特性时,旦诞不仅对答如流,而且有创见。张謇当即赞赏他像"田状元"。旦诞七十多岁时,张謇亲书匾额相赠,以资庆贺。1914年刘旦诞病故于家中,享年八十九岁。张謇又亲写碑文纪念。

其他还有一些叙述甚至戏说的故事,大抵也是从此篇生发开来。

如果干脆说清是纯属虚构的故事,也就罢了。而问题偏偏在于打着历史研究的旗号,把这种演绎的故事作为历史塞进历史研究的报刊和书籍中,这就贻害无穷了。历史研究的任务,最起码是努力弄清历史的真相。如果故意搅成一团浑水,把原本还算清楚的历史真相掩盖起来,这就给后人留下了许多麻烦。对此,我不能不愤愤然地辨一辨所谓"刘旦诞"了。

一、关于所谓"刘旦诞"的名号

据上述"百度百科"的"刘旦诞"条所说的"刘旦诞",显然就是张謇写的《良农海门刘叟墓碣》中的那个主人公刘叟。然而张謇关于刘叟的名号却是这样说的:

> 刘叟名炜，字一飞，亦字云程，生于早旦，故小字旦。……其邻里则称其小字而重之，不知其有他名与字也。

可见，所谓"刘旦诞"，实际上应为刘旦旦。

"刘旦诞"条解释说，"因他生于1825年年初一清晨，故乳名旦诞"。刘生于清晨，确没有错；因为生于清晨，其乳名与他生于清晨有关，也没有错。张謇的《良农海门刘叟墓碣》也说他"生于早旦，故小字旦"，然而只有一个"旦"字，而后邻里才将旦字"重之"，称他"旦旦"，但不是"旦诞"，想来乡下人也不会硬要把这个普通农民的儿子的出生说成诞生的。而无论"旦旦"还是"旦诞"，不过只是表示其生在早晨而已，并非硬要他生在"年初一清晨"。"年初一"在古代称为元旦，"年初一清晨"，换成古文，则一定需说成"元旦旦"才行。根据"刘旦诞"条作者的逻辑，那么刘叟似应更其名曰"刘元旦诞"。"刘旦诞"条的作者显然不懂"旦"字只表示早晨的意思，所以为了让刘叟叫"刘旦诞"，竟无缘无故地将他的生日五月十二日篡改成了年初一。

二、关于"刘旦诞"的生卒年

张謇明白地写道："（刘叟）生以清道光六年五月十二日，至民国三年四月十六日，年八十有九卒。"而"百度百科"的"刘旦诞"条说是"生于1825年"，"1914年刘旦诞病故于家中，享年八十九岁"。可见这位历史学者并不知道"清道光六年"是1826年，而不是1825年。这本来是一查便可知的，然而这位学者懒得去查，这是他自作聪明地将张謇说的"民国三年"（那不查也知道，是1914年）减去"八十有九"得出的，可惜张謇给刘算的是虚龄，而这位学者减的却是实龄，于是无奈地出现了一年的误差。

三、关于"刘旦诞"的事迹

张謇的《良农海门刘叟墓碣》大致有如下几个方面的叙述：（一）"其为农，棉麦梁豆蔬菜分区并植，常能出己意竞时，岁获辄倍其伍"；（二）"闻江南僧众饵黄精，产自杭州，值昂，遂往市种，易高原植之，再岁而获利，植益广"；（三）"里兴蚕桑之议起，官吏督焉。厅丞霍邱王公宾与謇共悉恵叟，复为请于督部奖'良农'，榜其庐。叟乃命三子习饲蚕植桑法于湖州"；（四）"宣统初，江宁劝业会之先开，地方农商策共进叟所植产，屡上奖"；（五）"察度竹木果蔬生长赢朒之状态，究分寸，别喜忌"，"叟见人益津津乐谈农"，"其说动于古合，而出于以科学言农者之外"；（六）"其卫圃之樊、表道之木，秩秩如绳然，斩斩如屏然"，"然方其植樊与木也，折者搔者日月而计则十数，而叟所预畜备补之苗，恒数倍之"。所以张謇说"如叟者可为能农而良矣","如叟者乃累千万而不易一觏者也"。

但是,"百度百科"的"刘旦诞"条说他"创造了很多优质高产的农业记录。如玉米、赤豆夹种,每亩可增产百斤。后又引进良种大红袍赤豆,以提高产量"。由于刘饲蚕植桑,"在他的带领下,周围百分之八十的人家养了蚕",这些都并无根据。网上甚至还有文章说,"他又利用棉花地夹种良种马鬃旱稻,每千步可收三四百斤。旱稻不需灌水,省劳力,收获后把稻草割掉,让棉花生长,旱稻米煮成的饭绕宅三转香,又粘又可口"。"为了供应染坊的原料,他引进了靛草,还利用路边隙地种了蕾(应为芮)草,供油坊榨油之需"。"他对果木林园的种植也潜心研究,如把吕四港的臭鱼水运回来浇竹园,效果良好,因此,他家所种的本竹粗如毛竹,竹杠高大,竹节顾长,一园竹子,远远望去,似一朵乌云,数里之外可以看到。他多次从安徽山区买回良种树苗,为了确保存活率,把树苗连泥带土放在缸里,雇船运回栽种。洞庭山有良种白沙枇杷,果实大,独核,汁多味甜,他购回栽种很快成林,连续几十年,果林兴旺不衰,远近闻名"。"旦诞对蔬菜的种植管理也有独到之处,长的香芋、山药特别大"。如此等等,不一而足。这显然是把海门沙地农民所有的长处都移植到了刘叟身上了。

四、关于"刘旦诞"与张謇的关系

张謇说,"叟与先君子以种树语合而稔,謇之识叟亦三四十年。往者天日晴煦时,过其家,间从乞果树,亦延至家属指挥圃事,叟以为乐","(叟)濒卒,诫子必丐謇为其墓志","(叟)既葬,乃书以碣其墓趾"。至于"百度百科""刘旦诞"条说的"由于刘旦诞在农业上有造诣,清末状元张謇曾数次上门拜访。一年秋季,张謇亲自见到刘在菜地操作,暗暗佩服。在研讨一些植物的特性时,旦诞不仅对答如流,而且有创见。张謇当即赞赏他像'田状元'。旦诞七十多岁时,张謇亲书匾额相赠,以资庆贺",却都是演绎的故事。网上还有更多的铺陈文字,例如说,"由于刘旦诞在农业生产上有研究,清末状元张謇曾多次上门拜访。一年秋季,张謇亲临,见刘在菜地操作,就在菜地里研讨起植物生长的特点来了。张謇问:香芋藤上棚是向左转还是右转?旦诞笑着说:'状元公考起我这个农夫来了!'于是他认真地阐述了香芋藤、山药藤都右转的科学道理。张謇听了深表钦佩,赞扬他说:'你也是状元嘛!是个田状元。'从此'田状元'刘旦诞就在这里传开了"。这些作为故事,也未尝不可,但千万不能当作历史来读,更不能标榜为历史来写。

五、关于张謇的《良农海门刘叟墓碣》

如前所述,这是张謇应刘叟之子所乞而写的,只是为了"书以碣其墓趾"而已。当然，张謇以中华民国农商总长的身份，为一个普通农民写墓碣，是很不寻常的事。但又事出有因，刘叟是张謇的乡邻，而且与张謇及其父张彭年都有交谊。虽然张謇在文中对刘叟表示了由衷的敬佩，给予了很高的评价，但是我们并不能由此看出如有人说的张謇是在为中国树立一位农业劳动模范。这种任意揣摩和解读，都不是实事求是的正确态度。

张謇的这篇文字写于刘叟逝世之翌年，而且张謇又很熟悉刘叟，所以其内容无疑是可靠的。而关于刘叟，此外再无其他历史文献以资参考，张謇的《良农海门刘叟墓碣》自然是研究刘叟的唯一依据。研究刘叟者，还是认真地研读张謇其文为是，不要道听途说，不要以讹传讹，不要演绎故事。

老夫只觉花应惜　特趁飘风荐锦茵
——略谈张謇对沈绣的贡献

沈绣是以清末民初著名刺绣艺术大师沈寿（1874—1921）为代表的苏绣的一个流派，它的仿真绣艺术特色使得苏绣达到了空前的艺术高度，在中国所有名绣中脱颖而出，艺压群芳，它的优秀作品成为国际刺绣艺术中无可争议的巅峰之作。早在1911年的意大利都灵万国制造工艺博览会上，沈寿所绣的意大利王后爱丽娜像就获得了钻石宝星的卓绝奖，卓绝奖为该博览会七个等级奖项之首，据说获此殊荣的只有两名。1915年，沈寿所绣的耶稣像又在美国旧金山举办的巴拿马博览会上获得金奖，沈寿的弟子施宗淑和沈寿的姐姐沈立合作的《牧马图》获银奖，沈寿的另一名弟子金静芬绣的一幅肖像获青铜奖。经过百年的传承发展，现在，南通、海门的沈绣不仅精品迭出，国家多次将其作为国礼赠送给美、俄等国元首，而且已经形成了一个独特的艺术化的产业，为经济建设和社会发展作出了贡献。

沈寿作为沈绣的创始人，其非凡的成就理所当然地载入了中国刺绣艺术的史册。沈寿是一个勤奋学习、善于吸收中外优秀文化而富于创新精神的艺术家。这位出生在苏州自幼爱好刺绣的女子，后来在谈到自己创立的仿真绣艺术时说："我针法非有所受也，少而学焉，长而习焉，旧法而已。既悟绣以象物，物自有真，当放（仿）真。既见欧人铅油之画，本于摄影，影生于光，光有阴阳，当辨阴阳。潜神凝虑，以新意运旧法，渐有得。既又一游日本，观其美术之绣，归益有得。久之久之，遂觉天壤之间，千形万态，但入吾目，无不可入吾针，即无不可入吾绣。"[1]沈寿的话阐明了沈绣的精粹。

在沈寿一生47个春秋中，她在家乡苏州生活了30年，其间"七岁（虚龄，下同——笔者注）弄针"，"八岁学绣"，"十一二……时成一绣，惊动俦辈"[2]，进献给慈禧的《八仙上寿图》是她30岁时在苏州绣成的，因此沈寿当时就被著名学者俞樾喻为"针神"；其后沈寿东游日本，在清农工商部任绣工科总教习共7年，这时不仅弟子众多，而且她的作品已在意大利获奖；辛亥革命爆发以后，沈寿和丈夫余觉流落天津自办余沈寿教绣处又有两年多时间；之后沈寿才应张謇之邀以病弱之躯在南通度过了生命中的最后8年。然而，沈绣这一刺绣流派的创立，不在沈寿生活了大半生的家乡苏州，不在做了7年朝廷命官的京城，也不在大都市天津，却是在其生命中最后的短短8年，并且还是在江头海尾的小城南通。在南通，沈绣这一源自苏绣的流派，最终将苏绣发展到了登峰造极的地步。这是不能不发人深省的问题。

归根到底，历史不能忘记当时下决心经营南通自治、在南通建设一个新世界雏形的张謇在沈绣这一流派的形成和传承过程中做出的杰出贡献。张謇对沈绣的贡献，概而言之，有三个方面：

一、呵护沈寿，为沈绣传人的成长创造条件

张謇诚恳地邀请沈寿到南通传授刺绣艺术时，沈寿虽然"固已名满国中"，"又复声流海外"，却与丈夫正在天津生活得十分艰难。1914 年沈寿来到南通，先在南通女子师范学校主持附设女工传习所。1916 年，张謇又在风景秀丽的南濠河北岸独立建设了南通女工传习所，请沈寿担任所长，并在《通海新报》介绍其绣科说："延吾国驰誉欧美之大绣家余女士主之。"1920 年，张謇又组建南通绣织局，请沈寿担任局长，并在上海和美国纽约设立分公司。沈寿在南通的几年中，尽管身体一直不好，但为刺绣艺术真正到了呕心沥血的地步。张謇在沈寿逝世后的《雪宧哀辞》中痛惜地说："最近五年病三度，最后之病近百六十日"，"余独惜其精妙之艺无传焉者，徒成其名而去，而茫茫宇宙合欲更求一人焉不可得，得又几何能似之否也"[3]。在 1921 年农历五月三日沈寿去世的当天，张謇在日记中有一段十分痛惜的话："抚尸尚微温，怆痛不可言。……忆雪宧自丁巳四月上旬病传血，五月下旬至谦亭养病，六月七日愈，七月中旬回传习所，复病，八月下旬复移谦亭，十月、十一月上旬连病，随愈随病，随病随愈，戊午正月六日以濠阳小筑借与养病，庚申八月廿四日移绣织局，先后五年。生活与药为进退，而中医、西医药方几厚二寸，迄不获效。哀哉，世安得更有是人也。"现在我们可以在张謇的诗文中看到他与沈寿的交往、特别是对病中沈寿的呵护，其体贴之备至、情感之真挚，令人十分震撼，甚至足以引起一些人对他们之间关系的反复揣度和丰富想象。其实，这些只是张謇对于沈寿艺术才能的由衷敬仰和对这位艺术家的悉心呵护。

张謇不惜代价引进沈寿这一刺绣奇才，既是为了发展南通的刺绣事业，使女子"能自谋生活，而不专赖乎人"[4]，又是深感"今之觇国者，翘美术为国艺之楚，而绣当其一"，希望改变"我绣之钝，等于百工也"的现状。对于沈寿，张謇尤其"恐其艺之不果传也"；在沈寿病倒以后，则"益惧其艺之不传而事之无终也"[1]。如果从经济的角度去看，张謇为沈寿做的基本上是赔本生意。经过沈寿的努力，直到她去世的 1921 年，女工传习所才终于艰难地做到了能够完全自立。但是张謇并不这样算账。张謇很欣赏沈寿的"诚乐于教人矣"，1910 年认识沈寿后，"明年，送邢、施两女

生就女士学，以传其技"[5]，她们后来都成为沈寿在南通工作时的得力助手和沈绣高手。张謇为沈寿来南通传艺，专门在女子师范学校附设传习所；两年后，即"益谋推授于凡女子"，于是筹集资金，"移所城南，增速成科，订章加详焉"[5]，扩大了规模，改善了条件。特别是确定了一年速成班（丙班）、两年普通班（乙班）、四年刺绣美术班（甲班）和五年研究班（本科）的学制。张謇高兴地评价说，"本科毕业生成绩及绣品固已突过前人，甲乙班之作品亦在他处之上"[4]。在沈寿的精心培育下，女工传习所先后有110多人学成绣艺。沈寿去世后，沈寿的姐姐沈立继任南通女工传习所所长，以完成沈寿的未竟事业。沈寿在南通播下的沈绣艺术种子，终于在江海大地盛开了艳丽的奇葩。如今，活跃在刺绣艺坛的，已经有沈绣的第五代传人了。

二、与沈寿合作，成就了沈绣经典之作《雪宧绣谱》

1918年，张謇丢下繁忙的工作，与病中的沈寿合作，"无一字不自謇出，实无一语不自寿出也"，历时数月，写成了《雪宧绣谱》。写作的过程，张謇在《雪宧绣谱序》中说自己听到沈寿所说的"以新意运旧法"的那段话后，"闻其言而善焉，以为一艺事也，而有精微广大之思，而沈寿一女子，于绣得之也。乃属其自绣之始迄于卒，一物一事、一针一法，审思详语，为类别而记之。日或一二条，或二三日而竟一条。次为程，以疏其可传之法；别为题，以括其不可传之意"[1]。《雪宧绣谱》的策划者显然是张謇。

关于写作《雪宧绣谱》的动因，张謇说："伊古以来，凡能成一艺之名，孰不有其独运之深心与不可磨之精气？而浮沤雪电，瞬息即逝，徒留其存亡疑似之名，而终无以禅其深造自得之法，岂非生人之大憾，而世之所谓至不幸，绣云乎哉！"张謇感叹道："嗟夫！莽莽中国，独阙工艺之书耳！"如果不写这部《雪宧绣谱》，那么沈寿的"独立足以传世之艺"就一定"终无以禅"，因而成为"生人之大憾"，也一定无法改变"世之所谓至不幸，绣云乎哉"的状况，就像"汉唐以来，言绣夥甚，未有能名其家"，就像"世近有可说者，则上海顾氏露香园之绣。得其一幅者，往往列诸彝鼎，珍若璆璧。顾其法若何，士大夫所不能知也，虽能绣之女子亦不必能说"。张謇又认为，作为一部工艺著作，"习之无得者不能言，言之无序者不能记，记之或诬或陋，或过于文，则不能信与行"，因而"一人绝艺，死便休息，而泯焉无传"。而沈寿不仅是一个"习之有得者"，而且"有独立足以传世之艺"；不仅能够言之有序，而且具有丰富的教学实践经验和丰硕的教学成果。[1]

因此，在张謇看来，写出一部总结沈寿刺绣艺术的著作既有必要性，又有可行性。由于张謇本人几年来"时时叩所谓法"，由外行变成了内行，所以最终成就的《雪宦绣谱》，达到了"语欲凡女子之易晓也，不求务深；术欲凡学绣之有征也，不敢涉诞"[1]的要求。《雪宦绣谱》的产生，为沈绣流派的形成和发展起到了重要作用，也为历史承认这一流派提供了充分的依据。

三、定名沈绣，确立其在中国刺绣史上的地位

中国的名绣，以地域区分为苏绣、湘绣、蜀绣、粤绣、鲁绣等。而在历史上，苏绣曾经出现过以姓氏命名的流派"顾绣"，即明代松江进士、官至尚宝司丞的顾名世的长媳缪氏、次孙媳韩希孟以及曾孙女某的局限于露香园宅院内的刺绣艺术，最终顾绣不过"徒留其存亡疑似之名，而终无以禅其深造自得之法"。

沈寿创立的仿真绣不同。沈寿的作品，不仅"名满国中"，而且屡在国际博览会荣获高等级奖项，因而受到洋人的追捧，已经"声流海外"。沈寿的刺绣艺术，是中国传统刺绣艺术与外国的摄影、油画艺术的有机结合，在当时"西风东渐"的情势下，无疑是开风气之先河的独特艺术。沈寿在北京、天津、南通广授绣艺，拥有众多弟子，而且其中也已有在国际获奖者。所以无论从其艺术风格的独特、其作品所达到的水平，还是从其形成的一支颇为壮大的队伍看，沈绣都足以独树一帜，自立于中国乃至世界艺术之林。

张謇深刻地认识到了这一点。

1918年重阳，张謇在南通狼山观音院建造的尊藏大士像楼落成。楼高三层，收藏了台州张摩诃嘱南通博物苑保存的杭州井亭庵僧静法付嘱其保管的"举庵昔所有与其所得之观音像百五十余轴"，张謇又"益以现世绣、缂、白玉、水晶、青铜、文石、旃檀、竹、瓷、寒石、琉璃、象牙所制种种之相"，"像所自出：石刻之画，自唐吴道子始；绢素之画，自宋（元之误——笔者注）赵孟頫始"，于是，"合绘绣镌古今之本，第甲乙丙陈列之级"。[7]是年春，沈寿绣了一幅"古观音"，在这幅绣品上，还绣了张謇的题字和他抄录的《般若波罗蜜多心经》，张謇注明其时间为"民国七年三月春分后一日"。沈寿的这幅作品，还有她姐姐沈立绣的《观音大士》，都作为"现世绣"收藏在楼内了。张謇将此楼命名为"赵绘沈绣之楼"，并亲自题匾，这就开始有了"沈绣"这个名称。值得注意的是，张謇将"赵绘"和"沈绣"并列，将沈寿的绣品提高到了与历史上的书画大家赵孟頫画作平起平坐的地位，认为"赵绘""沈绣"才是这里最值得称道的艺术

品。狼山是中国佛教八小名山之一，是个吸引外地游客的旅游胜地，张謇此举，无疑促进了沈绣声名之远播。

张謇曾经多次论及中国刺绣史。他在《题露香园绣奎星像》中说，"名绣传世自宋始，然绝不易见"[8]，而"世近有可说者，则上海顾氏露香园之绣"[1]，"明露香园传亦不多，余所见裁可三五数"，然而他在看到顾绣奎星像时"审其针法，当雪宧所授诸弟子者仅四分之一"，他十分感慨顾绣"因已艺噪当时，誉流来祀矣"，"岂意三百年后，复有沈绣见于世？"[7]即是说沈绣理所当然地应该受到比顾绣更多的珍视。1923年，有人请张謇鉴察四幅刺绣短屏，张謇写了《题沈绣》，文中说，"谛玩翎毛针法非沈作，沈作翎毛，无不奕奕有神，栩栩欲活。此犹绣耳，非画绣也"，张謇确乎已经完全成了沈绣的"真知者"。接着，张謇又断定，"然亦必出其高第弟子之手，足以追踪露香"[9]，即是说，即使是沈寿高第弟子的"犹绣耳"的作品，亦"足以追踪"顾绣，那么沈寿本人的"画绣"，当然远在顾绣之上了。早在两年前沈寿逝世后作的《拟为沈寿请褒扬呈》中，张謇就已说过沈寿"及露香而犹耻寻常"[10]。所以张謇说，"若沈绣之开径自行，空前无二，露香且当北面矣"[9]，张謇很明确地评定，沈绣已经大大地超越了顾绣，成为中国刺绣史上的翘楚。

但是，张謇所说的沈绣，究竟只是指沈寿的作品呢，还是指沈寿创立的流派呢？张謇在1920年农历九月一日的日记中说："绣工本科完全毕业生九人，艺皆精好，故与湘、鲁、苏并驾而骎骎突过之矣。"这句话在"故"字后面应该有个主语，而这个主语，则是不言自明的"沈绣"二字。这一说法明确表明，由于沈寿优秀弟子的作品"艺皆精好"，所以沈绣不但可"与湘、鲁、苏并驾"，而且"骎骎突过之矣"。"骎骎"者，疾速也，张謇的欣喜之情跃然纸上。此时上距沈寿来通执教只有短短六年时间，能不令张謇欣喜吗？张謇在这里表述的意思十分明白：所谓沈绣，并不只是特指沈寿一个人的作品，而是指沈寿开创的一个包括她众多弟子在内的刺绣艺术流派。

这是张謇对沈绣作出的历史定位，沈绣从此名垂青史。从这个意义上说，没有张謇，也就没有沈绣。

沈寿逝世后，张謇悲痛万分，写过许多怀念沈寿的诗作。其中《题雪宧像诗》说，"老夫只觉花应惜，特趁飘风荐锦茵"[11]，表达了他对沈寿，对沈绣的无比爱惜之情。如果没有张謇，沈寿及其艺术又将如何呢？诗中用了《南史·范缜传》的典故，范缜说："人生如树花同发，随风而堕，自有拂帘幌坠于茵席之上，自有关篱墙落于粪溷之中。"人生和艺术的成功与否，往往是一种机缘，而张謇对沈寿这个奇女子，对沈绣这一艺术奇葩，不肯任其"随风而堕",而是"特趁飘风荐锦茵",特意地举荐推崇,务必使之有一个坠于"锦席"的归宿。张謇努力了,也成功了,沈寿成就为"世界美术家",沈绣则成为继顾绣以后超越了顾绣的一大刺绣艺术流派。这就是张謇的贡献。

　　回顾这些,笔者以为,对于世人,特别是现在主政一方,负有领导经济建设、社会发展之责,常常需要引进项目、引进人才的地方官员和那些立志于带动人们共同致富的先富起来的企业家,一定是有许多启发的。

参考文献：

[1] 张謇:《雪宧绣谱序》,《张謇全集》⑥,上海辞书出版社2012年,第470页。

[2] 张謇:《美术家吴县沈女士灵表》,《张謇全集》⑥,上海辞书出版社2012年,第507页。

[3] 张謇:《雪宧哀辞》,《张謇全集》⑥,上海辞书出版社2012年,第503页。

[4] 张謇:《追悼女工传习所余沈所长演说》,《张謇全集》⑥,上海辞书出版社2012年,第483—484页。

[5] 张謇:《女工传习所记事序》,《张謇全集》⑥,上海辞书出版社2012年,第428页。

[6] 张謇:《狼山观音院尊藏大士像楼落成会启事》,《张謇全集》⑤,上海辞书出版社2012年,第191页。

[7] 张謇:《狼山观音院后记》,《张謇全集》⑥,上海辞书出版社2012年,第517页。

[8] 张謇:《题露香园绣奎星像》,《张謇全集》⑥,上海辞书出版社2012年,第498页。

[9] 张謇:《题沈绣》,《张謇全集》⑥,上海辞书出版社2012年,第570页。

[10] 张謇:《拟为沈寿请褒扬呈》,《张謇全集》①,上海辞书出版社2012年,第520页。

[11] 张謇:《题雪宧像诗》,《张謇全集》⑦,上海辞书出版社2012年,第259页。

张謇研究　学会篇

筹备第五届张謇国际学术研讨会的日子

2009年4月18日晚上，中央电视台国际频道《中国新闻》播发了第五届张謇国际学术研讨会当天在张謇故里江苏省海门市开幕的消息。中国江苏网在第一时间图文并茂地刊发了三篇报道，全面介绍了会议的盛况和重要研讨成果。接着，新华社、《光明日报》、《文汇报》、香港《文汇报》、《解放日报》、《新华日报》、上海电视台、江苏电视台等和各大网站共30余家媒体刊发各类相关稿件50余篇和两个专版。发生在一座小城的大事一下子传遍了五湖四海，令国内外张謇研究界和张謇崇拜者为之惊叹，从而引起了对会议的极大关注。光阴荏苒，这件事已经过去五年了。但是，对于我这个会议筹备的参与者来说，却是终生难忘的。

事情要从2007年说起。那时我还没有参加海门市张謇研究会，只是偶然在报纸上发表一点关于张謇的文章，我的主要精力是在海门市老年大学讲授古典文学。7月5日，老年大学常务副校长俞茂林先生交给我一本《张太史精选四书义》的复印件，问我是否可以帮忙做点校工作，说海门正积极策划举办第五届张謇国际学术研讨会，这本书将作为会议资料印发。俞校长又是张謇研究会的副会长，而研究会会长高其兴先生也已经听了我几年的古典文学课了，我想这实际上是研究会做出的决定，由我这个会外人士做这件事，足见研究会对我的信任，我一口答应了下来。这年夏天，我冒着酷暑全身心地投入了点校工作。原书是石印本，细密的字黑芝麻般撒满了每一页，标点根本无法下手。于是我将复印件的每一页一行一行地裁开，贴到白纸上，行间留下距离，以便标点、勘校和将繁体字改成简化字。真正做起来，才知道这是件非常复杂的事情。因为我还忙于其他工作，这件事后来断断续续地一直做到2009年的年初。记得元旦过后不久，我因这本书专程去南通拜访过淮阴师范学院的语言学专家吴延枚先生；而和南通文史学者赵鹏先生互发的电子邮件，足可编成一本小书。在临近2009年春节时，我还不断就个别字义向赵鹏先生请教，他说："时近年关还如此辛劳，这也算是认真人的'苦命'了。"当然现在看来，那本《张太史精选四书义》未必真有多少价值，但当时我却把点校看作一项神圣的使命——我在为第五届张謇国际学术研讨会出力。

这样，我就自然而然地成了海门市张謇研究会的一员，并于2008年5月20日第一次以会员的身份参加了研究会的年会。这次年会上，研究会正式向全体会员发出了承办第五届张謇国际学术研讨会的动员令。11月初，研究会常务理事会决定由我担任副秘书长，分工负责国际研讨会筹备工作。

一

接手负责国际研讨会筹备工作后，我全面了解了策划这次研讨会的过程，我被海门市委、市政府的决心和魄力，被研究会领导和已经为研讨会做了大量工作的同志的敬业精神，被关心、支持研究会的单位和个人的热情帮助深深地感动了。

2006年11月，在南通参加第四届张謇国际学术研讨会的研究会常务副会长袁蕴豪与南京大学倪友春、省级机关离休干部黄善祥、南通市图书馆刘道荣、南通市公安局邱华东等代表首议在海门举办下届国际研讨会。这一提议得到了高其兴会长等研究会领导的支持，于是很快形成一个方案并上报到了海门市政府。次年4月24日，市政府常务会议原则同意这一方案，并提交市委常委会讨论。五天以后，市委常委会议讨论决定2009年春天举办这次研讨会，并明确由市长、市委宣传部部长和分管副市长负责此项工作。仅仅过了两天，研究会即就筹办国际研讨会的十项工作进行了分工。海门市政府经过与中国史学会、南京大学多次磋商，最后确定国际研讨会由三家联合主办，并于11月14日在南通召开了预备会议，因为加上了张绪武先生，这个会议后来被称为第一次"三家四方会议"。这是一次极其重要的会议，会议详细地商讨了筹备国际研讨会的各个环节，为筹备工作奠定了基础。由此可见，筹办第五届张謇国际学术研讨会决策之果断、运转速度之快，确实是罕见的。

于是，筹备第五届张謇国际学术研讨会的工作在海门启动了。可是海门从来没有举办过国际学术会议，谁也说不清该如何筹备。市委、市政府的决定当然已经充分保证了筹备工作的领导和会议的经费，而筹备的具体事项就落到了海门市张謇研究会的肩上，其中包括进一步与中国史学会、南京大学的沟通，会议实施方案的制定，国内外论文的征集，国内外学者的邀请，会议资料的编写和印刷，会议参观景点的选定和准备，本地论文的筛选，等等。

在我参与这一筹备工作前，会议的实施方案已经作了九次修改。根据方案，决定印刷倪友春先生编写的《张謇撰说函电书编年》、我点校的《张太史精选四书义》、袁蕴豪的《张謇与海门》（自费）、徐俊杰先生编著的《张謇手书对联经眼录》、新发现的张謇所藏《怀素自叙帖》（上有张謇题跋等墨迹）、《张孝若十国考察报告集》、海门市张謇研究会编辑的《张謇垦牧事业研究论文集》、海门市委宣传部编写的《后继有人——海门当代张謇》以及《第五届张謇国际学术研讨会论文集》等作为会议资料；筹建海门最宽的马路——张謇大道、常乐镇张謇广场、叠石桥纺都张謇广场和沈寿园、东灶港垦牧公园并"中国垦牧第一滩史展"、证大学校内赵亭和师山书院并"张謇教育业绩展"；文化系统排演一台以张謇为题材的文艺晚会，筹办"海门弘扬张謇精神图片展"。显然，这次会议将深深地打上海门烙印，并将张謇研讨和宣传海门紧密联系，反映出张謇故里的地方特色。这恐怕是所有的学术会议都没有过的，所以更增加了筹备的复杂性和难度。

海门市张謇研究会会员在2008年5月召开的年会以后，积极性很高，不少人对自己的年会论文进行了加工提高。到11月，已经有十篇论文脱颖而出，被列入筛选范围。当时设了一个学术组，任务是审查国内外学者提交的论文，以确定是否邀请其与会，成员几经变化，最后由南京大学崔之清、倪友春，南通大学庄安正，南通市图书馆刘道荣，研究会俞茂林和我组成。于是审查海门市张謇研究会会员论文便成了这个学术组的第一项工作。

说实话，我对于自己的论文是否符合国际学术会议的要求都还没有把握，更何谈审查别人的大作？我反复推敲我的论文《龚自珍与张謇对海门新沙及其开垦者的不同认识》，而越推敲越觉得说不透。我知道自己无论对于龚自珍还是对于张謇都还只是一知半解，于是我除了加紧阅读张謇相关的文章外，还设法购到了《龚自珍文集》来读。在论文基本形成后，我分别呈送倪友春和庄安正两位先生，他们都提出了宝贵的修改意见。

其他论文作者和我一样，都在为论文写作而埋头苦干。当时在研究会内部有两种倾向：一是认为海门的文章只能挖掘一点海门本地的材料，做成"农家菜"，至于对张謇著作的研究，则是教授、学者的事，我们根本无法企及，因而很不重视文本资料的运用，特别不能严谨地通过文本资料进行论述；一是总爱将张謇的事业上升到"全国第一"的位置，而对于"全国第一"的论证，显然很难有令人信服的依据，即使堆砌了大量材料，然而仍然不能说明它是"全国第一"，所以只好强词夺理了。学术组在审查这些论文时，提出了这种缺乏实事求是学术精神的问题，要求作者进行修改。经过反复讨论和修改，最后确定八篇论文提交国际研讨会。这个过程，对于海门市张謇研究会会员来说，是一个学习提高的过程，也是一个端正学风的过程。庄安正先生在这个过程中起了关键性的作用。我们后来总结说"研究会经过举办国际研讨会，开始走向成熟"，主要就是从这一角度出发的。还有一位会员的论文是通过张謇的家事来探讨张謇思想的，应该是很好的角度，但还没拿到学术组就被人"枪毙"了，其实是不公平的。

东灶港垦牧公园的筹建，首先是在"张公堤"北侧划出了一块地，并且进行了规划设计和拆迁，到最后建成了一个十多米高的大碑，其正面刻有"中国近代垦牧第一滩""张謇垦牧公园"几个大字，背面镶嵌了张绪武写的《堤闸碑记》。后来于国际研讨会期间，全体与会者冒着大雨前往举行揭幕仪式。计划中的"中国垦牧第一滩史展"最终没有落实，但赵云生先生撰写了文稿。那时我还不认识赵先生，但那篇文稿留给我很深的印象，我一直忘不了他，几年后我们终于走到了一起。

证大学校是上海证大集团兴建的一所学校，当时是海门中学分校。海门中学前身是张謇曾经就读的师山书院，那时在师山书院的东隔壁是文庙，张謇的恩师赵菊泉的训导所就在文庙内。赵菊泉与张謇的师生情缘留下了一段佳话，后来张謇和周家禄等人为纪念赵菊泉建了赵亭。证大集团为了利用这些历史资源对学生进行教育，在投资巨款兴建学校的同时，建设师山书院和赵亭，并计划在师山书院内布置"张謇教育业绩展"。袁蕴豪、郁祖榘、沈振元、徐慎庠、郁异人和我，从审议建筑图纸开始，一直到完成布展，花费了许多时间和精力。

筹备国际研讨会时计划的景点，当时有完成的，也有未完成的；在完成的景点中，有的被列入了参观，有的并未被列入参观。但是，随后几年在海门举全市之力打造张謇文化中，大多发挥了作用。

二

筹备第五届张謇国际学术研讨会最大的难点在于吸引国内外学者的关注，并向会议提交论文。抽调到研究会专职负责筹备工作的李元冲先生做了大量这方面的工作。2008年4月，先后发出了征集论文通知、组委会成员邀请函和第一个预备通知；5月，又向部分国外学者发出补充通知。发放对象是我们根据中国史学会副会长张海鹏先生提供的知名学者和倪友春等先生提供的参加历届张謇国际学术研讨会的学者。刘道荣先生请人查证了张謇《东游日记》中现在仍然存在的11个单位的演变和现状，大生纱厂机器供货商英国赫直林登纺织机器公司、霍华德公司的资料存放地，曾于1918年8月25日以两个版面介绍、报道、评论中国棉纺织业的美国《新贝德福标准时报》的联系方式，提供给我们与之联系。我们用的印章是篆体的"第五届张謇国际学术研讨会组织委员会"；并且专门印了两种格式的信封,分别用于国内和国外。虽然做得像模像样,但是并未引起学术界的关注。在虚假广告满天飞的年代,学术界不敢轻易相信它的真实性,是可以理解的,当然学者们也并不知道海门在什么地方。到7月底,仅有16人与李元冲联系,有的表示希望参加会议,而更多的只是咨询。这使研究会领导十分着急。南通大学庄安正先生一向是研究会的老朋友,他一直关心着筹备工作的进展。8月1日,他推荐常务副会长袁蕴豪先生和我赴上海参加中山学社举办的孙中山《建国方略》国际学术研讨会,以求取得经验,结识学术界朋友。我们在会议上发布了召开第五届张謇国际学术研讨会的消息。8月,李元冲适时发出了第二个预备通知。不久,我们收到了参加上海会议的部分著名学者的回执,僵局开始有所打破。到10月底,表示参加研讨会意向或者提交论文的人数开始突破40人,但这与我们的期望还相差甚远,特别是还没有找到一位海外学者。

10月底在海门参加第二次"三家四方会议"的张海鹏先生非常着急,当即开列了部分重要学者的名单。回到北京以后,张海鹏先生来函提出了一个极好的主意:由会议组织者中的学者以个人名义向同行发出邀请,以表示会议的真实性和档次。我当即拟好邀请函给张先生发去,信中说:

> 根据您的指示,现将拟定的邀请函发给您,如以为可,烦请复印后签名(主任委员),并寄给我们,然后我们再请茅家琦(顾问)、崔之清(秘书长)两教授签名。需要的份数,除了您提供的名单外,南大方面又提供了一个22位学者的名单,请一并考虑。

张先生很快将签名并盖了私章的邀请函用快件寄给了我。11月12日,我带着这份邀请函,前往南京拜访茅家琦先生和崔之清先生,请他们签名和加盖私章。张、茅、崔都是历史学界人人皆知的著名学者,所以这份很有分量的邀请函发出后不久,我们便陆续收到了不少重量级学者的来函和论文,有的因另有学术活动的,也来函表示歉意。中国史学会会长、中国人民大学原校长李文海先生因病被医生禁止出门,他来函说,"深表遗憾,特此请假,敬祈鉴谅"。香港地区亚洲研究中心主任胡春惠先生来函说,"实在是因为事繁不得抽身前来参加,十分抱歉,请见谅"。台湾地区中山大学"中国与亚太区域研究所"翁嘉禧先生来函谦称"后学",表示"感谢邀请。兹因学校教学与研究生考试事宜,一时难以出席盛会,盼下届研讨会能撰文并与会向学术先进请益"。从学术界吹来的阵阵暖意令我们欢欣鼓舞。

国内的局面终于打开,但是,港澳台和海外学者仍是空白。张海鹏先生曾经在7月份给我们提供过一个海外邀请名单,并附有详细的联系方式,据此，我们同时向这些学者发出了中英文邀请函。但是不知什么原因，几乎没有引起反响。

我们必须另辟蹊径。我们对于任何一条线索都不愿放弃，都要做最大的努力。

我听说曾有韩国学者访问过南通张謇研究中心，立即去找张廷栖先生，张先生很热情地告知了韩国学者的联系方式。

台湾地区姜兴周先生是海门人，近些年为发展两岸关系做过许多好事，我联系了姜先生，请他邀请台湾地区学者。姜先生马上找到台湾的研究院，请到了近代史研究所的老所长、著名学者张朋园先生。张先生十分兴奋地来函说：

> 承邀参加第五届张謇国际学术研讨会，感到非常荣幸，请示知与会相关事宜，自当准时出席。张海鹏、章开沅、金冲及、茅家琦、王玉璞诸先生都是我的老朋友，请先代为问候！

张先生还主动提出约请即将担任所长的黄克武先生一起来，问我们是否可以。有更多的台湾同胞与会，我们当然求之不得。

我一个大学同学在东南大学当教授，前些年一直在欧洲，我请他做邀请工作，他成功地找到了一位瑞士学者，只可惜对方由于健康原因最终未能参加会议。

从市政协转来了天津社科院一位海门籍副研究员的来信，我知道他与日本学者有一定联系，于是请他为家乡的这次会议做点贡献，他努力了，但没有成功。

我在上海孙中山国际学术研讨会上认识了日本孙文纪念馆的武上真理子研究员，请她在日本邀请学者前来参加会议。武上研究员回国后为此做了许多工作，并于8月24日给我来信说：

> 张謇研讨会的事情，回国后，我即已上报给馆长安井三吉教授，未及时给您联络，让您担心了。
>
> 日本国内有一位研究张謇的专家中井英基，他曾经于1996年出版过一本专著《张謇と中国近代企业》，已经由孙文纪念馆发出通知了，若有回音，一定及时给您联络。还有一位藤冈喜久男老先生，是研究张謇的老一辈专家了，曾出过多种专著并翻译过贵国著名学者章开沅先生的《张謇传稿》。因为馆内没有这位藤冈老先生的联系方式，所以没有联络到他。您或许可以通过章开沅先生与之取得联系。
>
> 除此以外本馆也已经向日本中国现代史研究会的各位青年学者发出了邀请，正在等待回音。

9月9日，武上研究员给我发来第二个电函：

　　上次给您说的张謇研究家中井英基先生日前给我馆发来回函，对贵会主办的研讨会表示感兴趣，但因各方面原因目前还需再考虑一下。下面是中井先生的联系方式，您或者可以直接向他发出邀请函进行商谈。

一位只在一起开过一天会的外国学者，能够如此重视我们的研讨会，使我很受感动。

最终请到日本新一代的张謇研究专家田中比吕志先生，要归功于张海鹏先生的朋友高士华先生。高先生是东京大学文学博士、中国社会科学院近代史研究所客座研究员、日本东北文化学园大学综合政策系副教授。这件事从2009年2月初开始，前后经过一个多月时间的反反复复，最后他给我发来一信，欣喜之情溢于言表：

　　终于把田中先生说服了，他改变主意答应来了。在张海鹏老领导的指示下，历经多方联络，终于算不辱使命。

在日本有三个学者对张謇比较有研究，一个是北海学园的，早已退休，电话打到他的大学，大学也不帮助联系，更不提供电话号码。后来打听到，此人已经脑子不清楚了。还有一个是筑波大学的，也已经退休，我打电话到筑波大学，然后又发了传真给他们，筑波大学把传真转给了那位教授，但他因为翻修房屋没有时间，资料也全打包了，所以这位先生也来不了啦。第三个是田中先生，我给他研究室打了十几次电话，都没有找到人，后来和他们的系办公室联系上了，发了传真过去，请他们转交。终于等到了他的回音。他说他太忙，4月刚好开学来不了。然后我又根据条件给他发了信。说实话，大概涉及能不能开成国际学术讨论会的问题，我在张海鹏先生的严命下全力以赴，终于邀请成了。

高士华先生为了"不辱使命"的韧劲很使我感动，我们发去邀请函，请他也来参加我们的会议，我确实想见一见这位素不相识的朋友，但他婉拒了邀请：

　　谢谢邀请，我4月和田中教授一样，正是新学年刚刚开始的忙碌时期，恐怕参加不了这次讨论会。

南通大学的钱健先生是又一位很使我感动的人。他是主动找到我们，表示愿意为我们邀请加拿大学者。为此，我专程赶往他在南通易家桥附近的家中，我那时还不认识钱先生。他告诉我，他可以通过加拿大《文化中国》执行主编张子夜先生为我们联系加拿大学术界。不久，钱先生就给我转来了张先生的电函：

　　我曾找到原在加拿大驻华使馆任文化参赞的Jan Walls，他因日程已满，无法成行，便推荐了一位法学专家Blake Bromley，我托他联络，多日没消息，为保险起见，又联络了其他两位，都成功允会。但今日Jan Walls回复，Blake Bromley经过安排，也可以赴会，Blake Bromley是研究中西方慈善事业的专家，本月会和JanWalls去北京参加中国政府的一次慈善文化传统的讨论，我认为是难得人选。

我们自然是大喜过望，但钱先生是严谨的，他立即发去了一个函件，并抄送给我：

> 希望来客能在会前尽早地预先提供书面发言稿，以便海门方面事先将之收入论文集。因为此会预先要编制论文集，印装后以发给每位来客与专家。这与西方国家有时临开会才匆匆打印文稿而自由分发的情况不同。文不在长，也不在深。西人的视野、着眼点、观点自然会与国内人有异，所以即使不刻意求异，对我们国内读者而言，也必定会有新意。所以西人预先提供的发言稿肯定是会受到欢迎的。如果来客能提出其他有利于海门市发展的计策或协作等，这将更好。

后来，加拿大的学者们及时提交了论文，论文从他们自己专业的视角来审视张謇的思想和业绩，果然很有新意。我深感，这些论文证明了张謇确是一位百科全书式的人物，研究张謇是可以开拓出许多新路的。

就是在许多热心人的帮助和努力下，我们最终邀请到了17位外国学者，分别来自荷兰、加拿大、日本、瑞典、韩国、法国、德国和美国；邀请到台湾地区学者4人。这样，第五届张謇国际学术研讨会才办成了一个真正的国际学术会议。

三

2008年10月29日召开的第二次"三家四方会议"是又一次重要会议。我作为研讨会组织委员会办公室成员，参与了它的全过程。10月28日一早，我前往南京接茅家琦、倪友春两先生，当天回到海门。第二天，会议在海门光华大酒店举行，参加者是：张海鹏代表中国史学会，茅家琦、倪友春代表南京大学，王拥军代表海门市政府，加上张绪武先生。会议就研讨会筹备情况进行了专题研究，主要是研究确认了组委会成员名单，决定成立秘书组、资料评审组、宣传组和会务组；决定加大对国内重要专家的邀请力度，提出了邀请20名以上资深学者的指标；决定加大邀请外国学者的力度，明确了为部分重要学者提供机票；决定由南京大学对论文进行评审；讨论确定了会议的主题和大致程序，会议规模为学者60人左右。

会议对研讨会的主题进行了激烈的争论。此前我们发出的预备通知、邀请函和论文征集通知中,一直将"张謇创建全国模范县及中国垦牧第一滩理念与实践"作为主题,会上又曾提出将主题改为"弘扬张謇精神"云云,而最后则确定为"张謇与海门——早期现代化的思想与实践",这一主题更好地体现了实事求是的学术研究精神。张謇是我国早期现代化的先驱,这已是不争的定论,这次会议将深入探讨他的早期现代化的思想与实践,而且体现出张謇研究回归张謇故里的特点。这一主题既是从学术研究的角度出发,又考虑到了宣传张謇故里的因素。

会后,袁蕴豪和我陪同张海鹏、茅家琦、倪友春到常乐镇参观考察。大计已定,三位先生兴致勃勃,谈笑风生。当天晚上,张海鹏先生在宾馆给我们开列了拟续邀的国内著名学者名单。第二天,我又将茅家琦、倪友春送回南京。两位老先生是我母校的老师,一路上,我们回想40年前学校发生的往事,感慨万分。

11月,根据"三家四方会议"精神,研究会拿出了研讨会的第11次修改方案。倪友春先生在回到南京的第三天,发来了续邀学者名单。接着,我每天将收阅的论文发给倪先生,经他审阅后再给我发回,我们之间建立了一条"热线",随时交流筹备工作的意见。

我们在紧锣密鼓的研讨会筹备中度过了这年寒冷的冬天,迎来元旦和春节。除夕前两天天气很冷,王拥军副市长专程到研究会办公室慰问我们这些忘了即将过年的人。春节还没过完,我们这些退了休的人也像上班族一样,年初七便准时恢复上班。

3月2日,根据市政府的安排,袁蕴豪、李元冲和我搬到设在原法院内的"第14届中国海门金花节办公室"办公,研讨会筹备开始进入倒计时。金花节是海门一年一度利用春天油菜花遍地盛开的大好时节举办的招商活动。今年,紧接"金花节"的,是召开张謇国际学术研讨会,政府为此在办公室专设一个文化组,实际上就是国际学术研讨会组委会办公室,这样可将两者统筹兼顾,以便提升学术研讨会的会务工作档次。政府还从教育局和卫生局抽调了两个年轻人做我们的助手,配备了一辆汽车供我们专用。我们的外文函件和资料可随时交给就在隔壁的翻译组翻译,大大提高了工作效率。

到这时,国内要求参会的人数激增,大大超过了预定60人的名额,而且每天还在刷新纪录。当初人少我们着急,现在人多了我们更着急,因为学者们都已发来了论文,我们怎么能将他们拒之门外?于是我们整天盘算着如何向市政府争取增加名额,而增加名额就会突破经费预算,市政府一时也很难做出决定;但我们仍然有很大的决心和信心,先是采取折中的办法，提出在60人以外增加部分列席名额，不提供住宿，然后又逐个争取转为正式名额；后来，市政府决心满足所有提交论文学者的愿望，将名额翻了一番，扩大到120人。事实上，据最后的统计，实际参加会议的代表一共164人，加上省、南通市和本市领导（本市领导干部42人参加），全国各大新闻媒体记者、上海翻译公司同声传译的翻译和技术人员等，可能总人数至少会超过250人。

  这是一次大规模的国际学术会议，由于政府的直接领导，调动了许多职能部门共同参与，其整个过程的周密安排，可能是任何一个学术会议都无法企及的。3月10日，我将历届张謇国际学术研讨会的资料以及本届会议的相关材料提供给海门市政府信息科，次日起海门网开始宣传。17日，我将经过南京大学审核返还的所有论文发给市政府秘书排版付印。24日，根据张海鹏先生的意见，重新拟定的研讨会议程经倪友春先生修改最后敲定，发给张先生；并且向有关学者发出会议期间担任主持或点评工作的通知。29日起，与国外及台湾地区学者联系，确认飞机航班和接机事宜。4月2日，王拥军副市长亲自到办公室安排工作。4月8日，袁蕴豪、李元冲和我向张謇研究会全体常务理事报告研讨会情况，除正式代表外，提名20人参加闭幕式。9日，我完成研讨会新闻发布会通稿。4月10日，"金花节"结束，"金花节"办公室全体成员37人全部投入研讨会筹备工作。11日，南通电信局顾永祥先生冒大雨将自己收藏的张謇事业股票制成展板运抵海门，我去安排存放。15日，我去证大学校，师山书院、赵亭工程竣工和张謇教育业绩展完成布展，是日安放张謇与赵菊泉铜像。16日，收到升任中国史学会会长的张海鹏先生发来的开幕词；最后收到的论文付印，至此付印三次共印论文119篇；收到南通张謇研究中心发来的贺信；下午全体工作人员召开最后一次会议，布置接待工作，随后迁到研讨会开会处——光华大酒店。17日，分头前往上海虹桥机场、南京大学和南通机场迎接学者；安排8辆小车派专人对口去接部分重要学者。我与市政府办公室一位秘书带两辆大客车前往南京。傍晚，群贤毕至，光华大酒店内热闹非凡。一次空前规模的张謇国际学术研讨会就要拉开序幕了。

我对张謇研究会的新定义

春节前,我在南通的一次大会上发言,对张謇研究会作了如下定义:张謇研究会是一批不讲名利的、将张謇研究当作信仰来做的人的组织。我认为,第一,这个组织要做的只是张謇研究,它不搞政治、不搞交际,不做生意等与张謇研究无关的事;第二,参加这个组织的人,是不能讲名利的;第三,参加这个组织的人,又必须将张謇研究当信仰来做。

张謇也搞政治,给他一个政治家的头衔,应该没有问题。但我们对他的政治思想和实践加以研究,不等于我们自己在搞政治。有的人把所有领域的一切都与政治挂上钩,政治必须挂帅,这似乎过于老套,并不符合实际。政治与学术毕竟是两码事,不好混为一谈。

有的人是将参加张謇研究会当作一种交际的。在他们看来,张謇研究会确可以算是一个交际场所,虽然平淡,却不失"身份",甚至借此名头可以轻而易举地以"学者"自居,大可招摇撞骗一番。因为目前人们对于张謇的认识,普遍还不到 ABC 的水平。

有的人东拼西凑地搞了些错误百出,足以混淆视听、贻害后世的所谓张謇研究著作,请不甘寂寞的外行"名人"题字作序,印成几大本,然后到处推销,每年赚它几万元钱,更是名利双收的美事。

于是,一个小小的张謇研究会,一时间竟也熙熙攘攘,有人为名利而来,有人为名利而往。于是,价值观颠倒焉,政治手段用焉,远交近攻之策出焉。所以,要真正做张謇研究,就不要讲名利。凡是追名逐利之徒,必须另请他处高就。

把一件事当职业做还是当信仰做,有着质的区别。现在那些把念经只当职业做的和尚,不要说成不了高僧,恐怕连经都会念歪的。职业与名利的瓜葛,总是很难撇清。而信仰是人们对生活所持的长期的和必须加以捍卫的根本信念,信仰往往是超脱于现实的心灵的产物,它与名利全然无关。

张謇研究会领导是干什么的

也是在春节前南通那次会议的发言中,我讲到张謇研究会的领导该干什么的问题。

我认为,既然张謇研究会是一批不讲名利的、将张謇研究当信仰来做的人的组织,那么张謇研究会的领导要做的,第一是带头不讲名利、将张謇研究当信仰来做;第二是努力扮演"通官学之邮"的角色。两者得兼,是为上品,但起码应该能够做好其中一点。

第一点本不应成为问题。然而,不同的人是带着各种不同的认识进入张謇研究会的,而张謇研究会又与各种社团组织一样,吸收了大量退下来的干部。在官场历来需要论资排辈,即使退下来的干部,许多人也仍深深地坚持这种观念。虽然取消了干部终身制,某书记、某局长的称呼却一定会伴随干部的终身。如果不是这样,干部本身不舒服,其他人也不自在。在这一点上,中国古往今来,似乎并无太大变化。在参加张謇研究会的退下来的干部中,不乏不讲名利的、将张謇研究当信仰来做的人,这是张謇研究会最为宝贵的财富。但是,也确有一些人并不能做到这一点,个别人仍然以为这是在做官,占着领导的位子,怪话连篇,却是十年不写一字的。他们所起的作用,负面远远超过了正面。听说某地曾有一个研究会,常务理事非正科级以上致仕者莫属,真正做事的却不是常务理事,我不相信这样的研究会会有切切实实的研究成果。

张謇研究会如果得不到官方的支持,没有财和物两个基本条件,那就寸步难行。而官场与学界在思维方式、运作规律等方面又有很多不同,所以"通官学之邮"就成了十分重要的事情。然而"通官学之邮"的角色却并非人人都能胜任,如我就完全不能。我曾经有两次进入官场的机会,然而终于没有进入。第一次,我还没到"不惑",得到消息,我异常激动,而单位领导竟表示坚决与官场争我这个"人才",死拽住我不放,结果是我失掉了一个当时看来极好的机会,而事后单位领导又并未重用我,我知道那只是因为那位领导有着极度狭隘的妒忌心理而已。第二次,我已过"不惑",而且已在一个单位勉为其难地做了一段时间的党政"一把手",在那个突然一切向钱看的当口,我茫然不知所措,上面决定调我去一个机关工作,我已深深地认识到自己与官场之间的无法协调,坚决选择去做老百姓,而结果却是强人所难,将我调到另一个单位去。所以像我这种人确实不适宜担当"通官学之邮"的大任。而那些不讲名利的、将张謇研究当信仰来做的退下来的干部，也许在学术研究上并不特别出彩，但是他们一定能做好"通官学之邮"的角色。他们懂得官场的思维方式和运作规律，他们在官场有丰富的可供利用的人脉资源，因而他们可以更为有效地让官场了解张謇研究会及其困难，从而创造出更为良好的生存空间。要之，他们要站在学的立场上，为广大不讲名利的、将张謇研究当信仰来做的会员去说话、去行事。即是说，他们这一角色是为张謇研究会服务的，而不是相反。

为所谓张謇研究圈答友人

我说的那些喜欢自诩的人,不在我认为的圈内。年前我在研究会内提出了两个理念:(1)组织建设——强调"不追求名利""将张謇研究作为信仰",用这样两点来画一个圈;(2)学风建设——强调"认真读书,深入研究,谨慎为文",这是就圈内而言的。我一向认为,张謇研究是学术研究,不是搞政治,不是搞交际,更不是搞交易,做生意。像我们这种人,类似佛教中的居士,居士往往比职业和尚虔诚,但不追求名分。有些人不屑于当居士,于是冒充和尚,自己给自己披了一件袈裟,自封"方丈""住持"之类,其实是假和尚。

主编《张謇研究》的思考

五月初，我接手编辑2008年第二期《张謇研究》。现在二校已经完成，工作接近尾声。媳妇无论美丑，终将见于公婆。而美丑只能相对，仁者见仁，智者见智，所以都不再是我所要考虑的问题。

将近两个月来，我的心情可用战战兢兢、如履薄冰、如临深渊来形容。我是一个严谨的人，既受嘱托，就得竭尽全力为之，否则便辜负了领导和同志们的期望。

我对《张謇研究》的运作过程一无所知，因而先后请教了多位同志。袁蕴豪、俞茂林会长给予我鼓励和支持，卢秀贤、李元冲诸同志给予了具体指导，不少校阅者提出了有价值的建议和意见。因此，本期刊物出版，当归功于大家的努力；如有缺点错误，当由我个人负责。在这个过程中，我对以下问题进行了认真思考。

一、学术研究中有没有权威性？

学术研究的生命在于争鸣，经过争鸣，最终达到真正认识事物本来面目和掌握事物的客观规律的目的。一旦某一学术领域真正认识事物的本来面目和掌握事物的客观规律的权威出现，这一领域的学术研究的生命也就归于终结。所以，在学术研究过程中，不能唯上，不能唯书，不能视已经取得某些阶段性成果的人为不可逾越的权威。同样，我们也不能盲目地自封权威，自称权威性。我们需要坚持的是不违反四项基本原则，在此大前提下，鼓励百家争鸣。我观全国报刊，亦无不如此。

二、什么是好文章？

在不违反四项基本原则的大前提下，我认为好文章的标准有三条：一是观点有创新性。不是人云亦云，而能发人所不能发。二是论证有逻辑力。既要有足以支撑论点的论据，也要表达出论点与论据之间的逻辑联系。三是语言规范化。语言风格提倡多样化，但无论何种风格，都必须符合汉语的规范。

三、作者与编辑是什么关系？

我们的杂志稿源很不丰富，符合好文章标准的尤显不够。办好杂志的关键在于开辟稿源，开辟稿源的关键在于尊重作者。

我认为编辑至少应有以下认识：

1. 作者水平高于编者水平，是完全正常的。
2. 作者来稿是对我们的最大信任和支持。
3. 文章是作者辛勤劳动的成果，我们应以敬畏之心捧读，以尊重作者的劳动。
4. 对作者的观点和语言风格，应该有包容心，不应该用自己的思想认识和语言风格来约束和限制作者的文章。

四、编辑人员如何合作？

编辑人员的合作是办好刊物的重要条件，合作的关键是互相尊重。提倡互相尊重的原因有二：一是学术团体本身没有行政约束力，往往会"合则留，不合则去"；二是参与者无不有一特长，却很少通才，海门称之为"三脚猫"，往往自视甚高，以己之长视人之短。

除了提倡互相尊重外，在运作程序上应更合理。建议在主编之下，设立精干的编辑委员会，各委员分别审阅所有来稿，逐篇提出个人的简要看法。执行主编根据编辑委员会委员的意见，初选刊用稿，交主编审定后，独立进行具体编辑审查工作。执行主编对本期杂志负责。设校对若干人，负责勘查纠正打印错误。每期杂志只公布正副主编、编委会、本期执行主编和校对名单。

谈学风建设

——在海门市张謇研究会2011年年会上的讲话

这次年会有个很重要的内容：加强学风建设。我想就这个问题讲几点个人的体会。

一、票友与科班

我是张謇研究的票友，直到2008年5月，我才以张謇研究会会员的身份第一次参加了年会。虽然在此之前我也写过一些文章，后来又受研究会委托标点校勘过《张太史精选四书义》（以后作为第五届国际学术研讨会的资料印发时更名为《张謇批选四书义》），但我一直是一个散兵游勇。现在我对那时所写的文章，觉得很惭愧，也很后悔。江导岷一文，生卒年代是错误的，引用的是网上的资料，直到现在，网上江导岷的生卒年代仍然全是错，根源是江西婺源萧江祠堂的一块碑，于是以讹传讹，所以网络资料很靠不住。沈敬夫是海门人，因此那时我说他居住的姜灶原属海门，这是想当然的错误。写江谦的时候，我想在南京大学图书馆找到他的《阳复斋诗词》，虽然江谦做过南大前身南高师的校长，竟没有找到。写这些文章，反映了我急功近利的浮躁之风。所以我深切地体会到，黑字千万不要轻易落在白纸上，否则会留下许多遗憾。

2008年的年会，是为召开第五届国际研讨会做准备的。记得那次会上形成了一个共识，即我们不能跟学者教授去比，从书本上、理论上去研究张謇，我们只能搞点"海门的土特产"。似乎人家是科班，而我们只是票友，两者不能相提并论。我那时确也是这样想，但两年多下来，我改变了这种认识。

所谓科班，是指以某项工作为正式职业，靠它吃饭的；而票友是对某项工作有业余爱好，不取报酬，不靠它吃饭。最早的票友是八旗子弟中的京剧爱好者凭着朝廷颁发的"龙票"（介绍信）到各地不卖票地演出。因此，票友简直比科班还了不起。

张謇研究有没有科班，即有没有靠研究张謇吃饭的？张謇研究还没有像"红学"那样形成"张学"，很少有像周汝昌先生那种自学生时代起直到现在90多岁了，一辈子以研究红学为生的人。章开沅先生原来是研究民国史的，1961年35岁时开始对张謇产生兴趣，后来在研究张謇方面下了很多功夫，很有成就，光是他的《张謇传》，就是一部张謇研究的经典。茅家琦先生是研究太平天国的。从这个意义上说，似乎绝大多数人，包括许多学者教授，身份也还是张謇研究的票友，不过他们是名票，我们许多人充其量只算是普通票友。

从专业的角度看，张謇作为一个历史人物，当然主要是通过历史学去研究。但张謇又是一部百科全书，牵涉到许多专业门类，并非仅仅依靠历史学就能解决得了的，因此我们又很难说清张謇研究究竟属于什么专业。而学者教授所从事的专业却是有限的，这就注定了他们大多只能是名票。

从张謇研究形成的资料看，至今还不能算多，不管是谁，只要用心思去搜集，还是有希望基本具备的，网络资料本身是共享的，虽然未必靠得住，但它能给我们提供很多有价值的线索。

这样一想，我们海门张謇研究会就不必妄自菲薄，认为我们只能做什么，而不能做什么；当然同样，我们也不能因为我们做了别人未必能做的事而妄自尊大。在张謇研究领域，评判的标准只有学术水平一个，不分地域，不分科班和票友，也不分名票和普通票友。我们应该以既不妄自菲薄又不妄自尊大的心态，切实搞好学风建设，在提高学术水平上下功夫。这是我们的当务之急。

二、政治与历史

当今在历史研究领域有个很不好的倾向，即混淆政治与历史、政治宣传与历史研究的概念。

历史既是客观世界运动发展的过程，又指再现这一过程的书写和记录。前者称为第一历史，后者称为第二历史。虽然第一历史是客观存在，但人们只能通过第二历史去接触第一历史。第二历史虽然只是人主观目的和主观认识的反映，却记录和保存着第一历史。同一个客观存在的第一历史，由于人的目的和认识不同，记录和保存的第二历史就会很不相同，甚至大相径庭。所以，我们看到的历史，与当时真实的历史相比，可能会有很大的差距。意大利哲学家克罗齐说"一切历史都是当代史"，英国哲学家柯林伍德说"一切历史都是思想史"，也有人说"第二历史是改造历史的历史"，更有人说"历史是一个可以任人打扮的小姑娘"，我觉得这些都是无奈的真话。

因此，我认为历史研究的任务就是使第二历史尽可能地符合客观存在的第一历史，发现现存第二历史的谬误，所以历史研究在很大程度上是做翻案文章。

现实的政治需要有历史的眼光，借鉴历史上的成败得失，从历史发展的规律去认识和研究现实的政治。例如海门当今的经济建设和社会发展，需要历史上一个真实的张謇提供给我们精神、经验和教训。这就需要张謇研究的成果了。但是，如果反过来，我们带着现实政治需要的框框去研究历史，现实政治需要什么，就挖空心思地提供一个什么样的历史，这不是研究历史，而是编造历史。许多地方为了经济发展，通过挖掘历史人物来做旅游项目，出现了很多"争死人"的事件，可见所谓历史学者也有昧着良心说瞎话的，甚至还有做小动作的，起了很坏的作用。曹操墓至今没有定论，就是一个很突出的例子。

急功近利导致了浮躁甚至弄虚作假的学术风气，这是学术的腐败。

政治需要宣传，而宣传一定是拣好的说。历史需要研究，而研究一定要无论好坏，有一说一，有二说二，实事求是。海门诗词协会有个会员写了一首《钟楼颂》，既歌颂了张謇创办大生三厂的丰功伟绩，但又叙述了钟楼作为门房对于工人进行搜身。《海门诗词》上就不能刊登，因为那毕竟是宣传的刊物。但如果从历史的角度去研究大生三厂，反映当时的客观情况，则是可以的，刊登出来也未尝不可。章开沅的《张謇传》里就对张謇有很多的批评。最近南通张謇研究中心张廷栖教授在搞一篇关于张謇创造全国第一的考证，而且请大家研究，我认为是很有意义的。我认为只有说了真话，说的话才能令人信服，否则"假作真来真亦假"，真话假话一起说，即使真话也会没有人相信。

在张謇研究中，我觉得还有三个问题。

一是需要认真阅读和准确理解张謇的著作、有关档案资料并及时掌握张謇研究的动态。研究张謇最有利的条件是张謇给我们留下了数百万字的著作。张謇是个才华横溢的状元，他的著作用典很多，用词奇巧，读起来确实很有难度，但既然要研究张謇，就不能不以蚂蚁啃骨头的精神，借助工具书，参考相关资料，把他的著作读懂。张謇事业的许多档案，正在逐步整理出版，也成了我们研究的重要内容，需要我们认真研读。从20世纪初开始，张謇的活动就不断见诸报章，评论也屡见不鲜，一百多年来，国内外对张謇进行了多方面、多角度的研究。如果我们不了解别人已经说了些什么，我们就可能进行重复性思维和重复性劳动，而于张謇研究无益，甚至闹出笑话。事实上，对于张謇著作的误读和不断重复某些观点，或者并不修正已被确认为错误的观点，已经不在少数。学术研究的生命在于创新，没有创新的论文或所谓著作都毫无价值。

二是不能一切以张謇的是非为是非。张謇是一个值得肯定的历史人物，但我们不能因此而一切以他的是非为是非，去认识和评价其他历史人物。例如张之洞，张謇对他是有看法，甚至很不满的，其原因主要是在立宪运动中出现了分歧，张之洞是反对民权的，还有就是张之洞与翁同龢有矛盾，而张謇与翁同龢有很深的感情。1923年，武汉筹建张之洞的铜像，请张謇捐款，张謇说"敝处历丁灾歉，所营教育、慈善、实业，苦难维持"，因此"捐册奉还，乞赐曲宥"，分文未捐。而第二年，张謇却独资在通州马鞍山建了座虞楼，遥望江南虞山，因为那里有翁同龢的墓。张謇的爱憎是何等分明！张孝若在《南通张季直先生传记》中说，"我父先前没有翁公，成名没得这样大；后来没有刘公，成事没得这样快"，显然忽略了张之洞在张謇"成事"中的作用。这显然受了张謇的影响。其实张之洞在张謇投身实业中是第一个驱动者，当张之洞要张謇在通州办厂时，张謇"踟蹰累日"方才答应了。所以我们不能因为张謇不满张之洞，就抹煞了张之洞在张謇走实业救国道路上的作用。

三是不能用现在看到的情况去认识张謇当时所处的自然环境和社会环境。一两百年过去了，无论是自然环境还是社会环境，都发生了翻天覆地的变化，如果我们不加以研究，就难免出现差错。比如海门厅初期，"江海之交，新沙骈连相望"，同知徐文灿在今天天补的一片汪洋中筑了徐公堤，谁能想象呢？再如，居住在川港的周家禄，居住在姜灶的沈敬夫，居住在竹行的张莘田，都是地地道道的海门人，谁能想象呢？又如海门县与海门厅，海门县与静海乡，海门厅与通州，海门与启东，这些关系弄不清楚，也常常会出现很多笑话。

三、寂寞与交流

历史研究，需要我们神游于历史，置身于当时那个历史时期去思索，去研究"死人"。那无疑是很寂寞的事。我有一位老师，他是很著名的清代文学史家，他在自己的巨著《清诗史》后记中说，自己是"为三千灵鬼传存驻于纸端之心魂"，一生做这一件事，难道还不寂寞吗？所以，"板凳要坐十年冷"，哪有呼朋唤友，哪有东拉西扯，哪有攀龙附凤！最后成就了一番事业，为国家做出了贡献，确立了自己的学术地位，又怎么样呢？出了那个狭小的领域，谁人知晓？有的人写了几篇文章，花钱印了几本书，便以学者自居起来，并且大造其势，生怕别人不知道。真正的学者是不需要造势的，"寂寞身后事，千秋万古名"。

但是，国内外做张謇研究的人很多，来自五湖四海，为了一个共同的目标，走到一起来了。如果我们能够加强合作和交流，我们也就并不寂寞。在研究中的合作和交流，形成了纯粹的超凡脱俗的友谊。张之洞研究会的王玉良先生写了一篇《张謇与张之洞的深厚友谊》的文章在国际研讨会发表。后来我写了一篇《张謇心目中的张之洞》，批评他的"友谊说"。正因为此，我们成了朋友，虽然至今仍不相识，却已经有了很多交流。南通赵鹏先生无论是人品还是学问，都是我十分敬仰的。近几年我们有很多交流，来往的电子邮件竟有几万字之多，讲的全是张謇研究，没有一句世俗的无聊话，但我们的交往却是从批评开始的，而且在交往中继续有着不断的相互提醒和批评。赵鹏说，"疑义相析，匡谬正误，如今几成广陵绝响"，"旧学商量，疑义相析，互取所长，本是我们这些人的一大快事……也是求之不得的事"。在我研究周家禄和沙元炳时，他曾将周家禄的《寿恺堂集》和沙元炳的《志颐堂诗文集》两大部著作逐页用照片发送给我，给了我极大的帮助。这就是真正的友谊。这几年我和许多人在研究中有过交流，也包括我们研究会的同志和如东分会的同志，我从他们那里得到了很多教益。交流是自愿的，也全看人缘关系。有些人的想法却很奇怪，除非不交流，一交流，就下定决心要把对方压倒。因为世风浮躁，文字学问之类，不会有人当回事去深究，所以只要嗓门大一点以示底气很足，或者多印点半通不通的东西，大概都很有胜算的把握。然而这种人绝无自知之明，并没有什么交流的本钱，讲不出个令人信服的道理来，强不知而以为知，只好以势（"装腔作势"之"势"）压人，或是拉大旗作虎皮以吓人，而我们有些大人先生也不知自爱，莫名其妙地做了这些人的"大旗"，实在会坏了名节的。

讲到交流，顺便还要讲一种情况。大家知道新编《张謇全集》很快要竣工了，这是一个造福于学林的大好事。这样一件大好事，人人都有责任支持它，向它贡献所发现的有用材料，使之尽可能地完善。这是一个全局观念。但据我所知，有的人由于个人之间的问题，对新编《张謇全集》采取不合作的态度，封锁材料，奇货自居，借此来寻求个人名或利的满足，这样做将来会造成新编《张謇全集》无法弥补的遗憾。这种心术不正、摆不正个人与全局关系的人，我十分鄙视。

四、求得与耳顺

孔子说："君子有三戒：少之时，血气未成，戒之在色；及其壮也，血气方刚，戒之在斗；及其老也，血气既衰，戒之在得。"关于"得"，有很多不同的解读。有人说是作"满足"讲，即年老了仍不要意志衰退，自我满足，苟安现状，不求进取；要老骥伏枥，志在千里，烈士暮年，壮心不已。出发点自然是好的，对老年是莫大的鼓励，然而毕竟与"血气既衰"是矛盾的，该不会是孔老夫子的本意。于丹的《论语心得》，我对她撇开孔子强调的等级、秩序等至今仍然贻害无穷的东西不讲，是有看法的，但作为宣传，却是绝对的精彩。她对"得"的诠释也是很可取的，她认为人生在做加减法。年轻时不断追求，不断获得，是加法；进入老年，就得做减法，一直减到两手空空地离开这个世界。一个人两手空空地来，再两手空空地去。所以要以平淡之心看待一生所得，不要为此所累，不要让一生所得成为心灵的负担。往往是人到老年，一生所得多的人比一生所得少的人心灵负担更重，有更多的失落。所以我想，我们这些人现在主要从爱好和兴趣出发，做一点张謇研究，是修身养性。通过学习、探索，有所发现，是很愉快的事，既正视了"血气既衰"的现实，而又有所得。这个"得"，就不是追名逐利、刻意而为的结果，不是僭越地去做不属于自己该做的事情的结果。有人把退休以后做点有益于社会的事称为"发挥余热"，我倒认为说成是"在余生找到了又一种生活的乐趣"更为恰当些，这就完全摆脱了功利。

因为如此，我们就有了一个很平和的心态，不会去像"血气方刚"的壮年人那样地以"斗"为乐事。孔子说自己"吾十有五而志于学，三十而立，四十而不惑，五十而知天命，六十而耳顺，七十而从心所欲，不逾矩"，我们当然做不到，但是如果响应了孔子的"君子三戒"，到六十岁，就确应该"耳顺"，不管什么话都能听得进了。

刚才袁会长说我编辑了第五届国际研讨会的论文集，又在《张謇的交往世界》一书中写了8篇文章。其实对我来说，是身不由己，那是一种责任。论文集总得有人去编，我不能推给别人。8篇文章中的4篇，是逼出来的，南通市政协的同志说讲张謇的交往，某人绕不过去，而已有的文章又不合适，于是把任务交到我手里，所以我在作者座谈会上说，我是在南通市政协的同志鞭策下，一边学习，一边写作。做这些事，很荣幸，也很劳累，短时间突击一下，也就顾不上"血气既衰"了，但长期肯定不行。

张謇研究会是我们的团体，有了它，我们不再是散兵游勇，所以，我们应该爱护它。我一直在想，我既然是它的成员，我就应该按它的要求去做，应该遵守和维护它的规章制度、它的纪律；有事大家可以共同商量、讨论，而绝不做任何伤害感情的事。当然在团体和不在团体同样可以研究张謇，而在团体里应该能够得到更多的愉快、更多的交流。而如果我什么时候不喜欢受纪律的约束，不愿意遵守规章制度了，如果我什么时候感到不舒服、不愉快了，那么我便立即退出张謇研究会。

我们都知道一句话：一切事物都是一分为二的。"一分为二"强调了事物内部对立斗争的一面，其实"合二而一"恰恰强调了事物内部和谐统一的一面。两者都是对对立统一规律的描述，只是着重点不同而已。我们过去受斗争哲学的影响很深，我们能不能解放一下思想呢？让我们更多地采取宽容的态度，共同维护张謇研究会的章程，共同维护它的规章制度，把张謇研究会建设成为张謇研究爱好者和谐的大家庭！

漫说张謇的宣传与研究

张謇是海门的骄傲。他从海门一个普通农家走出去，攀登上了科举的最高峰。第二年，"1895年，中国有三个人各自做出自己一生最重要的选择：康有为选择了变法，孙中山选择了革命，张謇选择了实业，而其终极目标都是救国"[1]。后来，随着变法的失败，康有为日趋保守；孙中山领导了辛亥革命，推翻了中国历史上延续几千年的封建王朝专制统治，开创了中国民主革命风起云涌的历史新篇章；张謇作为立宪派的领袖，顺应时代潮流，转而赞成并且力主共和，推动了共和国体的建立。1922年，孙中山谦虚地对张謇的儿子张孝若说："我是空忙，你父亲在南通取得了实际的成绩。"孙中山所说的"实际的成绩"，便是诚如章开沅多次说过的："在中国近代史上，我们很难发现另外一个人在另外一个县办成这么多事业，产生这么深远的影响。"[2]张謇的一生是爱国的一生，面对贫穷、衰弱和帝国主义列强的凌辱，他毅然告别自己追求了半辈子的"学而优则仕"的科举道路，投身革新祖国并努力使之富强起来的伟大事业。张謇的一生是创新的一生，他以状元身份选择了弃官从商的道路本身，就是一个创新的典范。他在政治、经济、教育、文化等领域不断探索适合中国国情的道路，做了许多开全国风气之先的大事，创办了许多堪称全国第一的事业。张謇的一生是自强不息的一生，他迭遭颠蹶，忧危困苦，而能百折不挠，知难而进，坚苦自立，强毅力行。

我们海门为有张謇这个乡先贤而感到荣幸，张謇在海门留下了宝贵的精神遗产，我们在建设社会主义现代化的进程中，无疑能比其他许多地方更多更好地从张謇那里吸取无穷无尽的智慧和力量。当务之急，我们要让尽可能多的人走近张謇，认识张謇，学习张謇，弘扬张謇。这就需要我们努力做好宣传张謇的工作了。

而宣传张謇取得成效的关键，在于宣传工作实事求是，恰如其分，既不贬抑，也不拔高。贬抑和拔高不但不能令人信服，相反地还会让人产生对整个宣传的怀疑。比如，一度由于受到"左"的影响，张謇曾被列入大地主、大官僚、大资本家的行列，但是那种宣传的结果，始终不能从具有切身体会的海门老百姓心头抹煞掉张謇的良好形象。近些年来，张謇的宣传中出现了某些任意拔高的现象。比如，在关于张謇开创全国第一的宣传中，诚如张廷栖先生所说，"出现了一些不加论证，随意下断论的浮躁现象"[3]。又如，在对张謇沿海大开发的宣传中，将张謇移植的崇明先人在开垦海门新沙时创造的先进经验全部归于张謇,就让知情的海门人对整个张謇宣传的可信度产生了一定的怀疑。宣传的失败,往往从细节的不谨慎开始,因其小而失其大。新闻媒体从追求经济等效益出发,虚假广告铺天盖地,花边八卦层出不穷,虚假新闻屡见不鲜,新闻媒体本身的可信度已在很大程度上在人们心目中打了折扣。如果张謇宣传缺乏实事求是的审慎态度,那么也就很难达到宣传的目的。我认为,目前的张謇宣传存在着这种倾向。

为了更好地宣传张謇,我们必须认真地研究张謇。张謇研究能够为张謇宣传提供切实可靠的依据,而张謇研究的社会效益又能在张謇宣传中得到体现,张謇研究和张謇宣传两者之间的密切关系是毫无疑问的。但是两者的性质和方法完全不同,简言之,前者需要在实事求是的原则下,有选择地说张謇的"是",从而起到树立榜样、鼓舞大众的作用;而后者则应在实事求是的原则下,既要说张謇的"是",也要说张謇的"非",并且是其是、非其非,从而引出历史的经验和教训来。然而,现在我们的一些人却把两者混淆了。有人认为,既然张謇已经定位为人们学习的榜样,除了对他进行称颂外,就不必也不应该再对他说三道四,只应说其"是",而不能言其"非"。其实张謇作为历史人物,历史的局限性决定了他不可避免地存在某些"非",对这些事实上存在的"非",有的人便千方百计地做出好的解释。也有些人在张謇研究中对与张謇有关的人物和事件采取以张謇的是非为是非的态度。比如,由于张謇不满张之洞在立宪运动中的态度而与之分道扬镳,因此一些人不愿提及或者有意回避了张之洞在张謇走上实业救国道路时的驱动作用,宁愿相信张謇此前已经为张之洞起草了《代鄂督条陈立国自强疏》,认为张謇比较系统地阐明了自己的救亡主张,是张謇实业救国思想形成的标志。尽管也有人曾从文句和内容上指出过该文存在的矛盾,甚至也有人指出文中的激烈言论同张謇起初不敢奉命办厂的实际表现是矛盾的,但总是从好的方面去解释,认为这种矛盾只是反映了纸上谈兵和亲身实践并非总是一致的现实。还有的人采取想象的方法,演绎出张謇的很多故事,以为这也可算作张謇研究的成果,其实如果那些想象是合理的,那也只能用作宣传的材料。所有这些,反映出了张謇研究领域急功近利的浮躁学风。

研究张謇,我们可以从张謇自己的一段话中得到很大的教益。1925年,张謇在南通追悼孙中山的大会上发表演说,他说:"若孙中山者,我总认为在历史上确有可以纪念之价值。其个人不贪财聚蓄,不自讳短处,亦确可以矜式人民。今中山死矣,其功其过,我国人以地方感受观念之别,大抵绝不能同。然能举非常大事人,苟非圣贤而贤哲为之左右,必有功过互见之处。鄙人愿我国人以公平之心理、远大之眼光对孙中山，勿爱其长而因护其短，勿恨其过而并没其功，为天下惜人才，为万世存正论。"[4]作为一个历史人物，"必有功过互见之处"，我们的正确态度便应该"勿爱其长而因护其短，勿恨其过而并没其功"，对孙中山如此，对张謇自然亦应如此。这样才能"为天下惜人才，为万世存正论"。

同样，张謇对被海门人奉为先啬的陈朝玉的评价也为我们树立了研究历史人物的榜样。我曾在第五届张謇国际学术研讨会上发表过一篇论文，评述了龚自珍和张謇对陈朝玉的不同叙述。显然，龚出于为朋友的先人作宣传的目的，盲目地以生花妙笔让陈朝玉登上了神的宝座，甚至至今以讹传讹；而张謇则认为陈朝玉这样一个较早开垦海门新沙而且卓有成效的开垦者不是神，而是一个"敢作为，识进止，不畏权势，强直自遂，瑕瑜长短，坦白与人共见"的"草莽英雄"。他是普通人，他有缺点，甚至也有不少上不得台面的"磊砢不泽之节目"，但更有着令人赞叹的可贵精神。[5]张謇是通过掌握了第一手材料所做的研究，既肯定陈朝玉为开垦海门新沙所做出的杰出贡献，又"勿爱其长而因护其短"，真正做到了"为天下惜人才，为万世存正论"。可惜许多人至今不肯将陈朝玉请下神坛。

张謇及其事迹已经成了历史。我们所说的历史，既是客观世界运动发展的过程，又指再现这一过程的书写和记录。前者称为第一历史，后者则称为第二历史。虽然第一历史是客观存在，但人们却只能通过第二历史去接触第一历史。第二历史虽然只是人们主观目的和主观认识的反映，却记录和保存着第一历史。同一个客观存在的第一历史，由于人的目的和认识的不同，记录和保存的第二历史就会很不相同，甚至大相径庭。所以，我们看到的历史，与当时真实的历史相比，可能会有很大的差距。意大利哲学家克罗齐说"一切历史都是当代史"，英国哲学家柯林伍德说"一切历史都是思想史"，也有人说"第二历史是改造历史的历史"，更有人说"历史是一个可以任人打扮的小姑娘"，我觉得这些都是无奈的真话。而历史研究的任务就是使第二历史尽可能地符合客观存在的第一历史，发现现存的第二历史的谬误。我们对比张謇的日记和他的自订年谱，作者同为一人，甚至也会出现某些不尽一致的地方。我认为，张謇日记，应该是可靠的真实历史记录，除非不记，凡是记的，都不会有虚假的成分，因为日记在张謇看来，本应是永远的隐私；而自订年谱，则应看作是张謇晚年对自己经历的认识。我想，也许前者可以称为第一历史，后者则应称为第二历史。而两者对于张謇研究来说，都有着很高的价值。仅就这一件事而言，可见张謇研究是一个极其复杂因而极为艰苦的工作。然而，我们责无旁贷，海门当今的经济建设和社会发展，需要历史上一个真实的张謇提供给我们精神、经验和教训。

从这样的任务出发，我们不能不认真地考虑我们的张謇研究工作。我们很早就有一个口号："以张謇精神研究张謇。"章开沅先生在第五届张謇国际学术研讨会上的主旨报告即是《以张謇精神研究张謇》。显然，这个总的思路是正确的。只是究竟什么是张謇精神，我们在张謇研究中如何发扬张謇精神，却还没有破题。我想挂一漏万，斗胆提出一些自己的看法，以求教于同仁。

第一，创新精神。张謇一生都在创新，都在做开路先锋，都在努力做前人没有做过的事情。他一生事业中的许多"第一"，就有力地证明了他的创新精神。而包括张謇研究在内的所有学术研究的过程，都应该是创新性思维的过程，所有有价值的学术研究成果，都应该是创新性思维的外现。百年以来，张謇研究已经取得了可观的成果，我们今天是在这些成果的基础上，运用这些成果，通过创新性思维，有所发现，有所突破，说出前人没有说出的话来。我认为这是很艰苦的劳动，这就确应耐得住寂寞。如果整日像商人一样推销自己，大吹大擂，哪能出什么成果？而东拼西凑地做"文抄公"，即使印出几大部"著作"来，也一定毫无价值，只能哗众取宠一番，欺骗外行而已。

第二，务实精神。张謇一生都实实在在地做事，以遗留下有用事业，从来不图虚名，尤其"不欲以气节换虚名"，他认为若如此，"乃与侩为伍犹不能也"。[6]如前所述，我们的张謇研究，是为张謇宣传提供切实可靠的依据，所以需要实实在在地做事。我认为究竟是实实在在做事还是沽名钓誉，是真假张謇研究的分野。当然，实至自然名归，大可不必自诩为学者。至少在我看来，学者是高不可攀的，不坐十年冷板凳，说不出一点新道道，岂敢妄称学者？

第三，合作精神。张謇一生事业的成功，在很大程度上是善于与人合作的结果。他与"一兄一友两弟子"，他与各界许多人士，甚至在立宪运动中与绝交二十年的袁世凯，都努力地进行了合作。张謇研究是一项涉及众多领域的大工程，研究者没有合作精神，要想取得成果，谈何容易！讲合作精神，我认为目前首先要打破少数单位和个人将掌握的资料居为奇货的现象，真正做到资源共享，互通有无。要形成争鸣的好风气，在争鸣中体现合作精神。

第四，学习精神。张謇一生都注重学习，所以他才能成为百科全书式的人物。比如1903年东游日本，就是一次对他产生了重要影响的学习。我深感在张謇研究中，自己的知识过于贫乏，特别是基础理论有太多的空白。而没有基础理论的知识，便不可能正确地认识和分析张謇的思想和实践，不可能作出独到的新判断。同时，我们还缺乏对国内外百年以来张謇研究状况的深入了解，有时费时费力的结果，却是做了无用功。

注释

[1] [2] 章开沅：《张謇感动中国》，《论张謇》，经济日报出版社2006年，第100页、第103页。

[3] 张廷栖：《张謇所创"全国之最"考》，《张謇研究》2011年第3期。

[4] 张謇：《追悼孙中山演说》，《张謇全集》卷一，江苏古籍出版社1994年，第606页。

[5] 张謇：《龚定庵海门先啬文书后》，《张謇全集》卷五上，江苏古籍出版社1994年，第218页。

[6] 张謇：日记，《张謇全集》卷六，江苏古籍出版社1994年，第20页。

海门市张謇研究会十年总结报告

三届常务理事会第四次会议决定由我作一个十年总结。十年总结的内容十分丰富,用三四十分钟是没法讲清楚的。今天发给同志们的一本书,实际上就是我们的十年总结报告,也是本会向一贯关怀我们的中共海门市委、市政府、市人大、市政协以及市委宣传部、市社科联,向一贯关注、支持我们的海门各界、国内外张謇研究学术界,交出的一份十年综合答卷。两位张謇研究的泰斗、著名历史学家,对我们的这份答卷十分重视:章开沅教授为我们题写了"研究张謇,建设海门"八个字,可谓语重心长;茅家琦教授评价说:"这部纪念文集汇集海门市张謇研究会十年纪事以及《张謇研究》杂志十年的论文选,内容十分丰富,对今后江苏省,乃至全国的张謇研究工作一定会起到推动作用。"

其实在年初换届前后,同志们已经议论过很多,集中起来是两个问题:一、我们搞了十年张謇研究,今后还要不要搞?怎么搞?就是所谓"张謇再研究"问题;二、我们的口号是"以张謇精神研究张謇",那么究竟什么是张謇精神?我们觉得应该用社会和历史发展的眼光来看待这些问题,而不是孤立地看待我们研究会的十年历史和未来工作。

十年总结的全文刊登在即将出版的杂志上,我不再照本宣科,只扼要地讲一下几个认识问题。

一、我们研究会是张謇研究进入空前繁荣新阶段的产物

在1926年张謇逝世以前,上海的《申报》《东方杂志》《学林西报》《大陆报》《密勒氏评论》,北京的《神州日报》等就开始介绍、宣传张謇了。1911年,陈藻青在《新语林》发表《张謇》;1912年,李文权在《中国实业杂志》发表《张謇传》;1915年,上海商务印书馆出版《张季直先生事略》;1918年,鲁云奇在《古今名人家庭小史》发表《张謇》。这些文字,是国内张謇研究的开端。英国人戈登·洛德在编制的中国1912—1921年《海关十年报告》中,以"通州"为题专列一章,介绍了南通的经济、社会情况。1922年,日本鹤见佑辅、驹井德三等人到南通拜访张謇和进行调查后,分别写成《偶像破坏期的中国》和《中国江苏南通州张謇关系事业调查报告书》。这些文字,是国外张謇研究的开端。

张謇逝世以后,其子张孝若编纂了《张季子九录》,撰写了《南通张季直先生传记》,标志着张謇研究跃上了新台阶。新中国成立后,特别是

20世纪60年代初期,曾经掀起了张謇研究的一个小热潮。扬州师范学院和台北文海出版社分别整理出版了张謇日记,祁龙威教授对此进行了研究。"文革"期间,张謇批判取代了张謇研究。

党的十一届三中全会确立了改革开放的路线,大大解放了思想,张謇研究也因此进入了一个空前繁荣的新阶段。在这个阶段开始了我们海门的张謇研究,常乐镇退休干部顾振虞,从1980年开始就为此做了大量卓有成效的工作,高其兴、俞茂林、袁蕴豪等在进入新世纪后为海门市张謇研究会的诞生作出了不可磨灭的贡献,从而逐渐在海门形成了学习张謇、宣传张謇、研究张謇、弘扬张謇精神的良好氛围。从整个张謇研究的历史来看,我们研究会是在张謇研究进行了将近百年后才出现的产物。在此之前,许多人已经为张謇研究做出了毕生的努力,已经积累了可观的成果。我们研究会最突出的贡献在于:(1)最早创办也是迄今为止唯一刊登始发稿的张謇研究专业刊物;(2)提出了"以张謇精神研究张謇"的口号,后来章开沅教授在第五届张謇国际学术研讨会所作的主旨报告中也用了这一口号作为论题。

二、我们研究会随着海门张謇文化建设的发展而发展

进入21世纪以后,随着经济和社会事业的不断前进,海门市委、市政府将知謇、学謇、弘謇列为全市国民经济与社会发展总体规划中的战略重点,着力打造张謇文化品牌,营造传承张謇精神的热烈氛围,让张謇和张謇精神这一海门独特的历史资源转化为现实的发展优势。后来又做出了举全市之力,打造张謇文化的决策。这就为我们研究会提供了一个极为有利的发展机遇。同时,我们又围绕知謇、学謇、弘謇这个全市国民经济与社会发展总体规划中的战略重点,为张謇文化建设尽力做了我们应该做的工作。这就是说,我们的研究,是与海门的经济社会发展密切联系的,因而是有生命力的。

三、成功承办第五届张謇国际学术研讨会
促使我们研究会走向成熟

2009年4月,海门市人民政府联合中国史学会和南京大学,举办了第五届张謇国际学术研讨会。(1)这次研讨会,是张謇研究史上第一次由众多单位共同在一个县级市举办的大型国际学术会议。(2)它又是海门历史上第一次举办国际学术会议。(3)在先后举办的五届张謇国际学术研讨会中,这次会议的规模是空前的。人数多,170名代表;地域广,参会者来自中国大陆、中国台湾,以及日本、加拿大、荷兰、瑞典、韩国、法国、德

国、美国；论文多，124篇。（4）这次会议的历史意义在于，在南京大学倡导召开张謇国际学术研讨会，使国内与国际张謇研究接轨以后，又使张謇研究名副其实地回归了故土。

我们研究会是这次会议的策划者和承办者。成功承办第五届张謇国际学术研讨会，促使我们研究会走向了成熟。（1）我们与整个张謇研究界的交流更加密切，合作更为广泛，从而更快地融入了张謇研究界；（2）我们进一步明确了作为张謇故里的研究者肩负的重任；（3）我们的视野更为开阔，学风更为严谨，研究的能力和水平上了一个新台阶。

去年年底，我们曾就研究会和《张謇研究》杂志的工作向部分重要学者进行调查。在收到的反馈意见中，学者们普遍给予我们很高的评价。在今年第二期杂志上已经刊登了这些评价。我想着重说明，第一，作出这些评价的，有当代中国最著名的老一辈历史学家茅家琦、魏宏运等，而大部分则是活跃在当今学术领域的张謇及相关研究的顶尖学者。与张謇研究无关的人，无论职位多高，都未必能作出中肯的内行评价。我们从来没有，也没有必要拉他们的大旗作虎皮来虚张声势。如果这样做，就显得我们不自信，我们自己十分虚弱。第二，从这些评价中，明显可以看出整个张謇研究界对我们研究会和《张謇研究》杂志一致的高度肯定的态度，有人认为"在全国也是非常突出的""在全国开启了为特定人物创办研究刊物之先河""这在国内研究会中实属少见。《张謇研究》是一份很有质量和学术价值的优秀杂志"；甚至有学者提出"建议着力打造和申请全国性专门研究会，秘书处仍设海门"，认为"因基础已有，也有必要"。第三，反映出部分学者对我们研究会和杂志的认识有了根本性的转变，比如当年召开第四届国际研讨会时，会议组织者完全排斥我们的杂志，但现在还是他们，却认为"海门市张謇研究会工作很出色，特别是参与组织召开的第五届张謇国际学术研讨会给中外专家、学者留下了深刻的印象。《张謇研究》办得很不错，很有特色，亦是张謇研究者很好的交流平台"，"对促进南通乃至全国的张謇研究和普及作出了巨大贡献"。

当然，我们不能因为学术界的这些评价而沾沾自喜，但是，海门市张謇研究会从第五届张謇国际学术研讨会到现在，经过努力，已经逐步走向成熟，应该是学术界的共识。

四、我们研究会任重而道远

我们的十年，是占了天时、地利、人和优势的。张謇研究经过将近百年终于进入了空前繁荣的新阶段，这是天时；海门是张謇的出生地，是无数张謇崇拜者心中的圣地，像佛教徒向往的蓝毗尼、基督徒向往的耶路撒冷、穆斯林向往的麦加那样，这是地利；海门上上下下已就建设张謇文化、打响张謇品牌形成了共识，这是人和。而同时，也就说明我们任重而道远。

（1）我们的十年研究，在百年的张謇研究史上是短暂的；在历史的长河中，更是微不足道的一瞬。张謇研究经过几代人的努力，才发展到今天这个新阶段，张謇研究也一定不可能在我们这一代人手中结束，将来还有望发展成一门新的学科——张謇学。

（2）我们讲"中国梦"——实现中华民族的伟大复兴，是千年的回响、百年的渴望。张謇正是百年前最早求索、追寻"中国梦"的一个杰出代表，而且留下了他为实现"中国梦"而奋斗的精神、经验和教训，从而成为我们今天实现"中国梦"的极其珍贵的宝藏。我们的任务就是要努力开发这座取之不尽、用之不竭的宝藏。

（3）我们生活在张謇的家乡。章开沅先生历来强调"张謇研究应以江苏与通海地区为根据地"。他说，"如果连本地人都不注意研究本地的历史，单纯指望外地学者甚至外国学者来研究自己地区的历史，这就很难保证本地重大历史题材的持续健康发展，甚至可以使若干与本地相关的显学逐渐衰微，乃至成为绝学"。

国内外张謇研究界对我们寄予厚望。

百年历史说明，张謇研究需要持续不断地发展。章开沅先生曾经警告我们："一个学术分支的由盛而衰乃至消亡，并非什么稀罕现象。"他说，"我说张謇研究有可能持续发展，并不等于说它一定持续发展。把可能变成现实，关键在于张謇研究者自身的努力；而且不是一般的努力，需要竭尽全力与一往无前的奋斗"。我们的当务之急是要保证我们研究会后继有人，要大力培养年轻的研究工作者。张謇研究是一件无名可图、无利可谋的苦事。凡是追名逐利的，不管他们嘴上说得多么动听，都一定是假把式。张謇研究是做学问，心有旁骛，行为浮躁，就一定没有实际的成效。要正确认识自我，既不妄自菲薄，也不妄自尊大，我很赞成沈振元同志将张謇研究比作登山，我们都还在山脚。有的人动辄以学者自居，实际上是自欺欺人。我们许多人年轻时少不更事，做过成名成家的梦，随着年龄和阅历的增长，知道并不那么简单。但是我认为，只要努力，就一定能有所成就。

根据十年来的情况，我们认为今后的工作，可以先提出这样12个字：认真读书，深入研究，谨慎为文。

一要认真读书。要读《张謇全集》，读反映张謇研究成果的论文、论著，读与张謇相关的包括时代、人物在内的背景材料，读与张謇研究相关的理论书籍。做张謇研究，却不知道张謇说过什么，这是不可思议的。如果只根据别人引用的张謇的片言只语，而不是比较完整地领会张謇的思想，那就很难得出正确的、独见的因而是有益的结论。张謇研究发展到今天，张謇的时代渐行渐远，如果我们仍然希望通过口传历史进行研究，那几乎已是不可能的事，何况事实证明，过去许多的口传材料与张謇著作对照也并不相符。如果不了解百年以来张謇研究的成果，特别是张謇研究的最新进展，我们花费精力去研究，去写文章，结果可能早就是别人嚼过的馍。如果不了解张謇所处的时代和社会关系，我们就不可能准确把握研究对象的情况和意义。如果没有正确理论的指导，我们就没有一定的高度和正确的眼光。

二要深入研究。研究张謇是我们这个团体的性质所决定的，而且我们的研究要按照辩证唯物主义和历史唯物主义去做，已在章程中开宗明义。张謇是个百科全书式的人物，现在的研究，在一定程度上铺开了，在某些方面也是很深入的，比如实业和教育方面的研究，确实是很细致的。但张謇肯定不只是一个教育家、实业家。他自己在《年谱自序》中说，"此四十八年中，一身之忧患学问出处，亦尝记其大者，而莫大于立宪之成毁"，我们怎么能不对他的政治思想和实践、对他的教育实业与政治的关系做进一步深入的研究呢？再比如，张謇曾经全方位地管理过南通，他的管理思想对于我们今天的现实有没有可资借鉴的地方呢？

我们的研究要为海门经济社会发展服务，一是指研究的方向，或者说研究的轻重缓急，应该努力与现实有意识地紧密结合；二是要将研究的成果应用到现实中去，在现实中发挥效用。但并不是说可以违反学术研究的客观规律，为了现实的需要去到张謇那里找片言只语，或者通过凭空想象、演绎故事来加以迎合。

研究张謇和宣传张謇是不同的：宣传张謇应在实事求是的原则下，有选择地说张謇的"是"，从而起到树立榜样、鼓舞大众的作用；研究张謇则应在实事求是的原则下，既要反映出张謇的"是"，又不避讳张謇的"非"，而且表示出是其是、非其非的态度，从而引出历史的经验、教训来。两者的原则都是实事求是，张謇本身所处的时代和社会的局限以及他的阶级属性决定了他一定有"是"亦有"非"，而所有这些都是宝贵的财富。也正因为这样，我们在研究中，就不能完全以张謇的是非为是非，以张謇的好恶为好恶，以宣传张謇来代替或者曲解研究张謇。

当然我们也要做好张謇宣传，要讲"学謇""弘謇"，首先就要"知謇"，我们应该让更多的海门人更加深入地"知謇"。这一点，许多同志已经做了，而且做得很好。宣传张謇有很多渠道，有的同志建议大家主动地到社区、到村、到单位做专题讲座。我们认为这个建议非常好，这对我们自身是个促进，是个两全其美的好事，希望大家能够响应。

我们在编辑"十年纪念文集"时，发现有相当多的文章是人云亦云，或者是将几篇文章的内容拼凑起来，成为一篇长文。学术研究的生命力和价值在于创新，没有创新，就谈不上学术研究。文章不在长短，关键是有没有新见解，即使只说了一句别人没有说过的新见解，这篇文章也就是有价值的。这是我们在编辑《张謇研究》时所努力追求的。我们每一位会员都要力求创造性地写出别人没有写出的新观点来。

有的同志老是觉得找不到论题。找到论题往往需要灵感，灵感是创新的起点和萌芽，灵感还是创新的核心和灵魂。而灵感的出现既有偶然性，又有必然性。它的必然性在于：（1）头脑中要有一个亟待解决的问题；（2）要有必要的知识储备及足够的观察、信息资料的积累；（3）对要解决的问题，要反复地、紧张地、艰苦地、长时间地思考。这就要有研究的决心，要读书，要思考，而且要有超过常规的大量思考。最近有的同志提出搞个沙龙，规定一个时间，有研究兴趣的同志自愿参加，君子之交，清茶一杯，谈读书，谈体会，相互帮助，相互启发。这是一个好主意，我们决定做好这件事。

三要谨慎为文。研究的成果，最终需要用论文表现出来，论文白纸黑字，是要流传下去的，所以写论文必须谨慎。我们要摒弃名利思想，要抱着敬畏历史、对历史负责的态度去写论文。写一些乱七八糟的文字，不但无功，而且有过，把事实搞错了，以讹传讹，贻害无穷。有的同志为了说明自己的观点，不惜采取断章取义的方法歪曲张謇的原话，当然也有错误理解张謇原意的情况。也有的结论并不从材料中得出，而是"我认为"怎样怎样，论述缺乏逻辑力量。建议大家读一些有关论文写作基本知识的书或文章。桐城派提出的义理（观点）、考据（考证）、辞章（文章）三者相统一的观点是有道理的。它要求把鲜明的思想观点、确凿的事实材料、精炼的文字表达统一起来，确实是一种严谨踏实的学风，至今仍有现实意义，对于我们思考张謇研究的方法具有重要的启示作用。张謇的老师赵菊泉要张謇改学桐城派，张謇一生受到了桐城派很大的影响，所以张謇的文章有力量。

我们提倡百家争鸣，希望大家发表各自不同的见解。百家争鸣反映的是大气、开放、思想解放、实事求是的精神。

我们还要强调论文格式的规范化。格式规范化的问题，是我们编辑"第五届张謇国际学术研讨会论文集"和"十年纪念文集"时大伤脑筋的事。格式规范化包括引文的正确表达、注释和参考文献的正确表达、标点符号的正确运用等。过去我们许多同志对此很不重视，有的甚至认为注释和参考文献是浪费版面，可有可无。今后应该予以足够的重视。

新版《张謇全集》出版后，一些同志迫不及待地购买了。沈振元同志每天花大量时间阅读，接二连三地撰写了几篇论文。徐慎庠同志闭门打造一本研究张謇相关人物的著作，已有重大进展，还去社区做了专题讲座。周张菊同志认真读书，用事实大胆质疑个别名人对张謇的歪曲评价。这些同志为我们树立了认真读书、深入研究、谨慎为文的榜样。

总之，我们要用全新的姿态，满怀信心地面向新的十年。我们一定能够变得更加成熟，一定能为张謇研究事业做出更多的贡献。

（2013年12月7日）

在纪念张謇诞辰160周年暨海门市张謇研究会成立10周年学术研讨会上的发言

现在举国上下都在热议"中国梦",都在为实现"中国梦"而努力奋斗。这给张謇研究的深入和拓展提供了一个良好的机会。

在最早求索、追寻"中国梦"的仁人志士中,张謇无疑是极为杰出的一员。当时在我们海门,和张謇同样做着中国梦的,还有张謇的朋友周家禄。我曾经对周家禄做过肤浅的研究,周家禄在他的著作中表达了自己对当时西方文明发展的认识和对西方列强的憎恶,也表达了自己对"中国梦"的憧憬和实现"中国梦"的设想。张謇、周家禄的"中国梦"与我们今天的"中国梦",是同一个梦,这个梦就是追求中华民族的伟大复兴。所以,张謇的"中国梦"和他为实现"中国梦"所做的种种尝试、努力,以及所表现出来的坚忍不拔的精神,都是值得我们认真研究的。这些研究,可以为我们今天实现"中国梦"提供经验、教训,提供精神力量。同样,我们也可以将张謇和周家禄这一对同样做过"中国梦"但后来成就并不相同的朋友进行比较研究,也许能够更多地了解我们应该如何为实现"中国梦"而努力奋斗。当然,周家禄后来也是一位很有成就的史学家、文学家、诗人,但其对于中国社会和历史发展所做的贡献,就无法与张謇相比。我以前在做周家禄研究时,知道张謇说自己与周家禄"趣异",我分析过这一问题,现在看来是就事论事,不得要领的。也许"趣异"的关键在于张謇是个在极其艰难的环境中始终坚持理想、追求、抱负,勇于不断开辟新路的英雄;而周家禄由于种种原因(性格、家庭、科举考试的结果等)并未坚持亦很难坚持为之奋斗。这一对同样才华横溢的朋友,最终的历史贡献就很不相同。梦,是理想,是追求,是抱负。问题在于,首先要有梦,要有理想,要有追求,要有抱负,然后就是怎么去为此而努力奋斗。

我现在有一个深深的忧虑。我们许多人现在缺乏理想、追求、抱负,太过现实,目光短浅,私欲很强,而且形成了一个很坏的氛围。而我们许多的所谓学术研究、文学艺术正在起着推波助澜的作用。我们可以看到,这些作品堂而皇之地充斥学术领域、文化领域、艺术领域。一个很值得注意的倾向是,用所谓的技巧来取代理想。把本来属于处理家庭、婚姻关系,处理私营企业劳资关系的技巧,用到处理个人与社会、个人与国家的关系中。甚至也有的把个人保健的技巧用到社会政治生活中,一切以保全自己、谋取个人的所谓进步为目的。最近我听过一个关于职场沟通的报告,报告人脱离了正确的动机,脱离了我们必须以法治取代人治的追求,去讲如何通过揣摩心理,巧言令色,使上司成为自己的贵人,从而求得个人的所谓进步和发展。这本来是连封建士大夫都不敢公开鼓吹的东西,现在却堂堂正正地成为对人教育的"报告",传递所谓"正能量"。对一个问题、一个现象的分析评判,可以有各种不同的视角,但是根本问题必须解决:是有利于社会呢还是只有利于个人,是有利于历史的发展呢还是只有利于个人的"进步"。如果我们只从个人的进退得失思考问题,那么我们只能认为现实是无法改变的,只能屈从现实,因而在并不合理的、有欠公平的现实中千方百计地谋一己之利。虽然他们也对许多现实不满,甚至也并非不想改变现实,但是他们认为在现实面前是无能为力的,所以还不如接受现实,转而为自己谋取利益。

不客气地说,这就是当代犬儒主义。当代犬儒主义认为,既然无所谓高尚,也就无所谓下贱。既然没有什么是了不得的,因而也就没有什么是要不得的。这样想法的结果是,对世俗的全盘否定变成了对世俗的照单全收,而且还往往是对世俗中最坏部分不知羞耻地照单全收。当代犬儒主义是一种"以不相信来获得合理性"的社会文化形态,不相信别人的热情,不相信别人的义正辞严,不相信有所谓正义的呼喊,他们甚至不相信还能有什么办法改变他们所不相信的那个世界。

我认为,当代犬儒主义有着很为广大的市场,是对实现"中国梦"的反动。我这些话并非危言耸听。比如,阿Q精神在当今社会非常吃香。一位扮演过阿Q的很著名的演员甚至在电视台的节目中说,我一直很愉快,就是得益于我演过阿Q,我学到了阿Q的精神。有一个很有名的被人追捧的大片,宣扬的就是小国承认现实,应该心甘情愿地被大国去统一,去奴役,用亡国的代价去换取所谓的和平。而对这些东西,只有宣传、追捧、鼓吹,而无法听到不同的声音。在此情况下,讲理想,讲追求,讲抱负,讲"中国梦",反倒被认为是虚无缥缈的大话和空话。虽然许多人也接过这些时髦话,言不由衷地发一通宏论,但他们从心底里不相信理想、追求、抱负,不相信"中国梦",更不用说为之进行实实在在的努力了。

我的深切体会是,我们在张謇的著作中,在研究张謇为实现"中国梦"而努力的实践中,几乎可以轻而易举地找到批判当代犬儒主义的武器。所以我认为,现实给了张謇研究深入和拓展的一个良好机会。

在第二次青年学者座谈会上的讲话

今天四位专家(张廷栖、赵鹏、庄安正、蒋国宏)冒着炎夏酷暑来到海门,对我们的年轻会员进行培训,解决张謇研究方面的问题,我们参加座谈会的同志得到了很大收获。我个人深受感动。我代表张謇研究会和历史学会向四位专家表示衷心的感谢。张謇研究中心和南通大学是我们的坚强后盾,我们一直得到他们的大力支持和无私帮助,许多老师是我们的好朋友,增强了我们进行张謇研究的信心。章开沅先生把通海地区说成是张謇研究的根据地,我们都是这个根据地的战士,今后我们要进一步加强合作和交流,我们尤其要更多地向他们请教。

青年学者座谈会开过两次了。我想讲一讲学者的含义。所谓学者,第一个含义是指求学的人、做学问的人或者说立志做学问的人,"古之学者必有师。师者,所以传道授业解惑也",今天四位专家就是给我们这些求学的人、做学问的人"传道授业解惑"。去年我们提出,我们的年轻会员要有一个目标,做学者型教师。去年座谈会上,已经退休的历史教师毛晓华老师有一句话留给我很深的印象,她回顾自己整个的教学生涯,深有感触地告诫年轻朋友:"我们确实不能只做教书匠。"我的认识是,除了教书,我们还应该不断求取新的学问,要学会做学问。做学问,又会促进教学工作,使教学达到一个更高的层次。学者的另一个含义是在学术上有造诣的人。这是第一个含义的结果。注意求学,注意做学问,才能有造诣。有造诣的人,也一定会一辈子求学,一辈子做学问。所以关键还在于学者的第一个含义。我们取的就是这个意思。当然我们也很高兴地看到,我们的年轻会员已经在张謇研究方面取得了可喜的成绩。最近收到上海师范大学邵雍教授的电函,邵教授对我们年轻会员的成果大加赞赏。我们的一些年轻会员正努力向着有造诣的目标前进。我希望它成为我们的一个好风气。

研究张謇,做好学问,要克服庸俗的功利思想,要趁年轻,年富力强,挤时间,下功夫,这样就一定会有成就。我们现在的会员已经超过了150人,一年的事实证明,有的人是不够格的,是要被淘汰的。我在年会上说过,兵在精,不在广。我们要切切实实地锻炼出一支精锐的年轻张謇研究队伍,这才是我们海门张謇研究的希望。

(2017年8月8日)

2018年11月4日在学术沙龙上的讲话

我想就我的亲身经历和切身体会,向各位领导和专家做一个汇报。

我早就说过,我们海门研究会能够做成一点事情,是占了天时、地利、人和的优势,我们研究会2003年成立的时候,张謇研究的形势已经一片大好,南通研究中心已经奋斗了20年。我们处在张謇的家乡,得到了市里的支持,我们聚拢了一批热心人,至少是热爱张謇、崇敬张謇的人。

但是,今天我更想说,我们能做成一点事情,是我们一直有着非常严重的危机感。我们的危机感是什么呢?

第一,作为一个县级的学术团体,我们的基础很差,首先几乎不知学术研究是什么,更不知道如何去做。

第二,由于世风浮躁,急功近利,甚至还有庸俗名利思想的驱动,我们很长时间没有形成良好的学风,缺乏历史研究的科学态度,因此,张謇有被神化的倾向,张謇研究和张謇宣传在群众中有丧失可信度的危险。

第三,我们的队伍严重老化,后继乏人,张謇研究的持续发展失去了可能性。

危机感促使我和我的同事们不断地思考,不断地力求解决问题。

研究历史的人,要解决自己的问题,还得从研究自己的历史着手,吸取历史的经验教训。

2003年建会的时候,会员53人中副科职以上的有28人,占52%;还有大体是小有名气的各类文化人;只有一个历史教师——基本没有搞历史研究的专业人才,但是当时建会的宗旨,包括创办《张謇研究》杂志和提出"用张謇精神研究张謇"的口号,都是很正确的。

《张謇研究》的发刊词说:"她面对你的是一副学术的面孔,如果没有对学术研究的兴趣,是很难为她所吸引的。她提供你的对象,只是一位历史人物,如果不能适应这种单调与枯燥,是难以使兴趣持久下去的。学术上的追求,需要的是研究者的献身精神。学术上的建树,凭借的是甘于寂寞、安于清贫。如何让沉寂凝重的史学命题变得真实感人?如何让沉寂百年的古人古事变得鲜活灵动,这使当今史学工作者面临挑战。"

关于用张謇精神研究张謇,袁蕴豪同志在成立大会上所作的筹备工作报告中说:"我们应以张謇为榜样,满腔激情,孜孜不倦,克服浮躁,以翔实的史料,一点一滴地求实、求真、求深、求用地去研究,多出成果,争做贡献。"

建会初期确实做了大量收集资料的工作，也做了很多造声势的工作，也有一些会员撰写了研究论文，对于在海门打开张謇研究的局面做出了贡献。第五届国际学术研讨会的策划和承办是研究会的巅峰之作。

我们的长处是因为有一大批热心人坚持下来了，《张謇研究》从建会就办了，坚持下来了。逐渐从幼稚走向成熟，得到学术界的认可。最近看到傅国涌的《大商人》一书，他的参考文献中就有我们的全套杂志，我不知道他是从哪里收集到的。

但是，正是在举办第五届国际研讨会的时候，暴露出了我们的问题，那次研讨会我们提出了一些不科学的命题，有的文章也是经不起推敲的，缺乏实事求是的科学态度。张謇研究的可信度打了折扣，这就明显地偏离了建会宗旨。研讨会后，我和倪友春先生编论文集，大会上的文章，一概收录。其实很多文章是不够格的，那本论文集不太成功，它缺乏科学精神。

第五届国际研讨会使我们大获成功，声名鹊起。我们也开始与学术界有了交流，这对我们走向成熟是个良好的开端，但同时我们也有了妄自尊大的资本。妄自尊大的情绪，又掩盖了学风不正的毛病，甚至是不能自知的毛病。

我参加研究会比较迟。第五届国际研讨会之前和之后很长时间我一直在老年大学上古典文学课。张謇研究会副会长俞茂林是老年大学常务副校长兼班主任也兼学员，会长高其兴是学员。还有一个很有趣的事，年轻的周张菊这时在做高其兴的同学，也就成了我的学生。2006年的时候，研究会开始筹办国际研讨会，高其兴、俞茂林就邀请我去做当时没人能做的事，我就算参加了研究会。以后我又做专管筹备国际研讨会的副秘书长，我是为了做事情而参加的，这与很多元老"被参加"不同。

我发现了第五届国际研讨会中暴露出的问题，当时我不好说。记得会议结束后，中国社科院林刚留了下来，那天晚上，袁蕴豪和我在光华大酒店请林刚吃饭。林刚之所以留下来，是因为对一些文章的生动故事有兴趣。我想说，但最终没有说，我相信林刚有能力把事情弄清楚。

当年下半年在做王宾研究时，针对第五届研讨会暴露的问题，我下决心做出一个样子来。因为有关王宾的材料很少，一些人就只能凭主观想象去描绘王宾。我在研究中根据已有资料和当时社会状况，对四个问题做了比较严密的推测。我的发言很长，成了那一次王宾研究的主报告，无论是与会学者还是王宾后人，都给了比较好的评价。其实我的初衷就是下决心做出一个研究的样子来。

从那以后，我开始被关注，除了办具体的事，还有了一点发言权。

那时我开始编杂志。当时有个很时髦的口号，叫作"接地气"。大家不读书，不知怎么研究，有的人把研究说成是躲在象牙塔里的，不接地气；也有主张将《张謇研究》改办成群众喜闻乐见的通俗文艺杂志。这就离研究越来越远了，特别是不读书，不研究。我坚持按学术研究的标准编杂志，坚守住这个阵地。

这样，高质量办刊就坚持下来了。

在这个过程中，我得到了高其兴、袁蕴豪、俞茂林等诸位老同志的支持。袁蕴豪是常务副会长，我是副会长兼秘书长，当时由我们两人具体办事，我们合作得相当好，否则我不可能办成事情，我的主张也不可能被采纳。

我们确实做了很多值得我们骄傲的事，我们有了"妄自尊大"的资本。但同时，在研究方面，因为不读书、读不懂书，底气就不足，于是就又妄自菲薄起来。这两种情绪不断交替出现，使我们的研究很少有实质性的进展。

2011年2月，我在年会上针对当时的问题做过一个专讲学风建设的发言，我讲了四个问题：

第一，我们海门张謇研究会不必妄自菲薄，认为我们只能做什么，而不能做什么；当然同样，我们也不能因为我们做了别人未必能做的事，而妄自尊大。在张謇研究领域，评判的标准只有学术水平一个，不分地域，不分科班和票友，也不分名票和普通票友。我们应该以既不妄自菲薄又不妄自尊大的心态，切实搞好学风建设，在提高学术水平上下功夫，这是我们的当务之急。

第二，现实的政治需要有历史的眼光，借鉴历史上的成败得失，从历史发展的规律去认识和研究现实的政治。急功近利导致了浮躁甚至弄虚作假的学术风气，这是学术的腐败。政治需要宣传，而宣传一定是拣好的说。历史需要研究，而研究一定要无论好坏，有一说一，有二说二，实事求是。在张謇研究中，我觉得有三个问题：一是需要认真阅读和准确理解张謇的著作、有关档案资料和及时掌握张謇研究的动态；二是不能一切以张謇的是非为是非；三是不能用现在看到的情况去认识张謇当时所处的自然环境和社会环境。

第三，"板凳要坐十年冷"，张謇研究者要甘于寂寞。真正的学者是不需要造势的。国内外做张謇研究的人很多，我们应该在研究中加强合作和交流，我们不要和那些心术不正、摆不正个人与全局关系的人拉拉扯扯。

第四，我们研究会主要是老同志，老同志"戒之在得"，我们要以平淡之心看待一生所得，不要为此所累，不要让一生所得成为心灵的负担。我们这些人现在主要是从爱好和兴趣出发，做一点张謇研究，是修身养性。

有人把退休以后做点有益于社会的事，称为"发挥余热"，我倒认为说成是"在余生找到了又一种生活的乐趣"更为恰当些，这样来完全摆脱功利，功利思想多了，就会违反学术研究的规律，去做不该做的事。

2013年建会十周年的时候，我们举行了隆重的纪念活动，我们一些同志有点功德圆满的情绪。当时绝大多数人认为，我们搞了十年，该做的都做了，做得轰轰烈烈，好像今后没什么好做了。今后怎么办？于是研究会提出了一个"如何进行张謇再研究"的问题。当时沈振元先生说，如果把张謇研究比作登山，我们现在还都在山脚下。我很赞同他的说法。我在当时提出了一个区分张謇研究和张謇宣传的概念以及两者关系的问题。过去十年，我们做了很多张謇宣传的事，而其中有些事是不符合事实的，这是因为我们没有很好地研究张謇。

不久，我在一次大会上做过一个十年总结报告。我用很长的篇幅为十年工作比较实事求是地唱了"颂歌"，对于今后，我说当务之急，一是要进年轻人，一是要提出一个当时学风建设的要求，概括成十二个字：认真读书，深入研究，谨慎为文。我们改变状况，大致就是从那个时候开始的。

但是，事实上要真正解决问题是很难的。首先是论资排辈，年轻人上不来。其次是在研究会的历史上有过人事纠纷。论资排辈，是很难打破的传统观念，研究会的每个人可能都有他们值得骄傲的东西，所以他们需要别人的尊敬。问题是，我们的专业是张謇研究，在这方面他们确实没有发言权。我说，我们可以做朋友，但不是同仁。我们需要找同仁，找到同仁，我们才能有进步。至于人事纠纷遗留下来的观念，我认为是不对的。我向来认为，只要你是研究张謇的，你就是同仁，我就欢迎，我愿意来找你。

所以我一直想用一个办法来解决研究会无法建设好学风、无法持续发展的问题，而且这个办法又要能不太涉及上面讲到的研究会的问题。

之后，我担任会长，我们形成了一个思想比较统一的班子。

我们明确提出三个理念：一是以学术研究为本位；二是以张謇研究和张謇宣传并重为策略；三是大力推进队伍的年轻化、专业化建设。

2016年年初，我跟赵云生副会长商量建一个历史学会，他完全赞同，我们是上午谈的，下午我就去找社科联顾青山主席，他非常支持。当然为什么要建历史学会，其他人都不知道是什么意思，我们只做不说。于是有些爱到处掺和又不做实事的人要求参加历史学会，赵会长跟他们说："历史学会都是年轻人，是通过教育局来组织的，连我都不参加进去。"历史学会只有我作为发起人去做了会长。所以，年轻人就上来了，而历史学会的会员又同时成为张謇研究会会员，"两会"领导班子是合起来办事的，所以持续发展的问题解决了，又没有涉及论资排辈和过去人事纠纷的遗留问题。

2016年7月初，两个会同时开会，一个换届，一个建会。我们的队伍一下子壮大起来。我们历史学会在成立会上向会员们布置了一个作业：就张謇的一封信作解读，写一篇文章。就是这个作业，我们向所有会员表明：历史学会是要真正做事的。张裕伟后来告诉我，正是这个作业，使他认为真正找到了一个学术团体。历史学会的成立，使我们找到了一批年轻人。通过我们的工作，发动和培训，骨干力量正在不断扩大。我们在学术上不保守，不守自己的一亩三分地，都把自己知道的告诉别人，能者为师，相互切磋。大家成了真正的朋友，几天不见，就很想念。我们哪个人出书，都是大家来研究、把关。

　　我们反对形式主义，一切都讲究实际效果。办公室只处理日常事务，保证有人值班。钱钟书说，学问是二三知己在荒江老屋里聊出来的，我们喜欢做这样的聊天，我和一些年轻人一聊就是半天，聊到最后都感到"相见恨晚"。沙龙是规模比较大的聊天，请赵鹏老师来也是聊天。聊天可以引起思想火花的碰撞，出现灵感。

　　应该说，我们现在在张謇研究方面是比较成熟的。我们的宣传也做得比较好，比如：基地常乐小学有一系列的活动，弘謇书院搞得有声有色；周张菊在10个微信群做张謇语录的解读；邹仁岳搞了一个张謇的山歌剧小剧本。

　　我有幸加入了张謇研究会，有幸得到了历任领导的信任和支持，有幸结交了这么多朋友，包括我们南通的领导和学者，有幸在工作中得到了周围同事的支持和帮助。我有一颗虔诚的心，"成就了别人也就成就了自己"。

　　上面说了这么多，我是想说明，我们今天能够做成一点事，是在前人创造的基础上做成的。我的体会是，要办好一件事，要有一个目标，要有一定章法，要不怕闲话，要敢于担当。我们的15年，我觉得就是坚持求真、务实、创新。我觉得这就是我们在建会初期所说的用张謇精神研究张謇。

　　今后，特别是退出领导班子后，我想主要是动员更多的年轻人真正热心地投入进来。只要有精力，我想跟他们一个个地聊天，做他们的朋友和同仁。

　　（编者按：2018年9月16日，海门市张謇研究会、海门市历史学会举办海门市第三次青年学者座谈会，邀请南通张謇研究中心赵鹏先生传授治学心得。为了进一步消化吸收赵鹏老师座谈讲话内容，海门市张謇研究会、海门市历史学会在10月学术沙龙学习讨论的基础上，进一步梳理总结出赵鹏老师讲话引发的11个话题，并于11月4日举办学术沙龙，再次组织本市张謇研究者畅谈学习体会。南通张謇研究中心干事会会长张小平，常务副会长尤世玮，副会长黄鹤群、张廷栖，秘书长戴致君，以及南通大学王敦琴教授、江苏工程职业技术学院马斌教授等一行9人前来观摩旁听。）

海门市张謇研究会第四届理事会工作报告

海门市张謇研究会第五届会员代表大会的召开,最值得高兴的是我们经过几年的努力,研究会终于迎来了新老交替,开创了一个可持续发展的新时代。

就我个人而言,这次会议我将如愿以偿地卸任会长职务。前段时间,我已卸任历史学会会长。投身张謇研究以来,我虔诚于张謇研究事业。一个人虔诚于自己钟爱的事业,他便属于事业,而不属于个人。我以虔诚之心,努力寻找同道,切磋学问,发展事业,与世俗的低级趣味难免产生隔膜。我认为在我们研究会,只要我们按章程办事,把思想和精力统一到我们的本位工作上去,我们就能把研究会办好。

我担任第四届会长最大、最迫切的课题就是研究如何"下台",如何找到一批比较年轻的、能够发展我们事业的人。有些人可能认为,当会长是荣耀,是享受。其实不是,在那个特定的时候,在特定的历史环境中,历史偶然地选择了你,这是一种历史的责任,你得受苦,你可能得被人误会,但你得动脑筋、花力气去完成这一历史使命。我常想起黄宗羲在《原君》里所说的"天下有公利而莫或兴之,有公害而莫或除之。有人者出,不以一己之利为利,而使天下受其利;不以一己之害为害,而使天下释其害;此其人之勤劳必千万于天下之人"。我想研究会的会长应该是类似于这样的人。

卸任以后,我将以普通会员的身份和大家一起,并且努力向大家学习,与大家切磋,在新班子的领导下,继续以虔诚之心从事张謇研究,也为研究会的发展尽微薄之力。

海门市张謇研究会成立至今一共16年时间,历经四届。其中第一届6年,第二届4年,第三届3年,第四届3年。我不是最早的会员,但我从第一届开始就进入了领导班子,我对研究会的历史有深切的体会。回顾四届的历史,每一届都在努力奋斗中积累了自己的经验教训,后人则是不断吸取前人的经验教训,并且不断创新发展。现在第四届结束了,我们这一届做了什么呢?我认为第四届的主要工作,是真正地回归到了建会初期确立的宗旨,并且从建会宗旨出发,切实解决了张謇研究的可持续发展问题。

2003年张謇研究会成立的时候,以高其兴为代表的创建者们是有远见卓识的,他们在主观上对建会的意义和建会的宗旨有着充分的认识,至今仍然不失其光辉。在建会初期就创刊的《张謇研究》发刊词说:"它面对你的是一副学术的面孔，如果没有对学术研究的兴趣，是很难为它所吸引的。它提供你的对象只是一位历史人物，如果不能适应这种单调与枯燥，是难以使兴趣持久下去的。学术上的追求，需要的是研究者的献身精神。学术上的建树，凭借的是甘于寂寞、安于清贫。"当时还提出了一个响亮的口号——用张謇精神研究张謇。对这一口号，做了这样的解释：我们应以张謇为榜样，满腔激情，孜孜不倦，克服浮躁，以翔实的史料，一点一滴地求实、求真、求深、求用地去研究，多出成果，争做贡献。

建会初期，广大会员北上南下，做了大量收集资料的工作，也做了很多造声势的工作，也有一些会员撰写了研究论文，对于在海门打开张謇研究的局面做出了贡献。在第一届任期内，第五届张謇国际学术研讨会的策划和承办是研究会的巅峰之作。

在第五届张謇国际学术研讨会之前，我们虽然与张謇研究的一些学者有着联系，但与整个学术界的联系还不广泛，还没有得到普遍的重视。我们的长处是有一大批热心张謇研究的人坚持了下来，逐渐从幼稚走向成熟，最终得到了学术界的认可，融入了学术界。

这是一个非常艰苦的过程。客观上，由于研究会队伍的结构和会员的知识结构、阅读研究能力、学术水平的限制，因而在实践建会宗旨时有很多困难，在认识上有很大的偏差。例如，关于张謇宣传和张謇研究两个概念的本质区别及其相互关系的认识；对于如何以历史唯物主义和辩证唯物主义的观点认识、研究、评价张謇这个历史人物和当时历史事件的问题；读书（特别是读张謇原著、读历史研究理论书籍和不断涌现的张謇研究论文、著作）与张謇研究的关系；重视史实的挖掘、研究和重构；等等。所以，不少研究陷入武断的臆想和故事的演绎，不少研究只是重复经人反复咀嚼的史料和观点。这样的研究就背离了建会宗旨，也没有多少学术价值可言，更多的则是宣传，而这种宣传又因为缺乏研究作为基础，在一定程度上影响了它的可信度。这就是说，研究张謇需要有热情，没有热情就没有海门的张謇研究，但是张謇研究光有热情又是不够的，它需要研究者不断努力学习，努力提高研究能力、学术水平。我们许多老同志面对这样的局面，做着开天辟地的事情，经历了很艰苦的过程。我们应该向这些真正为张謇研究和张謇宣传做出贡献的老同志致以崇高的敬意！

但是，主观愿望和现实之间的不协调始终是存在的。我作为第一届至第四届的领导班子成员，深感领导班子一直存在着危机感，并且努力地试图改变这种状况，并为此做了一些工作。

到2016年进入第四届的时候，自改革开放以后开展的张謇研究已经经过了30多年时间，无论是在广度上还是在深度上都已取得了丰硕的成果：

新编《张謇全集》已经问世了将近4年,为张謇研究的发展发挥了重要的作用;信息技术取得了突飞猛进的进步;而我们研究会的元老级会员大多年事已高,我们研究会与这些现实之间的不协调矛盾显得越来越突出。解决这一问题的责任历史性地落到了第四届领导班子的肩上。

我们经过认真研究,主要从以下几个方面采取了措施,并且取得了成效:

第一,重温建会宗旨,提出与之相一致的"以学术为本位"的观念。一个社团组织,从它筹备建立阶段起,最为重要的就是明确它是干什么的。这是最简单的常识。2003年3月6日,以海门市张謇研究中心筹备组名义向海门市政府递交的《关于成立海门市张謇研究中心的报告》认为,深入研究张謇的事业、思想和精神,对于建设中国特色社会主义具有重大的历史意义和现实意义,确定了三项任务:"(一)立足海门,深入挖掘,收集和整理张謇研究史料,不断丰富其内容,列出课题,深入研究;(二)不定期刊出研究成果,并通过新闻媒体等宣传工具开展宣传工作,推进实践应用;(三)开展对外研究成果的交流和合作。"可见张謇研究会在筹备时就明确了首先是进行张謇研究,然后是宣传研究成果,并且对外进行交流合作。所以,我们有必要针对这些年来的模糊认识,明确而且简要地提出研究会以学术为本位的观念。没有学术研究,研究会就是无根之木、无源之水,研究会就没有存在的价值和存在的可能。

一些会员"言不及义"的原因往往也就在这里。

只有明确了我们的本位工作,才能吸引所有自愿投身并且具有一定研究能力进行张謇研究的人参加进来,无论职位高低、有钱没钱、从事何种职业、年龄大小;同时也摒弃一切并不从事张謇研究而带着某种私心的人参加进来。一个人的兴趣或者精力有阶段性,当对张謇研究失去兴趣或无力进行张謇研究时,应当退出研究会。同样,在研究会内部,仅仅以会员对张謇研究的热心程度和学术道德、学术水平、研究能力(除了对党政领导干部和年龄另有规定外)为标准,合理地安排他们担任的职务。这样,研究会就始终是一个能够坚持本位工作的生机勃勃的组织。

第二,进一步明确张謇研究与张謇宣传的本质区别和两者之间的关系,提出张謇研究与张謇宣传并重的工作策略。研究会的本位观念回答了我们这个团体是做什么的问题。而我们为什么要做呢?我们做张謇研究的目的是什么呢?我们研究的目的主要是为现实服务,将张謇这一潜在的历史资源转化为当今经济建设和社会发展的优势。这就要将我们的研究成果宣传出去。做好了张謇宣传,我们就做好了为现实服务。所以我们必须将研究张謇和宣传张謇作为两项并重的工作。张謇研究和张謇宣传属于不同的领域，有着不同的要求，两者不能替代，但又互相联系、不可分割。研究是根本，是出发点；宣传是归宿，是目的。二者的顺序不能颠倒。颠倒以后，急功近利，往往使宣传失去社会信誉，从而也失去我们研究会的信誉。我们的研究，最显著地反映在《张謇研究》上，现在绝大多数稿源已经由会外转入会内。我们已经拥有了一批研究者，而且人数正在扩大，其中有老年人，有中年人，也有年轻人。研究的领域有所突破，有些会员，在张謇著作的文字和考证方面下了很多功夫。我们坚持每月一次的学术沙龙，极大地打开了研究的思路。我们的宣传，除了按照社科联的安排和社会各界的需求（如海图大讲堂及一些学校的讲座），还一如既往地坚持高质量办好《张謇研究》（既发表张謇著作文字和考证方面的研究论文，也发表了大量准确有据的张謇宣传文章）、网站，并且由郭艳主动创办了微信公众号。周张菊在10个微信群发表《张謇语萃选注》。

　　一些会员配合南通、海门电台做好张謇文化专题节目，应邀参加常乐"乡贤文化与民风民俗""张謇与近代教育"等主题沙龙，参与社科联科普知识进社区活动。多位会员被聘为社科联特约研究员、特约讲师。

　　第三，针对研究会人员的实际情况，大力推进队伍年轻化、专业化建设。社团组织的张謇研究队伍老化是一个普遍现象，我们比较早地意识到了这个问题影响张謇研究可持续发展的严重性。我们从创建海门市历史学会开始，就使之成为一个具有独立法人地位的社团组织，并且与张謇研究会逐渐融合，发掘培养了一大批年轻的具有专业理论知识的研究者。我们先后与历史学会联合举办了三次具有很高质量的青年学者座谈会，对这批年轻的研究人员进行培训。我们努力将这批年轻的研究者向学术界推荐，支持他们参加各种学术活动，特别是高层次的学术活动，不断扩大他们的影响力。这批年轻人现在终于能够顺利接班，成为我们新一届的骨干。今后将继续保持张謇研究会和历史学会两会并存、继续分别具有法人地位的格局，在张謇研究的具体组织和运作上则实行一体化。历史学会除了张謇研究外，还将扩大自己的研究范围，吸引广大史学工作者参加进来，成为我市历史学界具有权威的社团组织。

　　第四，在基本解决上述问题的基础上，提出将学风建设作为长期的任务。在世风浮躁、追名逐利、急功近利，不少社团有其名无其实的情况下，我们始终坚持求真务实，要求会员不图虚名，不说空话，只办实事。我们提出"做，真做，做真"是我们每个会员的底线，每个会员要尽自己所能，找到自己的研究方向或者宣传路径。我们的会员根据研究会的安排，分工协作，齐心协力，做了大量基础性的工作，比如校对由PDF版文本转换成的WORD版文本的《张謇全集》，为会员的研究工作提供了极大的方便。

我们鼓励会员著书立说，在修改书稿中，大家毫无保留地各抒己见，体现了集体的智慧，而对于那些不能坚守底线的挂名会员，则已经予以除名。

第五，加强了与南通张謇研究中心及其他区市张謇研究会等兄弟组织的联系，与他们共同建设张謇研究的"根据地"；进一步融入全国学术界，以既不妄自尊大也不妄自菲薄的心态积极参与国际性、全国性或地区性的张謇研究学术活动及其他相关学术活动。我们与翁同龢纪念馆、江苏工程职业技术学院、江海读书会、重庆卢作孚研究室、连云港沈云沛研究学者、安徽滁州以及其他地方的张謇研究、文史研究机构和学者进行了广泛密切的交流与合作。我们邀请著名学者赵鹏老师来与青年学者座谈，在社会上引起轰动效应，受到广泛关注。以张小平会长为首的南通张謇研究中心领导、专家，专程前来观摩交流，并对我们的工作给予很高的评价和支持。张裕伟参与了张廷栖教授主持的"张謇所创全国第一"课题组，形成的著作成为中央社会主义学院主办的大生论坛的主要资料。张裕伟、施轶伟、黄波参加了全国首届张謇研究青年学者研讨会。现在，与兄弟单位和会外学者的合作交流，正在形成一个很好的趋势。

第六，主动接受宣传部和社科联的领导，确保政治站位正确，用正确的意识形态指引我们的工作，为海门的经济建设和社会发展服务。主动接受民政局的管理，确保研究会运作各个环节的规范化。我们得到了海门市委宣传部、市社科联的极大支持，参加了由海门市委宣传部、市社科联举办的各种会议、培训、沙龙，申报社科研究项目。我们被海门市委宣传部、市社科联评为十佳社团，学术沙龙被评为十佳社科普及项目，我们的科研成果曾获得特等奖（《十年踪迹十年心》）、一等奖（沈振元的《张謇诗选注》）等多个奖项，市社科联对我们的社科成果出版予以资助（徐俊杰的《张謇佚文辑注》），会员张裕伟被评为全市首届"青年社科英才"。我们按照市民政局的要求，不断规范自己的行为，受到市民政局好评，被授予"品牌社会组织""优秀社团"荣誉称号，并受到主管部门的支持，在4A级社会组织的基础上今年申报5A级社会组织。

对新一届领导班子的建议：

第一，要坚持以习近平新时代中国特色社会主义思想为指导，深入贯彻党的十九大精神，全面落实习近平总书记对宣传工作、意识形态工作和哲学社会科学工作的系列重要讲话精神，统一思想，提高站位，统筹谋划，持续加强研究会决策咨询、服务发展的作用，为海门推进社科强市贡献力量。

第二，继续践行这几年行之有效的实践经验。其中最主要的是：以学术为本位的立会理念，张謇研究和张謇宣传并重的工作策略，不断推进年轻化、专业化队伍建设，长期进行良好的学风建设。

第三，在推进年轻化、专业化队伍建设中，张謇研究会和历史学会凭借各自优势，通力合作，做出了历史性贡献。今后要加强"两会"一体化和集体领导的探索。

第四，要做到研究内容和研究形式的多样化。有些看起来很难为现实服务的研究项目和研究成果，对于整个张謇研究，特别是"张謇学"的建立，有着重大的意义，往往最需功力，最花功夫，最见水平，也最受学术界的重视。我们已经在这方面给予了重视和努力，并且卓有成效。这对于提高研究会的学术水平和扩大研究会在学术界的影响力有着重大意义。但是，这不是张謇研究的全部内容和唯一形式。我们要在各个领域对张謇的早期现代化思想和实践进行深入研究，也要对与张謇有关的人物进行研究。

第五，要努力探索激励机制，调动广大会员进行张謇研究和张謇宣传的积极性。积极性的调动，以"不说空话、只做实事"为衡量标准。提倡"言则及义"。研究会的"义"，就是搞张謇研究和张謇宣传。每个会员在研究会该思考和该说、该做的，就是这个"义"，凡是与张謇研究无关的话，我们要坚持不听。兵是用来打仗的，研究会的会员是用来进行张謇研究和张謇宣传的，一个人要派一个人的用场，要继续按章程、按标准把队伍整顿好。

第六，要维护近几年来形成的良好学风。不能允许任何人败坏这种良好学风。要在现有的基础上，采取"滚雪球"的办法，迅速壮大学术素质好、学术水平高的骨干队伍。要把我们有限的精力放到这一方面去。

第七，要进一步加强与学术界的广泛合作和交流。更多地与外地专家、学者交流，拓宽思路，走向张謇研究更广阔的领域。要为具有一定学术水平的会员在学术界形成影响力创设平台。

第八，坚持按照民政局的要求，进行规范化建设，力争尽快达到5A级社会组织标准。进一步按照章程，加强内部组织建设，特别是对会员的管理。

第九，新领导班子每个成员都要有负责精神，要始终团结一致，具有组织观念，对出现的问题要有基本的逻辑判断。

总之，新班子要采取一切有效措施，切实加强本会的凝聚力、创造力、战斗力和影响力。

第四编 地方史研究

海门置县时间辨

海门置县的时间是在后周显德五年（958）。这是明朝时的海门人、"赐进士及第、中宪大夫、南京太仆寺少卿、前翰林院侍读、经筵讲官兼修国史"的崔桐在《嘉靖海门县志》中提出的。"太史东洲崔公"作为海门首部地方志《嘉靖海门县志》的编纂者，人们评价他"以翰林同修国史，词章议论，天下擅宗"，诚非虚言。

而近些年有人对崔桐的说法颇有议论，我都没有注意过。最近，又有人提出了"海门置县应在唐代"的观点，俞茂林先生问我对此有何看法，并且希望我对此做点研究，于是我不能不关心起这个问题来。

我想，其实问题很简单。既然唐代就有了海门县，那么只要翻开《旧唐书》或者《新唐书》，一查便知分晓。虽然鲁迅先生说正史"等于是为帝王将相作家谱"，但那是为了"为尊者讳"，有时故意用曲笔歪曲事实的，然而对于一个县的是否存在，那便完全没有必要用这种手法了。于是，我仔细地查阅了《新唐书》。在《新唐书·志第三十·地理四》中的"山南道"之"右东采访使"辖下有个"通州通川郡"，这个"通州通川郡"，据张传玺、杨济安的《中国古代史教学参考地图集》所附之《中国古今地名对照表》，指的是今四川省达县市，与今南通可谓风马牛不相及，其下南郑、褒城、城固、西、三泉五县，当然没有海门县。值得关注的是与海门地理位置有关的唐代"淮南道"。《新唐书·志第三十一·地理五》说，"淮南道"下辖十二州，曰扬州、楚州、滁州、和州、寿州、庐州、舒州、光州、蕲州、安州、黄州、中州。"淮南道"没有通州，当然也不会有海门县。那么与海门最近的扬州呢？《新唐书·志第三十一·地理五》说，"扬州广陵郡，大都督府。本南兖州江都郡，武德七年曰邗州，以邗沟为名，九年更置扬州，天宝元年更郡名"，下辖江平、新林、方山、邗江四府和江都、江阳、六合、海陵、高邮、扬子、天长七县，没有海门县。扬州广陵郡的最东端是海陵县，即今泰州，一度曾析置的海安县，后又裁撤为镇；

成陆较早的如皋，在那时也是海陵县的一个镇。至于海陵县的东境，当时还是汪洋大海中的几个沙洲，其中有胡逗洲（唐末，其西北部与如皋东南境连接）、南布洲、长沙东社洲（以上三洲至迟于五代时涨连）、东洲、布洲（东、布两洲后涨连，合为东布洲）、顾俊沙等。这些沙洲，特别是东洲，在唐末因控扼长江口，于是成为淮南藩镇与浙西藩镇争夺的军事战略要地，发生过多次战争。这里由军阀割据，设东洲都遏使，实行军政合一的管理，还没有置县。五代杨吴时期，渐次与大陆涨连的胡逗洲设了静海镇，东洲改为丰乐镇，顾俊沙改为崇明镇，布洲改为大安镇，狼山西设狼山镇。后来由于胡逗洲与大陆涨连，比东洲等沙洲更具安全和稳定感，其战略地位大大上升，最后超过了东洲，升为静海都镇（至南唐又改为静海制置院），开始管辖其他各镇。上述"镇"的概念，应该是军事单位。从唐末开始，以军政合一形式统治这块地盘的是浙江西道节度使治下苏州刺史的属下姚氏。可以肯定地说，海门在唐代置县的说法是站不住脚的。

持"唐代置县说"的论据之一是，在《古今同姓名大（字）典》中发现唐代有一名为李纲者在唐中宗复位后"寓海门县"，因而下断语说："唐中宗复位，在神龙元年，即公元705年，时有海门县之记载，则海门置县应不晚于其时。"而《古今同姓名大（字）典》是北京好望书店1936年出版的"汇辑资料之书"，成书时间与唐代相去甚远，又不是研究历史地理的著作，其中所谓海门县，只是后人的习惯说法，显然不足为据。

持"唐代置县说"的论据之二是，曾有人认为"海门建县应该在唐末的天佑四年（公元907年），依据是东布洲曾设置有'东洲都镇使'，而都镇使是掌有管理地方事权的，可领导或直接行使县级管理权限，说明当时应该已经建县"，因而"作者据上述史料认为海门县建县，应该更早，当在唐代"。其实，这是对古代兵制的误解。《新唐书·兵志》说，"古代在边境驻兵戍守称为镇。镇将管理军务，有的也兼理民政。宋初废。唐初，兵之戍边者，大曰军，小曰守捉，曰城，曰镇，而总之者曰道"。"镇"是军事单位，在唐朝的实际级别不高，属于最低一级，远小于县。其长官"镇遏使"前如加了"都"字，"都"是"总"的意思，那当然可辖下属几镇。"镇遏使"或"都镇遏使"，在尚未设置行政单位的地区，虽然"管理军务，有的也兼理民政"，但毕竟只是军政合一的管理，还不是一级行政单位，即不是县。并不是说某地有了一个相当于县级的军事长官，这个地方就设了县。比如在《新唐书》中说到的"升州江宁郡"，所辖四县外，就注明还有江宁军、石头镇兵、下蜀、淮山二戍，意为亦直接属升州江宁郡管辖，而它们只是军事单位，并非行政单位，不能称为县（"军"的级别甚至高于县）。所以，即使东洲设置有"东洲都镇遏使"，也只表示这里有个管理几个"镇"的军事衙门，在未置县的情况下，由它对此地实施军政合一的管理。《新五代史·卷六十职方考第三》说的"通州，本海陵之东境，南唐置静海制置院，周世宗克淮南，升为静海军（兵之戍边者的最高级别了——笔者注），后置通州，分其地置静海、海门二县为属，而治静海"，就是反映了通州、海门由军政合一管理到设置行政单位的过程。其时间为《新五代史·周本纪第十二》说的"（显德）五年春正月丁亥，取海州。壬辰，取静海军"之后发生的事。对此，《资治通鉴·后周纪五》有更为详细的记载："显德五年（岁在戊午，即958年——笔者注，下同）春，正月……壬辰，拔静海军，始通吴越之路。三月，壬午朔，帝（后周世宗）如泰州。……辛卯（十一日）……上闻唐战舰数百艘泊东布洲将趣海口扼苏、杭路，遣殿前都虞侯慕容延钊将步骑，右神武统军宋延渥将水军，循江而下。甲午（十三日），延钊奏大破唐军于东布洲。……戊戌（十七日），……于是江北悉平，得州十四，县六十。……夏，四月，乙卯（初四），帝自扬州北还。"这段记载，说的是后周世宗柴荣御驾亲征南唐，最后夺取今南通、海门一带，估计在"自扬州北还"前完成了置通州和静海、海门两县的历史事件。我注意到"拔静海军，始通吴越之路"一句，好一个"通"字！这应该是周世宗柴荣对于夺得静海军的意义的深切认识，作为中原大国的后周终于没有南唐的阻隔，可以由此直接通往仅有一江之隔的吴越国了。我还注意到，周世宗柴荣在"北还"之前分析当时形势为"即今南北才通，疆场甫定，是玉帛交驰之始，乃干戈载戢之初"，又是一个"通"字！因此他在此时提升静海军的地位，在静海军置州，便是情理中事；而既置州，又以一个"通"字名之，也是再合适不过的。海门县也就在这个时间段上应运而生了。

持"唐代置县说"的作者还以记载唐代历史事件的正史中出现海门之名，作为唐代置有海门县的佐证。作者认为"上述正史虽没有说明海门是海门县，但是已经作为地名正式出现。正史中所说地名，是为了说明历史事件，而不是为了证实地方建置沿革的，所以在汉语言文字习惯中说地名不一定要加行政级别如市、县字"，作者还特别举北京、上海为例。此话不是没有道理，但是已有学者陈金渊、陈炅论证了作者所引《旧唐书·韩滉传》中的"海门"，指的是京江，即今镇江一带。清人陈婉俊补注《唐诗三百首》韦应物的《赋得暮雨送李曹》中"海门深不见"时也说，"《地理志》：京江口外有海门"。陈金渊、陈炅认为《资治通鉴·后梁纪》那段话中的"海门"则是"指当年的江口一带"。这与许多古书中将长江入海口称为"海门"是一致的。"海门"这个地名，与其他诸如北京、上海有很大不同，它是对海门这个地方犹如大海之门一样的形象描绘，诚如《嘉靖海门县志》所说的海门地名正是因为它"负江滨海,实淮扬等一门户,故夙称海门"。因而用北京、上海来类比是不尽妥当的。即不能认为凡正史说到海门便都是指海门这个行政单位,更不能认为凡正史说到的海门便是海门县的略称。

综上所述,我认为崔桐界定的海门置县时间是正确的。

《不税过投契碑》探讨

常乐出土的清代《不税过投契碑》是很有价值的文物，已由邹仁岳先生做详尽介绍，文载11月19日《海门日报》。唯其很有价值，笔者拟就有关问题再做些探讨。

一、什么是"过投"

碑文讲的是土地契税问题。碑题说"不税过投"，碑文一再强调"止税买卖，不税过投"，在买卖中又强调"如系田底买卖契纸，即遵例随时□□税"。这里的"税"字应为动词，作"收取契税"讲。碑的主题即是只收取土地买卖中田底买卖的契税，不收取土地过投的契税。那么，什么是过投呢？"过投"一词不见于古代汉语的词典。笔者请教了精通掌故的南通百岁老人朱漱梅先生，他也无法说清，可见"过投"一词早已消亡了。清代契税制度规定，土地过户，依交易价格纳税。显然，无银两进出的，便无须纳税。而在土地过户的所有情况中只有买卖和典押两种情况存在银两进出，其他如赠与、继承、投充（清初迫使汉人将土地所有权奉献给旗人，投充到旗下为奴）均无银两进出，本来就是"不税"，也就肯定不属于碑文中所说的应税而"不税"的范围。从字面说，"过"，是过户的"过"，转移之义；"投"是赠与，"投之以桃"的"投"。土地典押是将土地质押给别人一定期限，借以向人借贷，期满后赎回。笔者看过很多清代典押契约，其中相当多的用了"将土地……送就于……，典出银两……"的措辞，与"赠与"的说法非常接近。因此，"过投"可以说是指典押。那么为什么不直接说典押呢？那可能是因为过投还不能完全与典押画等号。那么，过投还可能包括什么呢？唯一可以研究的是买卖。土地买卖有两种，即田底买卖和田面买卖，前者是变更土地所有权的买卖，后者则是只变更使用权的买卖。碑文中强调了"如系田底买卖契纸，即遵例随时□□税"，那么田面买卖呢？没说。没说的言外之意显然是可以"不税"，所以"过投"极有可能还包括了田面买卖。清代的土地契税政策，初、中期确是"止税"买卖，"不税"典押的，到末期内外交困，财政拮据，则无论卖、典，一律收税了。所以，碑文强调"止税"田底买卖，而"不税过投契"，是符合碑文产生的道光十二年的情况的。

二、碑文如何标点

我不主张标点碑文,因为阙文过多,很难准确。俞茂林先生出于编辑市志之需,令笔者标点,故勉为其难,试标点如下:

不税过投契碑

署江苏直隶海门分府加十级记录十次张,为遵批出示晓喻事。

案□江宁布政使司陆札开"奉宫保总督部堂陶批'前署司议详海门厅境过投契纸仍照旧章毋庸并税缘由,奉批□□仍照抚部院批示,缴抄案存'等因,又奉获抚部院梁批开'如详转饬仍循旧章,止税买卖,不税过投,并饬该厅出示晓喻,□□总督部堂批示,此复'等因到司,奉此,合就抄详,转饬札厅即便遵照出示晓喻,遵□将示式送司,□照章止税买卖,不税投契,前来本署复查;损上滋下本有常经,轻改旧制亦非所宜;送核示间复处贡生曹引平、廪生薛云龙、拔生陈发之□;基以环籲宪恩,饬遵勒石厅堂,以□久远",江宁布政使司林批开"仰海门厅立即勒石晓示,仍将示式送查"等因,□经前厅出示晓喻。潘宪批开"详已悉,缴示式存"等因,除限差勒转勒石□合,再遵批出示晓喻:为此示仰厅境居民□□□因□□人□各宪批示;嗣后置买田地,如系田底买卖契纸,即遵例随时□□税,□□其由已过投契纸,□□告发,定即照例究罚,断不稍宽。其各永遵,毋违特示!

右喻通知

道光十二年闰九月初十

原呈:民人顾占鳌、顾廷元,恩贡孙献,廪生薛云龙、季□恩,监生袁琨,拔生陈发之、戴□书、黄锦年、季云青、王顺、黄□□

三、为什么立碑

道光朝是清代国运式微的转折时期,海门立碑的1832年是鸦片战争的前夜,此时地方上开始出现"轻改"旧制,卖、典"并税",以增加财政收入的现象不足为怪,只是朝廷的政策却尚未变化,而睁一眼闭一眼的情况则是难免的。受到本应"不税"而税之的当事人,倘是一般"民人"也便忍气吞声,或许还以为理当完税,他们压根儿不会有法律政策意识。而海门的两位顾姓"民人"却在生员们的支持下一起上书言事,这在当时便成了大事。将碑文所附上书人的名单和江宁布政使司批文对照,还可发现多出一个曹引平来,可见上书言事的还不止一拨。所以两江总督陶澍和江苏巡抚梁章钜就不能不出面过问，否则便难辞渎职之咎。陶的辖区包括现在的苏、沪、皖、赣，梁亦是一省之长，可见此事影响之大。江宁布政使司作为主管民政的省级机关（江苏时设江宁、苏州两处，海门厅属江宁）当然更不敢怠慢，先后有陆、梁、林、潘四人批示，再求海门厅"勒石晓喻"，重申"旧章"。这种小题大做，目的在于表示体恤百姓的"宪恩"和"旧章"不变，"以□久远"的决心。

四、碑立于何处

既然是按照江宁布政使司的要求"勒石厅堂"，那么立碑的地点在厅堂，应该是没有悬念的。但是碑的出土地却在常乐的通沙河畔，这是为什么呢？笔者以为，立碑不久，随着鸦片战争的爆发，形势急转直下，为了增加财政收入，"损上滋下"的"旧章"便"轻改"了。清代后期的契税制度，便是无论卖典，一律收税，税率也大幅度提高。这是有案可稽的事实。那么这块碑自然也便成为废碑，甚至还在某种程度上成为笑柄。既如此，自可任意处置，深埋地下亦无不可，甚至更好。至于它何时被埋入地下，可惜未在出土时进行地质的分析，可能成为永远的谜了。

海门新沙初涨时的土地所有制

《海门日报》曾因常乐镇《不税过投契碑》的发现，引起了关于什么是过投契的讨论，最终，过投契实物证明了它就是土地典押文书。但是，土地典押为什么在海门特别多，乃至于两江总督、江苏巡抚和江宁布政使司要层层发文强调"不税过投"，并且明令勒碑"以示久远"，这反映的是当时什么样的土地所有制状况呢？一直是我不解的问题。

近读管劲丞先生的旧作《南通军山农民起义史料》，不禁有豁然开朗之感。书中对沙田形成之初的土地所有制状况有着清楚的说明。兹摘抄如下：

> 这一带农民的祖上，都是自康熙雍正以来，从崇明移居过来的。他们的祖上用自己的劳动，冒着风险，就不毛之地的江滩挑泥筑岸，圩成了良田。可是他们不能完全享受自己的劳动果实，州官们不许他们直接报领滩地乃至成田完粮；他们用自己血汗圩成的良田，只能被视为暂时占有。他们的土地所有权得不到官厅的承认与保障，于是地主恶霸们就有机可乘了，地主恶霸们借着代行出名报领，从而骗取了农民集体拿出来的资金，在申请书上用上自己的名义，向官厅出价报领了滩地；及至成田以后，依然沿用自己的户名登记完粮。

已故管劲丞先生是南通史学界的老前辈。他对军山农民起义的研究起自解放之初，直至1956年成书出版。其间收集了大量文字资料，亲访过百余位长者。其中黄絜臣（松庵）先生出力最多。黄先生是南通竹行人，曾任海门修志局局长，编纂过《海门县志》，博洽通海掌故。他与管劲丞相比，是更长的一辈，他是亲历过清朝的人。所以管劲丞所说的情况，应该是靠得住的。

当然，引文中所说的"这一带"实指狼山江边的新涨沙田。但实际上，从狼山而东直至黄海的所有涨出的沙田，情况是一样的。这一大片沙田差不多在同时期都由崇明人前来开垦，他们的后代至今乡音未改，全都被称为沙地人。其中也包括黄絜臣先生。知道了这一情况，就理解了本文开头提出的问题。在长江北岸通海地区涨出的沙地上，当时土地的所有权从未到过垦荒者及其后人的手中，但他们世代耕种着这些土地。即先有这些农民的土地经营权，然后才有了地主们的土地所有权。这就很自然地形成了普遍的长期甚至永久的土地典押关系。对于地方官府来说，这无疑是本地土地关系中主要的财税收入。而清政府前期却是明确不收土地典押契税的。既眼红，又碍于政策，可能是当时海门官府的心理，而时代又转向式微，财政收入的拮据肯定已经出现，因而出现若干违规现象便不足为奇。但作为省级及其以上官员当然不能容忍这种违规现象，更何况有人举报呢？所以才有了我们今天捉摸不透的那个《不税过投契碑》。

〔编者按：《（乾隆）崇明县志·批田过投税》对"过投"有明确的解释："成圩之日，每千步纳主家银两许，或二、三两不等，亦总以田价贵贱为准，载明批承管，名曰过投。"〕

徐公堤小考

奉命撰写一篇碑文的缘故,我关注了清代海门厅同知徐文灿,也必然关注到徐公堤,这一虽然早已不复存在,却永垂海门史册的丰碑。由于徐公堤的实体已经无从考察,所以长期以来对它有过不少猜测和描述。我一向敬畏历史,不敢对历史作无稽之谈,因而依据文献,谨作小考如下。

徐文灿于乾隆三十三年(1768)海门旧县涨复、建立海门直隶厅后先后两次担任同知:第一次为乾隆三十五年(1770)八月,因为生病,两个月便去职了;第二次是在乾隆三十七年(1772)二月至乾隆四十四年(1779)三月。在第二次任上,徐文灿政绩卓著,成为海门厅历史上第一位名宦,而且在海门厅历史上无人可以与之比肩。他修筑了造福万民的徐公堤,建了厅的行政中心——厅署,筑了在当时认为可借以镇压潮患的师山,建了倡导用儒家思想教化地方的文庙。《光绪海门厅图志》"名宦列传"说,"徐文灿,汉军旗籍,奉天铁岭(今辽宁铁岭)人","在官八年,去之日,囊橐萧然"。徐文灿在海门做了八年的五品官,临走却是袋子空空如也,实在是个清廉的好官。而在任时,因为"性廉介而和易",老百姓竟忘了徐文灿是个大官,把他当成邻居或朋友似的,甚至直闯公堂,送给他地皮小菜。徐文灿知道这些不值钱的东西却是老百姓对自己的一片心意,于是笑纳,并不推却,甚至还转送给自己的上司。一个处处为民着想、政绩辉煌而又为官清廉、平易近人的好官,怎么能不令人景仰呢?于是在徐文灿离任后两年,人们在今师山宾馆东侧建了徐公祠来纪念他。

关于徐公堤,《光绪海门厅图志》有个十分明确的定义:"旧海塘横贯西天补沙者,曰徐公堤",并注曰"云称东海坝、西海坝"。

海门厅在初设时,一共有40个沙洲。在设厅以前,这个地方诚如同知王恒在《徐公堤碑》中描写的,"境内沙名不下数十,其始必星罗棋布于大海之中,若堆阜然"。即是说,各个沙洲之间有着夹江,并不相连。之后"渐次联络",最后才连成了整个海门大地。在徐文灿修筑徐公堤的时候,差不多到了"渐次联络"的后期,大部分沙洲已经连接起来,人们来往,已经"舍舟而车",但仍有少数沙洲间仍然隔着十分宽阔的水面,江潮仍然时时来袭。例如修筑徐公堤之后两年,"闰六月十八日,飓风陡作,江潮泛滥,漂没民居庐舍,毁禾棉无数,风潮入厅署大堂,毁墙垣"。所以徐文灿按照当时的思维,借助神力,建师山,"以镇江潮",至少是安定民心的一个举措。而更实在的办法是筑堤。前人称长江为南海,所以所筑之堤便成了海堤,海堤在水利上的专用名词即是海塘。徐公堤即徐公所筑之海塘,在事隔120多年后编纂《光绪海门厅图志》时,那海塘随着沙洲之间的连成一片,早已失去其捍海功能,于是成了"旧海塘"。

问题在于,西天补沙是否需要筑堤?西天补沙约当今天的通启公路天补东西向的一段及天补镇往东至搭连镇一线以北的地区,北至今通州区地界,东至浒通河。西天补沙南边当时是一条夹江(直到嘉庆、道光年间才涨为裙玉沙),夹江南岸是裙带沙,西起通海镇,东至通源镇。西天补沙与通州之间也有一条夹江(其南段,直到嘉庆、道光年间才涨为龙腹沙;其北段在通州界,何时接涨,未详)直通长江,这条夹江,在当时应该与西天补沙南侧的夹江相通。那么西天补沙的防潮形势便是十分严峻的了。这应该是徐文灿要"横贯"西天补沙,在其南岸修筑"海塘"的根本原因。

实事求是地说,在夹江边筑堤,应该不算十分艰难,在当时海门存在不少夹江的情况下,筑堤确实算不上什么惊天动地的伟业。可是在这条堤的西头,亦即到了西天补沙与通州相邻的地方,面临的却是一条夹江。王恒在《徐公堤碑》中写道:"时西北一方虽近州境,尚隔流洪,阔处一二十里,狭亦数里,潮汐上下冲激,沙土随涨随坍,势难连接,贫民徒涉于淤泥中,爬沙不前,猝遇潮至,如万马奔腾,漂流灭没,以致殒命者不少。"这就到了"横贯"西天补沙的"海塘"是否继续西进的关键时刻。徐文灿"相度形势,议筑长堤,横截中流,通通海之途,使回澜停蓄易成高阜"。他认为下决心让海堤西进,是既能"通通海之途",又能"使回澜停蓄易成高阜",增加土地。然而此事"庸夫所惊",许多人认为"古有作堤以捍水者,未有作堤以截流者",而且"事大费广"。"横贯"西天补沙的"海塘"是"捍水者",古已有之,不足为怪;而徐文灿现在要"作堤以截流",这就是一个令人震惊的创举了。而截流的结果达到了徐文灿的预期目标,从此海门"西北接通州,车马陆行,不用舟楫","民乃无乱流之患,而堤之南北水滩沙渚不数年则悉成沃壤,增赋数千顷,增户数万家",这无疑是个莫大的功绩。而筑这一段截流堤的艰辛自然是筑绵亘10余里的堤东段所无法比拟的,"新堤未坚,屡患崩决,其合口处数十丈当洪之中,水深沙嫩,填以土牛,旋即随潮浮去"。由于艰难,甚至还流传了一个海神显灵的故事:"明年春昏,夜见红灯千百涉水纷来,及新堤而还也,众讶为神,额手祷祝。次日就其涉处弯环筑土,土坚力省,一月而堤成。"基于这样一些原因,后人几乎将"作堤以捍水"的10余里的徐公堤东段给忽略了。

后来言及徐公堤,似乎只在天补镇以西通启公路通海交界处,那里曾经立有徐公堤碑和建海神庙纪念,因为整个徐公堤的特别出彩处正是在那里。其实徐公堤全长两千一百八十丈。而他处又不闻有此堤，于是有些人就猜测这里是徐公堤的东起点，整个徐公堤往西筑到通州的地界上了。要真是这样，感念这位发扬大公无私精神为通州造福的海门同知，就不会是海门人民了。偌大一个"事大费广"的工程，花了海门的钱，用了海门的工，做的却主要是通州的事，海门人民会怎样看待这位父母官？而《光绪海门厅图志》所说的徐公堤"横贯西天补沙"岂不成了胡说八道？所以，这个所谓"徐公堤的东起点"，恰恰正是徐公堤的西起点，由此沿西天补沙南沿（亦即夹江北岸）往东，横贯全沙。只要认真看一下《光绪海门厅图志》地图，其长度正好是约计15里，亦即徐公堤全长的2180丈。而且在图上明确标示了由此往东的走向，写明"徐公堤"三字；我们还可以发现徐公堤向西延伸到通州界大约半里的地方，其西端应该就是当年夹江（亦即流洪）的西岸了。在那里直到天补镇的徐公堤南侧，属于西天补沙的一块呈三角形的土地（愈往东愈狭），显然就是"堤之南北水滩沙渚不数年则悉成沃壤"的堤南部分，它阻断了东西向和南北向两条夹江的连贯，在水利方面有着很大的意义；而堤北则与通州完全接壤了。

有些人认为，徐公堤往西筑，是因为那里是个大海湾，然而这是不对的。据陈金寿先生的《南通成陆》一书确认，那块土地的成陆要比西天补沙早，当然那里曾经和海门一样是一片汪洋，然而在徐公筑堤时早已不是。陈金寿先生的《南通成陆》，我国著名河口海岸专家、中国工程院院士陈吉余教授给予"有史有图，典籍有据"的很高评价，并为之作序，应该是靠得住的。还有，《光绪海门厅图志》的编纂者、历史学家周家禄说自己的祖先"七世至我观，国初由崇明迁通州之西川港沙。厅治既建，占籍海门"。"国初"是清朝初年，那时就有了西天补沙的西邻通州的西川港沙，便是个不争的事实。问题只在于当时西川港沙和西天补沙之间"尚隔流洪，阔处一二十里，狭亦数里"，徐公需要在这里截流，一定不会笨到放弃"狭亦数里"的地方不干，偏要在"阔处一二十里"的地方筑一条2180丈亦即15里的长堤。

也有人说，在通州筑了徐公堤以后，通州继续在那里围垦，从而爆发了通、海争沙矛盾，一直延续至嘉庆十年（1805），由海门厅同知章廷枫会同通州知州张桂林会勘，"传集两境民灶人等，当众丈量宣布，开挖界河并植树立碑以垂永久，州、厅之争寝息"。据《海门县志》说，"是年，勘定民灶河界"。民灶河在今海洪以东的启东地界，与通州的西川港沙不啻百里之遥，风马牛不相及也。

也谈崇明岛先人来自何处

《崇明文博》2013年第1期，龚家政先生在《在句容踏寻"崇明"》一文论及"崇明岛先人来自何处"的问题，认为"崇明岛先民大多来自于海门和南通大部"。其申述理由有二：一曰"崇明人方言和海门、南通（约10个乡镇）人完全一样"；二曰"江北口语发音响亮，崇明人发音正和江北海门、南通人同是发音响亮浊音较多的一类"。

笔者理解龚先生所说的和崇明人方言完全一样的"海门、南通（约10个乡镇）"的范围，是指目前海门南部地区，即区别于北部称为"通东"地区的所谓"沙地"，以及今天南通市通州区的川港、姜灶、南兴、竹行、新开、小海、张芝山、三余、海宴、北兴等镇。龚先生从方言的角度进行分析是有道理的，只是他并不了解这些地方的历史。

古代的海门和南通并不存在上述地区的土地。

古代的海门县初设于五代时的后周显德五年（958），县治在东洲镇（今吕四东南40里的黄海内）。海门濒江临海，是淮、扬重镇的一个门户。但古代全无抵御江海风潮的能力，土地和人民不断被汹涌澎湃的波涛吞噬，于是县治一再西迁。明正德九年（1514），土地坍塌殆尽。时海门隶属通州（州治在今南通），于是县官带着余民进入通州的余中场（今海门市四甲镇西北）。未及安定，大水接踵而至，只得又迁至金沙场（今南通市通州区政府所在地金沙镇），耗银17920两，大兴土木建设县城，希望长治久安。但康熙十一年（1672），无情的大水再次逼迫，海门官民仓皇西迁至3里外的永安镇，其时全县只剩了2200余人，于是朝廷决定裁县为乡，正式归并通州，直至最后再迁至兴仁镇。

但就在古海门县名实俱亡于江海波涛之时，一个新海门却由于长江主泓南倾大量泥沙的淤积开始浮出水面。康熙中期，亦即18、19世纪之交的时候，在崇明与通州之间渐次涨出了几十个沙洲，这些沙洲绵亘百里，诚如后来张謇所说，海门"坍地复涨，江海之交，新沙骈联相望"。于是大批外地农民纷纷前来开垦，其中绝大多数是崇明人。经过这些移民六七十年的辛勤劳动，这里变成了肥田沃土。于是，乾隆三十三年（1768），清政府划通州19沙、崇明11沙，连同这块新沙又涨出的11沙共41沙，设立了海门直隶厅，6年后正式建厅署于裙带沙茅家镇（今海门市政府所在地海门镇）。这时的海门，包括了今启东北部地区，直至黄海。而今启东南部地区，则属崇明，称为崇明外沙。所以，当时的海门，实际上全部是康熙中期以后涨出的新沙。

在新沙以北，原属古海门而且没有坍塌的老土，则属于通州（今南通市），其地处通州之东乡，简称为"通东"，直到新中国成立后方从通州划归海门。

至于今天南通市通州区的川港、姜灶、南兴、竹行、新开、小海、张芝山等镇，也是康熙中期以后涨出的新沙，只是在乾隆三十三年（1768）建海门厅时没有划归海门而已。其开垦者绝大多数也是崇明人。甚至在清代科举考试时，那些地方的考生与海门人一样统归"沙籍"，不得占用通州学额，只能在海门应考海门学籍的秀才，所以那里的人虽然居住在通州地界，却属于海门籍。

今天南通市通州区的三余、海宴、北兴等镇，是百年以前实业家、教育家张謇进行沿海垦牧时开发的土地，而且其范围还远不止于此，而是沿黄海北上，直至响水县的陈家港。这一带除部分土著外，大多数是海门移民，说的也是海门方言。

所以，事实上，不但并非如龚先生所说的"崇明岛先民大多来自于海门和南通大部"，而且恰恰相反，海门和南通部分乡镇（绝非"南通大部"！）甚至直至响水县陈家港的沿江沿海地区的先民倒是来自崇明。

龚自珍的《海门先啬陈君祠堂碑记》说，"先啬陈君，厥讳朝玉，字曰完璞，江南县人也"。《光绪海门厅志》则曰："陈朝玉，崇明人。……既长，让产伯兄朝玺，而自挈妻渡海。时通、崇间涨沙累累，朝玉召徒侣斩刈葭苡，垦田十五万亩居之。"即是说，被海门人奉为"先啬"、俗称"田祖"的陈朝玉，就是在海门涨出后最早前来开垦的崇明人之一。

崇明与句容之间有着非常密切的关系，这是毋庸置疑的。海门的先民大多来自崇明，而海门人又知道先人大多是从句容迁居崇明的。许多家谱留下了这方面的例证。敝族《高氏宗谱》说，"高氏出自青齐，阅数千百年。迁及句容，迨至金陵寇乱，复迁瀛州"。迁崇十六世之一支，又从崇明西沙头蛸蜞镇（今崇明庙镇附近）迁到今南通市张芝山、竹行一带开垦新涨沙地。值得注意的是，敝族先祖迁崇一世高成、高溢因"金陵寇乱"从句容迁居崇明的时间，据推算当在明正德年间，这应该与当时发生的刘六、刘七起义部队转战长江流域有关。

龚先生在反驳"崇明岛先民大多来自于句容"的说法时，称"如果崇明先民大多来自于句容，那么崇明人的口语应该和句容人一样，事实严肃地否认了这种说法"。在这里，龚先生忽视了方言发展变化的问题。崇明岛地处吴方言区，带着句容方言的移民来这个方言区后，在这个方言环境中，其后代逐渐接受吴方言，是完全可以理解的。更何况句容从东晋南渡开始就是一个复杂的移民社会，其语言本身就未必能像吴方言那样统一。

总之，我认为崇明与句容的关系，是个值得探讨的课题，因而未便匆忙作出结论。

话说海门厅

海门在历史上一度曾经拥有相当于今天"地级市"的地位，被列为江苏省 12 个直属的地方行政单位之一。这就是存在于乾隆三十三年（1768）直至清末的海门厅。

要说海门厅，得先回顾一下古代的海门县。古代的海门县初设于五代时的后周显德五年（958），县治在东洲镇（今吕四东南 40 里之黄海内）。海门濒江临海，是淮、扬重镇的一个门户。但古代全无抵御江海风潮的能力，土地和人民不断被汹涌澎湃的波涛吞噬，于是县治一再西迁。明正德九年（1514），土地坍塌殆尽。时海门隶属通州（州治在今南通），于是县官带着余民进入通州的余中场（今四甲镇西北）。未及安定，大水接踵而至，只得又迁至金沙场（今金沙镇），耗银 17 920 两，大兴土木建设县城，希望长治久安。但康熙十一年（1672），无情的大水再次逼迫，海门官民仓皇西迁至 3 里外的永安镇，其时全县只剩了 2 200 余人，于是裁县为乡，正式归并通州，直至最后再迁至兴仁镇。古代的海门县从建到裁，共有 714 年历史。

但就在古海门县名实俱亡于江海波涛之时，一个新海门却由于长江主泓南倾大量泥沙的淤积开始浮出水面。康熙中期，亦即 18、19 世纪之交的时候，在崇明与通州之间渐次涨出了几十个沙洲，绵亘百里，诚如后来张謇所说，海门"坍地复涨，江海之交，新沙骈联相望"。于是大批外地农民纷纷前来开垦，其中绝大多数是崇明人。经过这些移民六七十年的辛勤劳动，这里变成了肥田沃土。于是，乾隆三十三年（1768），清政府划通州 19 沙、崇明 11 沙，连同这块新沙地的 11 沙共 41 沙，设立了海门直隶厅，全境 10 483 人。6 年后正式建厅署于裙带沙茅家镇。据县志记载的光绪十七年（1891）的统计数字，设厅只有 123 年的海门厅竟奇迹般地拥有了 949 593 人。

厅作为一级行政区划，是清代的创举。厅主要设在边关重镇（如直隶省长城隘口的古北口厅、张家口厅）、一些特殊的地区（如直隶省的围场厅是木兰秋狝之地，江苏省的太湖厅是江南漕粮汇集处）和新开辟的地方。海门既是新开辟的地方，又是江海门户，在防范倭寇中处于重要的位置，因此这里就设为海门厅。

到光绪年间，全国共设厅 78 个，其中直隶厅 34 个，散厅 44 个。直隶厅直属于省，它同直隶州一样，在行政序列上与府平级（只是长官级别有所不同：府的知府为从四品，直隶州知州和直隶厅同知都是正五品）。而散厅则隶属于府，与县平级（太湖厅就是散厅）。当时江苏省直属的地方行政单位有八府（江宁府、淮安府、扬州府、苏州府、松江府、常州府、镇江府、徐州府）、三州（海州、通州、太仓州）、一厅（海门厅）。所以当时的通州（今南通）与海门厅，无论是行政序列还是长官级别，都是平级。由于海门与通州的平级关系，所以通州知州没有权限干涉海门厅事务。轰动一时的光绪三年（1877）年的海门"易知单案"，有人以为是通州知州孙云锦查处和撤掉了海门厅同知王家麟的职，那是弄错了。此案确由孙云锦前来处理。但孙署理通州知州却是6年前的事，而这时孙已在江宁任职。讲到此案，张謇说，"总督侯官沈文肃公檄前通州牧孙云锦临勘"，"文肃公奏褫丞职"。意即"前通州牧"孙云锦是奉命查案，是他把真相弄清后向两江总督复命，由两江总督上奏，朝廷才将这位海门厅同知免了职。这说明海门厅同知的职不是随便可以免的。

海门厅同知是五品官，而当时的知县只有正七品，所以海门厅同知是真正的"正司局级"官员。同知的属吏有掌管儒学（管理秀才的机构）的训导、负责掌管缉捕和监狱的典史、负责掌管宗卷和钱谷的照磨。张謇的恩师赵菊泉（彭渊）从家乡无锡县训导任上选调到海门厅任训导，许多人觉得不可思议：这怎么称得上"选调"呢？其实，虽然同为训导，却是由主持县学提拔到了主持厅学。

海门厅的范围，从光绪二十六年所绘地图可以看出：西线始于今南通市的竹行镇，往东经通海镇，转而向北经川港镇到姜灶；北线从姜灶开始，往东经二甲、合兴、常来、凤凰桥、义星、池棚北、今启东聚星镇北、中央镇，直至海边的蒿枝港；南线从竹行的老洪港开始，沿江东下，至临江普济镇往北经三阳镇往东南直至黄海。所以，竹行的黄槊臣（松庵）曾任海门修志局长，其次子黄贤（幼松）自号东洲词客，创作过很多海门竹枝词；鼎力支持张謇兴办实业的姜灶沈敬夫（燮均）为海门厅拔贡，就是这样的历史原因。而今通吕运河两岸一带，历史地理上称为"通吕古脊"，则属于通州。所以，今海门海界以北地区，当时为通州之东乡，故称"通东"。三阳镇东南今启东南部，当时属崇明，称为"崇明外沙"。例如，有史料表明，张謇于光绪三十一年（1905）在久隆开办大生二厂时，即注册为"崇明县大生久隆分纱厂"。

通州、海门一带本来都算不上军事要地。张謇说南通"兵家言形势者所不争"，"盖观全局者，但扼扬州而通可传檄而定"。但是，海门厅地处海防前线，防倭却显得十分重要。因此，朝廷在海门厅部署了水师看守这个江海之门。据《清史稿》说："海门厅设绥海营，置副将各官，分防自狼山至海门北岸江口海汊，凡长龙战船二艘，督阵舢板二艘，大舢板二十艘，仍酌增兵轮船，及红单、拖罟等船。"

民国元年（1912），民国政府决定废州、厅设县，通州直隶州和海门直隶厅分设为南通县和海门县。海门厅从设到废共有144年。方志学界一般认为，古代海门县与海门厅是一脉相承的，其中较权威的有《江苏市县概况》《海门县志》。然而，从历史自然地理的角度看，古代海门县与海门厅是两个不同的自然实体。这是属于学术研究的范畴，并非我所"话说"得了的。

清代海门直隶厅厅署旧址碑

此地为清代海门直隶厅厅署旧址。厅署在狮山前，其西北有西园，其东为狼山镇标右营千总署，再其东为师山书院，又其东为文庙，训导署在焉。

五代后周显德五年（958），始以东洲为治置海门县。明正德九年（1514），县境圮为泽国。清康熙十一年（1672）废县为乡，归并通州。此古海门县也，凡七百一十四年。

十八、十九世纪之交，长江主泓南倾，北岸泥沙淤积，海门坍地复涨，新沙骈联相望。崇明、通州之民群徙来垦，中有陈朝玉者，胆智识略过人，不畏权势，强直自遂，垦绩尤著。

新沙复涨之初，分属通州、崇明。逮古海门废县旧地渐次涨复，且于汪洋巨浸日益涨出新洲，清乾隆三十三年（1768），乃划通州十九沙、崇明十一沙及新涨十沙，置海门直隶厅，与江宁、淮安、扬州、苏州、松江、常州、镇江、徐州八府并海州、通州、太仓州三州并列直隶于省。至民国元年（1912）易厅为县，海门直隶厅凡一百四十四年。

乾隆三十九年（1774），同知徐文灿建厅署于此。后二年，徐公复建文庙，海壖僻左，遂兴教化。为镇潮患，徐公又筑狮山于署后。时厅西北与通州流洪相隔，阔达一二十里，徐公乃毅然率民筑堤截流，沙土虚浮，屡筑屡圮，而徐公持志益坚，不畏艰辛，卒筑堤二千余丈，通海乃有通途，而民无乱流之患，堤之南北水滩沙渚不数年更悉成沃壤也。士民感此，名之曰徐公堤。

光绪二十一年（1895），同知王宾以厅署西北之旷地，拓为西园，有八景以供观游。

海门直隶厅末期，张謇废灶兴垦，开发海滩，海门数十万众，沿黄海北上七百余里，移民遍及苏东，至今世代绵延，而乡音未改。

今我海门百万市民，当思先辈创业之艰，而以海纳百川之胸怀，并以强毅力行意志，承前启后，勉力奋进，共建我海门美好家园。

清代海门厅的三位好官

电视剧《宰相刘罗锅》的主题歌唱道："天地之间有杆秤，那秤砣是老百姓。"一点不错，清代海门厅的三位好官，也是名垂青史，让老百姓永远不忘。

东北铁岭人徐文灿是海门厅早期的同知。他来海门任同知的时候，古海门坍地刚刚复涨，江海之交，新沙骈联相望，中有夹江阻隔，涨出沙地，仍受江水海潮冲击，坍塌无常。他之前的同知，都寄治于通州。而海门厅与通州隔泓而治，阔处10—20里，狭处亦有数里。徐文灿是一位富有强烈责任心的开疆辟土的地方官。海门厅初建六年，他于乾隆三十九年（1774）在裙带沙茅家镇今烈士陵园内创建厅署。为了镇压潮患，徐文灿又在厅署后筑狮山以抚慰百姓内心深处的伤痛和恐惧。当然狮山并不能镇压潮患，也并不会使海门百姓和徐文灿本人松懈斗志。徐文灿于次年率领民工于茅家镇西20里的天补沙截流筑堤，而新土松软，屡筑屡溃，但他与民工坚持不懈，日夜奋战，终于使天补沙南北水滩变成了万顷良田。徐文灿为了在偏僻的海门新沙培养人才，倡导文明之治，又于乾隆四十一年（1776）在厅署东建文庙，构建学宫，设专司教育的训导署于其内。徐文灿为官清廉，在海门八年，离任时囊橐萧然，一无所有。他平易近人，和老百姓打成一片，老百姓甚至忘了他是五品大员，有时竟带着不值钱的"地皮小菜"直闯公堂送给他尝鲜，他总是笑纳，甚至还转送上级共享。百姓感念徐同知的恩德，名他筑的堤为徐公堤，并纷纷捐款在厅署东侧建徐公生祠以志纪念。

会稽人章廷枫嘉庆年间曾两任海门同知。嘉庆十一年（1806）春海门遭遇大灾，他精心筹划，将受灾地区分成数十个小区，订立救灾条款七则，各小区分头实施，取得了良好效果。为此，他以"卓异"的考绩升任颍州知府。

开封密县人卢骧云，虽然只在光绪二年（1876）做了两个月海门同知，但他居官待人至诚，不搞花架子，为老百姓办事急如水火。他每次接到报案，就立即带了蒸饼前往处理，在一百多里的来往途中，绝不给老百姓增加丝毫麻烦。他特别痛恨贪赃枉法的官吏，一旦发现，立即予以严惩。有一次，长江口发现无名男尸，海门、崇明两地官员互相推诿，不去查清。上级叫卢骧云去复查，当时正值酷暑，他由于接触了污秽，不幸得病去世，临终叮嘱儿子不要接受任何馈赠。丧还之日，巷哭野祭，在田里干活的老百姓丢下农具追送，送别的人群绵延几十里。

解读"通州的海门人"现象

在张謇研究中，常常会碰到一个令人疑惑的问题，即本文所说的"通州的海门人"现象。

例如，与张謇、朱铭盘、顾锡爵、范当世合为"江苏五才子"的文学家、史学家周家禄（字彦升），世居通州川港镇，张謇说自己于同治十年辛未（1871）"始识海门周彦升家禄，与为友"[1]。周家禄始终自称是海门人，他在《范西蘐画记》中说自己是"海门厅人、世居通州川港镇彦升周家禄"[2]，便是很典型的说法。再如鼎力协助张謇创办大生纱厂的沈燮均（字敬夫），住在通州姜灶镇，张謇在《惠憼先生乡谥跋》开头便称他为"海门沈敬夫先生"[3]。民国建立后，姜灶属于南通县竞化市，竞化市的范围略等于后来的通海区。所以张謇在《南通县图志·沈燮均传》中说"沈燮均，故海门厅岁贡，民国以后为县竞化市人"[4]，其实早在民国之前的宣统三年辛亥（1911）二月，沈燮均就去世了，谈不上他在"民国以后为县竞化市人"。又如曾经给张謇的父母画像、又画过供奉在常乐张氏家庙中的"张氏吴氏四代支像"和为张謇"重摹朱衣神像"的传真画师张衡（字莘田），张謇称他为"海门上舍生张莘田衡"[5]，却是住在通州竹行镇北六里即清代名之曰通州福星沙的地方。

上述三人作为海门人，都在《民国海门县志·耆旧》立了传。史籍在传主的籍贯上一向是很严格的，例如张謇的父亲张彭年（字润之）的传，在《光绪海门厅图志》中是列在《寓贤列传》中的，说明他只是寓居海门的外籍人士，而不是海门人。

那么，周家禄等人是否祖籍在海门，后来先人或本人迁徙到了通州呢？不是。周家禄说自己的身世是周氏"四世至伯愚，元末由常宁迁居崇明……七世至我观，国初由崇明迁通州之西川港沙"[6]。顾锡爵在《海门周府君墓志铭》说周家禄"卒于宣统元年己酉十一月二十七日午时，春秋六十有四，以次年三月初十日祔葬于通州川港镇东北三里祖茔之昭位"[7]，这无疑说明周家禄生在通州，亦葬在通州。至于沈燮均，新编《姜灶沈氏家谱》说，"据家谱记载，在宋朝（可能是北宋年间），祖先由江西迁至江苏镇江（又据说具体地为江苏句容），而后又迁至上海崇明县，再后由崇明过长江迁至南通，从此本支沈氏家族定居至今"[8]。张衡的故居与笔者老宅比邻，他的祖上定居通州竹行后也并没有迁徙过。

因此有许多人认为，周家禄所住的川港、沈燮均所住的姜灶、张衡所住的竹行，地处通、海交界，可能曾经一度划归过海门。这也不对。

《光绪海门厅图志》"卷一地图"中的《西天补沙图》上，在该沙境外西北部明确标示为"通界姜灶港"，境外西部明确标示为"通界川港镇"；在《川港西沙图》和《汤家沙图》上明确标示为"通界竹行镇"。[9]《光绪海门厅图志》刊行于1900年，地图反映的当然只是清末的状况，也许未必就是通、海最初划界时的情况呢？

那么，通、海最初划界时是什么情况呢？要讲清这个问题，得先讲一下海门的历史。海门的历史是典型的沧海桑田。古代的海门县初设于五代时的后周显德五年（958），县治在东洲镇（今吕四东南40里之黄海内）。海门濒江临海，全无抵御江海风潮的能力，土地和人民不断被汹涌澎湃的波涛吞噬，至明正德九年（1514），土地坍塌殆尽。当时海门隶属通州，于是县官带着余民进入通州的余中场（今四甲镇西北）。未及安定，大水接踵而至，只得又迁至金沙场（今金沙镇），耗银17 920两，向通州借地建设县城，希望长治久安。但康熙十一年（1672），无情的大水再次逼迫，海门官民仓皇西迁至3里外的永安镇，其时全县只剩了2 200余人，于是裁县为乡，正式归并通州，直至最后再迁至兴仁镇。古代的海门县从建到裁，共有714年历史。[10]就在古海门县名实俱亡于江海波涛之时，由于长江主泓南倾，大量泥沙的淤积，康熙中期，亦即十八、十九世纪之交的时候，"通州、常熟间东地，望洋无极，潮退沙现，豁然划然亘二百里"[11]，海门"坍地复涨，江海之交，新沙骈联相望"[12]。

这些涨出的新沙，虽然大部分在古海门地界，但当时海门的行政建置已经不复存在，于是附近的通州和崇明就往往发生争夺新沙的纠纷。雍正十三年（1735），才划定了这些涨出新沙的归属，由通州和崇明分别管辖。在通州管辖的新沙上，"赋税狱讼，一切属通，其至通治，往往渡涉"[12]。《南通成陆》中说"各沙出水的时间不一，最初各沙洲并不连接，如西天补沙与通州川港、姜灶港之间，……都有较阔的夹江存在"[13]，所以"其至通治，往往渡涉"。

以后三十年间，又陆续涨出了许多新沙，通州和崇明两地争沙愈益严重，于是乾隆三十三年（1768），清廷划通州所辖的19沙（7 525人）和崇明所辖的11沙（2 958人）以及通、崇之间又新涨的11沙，共计41沙，设立海门直隶厅。[10]这就是张謇所说的海门"既塌复涨，崇明之人群徙而耕，而衍，而育，而庶，乃疆，乃易而厅，与州两大"[14]。海门直隶厅与通州直隶州成了两个平级的行政单位。

而上述"与通州川港、姜灶港之间""有较阔的夹江存在"的西天补沙正是原属通州管辖而建厅时划给海门的19沙之一，夹江以西的川港、姜灶港当然本不在西天补沙上,也就仍属通州了。海门同知王恒写的《徐公堤碑记》中说:"乾隆四十年,(徐文灿)公长兹土时,西北一方虽近(通)州境,尚隔洪流,阔处一二十里,狭亦数里,潮汐上下冲激,沙土随涨随坍,势难连接。贫民徒涉于泥中,爬沙不前,猝遇潮至,如万马奔腾,漂流灭没,以致殒命者不少。"[15]这便是徐文灿筑徐公堤的原因。徐公堤在今海门天补境内与南通接壤的地方,从徐公堤往西,才到达周家禄所居的通州西川港沙。当年这里"虽近(通)州境,尚隔洪流",通州的西川港沙与海门的西天补沙以"洪流"相隔,通州建厅后,界址是很清楚的。

值得注意的是,当时的通、海交界并不是现在土地相连的情况,两地划界则是以沙为单位的。而川港、姜灶、竹行所在的沙并没有划归海门厅,所以它们始终属于通州。

因此,周家禄、沈燮均、张謇只能是住在通州的海门人。其实,这种"通州的海门人"是很多的。《光绪海门厅图志》"卷十八耆旧列传下"所说的"居通境竹行镇"热心慈善事业的黄文源(字不承)家族,包括了他的儿子黄学璠(字芍田,监生,道光间山西宁武府经历)、孙黄钺(字又芍,廪贡,试用训导)、黄世丰(附贡)以及曾孙黄广礼(附生)。[16]郑逸梅的《南社丛谈》附录的《南社社友姓氏录》中有"袁坼,原名葆良,字怀南,号剑侯,江苏海门人",[17]此人曾任张孝若的秘书和英语辅导。事实上袁坼住在离通、海交界很远的狼山脚下的通州新港镇。袁坼的先人袁志仁从崇明迁来开垦新沙,其后袁士明等人于嘉庆年间始建新港镇。而袁坼的祖父袁淮(字汇沂)却是海门恩贡,并且上了《光绪海门厅图志·耆旧列传》的。

那么,究竟为什么会出现"通州的海门人"现象呢?

当年新沙涨出后,在属于通州管辖的新沙上,"徙而垦者,崇明人居十八九,通与他县不过一二",[12]这些崇明移民,被称为沙民,和居住在通州老土或少量从通州老土迁来新沙的土著不同。"通人先辈自负,视沙民仆佣易与,沙蛮沙蛮呼之,因事陵轹,或利其贿纳",通州土著与外来沙民之间出现了很多矛盾。[12]其中一个突出的矛盾是科举考试的学额问题,因为各地的学额都是有限制的,当时古海门裁县为乡,则是带着学额归并通州的。海门乡民只用海门乡学的学额,与通州并不产生矛盾,即所谓"康熙十一年地坍县废,奉督宪麻查海门庐墓虽更,人材颇盛,题立乡学,均隶扬州。雍正三年,通州改为直隶,海门乡附焉"[18]。而现在一下子涌进了这么多沙民,沙民中的生童怎么应科举考试,就成了很大的一个问题。

由于学额的限制,因此应考者必须具备当地的户籍。而沙民的祖籍大多在崇明,所以沙民中参加科举考试的童生,必须回他们的祖籍崇明参加考试。但事实上，沙民已经举家跨江北迁，应试生童年年回祖籍参加考试不但很不方便，甚至根本不再可能。而按照清代的户籍制度规定，"如入户于寄居之地置有坟、庐逾二十年者，准入籍"[19]。那么这些沙民经过二十年以上的努力，绝大多数加入通州籍即所谓占籍通州，应该是没有问题的。但是，问题在于这些移民中的生童参加科举考试却不可能等到二十年以后再说。其实当时全国类似的情况很多，比如由于商业的发展，许多商人离乡背井到外地经商，并从此在外地定居下来。鉴于此类情况，于是政府就特批限额的临时性户籍给这些客居他乡的人，准许他们的子弟在侨寓地参加科举考试，称为商籍。于是，比照商籍，"至乾隆三年，通州设立沙籍一项"，朝廷单独拨给沙民学额，让沙民中的生童附在通州考试。[18] "自乾隆元年沙籍附通考试始。其增沙籍文额为四，武额为二"[20]（据《海门学题名记》为乾隆二年开考，文额为二；三年增武额为一，其后每隔一科取一武额。——笔者注），沙民生童可以"沙籍"的资格附在通州参加科举考试，争夺"文额为四，武额为二"的沙籍学额，既不占通州州学学额，也不占海门乡学学额。

海门建厅以后，这种"沙籍附通考试"的情况仍然维持了很久，直到建厅四十六年后的嘉庆十九年（1814）方才正式设立厅学，"设学分考"，沙籍才不再附在通州考试。周家禄在《海门厅学题名录序》关于海门厅学是这样叙述的："厅学之有额，自乾隆元年沙籍附通考试始，其增沙籍文额为四，武额为二。自嘉庆十九年设学分考始，设学分考，然后得额设廪、增各二名。"[20]意谓"沙籍附通考试"即是海门厅学最早的学额，而嘉庆十九年只是改变了考试的形式，即由"附通考试"改变为"设学分考"，并且增加了学额而已。这样，朝廷拨给所有沙民的沙籍学额等于就是拨给后来的海门厅学的学额。简而言之，对于生童来说，沙籍与海门籍之间完全可以画一个等号。但是，这里就出现了一个问题：海门建厅的时候，虽然将大部分沙及这些沙上的民划到了海门，但是有少部分留在了通州。而这以后，通州不可能因仍有部分涨沙并未划归海门而让住在这些地方的原沙籍考生改变沙籍，占据通州学额，于是原来所有的"沙籍"考生，无论所居住的沙是否划入海门厅，都一并归入了海门厅学。"沙籍"考生的籍贯既早已确定，他们的后代当然也不能改变自己的籍贯。周家禄、沈燮均、张衡等人虽然出生在海门建厅之后，由于他们的先人占了沙籍，所以也就只能在海门厅学应试，因而成了海门人。这就是周家禄说他们周氏"厅治既建，占籍海门。……伯愚至家禄，十四世皆耕田食力，间读书应科举。家禄同治三年考补厅学生"的情况。[6]

这样，就出现了居住在沙地却并未划入海门的耕读世家"占籍海门"

的现象，亦即"通州的海门人"现象。

迄今为止，没有发现周家禄、沈燮均、张衡的先人在海门建厅前是否应过科举考试和有否取得功名的资料，即是说我们无从知道他们之所以占籍海门，是否是因为他们的先人在海门建厅前即已应过科举考试。其实这是不必追究的，因为事实上无论先人在海门建厅前是否应过科举考试，只要是移民的后代，即使后来居住地并未划归海门，也一律仍按沙籍处理，必须到海门考试，占用过去的沙籍学额，亦即后来的海门厅学学额。这是笔者将《海门学题名记》和同治十三年（1874）所修的崇明《高氏家谱》相互印证后得出的结论。笔者的七世祖作为农民，从崇明迁居通州福星沙，是在海门建厅后的乾隆后期，1780年前后，所以绝不可能在海门建厅前以沙籍应考。到他的曾孙亦即笔者的曾祖一辈，根据清代的户籍制度，占籍通州是没有问题的。然而，虽然他们仍住在通州，高望曾（又名立岗，字啸云）却于同治十年（1871）在海门厅学考上秀才（文生），高望魁（又名立夫，字蓉塘）、高望英（又名立中，字霁云）于同治十三年（1874）与沈燮均同科在海门厅学考上秀才，取的是武生。[21]

学额问题，即使到了海门建厅以后，也一直是个令通州毫不含糊而严加防范的敏感问题，这在通州知州沈雯的《海门乡学碑记》中可窥见一斑："至乾隆三年，通州设立沙籍一项，与海门乡籍各别，由来已久，原难混冒。且海门乡民并无一人在沙，沙籍俱系崇明户族。乡学、沙籍之分，久经题定。兹近因通、崇接壤争沙，奉前抚明奏，请新设海门同知，其管辖沙民，仍划归沙籍。则海门厅之沙籍，与海门旧立乡籍各异"，"各沙人民因厅名海门，于一切词讼内不注明各沙，混填海门字样。恐沙籍借海门两字名目，混入海门乡学冒考"。[18] 由于"海门乡"与"海门厅"两个概念经常出现混淆，后来海门乡干脆更名为"静海乡"。

在清代中期以后，户籍问题除了牵涉学额外，其实已经十分淡化。户籍原先的一个最为重要作用是官府据此收取丁税（人口税）："清初的赋役制度因袭明代的一条鞭法，地有地税银，丁有丁税银。丁税银有的按地征收，有的按丁征收，而以按丁征收为主。"而雍正元年（1723）由于直隶巡抚李维钧的奏请施行，此后遂在各省普遍推行地丁合一。"所谓地丁合一，就是摊丁入亩，也叫丁随地起，即不再以人为对象征收丁税，而把固定下来的丁税摊到地亩上。"[22] 这样，人的户籍已经完全与赋税脱钩，因而居住地与户籍分离的现象得到了政府的认可，无论人口流寓何方，都无需纳税，而海门厅的建立是在这之后40多年的乾隆三十三年（1768），所以世居通州的一些人只是因为学额问题而占籍海门的现象，并不影响通州的赋税收入。对于大多数并不参加科举考试的老百姓来说，实际上无所谓籍贯的问题，住在哪里就习惯上说是哪里人了，不会出现"通州的海门人"现象。在这个问题上，只要不牵涉学额，即使官府，有时亦表现得并不严格。

海门厅的学额一直很少，即使逐渐有所增加，但比起其他地方来，僧多粥少的状况一直比较突出，考上秀才是很困难的，因此在海门历史上有多次请增学额的事。周家禄便写过《海门厅学增额禀》。沈燮均亦曾为此而努力，《民国海门县志·沈燮均传》说："厅学额少，士子苦之，燮均赴京师恳请详奏，光绪乙未得增额两名。"[4]周家禄在《海门厅学题名录序》说："自嘉庆十九年设学分考始，设学分考，然后得额，设廪、增各二名，六年一贡。……同治六年……增文武额各二名；七年，复增文额二名，通前为文额八名，武额四名。光绪七年……增设廪、增各四名，四年一贡，通前为廪、增额各六名。光绪十一年……十二年考取拔贡一名。嘉庆二十五年以后，遇恩科试增广学额二名。光绪元年以后，遇恩科试增广学额三名。""家禄闻之父师曰'方沙籍附通时，额隘人众，士束发应试，白首不获一衿者有之。道、咸间稍广矣，然着童子籍数十年，挟卷有司之门，槁项黄馘，终身不遇者，犹比比也'"，"方其难时，视小试若登第，及进，而与上下江士子校文艺，常十战而九胜"。[20]"诚以历届厅试人数多至七、八百名，准之学额，仅百而取一。"[23]这样，海门取得了功名的学子也常以此自豪；其他人亦以海门生员为贵，十分看重海门的生员，因而也总忘不掉强调他们的海门籍。

注释

[1] 张謇：《啬翁自订年谱》，《张謇全集》卷六，江苏古籍出版社1994年，第834页。

[2] 周家禄：《范西薮画记》，《寿恺堂集》卷二十一，1922年刊行，第4页。

[3] 张謇：《惠愙先生乡谥跋》，《张謇全集》卷五上，江苏古籍出版社1994年，第242页。

[4] 张謇：《南通县图志·沈燮均传》，《张謇全集》卷五上，江苏古籍出版社1994年，第433页。

[5] 张謇：《代大人作合绘张氏吴氏四代支像记》，《张謇全集》卷五上，江苏古籍出版社1994年，第6页。

[6] 周家禄：《海门厅图志序传》，《寿恺堂集》卷二十三第6页，周家禄编纂《光绪海门厅图志·叙传》，1900年刊行，海门图书馆藏本。

[7] 顾锡爵：《海门周府君墓志铭》，《寿恺堂集》卷首。

[8] 沈鹤贤主编：《姜灶沈氏家谱》，2008年，第238页。

[9] 周家禄编纂：《海门厅图志·地图》。

[10] 详《海门县志·大事记》，江苏科学技术出版社1996年。

[11] 龚自珍：《海门先啬陈君祠堂碑文》，《龚自珍全集》，上海人民出版社1975年，第158页。

[12] 张謇：《龚定庵海门先啬文书后》，《张謇全集》卷五上，江苏古籍出版社1994年，第216页。

[13] 陈金渊原著、陈昃校补：《南通成陆》，苏州大学出版社2010年，第104页。

[14] 张謇：《通海界柱碑铭》，《张謇全集》卷五，江苏古籍出版社1994年，第628页。

[15] 王恒：《徐公堤碑记》，《海门县志》，江苏科学技术出版社1996年，第1069页。

[16] 周家禄编纂：《海门厅图志·耆旧列传》。

[17] 郑逸梅：《南社丛谈》，上海人民出版社1981年，第616页。

[18] 沈雯：《海门乡学碑记》，《海门县志》江苏科学技术出版社1996年，第1 069页。

[19] 《清史稿·食货一·户口》。

[20] 周家禄：《海门厅学题名录序》，《寿恺堂集》卷二十一，第4—5页。

[21] 陈宝琪、黄广礼辑：《海门学题名记》，海门图书馆藏本，1890；高守卿修纂《高氏宗谱》，上海图书馆藏本，1874。

[22] 李培浩：《中国古代史纲（下）》，北京大学出版社1985年，第372—373页。

[23] 周家禄：《海门厅学增额禀》，《寿恺堂集》卷三十，第1页。

质疑骆墓"海门说"

骆宾王究竟葬于何处,"义乌说"和"南通说"争论有年。义乌是骆宾王的家乡,后人为先贤营墓,是情理中事。而南通本与骆宾王无涉,既有墓在,便不会空穴来风,显然更有依据。明人邵潜的《州乘资》和朱国桢的《涌幢小品》都曾记述明正德九年(1514)通州(今南通)城东黄泥口发现骆宾王墓一事。明末清初时,崇川(南通)人邵干听说当地有骆宾王墓,专门写了一组《谒骆宾王墓》诗,在当地甚至到骆宾王的家乡浙江义乌广泛征求和者。徐敬业的35世孙、海门人李于涛看到邵干的诗,公开了自己的身世,在所著的《雪崖外集》中,根据家谱印证了此事的可靠性。乾隆《狼五山志》载,清乾隆十三年(1748),寓居通州、崇敬骆宾王的闽人刘名芳(号南庐)于黄泥口访得骆宾王墓,而将其迁葬狼山。1933年,骆宾王40世孙骆奉升收录了明代以来探寻骆宾王墓迹的文章,编成《骆文忠公墓考》文集,其中大多数文章肯定了"南通说"。已故南通籍著名史学家、曾任南通博物苑副苑长的管劲丞生前做了大量权威性的考证,论证了骆宾王兵败后逃往当时还在江中的南通狼山,后隐居今吕四港一带的白水荡。浙江师范大学中文系教授、骆宾王研究专家骆祥发是骆宾王的后人,但他并不袒护家乡,而是以10多年的研究经历和70多万字的研究成果,坚持己见,认为骆宾王终老南通,埋骨于南通黄泥口。黄泥口地处今南通城东北郊濠河边。骆墓究在何处的问题似乎已经十分明朗。

不料《海门日报》9月22日爆出骆宾王墓在海门镇东的说法,作者说,"1821—1850年编纂的《道光海门志》"中记有"唐骆宾王墓在县城东(道光时的海门县城即现在的海门镇)"。这着实令一向关注此事的我精神为之振奋。但仔细研究下来,却是一场空欢喜。

所谓"1821—1850年编纂的《道光海门志》",应该是指道光十一年(1831)年由丁鹿寿根据李兆星所编的旧志"取所存旧志,增之损之,重加是正"的《道光海门县志》(1990年版的《海门县志》误称其为《道光海门厅志》)。该志署名"邑人李兆星左园纂辑、邑人丁鹿寿苹野重订"。丁鹿寿解释说:"国朝李左园志八卷耳,距今一百七十余年,县久併州,往迹已在若存若没之际,更数十百年,遗迹尽矣,故取李志录存之,以备县籍掌故。"其时距离海门因土地坍塌殆尽、人口只剩两千余而被朝廷"裁县为乡"的康熙十一年(1672)已有159年。丁鹿寿此举,其实是为已经不存在的海门县做一个历史的总结。在这本志中,明确记载了"白水荡,在吕四场，唐骆宾王因李敬业兵败逃匿于此"（即白水荡是个地名，并非臆测的所谓因未成陆"当时的东布洲一带是白水荡"），也确实记载了"唐骆宾王墓在县城东"。但是，这里所指的县城并非今天的海门镇，而是海门县治因大水淹没而一迁礼安、再迁余中、三迁金沙，于明嘉靖年间在金沙场以南耗银 17920 两，大兴土木建设起来的县城，"县治在通州城东四十里"，这在这本县志所附的地图上可以看得一清二楚。丁鹿寿还在他于道光十四年（1834）编的《静海乡志》中强调说："东洲实海门县初建之所，与厅治远不相涉，即今厅治之地亦非前明海门县迁治旧址。"这里的"厅治之地"就是当年的茅家镇、今天的海门镇，而"前明海门县迁治之所"便是在金沙场南所建的县城。道光年间，连海门县也已不复存在，当然也就不存县城之说了。但我们也千万不能据此便认定骆宾王墓在金沙城东无疑，因为丁鹿寿在《道光海门县志》中说到骆宾王时又强调"墓在州境"即通州（今南通）境，而不说"在县城东"。这就是说，"在县城东"只是承袭了旧志的说法，而其时连这个县城也已为大水所淹，所有古迹也一定荡然无存，只是让它们按古说留在书上而已，诚如丁鹿寿所说，"兹于旧志所有者，概不敢以己意去取"。历来修志，依样画葫芦的居多。而作为一个对历史负责的方志家，丁鹿寿无疑对此说表示怀疑，而且他在志中"骆宾王墓"条下记有"见涌幢小品"一语，足见他完全知道骆宾王的遗骨在通州黄泥口面世一事，并且也已实实在在地看到早在 63 年前由刘名芳将墓迁到了狼山，于是丁鹿寿在书中的另一处笼统地说"墓在州境"——既正视现实，又"未敢以己意去取"而否定旧说。

另外还有一个常识性的问题，即是海门镇的成陆年代。我们看一下《南通成陆图》便可知道，截至唐代已经成陆的，有海安及今如皋的沿江一线、今南通所在的胡逗洲、自金沙往东的南布洲、今如皋如东境的扶海洲和吕四及以西的东布洲，此外均为一片汪洋。海门镇所在的裙带沙的成陆，则是清代康熙初年的事。因此，唐代的骆宾王也就绝无安葬于此的可能了。

猛将庙奉祀何方神圣

旧时海门各地有好几个猛将庙，三星镇、连元镇的猛将庙还颇具规模。有的地方虽无独立的猛将庙，但只要有庙，一般就都有猛将供奉。如常乐镇的猛将，便与火星东岳同祠（据张謇日记）；聚星镇海宁寺，猛将却和痘神同居于后殿（据李元冲文）；富民镇海宁寺，猛将则与城隍夫妇及其工作班子济济一堂（据俞茂林文）。

那么，这位猛将究竟是谁呢？他是驱蝗正神，驱蝗是他的专司之职。

驱蝗需要一位专职神祇，现在很多人是不能理解的。事实上，旧社会时的蝗灾是十分严重的自然灾害。张謇在晚年的《啬翁自订年谱》中忆及自己幼时经历过的一次蝗灾时说："咸丰六年（1856），四岁。通海大旱蝗灾，蝗自北至，作风雨声，辄蔽天日，落地积厚二三寸，户外皆满。……饥民满道，见袖饼啮者辄攫。"后来他在江宁庆军统领吴长庆幕中的光绪三年（1877）五月十日的日记中写道："飞蝗蔽天东行，其来也，如十万军声，天日惨淡无色。"次日又记："飞蝗东北行，多胜于昨。"第二年，见于《啬翁自订年谱》的记载是"四月，江北蝗再见，吴公（吴长庆）仍以兵法部勒督捕"。蝗灾如此猖狂，人们百无聊赖，只得祈求于神灵，于是各地的驱蝗神便应运而生。

驱蝗神最初的原型可能是宋朝抗金名将刘锜。清代乾隆《济阳县志》引《怡庵杂录》所载宋景定四年（1263）敕云："……迩年以来，飞蝗犯禁，渐食嘉禾……民不能祛，吏不能捕，赖尔神力，扫荡无余。上感其恩，下怀其惠，刘锜，今特敕封为天曹猛将之神。"说明刘锜是宋代朝廷认可的驱蝗神，而且是"天曹猛将之神"。有的地方供奉的却是刘宰。刘宰，字平国，金坛人，南宋绍熙元年（1190）进士，官至浙东司干官，告归隐居三十年，卒谥文清。他是文士，并非猛将。只是人们看重他的正直品格，便奉其为驱蝗保稿之神。更有趣的是上海青浦重固镇的猛将庙，供奉的则是当地的少年英雄刘活宝。传说当年十五岁的他曾赤膊舞动两把菜刀，一气杀了六七个金兵，砍伤两名战将，还扔出菜刀，切断了金兀术的一个手指。抗金名将韩世忠禀告朝廷，朝廷便敕封刘活宝为"天曹府护国天王，北宝殿猛将"。这自然只是传说而已。

清代雍正二年（1724），雍正帝敕谕江南、山东、河南、山西建立刘猛将军庙，并于京城畅春园择地建庙，将刘猛将封为驱蝗正神，列入国家祀典，希望借助神灵的威力抗击愈加猖獗的蝗灾。雍正三年，两江总督查弼纳奏："江南地方有为刘猛将军立庙之处，则无蝗螟之害；其未曾立庙，则不能无蝗。"这自然是奉承话而已，但亦可看出当时刘猛将在许多人心目中的威力。但是这位刘猛将既不是刘锜，也不是刘宰，更不是区区小镇的刘活宝，而是元末将领刘承忠。清代嘉庆《莒州志》称，"刘承忠，吴川人，元末授指挥，弱冠临戎，兵不血刃，盗皆鼠窜，适江淮千里飞蝗遍野，将军挥剑追逐，须臾蝗飞境外。后因鼎革，自沉于河，有司奏请授猛将军之号"。这位刘猛将之所以有资格被敕封为驱蝗正神，是因为他刚成年便在江淮缉盗，兵不血刃，能使"盗皆鼠窜"，称得上是个猛将军；而他又挥剑驱蝗，能使"蝗飞境外"，确有驱蝗威力；而在朝代更替之际，又沉河自尽，实践了儒家忠君的伦理。相比之下，刘宰只是一个文士，刘锜不过是一介武夫，而且刘锜又是抗金名将，这正是作为少数民族入主中原的清代统治者所忌讳的。那么刘承忠作为驱蝗神当然是最为完美的了。清代中期以后，人口与经济结构平衡性程度的复杂化，导致自然灾害频繁发生，民众生存受到极大威胁，官方也一再虔诚祈祷，希望诚能格天，把水旱蝗灾减到最低限度，刘猛将于是也不断得到加封：咸丰五年（1854），加谥"保康"；同治元年（1862），加谥"普佑"，七年又加谥"显应"；光绪四年（1878）加谥"灵惠"，五年加"襄济"，七年又加"翊化"，十二年再加"灵孚"。刘猛将被抬到了吓人的程度，猛将庙也便遍及全国各地。

那么海门奉祀的刘猛将自然是刘承忠了，因为海门沙地成陆时间很短，在还没来得及选定自己的驱蝗神的时候，刘承忠已经被朝廷敕封了。当然，普通百姓未必知道猛将的来头，甚至于并不知道他姓甚名谁。

南社中的海门人

今年（2009）11月13日是南社成立百年纪念。说到南社，许多人可能只会想到柳亚子，联想到毛泽东主席的《七律·和柳亚子先生》和《浣溪沙·和柳亚子先生》，想到柳亚子这位南社领袖与毛主席的深厚友情。其实，南社包括的人员非常广泛，当年曾经将许多从事资产阶级革命文化活动的有志之士团结到了民族革命的旗帜下，在辛亥革命时期实际上起过革命宣传部的作用。柳亚子当时很得意地说："请看今日之域中，竟是南社的天下！"但是，随着形势的发展，南社社员不断发生分化，后来各自走上了不同的人生道路。而当时的革命热情和革命业绩，则应该永垂青史。

鲜为人知的是，在南社1 100多名社员中，也包括了7个海门人，他们是：刘炎（字继彤）、陆曾沂（字冠春，号秋心，别署南梦）、陆械人、沙世杰（字凤千）、茅祖权（字咏熏）、袁圻（原名葆良，字怀南，号剑侯）、黄亚康。

我们现在能够知道生平的，恐怕只有茅祖权和陆曾沂。

茅祖权（1883—1952）其人，《海门县志》（1996年版）有传，此不赘述。

陆曾沂（1884—1927）是南社中的活跃人物。南社历史上有过18次雅集，每次人数只有十几人、二十几人，最多的一次也只有39人，而陆曾沂就参加过三次。柳亚子1911年写的《饮中八友歌》的"八友"中，就有陆曾沂。现存的陆曾沂5首诗歌中，《梦中遇柳亚子道及朱屏子》说"俗世翩翩逢柳七，劳人草草话朱三"，他把南社的创始人柳亚子和朱少屏亲切地唤作"柳七""朱三"，表达了无限的思念之情，可见他们非同一般的关系。

陆曾沂和柳亚子之间还可追溯到1902年在爱国学社的同学关系。陆曾沂18岁考中秀才后，抨击科举制度是"此数千年智驱术驭之术也"，于是来到上海寻求新路。这时蔡元培正在上海创办中国教育会，表面上是办教育，暗中却在鼓吹革命。1902年，中国教育会为南洋公学罢学学生组建爱国学社，陆曾沂进入爱国学社学习，师从蔡元培、章炳麟、黄炎培，并结交了比他小两岁的柳亚子，成为莫逆之交。

与陆曾沂关系密切的南社社员，还有后来成为国民党元老的于右任。于右任在上海主办《民呼报》，就是请陆曾沂协助的。《民呼报》实际上是同盟会掌握的报纸，对辛亥革命起了宣传鼓动的作用。清政府为此曾声言要挖掉于右任的眼睛，于是于右任将报纸改名为《民吁报》，表明眼睛自行挖掉，不必有劳"贵手"。《民吁报》被禁后，于右任又办了《民立报》，仍请陆曾沂做助手。陆曾沂在报上发表了许多宣传革命的文章，其中包括一些有关海门的消息。陆曾沂还在报上首创"斗锦楼小说"，由他写第一章，然后由他点将，被点者续写第二章，这样依次点将续写，最后仍由陆曾沂收笔。参与"斗锦楼小说"创作的南社社员有于右任、邵力子、叶楚伧等八人。这一别开生面的小说创作方法，一时成为时尚，各报纷纷仿效。

陆曾沂鼓吹资产阶级革命的手段，除了办报外，还进行小说创作和翻译。于右任说他"每撰小说，灌输主义，海上各报购稿者踵相接"。其中《双泪碑》在时报馆出版，时人评为"时报馆诸小说，此为第一"。他翻译的小说《葡萄劫》，叙述希腊斗士不堪土耳其侵略，揭竿革命，光复故土的故事。

后来陆曾沂致力于教育事业，先后在上海务本女校、南洋中学、城东女学任教，用资产阶级革命思想教育学生，于右任认为"生徒多为之化"。辛亥革命后，海门有人想选他当议员，他拒绝了，而继续从事教育事业，曾任复旦大学教务及中学部主任。1927年南京政府召任其为参军兼秘书，未赴任而病逝。于右任在为其撰写的墓志铭中称赞他"一生不轻然诺，不苟取与，不苟合流俗，所为诗文，均寄慨遥深"。

内山完造眼中的海门

　　内山完造是鲁迅先生的日本朋友。内山完造（1885—1959），日本岗山人，1916年携夫人美喜子来到上海，1917年在虹口魏盛里（今四川北路1881弄）开设内山书店，销售基督教福音书和一般日文书籍。1927年10月，鲁迅入住虹口施高塔路（今山阴路）大陆新村，与内山相识。1929年内山书店亦搬迁至施高塔路11号，从此两人交往日甚，相互推心置腹，过从甚密。内山书店也开始销售马列著作和其他进步书籍，1932年起成为鲁迅著作代理发行店。书店还是鲁迅避难和秘密接待客人的地方，后来甚至成了中共地下党联络站，例如方志敏的狱中文稿和地下党转给鲁迅的信，都是通过内山书店转交的。从1927年至1936年，鲁迅共去书店500次以上，购书逾千册。抗战胜利后，国民党以"敌国侨民"为由，强令内山完造回国，并将内山书店作为敌产没收。内山回日本后，一直从事中日友好活动。1959年他以日中友协副会长的身份访问中国，不幸因脑溢血病逝于北京。按其遗愿，将其葬于上海万国公墓（今宋庆龄陵园）。

　　最近读到南通程灼如先生的《如是小集》，书中据日本小泽正元的《内山完造传》说到内山完造的一次海门之行。《内山完造传》记述道：

　　　　那是1913年夏天，当时28岁的内山完造，作为"参天堂"大药房推销"大学眼药"的广告员，从上海来到南通，又从南通到了海门。"从南通坐了整整一天黄包车，他们冒着酷暑来到了海门。到这里一看，完全是一个乡下小镇，市容根本不能与南通相比，无法开展工作。海门镇没有码头。他们只好坐小黄包车（笔者按：事实上是独轮小车，日本人误称为小黄包车）颠簸了半天来到青龙港，住在镇上唯一的一家旅店里。这家旅店是用高粱秆盖的、没有窗户的小平房，若不是屋顶上盖着瓦片，好像一阵风就能吹走似的。夜里他们又遭到臭虫的疯狂袭击。……第二天，便乘上小汽轮回到了上海。"

　　内山完造眼中的海门，正好是100年前的旧海门。如今的海门，已经发生了翻天覆地的变化。而100年后今天的海门，正是从那样荒凉落后的状况下发展起来的，我们能不感到格外自豪？

惨绝人寰的海门河工讼案

清朝末年，海门发生过一起惨绝人寰的河工讼案。河工讼案，即因开河引起的官司。这一事件当时曾在许多报纸上闹得沸沸扬扬，张謇也为此写了一篇文章。张謇在文章结尾对当时社会、官场的黑暗表达了无比的愤慨，他激愤地说，这样的违法断案，只是小案中的小案，真不值得说！不值得说！

那么，这究竟是怎样的讼案呢？

当时海门下沙（1928年后划归启东县）的河水，都汇入小沙洪河和掝蒿河，然后经蒿枝港入海。小沙洪河由"河董"陆步鳌于光绪十八年（1892）主持创辟，而掝蒿河则是"河董"张云梯于光绪二十三年（1897）主持开挖。所以，陆步鳌和张云梯在海门水利史上堪称有功之臣。

海门的开河旧例是按受益田亩摊派民工，称为"拔夫"。"河董"都是大户，每到开河，往往利用职权隐瞒自己的田亩。将隐瞒数应承担的民工费摊给小户，有的"河董"甚至将小户的民工费装入了自己的腰包。显然旧例"利大户而不利小户"。光绪二十三年（1897）后，担任海门厅同知的王宾采纳张云梯等人的建议，进行河工改革，先借"积谷息款"雇工开河，然后由"河董"按实际受益田亩收取雇工费，以还清借款。此法称为"雇夫"，它断了那些黑心"河董"的生财之道，"利小户而不利大户"，因而深受绝大多数百姓的欢迎。而由此也可看出首议者张云梯不是一个黑心的"河董"。

光绪二十七年（1901），海门厅代理同知梁佩祥任命龚世清（海门人，曾代理河南省河内知县）和刘燮君（寄居海门的苏州人，分派为松江府试用训导）为"河工总董"，借"积谷息款"两万余千（即两万多两银子），按照"雇夫"新法，疏浚下沙各河道。龚、刘两人一向看不起河工的有功之臣陆步鳌、张云梯，也许还对张云梯建议王宾改革河工办法窝了一肚子火，于是这次连"分董"也不让他们当，倒是委任了一个向来与张云梯不睦的陈某来做小沙洪河和掝蒿河两河的"河董"，而陈某又偏偏因此在张云梯面前耀武扬威，惹得张很不开心。

正巧这两年海门下沙连年水灾，农民热切地企盼疏浚河道，兴修水利。但是，龚世清、刘燮君两人却抢先安排疏浚于自己有益的河道，并且超出预算，弄得河道既宽又深，于是无力顾及其他河道。这样，许多人便与陆步鳌商量，请他出面再次主持小沙洪河的疏浚。而陆步鳌也就当仁不让，未经请示厅府，亦置龚、刘两"河工总董"于不顾，便发动民工开河。龚、刘闻讯，立即予以阻止，但陆不予理睬。于是，龚、刘一方面以"阻挠河工"的罪名将陆告到厅府，一方面发动大批民工去驱赶陆的民工，同时又将河泥运到田间。这时正是光绪二十八年（1902）阴历三月下旬，"豆麦俱秀"，因此陆步鳌族中的田间豆麦损失惨重，于是双方发生了大规模武斗。在龚、刘的指挥下，另一方参与武斗的人被扭送到了厅府，陆步鳌被指控为主使的土豪。这件事本来与张云梯并无直接关系，而且张云梯与刘燮君亦无公开的矛盾，于是张云梯作为第三方到刘燮君处劝说，以图排解纠纷，但言语之中却不慎得罪了龚世清，于是龚便将攻击目标转向了张云梯。不管怎么说，事情到这一步，也还只是民间纠纷，只要妥善调解，还是不难解决的。

而海门代理同知梁佩祥自然偏于自己任命的两位"河工总董"，而且偏执不悟，又没有处事的才能，于是纠纷无法排解不说，还导致开河全线停工。正在这时，王宾同知回任海门。王宾本人曾在光绪六年（1880）前后主管过上海县水利，对河工十分熟悉；后又于光绪九年（1883）起作为苏（州）、松（江）、太（仓）兵备道（即上海道）的代表担任过多年上海法租界会审公廨的谳员（即审判官）。他于光绪十九年（1893）来海门任同知，十年下来，对海门下沙河工状况可谓了如指掌。既懂水利又懂法律的王宾处理此案当然驾轻就熟，于是他很快向督、抚详细汇报了事情经过，认为双方都有过错，督、抚便命令他"确查秉公讯断"。但是王宾还没有来得及"讯断"，刘燮君便干脆连同王宾一起告到了主管全省刑法的江苏臬司衙门。江苏臬司衙门的一个幕僚与刘是同乡，而刘又是"分松（江）试用训导"，于是徇私枉法，大大地帮了刘一把，将此案发往松江府异地审判。

光绪二十八年（1902）十一月，松江府到海门"提卷查勘"，十二月提集被告及人证十余人返回松江。松江府及发审沈某经过三百多天，共审了四十余堂。被告人受到严刑拷打，累计共打两万七八千板，真是血肉横飞，哀号哭叫不绝，还导致了六七户倾家荡产。到结案时，已被打了几百几千板的农民还要再挨杖责，陆步鳌和张云梯杖责后又收监待赎。虽然张云梯与此案并无瓜葛，但他是最惨的一个，还被革去监生功名，并被责罚另缴与此全然无关的水利公田圩费一千八百千（一千八百两银子）和所谓阻挠河工费两千余千（两千余两银子）。而海门厅同知王宾虽然在案子被发往松江府审判时移交了所有案卷和相关被告、人证，但还是被加上"抗延"的莫须有罪名受到弹劾，不久便"告老归休"。从张云梯和王宾在这次河工讼案中的遭遇，显然可以看出，此案的发难者和黑暗的官场对于由张云梯建议、王宾制订的"利小户而不利大户"的河工改革是何等的切齿痛恨！

师山香市

最近读到清末"江苏五才子"之一的海门周家禄的《寿恺堂集》，一篇《师山六月香市记》所记140年前的师山香市盛况，令我吃惊，令我震撼，万没想到海门当年竟有如此民风民俗，这简直就是一个妇女狂欢节！

周家禄说，在海门厅官署后面的师山上奉祀的是西方佛国的观音大士，这里是海门敬香拜佛的地方，二、六、九三个月都有很盛大的香市，尤其是六月的那一次。周家禄的话，可以印证在他之前70年的章廷枫同知在《海门师山记》（一名《狮子山记》，见《海门日报》，可惜漏了一段，谬误亦多）中所说的庙宇"丹碧辉煌"，观音大士则"金身壮丽"，"每岁二、六、九月之中浣九日，张灯数百，珠光错落可爱"的情景。所谓"中浣九日"，就是中旬的第九天，即阴历十九日。相传观音大士二月十九出生，六月十九成道，九月十九出家，因此这三天都被看成是观音的生日，成为佛门的节日。

大概因为观音是难得的以女身示现的菩萨吧，师山香市上抛头露面的主角们竟都是当时生活在极其闭塞落后海门的妇女。这一天，平时辛劳的她们放下锄头，抛开织具，描好眉毛，赶制夏衣（"朝释鸦鉏，夕描螺子，晚抛织具，晨制荷衣"），载着妇女们的无数车子驶过来了，发出雷鸣般的响声；妇女们手中摇动的扇子，仿佛能擎起天上的月亮；十里长街，遮阳的车盖和妇女们身穿的肚兜如云似雾，到处弥漫（"千毂动雷，万扇擎月，盖云十里，鞿雾一街"）。妇女们好像盛开的荷花般展开笑容（"菡萏展笑"），又像杨柳般扭动腰肢，对着香风起舞（"杨柳弄腰，对薰风而犹舞"）。她们拖儿带女，手捧佛经，举袂下拜之后，不免汗流满面，于是成群结队地来到树荫下乘凉。由于这里离店铺很远，小贩们便找到了一个难得的商机，他们搭起棚子卖蜡烛，围在桥边卖酒水，忙得不亦乐乎，连女孩子们都在忙着数钱，摆放坐席，招待客人（"分棚市蜡，围桥卖浆，姹女数钱，合德布席"）。从师山的河北起，游人们便在放任地暑饮；而夜幕降临后，游人们仍在狂热地夜游。师山上下，数百灯笼，真像高低错落的夜光珠那样可爱。在蜿蜒曲折而又深远的池塘里虽然还没有水上的游戏，而在连绵不断的空旷场地上却能不时碰到"角抵"的活动。（"虽曲池窈窕，未具夫水嬉；而广场曼衍，时遭乎角觚"）看到此情此景，年轻的周家禄不禁惊呼：这种如痴若狂的风俗，哎呀，实在是太了不起啦！（"若狂之俗，嘻，其甚已"）等到妇女们兴尽而归的时候，她们已经添上了好多新买的刻有漂亮花纹的首饰,除了衣物,还带着那些色彩缤纷的坐垫。("迨夫衣襆之畔,兼置花钿;襟带之旁,归携璘藉")而这些,周家禄认为,这不仅是生活所必需,更显示出风俗的雅致。("斯又人事所必需,风俗之近雅者也")这一天的祭祀活动,海门厅的长官也认为与一般的游玩全然不同("以一日之蜡事不同于冶游"),因而并不禁止老百姓进入厅署,登师山、游西园,只是派人加强巡逻,注意察看,维持秩序而已;连他们自己也便趁此机会,和老百姓一起小憩游乐一番。

于是,周家禄不无感慨地说,师山的香市,真可以印证南朝梁代宗懔所撰的《荆楚岁时记》中的岁时习俗,重现出宋朝范致明编录的《岳阳风土记》中的风土人情("征荆楚之岁时,叙岳阳之风土")。由此看来,当时建厅只有百余年的海门这个移民社会的民风民俗,真是兼收并蓄,而且源远流长。

从狮山到西园

百年前的海门厅署有两处胜景：一为狮山（后又作"师山"），一是西园。狮山至今依然巍然屹立，而西园却被毁掉了。幸好有张謇的《西园记》在，我们仍能领略到当年西园的风韵。

要读张謇的散文，不能不知道它的源头。张謇早年在江宁师从桐城派张裕钊叩古文之法，故能深得桐城精髓。张謇所为文，如"夫古文之为道，非苟焉而已"（张謇《程一夔君文甲集序》），他的《西园记》自然也不会为写西园而写西园。张謇自己就在《西园记》的结尾说："王君施于政而不杂，事成而有理致，冲融简夷，即之久而不厌，其若治斯园也矣。"名曰"西园记"，实际是说当时海门厅同知王宾之为政。

其实，一个人的行事，本身就能自觉或不自觉地反映出这个人的思想观念。鲁迅说"从血管里流出的都是血，从水管里流出的都是水"，大概正是这个意思。王宾的为政和治园反映了王宾一致的思想观念，而筑狮山的徐文灿又何尝不是呢？

东北铁岭人徐文灿是海门厅早期的同知。他来海门任同知的时候，自五代后周显德五年建县、存在了714年的古海门刚刚被江水海潮吞噬殆尽，劫后余生的两千余海门官民流亡境外，海门被裁县为乡，归并通州；新设的海门厅"坍地复涨，江海之交，新沙骈联相望"（张謇《龚定庵海门先啬文书后》），"望洋无极，潮退沙见，豁然划然亘二百里"（龚自珍《海门先啬陈君祠堂碑文》），"海门厅与通州隔泓而治，阔处10—20里，狭处亦有数里。涨出沙地，仍受江水海潮冲击"（《海门县志》）。徐文灿是一位富有强烈责任心的开疆辟土的地方官。海门厅初建六年，他于乾隆三十九年（1774）迁厅署于裙带沙之茅家镇。茅家镇即今海门市区的旧名。为了镇压潮患，徐文灿又在厅署后筑狮山以抚慰百姓内心深处的伤痛和恐惧。当然狮山并不能镇压潮患，也并不会使海门百姓和徐文灿本人松懈斗志。徐文灿于次年率领民工于茅家镇西20里的天补沙截流筑堤，而新土松软，屡筑屡溃，但他与民工坚持不懈，日夜奋战，终于使天补沙南北水滩变成了万顷良田。百姓感念徐同知的恩德，名堤为徐公堤，并在厅署东侧建徐公生祠以志纪念。徐文灿是海门的开拓者，就像他筑狮山那样，"无山，崇厌水之阜而山之；无池，则畚土之宨而池之"，于是，"山高下有树焉，池纵横有梁焉，有屋以休焉，有径以游焉"（《西园记》）。二十多年后，会稽出生、看惯了浙江山水的同知章廷枫走马上任，对徐文灿的狮山赞赏有加：

山巅之大士阁"丹碧辉煌,金容壮丽";"山之左右,有清渠旋流,锦麟竞跃,绿荷翻露,红莲送香,仿佛西湖小景。山之腰有玉兰、海棠、石榴、天竺、玉簪、栀子九华;山之麓有桂、柏、竹、梅、桃、李、桑、槲、槐、榆,而合抱之杨柳难更仆数,当好风轳至,望之如千顷翠涛,与云影天光相荡",竟至于"独徘徊而不能去,此身疑在蓬壶圆峤间矣"(章廷枫《海门狮山记》)。这难道不正如同徐文灿开拓的海门的崭新气象吗?

徐文灿之后一百二十年,安徽霍邱人王宾来任海门厅同知。徘徊厅署园内,他看到"山陊而崩,池沮而堙;树弗屏其翳,而梁弗备其阑楯",一片破败不堪的景象。其实岂止厅署之园如此,这只是张謇笔下当时风雨飘摇的大清王朝的缩影,整个国家又何尝不是这样!

于是,王宾在"政事既理,士庶安习"之后,"益展园之西北,累土为小丘,而亭于其上,因益治园",并且定名为"西园",嘱好友张謇作《西园记》。

张謇欣喜地看到,经过王宾治理的西园,"昔徒山也,而竹箭杻柏蠋焉;昔徒池也,而芙蕖芰荷妍焉;昔徒径与梁也,而髯莎翼菊,扶藤引萝,兰蕙蘅芷之披拂"。南盼北眺,见"婆娑古薇,新植之梅","修桐短卉,遥林近池";在王宾新筑的一黉亭中,能"仰辨云物,俯镜澄流,东望师山肃森之林,西志春秋隔水之稼,风箎雨箨,扶疏玲珑,有守约施博之美";至园西北,有"盈抱之木,阴连黛合;风水潇蓼,时流禽唱";置身生机勃勃的西园,感受天人合一的和谐,不禁心旷神怡,"羽之翔集,而与乐其间焉;鳞之孕育,而与畅其潜焉"。这应该便是衰败的海门经过王宾治理后"士庶安习"的形象化描述吧?

张謇游西园,自"入园经廊而西",见来鸥馆及"其北之池"并"南池右腋窦通外渠",然后"循窦上之桥"而北至一黉亭,下亭"陟山之麓"而登狮山,下山斜度一桥至龙神庙、天后宫,遍王宾所列"观游之事八",不能不叹服王宾"事成而有理致"。

在张謇看来,一个西园,足以体现王宾的思想观念。王宾新筑之亭"亭名一黉,言其俭于似山之阜也",而在亭中观景,则有"守约施博之美"。保持自己的俭约,而给人以丰足,这既是王宾治园的理念,更是王宾施政的思想。王宾"愿自弃官,不肯爽信",百计营谋,而使"乡民获利大丰",就正是这样的思想观念。俭者,一曰俭约,二曰贫乏而不丰足,三曰卑谦之貌。此一黉亭之"俭",妙在言三者兼而有之。王宾说自己"勉尽心力,犹未克有","蚕桑兴矣,而利未并于木棉;水利兴矣,而力未尽于沟洫;社仓积谷荒政也,而规划未周;训练役丁兵制也,而勇略未裕"。(王宾《海门厅图志序》)反映了他在海门做了许多有益于百姓的好事后,仍然谦卑有余，抱着深深的愧疚和自责之心。他"冲融简夷"，恬淡平易，不事张扬，不急功好利，不标榜自己。直至晚年归休，仍名书斋曰"补读"。这就正是王宾之"俭"。正是王宾守约施博的思想观念，才使他这个海门的父母官从支持举人张謇倡导种桑养蚕开始，一直到与张謇这位爱国创新的状元公密切合作，共同维护了海门的安定和发展，从而使张謇在举世混浊中开创出一片新的天地，甚至向当年吞噬了古海门的茫茫大海索回大片大片的土地，海门早期现代化的步伐曾经惊天动地。

狮山和西园确实极具象征意义：狮山象征着开拓，西园象征着复兴。

筑于海门厅初期的狮山，一直到治于海门厅末期的西园，穿越百年时空，见证了海门厅艰苦创业，由盛而衰、由衰复兴的沧桑；记录了徐文灿、王宾这些堪称凤毛麟角的有为的海门厅同知在史册上绘下的浓墨重彩。他们呕心沥血建树的有形的物质遗产无论存废，而他们给予海门人民的精神遗产则必将流芳百世。

也说"锡类垂型"

看到报上讨论"锡类垂型",也想凑个热闹。

我赞成"锡类"是"永锡尔类"简缩语的说法。但是,我不同意将"类"字按东汉经学大师郑玄的说法解为"类族"。《诗经·大雅·既醉》关于"孝子不匮,永锡尔类"之"类"字,历来注为"善"的为多。《诗毛氏传》曰:"类,善也。"今本《诗经》即由毛诗流传而来,可见最早便是将"类"字解释为"善"的。接着,唐朝的孔颖达注疏《诗毛氏传》,指出"则天长赐汝王以善道也"。后来,宋朝朱熹《诗集传》亦曰:"类,善也。""孝子之孝诚不竭,则宜永赐尔以善矣。"陈奂(陈朝玉之曾孙)在《诗毛氏传疏》中对此又解释说,此"言孝子有不竭之善,祖考之神长予子以善也"。那么,"类"怎么能作"善"来解释呢?"类"的本义是相似、相像。在古人的观念中,凡是相似,尤其是与父辈相像即为善、为贤;反之,不像则为不善、不贤;所以,子女像父辈则为肖、为贤,反之则为不肖、不贤。这样,这个"类"字就由本义的"相似、相像"引申出"善"义来了。这种情况在《诗经》中屡见,如《诗经·大雅·皇矣》之"其德克明,克明克类"。郑玄笺曰:"类,善也。"当代学人高亨亦曰:"类,善也。"又《桑柔》之"大风有隧,贪人败类"。所谓"善",用现在的话说,就是好处、福气的意思。《既醉》是周王祭祀以后,祝官代表神主对主祭者周王的祝辞,祝辞中寓规劝之意。原诗"孝子不匮,永锡尔类",即是说,孝子代代不绝,就能永远赐给你好处(或曰"福气")。接着又说"其类维何?(好处是什么?)室家之壸(家人宁静又安康)"。如果解释为"类族",那么赐给你们这个类族什么呢?缺少了一个宾语,便无法解释了。

问题还在于牌坊上的"锡类垂型"是什么意思。我们不能死扣字面进行解释。"锡类"的原文"永锡尔类"是用在表扬孝子和孝道的特殊语言环境里的,所以张謇运用了借代的手法,借"锡类"来代替"孝子"。所谓借代,亦称"换名",就是不直接说某人或某事物的名称,借和它密切相关的名称去代替。这里"锡类"和"孝子"的密切关系,就在于它们在《诗经》这部经典中出现在了一个特殊的关于孝子和孝道的语言环境里。我们今天觉得无法由"锡类"联想到"孝子",而对于旧社会熟读四书五经的知识分子来说,却是再自然不过的事。"垂型"意为"可以传世的榜样"。这样,"锡类垂型"即是说范士华是可以流传千古的孝子的榜样。

还应指出,"锡类"的借代作用是张謇在这个特殊场合的运用,不等于说从此"锡类"均可作"孝子"来解释,比如锡类中学便不能理解为孝子中学。

海门与军山农民起义有关的人和事

清同治二年（1863），发生了一起以通州（今南通市）为中心，有通州、海门、如皋、泰兴等地数万人参加的企图策应江南太平军北渡长江的重大事件，由于主要活动地点在军山，故史称"通州军山农民起义"。本文主要介绍海门与之有关的人和事。但不能不先说一说起义的来龙去脉。

清咸丰十年（1860），太平天国忠王李秀成的大军席卷江南，进占江阴、常熟，全力夺取淞沪。因为他们无意渡江向北发展，所以一江之隔的通州一直太平无事。但是两年以后，形势发生了根本性的转变。太平天国都城天京（今南京）被清军围攻甚急，主持江南战事的忠王李秀成奉调离开苏州去解天京之围，不久常熟守将骆国忠便叛投清军，苏州被围，江南太平军东、西、南三面受敌。于是，不得不重新制订北渡长江，占领通州，向北夺取沿海及里下河地区的战略。江南太平军通过捻军头目盛广大与家住军山附近的农民黄朝飏取得了联系，由盛广大、黄朝飏发动当地农民组成武装，配合太平军的军事战略转移。当时从狼山以东沿江都是新涨的沙田，农民主要是从崇明迁来的移民，包括黄朝飏在内，说的都是崇明话，因此由盛广大、黄朝飏组织的半公开团体"后天教"或曰"后天会"很快就发展到了海门。后天教徒日夜赶制军衣、旗帜、官服、武器，准备参加起义。大江南北双方约定后天教于1863年阴历五月十四夜在军山接应太平军登陆，并于军山举火为号，合力袭击通州。为此，黄朝飏在军山秘密召开军事会议，颁发军械、号衣、旗帜，并组织部分人员隐藏在山上开始操练。但是，他们缺乏秘密斗争和武装暴动经验，组织不够严密，在约期前几天，消息败露。各地团练纷纷搜查、逮捕后天教首要分子，官府也立即清查衙门中已被收买的官吏。五月十四全天，通州三门戒严。五月十五，各地把逮捕的后天教首领解送到通州，其中包括桃源镇（天补、三星交界处）的王汝嘉。起义的功败垂成，导致了太平军转移战略的失败；也使得正在鲁、豫、皖一带发展壮大，并已初步渗透到苏北里下河地区的捻军潜在力量遭到了致命打击；相对加速了太平天国治下的苏州乃至天京的沦陷。

起义领袖黄朝飏得到消息败露的秘密情报后，仓促离家出逃，且行且伏，来到海门通海镇南乡他的表兄家。当地团练"沙董"刘如玉买到这一探报，立即率同团丁前往逮捕，可黄朝飏早在前两天已离去。五月二十日，刘如玉又得到了黄朝飏在九匡庙妙如和尚处隐藏的消息，当即会同六匡镇"沙董"张云上向海门厅同知衙门要来不少丁役，到九匡庙将黄朝飏及同行的倪某并妙如和尚抓获，随即绑送通州。知州黄金韶在审讯妙如和尚时，妙如和尚声称根本不知情，要求释放回去。黄金韶申斥说："窝藏反叛，该当何罪！"接着只把手一扬，做了一个姿势，妙如和尚就被拖到州衙西侧的三衙墩斩掉了。黄朝飏被严刑逼供，夹棍夹断了胫骨，但始终没有屈服，最后被凌迟处死于通州西郊望江楼外刑场，同时被杀的还有他的妻子陈氏。在这一事件中，前后被杀40余人，其中有姓名可考的仅十五六人，如上述的黄朝飏夫妇、妙如和尚、倪某、桃源镇的王汝嘉等。除此之外，广大后天教徒普遍受到了迫害，有的房子被烧，因后天教徒吃素，所以当时称为"烧吃素"；有的被人勒索钱财，勒索不到，就被扭送到衙门，逼他们出钱请绅士保释，保释的手法是当场勒令吃猪肉，以证明不吃素，当时称为"捉斋道人"。而通海镇刘如玉、六匡镇张云上等平"乱"有功，都被朝廷叙功赏了顶戴。张云上，又名张干青，是个武秀才，平日十分霸气，当时在海门赫赫有名。

海门人刘伟（字伯英）是张謇的学生，他在1917年采访了首先策动向官府告密并最早带人搜查逮人的竹行绅士张莘田的儿子张祖骞（字槎仙），写了一系列有关军山农民起义的文章，分载于《通海新报》，后来结集为《无咎誉室笔记》。张祖骞在起义发生时已有二十岁左右，与案中牵连的许多人都很熟悉，并曾目击其事，又从乃父处得到过更多的了解，而且事隔多年，重提往事，也很少讳饰之词。因此，刘伟的文章被史家认为具有相当的可靠性，是后人研究军山农民起义十分宝贵的资料。

感天动地生死交

这是90多年前发生在海门的一段鲜为人知却又感天动地的往事。

1919年下半年的一天，海门宋季港史宅为病逝的史维城举行"五七"祭奠。傍晚，一位远道而来的客人匆匆赶到，在逝者灵前鞠躬致敬，不胜悲痛。这时，史夫人身怀六甲，扶棺恸绝；立侧答礼的是逝者乃兄史维藩（字介人），史维藩时任江苏省第七中学（前身即张謇于1901年规建、1906年动工、1908年建成的通海五属中学，今为江苏省南通中学）代理校长。史维藩答礼毕，当众对致敬吊唁的客人说："达庵先生：舍弟自幼体弱好静，不善交游，其对先生为人有无比崇敬，凡先生在遥望港工程之督造、事务之处理、刻苦耐劳之精神，乃至工地整饬纪纲等等，不畏强御、严明公正态度，均为舍弟在工地亲见亲闻。而认为难能可贵、值得敬畏者，一一笔之珍藏，今日四壁所张贴者皆舍弟之日记。彼颇有意与先生结义，但恐高攀，未敢启齿。今舍弟不幸逝矣，愿犹未了，如不见弃，我为代表，即就舍弟灵前交换兰帖，结成义兄弟，以慰亡魂。"说完，史维藩向这位达庵先生深深鞠了一躬。达庵内心非常感动，心想：古人所谓人之相知，贵相心知，在今日时代，竟有在我身旁默默观察，知我心如史君者。于是当即允诺，并在灵前交拜结为生死兄弟。

50年以后，步入老年的达庵在台湾地区写了一本《值得回忆的事》，忆及这段往事，仍然历历在目，他十分感慨地说："在这样的场合而有这样的举动，该可说史无前例，也是我最难忘的一幕！"这时，他还欣慰地看到义兄史维城的遗孤、次子史迪正在台经商，孙子史震洲新婚后将赴美读博，孙媳贤淑，孜孜好学，而写信尊他为"叔公大人"，尤使达庵感到与史维城的情谊至深至厚。

达庵，名宋希尚，浙江嵊县人。1915年起就读于张謇在南京创办的河海工程专门学校（即今河海大学前身），1917年5月毕业后和另外三位同学被分派到南通保圩会见习。当时主持南通长江保圩技术工作的，是荷兰工程师特来克。同来见习的三位同学因待遇问题先后求去，宋希尚却一意虚心向特来克学习，因而进步很快。后随同特来克受张謇之命配合沿海垦牧，赴黄海滩建造水闸。在建设特来克设计、督造的遥望港九门大闸时，宋希尚常驻工地负责工程。1919年8月，29岁的特来克不幸突患霍乱不治去世，当时正由六七千工人施工的大闸工地顿时失去了领导核心。南通、如皋两县水利会立即召开紧急会议，在会后举行的宴会上，张謇推宋希尚坐了首席，并与在场全体人员一起拱手拜托他完成特来克的未竟事业。当时年仅25岁的宋希尚不负众望，殚精竭虑，奋勇苦战，年底即向恩师张謇交了一份完美的答卷——建成了遥望港九门大闸。大闸落成之际，张謇受通、如两县官绅和地方父老之托，赠银两千元，宋希尚感激之余，竦然辞谢："我在保坍会已支有月薪，任劳乃分内事，况有此机会磨炼，在工程上得到不少经验，深感满足，何敢再受额外之酬！"

宋希尚与史维城的相交相知正是在遥望港工地。史维城，字稚岩，1919年毕业于南通师范，先到大豫垦殖公司工作，后借调到遥望港工地担任会计。在宋希尚的眼里，史维城是个胆小安分的正人君子：他做账头头是道，一丝不苟，然而不擅辞令，很少与人交谈，更不自动自发地表示意见；他于每天工作之外，必定在办公室窗口一张没有油漆的写字桌上，将一天所接触、所感受的一一记下。无疑，在斥卤荒凉的工地上，两个人都在各自心里留下了对方完美的形象。所以，当宋希尚得知史维城在家中病重的消息后便想专程前往慰问，而未及动身却传来噩耗。这一天，他安排好工作后，雇了一辆独轮车、两个壮健车夫，一天赶了120多里路，前往史宅吊唁。君子之交，而又阴阳相隔，实在感天动地。

在宋希尚与史维城结为生死兄弟之后不久，宋希尚奉张謇之命来到海门，主持建设青龙港至三厂的轻便铁路和青龙港会英闸。就在遥望港九门大闸落成典礼那天，张謇把这两大任务交给了宋希尚。张謇说："此刻海门将建大生第三纱厂，正计划该厂水陆交通问题，厂旁有青龙港，距长江十五六里，拟自江口至厂建一轻便铁道，并在青龙港上建一船闸，以利水陆运输，此两项工程汝为我计之！"宋希尚不辱师命，终于将自己的杰作连同他的无限深情留在了海门大地。可惜现在青三铁路已经拆除，而会英闸功能依旧，实在堪称一座丰碑。

由于宋希尚的功绩，后来张謇派他留学美国，并考察德国、荷兰、比利时、法国、瑞士等国，归国后宋希尚继续服务于南通水利事业。张謇临终时，宋希尚始终侍疾在侧。

宋希尚一生从事水利事业，是我国著名的水利专家。20世纪30年代初，他第一个提出了三峡开发计划，选址与今葛洲坝大致吻合。1982年，宋希尚于台湾地区去世。

王清穆应对江苏米荒策略述评

江苏作为我国主要粮食产区,在 1920 年前后的军阀混战时期,却是"时以米荒为虑,粮价昂贵,民食维艰"。这是一个很奇怪而又迫切需要解决的问题。这时,王清穆已赋闲于家乡崇明。他于 1915 年"丁外艰,治丧后,筑室墓次以后,自号农隐","亦习为农",躬耕先人墓次的十数亩稻田。因此,他"于稻农之苦,知之较确"。面对江苏米荒,王清穆于 1919 年应"苏浙士绅请治太湖",先任会办,不久又改任督办,以图从根本上解决水患,发展粮食生产。他"勉为其难,与苏浙当局商拨测浚各费,而两省国库收入,悉为军费占用,仅得少数",他本人则"从测量入手,一面躬自周历太湖流域各水道详细考察,深知古人蓄清拒浑之法久经破坏,病在受淤,到处浅阻,即建议规复闸制,并注重低乡修圩筑堤",但是,"卒以费绌不果"。王清穆知道治本已无可能,而米荒之危及百姓性命,不能不提出治标之法,以解燃眉之急,于是自 1919 年至 1926 年,连续写了《说米(一)》《说米(二)》《说米(三)》和《致苏省当道书》等文,提出了应对策略。他在《致苏省当道书》中说,"昔年所著《说米》三篇虽属理想空谈,足备参考资料",其著文目的是很显见的。

当时,按照一般人的思路,既然江苏发生米荒,当然应该禁止粮食出境,禁止囤积粮食。然而,1919 年,王清穆在《说米(一)》中出人意外地指出造成江苏米荒的原因,正是"苏省官民人人主张米禁",即禁止粮食运出江苏。主张米禁的出发点,是怕"米少而价贵也",这几乎是所有人都能接受的道理,但是王清穆却偏偏认为问题的关键就在这里。他认为这是"价贵而强使之贱"的做法,禁止粮食运出江苏,出产多了便卖不出好价钱;再加上"苏浙以太湖水利失修之故,凡地势稍高,向之可以种稻者,今皆改而种桑,或种棉,桑与棉获利优于稻,犹得济其困者,以此,独至低下之区,有田不得不种稻",这样,"是主张禁米者,不啻自竭其米之源也"。而"商人买贱卖贵,惟利是趋,绝不以有禁而止其贸迁",结果就是"徒抑市价以困农而已"。王清穆自己在种了十数亩稻田后的切身体会,便是"中稔之年,仅偿工本",可见农民在歉收之年更加苦不堪言了。而且禁米造成的"抑市价"局面积重难返,即使"今日米之偷运者至多,而价仍不起"。所以一方面是"禁米"导致粮食生产大幅度下降,而引起米荒;一方面又由于"抑市价"而使得稻农困苦不堪,进一步丧失了从事粮食生产的信心和能力。

面对这一死局,王清穆主张"师古人常平社会之意变通而扩充之,合苏松常太杭嘉湖七郡同志筹设悯农会及因利公司两机关",通过"或招商股,或向银行息借"的办法筹集资金,"秋成收籴,照市加价",其中10%"照本平粜,以惠贫民",60%在次年四月前盈利销售,20%"且俟秋收,再定办法:歉收则留储本地,丰收则运销他省",经营一年后的赢利,"藉充公益"。王清穆确立悯农会及因利公司"人人抱稼穑艰难之观念,一切以慈祥惨怛之心出之"的宗旨。对于农民以外的贫民,王清穆还主张"当别筹事业以救济之"。王清穆认为这样的结果必然是"民间之恐慌可平",在此基础上,"官厅之禁令可弛","此后农以获利,而田事亦勤,农产益旺","使米果多而贱也"。

然而,王清穆所主张的民间慈善救助之法在当时很难实行,相反地,"因日本缺米之故,中国允装大批米麦运往日本",所以到1920年,"忽忽一载,米价增昂,惶恐情形,甚于往日",官厅又"于青黄不接之时,方严禁出口,并禁囤户居奇",于是"各处抢米之风大起","而米价继长增高,一时断无低下之望",这样,贫苦百姓就无法活命了。于是王清穆在这一年写的《说米(二)》中主张"不禁囤积",允许"民间有囤户"。他认为"产米之区,囤户愈多愈妙(宜定章令呈报官厅保护,不强令贱售)。囤户多,则米价不平而自平"。"民间有囤户",亦即地方有粮食,这样悯农会及因利公司便可开展工作。悯农会应通过调查统计,制定出办法。"而因利公司则集有学识、有资本与素为米业者组织之",从而改变过去"各自顾其私利,不能兼谋公益"和"无人监督,难免暗昧之嫌"的状况,"先顾公益,而仍不失个人之利","各守规程,不难示人以光明之态度","公司但期有低率之赢利"。

在王清穆提出解决办法的同时,被冯玉祥将军称为"中国第一流清官"的王瑚于1921年调任江苏省省长。王瑚本人"亦不以米禁为然也",然而"卒为舆论所劫,舍坚持米禁外,别无他法",但王瑚也开始筹办平粜,而结果是"贫民之沾惠甚微,而公家之亏耗甚",事实证明行不通。于是王清穆"更反复筹思,而得法之较有精意者",于1921年在《说米(三)》中提出,"一曰维持高价以惠农户,二曰永久平粜以济贫民,而所以联缀此二法者,其枢纽全在广劝囤积",并以为"囤积而出之以公与明,余敢决其有利而无害"。为了得以实施,他主张全省设立三个机构:查验处、运输处和江苏银行。查验处要确切掌握囤户情况,规定"囤户自办平粜,须作常年计划。有中止者,应将食平米之户口移交就近囤户接济",平粜之外,可以高价卖给富户,"平粜亏耗,赖以弥补"。"惟冀囤积之户愈多,则平粜之力愈厚。……县县有囤积,则县县能平粜,乡乡有囤积,则乡乡能平粜矣"。运输处根据查验处移知的囤积之户所存难以售脱的高价之米数量，委托江苏银行收买，"俾囤户资以周转，平粜不致中辍"；"迨数月之后，查验处后核计存米，果有盈余，呈请省长准饬"运往他处销售，"以固成本"；如本省不足，则"采买皖赣籼米以补充之"。

然而，遗憾的是王清穆的应对策略终未得实行，1923年王瑚亦辞去省长之职，回到原籍，以务农为生。1924年，江苏军阀齐燮元与浙江军阀卢永祥打了一场江浙战争，江浙战争虽以苏胜浙败而告终，但江苏百姓则是米荒加上兵灾，更处于水深火热之中。1926年，王清穆在《致苏省当道书》中批评说，"根本之计，如奖励稻农，兴修水利，皆以经济困难未遑筹办，而上下惟坚持米禁，为消极之维持，实际则毫无效力，然令米价继长增高，社会益觉恐慌而已"。他说，"迩来物价，无一不数倍于往年，米谷奚能独贱？……只有提高米价，则不但苏米无出境，而外米且源源而来，幸遇丰收，则米价不平而自平矣"。在提高米价的同时，他坚持主张"以平粜治其标，尤当以水利治其本"，"至于兴农，则必期增产稻谷，勿偏重桑棉之利；防灾则必赖求水利，庶几免旱潦之虞"。而面对当务之急，他提请政府做好四件实事：其一，"应查需食平米之户"，作为平粜的依据；其二，"应保护囤积"，"无论居民、米行，凡有存米，皆令据实报明就近官厅或警察所登记，并不勒令抑价出粜"；其三，"应查殷富之户"，"此等户口，当食高价米，每石纳捐六元"；其四，"应办平粜"，"以所得富户捐数，摊减平米之价，即令本区米行经纪其事"，"务使米业能沾一分以上之利益"。

纵观王清穆1919年至1926年间为了解决江苏米荒，一而再、再而三地提出的应对策略，我们可以深深地感受到这位先贤的毕生救国之志、毕生爱乡之志和毕生利民之志。他的应对策略虽然未被采纳，因而他自己认为"托诸空言，未能见诸行事，则文字亦不足存也"；但是，诚如他的学生崔龙所说，"有一世之业，有百世之业，先生既不得志于一世之业，其殆得志于百世之业乎"！

笔者以为，王清穆当年解决江苏米荒的应对策略，虽然只是因时立言，却闪耀着遵循市场运作客观规律的先进理论光辉，至今对于我们研究农业问题、粮食问题甚至其他经济领域的问题，仍然不乏现实意义。比如，他对经济发展中生产、价格、流通、储备和政府调控诸因素之间相互关系的认识，的确是十分正确的。我们许多人往往因为诸因素中某些方面的问题，而采取"头痛医头、脚痛医脚"的做法，因此顾此失彼，很难使问题得到及时和合理的解决。我们许多人在面对当前经济工作中存在的问题时，也缺乏系统协调解决的认识，往往出现急躁、埋怨情绪。即如价格问题，便是"多则贱，少则贵，未有价贵而可强使之贱者也"，关键在于发展生产，而不能希望通过某种力量"强使之贱"。再如必须保证所有人的衣、食、住的基本生活必需，由政府调控，区别对待富人的"改善"和穷人的"必需"，让他们享受不同的价格待遇，可能同样适用于解决当今居高不下的房价问题。比如，他的"农者，天下之大命"，"米谷为人生养命所需"，"一隅之人不得米，则一隅之人饥"等对农业特别是粮食重要性的认识，也仍是我们不能疏忽的。在放弃计划经济以后，一些地方农民进城务工而土地抛荒，一些农民图省力、图挣钱而减少粮食生产面积的情况是存在的，不能不引起我们的高度重视，并且用政策加以调控。笔者不懂经济，亦不从事经济工作，我以为有关方面、有关人士研究王清穆的经世思想和策略，将必有所获。所以，从这个意义上说，言王清穆"得志于百世之业"，诚亦不谬。

参考文献：

王清穆：《说米（一）》（己未）、《说米（二）》（庚申）、《说米（三）》（辛酉）和《致苏省当道书》（丙寅），《农隐庐文钞》卷一，第3—11页，屠维单阏之岁玄月刊行。（即己卯九月，亦即1939年夏历九月——笔者注）

崔龙：《农隐庐文钞》跋，第1—3页。

我知道的周雁石藏书

现存海门图书馆的周雁石藏书是周先生的子女献赠的。他们委实为家乡做了一件功德无量的好事。

周雁石（1894—1959），名悫，号石公，祖籍太仓，生于海门。他于1920年考入南京高等师范学校（后改为东南大学，即今南京大学、东南大学等高校前身），亲炙柳诒徵、吴瞿庵、王伯沆诸名师，1925年以文学士毕业。后终生从事教育和图书馆事业，曾任柳诒徵为馆长的南京国学图书馆访购、印行和编辑三部主干。在其努力下，南京国图罗致了大量历代善本，并加以影印或重刻，同时还传抄了许多无法购到的孤本，当年其古籍藏书仅次于北京图书馆。后来周雁石一度在浙江大学讲授目录学，其以深厚的学术根柢和丰富的实践经验，讲得深刻生动，格外引人入胜。

周雁石一生嗜书如命。他节衣缩食，不沾烟酒，购置了包括两万余卷线装书在内的大量书籍，加上他手抄的许多珍贵书稿和文献，形成了令世人瞩目的周雁石藏书。周雁石藏书凝聚着这位一代藏书家毕生的心血。

我第一次见到周雁石藏书是在一九九五年五月。此前我拜望了恩师严迪昌教授，先生后来跟我说，"这次你来吴门，适值诸事忙乱，未能畅谈"，并表示为此感到"歉甚"。然而就在那次"未能畅谈"的谈话中，我们竟还谈到了周雁石藏书。那时，先生的《清词史》已经出版，《清诗史》亦即将面世，两部巨著奠定了他在清文学研究领域至今无人超越的权威地位。正在同时做流派研究，文学文化地域、世族、群体研究的严先生，对周雁石藏书发生了浓厚兴趣，他要我先去海门图书馆一探。通过熟人，我有幸进入周雁石藏书贮藏室。呈现在眼前的景象令我震惊：周雁石凭一己之力，竟至于形成如此浩瀚的书的海洋；而这些稀世珍本却静静地躺在一个很大的房间里，尘封着，无人问津。我用很多时间，根据自己的价值判断，选抄了部分书目给严先生寄去。先生很快给我回信："海门藏书虽略杂，但颇有一些值得检阅书，周雁石是行家，故所抄之年谱及别集，大抵罕见。县市级馆藏古籍有此数量，已属可贵。……秋后我可能抽身来一阅。"先生对于古籍，见过大世面，眼界一向很高，能做出如此评价，实属不易。然而先生的"诸事忙乱"永无止境，而"精神体力，年绌一年"，是年秋后抽身海门阅书之行终未实现。光阴荏苒，而今先生亦已仙逝十二年矣。周雁石藏书本来可以迎来一位当代著名文学史家的检阅和发掘，这对藏书本身和学术的研究都是幸事，然而失去了。

前三年，我受正在编辑新版《张謇全集》的赵鹏先生委托，去周雁石藏书中查找周雁石手抄的《张季子联语补》。《张季子联语补》将增补进已被列入国家清史工程的新版《张謇全集》。恐怕除了赵鹏和我之外，不再有人知道周雁石为此做出的贡献。

周雁石藏书是海门的骄傲。

周雁石藏书是一座蕴藏量极其丰富的宝库，等待着有识之士去发掘。

关于海门尊师重教传统的研究

（本文与沈振元先生合作）

概述

尊师重教是海门的传统。

传统是具有特点的风俗、道德、思想、作风、艺术、制度以及行为方式等，对人们有着无形的影响和控制作用。所以，传统不仅表现在人们的行动上，而且融化在人们的血液中。

传统是在历史发展中经过诸多因素的影响逐步形成的。所以，我们研究海门尊师重教的传统，需要从历史发展中考察它的形成和特点。

民国建立以前的海门分为两个时期：一是自后周显德五年（958）置县至清康熙十一年（1672）裁县为乡归并通州，隶属于通州的古代海门县；二是清乾隆三十三年（1768）至1912年民国建立的海门直隶厅。这两个时期之间没有必然联系，两个时期的历史发展都是从头开始的。古代海门县"当海口极淮之南""民以鱼盐为业"，从蛮荒之地逐步走向文明世界；而又不断地受到江海风潮的侵袭，桑田沧海，黥黎鱼鳖，直至全境坍塌殆尽。海门直隶厅是在海门坍地复涨之后建立的，其时江海之交，新沙骈联相望，以崇明人为主的移民前来垦荒创业，斫木为耜，冶釜为犁，海门又一次从蛮荒之地逐步走向文明世界。所以，海门历史是贫穷和奋斗的历史。穷则思变，变固然要靠艰苦奋斗，变还要找到更好更有效的途径。人们逐渐意识到这个更好更有效的途径是通过读书来改变命运。促使人们这一意识形成的，有诸多因素。

海门官学首先起着导向的作用。"庙学合一"，是古代社会的重大教育制度。一是官学尊崇"万世师表"的孔子；二是只有改变了身份成为生员以后的农家子弟才有资格进入官学。所以，官学在人们心目中有很高的地位，它对形成尊师重教的传统起着导向的作用。

海门的书院是清代中期建立的以应试科举为目的的官办书院。它的学生可以是生（生员），也可以是童（童生）。比起官学来，它入学无户籍限制，不分贫富，不论地域，体现"有教无类"的办学理念。海门的书院为海门培养了大批人才，较大规模地改变了农家子弟的命运，为海门的教育发挥了重要作用。

作为普通农家子弟的张謇，通过科举考试，成为名动天下的状元、实业家、教育家、政治家，最为生动地启示着海门人：读书的确能够改变命运。

清末"废科举，办学校"掀起的私人办学热潮，使海门的教育开始向平民化发展，空前扩大了海门教育的规模。

近代以来，上海得风气之先，从隶属江苏松江府的一个县迅速发展成大都市。海门与上海一江之隔，是长江以北在各方面受到上海影响最大最快的地区。海门沿江有19条港（其中西部六港后划归南通），海门与上海之间通过"沙船"频繁来往。1900年，张謇创办的大达轮船公司更拉近了海门与上海的距离。一方面，海门地少人多，许多缺地农民去上海打工，据张謇观察，"上海拉洋车、推小车的人，百分之九十是海门人或崇明人"。这些人处于底层，但是亲身接触了上海的新事物、新风气，然后他们把自己的所见所闻带回海门。另一方面，海门许多读书人到上海求学，据《民国海门县志》截止于1935年的统计，全县大学生共205人，其中102人毕业于上海的大学。这些人当然从更高更深的层次受到上海新风气的影响，转而对海门产生影响。尤为重要的是，在上海就读大学的很大一部分回到海门从事教育工作。仅据海门中学流亡办学中的情况，我们可以知道的就有杨育其（正风文学院）、顾明祖（震旦）、顾昌祖（复旦）、樊举成（复旦）、王能昌（东亚体专）、樊伯平（复旦）、管剑阁（大夏）、邱竹师（大夏）、陆人俊（复旦）、徐懋德（交大）、杨立天（国语师范）、袁瑾（大夏）、洪存义（大夏）、茅霭庭（大夏）等。也有的先在上海工作，然后回到家乡从教，如陆子犹、江一帆等。

抗战时期海门中学颠沛流离、艰苦卓绝的办学经历，集中表现出海门知识分子和青年学生的爱国主义精神，展示了他们献身教育的坚韧不拔的精神风貌。在海中流亡办学中，中国共产党及其领导的新四军和抗日民主政权给予指导、支持和帮助，为海门谱写了尊师重教的新篇章。

海门官学建设及其导向作用

海门官学，指的是古代海门县七百余年间的海门县学和清代海门直隶厅一百四十多年间的海门厅学。

官学是地方教育的标志。古代的地方官学自汉代开始设立。官学属于国家的教育系统，它与祭祀万世师表孔子及其贤徒的文庙建在一起，"庙学合一"，成为古代社会的重大教育制度。文庙和儒学的功能具体表现在三个方面：一是政治的教化功能，二是学校的教育功能，三是劝学功能。所以官学体现出对"天地君亲师"的"师"的格外尊重，对教育的高度重视。官学是进行科举考试，管理生员（秀才）和教育生员应考举人的场所，即是说，官学学生已经改变了他们作为农家子弟的身份。据明代崔桐《嘉靖海门县志》记载，海门县治在迁到余中场后，陆续为考取举人和进士的本县士人立了牌坊：探花坊（崔桐）、进士坊五座（尹维忠、陈孚、陈奎、钱铎、李梦周）、解元坊（崔桐）、夺魁坊（举人袁懋宗）、登瀛坊（举人叶思智）、清显坊（举人李永常）、登俊坊（举人潘孜）、经魁坊（举人李周）、奎党坊（举人李纪）、鸣凤坊（举人张杲）、接武坊（李梁）、五桂三豸坊（李永常、李周、李开、李纪、李梁）、步云坊（举人姜辂）、鸿逵坊（举人钱铎）、文魁坊（李梦周）。这些牌坊昭示了读书应举的光荣，它和县学一起，对于整个海门的教育起了重大的引导作用。

建设文庙和儒学本身，就是尊师重教的表现。官方为了宣示正统文化而重视文庙和儒学的建设，老百姓则由此确立起尊师重教的观念。同时，文庙还建有乡贤祠和名宦祠，这对于当地的道德教化有着极为重要的作用。比如，海门县学很早就奉祀宋朝末年抗元名臣文天祥，"褒表前哲，用励来学"。后来，县学学生说："文山先生仕丁宋季，状元宰相，不愧科名；节义文章，争光日月。"但是"凡民或未知之"，所以为了让老百姓都了解文天祥，强烈要求在西禅寺立文天祥的塑像，使"老稚远近，骈瞻快睹"。西禅寺是海门县治迁到金沙场后所建，在县署西北侧。这样，县学的教化功能就扩展到了社会。这个例子说明，海门县学很善于利用与本地有关的前贤对学生和社会进行教育。文天祥本来与海门没有关系，"非生于斯，宦于斯，流寓于斯"。宋德祐二年（1276），文天祥以宋资政殿学士身份出使元营谈判。他一到元营，便据理抗争，言辞激昂慷慨，结果被元军扣留，并被押往元京大都（今北京）。在途经京口（今镇江）时，文天祥伺机脱逃奔向真州（今仪征），将元兵情况告诉两淮制置使，相约联兵抗元。但驻在扬州的淮东节度使误信了文天祥已降元的谣言，不仅不让文天祥进扬州，还派人去杀他。为了躲避元军和受蒙骗的宋将的追杀，文天祥改变姓名，隐蔽踪迹，奔走草野，宿于露天，困窘饥饿，艰苦备尝。他经过高邮、海陵、泰县、海安、如皋，到达通州。然后从石港卖鱼湾凭一叶扁舟，在惊涛骇浪中经过海门附近的海面南下，一直到福建三山（福州），受任右丞相兼枢密使，统率各路军马坚持抗元，直到兵败被俘。被俘后，文天祥任凭敌人威逼利诱，始终坚贞不屈，于元至元十九年（1282）在大都被杀。他以自己的一生表现出他在《正气歌》中所歌颂的浩然天地正气。海门县治离石港很近，文天祥经过海门海面时，曾经写过《北海口》《渔舟》《过扬子江心》等诗："渺渺乘风出海门，一行淡水带潮浑"，"而今屡起楼台处，亦有北来番汉船"，"人生漂泊多磨折，何日山林清昼眠"。用文天祥的事迹进行教育，确实可以起到很好的作用。

地方官学各地都有，但海门的官学建设却与众不同，因而它对于海门形成自觉的尊师重教风尚，其影响远比他处为大。海门地处江头海尾，"当海口极淮之南"，江环海绕的地理形势和土壤条件，在以农业为本业的古代，是贫穷和落后的，无论是开始的"民以鱼盐为业"，还是之后的"耕凿为生，渔盐为利"，人民的生活都十分艰苦。海门于后周显德五年（958）置县，设县治于东洲，之后基本上保持着这种状况。直到南宋绍兴三十一年（1161），南宋名将李宝在胶西一举全歼金军舟师的大捷，使海门得到了一个安定的环境，南宋朝廷的势力在这里得到了强化，也可能是受大捷的鼓舞，僻处海隅的海门意识到"文明之治不以辟壤而或遗"，开始兴建官学。

由于濒江临海的地理形势和古代缺乏抗击自然灾害的能力，海门因风潮侵袭，土地不断坍圮，县治被迫一再迁徙。在人民生活极其困难的情况下，文庙和儒学却顽强地建了毁，毁了又建。回顾其建设的过程发现，往往只能零打碎敲，逐一建造，根本不能做到一步到位。虽然历史只记下了若干官员和少数士绅的名字，实际上其间凝聚着广大海门人民的心血，从中我们也可以体会到海门人执着于教育的奋斗精神。

元至正十三年，县治迁至礼安。教谕刘璿力主重建县学，在儒生的共同努力下，首先建成教学的场所明伦堂。至正十四年（1354），通州判官窦桂荣亲临海门县学，捐俸倡修，并要求学官严督儒生学习。在教谕钱允的主持下，士人们协力相助，招集工匠，准备材料。当年冬天，天寒地冻，也没有停工。到次年春天，建成大成殿、东西庑斋，圣贤像也绘塑一新。接着，知县也先不花、张士良又先后捐俸建成棂星门。之后，李裕代理海门尹捐俸并带领大家将丹墀、泮水桥、地灵祠等逐一建成。至此，一座崭新的学宫方才全部完工。然而不久，兵火导致新建的县学"栋宇倾圮，庙貌摧堕，以至于赡学士田亦皆荒没"。至正二十三年（1363），海门知县季世衡"睹兹圮废，深自克责"，认为治理一个地方，自古以来，都把学校作为根本，现在海门的学校这个样子，便不能"敦本善俗"，于是决定重修。在他的带领下，县丞史文焕、主簿徐文显、典史陈新等齐心协力地参与，终于又一次使学宫"规模大备"。季世衡深恐"兵余学弛，旧制荒落"，遂设法设置学田以供给生徒的膳食。所以教谕潘文质、训导尹平认为海门"学政修明，学校克建"，是季世衡"事以身教"的结果。

明洪武初，知县徐伯善、县丞季选相继修葺县学。永乐年间，训导宋琮又一次倡导重修县学。正统二年（1437）春，监察御史彭勖奉命巡视海门学事，"环视殿庑堂斋，殆将覆坠，桥泮久就湮圮"，要求重为修整。县丞郭德"以为己责"，捐献俸禄，亲自规划，购买民地，扩建学宫。工程从这一年十月开始,到次年九月完成,整整用了一年时间。景泰、成化、弘治三朝,知县龚鉴、马駉、韩明、莫愚、徐英又多次主持修葺县学。其中:成化十七年,莫愚主持建会馔堂并号舍三十间;弘治三年,徐英主持建两斋、泮池和育贤、正德二门。

正德七年(1512),海潮泛滥,官舍民房全被摧毁。十三年,县治迁往通州余中场后,即重建县学。由知州蒋孔旸、知县裴绍宗主持营建大成殿、两庑、明伦堂、敬一亭、启圣祠。正德十六年(1521),知县王俊主持重修两庑,建戟门、棂星门、神厨、祭器库。嘉靖十三年(1534),知县陈锭主持建号舍、名宦祠。嘉靖十五年(1536),知县吴宗元主持建乡贤祠、神厨。余中场的海门县学建设前后历经二十余年,可见当时已经割借通州土地的海门之窘况。

嘉靖二十五年(1546),海门除吕四场一角外,全被江潮吞没,余中场的海门县治也坍于江中,于是不得不再次西迁到通州金沙场。此时的海门"财匮力竭","邑之民若寄生然",而"无地之租,无身之庸"。但是,代理知县刘文荣在建好县署后便在县署东侧建设县学,先营建大成殿、斋庑及明伦堂。嘉靖二十六(1547)年,知县刘烛继续完善县学的建设,主持建造启圣祠、敬一亭、号舍、神厨、名宦和乡贤两祠、含秀轩。此后的隆庆、万历、崇祯三朝,知县陈采、姜天麒、廖自深和通州知州彭希贤及邑人王觐光又多次重修县学。顺治八年(1651),知县姚应选将泮池改建于棂星门南。

康熙十一年(1672),海门县治再次为潮灾所困,又西迁至永安镇。由于全县再无余土,被迫撤销建置,改为海门乡,并入通州。海门乡学也随之归并入通州州学。

乾隆三十三年(1768),在原海门县坍地复涨的情况下,清政府决定设置海门直隶厅。当时,复涨沙地尚未连成一片,海门全境几十块沙洲间江水环绕,沙洲随时有再次坍江的危险,而新设的海门厅一切均需白手起家。甚至厅长官的官署也在设厅六年以后方才建起来。在这种极其艰难的时候,地方也仍然没有放弃官学的建设。乾隆四十一年(1776),时任海门厅同知的徐文灿已年逾六旬,"齿摇发秃,行将拂衣归里",但他仍亲自赴省"面诉地方疾苦与喁喁然望恩向化之情",要求建设厅学。得到省里"先建黉宫,然后请旨特设学额"的谕令后,徐文灿回到海门即划出文庙、厅学基三十六亩七分,并发动捐资建学。此举得到海门人民的积极响应,据《光绪海门厅图志》记载,共有三十八名士绅慷慨解囊,很快筹集白银六千两百余两。当年年底即开工建设,仅用三年零五个月的时间,便建成了大成殿及殿前两庑、敬一亭、斋宿所、泮池、棂星门、下马牌、龙翔坊、凤翥坊、泮宫坊、万仞宫墙、崇圣祠、明伦堂、名宦祠、忠义孝弟祠、礼器库、尊经斋、射圃、礼门、义路、奎垣阁、文成桥、奎光阁。规模之宏大，设施之完备，成为当时穷乡僻壤的海门最为亮丽的风景。厅学建设刚完工，徐文灿便结束海门同知任期告老还乡。离开海门前，他期望着海门"人文蔚起"的新局面，嘱托后任"邀恩设额，造就俊髦"。徐文灿在海门历史上是个为民办实事的好官，受到了海门人民的拥戴，因而办成了这样一件开创海门厅教育事业的彪炳史册的大事。然而，当时官场黑暗昏庸，官府置海门人民强烈的办学愿望于不顾，一直到黉宫建成三十三年后的嘉庆十七年（1812），才将原崇明县训导调来海门担任训导，核准了海门学额，海门厅才正式设立了官学。此时公捐学田计九百余亩。光绪二十一年（1895），年逾五旬一向自奉节俭、敝衣蔬食的廪生沈燮均捐建厅试考棚，南向为楼五楹，东西相向厢房各九楹。

在海门官学的历史上，一批品德高尚、认真负责的饱学之士担任学官（教谕或训导），促进了海门教育的发展。如明代成化年间的教谕刘栾"长古文词，循循善诱，士林颂之"。明代弘治年间教谕黄乾仁"持身严肃，虽盛暑必冠带以见诸生，尤勤于训迪"。明代弘治年间训导潘荣"谦谨自爱，经学尤邃，士林宗之"。明代嘉靖年间训导陈元佑"讲学明道，以敦伦为主，文艺次之，辨义利，严取予，又捐俸以置学田"。嘉靖年间的海门教谕王炳"存心慈厚，乐道人善，而阴覆其短，以故贤不肖皆乐从其教"。尤其值得称道的是被赞为"人师之职帜，学官之凤麟"的清代同治、光绪年间的训导赵彭渊（字菊泉），他为海门教育做出了卓越的贡献。他"教人以笃实为本"，对学生"一屏矫激之行文，以雅正为宗"，于是"一时操觚之士，靡然向风"，读书人都来拜他为师，"及门成就者甚众"，其中就有我们熟知的"江淮五才子"中的张謇和周家禄。"进士若秀与良者而翼植之，犹子弟也；简若秀而或不良者督鞠之，犹子弟也。而士砥于行，而文有章矣。"无论学生优劣，赵先生都把他们当自己的孩子看待，培养督促，因此海门读书人的品行和学问都提高了。不仅如此，赵先生还重视民风的教化，"约昏丧之宜以训俭，行乡饮酒，以示尊让絜敬长长老老之义，而民知礼矣"，甚至还做了许多学官职责以外的好事，"唱浚通渠以泄潴水，赞积谷以备年之荒，而民有利矣"。在赵菊泉告老还乡时，人们"毕集于学舍之门，乞先生少留"；先生临走时，"祖者（送行的人）车塞道，以香果茗饵夹舆前后而攀呼者，闻且数百人云"。后来，张謇、周家禄等门人在厅学建赵亭纪念他。海门厅同知王宾认为建赵亭正如历史上人民纪念（宋）石庆、（西汉）栾布、（宋）鲁宗道、（宋）范纯礼一样，"遗爱所著，名迹斯芬"；认为为赵菊泉在孔庙建亭和东汉时为溧阳长潘元卓树"校官碑"一样，都是为了颂扬他们兴学的业绩，建亭能够"庶从士望，亦作邦型"，正是需要这样为海门树立一个振兴教育的榜样。

在海门官学创建以后近千年的历史中，海门几度沧海桑田，人民历尽磨难，但是弦歌不绝，人才辈出。南宋时期，海门邑人陆思古、陈士迈、叶应之、胡英、沈迈等五人考取进士。明代建文二年（1400），海门尹惟忠高中进士，开明代海门科举之先河。正德十二年（1517），海门崔桐殿试一甲第三名，为海门唯一取得三鼎甲功名之人。明清两代海门中文武进士者21人、文武举人63人；明代（止万历年间）贡生255人，清代无考。

海门官学培养的大多数生员，为海门教育做出了贡献。如现在知道的师山书院十一名山长中，就有沈栻、周家禄、沈之瑾、龚其伟曾就学于海门厅学。咸丰十年（1860），茅铮赶到江南，邀请正要因病告假返回家乡江西临川的国学大师李联琇来海门出任师山书院山长，使书院声名大振。周家禄创办了南通地区第一所小学——白华书塾，后又参与创办通海五属中学。在科举废除后，姜青照等提议将师山书院改为中西中学堂，他还在茅家镇清洁堂创办姜安女学。在海门中西中学堂改为高等小学后，樊璞曾担任校长。民国元年，赵师鼎等在文庙儒学旧址建立师山中学，次年改为私立海门中学。抗战时期，海门中学一部迁到赵宅坚持办学，称为海门中学上校。此外，还有许多生员在海门执教，其中不乏名师学者，如徐云锦就被誉为"海门大师"。

海门官学的生员中学人迭出、著述繁多。明代彭大翼的《山堂肆考》，皇皇240卷，备受后人推崇，被列入四库全书子部目录。明代崔桐的《东洲集》被收入四库全书存目丛书集部目录。此外还有李纪的《阳谷游草》、张材的《沧浪集》、张成的《北海遗稿》、李庭槐的《麟经敷讲秘意》、成相的《南雍会记》、彭大翱的《铜官傲吏集》、李之达的《闽游草》、王松龄的《订正柳州文集》、成云龙的《桑榆集》、成友文的《宋史纂》、徐云锦的《寸草庐诗集》《寸草庐文集》《寸草庐省身录》及研究《易》《书》《汉书》的学术著作、周家禄的《寿恺堂诗文集》《公法通义》及研究《诗》《礼》《谷梁》《三国志》《晋书》等学术著作、沈倬的《真啸草堂笔记》《横经堂稿》《横经老屋吟稿》、黄学璠的《石华轩诗草》、沈栻的《双溪草堂诗集》《双溪草堂杂著》、姜青照的《滨居诗草》、龚其伟的《尊任堂诗话》《尊任堂文稿》《尊任堂诗抄》、徐孚吉的《尔雅诂》《元尹诗录》《元尹文录》等近三百种，内容旁及经史子集。海门藏书家周雁石于1916年抄录古代海门县时期的诗歌编成《海门诗钞》；贡生茅炳文于咸丰年间编成《师山诗存》，收录海门建厅后的诗歌近六百首。这两部诗歌总集反映出古代海门人文荟萃的面貌。

海门官学对于海门教育的发展产生了特殊的重大意义。首先，无论在何种艰难困苦的情况下，海门官学的建设总被放到十分重要的位置上；尽管由于财力的限制，往往不能毕其功于一役，但是总能逐步建成或者修葺成当时境内最好的建筑设施。这样，历经几百年沧桑，很自然地在海门人的心里树立了教育事业崇高的地位。其次，海门僻处江海之滨，治所又一再被迫迁徙，从来没有形成过像样的市镇，更毋庸说形成城市；海门人几乎全都从事农业生产，在土地被江海潮灾吞噬到无一寸余土时，曾经长期以鱼盐为业，后来坍地复涨后，又投入到艰苦的垦荒中。所以，进入海门官学的绝大多数也只是家境相对比较富裕的农民子弟。这与其他地方有着明显的不同。这些农民子弟改变了自己的命运，也改变了他们家庭的状况。这就让海门人体会到了教育能够改变个人和家庭命运的道理。再次，从海门官学走出来的秀才，除小部分登上了科举的更高台阶外，大多数则投身海门教育事业，有的创办学校，有的回到乡间设教授徒，从而有力地促进了海门教育的发展。

书院曾经创造了海门教育的辉煌

海门的书院是在清代中期才建立的。这时各地官学的教育功能开始丧失，甚至很少从事教学活动，正如《清史稿·选举制》所说，"儒学寖衰，教师不举其职""天下教官多昏耄，滥竽恋栈"。海门直隶厅厅学训导赵彭渊到任后，发现"乐舞祀典多阙略"，于是从弄清文庙祭礼的规制和乐舞、整修礼器、"循文演阐"祭礼开始，以他个人的力量，努力振兴海门教育，他也因此被视为"人师之职帜，学官之凤麟"。于是海门的书院应运而生。清初，为了防止利用书院讲学宣传民族思想而严禁创设书院。而这时的清政府已转而采取怀柔手段，笼络汉族知识分子，积极倡设书院，但加强了对书院的控制，书院已经走向了官学化，大多数书院以学制艺（八股文）、应科举为主要目的，与官学没有多大差别。但是，它的学生可以是生（生员），也可以是童（童生），入学无户籍限制，不分贫富，不论地域，体现出"有教无类"的办学理念。海门的师山书院和东渐书院（当时属于通州）就是这样的书院。由于它们是科举考试的附庸，最终难逃随着科举制度的废止而转型为新型学校的命运，但是问题在于在办学过程中，书院主持者的理念和水平决定着书院的特色和成就，决定着书院对当地教育产生的影响，而当地的社会状况又影响着书院的教育和走向。从已知的情况看，师山书院和东渐书院的主持人以科举的失败者而以学问和才华名于世的学者为多，这与其他一些大书院有着明显的不同。比如周家禄，十八岁就考取秀才，三年后补为廪膳生，又三年获优行贡，却始终没有中举。再如范当世，曾九次参加乡试而落第，三十五岁便绝意科举。这些人对于科举的弊端有很深刻的切身体会，所以在他们主持以学制艺（八股文）、应科举为主要目的书院时，发挥他们专长教育学生而并不一定热衷于应试是情理中事。因此，客观地说，师山书院和东渐书院，都曾经是海门教育的主要力量，为海门培养了大批人才。有的从这里起步，登上了科举道路上一个又一个台阶；有的成为饱学之士，著作等身，名闻天下；有的留在海门，为家乡的文化、教育事业做出了贡献。所有这些，都对海门尊师重教风气的形成和文化的发展有着深远的影响。而海门社会得风气之先的状况又在清末废科举、办学校的大潮中促使两个书院转型，特别是师山书院成为整个通海地区十四个书院中第一个改建为新式学校的书院。两个书院曾经创造了海门教育的辉煌。

（一）师山书院

清嘉庆十四年（1809），海门同知刘平骄倡导兴建师山书院，并带头捐银三百两，得到海门各界人士积极响应。建院共花费白银一万零七百余两，士、民捐助的钱资占总数的十分之六，经校董会筹补者十分之四。先后得沙田一百九十万五千余步，合七千六百二十余亩，以每年的田租收入为永远经费，维持书院的正常运作。书院经三年建成。师山书院的创立，对海门的文教事业来说具有里程碑意义。在官学日趋没落、徒具形式的情况下，师山书院的创立，为海门士子开辟了进取之途，亦为海门文化教育事业的发展奠定了基础。书院为海门培养了大批人才，促进了经济的发展和社会的文明进步。

一、正谊明道是师山书院教育理念之核心

清王朝对知识分子的思想控制一向很严。康熙所制的《训饬士子文》说得很明白，国家办学是为了"兴行教化，作育人才"；雍正以来，严控之外加了怀柔手段，通过向书院赐金、赐书、赐匾等手段，引导和鼓励士子向着他们所希望的方向发展。据传，道光二年，皇帝赐"正谊明道"匾额于书院。从此，"正谊明道"便成了书院师生的圭臬，始终悬在师山书院的"厅事"之上。

"正谊明道"出自董仲舒之口。汉吴楚七国之乱后，汉景帝派董仲舒为江都相，以"辅佐"江都王刘非。一天，刘非问董：什么样的人才称得上"仁人"？董答："正其谊不谋其利，明其道不计其功。"刘非十分赞赏，后人将这句话概括为"正谊明道"，成为封建社会的至理名言。

"正谊明道"，内涵丰富，主要有两层意思："正谊"和"明道"。"谊"通"义"。段玉裁注："谊、义古今字，周时作谊，汉时作义，皆今之仁义字也。""正谊"，即"正其义"，以"义"规范人的思想行为，做到

"非礼勿视，非礼勿听，非礼勿言，非礼勿行"，使人的言行举止合乎礼仪。"道"是个复杂概念，不同的时代有不同的解读。《周易·说卦传》云："昔者，圣人之作易也，将以顺性命之理。是以立天之道曰阴与阳，立地之道曰柔与刚；立人之道曰仁与义。"这个"顺性命之理"的道，包括天道、地道和人道，涵盖了天地之间的自然之道和社会之道。因此，张载认为，"循天下之理之谓道"，宋代将道称为"理"。"明道"，即"明其道"，使人明白道理，用今人的话说，就是力求用接近科学的思维获得对天地的正确认识，懂得事物发展变化的普遍规律。从其本原的意义看，董仲舒告诫刘非要正确处理"义"与"利"、"道"与"功"的关系，注重"义"，不谋一己之私利；明白"道"，不贪一时之功劳。因为"正其谊"于人间，其利莫大焉；"明其道"于天下，其功莫大焉。它是治国之论，落脚点是如何治理国家。若从院训的角度来看，"正谊明道"是立学之说，着眼点是培养人才。"正谊"重在首先，"明道"要在学问；前者着眼于做人，后者致力于求真；前者是育人的前提，规定了生员立身行事的准则，后者是育人的根本，指明了生员安身立命的依据。两者互相联系，互相依存，相得益彰，是不可分割的有机整体。

"正谊明道"院训的确立，是师山书院走向成熟的重要标志。院训是书院教育教学的核心理念，是学校的灵魂。它既是指导办学的根本思想，又是师生必须共同遵守的行为准则；既是书院孜孜以求的奋斗目标，又是引领师生前进的大旗。师山书院正是在院训的引领下，取得了长足的进步，创造了彪炳史册的辉煌业绩。历任山长、教师虽然有着不同的个性、特长和风格，但他们始终坚守"正谊明道"的基本精神，突出地表现为：严于律己，为人师表；严谨治学，潜心教学；志向高远，进德修业；注重实学，因材施教。"正谊明道"难免有时代和阶级的局限，但它作为一种教育观念，经受了时间和实践的检验，至今仍然有借鉴意义。

2. 大师长院是师山书院兴旺之保证

据考证，现在已知的师山书院山长有以下十一位：

黄懋曾，字念裘，号蕙庄，岁贡，崇明人
沈　栻，字敬南，号双溪，举人，海门人
黄　旭，字庆符，号晴谷，恩贡，崇明人
李联琇，字季莹，号小湖，进士，江西人
叶裕仁，字涵溪，号归庵，恩贡，太仓人
王汝骐，字骐谋，号菘畦，进士，太仓人
孙寿祺，字锡祉，号子福，举人，太仓人
周家禄，字彦昇，号奥簃，优贡，海门人

沈之瑾，字仲瑜，恩贡，海门人

陈国璋，字紫珊，岁贡，如皋人

龚其伟，字颂墀，号尊任，恩贡，海门人

他们都是知识渊博的学者，才华横溢的诗人，操履纯笃的名师，德高望重的社会名流。在他们的领导下，师山书院不断进步，发展成为南通的四大名院之一。他们用智慧和汗水为海门培养了一批又一批人才，促进了海门的文明进步，使海门迅速赶上了时代发展的步伐。

李联琇是他们的杰出代表。他出身尊贵，才华出众，倾心育才，德泽绵长。李联琇（1820—1878），唐太宗第十三子曹成王李明的后裔，清道光二十年举人；二十四年考取觉罗官学教习；二十五年成为进士，改庶吉士；二十七年散馆授翰林院编修；咸丰二年，大考一等第一名，擢侍讲学士，转侍读学士，充会试同考官，署国子监祭酒，咸安宫总裁；三年出任福建学政；四年，晋升大理寺卿；五年调任江苏学政。

李联琇一向把教育事业看作神圣的事业，认为"其为人材风俗盛衰厚薄之所系而责之重者"。因而总是全身心投入，任学政时，就"岁无停辕之月，月无安枕之宵"（见《采风札记自序》），并立下誓言："不欺一念，不取一文，不屈一士，不爱一身。论文以清真雅正为宗，不趋风气为规约。"

李联琇出掌师山书院，正是海门人尊师重教的生动体现。咸丰十年（1860），李联琇担任江苏学政八年任满，准备回籍省墓。此时太平军占领南京，攻打苏、杭，李联琇避居江阴长泾。海门茅炳文闻讯，立即派儿子茅铮雇船至江南，将李师一家接到川港茅家居住。这样一位全国知名的大学者的到来，引起了轰动，《光绪海门厅图志》载："前学使临川李公挈家避兵，依铮为固，一时江左名流闻风竞趋，所居成市焉。"于是有个叫夏永曦的先生出面举荐李联琇到师山书院任职。这是避乱寓居于此的李联琇始料未及的，于是他作诗称"莫办皋比座，聊投海燕窠"，意谓请不要再谈到书院的事，让我姑且在"海燕窠"避乱吧！然而时任海门厅同知的李文焕一心一意要他出任师山书院山长，于是来了个"以礼相聘"。李文焕先以地方长官的名义邀请李联琇到厅署，用最高礼仪招待他，陪他喝酒，热情周到，谦恭诚恳。然后，陪同他视察书院。书院学生听说大师造访，格外激动和热情，视之为"神师"，要求他接受礼拜。这令他十分感动，他觉得文焕与自己心灵相通，"君心料似我心"，同时又感到很过意不去："惠我好我，何以报之？"他更悟到李文焕的目的全在"殷殷造士，欲诸生知所趋向，尽归郭泰品题"。东汉名士郭泰为避祸而闭门教授，弟子达千人，提拔"英彦"六十多人。于是，李联琇觉得自己"绵力当酬"，决定应聘师山以"效草忠之吟"，做师山书院的"官烛"（公家的灯烛）。

李联琇于同治元年（1862）出任师山书院山长。曾国藩称赞他"迥宦海之征帆，主师山之讲座，仙云弥好，卿月自高"。

李联琇不仅是名声很大的高官，而且是博通经史的鸿儒、精通教育的大师。他的办学目标高远，提倡"后生要使前贤畏"，把荀子的"青出于蓝而胜于蓝"的观点融入办学目标，希望学生能够学习前贤、超越前贤，成为国家的栋梁之材。这是一个富于远见卓识的育人目标。为此，他紧紧抓住崇德敬业两个环节：

（1）崇德。他自我要求严格，任师山书院山长后，恪守道义，言传身教，坚持原则，"侃侃持正，不贬道取悦于人"；严于治校，学生以老师的教诲为圭臬，使学校的"气节文翰巍为世冠"。在教学过程中，对利义之辨十分严格，认为"临财而苟得者，临难未有不苟免者也"。他延见诸生，除谈论文章，还常与学生谈论立身涉世之法，总依于忠信，启牖劝迪，虚往实归，其培成品节之效，甚隐而大。他教育学生时，总"洗洮庸音，追轨前哲，谈艺必衷于古，教人必尽其才"。甚至在讲诗文时，也"力排佻巧，崇尚清真"。

（2）敬业。他教风严谨，循循善诱。李翊煌在李联琇《好云楼二集》的"卷首语"中谈到李联琇当时的工作情况：评骘试卷，每至丙夜，或未明而兴，秉烛校阅；不惮剖析义法，示以程规，虽列下等者，无不心服。对于诸生诗赋及诂经评史之作，别择矜慎，一字之疵，不少宽假；评语中间及考证商榷之词，累数十百言，足见其用力之深而用心之真。

同治三年（1864）冬天，李联琇回顾师山书院工作时，作诗一首：

吾宗循绩著师山，爱士心尤异等亲。
曾为黉门筹广额，更颁程畍动欢颜。
望深孙仅金华帖，会集袁都玉笋班。
三物兴贤由善教，不知蟾窟几人攀？

这首诗表达了大师对学生的挚爱和对书院的关注。他觉得自己这几年的业绩主要在师山书院，对师山生徒倾注了异乎寻常的爱心，除了教育兴贤、盼望生徒成才外，还为增加学额费尽心机，为生徒参加考试发路费。他高兴地看到了生徒中有一大批人像孙仅（宋真宗咸平元年状元）、袁都（唐李宗闵典贡举，所取多知名士，若唐冲、薛庠、袁都等，世谓之"玉笋班"。袁都为唐穆宗长庆四年进士）般的优秀。他尤其希望通过书院的培养，出现蟾宫折桂的大才。

李联琇学识渊博，品德高尚，善教兴贤，具有很强的人格魅力，以致侍坐生徒"奉公身教为圭臬，参与忠笃不少越"，因而"一时气节文翰，巍为世冠"。

同治三年（1864）秋，李联琇应曾国藩之邀，离开海门赴江宁钟山书院任山长。曾国藩在致李联琇的信中赞美其才德："以郑许之学、渊云之才、濂洛之传、正嘉之格，合之于一手，沛之乎寸心，洗涤庸音，追轨前哲，谈艺必衷于古，教人必尽其才。"并高度赞赏其在师山书院的业绩："为国储材，矩司空之家法；明刑弼教，践大理之世官。方资礼乐之风，以靖干戈之气。"并赞扬他："迥宦海之征帆，主师山之讲席。仙云弥好，卿月自高。"曾国藩认为李联琇按照孔子的精神为国家储备人才，修明教化，可振兴礼乐之风，平息干戈之气。曾国藩还特别强调，许多官员在太平天国声势强盛之际，"文成誓墓，录就归田"，以隐居自保，而李联琇虽"乞开缺就医"，却离开官场又投身教育事业。

师山书院有一批真正热爱教育、极力维护书院利益的教师。沈之瑾于光绪十年（1884）受聘为师山书院山长时，办了将近八十年的书院已经破旧不堪。同时他发现经费也已入不敷出，其原因是上下衙门报销、常年房费和节礼费等占了书院年收入的三分之一以上。为了维护书院的正常教学秩序，他毅然决定"裁汰浮费"，此举得到教师黄景仁、徐云锦、陈子兰、秦兆鹏、黄世丰、刘逢吉等人的支持，并联名"禀请当事"，结果"得如所请"，于是一下子"裁汰浮费"七百余串。沈之瑾用"裁汰浮费"后结余的钱填补亏空，为生童增加膏火费和花红钱，并修葺院宇，新建套房三间，使古老的书院再现生机。

3. 大才子涌现是师山书院办学成功之标志

师山书院办学成果丰硕，但要对其九十多年的办学业绩做出全面、准确的评估，确实很难。

书院草创初期，由于基础薄弱，经验不足，成功率很低。随着时间的推移，书院逐步走向成熟，学生的学习质量明显提高。李联琇在诗中已经提到"望深孙仅金花帖，会集衰都玉笋班"，表明师山书院的教育水平已经很高。光绪二十年（1894），张謇大魁天下，徐孚吉考中举人，海门历史上出现了"硕彦名儒，科甲联芳"的喜人景象。书院培养的人才很多，如才华横溢的诗人袁志筠，"志量阔远"、能任大事的举人沈云鹏，"风流倜傥，早擅文誉"的举人郁亮俦，貌似体弱而"下笔则思力胜人十倍"的举人沈仲旸等，而名声最大者是张謇、周家禄。

在此，我们简单地介绍一下周家禄。他禀赋聪颖，十五岁因作《牵牛花赋》被李联琇视为"奇才"。咸丰十年（1860）的一天，寄住在川港茅炳文家的李联琇偶然走进当地一个私塾，翻看学生的作业本，发现了《牵牛花赋》这篇佳作，大为赞赏，一定要见见习作的作者周家禄。从此，李联琇让周家禄登堂入室接受指导，帮他修改文章，赠送珍贵的典籍，两人甚至互相酬唱。李联琇离开海门后，两人依然书信往来。在李联琇和当时与李住在一起的另一位大学者叶裕仁的悉心教育下，周家禄的知识视野大大拓宽，学问长进很快。二十五岁中优行贡生，历署丹徒、镇洋、荆溪、奉贤等县训导；历主师山书院、白华书塾、湖北武备学堂讲席和上海南洋公学总讲席，对教育有诸多建树。他"风裁峻逸，行为君子，言为文章"，既是博通经史的学者，又是造诣很深的诗人。著作等身，共十三种，一百零二卷，有《经史诗笺字义疏证》《三礼字义疏证》《谷梁传通群》《三国志校勘记》《晋书校勘记》《光绪海门厅图志》《朝鲜国王世系表》《朝鲜载记备编》《朝鲜乐府》《国朝艺文备志》《反切古义》《公法通义》《寿恺堂诗文集》。顾锡爵赞赏他："无韵之文隽永如魏晋人，有韵之文上通骚人之清深"。他是个不可多得的人才，但如果没有李联琇的发现与青睐，没有叶涵溪在书院的精心培养，也难以达到这样的高度。他传承了李联琇、叶裕仁的思想、学识，又向众多学子传播他的思想文化，其价值不是一般的教学能算得清楚的。

再看张謇，他办学从小学、中学、大学，到多种职业技术学校，其对教育的贡献就称得上"伟大"；他留下雄文八册，六百多万字，其思想才学，扬名四海，泽被后世，仅凭这一点也足以永垂青史。

徐云锦是师山书院的学子，岁贡生，是一位不愿做官、终身从教的教师。张謇赞赏他："学道而不大夫，穷经而不著书。隙然大顺于里闾，而渊乎为宗于其徒。"他当教师注重道德修养，坚持因材施教，"各随所受之材以为浅深高下，故用力顺而收效常丰"。他终身授徒，成果丰硕，"从而成名者，前后数十百。虽至鲁钝，渐渍于先生之教，未有终弃于时者"。他不是显官鸿儒，却深受海门人民敬仰，周家禄赞他为"海门大师"，"以经义教授乡里，著录弟子数百人，弟子用其说转相教授亦数百人"。可见其影响之深远。

民国初期，海门县的议员及行政领导十之八九是师山书院学子，说明师山书院在政治上、思想上对海门的影响是巨大而深远的。

（二）东渐书院

东渐书院是清代通州除紫琅书院外的第二大书院。民国初年，张謇弟兄筹银三千元将东渐书院及其东侧的东岳庙改建为南通第三高等小学。通州通东地区后来划归海门，所以东渐书院对海门通东地区的教育产生了很大的影响，为通东地区培养了大批优秀人才。通东地区红军创始人仇建忠、俞海清、唐楚云、俞金秀、仇恒忠等及红军骨干数十人均毕业于由东渐书院发展起来的南通第三高等小学。

东渐书院于同治七年（1868）开办在余西场通源镇东街东岳庙西侧。

通源镇今属四甲，在四甲镇区的东南角。

主持建设东渐书院的是通州知州梁悦馨。其创办经费为：梁悦馨本人捐钱八百千，典商捐钱六百千，彭维聪、彭宝荣捐钱一千六百千，吕四、余东、余西、金沙四场盐商捐钱三百四十千，盘基墩荡田岁征租钱一百四十八千九百一十二文，另有时任协办大学士、湖广总督、一等肃毅伯李鸿章捐钱四百千。史载世居余中场的沈君芬（字芝轩）曾与通东五场士人姜炳垣等"于其乡建东渐书院，修复孔子庙廷，海滨文化自此兴"。因为通源镇原属余中场，乾隆初年方并入余西场。可见参与创办东渐书院者不仅有官、有商，也有当地的士人，而且正是这些人的努力，才使"海滨文化自此兴"。这是比较公允的叙述。

根据《通州土地志》的记载，东渐书院有土地（即学田）计六万二千七百五十步，折合二百五十一亩。这就保证了历年的办学经费。

东渐书院的命名，是因为此地"以东地近海滨，解诗书者十不得一，乃谋立斯院以促进文化焉"。《尚书》说："东渐于海，西被于流沙，朔南暨，声教讫于四方。"

关于东渐书院的史料甚少，这主要是因为民国二十七年（1938）日寇进犯四甲，侵占校舍，所有资料毁于一旦。目前我们可以确定的，担任过东渐书院山长的有孙赞清和范当世两人。孙赞清（1850—1901），字襄治，号穆如、行一，通州（今南通市区）人，1877年考中三甲第29名进士，经朝考列二等第100名，钦点主事，签掣户部福建司。他的伯父孙铭恩，道光十五年（1835）进士。咸丰二年（1852），孙铭恩去广东主持科举考试，回京时经过九江。这时太平天国军队已由岳州东下，攻陷汉阳。孙铭恩上了《江防十二事》的奏疏，朝廷将它下发给江南督抚施行。第二年，孙铭恩擢升为兵部侍郎，督安徽学政，驻太平（今属黄山市）。当时安庆已为太平天国军队占领，孙铭恩举办团练，捐廉为倡，激励绅民。咸丰四年（1854），已获准因父病请假回家侍疾的孙铭恩见太平天国军队进军太平，便没有回家，表示："城亡与亡，以明吾心！"城破后，他被俘至江宁被杀。死后赠内阁学士，入祀京师及安徽、江苏昭忠祠，予骑都尉世职，谥文节。在当时，孙铭恩被认为是以身报国的忠臣。作为孙铭恩的侄子，孙赞清"文节殉难后，一门孤寡，均赖照应，家境极艰"（李鸿章1893年致两江总督刘坤一函），这于公于私都是值得称道的忠孝品行。孙赞清后来恳求李鸿章请刘坤一给自己安排一个"书院馆席"之职。这样，他就放弃了六品京官的位子，来到穷乡僻壤的东渐书院任职。这件事本身反映出他对教育的热爱，也对海门尊师重教风气影响很大。孙赞清在"自挽联"中说自己一生"如临渊，如履冰，谨持数十年"，可见这是一个十足的正人君子。范当世在孙赞清去世后题写的挽联是:"严事吾亲三十年,卯角论交,敬任袁丝呼作弟;才去家乡一千里,皋比遽撤,愧从张载继为师。"从联中,我们可以看出,孙赞清作为范当世的朋友,将范看作了自己的兄弟,对范的双亲尊敬侍奉了三十年;就学问而言,范将他比作了宋朝的张载。张载学以《易》为宗,以《中庸》为体,以孔孟为法,因讲学于关中,被称为"关学"。孙赞清的道德学问是可想而知的。张謇的挽联是:"论交三十年,尊闻行知,不害合睽有同异;感时百六运,道丧文敝,更堪哀逝到亲知。"回顾与孙三十年的友谊,三十年中对他的"行知"评价很高,而他的去世,则使得"道丧文敝",表达了极其哀痛的心情。

接任孙赞清主持东渐书院的是范当世。范当世(1854—1904),初名铸,字铜士、无错,号肯堂、伯子,通州(今南通市区)人。早年即与弟范钟、范铠声名卓著,号称"通州三范"。曾九次参加乡试而落第,三十五岁后遂绝意科举。

范当世是晚清同治、光绪年间以诗名于世的大诗人。在当时,诗界往往庸俗地以官位来品定诗名,而范当世是完全不凭借诗外名位作为推力的本色诗人,在清诗史上占有重要一席,被视为同光诗派的代表。有《范伯子诗集》十九卷共一千一百零七首诗传世。同时,范当世师从桐城派大师张裕钊、吴汝纶,又是桐城派古文的重要继承者,他著有《范伯子文集》十二卷。

范当世的一生是从事教育的一生。

光绪三年(1877),范伯子二十四岁,受乡绅马次垣、江德纯之聘,坐馆授徒,这是他首次从事教育活动。

光绪十一年(1885),范伯子应吴汝纶之邀担任冀州武邑县观津书院山长,并执教冀州信都书院,前后有三年。

光绪十七年(1891),范伯子又应邀到天津做李鸿章的家庭教师四年,教李的第二个儿子李经迈。

范当世出任东渐书院山长是在光绪二十七年(1901)三月。在担任东渐书院山长期间,特别繁忙,他在给三弟的信中说:"东渐卷如山积,又楼(张师江)又病倒,学台按临在即,我每起即会客,有至天黑不休者……"但是,这时的范当世却在繁忙中感到了享受,他在一首诗中写道:"故技终莫捐,教授若醇饮。"

由于范当世出众的才学声名远播,光绪二十九年(1903),两江总督魏光焘以月酬二百金的高薪聘请他担任江宁三江师范总教习。范当世是个务实的、很负责任的人,他考虑再三,谢绝了聘请。此时他正与张謇等一起开创通州教育的新局面,在筹建通州高等小学,与张师江分任正副总办,他说他若一走，"就此则通州事永废"。再者，他认为："学生易教，教习难教；三江所考取教员皆乌合之众，而将用为师范之师，仗总教习一年之陶熔，至开学之时而分派。我无仙法，何以成功？"于是表示："吾故决不劳扰此事，安心在家阅课建学堂，兼定编书条例。"

范当世以满腔热情投入筹建通州高等小学。当时张謇正在创办通州师范学校，稍后，范当世告诉弟弟范铠："季直则独任私立师范学堂，……与吾所为官绅合办之通州小学堂相足相成，……然师范学堂，我亦任出力也。"又说："我请以东渐书院改为东渐小学堂，事归磐硕（李审之），则吾馆亦即推与之。"范当世和张謇，一个是科举的失败者，一个则登上了科举的顶峰，然而他们在废科举、兴学校，挽救民族的危亡这一点上是完全一致的。范铠曾经论及："张殿撰（张謇）志实业以兴民利，当世志教育以正人才，其勤心于其事也，皆极憔悴专一，多方以求济。推其诚之所到，惟孝子之奉病父，始足相喻焉耳，然皆远于荣利而畏于昏浊。"共同的志向使张、范两人成了亲密的战友。光绪二十九年（1903）四月一日，在通州师范学校开校典礼上，张謇特地请范当世代读演说词，而此时病情已经严重的范当世竟也不能卒读。《南通县图志·教育志》说："吾邑二三硕彦起力为之，若范当世以毁疾毕力成高等小学校于邑城，……"通州高等小学在于通州师范学校开校当年八月开工，光绪三十一年（1905）冬竣工，令人扼腕叹息的是，范当世没有能看到他为之呕心沥血的这所学校的诞生，已于一年前病逝了。

范当世终生从教，教育经验十分丰富，并且逐步形成了自己的教育思想。

范当世认为教育是富国的先务，"立国必资乎人才，而培才当始于子弟；立教必遍乎中国，而变国莫先于秀民也"。

他在《通州小学堂宗旨》中明确提出将"智育、德育、体育"全面发展作为新学教育之大纲，"凡为学堂之大纲有三：智育、体育、德育是也"；"凡为智育者，智之事也；凡为德育者，仁之事也；凡为体育者，勇之事也，此《中庸》所谓三德也，而且有书数焉，智育类也；有礼乐焉，德育类也；有射御焉，体育类也，此孔子所谓六艺也"。这是对当时封建科举制度的一大挑战和否定，是对经世致用之学的提倡和支持。"三德之所弥纶，六艺之所扩充，而一义行乎其中焉。一义非他，忠爱是也。去家庭之教育，受国家之教育，凡以为国家用也。修身入群，以讲求一群之公理，而后可以敌他人之大群，此在各国之立学莫不皆然"，提出了"一义"即是"忠爱"，"受教育"是"以为国家用"，"以敌他人之大群"，阐明了教育与爱国的关系，表达出他的爱国主义思想。他以自己"我亦数十年读书之人，曾无一二端为国之用"的痛苦经历，告诫学生应"开通良知，以受众美，毋若俗士矜惜旧习而塞新机"，使自己成为于国家真正有用的人才。

早在第一次坐馆授徒时，范当世便针对学生年龄大致在十七八岁、文化程度较高的特点，制定了塾馆《功过格》，主要涉及五个方面的内容。一、读书必须有规矩；二、读书时应少言，以免既浪费时间又增添误会；三、读书应时刻将父母放在心上，能做到者必然成器；四、读书应尽量吸取对自身有益的知识，不能敷衍了事；五、读书应讲究真才实学。对于这五个方面，范当世是以赏罚分明的制度来落实的，学生可以犯错，也可以通过认真读书来消除过错。首先他倡导孝悌、习礼、养心等传统美德修养，在学生读书上，既有奖励，又有处罚，但是最终的目的在于激励学生上进，督促学生形成良好的思想品格，并且赏罚分明的形式可以在很大程度上激发学生读书的兴趣。

范当世对科举制度下的语文教学进行了猛烈的抨击，他在《聚学轩丛书序》中写道："吾国开通至四五千年，被文化者不过百一，而全国之民至今犹沉沦于暗昧之域，则岂非文深之过耶？"他认为科举制度下的教育所学内容文深叵测、空疏无用，考试内容也只是注释一些经学章句，这样的教育考试制度已远远落后于现实，语文教学非改不可。范当世身体力行着语文教学改革。在阅读教学方面，范当世在塾馆讲授之内容，与当时官学、书院相差无几，学生所学之书有四书、经书、四子书、《易知录》、诗、文等，但范当世在教授时以读解原文为主，"读四子书，分章理会，不读注"，强调教师在教学中一定要有自己的见解，不要为注牵制。他强调动手与动脑相结合，常常让学生手抄课文。在阅读内容上，范当世认为那些"高明卓见之士，文语周秦，诗称汉魏，厌薄近古文字，以为无足观焉者"的看法是不正确的，而应引导学生读一些有用之作。在作文教学方面，范当世已经开始注重经世致用之学，注重诗的修养与文的写作，强调每日必课诗，并经常出题作文，他的作文题目与现实比较接近，他曾经给弟弟范铠出作文题《人无远虑》，这个作文题目紧密联系了现实。可见范当世在早期从事教育时，就已经开始摆脱当时盛行的八股文，要学生不落俗套，求真才实学。特别值得一提的是，作为诗人的范当世在阅读和作文教学中注意贯穿美学思想，通过阅读美文来陶冶心灵、培养情操，并用优美的诗文来写景绘形、抒情言志、铺陈赞颂、雄辩论说，在美丽的汉字中，加入确切的负载，加入作者的审美意趣和复杂精神活动，把玩、品味诗文中不尽的意蕴。在语文教育的方法方面，他注重赏罚结合。范当世在《功过格》中明确规定，"犯错记过一次，有读书、文、字三功方准兑"，意思是说，犯了错误，可用读书、作文、写字来消解："一日读书好记一功，这功过准兑。"范当世的教育是非常符合学生的身心特点的，一方面允许学生犯错误，另一方面又可以通过认真读书来消解，这样赏罚分明，激发学生的阅读兴趣。

范当世具有高尚的教师职业道德。他曾经在《日记·凡例》第六条写道："授徒为穷居事业，既应聘受贽，食人之食，虽蒙必忠。"

张謇为海门树立了读书成才的榜样

张謇是海门农家子弟通过读书进入士大夫行列的典型。后来他为了挽救中国危亡的局面，毅然以"舍身喂虎"的牺牲精神投身实业，并在实业取得成功的基础上大力兴办教育，成为中国早期现代化的先驱。进而主张改变国体，倡导君主立宪，推动民主法制与地方自治；辛亥革命爆发后，作为务实主义者的张謇，理性地面对现实，与时俱进，迅速顺应潮流接受民主共和，并且利用革命时机推进自己所主张的政治体制改革。

就教育而言，张謇对于海门的贡献，第一是"海门有小学自常乐始"，他是第一个在海门创办新式学校的人；第二是他以自身的经历告诉人们，勤奋读书关系到一个人一生的命运；第三是他以自己的行为为人们树立了一个尊师重教的榜样。海门人以有张謇而骄傲，也用张謇的事例作为教育子女勤奋读书、尊敬老师的活教材。

那么，张謇的成才之路是怎样的呢？

张謇于清咸丰三年五月二十五日（1853年7月1日）出生在海门常乐镇。他的祖父张朝彦在父母双亡后因为"不治生计"和被人引诱而纵情赌博，把家产败光，在穷困潦倒之余入赘做瓷器生意的吴家。然而，跌入社会最底层的张朝彦并不气馁，他开始边租田种地边兼做瓷器生意，生活逐渐富裕起来。但不久，家庭又遭变故，张朝彦重新沦落为穷人。张謇的父亲张彭年继承了这种本（农）末（商）兼营的传统，成为一个富裕农民。

重视读书是张家的好传统。张謇的祖父张朝彦一直把书读到十六岁那年，因为母亲病逝才不得不辍学。张朝彦自己让儿子读了很多书。张謇曾说："是时家承中落，吾父岁十九，佐先大父田作，稍稍能自给。"一方面是家庭经济拮据，而一方面却还在让已经成年的儿子读书，这在当时当地绝对是个特例。后来张謇又在《述训》一文中补充道："先君幼慧，喜读书，极为塾师静海丁先生（遗其名，诸生）所爱，而先祖恒督之治田。间逃至学，先祖必怒责曰：'家贫口多，不耕胡食？父暴中田，而子坐清凉之屋，可乎？'丁先生为之请，乃定半日读书，半日耕田，读竟《诗经》，能属七言对即止。"张朝彦逼迫儿子辍学，只是因为无法面对"不耕胡食"的残酷现实。张謇的父亲张彭年也十分重视儿子的读书问题，所以张謇弟兄四人从小就开始读书。张謇四岁时，父亲就教他识《千字文》；五岁被送到邻居邱畏之的私塾,到十一岁,已读完《三字经》《百家姓》《神童诗》《酒诗》《鉴略》《千家诗》《孝经》《大学》《中庸》《论语》《孟子》《诗经》等书。书虽读了不少,但乡村塾师主要是让学生死记硬背,教属对不仅不讲四声,连平仄声也不区分。而那年,张謇竟能"以'日悬天上'对师所命'月沉水底'",父亲十分高兴,认为他是个读书的料,于是决心让他走科举入仕的道路来提高自己这样的小户人家的社会地位。第二年,父亲在住房后盖了三间草屋,供张謇弟兄读书,室外有五棵柳树,就将草屋命名为仿陶书屋。父亲咬紧牙关,聘请西亭老秀才宋蓬山来家中教儿子们读书。宋蓬山检查张謇弟兄学业,发现"音训句读多误",于是命他们从《大学》《中庸》《论语》《孟子》开始,换了新书重读。有时还结合《三字经》《四字鉴》《千家诗》讲历史故事,教属对则授以四声。张謇的学业有所进步,又读了《诗经》《尚书》《易经》《孝经》《尔雅》《礼记》《春秋左传》等书,学习做五七言诗和试帖诗,到十三岁,就能够"制艺成篇"(写应试的八股文)了。有一次,先生举"人骑白马门前去",张謇对以"我踏金鳌海上来"。父亲觉得这是一个好兆头,预示了张謇金榜题名、光宗耀祖的灿烂前程。但是张謇也像其他孩子一样贪玩,有一次他和弟兄们见老师不在,就丢下书本去玩了。父亲发现后,要他们都去田里锄草。时值盛夏,"日暴背膊如炙,面赤而痛"。晚上回到家,父亲问他们:"读书和锄草,哪个苦?"又说:"父亲这么苦,而供儿子享乐。你们懒惰贪玩,怎么做我的儿子?"这件事给张謇留下了深刻的印象。父亲作为一个普通农民,他与一般富有的士族大家不同,有时还要儿子们随雇工在棉田锄草,在家中建房时帮忙做杂工,而且在这方面要求相当严格,"于砌墙每层将合时,尤令注意需砖之度,相其修短厚薄,检以畀工",以锻炼儿子的眼力,同时又防止工匠造成浪费。张謇的父亲对老师非常尊敬,"必朝夕起居致敬礼","于其饮食起居忠敬有加"。他还要求张謇弟兄为老师洒扫侍应。当得知宋蓬山先生在西亭病卒后,他便带着张謇兄弟星夜赶去奔丧,并承担所有丧葬费用。所有这些,对张謇一生都产生了很大的影响。

张謇的家庭条件只能供得起一个孩子走科举道路,因为张謇在弟兄中表现突出,所以决定培养张謇。宋蓬山病卒后,父亲命十四岁的张謇去西亭跟宋蓬山之侄、秀才宋紫卿学习,并膳宿在宋家。后来,张謇在学习中遇到问题时,也偶尔向宋蓬山的儿子、举人宋璞斋请教。张謇十六岁开始进入科举考场,但是张謇家没有人考上过秀才,被称为"冷籍",要应试往往会受到学官与保人相互勾结的多方勒索。为了避免种种刁难敲诈,张彭年、张謇父子在宋璞斋先生的误导下,经人介绍,让张謇冒充如皋人张驹的孙子,并改名张育才在如皋应试,议定院试录取后付给二百串酬金。张謇初上考场，县、州试都顺利通过了，但州试成绩却在百名之外，宋璞斋斥责他说："如果有一千人应试，名额是录取九百九十九，唯一不取的就是你！"张謇羞愧至极，在窗户和帐顶上都写了"九百九十九"五个字，用以鞭策自己；睡觉时将两根短竹放在枕头的两侧，稍一翻身就被惊醒，惊醒后立即起来读书。每夜读书"必尽油两盏"，看见"九百九十九"往往泪如雨下。夏夜蚊虫叮咬，他把双脚放在坛子里。经过发愤努力，院试终于被取中第二十六名附学生员，成了秀才。本来，按预先约定，张謇付完如皋张驹二百串酬金就完事了，但谁知张驹及其兄张驹、侄张镕相当狡诈，除索取"学官认派保廪生费及其他费银一百五十元"外，又到张謇家坐索八十元，还要二百二十元作为酬谢，而其他敲诈者也乘机纷至沓来。之后五年之中，张謇全家受尽敲诈凌辱之苦，不仅弄得几乎倾家荡产，而且张謇多次被如皋张家串通学官、董事反诬陷害，甚至曾被"管押"将近三个月之久。张謇二十岁那年因为害怕被如皋官吏拘押，穿着破鞋，手提灯笼，深夜冒着风雨仓皇逃出如皋。当时如皋刚疏浚了城河，河边的泥淖深二三尺，张謇足陷泥淖，难以自拔，三里路程竟走了三四个小时。外雨内汗，襦裤尽湿，足泡累累。这时他怒火中烧，甚至产生了持利刃斫杀仇人的念头，然而转念一想这会连累父母，不值得与鼠头并碎，遂又作罢。在张謇被困于冒籍案的时候，正如他后来自己所说的"外避仇敌之阴贼，内虑父母之忧伤，进亟学业之求，退念生计之蹙，时在海门，时至如皋，时至如皋之马塘，时至通州，一岁殆鲜宁日"。但是，张謇一方面不顾个人得失，向江苏学政"自检举被罔之误，请褫衣顶归原籍"；一方面又不耽误学业，有时从西亭回常乐，还抓紧时间向徐云锦先生请教学问。幸运的是，张謇的品格、才华和苦读精神赢得了一些正直上层人士的认识和赞赏。师山书院山长王崧畦、海门厅训导赵彭渊（字菊泉）、通州知州孙云锦先后向这个农家子弟伸出了援救之手，张謇并得到江苏学政彭久余的同情，其间几经周折，几经磨难，到同治十二年（1873）经礼部核准，终于改籍归宗，了结了此事。这一年张謇二十一岁。这场"冒籍风波"，使张謇的家庭受到了洗劫性的打击，负债达一千两之多。冒籍案让张謇切身体会到社会的黑暗和世态的炎凉，也感受到了一些爱惜人才的贤达的爱护真情。冒籍案让张謇充分认识到作为普通农家子弟的读书之难，为了争这口气，他立志苦读。他在晚年说到科举一事，就曾说："余实一寒士，幼时父母辛苦劬劳，所得仅足敷培植余一人之用，自觉所处困顿异常，无日不在忧患之境，故无时不用功。"科举一事，就是在这样的情况下，"以少年意气得之"。所以，陷入冒籍案中的张謇，十八岁那年还考得科试一等第十六名的好成绩，取得了乡试的资格。

张謇十九岁离开西亭,回到海门拜海门厅训导、举人赵彭渊为师,同时到师山书院学习,并回常乐请教徐云锦。赵彭渊是张謇遇到的第一位高明的老师。张謇一开始从赵彭渊先生学习时,"先生令尽弃向所读之文,以桐城方氏所选《四书文》及所选明正、嘉、隆、万、天、崇文授读",首先是选对了教材;而"每课艺成呈阅,则乙抹过半,或重作,乙抹如前",其次是几乎一而再、再而三地否定了张謇的作文。这说明赵先生对张謇过去所受的教育和此时张謇的水平是非常不满意的,几乎一切从头开始。经过赵彭渊的教育,这一年,张謇参加院试,据学政说"文可第一",只是因为学籍还在如皋,为"避众忌",所以取为一等第十一名。到第二年冬天,张謇的学业取得了更加明显的进步,赵先生对他的作文"有所许可",师山书院山长孙寿祺则总是将他的作文置于前列。又过了一年,张謇得到科试一等第十五名的好成绩。在跟赵彭渊学习的三年中,张謇着重研读了《朱子大全》等宋代儒家的著作以及《通鉴》《三国志》和方苞、姚鼐等桐城派学者的作品。不仅如此,赵彭渊还不断地勉励张謇认真读书,努力走科举之路。赵先生对张謇说,"出头之路,可以救贫;否则作几句散体诗,习几句应酬话,终不足以报亲师之恩,副戚友之望也","无事便读书,勿得因贫而短气。子早得腾达去,则予心慰矣"。赵彭渊总是"谆谆以努力读书为勖","谆谆以韬晦浑厚为勖"。赵彭渊是张謇在成才道路上遇到的起着关键作用的恩师。后来张謇、周家禄等为了纪念赵彭渊,在海门学宫建造赵亭。张謇题赵亭联的序中说"余从之游,提撕奖假,唯恐不至,三年未收学费一文",故而上联云"人通利则思其师,几席三年,潦落何堪高第列",没有赵先生的三年教育,一个"潦落"的张謇怎么可能名列高第,状元及第,大魁天下呢?张謇说的"潦落",当然既指自己没有学识,也指缺乏志向。对于攀登科举顶峰的张謇来说,此二者缺一不可。而赵彭渊正是在这两个方面给了张謇关键性的影响。正因为如此,张謇考取状元后首先想到的三个对自己寄予厚望但已过世的人中便有赵彭渊,当时"感母与赵(彭渊)、孙(云锦)二先生之不及见,又感国事,不觉大哭"。

由于家庭的贫困,二十三岁的张謇出外谋生,被孙云锦邀到江宁发审局任书记,从此开始了他长达十年的游幕生涯。孙云锦是个十分爱惜人才的好官,自从在通州知州任上为处理冒籍案发现了张謇以后,对张謇一直呵护有加,张謇也将他看作恩师。发审局的公务不多,孙云锦让他伴同自己的两个儿子读书,而给张謇的月俸竟有十金。同时,在孙云锦帮助下,他认识了正在江宁的一些国内知名学者,如钟山书院山长李联琇、惜阴书院山长薛时雨、凤池书院山长张裕钊以及洪汝奎、杨德亨等。张謇投考了钟山书院、惜阴书院和凤池书院。张謇跟李联琇学习"治经读史为诗文之法",他还按照李先生的指教"作书学拨镫法";他向张裕钊学习"古文法",跟其学习"治古文",张先生"命读韩昌黎须先读王半山";洪汝奎答应借书给他看,并告诫他"须耐烦读书,耐苦处境"。其中以桐城派大师张裕钊对张謇的影响为最大。在张謇即将参加乡试前,薛时雨"坚嘱场前勿多访友,勿读闲书,一以凝文心、养文机为主",且再三对张謇说:"于子期望最切,勉旃!勉旃!"听了这位恩师的嘱咐,张謇曾十分感慨地在日记上写道:"噫!不才安得培九万里风,扶摇直上,报我生平知己耶!"乡试结束以后,张謇将自己的乡试文章先后呈给薛时雨、李联琇,先得到薛时雨"赏誉",随后又"至李师处,师之所赏,与慰师(薛时雨,字慰农)略异;师之所论,与慰师多同"。张謇在拜见李、薛两位老师时,"李师久谈,期望至深,感不可状,而慰师尤甚"。有一段时间,薛时雨还让张謇住到惜阴书院,随时关心他的学业。有一次,张謇和张裕钊同行,他看到张先生在颠簸的骡马车中掌握牙管悬空练习书法,前辈的专勤精神使他终生难忘。张謇二十五岁时,因科试四场均为第一,补为廪膳生。来到江宁这个东南文化中心、人才荟萃之地,张謇这个原本孤陋寡闻的乡村秀才,进入了一个广阔的天地。他如饥似渴地向名师学习,逐渐摆脱制艺文章的狭隘格局,接受了桐城派合义理、考据、辞章为一炉的治学宗旨。同时,张謇协助孙云锦处理公务,接触社会,他的视野扩大了,阅历得到了明显的增长。

光绪二年(1876),在孙云锦调离江宁后,张謇被淮军将领、庆军提督吴长庆邀入军幕。吴长庆是一名著名的儒将,平生轻财礼士,对张謇尤为看重,只要他"治机要文书,不以他事混,俾致力制艺",并"为特筑茅屋五间于其后堂,为读书兼治文书之所",发给月俸二十金。张謇在吴长庆幕中闲适而又平静,有了一个读书的好机会,他利用这个机会读了很多书。吴长庆的部队驻扎在浦口,张謇仍可经常渡江去江宁城里向名师请教学问。吴长庆幕中聚集了一大批青年才俊,军中平日无事,张謇和他们在一起互相酬唱,切磋学问。张謇的学业进步很快,受到沈葆桢、夏同善等颇有名望的督抚、学政的赞赏。张謇二十八岁时,参加由总督、巡抚、学政三院会考优行生试,取得第一名。学政夏同善教导张謇说:"科名不足轻重,要当多读书,厚根柢,成有用之才。"沈葆桢也具体指导张謇"文不可但学《班书》,当更致力《史记》"。

光绪八年(1882),三十岁的张謇随吴长庆赴朝鲜平乱。这一年正值乡试,张謇的同事们都返乡应考了,唯有张謇因母丧循礼不得参加考试而独自留在军中。吴长庆要张謇为他"理画前敌军事",成了吴长庆的"参谋长"。张謇在这次平乱中表现出了卓越的军事才能,吴长庆称赞他"赴机敏决,运筹帷幄,折冲樽俎,其功自在野战攻城之上"。平乱之后,张謇又写了《朝鲜善后六策》，提出了朝鲜战后的治国方略，显示出他非凡的政治才干。年轻的张謇自此名动天下，成为封疆大吏们争相延揽的对象。但是张謇推辞了李鸿章、张之洞等人的邀请，也没有接受吴长庆等人的保举。吴长庆为此感慨地对人说："张君在军中将近十年，淡于功利"，"辞却再四"。光绪十年（1884），吴长庆病逝，幕府宾客星散，有些人不顾宾主情谊，在行前企图多索银钱。而张謇感念与吴长庆的十年旧义，悼痛不已，并通宵达旦，为之料理后事。之后，回到了家乡常乐。

张謇经过十年游幕生涯的历练，加上他在名师指导下坚持勤奋读书，学识和才干两方面都有优异的表现，特别是赴朝平乱以后，在军事、外交上都积累了经验，使他超越了一般文士，逐步跻身于当代名士行列。在此期间，张謇又得以接触到一些上层人物，如翁同龢、潘祖荫等，受到他们的赏识；又结识了周家禄、朱铭盘、范肯堂、郑孝胥等许多文士，也与袁世凯有了接触。但是张謇的科举道路却很不顺利，他从十八岁开始参加乡试，虽然科试、会试屡屡取得优异成绩，可至此已经三十二岁，五次乡试竟都是名落孙山。然而张謇仍然认准了科举是正途，而且仍然十分自信。

回到家乡的张謇，在家乡待了十年。光绪十一年（1885），他赴顺天府参加乡试，终于以第二名的好成绩考中举人。张謇决心继续努力，更上层楼，可是接下来先后四次参加礼部会试，结果都与进士无缘。张謇没有放弃在科举道路上的继续奋进，但是他又不同于一般醉心于功名利禄的庸俗士人，此时的他已经成长为一个务实、进取、事业心很强的人才。他不断参加科举考试，与其说是追逐功名，倒不如说是谋求成就一番事业的手段。所以在家乡十年中，他凭着已经具备的为家乡办事的身份和条件，积极参与经营乡里的活动。他办理通海减捐，与通海商人建立了密切的关系。他提倡改良和发展蚕桑事业，力图为农民找到一条新的生路。参与筹办滨海渔团，准备反抗法国海军的侵犯。他提议建立社仓和平粜放赈，预防灾荒导致的饥民无食。他还随孙云锦去开封治河救灾。此外，他还热心于教书与著述，应聘主持赣榆选青书院并兼修县志，主持崇明瀛洲书院，修《东台县志》，致力于学术著述。这时的张謇，虽然没有官职，也缺乏金钱，但声望已经高于他的实际社会地位，已经具有乡绅的地位，并且能运用自己的学识、阅历和才干谋求家乡经济、文化的发展。他走出了通海士人群体的狭隘天地，增强了与商人群体的联系，周旋于军人与地方中下级官员之间，扩大了他生活和思想的范围。这为他后来登上科举顶峰和政治舞台打下了基础，也为他后来的实业救国准备了经验和支持力量。尽管在此期间，张謇三次参加礼部会试都失败了，但事实上他已经成为一个罕见的人才，诚如当年江苏学政夏同善告诫他的："科名不足轻重，要当多读书，厚根柢，成有用之才。"光绪二十年（1894），四十二岁的张謇终于大魁天下。

张謇用大半生的时间和精力，走完了科举道路。他理当做官，并且一步一步爬上去，然而面对国家危亡的局面，他毅然走上了实业救国的道路，而且因此名垂青史。

张謇的成长之路给予人们许多有益的启示。海门一代代父母用张謇勤奋学习、锲而不舍的精神，用张謇尊敬老师、终生不忘师恩的品德，教育自己的子女。海门的老师们从中体会到教师的光荣和责任，在工作中既认真教书，也关心学生的思想和生活。海门人都认识到一个人的成才不仅仅是死读书，还要在社会实践中磨练自己。而尤为重要的是，张謇的成才之路，以活生生的典型说明了一个道理：农家子弟接受教育，并且通过努力奋斗，也能够成为有用之才，也能够改变命运。这对海门人尊师重教好风尚的形成产生了极大的影响。

私人办学促进了海门教育平民化

古代海门的私人办学形式，主要是私塾。《海门市志》记载了明代包场一地的私塾情况。其实，私塾在海门是遍地开花的。一般农民大多并不敢奢望家里能出秀才、举人，只是因为读书识字是海门的风气，所以总是要送自己的孩子到私塾"开蒙"。塾师大多是科举落第、仕途失意的清贫知识分子，也有一些读过几年书初通文牍的人，借以养家糊口。如张謇的"开蒙"老师邱畏之，因为张家与他"居近而交亲"，所以"脩金视他儿逾倍"，于是他唯恐张謇弟兄"他适"，也正因为"脩金"多，因而"馆课故轻"，把学习时间拉长，到张謇十一岁，"止读《诗经》，试对四字，尚不晓平仄"。当然水平也成问题，教了张謇七年，"音训句读多误"，属对"非特不知四声，并平仄声亦不了解"。这种情况在当时是很普遍的。但是，这些教书先生还是受到了人们的尊重。据传张謇每次回常乐，总是先到邱先生坟上叩拜，然后才进家门。人们对从事教育的秀才当然倍加尊重，他们往往被富户聘为家塾老师，专门为富户培养下一代走科举道路，因而被待为上宾。秀才赵师鼎在本宅所开的私塾名气很大，影响甚至远及通州沿江一带的沙地。《海门市志》说的"辛亥革命后，民国政府多次下令关闭公学周围三里以内私塾"，正好可以作为"私塾在海门遍地开花"的佐证。

清代末期，一些先进的知识分子认识到立国的关键在人才，人才的关键在教育。而科举考试将选官作为单一的目的，重经史，尤重八股文，严重阻碍了西学的传播和各类人才的培养。海门优贡周家禄在1898年写的《答问科举》中说，"今中国学校之当变通旧法以济时弊"，"若沾沾墨守旧法，欲以时文、试帖衡量一世之才而济当今之世变，虽使周公掌铨政，孔子为试官，亦末如之何也已矣"。在《答问学校》中说，"今之民五（士、农、工、商、兵）莫不当学乎"，"农而不学，故美国农产每年值银三千一百兆，俄国一千八百兆，而中国仅三百兆。工而不学，故美国每年自创新艺报官领照者二万二百余事，法国七千三百余事，英国六千九百余事，而中国无有。商而不学，故英国商务价值二千七百四十兆，德国一千二百九十余兆，法国一千一百七十余兆，而中国仅二百十七兆。兵而不学，故甲午之役，水师军舰九十六艘如无一艘，榆关防兵三百营如无一营"。周家禄本人则早在光绪十八年（1892）就筹划在其出生地川港创办一所学校，拟参照上海梅溪书院章程讲授经解古学，"以经史地理算学课教里中子弟"。最后在光绪二十八年（1902）与刘桂馨等办成了南通地区历史上第一所小学——白华中西书塾。周家禄作为一名学者，创办这所学校是非常艰难的。他在《白华中西书塾条规》中说："本塾并无长款，亦未募捐，量入为出，勉力试办"，所以"规模由小而大，章程由疏而渐密，用款由啬而渐丰"。他将培养目标定为"肄习西文以储译才、使才"，"现在经费支绌，先授英文，日后再加授俄、日二文"。教学内容为"中西并授，要以中文为主，兼习历史、算数、舆地、图绘、体操"。教学方法是"中西文皆主讲解，不主背诵"，"讲解以文熟义明为主，不许含糊了事"。对于学校的管理，也做了十分严格的规定，如"学生不准吸食水、旱烟及朋聚饮博""自膳生不得无故上街""自膳生均先一刻到塾，随班上堂，不得先后参差""学生家有事故应请假者，由父兄告知事由""学生相处，少长之间宜各存敬谦"，等等。其后，为了"考求西学，以冀转移风气"，周家禄决定创立通今学会，并议扩充白华书塾，更名为通今学塾，"专课西学，为江北各郡邑倡"。他以江阴南菁书院得到两江总督左宗棠经费支持，"不及十年，人才蔚起"为例，希望通今学塾也能得到官府的支持。他甚至说，南菁书院"考古之功多，通今之用少，论者以为憾事"。可见周家禄是希望将之办成一所能够适应当时需要的全新学校的，只是没有得到官府应有的支持，而他本人又无力解决办学经费问题，他的理想未能实现。

由张謇、周家禄等人创办新型学校开始，海门的私人办学形式由私塾发展为私立学校。

张謇认为，"强国必先智其民，智民必先普其学，普学以初等小学为最亟，以师范学校为最先"。但是，他于1902年4月7日和8日向两江总督刘坤一阐述这一观点并提议先办师范和中小学时，虽然得到刘坤一本人的认可，却遭到了江宁藩司吴重憙、巡道徐钧树、盐道胡延等人的阻挠，刘坤一左右为难，叹息不已，表示"此事难办"。于是张謇回到南通，靠自己的力量创办了中国第一所民办师范——通州师范学校。1904年7月，张謇按初小教师标准培养的通师讲习科学生毕业，于是决定在常乐镇设立一所初等小学。当时张謇经济拮据，正如他自己所说，"一家之力既营师范，又营小学，实亦难于兼顾"，但张謇终于千方百计地将学校办成了。

解决校舍 张謇根据朝廷一再下达的准许改用庵观寺院办学的谕旨，决定利用常乐镇东的关帝庙办学。关帝庙即今张謇纪念馆内古银杏树所在的地方。早在1897年，因为张謇、张詧弟兄在这里设立社仓，劝募储粮，存丰补歉，预防饥荒发生，所以曾经对其进行修缮。此时庙有三进，大门外另有厢房。张謇决定腾出最后一进作为教室和温习室，中进的西偏殿用来接待客人和建厨房，第一进的戏台和楼房用作寄宿生的宿舍。中进的正殿、东偏殿，第一进的东楼上下以及大门外的东厢房，仍旧放神像。又在庙外买了十四步五分边隙地，建成食堂三间、浴室和厕所三间，腾挪出了神龛、僧房、公所的九间房屋。这样，既解决了校舍问题，又没有影响关帝庙原先的功能，不至于引起人们的反对。至于操场，则是将社仓的晒场填筑修补了一番，就作为操场了。

筹集经费 当时张謇估计建房和备制教室、厨房、食堂、宿舍的杂物，教学标本、器械等，共需银一千五六百元。张謇在所办的小轮公司大生轮船近三年的余利中拿出银九百元，其余由张謇、张詧弟兄两人捐助。张謇估计购买用于建房的十四步五分土地和所需沟东一百二十步边隙地，加上开挖填补工资，并买旧屋一间，共需银一百二十元。这笔款项请常乐镇董事杨点、沈祺协助在二十八圩内募集。张謇说，募集这笔款子，"欲使凡长乐社仓所系二十八圩之人，咸识教养乡里为众人各应分担之义务，藉明公理而开民智"。至于开办后每年的费用五百六十余元，除收学费外，还缺三百五十余元，仍由大生轮船每年余利及房租等收入开支，不足部分仍由张謇、张詧弟兄两人承担。可见创办这所学校的绝大多数经费来自张謇所办企业的利润和张謇、张詧弟兄的捐助。但为了让众人懂得兴办教育的意义，共同关心海门第一所小学，张謇特地动员大家捐资，并将学校定名为长乐镇公立初等小学校，其良苦用心可见一斑。

制订规则 张謇办事，一向十分严谨。在办学之前，他就经过深思熟虑，制订了包括教员规则、学生功课考核规则、校舍规则、教室规则、体操场规则、礼仪规则、放假规则、食堂寝室盥饮栉沐所规则、溷厕规则、夫役规则、赏罚疾病规则、接待外客规则在内的一系列规章制度，学校在各方面均有章可循，从而保证了学校一切都按高质量、严要求的标准运行。

聘用教师 学校建成后，由张謇、张詧担任校长。他们对于教师的要求很高，一方面要求教师以主人翁的姿态，"同担教育义务，一切校事宜协同商酌"；一方面又要求教师必须按照"普及教育，养成一乡子弟具有国民知识"的办学宗旨进行讲授，并且"按所定日时上堂讲课，毋得旷废功课，贻误学生"。如果"不实力任事"，就"由校长察实辞退"。在办学的前两年，张謇、张詧先后聘用了南通师范讲习科的毕业生施揆之、茅炳元、黄汝霖任教。第三年，南通师范开始有了本科毕业生，又先后聘用了黄钧、施霖长、李云、王能仁来校担任教员，之后还聘用了苏州师范预科毕业的黄善同、太仓中学毕业生刘师厂。

招收学生 这所学校学制规定为五年。按照清政府规定，初小学生入学的年龄不得高于14岁。但在这之前海门并无小学，考虑到这一实际情况，学校的招生年龄在五年内变通为7岁至18岁。第一年招生的结果，平均年龄为15岁。第一年决定招生25名，生源范围是学校所在的二十八圩，如招不足，"则他乡之人补之"。由于新生国文程度不一，开学后经过测试，被分为甲班和甲前班两个班。张謇的目标是普及教育，"凡附近校舍之儿童在12岁以内者，概令上学"，所以学校"先编学龄簿"，如一时由于名额限制，则"先令年长者入学，幼者次年入学"。学费的缴纳，根据学生家庭经济情况，规定每年分别为2元至6元（后来逐渐减少到1元），而由学校承担其中的60%，贫困者全免。学校规定，"有不美之名者"入学，必须由家长"具悔过更始书"，再犯即令退学，并上报海门厅署并转呈省学务处；学生在校应该穿布衣，颜色"以蓝、灰、元、青、黑、白为贵"，"有不正不雅之服饰、形状者，不得入学"，并且注明其中包括"高领、窄袖、花鞋、松辫、刷髦之类"。所谓"刷髦"，就是在头发上涂油，作为男孩，当然属于怪癖了。

设置课程 学校一共开设五门课程：修身、国文、算术、图画、体操。五门课程显然是按照德育、智育、体育三个方面的要求设置的，这是张謇一贯的教育思想。就文化学习的内容而言，包括了最基本的语（国文）、数（算术）两门，再加图画，以培养学生的兴趣和爱美之心。其中国文的内容非常丰富，包括识字、读经、写字、读文四项。而读文一项，张謇又学习日本寻常小学的做法，将历史、地理、物理合为读本，以扩展学生的知识范围。

这是张謇创办的第一所小学，张謇特地为它写了校歌。因为社仓和学校办在一起，社仓是为百姓救荒，学校是为百姓子弟开智，所以张謇在校歌中说，"父老勿愁荒，儿童勿愁伧（鄙陋无知）"，"大家爱国先爱乡，长乐之校真堂堂"。

由于张謇的精心筹划和悉心管理，这个海门的第一所小学办出了很大成绩。即就前十年而言，学校共培养了116名合格毕业生，另有58名学生修业，这些人成了当地的知识分子。

张謇坚定不移地普及初小教育，他曾规划二十五方里办一所初小。后来在一个下雨天，他通过自己步行体验到让二十五方里的小学生每天四次步行五里共二十里路，在下雨天是有困难的，于是将规划改为十六方里一所初小。

1925 年，凌晏池、凌海霞兄妹在三阳镇西市河湾处创办了一所女子学校，由凌海霞任校长，招收刺绣班和简师班，学生 100 多人。1929 年，发展为普通女子中学，校名为"私立海霞女子初级中学"，设初一至初三各一个班，并附设小学一至六年级共六个班。学校占地 20 余亩，建有楼房一幢，平房数十间，楼上为宿舍，楼下为初中部教室，其余为小学部教室和教职工宿舍。还有操场和较为完备的体育设施。1933 年，学校更名为"私立海霞初级中学"，实行男女兼收。学校规模与当时海门的三益、启秀、能仁、锡类等初中并驾齐驱。1938 年，日寇侵占海门，学校与私立能仁初级中学合并为能海联合中学，分为上、下两校，上校迁至三阳镇育婴堂，下校迁至富安锄经小学。1940 年夏，联合中学解体，海霞初级中学迁回三阳镇原校。1941 年暑假，增招简师一个班，学生 50 人。1942 年春，日伪军侵占三阳镇，小学部停办，初中部和简师班迁至南星镇西南的沙家仓。是年初夏，日伪军频繁骚扰沙家仓一带，学校无法上课，遂迁至常乐镇张邵小学办三个班。这年毕业的简师班学生，不少人北上东台、盐城参加革命。1943 年秋，在常乐招收简师班 50 人，该班于 1945 年春迁至坝头镇北三里黄宅，接受民主政府领导。

凌晏池、凌海霞兄妹出生于海门三阳镇一个乡绅家庭，其父凌见之是个读书人。凌晏池（？—1965），字霄凤，毕业于江南高中两等商业学堂，是著名学者、现代儒学宗师柳诒徵的学生。凌晏池的人生经历十分丰富。他是成功的银行家，曾在北京供职于中国银行，后长期担任上海、汉口大陆银行经理。他是诗人，著有《晏池诗录》，与著名诗人、教育家吴宓为诗友，与梅兰芳、徐志摩、陈师曾、陈半丁、林宰平等多有交往诗。自谓"意之不虚，而语之非泛"，"只求语之不假……写出自己当时本心之兴感与夫外境之推移"。吴宓评其诗"善能以新材料入旧格律"；抗日战争期间，吴宓读其诗，"愈见苍劲自然，而真切不减，词简而意更深矣"。他是书画家，常从陈师曾、齐白石请益，于山水花卉造诣深邃。20 世纪 30 年代初，曾与夫人在天津举办画展。当时在北京画坛与王梦白、陈半丁成鼎足之势，"半丁画花卉崇尚姿态，凌君则主骨气"。但他曾有两次涉足教育：一次是 1914 年，张謇为开办南通银行专修学校，派凌晏池前去日本长崎第八银行学习，凌晏池回国后担任了学校主任教务；一次是在民国北京政府财政部任职的他弃官创办香山小学。因为有此基础，所以后来支持他妹妹凌海霞在家乡创办学校。

凌海霞（1892—1966）是个颇具传奇色彩的女子。她自幼勤奋好学，两年内便完成了小学学业。随后在其兄帮助下到上海就读启明女校。她在启明女校是个优秀学生。当时她在《启明女校校友会杂志》上发表了不少诗文。她在《窃钩者诛窃国者侯辩》一文中说："宇宙之恢恢也，物情之汹汹也，人生其间，藐乎小矣。然不为外情所移、势利所诱者，恃乎识也。识足以判断是非，辨别真伪。"她还批评"近世之士大夫，不务诚心之德，惟尚霸功矜武，沦灭公理，破败法律"。她自己一生就是"不为外情所移、势利所诱"的有"识"之士，热心教育事业，最讲"诚心之德"。她在上海大夏大学毕业后，到苏州由合肥来苏州旅居的张冀牖（又名张武龄）创办的张氏乐益女中任舍监，管理女学生的生活。张冀牖的祖父是曾任江苏巡抚、两广总督的清代著名淮军将领张树声。张冀牖跟蔡元培、蒋梦麟等当时许多有名的教育家结成了朋友。张冀牖的四个女儿元和、允和、兆和、充和后来分别嫁给了顾传玠、周有光、沈从文和傅汉思，被称为"民国合肥四姐妹"。凌海霞在乐益女中任舍监，与张家四姐妹结下了深厚情谊，尤其与比自己小15岁的张家大女儿张元和关系密切。元和在乐益中学毕业后，进入大夏大学深造。凌海霞不久也到大夏大学任女生指导，与元和有"亦师亦友"的情谊。后来，凌海霞到南通担任通州女子师范学校舍监。1925年，凌海霞在凌宴池的支持下，回到海门创办私立海霞女子学校，她亲自担任校长。凌海霞对贫困学生十分关心，不但不收学费，甚至连膳宿费也给予照顾。如对家住常乐镇附近的顾冰玉，除了减免学费和膳宿费，还给她衣服和零用钱。顾冰玉初中毕业后当上了教师，她一辈子都感激凌校长的帮助，处处以凌校长为榜样，勤奋工作，成为教育骨干，多次被评为县以上教育先进代表。由于凌海霞非凡的办学才干，1929年，她受命创办县立女子初级中学，并被任命为校长。该校设在海门县城清洁堂旧址，占地24.57亩，校舍36间，开设三个正规班级，面向全县招生，并收寄宿生。她在校里还附设青年妇女补习班，招收一批贫困的失学女子，免费入学，提倡勤工俭学。她与北京香山养蜂场挂钩，创办香山蜂场海门女中分场，培训部分师生养好蜜蜂，以养蜂收入增加妇女文化补习班的教育经费。这个补习班不仅提高了贫苦青年女子的文化水平和思想认识，而且使不少女青年得以继续读书深造。对那些成绩优良有培养前途的优秀女生，凌海霞常慷慨解囊，以自己的积蓄热情资助她们升学，如茅镇西市的王蕴石，因家庭贫困而失学，后来得到她的接济，考进苏州女师，在抗日战争中参加革命工作，后在北京工作。由于此时身兼县立女子初级中学和私立海霞女子初级中学两校校长，忙得分不开身，正好1931年张元和大学毕业，凌海霞便聘请张元和来海门任县立女子初级中学教务主任,后由张元和接任校长。直到1935年,张元和因要照顾突然患病的小妹张充和,才离开海门返回苏州。1933年夏,凌海霞在县立女中礼堂召集全县各界妇女代表开会。会上,她大声呼吁妇女联合起来,跟男尊女卑的社会做坚决斗争。这次会议,成立了海门历史上第一个妇女联合会,代表们一致选举凌海霞为海门县妇女联合会会长。当时,妇女联合会的主要任务是:反对丈夫欺侮、打骂妻子,反对公婆虐待、凌辱童养媳,反对未成年女性失学等不平等状况。县妇女联合会的成立,在当时整个海门产生了震撼性的影响。1938年日寇侵占海门后,县立女子初级中学及海霞初级中学相继停办。凌海霞离开学校避居上海,日伪百般钻营地找到她,拉拢她,凌海霞坚守民族气节,在友人的帮助下秘密去了苏州,不愿与敌伪同流合污。她断然拒绝敌伪的邀请,坚决不搞伪化教育。在避难期间,她身无分文,主要依靠胞兄凌宴池及亲友的接济,还搞一些家庭副业,过着清苦的生活。1956年10月,沈从文出差到苏州,目睹了"老夫子"(朋友间的戏谑)凌海霞的生存状况。她先养"安哥拉"兔,毛长得不好,销路不畅,只好当菜吃。后来去种茉莉。因种植茉莉要到郊区,采摘茉莉花花苞的季节又逢酷暑,所以工作非常辛苦。而花朵只卖八角两分一两,计有二百朵。收购处曾经有一时要定量生产,多了只有送入垃圾堆。要的数量不及产量多,剩余的毫无办法,只好卖去七百盆。最后养鸡,还是失败。接着养医院实验用的小白鼠,一房子小煤油箱搁得密密的,一千多只小白鼠在里面蹦跳。有的不过三寸长,肚子鼓鼓的,行将生育。箱子虽打扫得极清洁,但还是有一股臭味。

  凌海霞一生致力于教育事业,终身未婚,可惜战争粉碎了她的雄心,她在回顾自己一生时,不无痛惜地写道:"永别了父母,尚有梦寐相见;永别了千辛万苦成长出来的教育事业,只有抱着无限的隐痛与仇恨。"

  根据《民国海门县志》1935年的统计,全县土地3 252方里(含解放后划给启东的1 677方里,不含当时属于南通县的通东地区1 699方里),共有小学233所,其中高小24所,初小209所,海门已达到13.95方里即有一所小学的布局。属于私人办学的共99所,其中高小12所,初小87所,占办学总数的42%。在后来划给启东的1 677方里土地上,共有小学54所,其中高小1所,初小53所,约为31方里一所小学。而私人办学为初小48所,占小学总校数的89%。据《民国南通县图志》和《南通地方自治十九年之成绩》民国初年的统计,在当时属于南通县通东地区的1 699方里土地上,共有小学35所(其中预定两年内建设的初小9所),其中高小3所,初小32所,约为65方里一所小学。这些小学绝大部分属于市(相当于区)立或乡立,私人办学仅为初小2所,占小学总校数的5.7%。

当然，这一统计数字与前述《民国海门县志》的统计相比，在时间上早了将近20年，未必能十分准确地将两者做出比较，但大致可以说明一些问题。海门通东地区的教育明显落后于南部地区，主要是因为私人办学情况较差。私人办学取决于当地的经济状况，特别是开明乡绅的是否形成。后来划给启东的那一块，原来是张謇创办的通海垦牧公司，有不少人投股给公司而分得大量土地，成为"粮户"，他们都是外来户，比一般乡村"粮户"的见识丰富得多，所以这里的私人办学情况特别好。

海门的私人办学，有三点是很可贵的。

其一，除了创办许多初级小学之外，还努力向更高的层次发展。 1912年，茅祖权、赵师鼎等议定在文庙内儒学署创办师山中学。五年后改名为私立海门中学，校长黄藻青募建校舍，日益扩充，不久又分设初、高中。光绪末年，海门商会总理刘燮钧以花布捐积存六百元为开办基金在浙宁会馆后创办商业学校，宣统年间赁屋开课。1925年新建校舍落成后，添办初中，定名为私立能仁初级中学。1929年增建朝东楼房，1935年又购校后丁姓六亩六分宅地添建教室。光绪三十二年（1906），龚世清在麒麟镇西北三里创办初等小学。宣统二年（1910）添设高小。1923年，龚世清长子龚苣荪又添设初中，定名为私立启秀初级中学，校基十四亩，运动场二十五亩，校舍六十八间。1926年后，增设高中。抗战中，部分师生在敌后聚园镇西北沙家祠堂继续上课，称为下校（抗战胜利后与东南中学合并）；1941年，另一部分师生回原校复课，称为上校（解放战争中因国民党军队进犯，迁至海界河上扶乩庙，与私立启光初级中学合并）。光绪三十二年（1906），刘燮钧、刘启征兄弟在江家镇（即海洪）创办初等小学，不久即续办高小，1925年添设初中，定名为私立三益初级中学，校基五亩五分，运动场五亩一分七厘，校舍四十间。私立锡类初级中学最早是咸丰四年（1854）天主堂神甫李秀芳创办的经学堂。1916年改为类思小学，开始招收教外男生。1926年，添办初中，类思小学成为附属学校。1942年又附设一年制简师班。1943年，开始招收高中并在海门大洪镇、崇明大丰镇、启东北兴镇开设分校。1926年，天主教会创办私立锡类初级中学。1925年，凌宴池、凌海霞兄妹在三阳镇西市创办私立海霞女子学校，一开始只招收刺绣班和简师班，1929年设初中并附设小学，定名为私立海霞女子初级中学，1933年开始男女兼收，校名遂更为私立海霞初级中学。当时的私立初中还有1941年在富安镇创办的私立南宁初级中学（时属南通县），1942年创办的私立启光初级中学（校址几经迁移，最后在新河镇扶乩庙，并入私立三益初级中学），1942年在连元镇西龚宅、坝头镇北黄宅创办的私立海光初级中学，1943年由沈沛英在大洪镇东南杨宅创办的私立鹿城初级中学，1943年在麒麟镇北创办的私立兰陵初级中学，1943年在倪家镇创办的私立醒民中小学，抗战胜利后，在天补镇续办私立建新初级中学。应该特别指出的是，共产党民主政府对教育十分重视，在自身财政十分困难的情况下，还极力支持私人办学，其中三益、启光、海光、兰陵等学校都曾得到民主政府的津贴。

由上述可见，海门许多有识之士竭尽全力创办教育事业，并且与时俱进，不断努力提升学校档次，所以海门教育与其他地方相比，始终处于先进的行列。

其二，女子办学，特别是由女子创办女子学校。最早在海门办学的女子是张謇的夫人徐端。徐端对张謇弃官从商极为支持。张謇回忆说："戊戌将入京，夫人（徐端）述太夫人（张謇生母金氏）言，且曰'君勿论何营，但勿仕，请率家人力作赡家；人自有生耳，何至赖仕！'"徐端劝张謇说你做什么都好，就是别当官。在张謇投身实业、教育的过程中，徐端"谓妇女生世不当废处无用，当谋所以广君志者"，因而"慰劝助策，曾无馁语"。她用自己的"奁田岁入之租，并婚时亲币，侦察物价，令人废著转贷，积三十年，有钱三万余千"，凭所得利息资助亲朋邻里，还带头捐资建造学校。在张謇创办通州女子师范学校时，她约请官僚富户的夫人聚会，倡议捐资，她自己先带了头，得到大家响应，募集到好几万元。她在通州育婴堂建了幼儿园，在常乐自己的娘家附近创办私立第三初等小学校。1906年阴历正月初三日，张謇在日记上记有"内子定私立第三初等小学校于东南，往视，择包宅东之荒宅。自外父母之殁，不至东南六七年矣"。这所完全由徐端一手打造的学校于当年七月二十一日建成开校，定名为张徐私立第三初等小学校。该校占地五亩五分，校舍八间，共费银一千六百元，每年日常经费一开始是二百元，后减至一百七十元，而学费收入只有约六十元，入不敷出。招收学生六十四名，编为四级。学费每生每年一元，贫者免缴。毕业生升入高小的占十分之五，从商的占十分之一，十分之四回家务农。

在张謇、徐端夫妇的影响下，张詧的大儿媳沈茂筠于次年创办张沈私立长乐第四初级小学。沈茂筠本人的命运十分悲惨。她是大生纱厂最早的股东沈敬夫之女，于光绪二十三年（1897）嫁给张亮祖后不到半年丈夫就病故了。已经怀胎的她当时曾吞金自杀，被抢救未死。而十年以后，沈茂筠却振奋精神，用一千五百元建了一所学校。学校占地四亩一分，校舍八间，这所学校日常费用也是入不敷出，每年需由沈茂筠贴出一百元。

徐端常"自悔失学"，所以一直有个为女子创办一所学校的意愿，但生前未能实现。在她去世后第四天，张謇在日记上记了一件匪夷所思的事：

怡儿早起言：昨夜梦见娘娘言："儿告汝父，为我在长乐建一女子小学。"以问家人，则半年来固有是言。怡儿言：初于梦中仿佛见一人立床前，问何人，即闻是娘娘声曰："怡儿不认得我耶？"怡儿即唤娘娘，娘娘复问："汝归何事？"曰："娘娘死，故回。"娘娘无言，旋曰："汝在家勿嬉戏，仍用功。"问："博物苑室成否？"答以"尚未完工"，语毕又寐。间许时，又梦娘娘来言："我要在长乐镇建一女子小学校，儿子须告汝父，为我成此事。钱不必太多，不必太大，令六奶奶管之。"并示以功课时间表。

百事繁忙的张謇终于在1914年为徐端实现了这个遗愿，建成张徐私立女子初等小学校，建校费用一千七百五十元全部是徐端的遗产。该校占地二亩二分，校舍七间。每年招收学生十五名，四个年级共六十名。常年经费二百五十元，学费一至三元，贫者免费，也是入不敷出。张謇以"平实"作为校训，并创作校歌。张謇为自己的夫人自豪："海门溯女校，常乐为之始"，"夫人亦是女子身，惟明大义能如此"。因此，他教育学生"重义轻财天不限女子"，"常乐女校自有堂堂史，后生后生可兴起"。

在张徐私立女子初等小学校建校稍后，张謇用其夫人邵氏的遗产约计五千元购地十二亩四分，建成张邵私立长乐高等小学校，将常乐的小学教育从初等发展到了高等。学校编为三级，计招收学生一百五十名，每年日常经费一千元。

私人办学，特别是女子参与办学，使当时面积只有约八方里的常乐，至1914年，有初等小学四所、女子初等小学一所、高等小学一所，这不能不说是中国教育史上的奇迹。

凌海霞这位被称为海门女教育家的办学经历已如上述。

其三，为了适应当时社会发展的需要，开办各种专业教育学校或培训班。

一是提高农村关乎广大民众生命健康的医疗水平的医药学校。1915年，刘清标在中兴镇（今三厂镇南）创办刘氏中医专门学校。1918年，张怡生在中兴镇创办医药学校。1927年，吴考槃在西八字桥（今三和镇西）创办保神医学校，前后共办了十多年，积累了丰富的医学教学经验，之后吴考槃成为南京中医药大学的著名教授。1936年，潘玉藻、肖紫萍在麒麟镇肖宅创办海门新中医学院，1940年更名为私立海门国医学院，师资、设备比较完善，课程分基础与应用两个部分，并有诊所作为实习场所，兼为民众看病，学生来自南通、如东、海门、启东四县，共四五十人。

二是提高农业技术水平和帮助解决民众生计的学校。这些学校成为海门职业教育的滥觞。1934年，天主教会朱开敏等三人在锡类初中校舍西侧开办高中农科。海门地少人多，除种田以外，需要广开门路，另谋其他生计。其中，张謇曾在清末积极倡导种桑养蚕，风气虽有所动，但滞涩不前，主要是海门人不善缫丝，丝不成市。再加上当时厘局办事人员设卡乱收"丝捐"，致百姓无利可图。1916年，顾恩沭在海门文昌宫后院创办女子缫丝传习所，显然有利于蚕桑事业发展。1919年，又有蚕业实习所之设，分制种、育蚕、制丝等科。1917年，袁惊百在师范学校校址创办乙种工业学校，设藤、竹、染、木工等四科，开始改变师徒传艺的传统方法，扩大了职业技术的传授范围和水平。1921年，杨雪清在悦来镇创办生产贝扣的职业学校。1929年，海霞女子初中设刺绣班。1935年，锡类初中创办高级土木科职业学校。

狼烟四起 弦诵不息
——记抗战时期的私立海门中学

私立海门中学是民国元年（1912）由地方士绅茅祖权、赵师鼎等人倡议在原海门厅儒学（即文庙）创办的，校舍是文庙房屋，初名师山中学，1913年年末更名为私立海门中学，校董会聘黄照青为校长。黄照青遂募集资金进行扩建，兴建双层两幢——北楼和南楼及平房多间，作为教室、办公室和宿舍，将明伦堂作为礼堂及饭堂，藏经楼为图书馆、仪器室；并遵新制分设初高中。当时在江苏全省27所普通中学中，海门中学是全省第一批私立中学之一，也是全国第一批在教育部备案的私立中学。

1937年"七七事变"后，抗日战争全面爆发。私立海门中学师生与全国人民一样义愤填膺，掀起了轰轰烈烈的抗日救亡运动，他们积极开展抗日宣传工作，踊跃认购救国公债，自动捐助抗日经费，自发成立"读书会""救国会"等救亡团体。1937年8月，海中学生张志山、朱凤标、童明纯等七人秘密成立海门抗日青年救国会。进步教师马尔骏（马一行）带领郁文、陈述时等进步学生奔赴革命圣地延安，进入抗日前线。

1938年3月17日日寇侵入南通；21日，海门沦陷，海中校园及文庙悉遭毁坏。面对日寇暴行，海中师生同仇敌忾，奋起反抗，部分高中学生在学校军事教官李恂的带领下，加入抗日武装，被编为海门武装自卫总队，抗击侵略者。然而，往昔宁静的校园已无法安放小小的书桌，学校领导决定将学生疏散，由此开始了漫长而艰苦卓绝的流亡办学之路，体现出海中师生爱国主义精神和抗争、顽强、不屈、坚忍的意志品质。

当时有三个办学点，称之为海中沪校、海中下校和海中上校。

一、海中沪校

在海门沦陷之前，校长蔡荫恩等人担心学校教育设备、仪器等遭日寇破坏，便将之先期运往上海，后带领一批家庭经济条件比较好的学生200

余人和知名教师邱竹师、陆子犹、秦亚修、杨宗时等,到上海设点办学,学校设在上海英租界的小沙渡路海防路口的侨光中学内。

沪校规模为六个班,其中高中部三个班,初中部三个班,学生200多人。教学科目也做了些调整,删去公民课、军训课及童子军课程,其余照旧。蔡荫恩以为在英租界内,其他国家的势力不易进入,又有英国巡捕的保护,比较安全,为学生找到了一个安静的读书场所。然而好景不长,12月,太平洋战争爆发,日军进驻上海租界。学生失去安全感,纷纷离沪返回家乡,办了仅半年的沪校亦迁回海门,与海复镇的下校合而为一。

二、海中下校

下校,其实不是校名,正式的校名仍是私立海门中学,"下校"只是海中下沙办学点的方位名称。按海门的习惯,麒麟镇以东地区称为"下沙",麒麟镇以西地区称为"上沙",海门西部的三和镇,人称"上三和镇",而东部的三和镇则称为"下三和镇"。因此,抗战时期私立海中在下沙的三阳、万年、曹家镇、海复镇、通兴镇等地办学,校史上称之为"下校"。

海门中学之所以要迁到下沙,一是因为下沙离日寇占领的海门县城及三厂等地较远,二是当时国民党县政府已迁到了江家镇,学校离政府近,便于联系,也相对安全。而事实上,这里不久就形成了新四军、国民党和日伪三方力量犬牙交错、此消彼长的局面,战事不断。因此下校在抗战八年中搬迁了六次,即下三和镇陈九房仓—海复镇王已劲宅—曹家镇公仁花木行(高中部)—巴掌镇冯宅(初中部)—三阳镇王宅(高中部)—轧煞镇黄宅(高中部)—下三和镇陈九房仓。每次搬迁都是在万般无奈的情况下进行的,这种"游击式"办学、"游击式"教育是特定时代的产物。正是这种游击式的办学方式,维持了学校的生存,确保了师生的安全,确保了在狼烟四起的背景下学校教育的正常运作,为国家培养了一大批人才,也使广大师生受到了锻炼。这种避开强敌、巧于和敌人周旋的游击式办学是一种伟大的创举。

1938年4月,在杨育其、施惠周的带领下,私立海中迁往下三和镇九房仓。九房仓是海门"田祖"陈朝玉第九房后裔的居住地,因此称陈九房仓,内有两个大宅子,东边为陈兆荣家,西边为陈兆明家,私立海中就设在这两个宅子里面。沪校学生回到海门与下校合并后,陈九房仓无法容纳这么多学生,于是学校东迁至海复镇王已劲宅。王已劲宅有两个大宅,数十间瓦房,能容纳下校近300名师生。由于海中名声很大,求学的学生纷至沓来,学生总数很快超过了500人,到1939年秋,甚至超过了600人。王已劲宅无法容纳这么多人,于是将初中部留下,高中部迁往西南20多里的曹家镇,租用了公仁花木行的整幢楼房以及其他附房和场地,后又迁到三阳镇王宅。1941年2月，由于战争原因，在海复镇王已劲宅的初中部被迫西迁到启、海交界的巴掌镇冯家宅永三小学安营扎寨。而这时的高中部也已由三阳镇王宅再次西迁到轧煞镇黄家花行，学生宿舍安排在西边的陈锡九宅。巴掌镇和轧煞镇都是很小的偏僻小镇。两部虽分处两地，但学校已统一管理。但是，日伪经常来这里骚扰，下校不得不重新迁回下三和镇陈九房仓，初中部、高中部分别在陈家的两个宅办学。

下校的办学是极其艰苦的。师生们吃的是麦粥配咸黄瓜等咸菜，睡的是地铺，点的是油灯。夏天晚上蚊叮虫咬，师生以草木烟熏驱蚊。而最大的困难还是日伪军的侵扰，日本鬼子下乡扫荡，学生东躲西藏，鬼子一走，学生又回到学校学习。同仇敌忾的爱国精神，渴求知识的学习态度，弥补了物质生活的贫乏，校园里时时传出琅琅书声、欢歌笑语，洋溢着蓬勃向上的生机和活力。

最可怕的是日寇的"清乡""扫荡"。1942年8月的一天，鬼子和伪军下乡扫荡，在黄家花行宅西边的陈锡九家里发现叠架床铺，以为这里是新四军驻地，便抓捕了教师施惠周和数十名学生，并烧毁了陈家宅，学校的教具、仪器和教学用品全部被烧光。师生面对被敌人烧毁的陈宅痛哭流涕，而又无可奈何。校长杨育其焦急如焚，设法营救被捕师生，幸好当时海门自卫团长汤景延是中共地下党员，在反清乡斗争中奉命打入敌军内部，汤团长为海中师生签发了政治具保状，杨校长持状去敌军司令部陈述实情，被捕师生终于获释。

下校得到了共产党和新四军、抗日民主政府的关怀。

1939年春，共产党领导的抗战支队在洪绍唐（洪泽）、廖绪忠的带领下开进海复镇、曹家镇一带活动，他们也到学校宣传抗日道理，教唱革命歌曲，介绍进步书籍，邀请学生到政工队驻地参观。不久学生中出现了一批抗战积极分子，在学生中建立了中共党支部。地下党员蔡织云（蔡力平）、陆亚芳等带领学生在校内外宣传抗日救国的道理，几次组织民众为前方抗日将士捐募寒衣。当时的下校校长蔡荫恩是位造诣很高的学者，对教学质量的管理十分严格，但是思想保守，反对学生参加社会活动。他提出了"救亡必须读书，读书便是救国"的口号，百般阻挠学生的抗日活动，甚至在晚上派人撕毁学生办的壁报。这激起了公愤，进步学生不怕威胁，创办《未名周刊》，报道抗战消息，揭露地方和校方压制抗日救国运动的卑劣行为。是年12月，校长蔡荫恩突然宣布开除汤寒松、顾培华、沙象先、陈林治、倪锦辉、盛锡鳌、梁永仁等七位学生，并串通当地国民党实业大队荷枪实弹包围学校，逮捕七名进步学生。随即学校爆发大规模学潮，在党组织的领导下，团结一致营救七君子。学生的正义行动得到家长和社会各方面的声援。迫于压力，学校当局撤销了对学生的处分决定，释放了被捕学生。这七位学生都走上了革命道路，蔡荫恩校长则被迫辞职。

1940年秋，共产党在这一地区的抗日民主力量日益增强，学校受到共产党的影响越来越大。新四军的党政干部很重视海中学生的思想工作，关心他们的成长，经常来校演讲，很受学生欢迎。一天，崇启海常备旅政治部主任韩念龙来到学校，在花木行大楼前空地上做了精彩演讲。他分析抗战形势，共产党、新四军的宗旨和任务，鼓励青年学生关心国家的命运和民族的危亡。他的演讲在学生中引起强烈反响，激起了大家抗日救亡的热情，不少学生后来参加了新四军，有的还奔赴延安。11月，东进的新四军到达海门部分地区，建立抗日民主政权。当时海复镇聚集了包括海中下校初中部在内的多所流亡学校。海启县委书记朱溪东，抗日民主政府县长钱伯荪、沈维岳，东南行署主任顾尔钥，南通县长梁灵光等来到这些学校，针对国民党、三青团的造谣、诬蔑、破坏进行有力的驳斥。新四军的教员也到学校讲解时事政治，宣传抗日斗争故事，介绍进步书刊，教唱革命歌曲。

1941年春，粟裕率领的新四军一师司令部就设在海复镇通海垦牧公司内，抗大苏中大队在垦牧小学改编为抗大九分校。1942年5月4日，新四军一师和海启行署在海复镇举行纪念五四运动23周年大会，海中下校初中部学生参加了大会。粟裕师长、钟期光主任等在大会发表讲话，他们精辟地分析了当前战局形势，号召各界人民和全体青年行动起来，把日本侵略者赶出中国去，要求广大师生发扬五四革命青年的光荣传统，在党的领导下，站在抗日斗争的前列，为解放中华民族献出自己的青春。同学们与新四军战士联欢，密切了师生和部队的关系。活动进行了三天，结束时，粟裕师长为在活动各项比赛中获奖的师生颁奖。所有这些，激发了学生的抗日热情。

1944年上半年，抗日游击区新四军的力量日益壮大，与学校师生的关系日益密切，校内抗日进步势力日趋活跃。四分区司令梁灵光到校作《新四军东进历程》的报告，东南警卫团团长贾鸿钧作《当前反清乡斗争形势》的报告，四专署教育处长干仲儒作《当前抗战形势和新青年的前途》的报告，四分区副政委朱溪东作《革命青年的人生观》的报告。

1945年8月，东南行署在三阳镇举办规模很大的新青年暑训班，主题是庆祝抗战胜利、迎接国共谈判。海中下校派出的代表组成海中中队，由地下党员张志峰老师带队，东南行署队指派沈元明、张小平前来担任指导员。会议期间，行署和军分区领导王野翔、干仲儒、赵琅、吴天石、毛青跛、吴森、右永嘉、李若松、方杰等分别做了政治、战争、形势、理想、解放区的教育及文化等方面的专题报告。一到晚上，下校师生和其他参会单位一起联欢，表演节目。最后通过了《东南青年革命倡议书》。这年冬天，张志峰带领一部分学生参加了新四军（后改为华东野战军），奔赴解放战争的战场。张志峰后任解放军某部团政治处主任，在解放一江山岛战斗中牺牲。

下校的"游击教学"。下校在颠沛流离中办学，但始终不渝地坚持正常开课，保证教学质量。开设的课程有国文（包括古文、诗词、语法）、数学、英文、物理、化学、动植物、历史、地理、体育。只有音乐和美术限于条件没有开设，但每逢双周周末便举办歌咏活动，同学们非常欢迎并踊跃参加。后来学校向东南警卫团求助，该团派出文工队和政工队的队员来校教唱革命、进步、抗日的歌曲，如《在松花江上》《大刀进行曲》《义勇军进行曲》《翻身三六》等。但是敌人不时前来骚扰，经常破坏教学秩序，师生们就跟他们打起了"游击战"，学校的教学就成了"游击教学"。有一段时间，离校不远的下三和镇驻扎有日伪军的据点，日伪军经常下乡扫荡。师生们都做好了两手准备，每人都备有伪国文课本，这是伪教育部长周佛海编写的。每当日伪军来校时，大家就连忙拿出来装模作样地大声朗读。

下校是一所在漫天烽火下顽强生存下来的学校，不仅六迁其址，而且五易其长。1938年杨育其首创下校。1939年蔡荫恩从上海返回下校，他是当然校长，但他思想保守，与学生的抗战热情格格不入，必然被淘汰。1940年由老共产党员茅定一接任校长。茅定一于1911年参加辛亥革命，1913年参加反对袁世凯的"二次革命"，1927年加入中国共产党。但这时的他已57岁，无力领导一个动荡不定、斗争复杂、生活艰苦的学校。1941年由张云缙接任校长，这是一位有能力的校长，但他倾向于国民党，领导一所富有革命气息的学校也有点不适应。1942年仍由杨育其任校长，直到抗战结束。杨育其（1902—1988），又名毓奇，上海正风文学院毕业。他忠于教育事业，思想进步，反对奴化教育，坚持进步教育。抗战期间，他带领师生，出入相偕，艰苦备尝，播迁流离，苦撑危局，为私立海中的生存和发展做出了不可磨灭的贡献。他是一名学者，又是一位出色的管理人才，著有《晚晴轩诗钞》。

可以设想，在艰苦复杂的办学条件下，没有一个思想进步、业务精湛、强有力的校长，这所学校是无法生存下来的。同样，如果没有一个思想进步、业务精湛、能和学生同甘共苦的教师群体，这所学校也是无法办下去的。下校的教师也是优秀的，其中知名的有施惠周、杨树桐、石少逸、徐景石、施惠平、龚宝铨、王德贤、张志峰、吴修道、陈竹青等。

私立海中下校培养的人才很多，不能尽述，真所谓"多难兴邦，一时多少豪杰"。例如,蒋拔(1911—1944)原名兴贤,私立海中学生,1940年参军,入党,曾任角斜区区长,海启行署海中区区长,在抗战中牺牲。梅永熙(1918—1986)原名善才,三厂镇人,私立海中学生,抗战爆发后参加革命,在解放上海战斗中立大功,1950年10月参加抗美援朝,任志愿军司令部情报科科长,停战谈判代表团参谋科科长。后任中国驻罗马尼亚大使馆武官。郁文(1919—1975),常乐镇人。"七七"事变后,在私立海中高二读书时奔赴延安,在延安抗日军政大学学习后参加八路军,战功卓著,1964年被授予少将军衔。邱竹贤(1921—2006),海门三阳人。1938年毕业于私立海中,后在交通大学深造,1981年受聘为博士生导师,1989年当选为挪威科学院外籍院士,1995年当选为中国工程院院士。龙飞(1926—2004),原名龚茂,临江人。初高中均就读于下校,1945年毕业后参加驻在宝应的新四军苏中公学,抗战胜利后调入苏中军区前线剧团,后成长为著名作曲家,创作了大量音乐作品,后来为母校谱写了校歌。

三、海中上校

海中上校在抗日名将、时任通海行署主任茅珵的领导和组织下,由海中教师邱竹师、管剑阁,通海行署干部樊伯平、江一帆等于1942年1月创立于三星镇同乐村,是共产党领导的一所红色学校。因三星镇地处上沙,故简称"上校"。茅珵说:"日寇占领了我们的领土,还在我们的学校进行奴化教育,现在很多青少年不愿做亡国奴,失学的很多。在这里办一个学校很需要,教育我们的孩子,武装他们的爱国思想,教给他们文化知识。现在全国人民都在抗战,挽救民族的危亡,我们迫切需要大量的人才,办学校就是解决这个问题,为我们的革命事业培养和输送人才","打鬼子,锄汉奸,干革命,是为了大多数人的'生',而不是'求死',要尽量避免不必要的牺牲。学校与部队不同,人数多,教具又不能随身带,跟我们一块走,我们没有这么多力量保护,反而增加我们的负担,暴露了目标,使不得。所以,现在学校对外是灰色的,不必穿大红袍,来个旧瓶装新酒","这里向北二三里就是海界河,过了海界河就是南通县境,敌伪一般划界而治,海门来的不过河,南通的不会到这里来。万一有敌人来骚扰学校,我们会有情报,敌来我避,疏散开,敌去我回,我们部队会采取措施保护的"。茅珵还决定从根据地的盐税收入中抽出经费,支持办学,"贫困学生要给以免费",他指示行署负责财务的沈主任:"一定要保证学校教师的口粮和基本生活用品的供给。"

上校所在地是通(南通)、如(如东)、海(海门)这抗日游击区的中心,抗日民主力量强大,建立了共产党的地方政权——通海行署,交通、经济、文化等也较发达。赵家大院的主人赵师鼎是清末恩贡,通海地区著名开明士绅。他于1912年与茅祖权等创办师山中学，后该校改名为私立海门中学。他热心教育，提倡新学。上校创办时，他已经80高龄。怕在宅上办学学生吵闹，茅珵专程到他家与他商谈。茅珵说："现在办的就是你年轻时主办的老海门中学，他们是步你的后尘，继你的事业。你是海门有名望的士绅，兴办新学的倡导者，一定会支持海门中学重振旗鼓，一定会赞同我们为打败日寇而奋斗。至于学生吵闹，我请老师们多多教育，您老尽可放心。"赵师鼎听后，当即表态"支持海门中学重振旗鼓，为打败日寇尽自己的余生之力"。于是他与弟弟赵师谦将房屋让出作为校舍。这样，赵家宅就有了四个教室，还有两个教室借用西邻朱姓的一间茅屋和李姓的一间中堂屋，初、高中六个班的教室凑齐了。当地老百姓都认为办学是一件大好事，个个赞成，人人拍手叫好——他们的子女有中学上了，立即有不少人跑到赵家家埭来问询，也有不少人前来献计献策，有的搬来凳子，有的搬来吃饭台子，有的搬来水缸、柴火、油灯⋯⋯茅珵的父亲茅定一曾任海中下校校长，当时年已花甲，为了办上校，他卖掉了一间房子，将卖房款50块银圆拿出来支持办学。

上校于1942年农历二月开学。那些不愿在敌占区、县城接受奴化教育的爱国青少年，从四面八方慕名而来。海门县城伪县立海门中学的学生如陆维扬、周良、朱汉卿、朱晓农、史震中等一批爱国青年也毅然投奔上校。这一天，学生和家长推着一辆辆独轮小车，左边放两条凳子、一扇芦芭门、一卷行李，右边坐一人，人后边放一小袋原麦，纷至沓来。只见赵家埭上车声辘辘，人声鼎沸，热闹非凡。开学后，师生的生活是极其艰苦的。他们同吃同住，用的是方台门板，吃的是粗粮，还要轮流牵（拉）磨，菜是咸菜、洋山芋当家。他们中间流传着一首歌谣："麦栖饭、盐荠汤，红萝卜荚都是粮。师生团结力量强，海中的歌声多嘹亮！"

海中上校的办学宗旨是：天下兴亡，匹夫有责。教师职责是：教育救国。学生职责是：读书救国。校训是：不弄玄虚，不翻花样，艰苦干从头，看有什么成绩；也当徒弟，也算老师，呼应成一气，勉之这种精神。这原来就是邱竹师为私立海中制订的校训。当时学校环境十分恶劣，附近经常有枪声，日本鬼子多次闯到学校里。但师生们临危不乱，照常上课，使敌人发现不了什么。学校周围平时都有老百姓的岗哨，一旦发现情况马上通知，师生们便将课本换掉，装作没事一样。1943年，敌人大举进行清乡和扫荡，形势十分严峻。有几次，敌人突然到校搜查，师生们有效保护了有关材料并掩护了党员同志。

海中上校有一个坚强的领导班子：邱竹师为校务主任，杨育其为教导主任（后同时兼任上校和下校校长），樊伯平为教务主任，管剑阁为总务主任。上校聚集了一大批抗日爱国、德才兼备、事业心强的名师，其中有：陈卓云、黄康屯、徐茂德、管惟吾、江一帆、顾明祖、顾昌祖、陆子犹、陆人俊、黄惕夫、孙钟仁、王旭初、沈欧平、王能昌、邱镜平、顾阆凤。这些老师给学生留下了深刻的记忆："当时我们的老师名气大得很，教学上对我们的要求很严，老师教得扎扎实实，学生学得很刻苦。我们这批人的英语基础都打得不错，学风好，上校的教学质量是很有名气的，不少人考取了上海的大学，而且在大学里名列前茅。"上校的课程设置，理科和英语基本沿用原海中的科目，把原公民课改为时政课，取消了军训课。在文科中增加了抗日形势，马列知识，《新华日报》部分文章，鲁迅、茅盾、郭沫若的作品，苏联进步作家的名作等。音乐课教唱抗日歌曲，课外活动排演宣传抗日、动员民众的文艺节目。每周都举办时事讲座，通海工委、行署和四分区领导茅珵、陈同生、赵济民等经常来校作报告。

上校是革命的小熔炉。1942年5月，学校成立党的外围组织"火星社"，成员宣誓："遵照列宁对《火星报》指示的方向，为实现共产主义而奋斗终生！"9月，上校成立了党支部，不少先进青年学生，包括"火星社"等党的外围组织中的骨干力量都先后被发展入党。学校地下党及其外围组织带动了进步青年活动，使当地进步学生队伍进一步扩大。根据通海行署的决定，出版了传递抗战消息、交流对敌斗争经验、鼓舞通海军民斗志的《江涛报》，由海中上校陆厚德等负责编辑。1943年，中共通海区工委书记、行署主任赵济民评价说："海门中学上校党组织培养出来的一批学生，为通海地区的抗日反清乡斗争，支持了半数地方工作。"其中一些人担任了下辖的区委书记、委员，交通站站长，江海报记者。1942年上半年，通海区政治协进会成立，这个统一战线的政权组织，就由上校的邱竹师担任主任，学生陆厚德以通海学联主席身份参加并任常务委员驻会工作，协助邱竹师主持日常工作。1942年7月，通海行署在上校主办了一期历时40多天的夏令营，由学联主席陆厚德和学联部长黄心惕具体负责，通海地区各中学学生60多人参加。大家利用一定时间采取分组自学互助的办法复习功课，遇到难题请老师辅导。大部分时间用作军事、政治学习和文体活动，还进行军事训练。茅珵、赵济民等领导到夏令营作报告。10月，时任通海学联主席的上校学生黄心惕带领通海地区十余名代表，在部队的护送下，冲破敌人的运河封锁线，到南通县骑岸中学参加苏中四分区中学生代表大会筹备会；12月底他又带领二十多人去参加了苏中四分区中学生代表大会。两次会上夏征农、季方、邹韬奋、刘季平等讲了话。海中上校不少学生通过学习和教育，先后走上了革命道路。1942年暑假，高一学生朱纽祥等前往根据地工作。1943年冬和1944年春夏，曾有好几批学生去根据地、苏北公学和延安。施一飞串联了20多个同学北上根据地。仅1944年夏，就有数十名学生投奔根据地。

邱竹师在《景山集》的一首诗中直白地记录了自己的上校生活：

东寇凭陵肆屠戮，人为刀俎我为肉。

茅公任公救祖国，义旗高举风谡谡。

招我滋兰故乡土，我正偕家草间伏。

黎羹麦饭共多士，火星社里群英育。

1946年7月，海门中学下校和上校结束流亡办学回到县城合并。而这段经历，是海门中学历史上的光辉篇章，也体现出海门人即使在最危险、最恶劣的环境中也始终绝不放弃教育、坚持办好教育的优良传统。

序跋杂稿

说"序"

最近在读程灼如先生的《如是小集》。87岁的程老先生算得上是南通的名人了,他结交的高官和名流多的是,而序言却是比他年轻30岁而又无官衔的赵鹏所写。赵鹏的低调谦恭是有口皆碑的。他在序言中说:"程灼如先生要我为他的书写序,这事着实让我踌躇不安了许久。不安的原因,主要来自他对书序的看重和对我的期待。"程先生曾对他说过:"不是什么人都够'资格'为别人的书写序的,因为序中免不了要对作者及其作品有以评价,所以序者的识见就要求比书作者更高。"此言让赵鹏先生"印心已久"。赵鹏"于此只得自惭形秽",自问"我又有何德何能来副其实"。然而程老先生却是认准了这位"忘年之友"为他作序,"说自己不想藉名流或有'身份'的人的序而自重",而以赵为"相知者",因而认为"一定不会推辞"。赵则觉得老先生"话说得恳切",于是"只剩硬着头皮去写的份儿了"。

我以为这实在堪称当今文坛的一段佳话。

正好近时在筹印一本80余年前乡先贤留下的手稿,此稿由其子女捐出后尘封于图书馆业已越53个春秋。它的价值在于,它不仅是本地最早的诗歌总集,亦可视为反映本地历史变迁的珍贵文献和先民开天辟地、饱经沧桑的见证。而这位先贤保存地方文化之苦心、收集地方文献之辛劳和寄予家乡后辈"敬恭桑梓"的厚望,亦可从书稿中感知。这无疑是一部足可传世的作品。消息一传出,即先后有两序接踵而至。热情固然可贵,然却很少创见,而附骥之嫌则不免矣。于是,为书和作者计,均舍之不用,只以刊印单位名义印上一个简要的"刊印说明"。然而无论如何,这些序还都出自专业人士笔下,而犹且有不宜用之时,其他也就可想而知了。

观近些年所出书,书必有序,而且序之再三;序之作者,少有行内专家,而以居官者多,亦有致仕而不肯赋闲者。作序者并非专业人士,对书的评价自然不得要领,只好说点令行内人啼笑皆非的外行话。作序者与书作者本来亦并非"相知者",在书作者一方,只是"藉名流或有'身份'

的人的序而自重"，而在作序者，似亦表明自己并非不懂文事，致仕而不肯赋闲者尤可聊慰顿感一时门前冷落之怆然。况且，许多序其实无须作序者开动脑筋，居官者自有秘书捉刀，而致仕者则可令书作者自拟序稿，润笔费当必不会少。于是，浮躁之风甚矣，书之毫无价值可知，而学者、作家之桂冠则抛得遍地皆是。

名流作序，自古有之。真正的学问大家，对作序都十分慎重。

年前曾有魏宏运先生惠我一册《魏宏运书序书评集》，魏老是著名历史学家，却谦逊地题赠曰："茶余饭后一哂。"而书中各篇，语言平实，内容则有论有述，无不切中肯綮者。

严迪昌先生为已故著名文学史家，其门下弟子称其"先生之德，日熠月明；先生之言，玉振金声；著述传流，杜若芳馨；滋兰九畹，大气多成；仰俯无憾，可慰平生"。他的博士生大弟子张仲谋卒业后撰成《明词史》，于1999年请严先生作序，先生思之再三，直到两年后方才告成。其序有曰，"仲谋从学三年间，相与话题至多，独少谈词，明词尤未论及。然则别去不二年，其撰朱明一代词史竟成。不能无感，复亦不知从何说起"；在自责"导率从学诸君不趋事主流究讨，踯躅冷题，市场逼仄，不啻误尽各位生机"后，又说，"不意仲谋出余力别治明词以补备词史，殆如慰供不佞聊可略宽抱疚心"。接着，他便正面阐述道："文学史事之研究，贵以有所发明，而按之学术生涯，原乃持志寂寞冷窗前事。……此中辛劳，窃以为远非清玩赏悦锈绿之骨董美所能比并，然其苦中之甘饴或亦唯学人得能独味。"而其所自责，恰恰正是他的决不随人俯仰，与俗沉浮，而是善于张扬学术个性，保持著书立说应有的独立品格，而正是他的这种独立品格，才成就了他的学术地位，也使他的学生能在学术上不趋时，不盲目追求市场，因而终于有不菲之成果。读严先生这篇不足五百字的短序，当今许多追逐名利的冒牌"学者"，许多乐于作胡说八道之序的大人先生们，不知能否幡然醒悟？是真学者，便当"持志寂寞冷窗前"。"藉名流或有'身份'的人的序而自重"绝非学者的做派，只是投机取巧的奸商行为而已。为人作序者当谨言而慎行之！

道"跋"

"跋"或曰"后记",大概与"序"或曰"前言"有相同的功能,用以说明写作经过、资料来源等与成书有关的情况,那就免不了感谢那些对作者(编者)在这本书成书过程中有过帮助的人,这是人之常情。2008年至2009年,我在点校《张謇批选四书义》时,给予我帮助最大的有两位,一是淮阴师范学院教授吴延枚先生,一是新版《张謇全集》编辑部副主任赵鹏先生。赵兄是熟人,平时电子邮件来往频繁,每有疑难,是随时可以请教的。最近将当时邮件检阅一番,发现专为此书的通信,竟有11封之多。吴教授却并不熟,我只在一次会议的饭桌上与他认识,知道他曾有意编一部帮助阅读《张謇全集》的辞典,这自然是功德无量的事,我对他不禁肃然起敬,于是相识相交。然而由于健康原因,吴教授终于没有完成自己编辑辞典的宏愿,而我们却成了朋友。在我的点校过程中,我不仅通过通讯的方式向他请教,有一次还专程冒雨前往他的寓所拜访他,与他畅谈三个半小时仍意犹未尽。到我写那本书后记的时候,我理所当然地要感谢他们两位。不想赵兄给我回了一信:

广丰兄:

  信发出后才看到你寄来的《后记》,写得清晰扼要,我没有什么余义了。只是觉得贱名大可不必提及,如要提,径写南通博物苑赵鹏就行了,那可是我正式的供职之地也。

赵鹏
1月19日

赵兄在信中自谦地"觉得贱名大可不必提及"。记得他曾说他"向来不太习惯被人以职务称",而"如今官本位甚盛",于是要求我"朋友间不来这一套,好吗?"这次是要写到一本书里,似并非只是朋友间事,然而在他看来,"新版《张謇全集》编辑部副主任"也是一个官位,所以要我径写"南通博物苑赵鹏就行了"。我当然照办。

这就是说,我们每个人不必借后记自重,也不必借后记抬高别人,只是作一个实事求是的记录而已。

《张謇藏旧拓怀素自叙帖》后记

  为中国早期现代化奋斗终生的实业家、教育家张謇,深入诸多领域悉心研究,并且卓有建树。即就书法而言,他亦堪称清末民初书坛以帖学为宗的书家代表人物。他与当时的一些书法家一起,摒弃了千人一面、消解个性、不具情感却长期影响书坛的"馆阁体"书风。在他们的书法作品中,内蕴了扼制不住的创造性激情与奔放的生命力,反映出处于西方列强坚船利炮刺激下的先进知识分子开始觉醒,思想开始活跃,并且逐渐形成的图强心态。于是,从东晋王羲之、王献之父子开始,熔铸了历代优秀书法家传世墨宝的古老帖学传统重新萌发了光彩四溢的勃勃生机。张謇书法的可贵,除了开启一代书风外,还在于它直接为张謇创办实业、教育、慈善等事业服务。张謇在开创事业的过程中,历尽艰难困苦,一再鬻字筹款。书法家卖字,历来被认为是跌尽架子的事,但是张謇的举动,反倒赢得了人们格外的敬仰;他的书法,则更显出其珍贵的价值。

  张謇的书法,是继承中的发展,是帖学传统的连续性和变异性的统一。这与他一生爱好收藏和研究历代名帖分不开,也与他一生勤奋练字、不断领悟分不开。在张謇日记中,随处可见他写字的情景。例如,1873年阴历十一月十三日,"雪,入冬以来,是日为最寒。读《三国志》。写字"。十四日,"雪霁,更寒。读《三国志·魏志》终。写字"。十五日,"寒如故,砚池水点滴皆冻,写不能终一字,笔即僵"。1874年阴历六月初三,"返舟,写字,看书。是日甚热"。阴历七月初四日,"苦热,每写一字,汗辄雨下"。张謇曾经对许多名帖有过精辟的见解,并且博采众长,自成风格。论者认为,张謇的字带有颜体笔意。他曾习临颜真卿的《告身帖》,张謇评价颜真卿的书法有诗云:"唐时论巨笔,鲁国最工书。"张謇的字,也时显褚遂良、欧阳询、欧阳通的余韵。他曾习临褚遂良的《雁塔圣教序》《伊阙佛龛碑》《枯树赋》、欧阳询的《九成宫醴泉铭》。何绍基曾强调,欲学欧阳询必当先从其子欧阳通所书楷书《道因碑》问津,若初学执笔,便模仿《醴泉》《化度》等,"譬之不挂帆而涉海耳"。张謇至1887年感悟到了这一点,该年日记中有"临《道因碑》。日课惟此能行也,日定五十字不闲",直至1915年张謇仍在习临此碑。张謇的字,更得力于晋楷、汉隶。他曾习临传为王羲之所书小楷法帖的《曹娥碑》、王献之所书小楷法帖《洛神赋十三行》。笔势开张、点画飞动、多有篆隶遗意的摩崖楷书石刻《瘗鹤铭》,恣肆奇崛的东汉隶书碑刻《礼器碑》,张謇皆曾花过一番功夫习临。张謇的行草，多学文徵明、包世臣。他曾悉心临写文徵明行草书两年有余，得其"遒逸婉秀"韵味；他推崇包世臣的字蕴涵雄强、洞达与平实浑然统一之美。

张謇的草书作品鲜见，但他对草书亦深有研究。他认为"草书于书谱外，唯有怀素自叙最奇纵有法"。值得注意的是，1974年1月，精于草书的毛泽东曾将影印本《怀素自叙帖》作为珍贵礼物赠给日本前首相大平正芳。由此可以印证张謇关于《怀素自叙帖》评价的精辟。张謇对《怀素自叙帖》的拓本，"欲得之久矣"。他在1920年说："四五年前，扬州碑估以一本见示，颇似明拓，而索值奇贵，不果得，尝以语人。顷德化唐翙之慎坊于苏州觅得一不完之本，装成见惠。拓不甚旧，要为胜今。其缺者，则开始之'怀素'云云以下至'当代名公'四十七字，中段之'楷精详'以下至'师得亲承'六十九字。二月有事扬州，晤方泽山君，君以所藏升元帖中残本见赠。中段之六十九字，居然获之。尚缺四十七字，丰城之剑，不知何时得合也。"直到1925年，张謇的心愿才终于得以实现。"十四年乙丑，复从刘葱石借得文刻本，用转写纸双钩前八行四十七字，以补是本之缺，释文亦补其半。"张謇在卷首亲题"怀素自叙"，卷末又亲书题记和补记，卷中还对怀素狂草逐一辨认，作了不少旁注。他赋诗《题怀素自叙帖》云："南唐九印重文房，传到苏家补六行。赖是衡山留片石，涪翁临后不消亡。素师不是闭门僧，叔未高谈苦行绳。我自爱师龙象力，墨池飞蹴更谁能？"这本《怀素自叙帖》，是张謇终生追求的宝物，也凝聚了张謇晚年的心血。他爱不释手，自云："百冗之暇，偶一披览，正如与奇人怪士作世外谈，益人神智不少。"所以，这本《怀素自叙帖》是十分珍贵的。

这本《怀素自叙帖》的珍贵之处，还在于它与诸多名人有关。最早将本帖赠送给张謇的唐慎坊，曾任苏州国医学社社长，他积极提倡中医科学化，在国内战乱频仍的情况下，努力在中医界维持着浓厚的学术氛围，而且成绩斐然。"以所藏升元帖中残本见赠"的方泽山，17岁以江苏解元进京会试，与广东解元梁启超互引为重，并称"北方南梁"。但清朝的腐朽统治彻底碾碎了他的信念，他自云："十五度江水，十八走燕都，今年满二十，忽已厌征途。"辛亥革命爆发，他参加江浙联军攻宁，立下战功。当军政府财政拮据时，他挺身而出，广开财源，保证了前方的军费开支。而当中国跌入军阀混战的漩涡时，方泽山称病引退家居，潜心以文教、实业救国。将文刻本借给张謇，使张謇终于合了"丰城之剑"的刘葱石，清末在办理教育、商会、金融中治绩昭著。辛亥革命后，迁居上海，藏书十余万卷，收购金石、古器物，并校勘古籍丛书10种，总卷数超过2 000卷，成为近代大出版家。替张謇用双钩法补写所缺47字的陈邦怀，是张謇的学生，我国著名的古文字学家、青铜器专家。他受张謇委托，与束曰琯一起编辑了《张季子九录》。1898年甲骨文在安阳殷墟出土后，他是最早研究甲骨文的学者之一，无论是在文字考释方面还是在运用甲骨文研究商代历史等方面均有重要贡献，之后他又致力于商周青铜器及其铭文的研究。他对战国玺印、陶文、帛书、简牍以及群经诸子和碑刻写本等有着深入的研究，对于文字考释及辨正名物制度等方面亦多所贡献。他又是诗人与书法家。为张謇补抄释文的柯昌颐，也是张謇的学生，所著《宋文学史》是我国最早的宋代文学断代史，他对王安石的研究亦有独到的见地。

从这本《怀素自叙帖》上钤有张孝若印章来看，张謇逝世后，张公子对此亦视为珍宝，但以后遂湮没无闻。直至去年夏天，方在张謇已故的从曾孙女家中发现，据云为其当年陪嫁之物。经文物专家和张绪武先生鉴定，确认为真品。为迎接第五届张謇国际学术研讨会在海门召开，现予印行，奉献社会，希望能够有助于我们认识作为书法家的张謇，多侧面地了解这位先贤的思想、品格和生活。

（2008年8月）

《张謇批选四书义》后记

本书原名《张太史精选四书义》，一般认为是张謇选编的江宁文正书院学生的"四书义"习作。张謇于1896年（光绪二十二年）2月应张之洞之邀出长文正书院，直到1901年（光绪二十七年）5月辞职，并于7月阅竟课卷，前后将近5年半时间。其间发生的戊戌变法和实行"新政"，都涉及了改革科举的问题。1898年6月23日，光绪帝下诏"着自下科为始，乡、会试及生童岁、科各试，向用四书文者，一律改试策论"。所谓四书文，即八股文。不久，随着戊戌变法的失败，这一改革措施遂被一笔勾销。直到清廷于1901年1月不得不下诏变法，拟行"新政"时，才重新予以确认。这就是张謇在本书序言中所说的"方今诏废八股，改试四书义"。虽然这仅仅是考试形式的改变，但竟也使得生徒们"憛焉若丧"，"如瞽马登途，茫无趋向"。因此，《张太史精选四书义》于1901年出版后，受到了普遍欢迎，书商争相印制，风行一时。但紧接着，科举制度很快就被时代所抛弃了。1905年（光绪三十一年），清廷被迫决定"着即自丙午科（1906）为始，所有乡、会试一律停止，各省岁、科考试亦即停止"，宣告了科举制度的终结。这样，"四书义"这一特殊的文体也就完成了它的短暂历史使命。

重印《张太史精选四书义》，只是给张謇研究工作者提供一种资料。它也许能从一个侧面反映出当时青年知识分子的心态，同时也许能在一定程度上折射出张謇当时的政治态度和思想观念。

点校本书，是海门市张謇研究会交给我的任务，我是力不胜任的。由于水平和手头资料的限制，特别在校勘方面一定做得十分不够。许多问题，虽经反复揣摩，但仍然未敢自信。在本书即将付梓之时，又得到了友人根据别的版本指出的缺漏和错误。我终于明白，本书的校勘几乎是难有止境的。去年下半年以来，又忙于第五届张謇国际学术研讨会的筹备工作，本书的有些问题，尤其是张謇序言中透露出的令人费解的信息，我都未及深究。所有这些，留待方家不吝指教。

点校本书的主要根据是南通市图书馆刘道荣先生提供的上海书局光绪甲辰即1904年的石印本。为了便于阅读，将《论语》《孟子》的"义"按照经文出现的先后顺序分列在所属的"篇"或"章句"中，相应地对个别篇目的次序做了调整。原书个别地方的缺页一时未能补全，所缺内容已在目录中注明。

在点校过程中，得到了南通博物苑赵鹏先生、淮阴师范学院吴延枚教授的很多帮助，谨此致谢！

《张謇与海门——早期近代化思想与实践》（第五届张謇国际学术研讨会论文集）前言

张謇创办的事业，泽被家乡，影响全国，举世瞩目。在当时，国内外就对张謇及其事业有过许多介绍和评论，这恐怕算得上是最早的张謇研究了。从那时算起，张謇研究已历经百年。一位近代史人物的研究，能有如此之吸引力，实属罕见。

而国内张謇研究与国际接轨，则是南京大学挑的头。该校于1986年4月20日申报筹办召开关于张謇的国际学术会议，南京大学在陈述基本条件与宗旨时说，南京大学对张謇的研究始自20世纪50年代，1979年以来参编或编著了《大生企业系统档案选编》《大生企业系统史图录》《南通近代土布史》，参与发起并联合组建了（南通）张謇研究中心，接待了许多国外研究张謇的教授、学者和高级进修生，已成为国内研究张謇的重要基地之一。张謇是位百科全书式的人物，他的人生涉及政治、经济、教育和社会事业等诸多范畴。研究张謇的思想和社会实践，不仅是一个学术问题，而且是一个可供当前社会改革借鉴的问题；再加上由于张謇的执着精神，他给后人留下了丰富的文字资料，言其因而引起国内外学者趋之若鹜绝不为过，说张謇研究已成为一个国际性的学术问题，同样绝不为过。鉴于这种认识，南京大学倡导发起召开张謇国际学术研讨会，积极主办了前三届会议。第一届张謇国际学术研讨会于1987年8月23—31日举行。除国内学者外，另有美国、日本、澳大利亚等国外学者和张謇后裔代表共120多人参加了研讨会。这是一次破天荒的国际性张謇研究学术会议。这次会议对张謇的重大贡献及其本来面貌做出了积极评价，从而揭开了张謇研究新的一页。会议分为两个阶段：8月23—28日，在南京进行学术研讨；8月29—31日，部分与会者赴南通参观访问。会议共收到国内外学者论文59篇，会后汇编成《论张謇——张謇国际学术研讨会论文集》。8年以后的1995年8月30日—9月2日，在南京举行了第二届张謇国际学术研讨会。这次会议的规模在上届基础上几乎翻了一番，是改革开放以来南京大学主办的社会科学方面规模最大、规格最高的一次国际学术会议。会议共收到国内外学者论文101篇，会后汇编成《近代改革家张謇——第二届张謇国际学术研讨会论文集》。2000年8月20—22日，在北京人民大会堂召开的第三届张謇国际学术研讨会，在更大范围内扩大了张謇研究的国际影响。会议共收到国内外学者论文73篇，会后汇编成《中国早期现代化的先驱——第三届张謇国际学术研讨会论文集》。因此可以说，在张謇研究的百年历史中，南京大学首先为国内外分散的研究力量创造了一个国际交流的平台，从而迈出了张謇研究国际化的步伐。

正因如此，国内外越来越认识到张謇的思想和实践对于当今中国和世界有着十分重要的启示作用。但是，张謇的事业是从家乡开始，并且立足于家乡的。因此，章开沅先生历来强调张謇研究应以江苏与通海（即南通、海门）地区为根据地。经过南京大学的积极倡导，在张謇研究实现国内与国际接轨以后，章开沅先生说，张謇研究先是南下，现在该是北上回归故土了。2006年11月26—27日，由中国史学会、南通市人民政府、南通大学主办的第四届张謇国际学术研讨会在南通召开，这正是走向国际的张謇研究开始回归故里的一次会议。南通是张謇一生事业最集中的地方，他在这里创建了"中国近代第一城"。张謇逝世以后，长眠在南通的土地上。参加这次会议的论文共90篇，会后经评审，收录60篇论文，汇编成《张謇与近代中国社会——第四届张謇国际学术研讨会论文集》。

第五届张謇国际学术研讨会于2009年4月17—20日在"状元故里"海门召开。研讨会由中国史学会、南京大学、海门市人民政府主办，南京大学张謇研究中心、海门市张謇研究会、中华爱国工程联合会张謇专项基金管理委员会承办，扬州大学、南通大学张謇研究所、江苏省中国经济史学会、上海证大集团协办。由众多单位共同在一个县级市举办国际学术会议，这在张謇研究而言是第一次。而尤其重要的是，这是一次名副其实的张謇研究回归故里的国际研讨会。海门是张謇的出生地。清咸丰三年（1853）五月二十五日（7月1日），张謇出生于海门常乐镇。常乐镇有他的家扶海垞尊素堂，张謇一生中除了1924年只在春节前回家祭祖外，每年春节必定回到常乐过年。海门留下了他成长的足迹、众多的业绩和感人的故事。近些年来，海门将"知謇、学謇、弘謇"作为全市国民经济与社会发展总体规划中的战略重点，举全市之力打造张謇文化。海门成立了张謇研究会，创办了国内唯一的张謇研究刊物《张謇研究》。诚如章开沅先生所说，海门的张謇研究欣欣向荣，为张謇研究增添了新的活力，显示出新的势头。所有这些，为在海门召开张謇研究国际学术研讨会创造了条件。这次会议的主题确定为：张謇与海门——早期现代化思想与实践。中国史学会会长张海鹏先生说的"张謇的社会活动和实业活动起自海门，走向南通，走向上海与全国，甚至走向世界，在推动中国的早期现代化事业方面，在探索近代中国民族工业发展方面，都具有典型意义"，正是对会议主题的诠释。这次会议达到了空前的规模，参加会议的170名代表，分别来自中国、日本、加拿大、荷兰、瑞典、韩国、法国、德国、美国等国。会议共收到论文 123 篇，涉及张謇的精神、思想、政治、外交、军事、经济、实业、教育、文艺、慈善等诸多方面，虽然并不局限于会议的主题，但其中不少论文确是围绕"张謇与海门"这个主题展开论述的。为了纪念这次张謇研究回归故里的盛会，我们编辑出版本书，并仍然确定将"张謇与海门——早期现代化思想与实践"这一会议主题作为论文集的书名。

《张謇盐垦事业研究》后记

张謇先生的垦牧事业，是他实业救国的极重要部分。他冲击了中国几千年封建农业的格局，探索开创了中国农业、农村早期现代化的新路。在筹备第五届张謇国际学术研讨会时，张绪武先生指示说："南通是中国近代第一城，海门是中国近代垦牧第一滩，因为当时还没有启东，都属海门。党的十七大一个重要内容是关于新农村建设，因此，是否可将此作为本届研讨会的一个主题内容。"为此，我们查阅了一些资料，包括历届张謇国际学术研讨会的论文，觉得很有道理，于是特编辑题为《张謇盐垦事业研究》的文集，作为会议参考文件，供学者专家们参阅，并祈能对此主题做进一步研究探讨，实至盼。

本文集系从前四届张謇国际学术研讨会出版的论文集、（南通）张謇研究中心的《张謇与晚清社会变迁学术研讨会论文集》、南通农业职业技术学院纪念张謇创办职业教育100周年学术研讨会出版的文集，及一些相关刊物上有关张謇盐垦事业研究的论文中选录了46篇而成。编后的本集，不仅在论文遴选上挂一漏万，而且讹误更是在所难免。编辑中，我们尊重原文，仅对部分论文的行文格式、参考文献的注释做了适当调整，以统一规范。

本集在南京大学历史系倪友春老师的指导下，由海门市张謇研究会常务副会长袁蕴豪组织，农水学组组长、高级工程师黄志良统稿、编审、校对。在编辑过程中，还得到了有关领导、专家、学者的关心、支持、参与，现一并表示衷心的感谢！

由于编者水平有限，加之时间仓促，上述疏漏之处，恳请专家学者不吝指正！

《十年踪迹十年心》后记

2006年11月，著名历史学家章开沅教授在南通参加第四届张謇国际学术研讨会期间，对时任海门市张謇研究会常务副会长的袁蕴豪说："我经常收到你们的刊物，看了挺好。从内容看，比较实在，是史料积累、学术研讨和感悟三大块。将来到了十年的时候，可以出专集。"章先生所说的刊物，就是海门市张謇研究会的会刊《张謇研究》。那时，海门市张謇研究会成立还只有三年，《张謇研究》也还只出了十期，章先生的殷殷勖勉，成了我们奋斗的方向和动力。

如今，海门市张謇研究会已经走过了十年历程，《张謇研究》也已出刊33期。当章先生听说我们即将编辑这本纪念文集的时候，欣然命笔题词："学习张謇，建设海门。"而当我们这本纪念文集即将付梓时，另一位著名历史学家茅家琦教授则以令人感佩的嘉惠学林之情慨然为之作序说："《海门市张謇研究会十年纪念文集》出版在即，我感到十分高兴。这部纪念文集汇集海门市张謇研究会十年纪事以及《张謇研究》杂志十年的论文选，内容十分丰富，对今后江苏省，乃至全国的张謇研究工作一定会起到推动作用。"

十年以来，海门市张謇研究会在张謇研究领域的领军人物章开沅、茅家琦诸教授以及国内外许多知名学者的引领、关怀、支持下逐渐成长起来，并且迅速融入张謇研究队伍，成为张謇故里的一支生力军。2009年成功承办第五届张謇国际学术研讨会，则是其开始走向成熟的显著标志。这次会议是张謇家乡与中国史学会、南京大学联合举办的学术会议，是自1987年南京大学倡导举办张謇国际学术研讨会，使国内张謇研究与国际接轨以来，一次规模空前的盛会，又是张謇研究真正回归故里的一次盛会，从而在学术界产生了很大的影响。十年以来，我们努力办好《张謇研究》杂志，为自己，也为国内外张謇研究者提供了一个交流的平台。《张謇研究》是目前唯一的张謇研究专业刊物。去冬今春，我们曾向国内部分学者征求办刊意见，收到了包括章开沅、茅家琦、魏宏运等在内的二十多位学者的回信。他们在回信中给予我们很高的评价和热情的鼓励，同时也进行了切实的指导并提出了殷切的期望。所有这些，都使我们感到莫大的荣幸。

《张謇研究》杂志十年来共发表文章约计200万字，本书选取了其中的三分之一。同时还收集了本会会员发表在其他报刊或收录到论著中的部分论文。本会会员论文数占全书的一半以上。我们还特别注意保留了部分会员在本会创建初期的文章,以较为完整地反映出海门市张謇研究会十年的历史。

选文工作在本书编辑委员会领导下进行,先由部分编委和编辑分别遴选,然后汇总确定。虽然我们力求客观评价,但毕竟水平所限,遗珠一定难免。大多数编辑初次当此重任,加之张謇研究涉及我们很不熟悉的诸多领域,虽经努力,但差错也还一定存在。所有这些,敬祈读者诸君见谅,并不吝指教。

在历史的长河中,十年只是短暂的一瞬,但是对于我们来说,并不短暂。十年以来,在张謇研究的道路上,我们备尝艰辛,然而仍坚持一步一步地走过了坎坷,一点一点地耗费着心血,努力从幼稚走向成熟。从专业的视角审视,也许我们至今仍然十分幼稚,但是,正如鲁迅所说,"幼稚是会生长、会成熟的,只要不衰老、腐败,就好",所以我们满怀信心地面向未来。

《张謇语萃》后记

张謇是海门的骄傲。他从海门常乐镇一个普通农家走出去，攀登上了科举的最高峰。第二年，"1895年，中国有三个人各自做出自己一生最重要的选择：康有为选择了变法，孙中山选择了革命，张謇选择了实业，而其终极目标都是救国"（章开沅语）。后来，随着变法的失败，康有为日趋保守；孙中山领导了辛亥革命，推翻了中国历史上延续几千年的封建王朝专制统治，开创了中国民主革命风起云涌的历史新篇章；张謇不仅卓有成效地在家乡建设了一个新世界的雏形，泽被乡梓，影响及于全国，成为我国民族工业发展史上不可忘记的人物，而且作为立宪派的领袖，他顺应时代潮流，转而赞成并且力主共和，推动了共和国体的建立。1922年，孙中山谦虚地对张謇的儿子张孝若说，"我是空忙，你父亲在南通取得了实际的成绩"。孙中山所说的"实际的成绩"，便是诚如张謇研究学者章开沅教授多次说过的，"在中国近代史上，我们很难发现另外一个人在另外一个县办成这么多事业，产生这么深远的影响"。张謇所做的一切，正是在中华民族受到西方坚船利炮的侵略，遭受深重苦难、付出重大牺牲，辉煌不再、尊严难立的情况下开始的实现中华民族伟大复兴的"中国梦"的辛苦求索、艰难追寻。在这个过程中，张謇抒发着伟大的爱国情怀，表现出虽然迭遭颠蹶，忧危困苦，而能百折不挠，知难而进，坚苦自立，强毅力行的自强不息精神，从而在政治、经济、教育、文化等领域不断探索适合中国国情的道路，做了许多开全国风气之先的大事，创办了许多堪称全国第一的事业。正因如此，张謇不仅在20世纪感动了中国，而且今天仍然能够为我们在实现"中国梦"的奋斗中提供强大的精神力量和宝贵的经验、教训。

张謇600余万字的著作，是他一生事业和思想的记录，这也正是这位先贤留给我们的取之不尽、用之不竭的宝藏。但是事实上，通读这部洋洋大观的著作，是件很不容易的事，并非所有人都能做到。因此，摘编张謇的若干名言警句，集为一册，是许多希望了解张謇、学习张謇、弘扬张謇精神的人所欢迎和企盼的。海门市张謇研究会同仁深感有责任完成这项任务。今年（2014）7月，海门市委、市政府在张謇出生地常乐镇举办首届张謇文化旅游节，又将此项工作列入了活动的方案，这对我们是个很大的促进。于是，在并不充裕的时间里，我们努力工作，现在终于将这本小书呈现到了读者诸君面前。

我们一向认为，张謇宣传和张謇研究虽然有着密切的联系，但是两者的性质和方法却是不同的。张謇是中国近代史上一个重要的人物，他是伟大的，但他不是神，他不可避免地受到历史的局限。张謇研究需要始终本着辩证唯物主义和历史唯物主义的观点，在实事求是的原则下，既研究张謇的"是"，也研究张謇的"非"，并且是其是、非其非，从而引出历史的经验和教训来。而张謇宣传，则需要在实事求是的原则下，大力宣扬张謇的"是"，从而起到树立榜样、鼓舞大众的作用。选编这本小书，旨在宣传张謇，所以本书不可能反映出张謇思想的各个方面。同时应该强调，任何人的任何言论，一定有其特定的背景和场合；同样一句话，在不同的背景下和不同的场合中，一定有着不尽相同的意义。所以，尽管我们企图努力选取张謇思想的精华，但一定亦难免断章取义之嫌，甚至有可能割裂了张謇的思想。所以，我们希望读者仅仅把本书作为认识张謇的起步，作为学习张謇的辅助；我们特别不希望读者利用本书走一条研究张謇的捷径，仅仅依靠本书选录的张謇言论来做研究，那显然是不全面的，因而那样的"研究"是毫无意义的。

需要说明的是，由于时间仓促，本书选录的张謇言论可能未必合理，而其分类则不免交叉。虽然我们在工作中反复斟酌，曾经颇费踌躇，然而限于水平，本书缺点、谬误一定在所难免，自然很难成为一个成熟的选本，谨请读者诸君批评指正！

本书选录的张謇言论，均出自李明勋、尤世玮主编，上海辞书出版社2012年出版的《张謇全集》。袁蕴豪、高广丰、施友明、周至硕、沈振元、徐慎庠、周张菊、徐美红参与了选录工作；沈振元、赵云生、周张菊在后期做了增补和编辑的大量工作；全书最后由高广丰总其成。

（2014年7月）

《张謇在启东的足迹》序

经张謇侄曾孙张慎一的介绍，我认识了启东朱今更先生。先生两次枉顾，与我谈及自己多年来踏访张謇在启东所创事业足迹的经历和收获。不久，即以《张謇在启东的足迹》书稿见示。这使我很受感动。

今天的启东，在张謇生活的年代，其北部属通州，中部属海门，南部属崇明。本书在叙述时分成的吕四、海复、二厂三大范围，当年正好分属通州、海门、崇明三地。可见张謇的足迹曾经遍布整个启东大地，为今天的启东留下了许多宝贵的物质遗产和精神财富。由于时间久远、时代变迁，特别是历经战火的摧折，张謇亲手创建的绝大多数事业已经不复存在，或者已是面目全非。今更先生凭一己之力寻访的过程是极其艰难的。他查阅了大量资料，走访了当地许多民众，亲自勘察了每一个现场。他将资料记载与实际状况一一对应起来，从而沟通了历史与现实，所以本书具有相当的史料价值和现实意义。读者根据本书按图索骥，可以找到当年张謇带领一大批创业者为开发启东艰苦行进的足迹；身临其境，可以感受当年创业者们战天斗地的风采和不屈不挠的精神。由此，甚至可以引起无限遐思，将启东人民一以贯之的对于强国富民之梦的追求，倾注到对于美好未来的憧憬之中。

海门市张謇研究会同仁高兴地看到今更先生多年努力的成果，因为启东在历史上与海门的渊源很深。海门于后周显德五年（958）设县时的县治东洲镇，即在今启东吕四东南海域。此后虽经几度沧海桑田，而今启东中部地区直至新中国成立后归入启东版图前，始终为海门的东部地区。今天讲到启东与海门的亲密关系时，人们常用"启海不分家"来表达。本书所述，是海门人张謇的往事，其中很大一部分就是发生在当年海门东部地区的故事。今天的海门人同样可以从本书中得到教益，受到鼓舞。

著名历史学家章开沅先生历来强调，"张謇研究应以江苏与通海地区为根据地"，"如果连本地人都不注意研究本地的历史，单纯指望外地学者甚至外国学者来研究自己地区的历史，这就很难保证本地重大历史课题的持续健康发展，甚至可以使若干与本地相关的'显学'逐渐衰微，乃至沦落成为绝学"。章先生所说的"通海地区"是一个历史概念，反映了张謇所说的当时通州与海门州厅"两大"的情况。就今天而言，当然应该包括启东在内。今更先生从事的本业与张謇研究并无关系。他近些年来花费大量心血所做的工作，表现出张謇研究根据地一个普通人的历史责任感，从而为我们所有从事张謇研究的同志树立了榜样，也让人们看到了张謇研究得以持续健康发展的希望。

　　今更先生的历史责任感，表现在他不为名利，不计得失，以抢救历史的急迫心情去做这件苦事难事；他在做这件事的过程中一丝不苟地反复调查，反复推敲，坚持书写历史，而唯恐将任何错误的信息留传下去，给以后的研究者添乱。这与当今一些惯于凭空想象、信口开河、胡编乱造、演绎故事而又自诩为历史学者的欺世盗名之徒形成了鲜明的对照。今更先生的历史责任感的确值得我们学习。

二〇一五年五月一日序于两不厌斋

《早春二月的雷鸣》序

陈有清先生书稿既成，嘱我为之书数语于其端，我委实惭愧而且惶恐。这绝非客套话。

据我所知，陈有清先生是在开始解除思想禁锢之际，最早意识到张謇对于新的历史发展时期具有重要意义的一个文化人。1980年10月，他在南京图书馆《书评》杂志发表《张謇及其〈占籍被讼将之如皋〉》。1982年2月，在上海《青年一代》发表《状元改行》。同年7月，在江苏《古今中外》《群众文艺》发表《沈寿和〈雪宦绣谱〉》《张謇归籍》。1984年9月，在江苏《戏剧报》发表《独树一帜的更俗剧场》。同年11月，在《湖南妇女报》发表《近代刺绣家沈寿》，在上海《华东师范大学学报》发表《张謇与师范教育》。1985年，在《南通今古》发表《张謇外交生涯》。1987年，创作的五集电视连续剧《子规啼血》投拍。1988年7月，《张謇》一书由江苏古籍出版社出版。1989年7月至1990年4月，于《中国纺织报》连载中篇小说《棉铁情》。

在张謇的研究和宣传如火如荼发展起来之后，许多人为之努力，为之耗费心血，才有了今天这样的局面，并且必将更加波澜壮阔。然而，最初的文化人进行的尝试却多少有着一点勇敢冒险的精神。

我认识陈有清先生，是在2009年12月，他带着如东的一批张謇研究同仁前来海门，希望加入海门市张謇研究会，并在如东成立分会。此举令我十分感动，我们欣然满足了他们的要求。此后，在他的领导下，如东分会为张謇研究和宣传做出了很多成绩。陈有清先生等在《张謇研究》杂志亦屡有新作发表。后来，陈有清先生等也曾陪我考察过张謇的事业在如东留下的遗迹。在我应如东高级中学春秋史社之邀前往做讲座之余，他们又陪我参观国清寺，拜会如东佛教协会会长汤成刚居士，探讨了张謇与国清寺的关系以及在该寺建设张謇纪念室一事。陈有清先生对张謇研究和宣传的敬业精神深深地感染了我。

陈有清先生既研究张謇，也宣传张謇，表现出了他的特长。张謇研究的本质是历史研究，历史是人类最好的老师，那么就应该让张謇研究的成果成为教育人的教材，将张謇这一潜在的历史资源转化为我们当今经济建设和社会发展的优势，这就需要宣传。广义地说，一切将研究成果转化到为现实服务的工作都是宣传。张謇研究和张謇宣传属于不同的领域，也有着不同的要求，二者当然不能相互替代，但却是互相联系、不可分割的。

研究是出发点，宣传是归宿，二者的顺序不应颠倒。我们不能为了所谓的为现实服务，先选定一个当今的热门课题，然后想当然地到张謇的著作中去寻找片言只语，也就是请张謇来为当代问题作出证明和解释。张謇所处的时代和社会与当今的时代和社会已经完全不同。尽管张謇作为百年以前的中国早期现代化先驱是伟大的，但他不可能对我们当代的伟业作出证明和解释，而且也没有必要由他来作出证明和解释。我们应该通过张謇研究，实事求是地提供历史上张謇在中国早期现代化实践中的精神、经验和教训，为今天的现实服务。宣传的生命在于真实，而真实来源于实事求是的研究。陈有清先生将书稿送来时，曾要求我为书中史实"信"的问题逐一提出自己的看法，说明他是重视张謇宣传的真实的。只是我在病中，无力卒读书稿，只能引为憾事了。好在一定会有很多有识之士提出意见，使本书臻于完美的。

二〇一六年十月二十五日于两不厌斋

《张謇诗选注》序

张謇是一位百科全书式的人物。他作为我国早期现代化的先驱，以满腔爱国热情，为挽救祖国危亡，为民族的振兴，殚精竭虑，自强不息，不屈不挠，成就了不朽功业，并以实业家、教育家、政治活动家的英名彪炳千秋，流芳百世。学养深厚、才气过人的他在所涉足的其他诸多领域，也总是卓有建树。而即使在忙于事业而夙兴夜寐、日无暇晷的情况下，他对艺文的追求依然孜孜不倦，甚至每臻化境。就诗而言，他自十二岁始至暮年，为我们留下了一千四百余题；他强调诗应"文质相资"，注重内容与形式的统一；他在理论上提出了"诗言事"的观点，从而读其诗即感其情而又知其事。张謇的诗极具史诗价值，它不仅生动地记录了张謇的一生，而且从一个侧面反映了清末民初的时代风云。因此研究张謇，就不能不关注他的诗。海门市张謇研究会充分认识到张謇思想与实践的历史价值和当代意义，坚定不移地坚持以学术为本位的立会理念，坚定不移地坚持研究张謇和宣传张謇并重的策略，努力拓宽研究领域，力求在张謇一生涉及的各个领域中，从其开创的事业入手，进而从思想文化的高度进行分析研究，将张謇研究水平提升到新的高度。正是在这样的情况下，本会学者开始注重开掘张謇研究的广度和深度。

几年以前，沈振元先生就和我谈到他对张謇诗词的研究，并且决心写成一部学术性与普及性兼而有之的《张謇诗选注》。我知道沈振元先生研究张謇诗词有年，孳孳矻矻，兀兀穷年，屡有心得，日积月累，渐成规模。我与沈振元先生相识相知二十余年，深知其著书立说宏愿之必成。

沈振元先生从来是一位学者型的教师。他毕业于华东师范大学中文系，有扎实的语文功底。他毕生从事中学语文教育，耕云犁雨，桃李满天下。退休后，他意犹未尽，又主持海门市政协主办的师山文化补习学校达十年之久，其办学业绩堪与重点中学比肩。他是一位深受学生和家长爱戴的好教师。但是，他不是一个单纯的教书匠。在教学中，他认真总结自己的经验，潜心研究教育规律，对课堂结构、教学模式、教学策略均有深入研究，他撰写的《论课堂教学结构的优化》等论文发表于国家级和省级刊物。

沈振元先生具有良好的学术素质。他75岁加入海门市张謇研究会，在世风浮躁的情况下，沈振元先生说，如果将张謇比作一座高山，把我们的研究比作登山，大多数人还在山脚，刚刚起步，视野不宽，路径不熟，常有迷茫的感觉。他认为知人论世必须从读其"全书"了解其"全人"入手。新版《张謇全集》出版后，他立即买来一套，一头扎进书房，每天看书学习六小时以上。对于老年人来说，如此不堪其扰之事，他却终究不改其乐。正是在这个小天地里，他不断碰撞出新的思想火花，撰写了许多颇有深度的论文。他担任海门市张謇研究会学术委员会主任，每次主持学术沙龙前，都认真思考本次沙龙的话题，精心做好笔记，从而将沙龙搞得有声有色。治学严谨是他的一贯作风，《张謇诗选注》初稿既成，他主动分送会内外学者审读，虚心听取意见，择善而从，认真修改，以求精益求精。

沈振元先生爱好诗词歌赋，而且研究造诣颇深。每有闲暇，他辄以搜求诗集、研读诗词为乐事。据我所知，他近年先后研读的乡贤诗作就有周雁石抄录的《海门耆旧诗钞》、龚其伟的《宣南吟稿》《白下酬唱集》、如皋陈国璋的《文介先生诗集》、茅炳文编辑的《师山诗存》、周家禄的《寿恺堂集》及杨蓉初的《海门二十景诗》等。他曾搜集师山书院十位山长的诗辑为《师山雅韵》一书。他自己偶有创作，则金声玉振。在江苏省海门中学一百周年庆典上，他奉献给母校的一篇《海门中学百年赋》，已镌刻在海中世纪广场的石碑上。

现在沈振元先生的《张謇诗选注》终于在其年届八秩之际得以付梓，令我十分兴奋。

今年春节甫过，张绪武先生为此书出版复函沈振元先生，建议由我为书作序。我一向仰慕绪武先生的长者风范，又感于沈振元先生几十年于我有兄长和益友之谊，更觉得本书的出版，在张謇研究领域有着以老带新、以老促新的典型象征意义，乃不揣浅陋，勉为其难，叙述感想如上，聊以为序。

丁酉春孟月于两不厌斋

《张謇佚文辑注》序

"青蝇点玉原非病，沧海遗珠世所嗟。"这是《全唐诗》所载牟融《寄永平友人》中的名句。但据当代学人的研究，牟融是明人伪造的唐代诗人。这段学术公案且不去管它，那两句诗确实很值得玩味。

"沧海遗珠"，是指采者所遗，既可比喻为人所忽视的珍品，亦可比喻被埋没的人才。

2012年12月出版的《张謇全集》，比起它之前的版本，其收集的张謇著作，自然是最为完美的。但是，凡称为"全集"的，总有永远的"全集"不全的遗憾。即使《鲁迅全集》也是如此。对于鲁迅的研究，其历史之长、学者之多，是其他很多研究所无法比肩的。《鲁迅全集》最早出版于1938年，后来陆续出版过很多版本。但是2005年由人民文学出版社出版的又一新版，继1981年版之后，又增收了鲁迅佚文24篇、佚信18封以及《两地书》原信68封，《答增田涉问信件集录》约10万字，总卷数由1981年版的16卷增加至18卷。所以，《张謇全集》存在的问题，确是"青蝇点玉原非病"，浩瀚如海的张謇著作确实难免有遗珠之憾，今天如此，明天如此，若干年后必然仍旧如此。问题在于，我们的张謇研究学者有没有人、有多少人去做这一项采集"沧海遗珠"的工作。我以为俊杰正是当今最潜心于此的一位张謇研究学者，他不但广为收集张謇佚文，而且努力地进行笺注。现在出版的这本《张謇佚文辑注》正是他近年的收获，而他的工作永远是进行时，我们有信心期待他的更多收获。我们也期待本书的出版，能够引起更多的张謇研究者一起来做这一项工作的热情。

我认识俊杰，是在2008年主持第五届张謇国际学术研讨会具体工作的时候。那时，组委会有个印行一套资料的计划，其中一本是俊杰的《张謇手书对联经眼录》。我阅读了这本书稿，惊诧于作者搜集资料的能力和对张謇楹联研究的水平。这本书稿反映出正如庄安正教授所称道的他"颇有博雅君子的多闻阙疑的治学精神"。但那时我没有印书的决定权，这本书便与所有参加国际研讨会的国内外代表失之交臂了，我一直以为是个极大的憾事。后来我知道，俊杰的成就是他几十年如一日如痴如醉地潜心张謇研究的结果。据说他可以为解决研究中的一个难题，整天面对电脑屏幕，从而忘掉生活中所有其他细节。在当下许多所谓学者、专家都追逐时髦、急功近利的情况下，他心甘情愿地把"坐冷板凳"作为自己业余的全部节目的生活态度，是被人认为很迂疏的。但是，俊杰颇有陆游所说的"任渠千载笑迁疏"的心态，这正是俊杰成为一位好学者的最基本条件。

三年以前，海门市张謇研究会开启了推进年轻化、专业化队伍的建设，同时组建了以年轻教师为主体的海门市历史学会，以寻求一条海门张謇研究可持续发展的道路。俊杰是这一举措最坚定的支持者之一。他的可贵之处特别在于无私地将自己几十年的研究所得毫无保留地奉献给年轻人，手把手地教会年轻人张謇研究的方法。经过三年的努力，我们终于开创了一个海门张謇研究可持续发展的新时代，俊杰功不可没。因此我毫不犹豫地力荐他取代我担任新一届的海门市历史学会会长，并任海门市张謇研究会副会长。现在回过头来看，就张謇研究的社会组织而言，俊杰和一些年轻的学者在很长时间里，也同样堪称"沧海遗珠"。珍珠无论散落何处，自有他们自身的存在价值，然而这对于遗珠本身，对于一个组织、一个部门、一个单位、一个地方甚至一个国家，有时却是很大的遗憾。一个合适的平台可以将个人的价值发挥到极致，从而又创造出这个平台的更多辉煌。

与俊杰相处，深感他中国传统知识分子的狂狷之气。孔子曰："狂者进取，狷者有所不为也。""进取"体现出对自身、对社会、对时代的负责精神；"有所不为"体现出洁身自好、谦守志道的学人风骨。如果一个人满脑子私欲，就不可能有对自身、对社会、对时代的负责精神，就会为自己的眼前利益苟且钻营，无所不为，做出违背本心、违背道德、违背律法的事情来。这种人在"做人"（圆滑处世，不分是非，不问黑白，特别是讨好得罪不起的恶人）和"做事"两者之间，毅然选择的是"做人"，而不是"做事"。这样的结果，对自己固然有一时之利，然而对事业、对社会、对时代、对国家则贻害无穷。

年与时驰，垂垂老矣，张謇研究是我最后的事业。一个人如果投身于一项事业，他就属于这个事业，而不属于自己。回顾往事，感慨良多。在张謇研究领域，"沧海遗珠世所嗟"，无论是张謇的佚文，还是许多至今未被发现或还没有发挥出学术影响力的人才，都是客观的存在，这是我们莫大的遗憾。我们每个投身于此人都应该有放眼沧海的眼光，有坚韧不拔的意志，不求名利，乐于奉献，尽量减少我们的遗憾。我寄希望于比我年轻的学者们。

2019年6月9日序于两不厌斋

《海门诗钞》刊印说明

本书由藏书家周雁石先生于一九二八年"尽一暑假之力"从通州杨廷撰所编之《五山耆旧集》（前集、今集初稿）辑录其中旧海门县人士及与海门有关的诗作手抄而成。周雁石先生初将之定名为《海门诗钞》，后曾拟"颜之曰'海门耆旧诗钞'"，但最后柳诒徵先生仍题名为《海门诗钞》。

《海门诗钞》的价值，诚如周雁石先生在其"缘起"中所言："溯旧海门自后周显德五年（958）设县以来，中经沧桑，圯为泽国，迄清康熙十一年（1672）废县为乡。数百年间之文献，荟萃于此书。"本书不仅是海门最早的诗歌总集，亦可视为反映海门历史变迁的珍贵文献和先民开天辟地、饱经沧桑的见证。

从本书可以看出，周雁石先生保存地方文化之苦心、收集地方文献之勤劳和寄予家乡后辈"敬恭桑梓"的厚望。我们应当学习并且弘扬先贤的精神，以不辜负先贤的厚望。

本书据海门市图书馆藏本影印。

《台湾纪行》序

读着有良兄的《台湾纪行》，没有去过台湾地区的我，却随着有良兄畅游了祖国这个美丽的宝岛。从参观庄重典雅的台北"故宫"博物院开始，先到达北海岸明珠野柳的地质公园，领略二十四孝山的风貌。然后沿着东海岸南下，擦过基隆，经台北、宜兰，在宜兰县中部的海边小港苏澳稍做停留，拜谒世界第一尊用珊瑚雕刻而成的宝石珊瑚妈祖。在花莲的"伟大的山脉"太鲁阁，看到了令人震撼的人工开凿十五年将其中央山脉和玉山打通的中横公路。此后一路便是李太白慨叹的难于上青天的蜀道般险峻的山路，满眼都是人工劈开的高山，远望对面是布满刀凿斧砍痕迹的万丈悬壁，下面是深不见底的山沟，只有远处偶尔露面的山顶才见绿色。车行在东海岸线，一边是一望无际的东太平洋，远处水天一线，几乎分不清哪是天、哪是海；近处惊涛拍岸，浪花飞溅；一边则是高山起伏，古木葱茏。在台东，越过北回归线，从北温带进入热带，到达台湾南部。这里，历代大陆迁台垦荒的开拓者逐渐开发建设起来的垦丁，既有具备热带特征的丰富多彩的自然景观，也有各种奇异多姿的动植物。垦丁体现了一代又一代"垦丁"们创业的艰辛和伟大。垦丁往东南的鹅銮鼻和往西南的猫鼻头，屹立在台湾的南端。然后沿紧贴西海岸的公路往北，陡峭的海岸、逶迤的山峦、蔚蓝的大海和跳跃的波浪点缀着一路风景，到达南方大港高雄，在西子湾风景区拍摄著名的落日余晖。参观台南现存最久远的古迹赤崁楼和纪念郑成功开台功绩的延平郡王祠（又称开山圣王庙），都能感受到郑成功抗击外国侵略者的英雄风采和伟大气概。然后从台南离开西海岸北上，过玉井后，进入台湾最负盛名的嘉义县东部的阿里山风景区。阿里山绚丽的日出、朦胧的云海、灿烂的晚霞、茂密的森林，自然是吸引人们的强大磁力，而阿里山品茶又是人们所神往的乐趣。溪头森林风景区尽是合抱乃至几抱粗的松木、杉树，雄伟挺拔、高耸入云。树下石上，青苔浅草，林间雾霭烟岚，空气清新，鸟鸣悦耳。这里的森林冠层空中走廊最高点竟离地面23米，相当于七层楼的高度。惟觉法师主持创建的雄伟壮丽的中台禅寺和气度非凡的中台博物馆，虽然地处阿里山区，却不断与大陆进行着文化的交流与合作，强烈地表现出中华民族同根同源的认同感。台湾最大的天然湖泊日月潭，当然是人们熟知的风景名胜了。湖中常年被湖水冲刷而有缩小之虞的拉鲁岛，不免引发人们的担心和爱怜，于是想尽办法加以保护。最后终于又回到了台北，在中山纪念馆追念中山先生的不朽功绩和他"天下为公"的伟大思想。在市场感受台湾同胞精心研究、精心操作的敬业精神和大陆游客与台湾同胞之间其乐融融的祥和气氛。

这一切，我可以如数家珍地复述出来，因为它们已经深深地镌刻在我的脑海中了。读完《台湾纪行》，掩卷闭目，台湾地区的壮丽河山、旖旎风光、风土人情、历史图景，无不生动精彩地呈现在我的眼前。这本书，让我穿越时空的隧道，全方位、多侧面地领略了台湾的风采，引起我对台湾地区无比热烈、迫切的心向往之之情。同样地，我想，曾经去过台湾的朋友，也一定会因为这本书而引起对旅游情景的极其美好的回忆，甚或弥补当时旅游中粗心忽略的遗憾。我以为这就是《台湾纪行》的魅力。

旅游景点或许如同读者或观众理所当然地参与文学、艺术作品的再创作一样，也会因为游客的参与而呈现出各种不同的精彩；而有良兄无疑是一位善于发现和创造景点精彩的游客。许多并不能引起游客注意的细节，他也往往能写出一段生动的文字，比如那山泉：

> 山谷中到处可听到哗哗的泉水声。泉水有的清澈，有的混浊如石灰水；有的从石孔中流出，有的从山与山之间的沟中流出。都急急匆匆，永不回头地流入大山沟里，又从大山沟一路往东，汇成巨流，奔向大海。

比如他眼中日月潭的拉鲁岛：

> 前面就是湖中央的拉鲁岛了。那一个现在看来很小的岛，目测面积不足0.2平方公里。岛的中心有棵很大的茄苳树，不高，但树冠很大。岛上尽是草丛，没有任何建筑。岛的四周用尼龙网装了大量生长着的水草，形如浮动的岛链将拉鲁岛围了起来，以防止湖水冲刷小岛，使小岛不断缩小。间或有木栅船成带状围在水草链的外围。台湾人保护环境真是尽心尽力了。仔细看，木栅船上有木雕的猫头鹰。木栅栏船的作用一是为登岛方便又不伤岛，二是为保护水草。浮动的草链在湖水中上下浮动，阳光和煦，波光潋滟，使人感觉小岛似乎也在上下浮动。

有良兄深知人是第一风景的道理。他在书中描写了自己仔细观察到的"一个个都彬彬有礼，不急不慢，很泰然，懂谦让"的公交车的上下客；太鲁阁中央山脉白石山腰"鲸面、猎人头、拔齿"的泰雅人；阿里山的"冠军茶师"林玟美；稀少到全台湾只有280人的拉鲁岛邵人，姑娘们赤着双脚跳舞，甚至邀请游客与之共舞；中山纪念馆"头戴白色礼仪钢盔，身穿天蓝色的礼仪兵军服，腰系奶白色武装带，肩扛礼仪专用的上了刺刀的步枪，脚穿特别的皮鞋"的礼兵"有节奏的脚步声和踢皮鞋的声音"；一位八十多岁、精神很好的山东济南去台老兵对家乡的思念。而那位可亲可爱的台湾导游谢素琴更是作者着力描写的一道风景。她总是坚持站着面对游客滔滔不绝地介绍景点；她向商店追讨算错了账而多收游客的钱，甚至走上前去论理，说光致歉不行，还得赔偿损失，说罢还随手从架上拿了一包什么饼交给了旅客作为赔偿；她还提醒大家如何才能买到如意的茶叶。

《台湾纪行》的耐读，还在于它的历史厚度。有良兄每游一处，总会刨根问底地将景点的历史弄得一清二楚，记下来让读者共享。比如关于台北故宫博物院毛公鼎的来历及毛公鼎的保护者叶恭绰、叶公超叔侄"厥功至伟"的事迹，关于赤崁楼和延平郡王祠的相关史实。书中所记一桩小事尤可看出有良兄的用心：

> 才到门口，耀成兄忽然问及延平郡王是谁封的？我也没转过弯来，随口答道"大约顺治？"耀成仔细，建议过去查一下，于是两人赶紧从旁门返入祠内奔向大殿查看，方知郑成功的延平郡王是南明永历帝封的（即桂王于永历十一年封郑为延平郡王）。

所有这一切都足见《台湾纪行》的价值。

有幸认识有良兄是三十多年前的事。那时因"文革"造成了人才断层，全国大办电大，有良兄进入电大读工业企业管理专业，而我正在那里教书并主持工作。此后有良于我，常以"老师"相称，而我则向来不以为然，我们之间只是"闻道有先后，术业有专攻"而已。我称有良为兄，便不是因袭鲁迅先生关于"兄"的讲义，而是他的年长于我和他的良好人品。他从电大毕业以后，成为一位成功的企业家，也主管过一个乡镇的工业；然而他并不像很多电大毕业生那样一旦进入官场以后便做起政客来，也不像一些人做着文事，却一心挤入官场而不惜自取其辱。那些人的共同特点是市侩气十足，以势利眼看待整个世界，羞言电大经历，当然更羞言自己曾经的电大老师，几乎完全没有半点传统知识分子的气息。我与有良兄疏于联系久矣，前年闻其藏书竟达一万七千册，成为海门首屈一指的藏书家，我便兴致勃勃地赶到他天补的家中去看，堆满整座小楼的书籍令我吃惊。而去台湾旅游，他的那种书生意气也仍然贯穿于整个旅程：在别人盘桓商场时，他和一二同志者去寻觅书店，买了《范文正公文集》；在别人坐在树荫下休息时，他们又连忙赶去博物馆浏览，徜徉在碑拓的海洋中乐而忘返；在离开台湾退房前四十分钟内，他们又急急忙忙地奔到台湾大学观摩台湾的高等教育现状。

我与有良兄如今皆已年逾古稀，抚今思昔，不由慨叹起来："微斯人，吾谁与归？"

二〇一六年四月于两不厌斋

《甘芹集》后记

母校南京大学留给我许多美好的记忆,那是无法言尽的。不说别的,单是那盛开在校园里的垂丝海棠和石榴花,四十年来就常常令我魂牵梦萦。初春满枝飞霞的垂丝海棠,让我想到青春的梦幻、情思和憧憬;而盛夏如火燃烧的石榴花,则勾起我对炽烈而真挚的师生之情、同窗之谊的回忆。

今年五月,全班34位同学相聚母校,纪念毕业四十周年,又见我朝思暮想的垂丝海棠和石榴花。可惜垂丝海棠早已凋谢,而石榴花正在孕育待放。这情景多像我们,韶华早已逝去,而对母校、老师、同学的情意却历久弥深,如火燃烧,喷薄欲出。

有同学建议,用诗文记录下四十年聚会的历史镜头和个人感怀,并且委托我负责收集和编辑工作。回去不久进入盛夏,当我遥想母校校园里石榴花烂漫绽放时,一件件如石榴花般燃烧着炽烈、真挚情感的作品,便陆续寄到我的手中。读着这些作品,我内心充盈着感动。这种感动,不是因为"笔落惊风雨,诗成泣鬼神",而是因为我看到了一颗颗纯真的心、一份份珍贵的情。徐青山于五月十七日亦即聚会结束的次日,第一个给我寄来了一首诗,我抑制不住内心的喜悦,立即给许多同学发了题为"我收到了老红军的诗"的电子邮件。吴文娟的信封上贴了11张老式邮票,方才凑足了一元二角的邮资,看来她是多少年没有寄过一封信,这次破了例。汤玉泉正紧张学驾,抽空写下了散文《入梦》。陆纪明寄来的是毛笔书写的散文,可惜我无法附上他那飘逸的书法作品供大家欣赏。许良江的词,字斟句酌,一改再改,最后还严令我"逐字校改,连同标点,一个也不能有错"。王先华的长文详尽记述了聚会全过程,字里行间充满了情谊。我曾对是否保留"筹备"一段疑虑过,但考虑到情重于文,还是坚决地把它留住了。不少同学为自己的诗文或者集子的编辑,多次通过电话、短信或电邮与我交流,提出了许多宝贵的建议。尤其是在宁同学为集子的问世做了大量的实际工作。

现在,垂垂海棠情、灼灼榴花意终于化作文字形成集子,呈现在大家面前。一集在手,如见伊人。相隔虽远,一线相连。让我们进入共同的空间,感受友情、感悟人生!

这是一本洋溢着真挚情意的诗文小集,故名之曰《甘芹集》。"甘芹"一词,典出《列子》,后人用诸诗文以喻真挚情意者屡见。1988年一小班扬州聚会和1990年大班首次聚会,都曾编印过命名为《真情录》的聚会诗文集,而"甘芹"即"真情",因而三本小集无不证明了同学间几十年来一以贯之的真挚情意。

二〇一〇年七月记于大海之门

《情感录》序

　　有了一点年纪，不免时时怀旧。先恩师严迪昌先生曾经对我说过："人生阅历渐多，怀念什么遗忘什么会出现一种自动调节。怀旧只要不是迷恋骸骨，我想就是鲁迅也不会反对的。因为这是人情味之一种。"多年以来，我就一直很想将自己经历的人和事记录下来，以感受几十年的春温秋肃。谁知新华先我一步，不经意间，已将五十篇情感之作赫然整理成书见示，并嘱我为序，我乃不禁悚然自惭。

　　初识新华，是在四十三年前，大学毕业以后，走到一起，在农村战天斗地，接受改造。其后，我和他又都被下放到偏处通吕运河边的公社中学教书，两个学校相距十里。虽然我们曾经都以相当优秀的成绩考上大学，但那个年月并不需要知识，更何况学的又是与教学风马牛不相及的专业。新华教着英语和政治，已被掌管文教的公社干部认为是国际政治系毕业生最为合理的安排了。那点儿工作，是轻而易举便能完成的。然而，我和新华却像两个孤苦伶仃的孩子，被抛在了寂寞荒凉的原野，我们颇有相依为命之感，都把对方看成亲人，看成兄弟。熬到工作以后第一个周末的晚上，教师、学生都各自回家了，我们就愈显得孤寂无聊。第二天，我们便各自沿着通吕运河急切去寻找对方，结果却是大家都扑了空。后来我们终于在他所在的大岸桥见面的时候，我猛然发现河闸的名字却是"新高河闸"，一"新"一"高"，我与新华的结缘岂非天意！与新华相处，总有如坐春风之感，所以几十年来，我都把与他相见作为一种渴望，一种期盼。而近十年，两人居处竟至仅一路之隔，实在是此生莫大的幸事了。

　　年轻的时候，我和新华不能说没有抱负，也不能说全无做事的能力，然而我们终究一无所成。回望往事，深感个人之于社会，个人之于历史，实在是太过渺小，人生亦实在是太过短促了，诚如东坡先生所感喟的，"寄蜉蝣于天地，渺沧海之一粟"。也许正因如此，我们都格外地珍视情感，世所谓小男人者，大概便是我和新华一类了。多少大丈夫，或叱咤风云，傲视天下，或心机巧运，勾心斗角，皆不知情感为何物。而一旦繁华落尽，洗净铅华，却忽焉成为孤家寡人，怆然至于涕下。所以我常常宣扬我的"外可做大丈夫，内必为小男人"说，虽为人不齿，却坚持到底，终无悔意。一个人能不能成就事业，并不完全决定于主观的努力，甚至在更大的程度上取决于客观的机遇。然而，"人皆可以为尧舜"，"夫道若大路然，岂难知哉？人病不求耳"，以真诚的向善之心待人，珍惜与自己的亲人和一切所交往之人的情感，却是可以全靠主观努力都能做到的事。真正的大丈夫，天下为公，有而不与，自然值得万人敬仰，应该千古流芳。然而，多乎哉？不多也！因此，我以为与其做一个有杂念的大丈夫，不如做一个无私心的小男人。前者于社会未必无害，后者对人类则一定有益。因为人类之区别于其他生物，正在于人类的情感；情感是人一生中最大的财富，给自己，也能给别人，带来幸福和力量；人与人之间的情感交流，产生出无法估量的能量，从而使世界变得更加美好。

我坚信，新华如果有机会从事他的专业，一定会成就一番大事业，成为一个真正的大丈夫，因为他有强烈的社会责任心，他有善良之心而无私心杂念，他充满挚爱的情感，他聪慧睿智而才华横溢。但是，他没有得到这样的机会。而今天我们从他并非专业的书中，同样可以窥见他博大的胸怀。我们可以看到，无论是长辈、家人、朋友还是晚辈，新华都能在与他们的相处交往中发现和铭记他们每一个人的善良之心和闪光行为；新华从来都是十二万分地由衷感激人们的给予，而又屡屡十二万分地近于苛责地表示自己的愧疚。我深深地为之感动，并且认为这是绝非一个心地狭窄阴暗的人所能做到的事。所以，新华的书是一面光洁鉴人的镜子，足以使人明辨得失；新华的书是一股清彻喷涌的泉水，足以荡涤污泥浊水。当今社会，自有这本书未可小觑的价值。

2013 年 8 月 26 日于两不厌斋

《烟云集》前言

纪明的《烟云集》出版两个月来，我一直在以诚挚之心领受这位老同学留给我们的宝贵遗产。反复拜读，我进一步认识了纪明的诗中心路和他的人生态度。我认为纪明的诗反映了我们这一代知识分子的艰难历程和百折不挠精神。读书中我随时做了一些笔记，这是多年的习惯使然。现在我将笔记整理出来，希望更多的人来阅读纪明的这部著作，也希望更多的人能够读懂纪明的为人。我也将它献给我的挚友的在天之灵。

纪明最早与我谈到出版诗集，是2010年5月14日晚上在南京傅厚岗宾馆。那天晚上，我的部分在宁学生在宾馆的餐厅宴请剑秋师、纪明和我。席间纪明谈笑风生，即兴赋诗，这位"师叔"在我的学生心中留下了极其深刻的印象。晚宴之后，我和纪明差不多整夜没有睡意。

我听纪明讲他如何用诗折射出他的人生经历和情感世界。纪明告诉我他打算编一个集子，于是我们讨论了要不要保留反映情感世界的那些作品的问题。纪明自以为那是他的得意之作，我也认为真诚坦率地抒发情感的诗才是真正的好诗。

去年7月，我去看望病危的南京大学倪友春先生。纪明闻讯，急忙从丹阳赶来。这种情况过去也曾有多次，但凡我去南京，他往往先我抵达，等在中央门汽车站迎接我，然后以"半个南京人"的身份陪我。8日晚，纪明在傅厚岗宾馆为我饯行。我发现他的身体大不如前，而令我振奋的是，他的诗集已经开始打印。那一次，纪明说到他对诗歌创作"神追李杜，形似元白"的不懈努力。

今年春分之后，纪明终于写完了他的《烟云集》后记。他在后记中说："春分时节的轻雷又伴随我走入渴望的春天。三年了，生命的火焰已渐渐黯淡，我的烟云之梦似乎演幻成一片霞彩，远远地向眼前飘来，但我却高驰不顾，欲乘风归向大自然的怀抱。"在纪明，是豪迈、旷达而洒脱的，甚至不乏诗人的浪漫，这是他的人生态度；而于我，其结果却是永远无尽的悲哀和伤痛。

《烟云集》的问世，是在纪明走后的两个月。无论是纪明还是我，都是最大的遗憾。当我捧读《烟云集》的时候，常常不免老泪纵横，纪明与我五十年相知，纪明与我曾经的彻底长谈，历历在目。于是我用一首小诗记下我的心情：

> 客中一夜论诗情,
> 五十钧沉两知心。
> 莫道烟云成旧梦,
> 每凭悃幅觅归魂。

我觉得,我们今天有幸读到《烟云集》,能够从中深深地领略纪明才华横溢的诗人风采和品味他用终生心血与最后三年生命的代价浇灌培育的丰硕果实,也能够更多地认识纪明作为继承和发扬民族传统优秀知识分子的不朽形象。

我们为有纪明和他的《烟云集》而自豪!

(2015 年 8 月 20 日)

不傍名人品自高

——读维兴叔的《雪泥集》

维兴叔在八十岁生日的时候,将自己的书画作品汇编成册,定名为《雪泥集——高维兴书画作品选》,分送亲朋,以为纪念。我翻阅两遍,于是乎有感焉。

我没有资格谈论艺术,只好说些艺术之外的话。记得还是好多年前,那时另一位族叔高冠华还活着,而且劫后余生,在家乡过了几年潦倒不堪的生活以后,吟诵着自己的诗作"何日销魂逢汉使,一轮千里凯然归","桃花已识玄都事,前度刘郎敢再来",踌躇满志地重返北京,从此声名日振。潘天寿的得意高足加上中央美术学院教授的桂冠,自是不凡,又有了中国书画社社长等一系列头衔,获得了日本第一届国际书画最高奖。有一天,我与书法家朱漱梅先生同车,他向另一位同车者介绍我说:"这是著名画家高冠华的侄子。"那人竟肃然起敬,我也便颇为沾沾自喜。后来一想,那其实是最庸俗的世俗观念。高冠华固然是我的族叔,但与我何干?我不会画画,充其量,偶然的兴趣只是刻个把石章玩玩,或者每天在废报纸上涂几个墨猪而已。然而中国的许多人长着一双势利眼。那时,高冠华穷困乡下的时候,没有人对他有过任何兴趣,甚至衣食都不能周全。后来他以几十元的工资作为临时工卖身在南通工艺美术研究所时,他的作品滥到大幅画作竟至于挂到了和平桥的一家百货商店里,现在说起来,那画恐怕价值该有几十万了吧?而当他在北京重新发达起来的时候,于是家乡不少人找出种种理由与他攀上关系,成为他的弟子,号称得到了他的真传,奇怪的是,这些人竟很快成为知名画家,而我是愚蠢到了在他们的作品中看不出高冠华影子的人。很显然,老先生在那时已经开始与时俱进起来。过去不同,据说早年他的长子在北京跟他学画,他却将儿子推给了表兄王贤即王个簃,让儿子南下投师。而他的儿子竟又糊里糊涂地错投师门,终究既没有得到父亲亲炙,也没有受到表伯的栽培。而现在的高冠华,却成了家乡美术爱好者的活菩萨,有求必应,应则灵验。个中奥妙,诚非一言可尽之也哉!

当今之世,攀龙附凤之风盛行,傍上名人,自是成名之捷径。如果有兴趣,用复制加粘贴的办法,自可东拼西凑地搞出一本大著作,然后请致仕高官(无论文武)或名人(与著作之专业无关)题签或作序,序则必须自己写好,无非自吹自擂一番,然后让"作"序者认可、签名。有的高官在职时颇有架子，一旦致仕，有时还巴不得不被人冷落。在我看来，真是不知自重，很有些晚节不保之嫌。作者与致仕高官或名人之合影尤能增加著作的分量。合影之获得，并非难事，有些自然是高官或名人的谦虚，礼贤下士，而有些人很善于在各种场合挨在大人物身边，请人偷偷拍下"合影"。这就是著名的拉大旗作虎皮之计，足以吓人，足以盗名，足以欺世。于是各种名目的学者、各种名目的专家（网上已被戏称为"砖家"）便如雨后春笋般层出而不穷了，各种名目的专业协会、学会也变得不值钱起来。

闲话扯远了，还是回过来说维兴叔和他的《雪泥集》。如果要论血缘的亲疏，高维兴与高冠华倒是亲堂兄弟，即他们的父亲是嫡亲兄弟。在传统文化中，那是很近的关系，被排在"五服"的第三类。维兴叔是个很有美术天分的人。六十年前，他曾经做过我的美术启蒙老师。那时我还在大姐夫家里看到过我的姻伯的一张画像，便是他的作品，画得惟妙惟肖，而那时维兴叔还不满二十岁。如果换了别人，有与高冠华那样的血缘关系，现在又要以一册书画（画作都是国画，画的是花鸟）展示自己的成绩，那便非大加渲染不可，尽可拉乃兄花鸟画大师之大旗，作披在身上的虎皮。然而在《雪泥集——高维兴书画作品选》中，我没有发现任何与高冠华的瓜葛。我不敢自信，不能不再翻一遍，终于没有发现，于是百倍地增加了我对维兴叔的敬意。在有着傍名人传统的中国，在傍名人成风的当下，维兴叔的不傍名人，显示出他高尚的品格。我认为这正是《雪泥集》最大的亮点。

致周朗晖老师

敬爱的周老师：

一口气读完了您的《跋涉泥泞人生路》，掩卷遐思，觉得有许多话要对您说，但一时又不知从何说起。

我是雁行小学1957年的毕业生。据说雁行小学现在已被夷为平地，但它永远是我心中的乐园。我忘不了那里盛开的烂漫的蔷薇，更忘不了那里教过我和没有教过我的许多可敬可爱的师长。而您无疑是雁行小学最优秀的教师之一。在我们的心目中，您的形象是完美的。然而，万万没有想到的是，您曾经经历了那么多常人很难承受的苦难。"将人生有价值的东西毁灭给人看"的，是悲剧。在您的书里，让人们看到了中国曾经上演的悲剧。

许多人都把这场悲剧归咎于"左祸"，这自然是不错的。您也以大爱之心，原谅了那些曾经伤害过您和您的亲人的人，您甚至认为他们也是受害者。但是，恕我冒昧地说，我以为仅仅这样来认识这场悲剧是不够的。在历史的长河中，我们曾经亲历的悲剧不过瞬间而已，风云变幻，是难有穷尽的，"天地之生久矣，一治一乱"。"一治一乱"是人造成的，它究竟是怎么造成的，而在此天地之间的每个人又该如何面对"一治一乱"呢？我以为需要每个人来一个人性的拷问。

恩格斯说过一段很精辟的话："人来源于动物这一事实已经决定了人永远不能完全摆脱兽性，所以问题永远只能在于摆脱得多些或少些，在于兽性或人性的程度上的差异。"仔细想来，兽性最突出的表现恐怕是好斗和贪欲。刺激和利用好斗、贪欲的兽性，正可以造成对人们的伤害，酿成社会的变乱、国家甚至世界的悲剧。希特勒的罪恶历史正是如此。相反地，如果人们普遍地尽可能多地摆脱了兽性，并且充分认识抑制兽性的必要，共同努力卓有成效地抑制兽性，那么这种伤害、这种变乱、这种悲剧发生的机率肯定会极大地减少。"文革"中，我还在大学读书。初期，我们无不狂热地投身其中，批判那条路线，批判那些我们并不深知的对象。但是，当一个个现实的、熟悉的对象站在我们面前时，特别是需要我们毫不留情地污辱他们、摧残他们时，我们中间便迅速发生了分化，一部分冲上去做了"左派"，一部分退下来做了逍遥派。这就是人性和兽性的分野。我想，如果在很远有一个人，我看不清他的眉目，也看不清他手中拿着什么，一个自己可以信赖的人告诉我，他是一个持枪的敌人，他将与你作你死我活地斗争，那么，在这生死关头，我会拿起武器，扣动扳机。但是，如果一个赤手空拳而且我明知他并非坏人的人站在我面前，那么，不要说是拿起武器，扣动扳机，就是上去对他动一下手指，我认为也是莫大的罪恶。不只是我，我相信所有兽性摆脱得多些的人都一定会这样。但是，那些迫害刘云阁、刘恒生父子，必欲置之死地而后快的人，那些对您这样的优秀教师百般污辱、刁难、仇视、打击的人，会是这样的吗？因此，他们是"应该反省手上是否有血痕"的。然而，这些人却在善良的人们并不追究他们责任的时候，自以为心安理得，有些人甚至于永远活得十分风光。几十年的历史证明，确有这么一些"不倒翁"，他们一辈子靠整人吃饭，靠整人升官，靠整人发财。他们不但有虎狼般的凶狠，而且还有狐狸般的狡诈。几十年来，人们对这一类人过于宽容，所以他们在中国也会像阿Q一样子孙兴旺。因此，我以为一定要重视人性的拷问，一定要重视认识和揭穿兽性的存在。否则，人们，特别是并未亲历悲剧的人们，是不能从悲剧中吸取什么教训的。近些年来，一些人贪欲膨胀，残酷对待他人，正是兽性发作的另一种形式，如不加以抑制，就仍然能够造成对人们的伤害，酿成社会的变乱、国家的悲剧。

以上看法，盼望得到您的批评和指教。祝您
健康长寿！

　　　　　　　　　　　　　　　　　　　学生高广丰谨上
　　　　　　　　　　　　　　　　　　　2008年3月30日

黄善祥印象

2009年4月18日，第五届张謇国际学术研讨会隆重开幕。张謇故里的海门小城，群贤毕至，俊彦咸集。黄善祥作为正式代表参加了这次国际盛会，与许多蜚声中外的学者们一起深入研讨有关张謇的现代化思想和实践等一系列学术问题。现在回想起来不免好笑的是，当初决定谁能进入会场以及他们在整个活动中各自扮演什么角色的，在很大程度上竟是我这个小人物。由于名额的限制，我们这些筹备人员曾经颇费踌躇。这期间，我们目睹了许多著名学者的大家风度，也遭遇了一些令人莫名惊诧的奇人怪事。在筹备接近尾声，会议大幕即将拉开的时候，国外一位改变了国籍的华人学者忽然为机票报销问题开始讨价还价，忸怩作态起来，甚至请个别有点影响的官员出来说话，但我以为坚持"言必信，行必果"的政府形象是至关重要的。国内一位公众人物表示希望参加会议，紧接着他的秘书小姐给我打来电话说，"某总"要在会上发表演说，时间必须在4月18日上午，因为"某总"将在当天下午飞往某地参加某个重要论坛，而某位国家领导人已经参加该论坛。但我以为坚持学术的严肃性是不能含糊的，因为这位公众人物要求演讲的时段我们已经安排五位著名学者发表主旨报告，他们是历史学家章开沅、茅家琦、张朋圆（台湾地区）、中国工程院院士陈吉余和继藤冈喜久男等老一辈之后在日本张謇研究界最为活跃的学者之一的田中比吕志。学术会议不是什么人都可以客串的舞台，所以我坚持先看"某总"的论文，而秘书小姐却表示"某总"尚在国外。

决定邀请黄善祥是因为他给会议送来了200册《通海垦牧史话》，此前我在编辑《张謇研究》杂志时曾经摘登过其中的内容，研究虽然不算深入，文字亦有待推敲，但是作者对于张謇垦牧事业由衷的崇敬之情却洋溢在全书的字里行间，搜集材料之多、撰写文章之认真，说明作者在张謇研究方面是尽了心力的。我以为这种人尽管不算专业，但却是真正的张謇研究工作者，有些人也许不屑一顾，但我认为张謇研究正需要植根于由这些人构成的肥沃土壤，才可能具备旺盛的生命力。那些端架子的所谓学者，那些自以为无所不通、到处飞来飞去地客串、之后又在博客上自我吹嘘的所谓名流，在我反倒不屑一顾。黄善祥给我留下了"有心、有情"的深刻印象。但直到会议最后的宴会上，我才认识了他，才知道他原来是一位年届八旬的长者。席间不知为什么我们谈到了南通中学即将举行百年校庆的事，他说由于"四联中"的关系，自己其实也是通中的校友，也要去参加校庆活动。这就使我很惭愧，作为通中的毕业生，我竟全然不知母校的这段光荣历史。

我与黄善祥的第二次见面，是在同年10月的"纪念王宾逝世100周年暨张謇与王宾学术研讨会"上。那次会议的出席对象，主要是散居于海内外的王宾后裔和海门本地的领导及张謇研究工作者，人数控制在六十以内。而黄善祥得到消息，不请自到，立即从南京赶来了。在我做完会议的主题报告后，他赞许地向我伸出大拇指，我感受到这是一位长辈给予我的极大鼓励。在我眼里，他是一位德高望重的长辈。1946年，他在革命摇篮东南中学入党的时候，我还只是一个刚满周岁的婴儿。其后，他冒着生命危险，穿越层层封锁，北上盐城，进入江海公学参加革命。以后又随华中行政办事处一部从射阳南下，到扬州新建立的苏北行政公署办公厅工作。拥有这种经历的人，无论社会风气如何变化，价值取向如何翻覆，我认为都应该受到人们的敬仰。

今年四月，黄善祥编写的《东南两校史编》出版后，他亲自从南京将书送来海门并赠我一部。不久又收到他寄给我的《黄善祥传记》。捧读两书，我有两点很深切的感受。其一，去年形成的"有心、有情"的印象越来越显得清晰而又深刻。因为有心，他才能积累那么多极其珍贵的资料，将个人经历和群体形象生动地再现出来，让人们真切地感受和认知那段很不寻常的历史；因为有心，无论战争年代还是建设时期，无论在职、二线还是离休，他都能每干一行，就成为这一行的专家，从而比别人做得更为出色，更有成果，这也包括近些年他的张謇研究在内。他对亲人，对老师，对同学，对晚辈，对上级，对下属，对事业，对工作，无不充满了深沉诚挚的感情，因此人们喜欢他，敬重他，将他引为知己；因此他不管在什么岗位，做什么工作，都能得心应手，都能有所发展，有所创新，有所成就。其二，我感受到黄善祥在处理做人、做官、做事三者关系时无私无畏的一身浩然正气。做人，即所谓处理人际关系。这本不该成为一个问题，因为"人"本就无须刻意去"做"，与人无争，待人以诚而已。但事实上，许多人却抱着强烈的功利目的，一辈子在做人问题上劳心费神。第一，他们是势利的，在能够决定自己命运的人面前，低声下气，点头哈腰，极尽奴颜婢膝之能事；而在其他人面前，则傲慢无礼，颐指气使，摆出不可一世的恶霸架势。第二，他们是伪装的，始终不能让人看到他们面具后面的真实面目，更看不到他们的内心世界。第三，他们是多变的，一阔脸就变，得志便猖狂。如果这种人当官，那么做人无非为了做官。而做官又为了什么？按理说，共产党的官应该为人民服务，为百姓谋利，从而勤勤恳恳把国家、社会、人民的事情做好。但那些将做人作为谋取仕途升迁手段的人，做官不是为了做事，却是为了一己私利，于是腐败之风蔓延，社会风气败坏矣。

黄善祥虽也是一个官，但却并不这样，这种例子俯拾皆是。他在南钢当车间书记，工人流多少汗，他也出多少汗，除开会外，整天围着焦炉转。他和工人、技术人员和新参加工作的学生融合在一起，留下了感情的种子。离开南钢许多年以后，他和那里的下属经常欢聚，感情的种子年年开花。"文革"中，他好不容易作为"三结合"干部进了省外贸领导小组，但当造反派要他诬陷自己的入党介绍人是假党员时，他大发雷霆，严词批驳。领导因此批评他，他照样不买账，宁愿丢掉刚刚戴上的乌纱帽，下放五七干校劳动改造，也绝不屈服。他担任省外贸储运公司副经理派驻上海时，上海方面未能合理安排属于国家的上海口岸仓库，江苏解决不了周转仓库的困难，他不怕被扣上破坏省市关系的帽子，不顾个人安危得失，毅然上书国家副主席李先念，在李先念同志的亲自过问下，问题终于得到圆满解决。

我向来认为，一个人有心而又有情，无私无畏而又一身正气，才称得上是真正的大丈夫。所以在我看来，黄善祥无疑是一个真正的大丈夫。

送别邱华东

邱华东走了。

闻讯,我专程赶去送行,以张謇研究会的名义将花篮敬献给他。现在我能做的,只能如此而已。

据他儿子说,2013年5月8日上午,家人看他睡在沙发上,以为他疲惫了,然而他却永远地睡着了。

如果是一位风烛残年的老人,能够这样地一睡不醒,于自己,于家人,也许未尝不是一件幸事,因为人总有离开世界的一天。然而邱华东只有65岁,而且身体一直很不错。

这令我想起了《在马克思墓前的讲话》中恩格斯对马克思逝世的描述,凑巧的是那年马克思也是65岁。他们都是在65岁的时候,永远地睡着了,一个在安乐椅上,一个在沙发上;他们都是在65岁的时候,停止了思想,一个是伟大的思想家,一个是勤奋的思想者。我这样说,绝无将邱华东与马克思相提并论的意思。好在无产阶级政党内部本该一律以同志相称,并无尊卑之分的。

邱华东当然不能算思想家,但他绝对是一个思想者。他是中国红学会会员、江苏省红学会理事、海门市张謇研究会会员。他在本职工作之余,潜心研究明清史、中国法制史、中国公安史、历史地理学、《红楼梦》和南通地方史。他以公安干部的视角进行的张謇警政思想及其在南通的警政建设的研究,在整个张謇研究领域独树一帜,取得了很高的成就。在退休之后,邱华东把这些研究作为自己唯一的爱好,因而硕果累累。《南通日报》曾以《穿警服的红学家》为题,对他做过长篇报道。

去年中秋,邱华东以他的《邱华东文集——红学辩证与历史研究》一书见赠,全书32万字,汇集了他近些年的研究成果,令我敬钦不已。但不知怎的,接到赠书的当时,我的脑子里竟突然闪现一个疑问:为什么出《邱华东文集》,今后还写不写了?而我确切地知道,他自己认为研究还刚刚开始。直到他的噩耗传来,我愕然了!

我与邱华东相识,是因为张謇研究。

说起来很是惭愧,当我加入张謇研究会的时候,邱华东早已是资深会员了。我之所以很长时间没有入会,是因为一向的经验告诉我,只要有几个人在一起,就难免争斗,退休以后还是清静的好,读点爱读的书,写点爱写的文字。有的人,生就好斗,我们惹不起,却是躲得起。现在想起来,我发表第一篇关于张謇的文章，大约是在2006年。那时报纸上刊登了袁蕴豪的一篇探讨通海垦牧公司合众闸的文章，他对残碑上说的闸的督建者究竟是江岷还是江导岷存疑。我清楚地知道应该是江导岷，于是写了篇释疑的短文，不久便登了出来。这件事虽然鼓励了我，但我仍没有想去参加张謇研究会。第二年，张謇研究会为了举办第五届张謇国际学术研讨会而打算出几本书作为会议资料，其一就是点校一部与张謇有关的旧版书，但似乎很难找到合适的人做这件事。那时我正在老年大学讲古典文学，而老年大学的校长正好是张謇研究会的副会长，他推荐了我。那是一个石印的本子，书页上的字密密麻麻，犹如纸上泼满了黑芝麻。那年，我忙了整整一个夏天，挥汗如雨，将那本书复印件上的字一行行剪开，粘贴到白纸上，行与行之间足以标点和写字，然后慢慢地推敲。终于向张謇研究会交卷以后，他们便希望我加入他们的队伍，因为我可以算是一个能够看懂古文的人。张謇研究会的会长是位极好的老干部，在老年大学听着我的课；而张謇研究会的常务副会长，便是我曾冒昧作文回应过的袁蕴豪先生。这样，我似乎没有理由不加入张謇研究会了。

又过了一年的五月，我第一次参加张謇研究会的年会，向年会提交了一篇论文，论的是龚自珍和张謇对海门"先啬"陈朝玉的不同评价。因为匆忙，那只能算个急就章。那天，南通来了庄安正、邱华东、刘道荣、赵晓生。其中只有赵晓生是我通中时的校友，"文革"中还曾在南通相遇，一别四十余年，相见倒还能相识。第二天，张謇研究会办公室的同志告诉我，南通有人打来电话，说是他们很看好我的那个急就章，其中说到了邱华东的看法，于是我记住了邱华东这个名字。

再以后，我参与筹备第五届张謇国际学术研讨会，进入了张謇研究会的领导班子，我与包括邱华东在内的张謇研究者有了很广泛的接触，跟他们交了朋友。我向来以为，现在所有号称张謇研究学者的人，究其实，都只能算是票友，当然其中有名票。所以我认为，所有的张謇研究者都不该妄自菲薄或者妄自尊大。我并不以为只有那些具有教授、博导头衔的人是名票；我并不以为票之名不名，唯有看他的学历。我认识的张謇研究的名票中，许多本来干的不是做学问这一行，邱华东算一个，他是穿着警服的学问家，既是红学家，又是张謇研究学者。有的人拼凑了一两本狗屁不通的书，便恬不知耻地以学者自居起来，开起口来便自以为都是毋庸置辩的真理，每看到这种行状，我便觉得恶心。所以我格外地敬重那些有真才实学却又并不以学者自居的张謇研究名票。我以为邱华东正是我应该敬重的人。

我不知道邱华东的离世是否"过劳"所致，如果是，那便是莫大的遗憾了。

所有的人，"及其老也，血气既衰，戒之在得"。当然，进入老年以后，各人有各人的活法。大多数人热衷于打牌赌钱，没有大的输赢，只为消磨时光。而我的一个同事，则曾经对我说，他是连书也不再看了，看书伤神啊！还有一个当过大官的老同学，他说现在什么也不干，坐吃等死。我认识的不少老年人，在读书，在写作，在练字，在学画，在做自己喜欢做的事。在这些人看来，自己所做，正与别人打牌赌钱一样。然而，我觉得有必要提醒的是，打牌赌钱总还在追求蝇头小利，有违孔老夫子"戒之在得"的教训。我们不管玩什么东西，都应该明确，玩就是玩，千万"戒之在得"，千万不要再企图谋求任何名和利。我以为即使高尚到"以张謇精神研究张謇"，有些人仍不免追名逐利之嫌。对于老年人来说，其实即使是研究张謇，也只是作为老年人的一种玩法而已。

因此，如果老年人自己乐于去做研究，那也就罢了，因为他"乐此"，因而便"不疲"，但仍须他人时时做些好心的提示，请他们务必以保重身体为要，注意休息。我们任何人千万千万不要向老年人鼓吹"小车不倒只管推"，千万千万不要给老年人分配任务，增加压力。

不久前，在审定新一期《张謇研究》付印稿后，我曾作了一首七律，其尾联"永和人老欢觞饮，何必鸣鞭运巧机"说的也正是这个意思。

我的敬亭山

我与她相识，是由于各自校长的介绍。那是30多年前的事了。那时我被分配到一个很偏僻的小镇上做中学老师，她则是知青中选拔出来的"孩子王"。当时，"文革"还在进行。相识以后，也仍然忙各自的工作，很少见面，更不知谈情说爱。

但渐渐地听到一点关于她的消息。下乡插队的时候，19岁的她却带来了两个弟弟：一个15岁，初中毕业，提前做了知青；一个才5岁，带着他，显然减轻了父母的负担。后来，公社分配到两个知青上调的名额，一个给了她，她却让大弟弟进了工厂，自己仍留在农村。听到这些，我很感动，我想我要找的人应该就是她。我的父母也格外满意。于是一年以后，她便成了我的妻子。

学校财政拮据，但还是砍了几棵刺槐，买了点砖瓦，为我们建了间10来平方米的新房。一到阴雨天，地上爬满了蚯蚓。床是加宽了的铺架。家具没钱买，也买不到，我们只是把各自的箱子叠到了一起。但校园里盛开的合欢花掩映着我们的小窝，我们那简陋的新房，却充满了无限的温馨。

过了一年，我们的女儿出生了。她给我们带来了欢乐，也成了我们的累赘。不能奢望那个年月有个托儿所为我们排忧解难，有好多年，我们只好把她反锁在宿舍里去夜办公。我们决心不再要孩子，于是女儿便自豪地跻身中国最早的独生子女行列。

但是，妻子十分喜爱孩子。学校放学以后，经常有她的高徒挤在我们的小屋里跟她愉快地谈笑，她俨然是一个拥有许多孩子的妈妈。记得有一段时间，有个姓徐的男孩因为父母婚变，三天两头来向她哭诉苦闷，她总是用温柔的话语抚平孩子心灵的创伤。

妻子和我的母亲只相处了短短两年半时间。在尽力抢救一个月以后，我们仍然没能留住母亲，妻子和我一样伤心，流泪，失落。这以后，孤单的老父跟我们住到了一起。老人好唠叨，我不爱听；女儿正忙着徜徉"题海"，没空听；于是妻子常常心甘情愿地成为老父的唯一听众。后来，我们老家的陈芝麻烂谷子，她倒反而比我知道得更多。所以父亲说她不是媳妇而是女儿。老父87岁那年忽然中了风，全身瘫痪，大小便失禁。妻子和我给他喂饭，擦身，换洗。不知是老天可怜我们还是有意奖赏我们，父亲在床上躺了一年以后，竟渐渐地奇迹般地重新站立起来，一直活到了95岁。

迈过的多少人生坎坷成了我们难忘的经历，甚至成了我们难以割舍的宝贵财富。岁月渐渐催白了我们的头发。我们老了，我们不得不离开熟悉的校园和深爱的孩子，有时不免感到格外的孤单和寂寞。女儿女婿像我们年轻时一样地忙着工作，外孙女也在过她幼儿园的烂漫生活。尽管每天相聚，但相聚之后只能剩下妻子和我。这时我常会想起李白的一首诗：

众鸟高飞尽，
孤云独去闲。
相看两不厌，
只有敬亭山。

妻子难道不正是我的敬亭山吗？

与某君说大丈夫和女强人

我以前曾在一篇文章中提出过大丈夫的标准：有情有义，无私无畏。其实，女强人亦应如此。

不少在社会上轰轰烈烈的大丈夫或者女强人，家庭生活却很糟糕，自己痛苦，家人更是深感不幸。于是，小三、小四、小 n 应运而生，在社会上留下笑柄。这些本应受到尊重的人，却被人嗤之以鼻。

我以为社会上表现为大丈夫或者女强人的人，在家里仍应成为小男人或者小女人。因为一个人有社会的责任，也同样有家庭的责任。一个负责任的人，无论男女，都应该切实负起这两个方面的责任。在家里仍然以大丈夫或者女强人自居，那就一定不能负起家庭的责任。因此，无论他们身价多高，场面上多么风光，多么能够呼风唤雨，其实都算不上真正的大丈夫或者女强人。

"脾气不好"难为官

大家都退休以后。

一位局长对下属说："你脾气不好，你看其他不如你的人都当了副局长，你却只能当个股级。"

一位县级领导说这位局长："他脾气不好，否则像他这样的，早就是县领导了。"

于是，我想到一个成语：螳螂捕蝉，黄雀在后。

而又可一言以蔽之曰："脾气不好"难为官。

"脾气不好"成了能否做官的第一大标准，我很惊诧。

一个整天价"脾气不好"，像个火药桶似的人，倒的确做不得官。但那种极端的个案并不多，大多数所谓"脾气不好"，只是因为在那些有权决定他命运的人前面不幸表现出了他的"脾气不好"，比如敢于提出一些不同意见，敢于对一些不合时宜的指示表示不肯从命；而在大多数人面前却有极好的脾气，并不是个"火药桶"。

细细一想，这种人似乎很有可以肯定的地方，至少他并不盲从，凡事都爱动一番脑筋，这说明他有责任心。而我们见到的许多因为脾气好而升官甚至做了大官的人，不少只是尸位素餐的昏官和庸官，其中也有闷声大发财打自己敛财算盘的人，然而他们大致都是笑容可掬——无论对于谁。

所以，愚以为：第一得看人之脾气是否因人而异，特别是要警惕对上一副面孔、对下则是另一副面孔的人；第二看他愿不愿做事、能不能做事；第三真正从事业心出发，而不凭个人的好恶，仔细考察一下这个人的"脾气"发得有没有道理。

如果做官的全是被上级看中的"好脾气"，我不知后果将会如何，但遇到于国于民大不利之事时，恐怕是很难有"好脾气"的人会拍案而起的。

"人儿墩"

  这些年,各种文学艺术、哲学社会科学的社会团体层出不穷,而且其成员动辄都已号称"某某家""某某学者"了,一个巴掌大的小地方,有那么多的"家"和"学者",足见其文化景象的一派繁荣。然而考察其实际效果,似乎名实并不一定相副。最近我在写"文革"回忆的文字,感到那些林立的社会团体中,颇有一些类似于"文革"的兵团、军团、司令部之类的组织,拉起一支队伍,"十几个人,七八条枪",便做了个草头王。社会团体或是搞文学的,或是搞艺术的,或是搞学术研究的,可做的事情不可谓不多,然而真正做事情的人却又并不多。在一个低头不见抬头见的小地方,你可以发现各种文学艺术、哲学社会科学的社会团体中,晃晃悠悠的就是这几个熟面孔。我不信他们什么都懂,什么都能来几下;即使他们确是"百科全书"式的人物,无一不通,无一不晓,时间呢?精力呢?所以人们终于没有看到他们有像样的东西拿出来。那些各种文学艺术、哲学社会科学的社会团体,在他们看来,只是交际的场所,开开会,吃吃饭,拍拍照,拿点资料、书籍,混一张会员证以证明自己已是"某某家""某某学者"了,自娱自乐,自欺欺人。更有恶劣者,穿梭于各种社会团体之间,纵横捭阖,搬弄是非,见人说人话,见鬼说鬼话,忽悠社会团体的头头不说,甚至忽悠上级领导干部,于是左右逢源,自得其乐,而世界则从此不能太平矣。

  这是些什么人呢?去年 10 月,我去南通中学参加毕业 50 周年聚会活动,看到唐存忠、顾林曜、李国柱等老同学的一个小品,题目叫作《人儿墩》。人儿墩,南通话读作"延儿墩",直译成普通话,应该是"人物",然而大抵带着讽刺的意味,专指那些自以为称得上是"人物"的人。本文所说的那些人,就是南通人说的"人儿墩",典型的追名逐利之徒。

崇明高氏朝宰公支族史略

一

高朝宰为崇明高氏之十六世孙，大约于清朝乾隆末期即1780年前后，由崇明迁居通州（今南通），占籍海门。两百多年来，以朝宰公为始祖的高氏，形成了一个庞大的支族。我们确切地知道它的堂号是渤海郡近天堂，但是，近天堂的范围却无法说清。而渤海郡高氏的起源，则可以上溯到春秋时期的齐国高氏。

公元前11世纪中叶，为周武王姬发灭商建周立了首功的姜尚即姜太公，被封到今天的山东北部地区建立齐国，都城营丘（今山东临淄北）。春秋时期，周王室逐渐衰微，姜尚的十二世孙齐桓公小白趁机以"尊王攘夷"为号召，讨诸侯，伐戎夷，灭小国，终于在周襄王元年（前651）大会诸侯于葵丘（今河南考城东），成为天下盟主。而在齐桓公登上国君宝座、称霸中原的过程中，有两个人起了举足轻重的作用，一个是管仲，一个是高傒。高傒（？—前637）是齐国大夫，为姜尚十一世孙，齐桓公从小跟他是至交。齐桓公即位后，高傒因拥立有功，由大夫升为上卿，成为主要辅佐之一。高傒同鲍叔牙一起，推荐管仲为相。管仲在高傒、鲍叔牙等人的支持和合作下，在齐国进行了一系列改革。高傒曾代表齐桓公与鲁庄公会盟，也曾奉命率军帮助鲁国平乱，从而建立起齐、鲁同盟，最终辅佐齐桓公实现了"九合诸侯"的霸业。高傒本应姓姜。他的祖父公子姜高是姜尚八世孙齐文公之子。按照古代的宗法制度，国君是按嫡长子继承的传统世袭的。嫡长子继承为国君后，老一代国君的其他各子就称为别子，也叫公子。这些公子必须分出去自立一家，公子自立一家，就成为这一家的始祖。齐文公传位给儿子齐成公姜脱，姜脱的弟弟姜高，便是公子高，被封到高邑（今山东禹城县）。公子高的孙子傒"与管仲合诸侯有功，桓公以王父字为氏，食采于卢（山东省济南市长清区西南）。谥曰敬仲，世为上卿"。这样，从傒开始的一支姜姓，便成为高氏。春秋末期，高傒的后裔高量迁居楚国。东汉时，高量的十世孙、亦即高傒的二十五世孙高洪出任渤海太守，渤海的郡治先在今天河北沧州的沧县，以后迁到南皮。高洪家族在渤海蓨县（今河北景县）定居下来，逐渐形成了渤海郡高氏。

本支族属于渤海郡高氏的先祖最初居住在山东临淄。北宋靖康二年（1127），兴起于东北的女真族金王朝攻占北宋都城汴京，宋钦宗的弟弟赵构称帝,并且逃往江南,偏居东南一隅,史称南宋。南宋与金朝或战或和,长期对峙。南宋末年,北方蒙古族建立政权为元,灭金后进兵江南,1279年灭亡南宋,统一中国。从北宋末年到元朝统一全国的一百五十余年的战乱中,北方以渤海郡为主体的高姓大规模南迁,本支高氏亦由山东临淄迁到江苏句容。句容东连镇江,西靠南京,南倚茅山,北濒大江,历史上多属金陵,有别称曰"金陵句容",为南京的东南门户。东晋南渡时,许多贵族蜂拥而随,于是大兴三年(320)朝廷专门在句容安置琅琊国人,咸康元年(335)又侨置琅琊郡。据传明朝初年朱元璋又从崇明征集了大量因海坍而失地的农民到句容建设天下粮仓,至今句容仍保留着崇明人的许多遗迹。可见句容曾是一个十分典型的移民社会。对于移民社会中的移民及其后人来说,中国农民"安土重迁"的传统观念相对薄弱,当出现某种变故或迫于生计的时候,他们往往选择离乡背井,再一次远走他乡。同样是移民社会的江苏海门的农民在20世纪初的苏北盐垦中义无反顾地沿着黄海北迁,一直到达连云港云台山南麓的陈家港,便是一个有力的例证。

　　明朝正德六年(1511),河北霸州文安县(今河北文安)人刘六(宠)、刘七(宸)等人在河北霸州起事,很快发展到数万人。在此期间,南京一带曾反复受到战乱的影响。正德七年(1512)刘六、刘七的部队一度由文安南下,经河南到湖广(今湖南、湖北),再从南直隶(今安徽、江苏)、山东折回河北。接着,闰五月,刘七等自武昌而下,驾舟师转战于上起九江、下抵苏松的大江上下。七月十八日,攻打通州(今江苏南通)并占领通州东南的狼山。至二十一日,在明军的南北夹击下,刘七全军覆没。在刘六、刘七转战长江流域之际,紧靠长江的句容形势十分险恶,于是大批移民后人为了找到一个相对安全的地方躲避战乱而外流。这时崇明正好涨出了大片新沙,于是这个"东海瀛洲"就成了当时句容移民的最佳选择。当年到句容修建粮仓的崇明人后裔在这次句容人的大逃难中很可能起了重要的作用。由临淄迁来句容的高氏家族中的高溢和高成,告别了他们的先祖生活了三百年的客居地句容,在这次大迁移中,也来到了崇明。其后子孙绵绵,相继流传,遍及崇明各沙。凡是崇明高氏,都是高溢和高成的后代。

　　清朝康熙中期,亦即18、19世纪之交,长江主泓南倾,大量泥沙淤积,在长江北岸狼山以东直到黄海绵延两百里的一片汪洋中,逐渐涨出了许多骈联相望的新沙。这些新沙吸引了一批批缺少耕地的农民,其中百分之八九十是崇明人。三百年前大批句容移民涌入崇明,经过三百年的繁衍生息,崇明已经人满为患。在机会到来的时候,这批句容移民的后人又一次开始了大规模的迁移活动,前往新涨的"北沙"垦荒。现在南通、海门、启东沿长江一带以及一百年前从这里迁往苏北黄海沿岸一线直到陈家港的"沙里人"的祖籍大都是崇明人,而他们更早的祖籍又大都在句容。当时,在崇明的原句容高氏的许多后人也加入了这支开垦新沙的队伍。其中就有住在崇明西沙头蛸蜞镇的高氏迁崇十六世孙的高朝荣、高朝宰、高朝士兄弟。他们带着先人遗骨跨江北渡,落脚到通州张芝山东南的官登头和张芝山西南的新镇南。这一带新沙,名之曰"福星沙"。这次迁移与以往因战乱由临淄到句容、由句容到崇明不同的是因为贫困少地。以往的迁移多少带着惶恐和无奈,然而这一次却表现出穷则思变和义无反顾的进取精神。

虽然可以确认崇明高氏的始祖是高溢和高成,然而他们以后的世系却无从查考。现存的《高氏宗谱》由崇明高氏二十世孙高守卿于同治十三年(1874)修纂,其中载明迁到通州的高朝荣、高朝宰、高朝士兄弟属于"明公支士忠后",而可上溯的却只是十三世孙高尚逵及夫人朱氏。高尚逵的次子为高文选,娶朱氏,其长子曰明贤,娶陈、范二氏。高明贤长子朝荣,次子朝宰,幼子朝士,便是迁通的三兄弟。

高朝宰弟兄来到福星沙的时候,是没有属于自己的土地的。他们不算这块土地上最初的垦荒者。其实即使是先于他们前来垦荒的崇明人,也同样没有属于自己的土地。南通的史学家管劲丞说过:"这一带农民的祖上,都是自康熙、雍正以来,从崇明移居过来的。他们的祖上用自己的劳动,冒着风险,就不毛之地的江滩挑泥筑岸,圩成了良田。可是他们不能完全享受自己的劳动果实,州官们不许他们直接报领滩地乃至成田完粮;他们用自己血汗圩成的良田,只能被视为暂时占有。他们的土地所有权得不到官厅的承认与保障,于是地主恶霸们就有机可乘了,地主恶霸们借着代行出名报领,从而骗取了农民集体拿出来的资金,在申请书上用上自己的名义,向官厅出价报领了滩地;及至成田以后,依然沿用自己的户名登记完粮。"可见,高朝宰弟兄当时的身份,只不过是地主的佃户而已。

二

使本支族境况发生重大变化的是高朝宰的独子高天成。高朝宰先娶范氏为妻,继娶陈氏。陈氏娘家在张芝山西南的洞子港,据说她的兄或弟考中了秀才,并做了医生,家境颇富。陈氏夫人生下高天成没几年,不到三十岁的高朝宰英年早逝,时间约为1794年。孤苦伶仃的高天成与母亲相依为命,在极其艰难的生活中,得到舅舅的多方接济,度过了十分困窘的少年时代,因而很早挑起了家庭的重担。将近二十岁时,高天成碰上一个机会。张芝山西南七八里的朱姓有王大圩东起第二窎两万步田要转卖。因为地势比一般田低一尺多,几乎年年遭受涝灾,常常颗粒无收,田主决意将它贱卖，而且卖得非常便宜。年轻然而精明的高天成盘算，把它买下后，即使一无收成，光割芦苇，也很合算。于是他向舅舅借钱买下了其中的一万四千步。谁料高天成买下后，竟连年变涝为旱。他种的是棉花，棉花正需要干旱，于是屡获丰收。不几年，家境便起了翻天覆地的变化。高天成省吃俭用，将钱积累起来，又与观音山的韩姓合买了南面不远的袁家窀，并且将袁家宅买了下来。推算起来，购买袁家宅大约在1820年前后。这个袁家宅，便是后来的高家老宅。高天成的精明和勤俭，是毫无疑问的。他除了有一个能够给予他慈爱乃至精神鼓励的寡母和一个能够给予他一定资助的舅舅以外，没有其他任何优越的条件。他的一生都贯穿了"勤俭"二字。即使后来他成了富人，甚至捐为国子监生，也仍然保持了勤俭的本色，"非婚姻丧祭、乡里吊贺之事，又未尝衣一鲜衣，穿一华履"。高天成勤俭，然而不吝啬。他"乐善好施，百无一吝，凡于筹饷、赈饥、疏河、建桥之事，屡屡谕董"，"倾囊不惜，身任而力行之"。高天成后来做了"沙董"，成为一方乡绅，但他"慎语言，崇师傅，虽邻里往来，从未敢忤一人意"。所有这些，使高天成赢得了戚党乡间的众多人缘。

高天成生活在清朝迅速走向衰败的年代。本来，朝廷的兴衰与世代务农的高天成没有直接的关系。通州历来是一个闭塞而很少战乱的太平世界。但这时正闹得清朝政府不得安宁的太平天国已经在南京建都，与通州一江之隔的江南已经是太平军的天下。不断从江南逃来江北的人们绘声绘色地描述了"长毛"的种种行状，高天成与当地所有的农民一样感到十分恐惧。已经成了富人的高天成更希望保住自己的子孙和家业，于是当官府为了对付太平军而征集民工挑筑江堤、加强江防时，作为"沙董"的高天成便积极组织实施，"八年之间，昼夜轮流捍御，始终无怠"。

与高天成的想法相反的另一些富人则采取了别样的做法——在江南太平军的策动下，开始与太平军取得联系。其中最有名的是家住军山附近的黄朝飏。据王步青的《见闻录》说，黄朝飏是一个家境较为殷实的农民。在战火似将燎及通州的时候，黄朝飏"每虑贼（太平军）至，避则恋田舍，处则忧家财。人劝其结民团，练乡兵，则又以不敌为惧"。而这时太平军又加强了在通州地区的地下宣传，太平军声言"有降者弗杀，执官出献者赏职，举兵助应者世袭爵禄"。这时，凡与太平军有联系并且捐了钱的，都得到了"伪职捐照"的厚待，并且"有照之家，贼至不敢扰"。怀着患得患失心理的黄朝飏也加入了捐资保家的行列，并领取了太平军授职为"超天义"（相当于清兵的游击参将）的"照"，不久又被加封为"朝将"（类似清军的总兵提督）。于是黄朝飏开始以宗教形式秘密结社，发展力量。之后，捻军首领盛广大来到通州，黄朝飏接受了他的启发和策动，将自己发展的力量改组成后天会。入会者"设宴于堂。宴罢，人各分钱二百"，"会中有劝人入会者，以人数计功超职。其职有会副、会总、会长等名。月得金三两"，"男有男神、煞神、瘟神之号，女有电母、月母、星母之呼，月给米五斗"，"于是贫民之乐于入会者，纷至沓来，数月之间，蜂屯蚁附，不下万人"。1862年，由于长江南岸江阴、常熟地区太平军反攻常熟不克而自动撤退，江南沿江一带太平军的形势变得非常严峻，太平军急切地要求获得北岸的应援，以打开新的局面。在这种困难的处境中，太平军开始酝酿新的战略，即移师北渡，通过占领通州、泰州，进而占领里下河一带，以孤立扬州，并与淮北捻军取得密切联系，凭借后方作战，来松弛清军对天京的包围。这年冬天，太平军攻打扬州失败，便催促黄朝颺袭击通州，以分散清军的兵力，并将太平军的战略计划告知了他，说："通州克，则如皋、泰州、高邮等县必望风溃降，乘胜直捣淮安，席卷徐、扬，四郡十三城可唾手而得。"并约定事成后，封黄朝颺为淮南王。经过反复磋商，江南太平军与黄朝颺议定于阴历五月十四日夜在军山举火为号，接应太平军渡江。

在高天成所住的福星沙，同样有不少富人参加了黄朝颺的后天会，例如离高宅东不远的虞万高、张芝山的袁廷爵，便都是骨干分子。因为牵涉人员很多，又缺乏经验，所以会众在亲友间传递消息时导致了不同程度的泄密。据管劲丞的《南通军山农民起义史料》说，袁廷爵所住的张芝山，是后天教在通州东乡的据点，由袁廷爵负责密雇人日夜赶制官服、军衣、旗帜。五月十四日之前几天，袁廷爵的妹夫朱一诚到袁家走亲戚，发现袁家的行动，袁廷爵也告知了起义的消息，劝朱一诚参加。时年十九岁的朱一诚非常害怕，便于五月十二日去与住在南宅的干爹张衡（字莘田）商量。张衡住在高家宅东面不到一里的地方，是当地颇有名气的传真画师，平时与高天成过从甚密。张衡从朱一诚处得到惊天秘密后，即与朱一诚去见高天成。张衡要求高天成这位"沙董"立即率领团丁抓人，但已经年逾古稀的高天成不肯冒险，于是张衡大发脾气，自动约定朱一诚和一群闲汉，于第二天早晨查抄了后天会教徒张进轩、袁廷爵、杨太和三家，但因为三家人已跑光，查抄一无所获，只是在附近抓了几个教徒和偶来张进轩家的一个亲戚。高天成见事已至此，便将抓到的人解送通州知州衙门报案。朱一诚因为未有证据害怕反坐，本想逃走，却又不知逃往何处，于是只得听命于张衡。张衡又一次在半夜进行查抄，并将被查抄者的家烧光。消息败露后，各乡纷纷捉拿教徒首领，也有的首领被人出首，虞万高就被他的弟弟虞嵩高出首了。黄朝颺逃到海门九匡庙后被捕，除盛广大逃走外，不久，黄朝颺等几十人被杀。这样，太平军的渡江计划便宣告流产。

高守卿的《高氏宗谱》收录曹云所撰《高氏善元公小引》中关于上述事件的描述有所不同，文中说，"其时适有会匪盛广大等谋反，贼党不下数万余人，江北要害地方，悉被潜匪通窜，且勾引李逆伪忠王，克日起事，一举十五城。时人情汹汹，州主黄金韶孤掌难鸣，绅官面面相觑，惟有打包作逃难计耳。公（指高天成）乃奋不顾身，与同里士子张衡，二子佩璋、佩璜挟先发制人之策，遂纠集乡丁数千人，一鼓而擒为首者四人，并搜获旌旗器械禀州严办。会匪逃散，大难以平，州主具详申奏，上谕批准各有赏典。公自因年迈，以长子佩璋助己有功，遂褒佩璋，而己不与，其实灭匪之功，公居第一也"。《高氏善元公小引》作于同治十三年（1874），上距事件发生的时间只有9年，虽不免言过其实，但应该不会十分离谱。这从事后朝廷的奖赏也可得到印证。同治三年（1864）二月，朝廷颁赐高天成"绩肇枌乡"（曾国藩所书）匾额，并赠六品顶戴；朝廷特授高天成的长子高佩璋"巡政厅，不论单双月选用"；为了表彰高天成的母亲年轻丧夫守节，将六岁的高天成抚养成人，而高天成终于为朝廷立功，颁匾额一块，文曰"奉旨旌表高朝宰之妻陈氏"。

一百五十年来关于黄朝飚事件的说法很多，今后也许仍然不能论定。但是，它的平息在客观上导致太平军最终未能渡江，因而避免了战火烧到通州、海门地区，这对当时的官府和百姓来说，都是觉得万分庆幸的事。正因为如此，高天成得到了很高的荣耀，本支族也就成了当地的望族。

很不幸的是，年迈的高天成此后不久便卷进了一场莫名其妙的官司。曾经出首了乃兄的虞嵩高为了取得哥哥留下的"逆产"，将高天成、张衡控告到京，京里将案子发到苏州府。虽然此案最终以虞嵩高败诉告终，但因为这场官司，高天成于1864年七十三岁那年客死苏州，高家元气大伤。在此之前，高天成得到了朝廷颁赐的匾额，打算盖一个像样的厅堂将匾额悬挂起来。由于突然的变故，高家显得手头拮据起来，不得不卖掉少量田产，高天成计划中的厅堂也只得因陋就简，用细木料草草了却了老人心愿。几乎同时发生的打击是，受到"上谕特授巡政厅"的高天成的长子高佩璋也"不幸天不永年，未及莅任"而以五十三岁病逝。

三

高天成，字素堂，号善元，娶妻陈氏，生二子一女。他的女儿嫁在西宅黄家。两个儿子即东半宅的长子高佩璋，佩璋字达斋，娶妻孙氏，生子四人，依次为立朝（字莲塘）、立范（字藕塘）、立名（字芙塘）、立夫（又名望魁，字蓉塘）；西半宅的次子高佩璜，佩璜字渔亭，娶妻朱氏，生子五人，依次为立岗（一名望曾，字云蒸，又字啸云）、立功（字卧云）、立中（又名望英，字霁云，又字轶伦）、立贤（字湘云）、立人，另有一子曰春荣。遗憾的是，由于男女的不平等，我们无从知道本支族先世女性的更多情况。

高天成的长子高佩璋已如上述。《高氏宗谱》收录了李联琇（小湖）对高天成次子高佩璜的评价："能读诗书，不羡功名；颇精文艺，不服儒巾；居家节俭，处世和平；落落莫莫，留福后人。"李联琇是国学大师，做过学政和大理寺卿，他的这个评语应该不是纯粹的应酬话。

从高朝宰以佃户起家，经过高天成和他的两个儿子两代人的努力，传到第四代手中的财产，田产约为八万八千五百步（二百二十余亩）、瓦房三十余间。高家老宅已经在四汀宅沟以内建成了四合院的格局，北面正埭五间，东西两面各四间，南面有偏于东侧的大门和穿堂，大门东侧是"东门道"两间，西侧是散三间的"厅"和"西门道"两间。另外又建了北宅、东北宅和西南宅。这以后，又陆续在高家老宅建了外宅，在王大圩高天成的发祥地等处建了新宅。这在当时应该是十分可观的。

在高天成的10个孙子中，由于名分的原因，高春荣虽然上了家谱，但事实上得到的待遇并不公平。他先是入赘新镇南施家，以后夫妇两人又迁回高家老宅东宛，开了个糖坊。其他九个孙子，名字中均有"立"字，即所谓"立"字辈。"立"字辈自然不必像当时绝大多数人家那样为吃穿担忧，因而在"万般皆下品，唯有读书高"的社会氛围中，他们都在父辈的督促下读了很多书。曹云在同治十三年（1874）写的《高氏善元公小引》中说，"孙九。其已列胶庠名望曾（即高立岗）者，乃次房长孙也。然皆有超群绝类之材，非可作池中物观者也，他日必有显公门庭，发公潜德，天将以报善人之施也"。此前三年，高立岗已在海门厅考上秀才。早高立岗七年考上秀才的川港人、后来成为"江苏五才子"之一的文史学家周家禄回忆海门厅学考试之难时说，"诚以历届厅试人数多至七八百名，准之学额，仅百而取一"，"士束发应试，白首不获一衿者有之"，"童子籍数十年，挟卷有司之门，槁项黄馘，终身不遇者，犹比比也"。而在曹云预言其他诸孙亦"非可作池中物观者也"的同一年，高天成的另两个孙子高立夫和高立中又双双考上武秀才。据传说，高立夫在考场上走马射箭的时候，箭筒被人做了手脚，一时竟拔不出箭来，只好骑着马飞驰而过，错失良机。时年二十三岁血气方刚的高立夫愤而搬起一块数百斤的巨石置于膝上，写诗一首。他的悲壮形象令主考官拍案叫绝。但高立夫回到家里便吐血而死。之后，高立贤又考上武秀才。在支族中第一个走上科举道路的高立岗是个传奇式的人物，当年高天成为官司所累困于苏州时，正是他代祖父在苏州舌战虞氏，终于击败了对手。据说当时高、虞两家都是孙辈出场，而两人又都属龙，双龙相斗苏州府。据此推算，这一年高立岗实足只有二十岁。《高氏宗谱》称他"有练达才，无鄙俗想；绝世聪明，随时俯仰"。高立岗的弟弟们后来弃文从武，走武科道路，是受了他们的表兄黄国柱的影响，并曾受到黄国柱的指教。黄国柱（后更名国桂，字来宾，又字敬夫）是高天成的外孙，与高立岗同一年考上武秀才，但他的运气格外的好，只隔了一年便高中举人，中举次年的同治十三年（1874）又一举考中进士，钦点守府，赏戴花翎，千总衔。黄国柱专门用一窎田做跑马练武场，平日便与高家的几位老表在这里谈兵论武。走科举道路，是高天成孙辈中一部分人的选择。也许这只是富家子弟的一种爱好，就像后来高立朝、高立中捐七品、六品顶戴一样，并不一定是有所追求。

"立"字辈的弟兄们开始了极大的分化。这种分化，并没有深层的或者后来被概念化了的原因。他们的起点几乎是一样的。因为与门当户对的富户联姻，有的人从老泰山家还得到了很多支持，例如高立朝娶的是雁行头西曹家的千金，便得到了妻子一窎田的陪嫁。"立"字辈中有的人致力于继续发家致富。高立功在分得老宅的三间朝东屋后，很快便想在四合院中间建造新居，在遭到反对后，他便另建了西高家宅。他在军山南面一下子购买了六十万步（一千五百亩）新涨沙田，只是后来又坍入了长江。他和高立岗、黄国柱合建了七匡头：高立岗建朝北街，黄国柱建朝南街，他建河南街。一时间七匡头成了颇具规模的小镇。也有另一些人经不住败坏风气的诱惑，吸食鸦片，参与豪赌，弄得不断卖地、卖房，很快地败落了。比如西南宅易手为张家宅，到儿辈时有的竟已穷得连老婆也讨不上，到孙辈则已全靠好心的族人养育长大，之后流落外地。在好心的族人中，尤为突出的是高立夫遗孀黄氏夫人，族中侄孙辈多有得到她的照料者。族中也有人虽守成了家业，然而子孙繁多，又难免灾害疾病的打击，最后也沦落为寻常人家，甚至于达不到中等水准。当然，到后来，这自然又是塞翁失马的事。

跟其他兄弟都不同的是高立名，他虽亦被授散官登仕佐郎，却既无意于功名，亦并不着意发家致富，颇具隐逸之风。每天晚上，东邻西舍爱来听他开讲《三国》，他饱读诗书，最后令他唯一感到兴趣盎然的竟然只有一部《三国演义》。而更令人匪夷所思的是他最大的爱好却是醉心于研究工艺品的制作。他无师自通，精于木、竹工艺甚至缝纫女红之类，手艺远非一般工匠所及。他用毛竹根雕刻的一个笔筒，百年以后成了价值不菲的艺术品流到古玩市场。西宅杨家是鲁班世家，老木匠杨庆很钦佩高立名的高超手艺，便令自己的三个儿子龙祥、浩祥、李祥跟高立名学习雕刻花板。据说当年通海沙地百里之广，某大家闺秀出嫁，能够求得高立名亲手裁缝的衣服，是很荣耀的事。而他并不借此生财，他的作品从不卖钱，似乎只是为了艺术的追求，他宁愿倒贴本钱做成送人。但是，高立名并不想让后人效法自己，他专门请曹云到家里教自己的三个儿子应春、应科、应庚读书。曹云，字润苍，又字雨三，同治六年（1867）秀才，"明堪舆、医理"。高立名事亲至孝。光绪十九年（1893）清明前连日大风，正在常阴沙亲戚家的高立名不顾人们的劝阻，执意返乡祭祖，不幸于二月十五日（公历4月1日）在通州任港江面遭遇海难身亡，是年四十五岁。除早已做了高立名的弟弟、已故秀才高立夫嗣子的应春外，十九岁的次子应科和十七岁的少子应庚从此辍学，家道也就急转直下。当年东半宅分家的时候，高天成最早买下的王大圩低田很不被看好，那位"明堪舆、医理"的曹云极力劝说高立名接受这块低田，并将东半宅始祖高佩璋葬在那里，不久高立名竟连生二女三男，成了最兴旺的一房，于是其他人提议迁坟，将坟迁到了西南高家宅前。建坟与迁坟的奥秘不得而知。而后来，高立名次子高应科的五个子女中，长女冠芬、次子冠仁和少子冠芳分别享年九十六岁、九十五岁和九十九岁，是族中最为高寿的，次女冠贞和长子冠奏也是年逾古稀辞世，这一定与他们兄弟姊妹终身谦让友爱，与世无争，很好地继承了乃祖家风有关。

　　本支族对于读书高度重视的传统一直延续到今天。虽然读书未必有用，但总要千方百计让男孩读书，因而族中跳出"农门"的人很多，其中不乏出类拔萃之才，当代著名画家高冠华即其一。高冠华教过小学，后来受表兄王个簃的影响，追随国画大师潘天寿，最终成为潘氏最得意的高足。也有令人扼腕的事，有的人虽有满腹诗书，由于时代的限制和家庭的变故而以一介农夫终老。例如高立名的次子高应科，在曹云的教诲下，他熟读六经，亦通制艺，而父亲的猝然离世使他不得不以羸弱之躯挑起养家的重担，开始从事农业劳动，从此与书本绝缘。虽然他终生以"文章完篇"自诩，但毕竟只是一个普通的农民。

　　本支族对于先人的景仰是值得回忆的。始祖高朝宰葬于新镇南，二世高天成葬于官登头。贵为清朝六品顶戴的高天成的墓园，在不足一亩的柏树林中，只有一个小小的长方形土坟，很久没有墓碑。20世纪40年代，当得知日本人在占领南通后想砍伐高天成墓园的柏树林时，族人先下手将树砍光，并立墓碑为记，曰"高公天成之墓"。高天成的墓，一仍其生前的俭朴之风。每年清明，族人去祭扫高朝宰和高天成之墓时，有步行的，也有坐独轮小车的，几百号人络绎不绝，绵延数里，颇有浩浩荡荡的气势。扫墓回来，照例由轮到收取上年祭田地租的那一家办一次全族大聚餐。这种祭祀，不仅表达了对先祖的敬畏和思念，更唤起了作为家族成员的自豪感，这种自豪是超越了贫贱和富贵的。某年，某家当值，借口祭田歉收，入不敷出，改为只许男人聚餐，女人一律回家自便。此事闹得沸反盈天，给族人留下了极其深刻的印象，这就看出人的不同品格了。每个人由于对于先人的传承以及贫富、贵贱和个人经历的不同，一定会形成各自不同的素养，所以我们很难概括出本支族共同的品格。在世俗社会里，即使在同一个家族里，不同的社会地位、不同的身份，也一定会有不同的话语权，古今并无二致，将来也一定很难改变。但有一点，抛弃恩恩怨怨，想到我们一脉相传，都是高朝宰的后人，应该做无愧于列祖列宗的事情，则于社会，于家族，都是有益的。

1949年初，高家老宅和西高家宅先后成为雁行乡乡政府所在地。接着，在扫除文盲运动中，高家老宅厅堂做了民校教室，每夜汽油灯灯火辉煌，原本是"睁眼瞎子"的年轻男女农民们捧起了书本。

1958年，高家老宅厅堂和正埭公堂屋及其他已经被没收的房屋变成小学教室，更多农民的孩子有了读书的地方。而那块极具文物价值的"绩肇枌乡"匾额则被削平，做成了黑板。

"文革"中，高家老宅穿堂、厅堂、正埭大部和朝东屋等拆除，"奉旨旌表高朝宰之妻陈氏"匾额被毁。长期珍藏的祖宗遗像、朝廷奖赏文书和一部编纂于1925年左右的《高氏宗谱》被收藏者主动付之一炬。

2009年清明前，高氏祖宗遗骨或骨灰移往小海公墓或天宁园公墓。

2010年，由于南通开发区发展之需，高家老宅及其他分宅陆续拆除，被夷为平地。住在那里的族人迁入新建的楼房，开始新的生活，而阖族从此很难再有相聚的机会。

时代在进步，社会在发展。从高朝宰由崇明迁居通州至今约为203年；从高天成建宅开始，至此历经190年。有形的宅院不复存在，支族的子孙则仍将繁衍不息。我们不应该苛求先人，只要我们的先人在当时做过一点有益于社会、有益于百姓、有益于族人的事，我们都将永远铭记；我们的先人表现出的可贵精神和优秀品质，我们都将发扬光大；我们先人的历史经验和教训，我们都应该认真记取。

朝宰公七世孙（崇明高氏二十二世孙）高广丰谨撰于二〇一一年六月

古代的养老证

朱惠忠先生提供给我一张古代的养老证。以前我只知道古代也有养老制度，但从没见过可资佐证的文物，现在可算开了眼界。

这张名为"赏给执照"的养老证虽然残破，但仍能根据残存文字辨认和推断出它的大致内容：根据某省藩宪（即布政使司）的审查上报，礼部按皇帝关于"军民年七十以上者，许一丁侍养，免其杂派差役；八十以上者，给予九品顶戴；九十以上者给予八品顶戴；百岁以上者给予七品顶戴；一百二十岁以上者给予六品顶戴"的"恩诏"核准，某某人"现年七十五岁，准其一丁侍养，免其杂派差役"，这一执照给某某人收执。发照时间为同治十一年某月日，盖的印章是"礼部关防"。

这种"准其一丁侍养，免其杂派差役"的待遇是，允许有一个男丁来侍养他，为了保证做到这一点，政府免除这一男丁的"杂派差役"，即义务为国家所服的徭役。这个男丁，通常当然是老人的儿子，那么老人在垂老之年至少可以由政府保证他有一个儿子能在家为其尽孝。

中国历来有尊老、敬老的传统。最早作为尊敬老人的形式，大概是始于周代的"乡饮酒礼"。它本来是乡人的一种聚会方式，儒家在其中注入了尊贤养老的思想，使一乡之人在宴饮欢聚之时受到教化。秦汉以后，乡饮酒礼长期为历代士大夫所遵用，直到道光二十三年，清政府决定将各地乡饮酒礼的费用拨充军饷，才被下令废止，前后沿袭约三千年之久，在中国历史上产生过深远的影响。据光绪《海门厅志》说，海门直至十九世纪末仍有"乡君子""举乡饮"，当时的海门同知王宾对此十分赞赏。

设专职官员负责养老事务，有史料记载为证的是《周礼》，它规定"大司徒"的六大职责之一就是"养老"，"乡大夫"则具体负责登记"免除赋役"的老人名单。给老人赐予荣誉性的爵位、官衔，给予物质的优待，始于汉朝。以后不少朝代都有类似的规定。清代的养老政策，各朝有所不同。顺治年间规定，军民年七十以上者，准许一丁侍养，免其差徭；八十以上者给绢一匹、棉一斤、米一石、肉十斤；九十以上者加倍；其中有德行著闻，为乡里所敬服者，给冠带荣身。康熙年间规定"百岁老民给予'升平人瑞'匾额，节妇及命妇至百岁者给予'贞寿之门'匾额，均给银建坊"。雍正年间，又命各州县对年在九十岁以上的要不时存问，对年至一百一十岁的赏赐再加倍，一百二十岁再加两倍，再多再加增。乾隆年间规定"八十以上者顶戴荣身"。嘉庆十四年，皇帝五十大寿，颁发恩诏"军民年七十以上者许一丁侍养，免其杂派差役；八十以上给予绢一疋、棉一斤、米一石、肉十斤；九十以上者倍之，至百岁者题明旌表"。可见各朝皇帝对此一再重申，其内容则不尽相同。

  由于传统道德的长期影响，老人一般在本家族或当地有着较高的威望，受到尊敬，所以朝廷优惠老人，不仅体现着当时社会的道德风尚，而且在政治上也能笼络民心，有利于维护自己的统治。但是，那时"人生七十古来稀"，八十、九十，更是凤毛麟角，所以能够享受到养老待遇的人很少。至于"对年至一百一十岁的赏赐再加倍，一百二十岁再加两倍，再多再加增"，那几乎是在开"空头支票"，赏格再高，也无人能够问津。至于各朝各代一再重申养老政策的原因，我想有两个：一是为了争相表明自己"以孝治天下"的决心，争取民心；二是养老诏令事实上很难贯彻，非重申不可。比如，雍正元年（1723）诏书说："地方赏老人者，每州县动支数千金，司府牧令，上下通同侵扣，吏役任意需索，老人十不得一"，养老经费十分之九被各级官吏贪污克扣了。

  岁岁重阳，今又重阳。今天的养老制度已经越来越完备，尤其是正在逐步推行的农民养老制度将使全国人民无一例外地得到"老有所养"的保障，这使我们感到欢欣鼓舞。而人的平均寿命也早就突破了"古稀"，诚如宋问渔先生诗云："人生七十古来稀，八秩如今不算奇。九旬风光甚是好，争超百岁定能期。"

1936年的清华大学毕业证书

今年（2011）上半年，为了举办"张謇与沈敬夫学术研讨会"，我去沈敬夫的家乡寻访他的后裔，意外地发现了一张1936年的清华大学毕业证书。证书全文如下：

毕业证书

学生沈光祖系江苏省南通县人现年二十三岁在本校文学院外国语文系修业期满成绩及格准予毕业依照学位授予法第三条之规定授予文学学士学位此证

国立清华大学校长梅贻琦

教务长潘光旦

院长冯友兰

中华民国贰拾伍年陆月叁拾日

在校名上盖着"国立清华大学关防"的篆书图章；在梅贻琦、潘光旦、冯友兰的名字下分别盖的篆书图章是：国立清华大学校长室、国立清华大学教务处、国立清华大学文学院。

此证经教育部验审后留下的内容有三项：（1）在"毕业证书"四字下盖有蓝印"大字第37272号　中华民国廿五年拾月廿九日验讫"；（2）在年月日上盖有红色的"教育部印"（篆书）；（3）在照片上方贴着两张"国民政府印花税票"，并在税票上盖了"印花"二字，表示印花税已经缴讫。

持证人沈光祖是沈敬夫的孙子。

沈敬夫（1841—1911），名燮均，清代海门厅秀才，后为岁贡，世居通州姜灶港。沈敬夫是张謇创办大生纱厂时最积极的支持者，也是大生纱厂初期的主要领导者。他的长孙沈燕谋（1891—1971）在张謇逝世后与张孝若合作管理大生集团，长期担任大生三厂经理。沈敬夫为通海地区早期的纺织工业现代化做出了不可磨灭的贡献。所以张謇说"通纺业之兴，归功于燮均之助，谓与共忧患，屡濒危阻而气不馁，志不折、谋不二者，燮均一人而已"。沈敬夫"忠勇诚笃，本非他人可及，今为朋友，为地方，奋身不顾，毅然相助，令人可感可泣！默数生平，真能共患难者，一人而已"。

沈光祖（1913—2005）是沈敬夫少子沈吉皆的次子。1932年考入清华大学文学院外国语文系，1936年毕业后执教于天津南开中学、上海通州中学，并与顾云璈、施琢成等创办上海翻译社（又名红叶文化服务社）。1941年利用庚款公费留学英国伦敦大学。在英国期间，娶妻生子。1951年，周恩来总理圈点一批在外专家学者，希望他们回国参加建设，沈光祖名列其中。沈光祖为了报效祖国，毅然只身回到祖国怀抱，从此与妻儿天各一方，失去联系，直到去世，终生孤身一人。沈光祖回国后被分配到中华全国总工会国际联络部，长期从事国际工运的调研和翻译工作，被誉为"活字典"。1985年，年逾古稀的沈光祖光荣加入中国共产党，1991年78岁时被评为全总机关优秀共产党员。全总在沈光祖逝世后所作的悼词中说，"沈光祖同志一贯以高度的事业心和政治责任感积极投身到工会对外交往工作中去，忠于职守，兢兢业业，勤勤恳恳，任劳任怨，出色地完成组织上交给的各项工作任务，时时处处发挥着共产党员的先锋模范作用"，"沈光祖同志的一生是为党的工运事业和国际工会运动事业默默奉献的一生"。沈光祖热爱祖国，也热爱家乡。他在其生命历程的最后五年，回到家乡生活，92岁病逝，长眠于家乡大地。

诗词十首

读史有感

（2004 年 11 月）

道路朱门相径庭，
举旗只为未心宁。
若教阿贵能不死，
天下从兹何太平。

偶　感

（2005 年 1 月）

龙蛇笔走山海经，
鼓舌摇唇总薄轻。
道德文章千古事，
折腰为米留骂名。

返故里有感

（2005 年 10 月）

烂漫新花老宅边，
春风秋月忆连连。
不堪最是观朝槿，
兄弟相逢莫问年。

浪淘沙　渡海亭怀文天祥

（2007 年 4 月）

宋德祐二年（1276），文天祥奉命使元被拘，至镇江脱险，历尽艰辛，九死一生，终于通州渡海南下，继续抗战。

观渡海亭崇，
长忆英雄，
山河破碎血花重。
身世沉浮孤月冷，
赴死从容。

罹难剑心红，
正气恢弘，
千秋万载贯长虹。
遥看碧波春日出，
遐思无穷。

破阵子　怀范仲淹
（2007年4月）
国事愁肠江外，
秋风皓首胡天。
今日范公堤上柳，
犹记当年多苦艰。
志如金石坚。

情满岳阳楼上，
先忧后乐心丹。
直道纯诚荣辱忘，
浩气长留天地间。
堪称古圣贤。

注：范公堤为范仲淹所筑，益通、泰、楚、海诸州民。

四十春秋云树梦（三首）
（2010年6月）
少壮欲窥万仞墙，
负笈立雪鼓楼旁。
无端狂骤干戈起，
云散风流遗恨长。

鸿鹄岂作茂陵困，
敢自蒿莱开径蹊！
万苦千辛磨砺出，
始教天下识珠玑。

老来相携登楼头，
无限沧桑一望收。

四十春秋云树梦，
此情恰似此江流。

题《甘芹集》
（2010 年 11 月）
谢了海棠榴未花，
依依相别玉钩斜。
甘芹一卷胜榴火，
阅尽韶光忆物华。

病　中
（2011 年 10 月 21 日）
一世牺牲愿，
家国万事忧。
秋风千古意，
倏忽到心头。

诗要写出至性真情

琅村散人赵鹏在为曹向平的《随庵诗词剩稿》写的《跋》中有一段很精彩的话:"尝观古人诗词,有一篇传、一句传甚或无其句而有其意而传者,数之多寡,初不与也。且夫诗词之道,关乎性情,非至性真情不足以移人而历久传颂。因悟今之自命诗人者流,触目吟成,摇笔篇就,数不谓不夥,然皇皇大册,终不免蹈糊窗覆瓿之辙,何者?以其意浮而情伪也。"

这段话告诉我们,诗人之诗,不在数之多寡,而在是否有至性真情;那些"意浮而情伪"的诗作,即使集成"皇皇大册",其结果也只能用以"糊窗覆瓿"。

我在青年时期,曾经被郭沫若的《女神》震撼,因而一度成为他的"粉丝"。然而我读到他其他许多别的诗集时,却是意兴阑珊。特别是1958年郭沫若为宣传"百花齐放"方针,用了10天时间,选择100种花为题目,写了101首的诗集《百花齐放》,那简直是令人兴味索然了。难怪后来郭沫若在致陈明远的两封信中说:"我的《百花齐放》是一场大失败!尽管有人做些表面文章吹捧,但我是深以为憾的。""尽管《百花齐放》发表后博得一片溢美之誉,但我还没有糊涂到丧失自知之明的地步。那样单调刻板的二段八行的形式,接连101首都用的同一尺寸,确实削足适履,倒像是方方正正、四平八稳的花盆架子,装在植物园里,勉强地插上规格统一的标签。""现在我自己重读一遍也赧然汗颜,悔不该当初硬着头皮赶这个时髦。"其实问题不在于"单调刻板的二段八行的形式",而在于"硬着头皮赶这个时髦"。赶时髦就没有至性真情可言。就诗歌的技巧而言,与郭沫若后来的许多诗集相比,《女神》是并不成熟的。《女神》不讲诗歌形式,它甚至并不像诗,它是粗糙的、不成熟的、原生态的。但是,它是积郁在诗人胸中至性真情火山爆发般的喷涌。正因为如此,《女神》才具有震撼力,才成为不朽的作品。从本质上说,郭沫若是一个才华横溢的浪漫诗人,而他很现实地"赶时髦",就不能不扭曲本性,使自己沦为凡庸,而不能免俗。

郭沫若尚且如此,更何况我们呢!

要之,只要写诗,就须写出至性真情来。而要写出至性真情,就不要言不由衷地去赶时髦;除了确定为格律诗的,也就不必过于追求诗的形式。

论诗应重平民诗人

"古人诗词，有一篇传、一句传甚或无其句而有其意而传者"，大抵是因为写了至性真情而足以移人，因而能历久传颂。古代似乎并无出版物供诗人们发表，而博客肯定是没有的。古人写诗，当然不是也不可能为了发表，恐怕绝大多数是因为胸中确有情感需要宣泄，于是形诸笔端而为诗。诗既成，不免想让人分享，于是传抄之、扩散之。这样，诗人的地位越高，人脉越广，其诗的流传范围亦越大。唐朝上官仪身居相位，又能写诗，他的诗在初唐自是称霸诗坛的。我们没法想象一个平民诗人能与之匹敌。真正优秀的平民诗人往往是"寂寞身后事，千秋万古名"，只要得以传诸后世，历史会做出公正的评价，因为只有当时才需要趋炎附势。当代著名清诗词研究学者严迪昌先生便是以研究毕生躬耕、"身'贱'，名微，向不为人们所注视"的农民诗人沈谨学开篇，而以研究布衣寒士、"最不假诗外名位以为推力的本色诗人"范伯子绝笔。严先生说："有清一代诗界，诚如赵执信《钝吟集序》中所言：每'执官位以为重'，'卿大夫恒以官位之力胜匹夫'。于是，汗牛充栋的诗集固多予人纱帽气、缙绅气挥之难去的感觉，即若繁芜的诗话笔记所载述者亦大抵以科名、门第、职位之重为论评视野之范畴，寒士布衣、草根底层历来被论者所忽略。""凡'寒'或'野'的诗情诗境，不免遭轻慢贬抑，缘其既不合'盛世'或'中兴'气象，亦不符温柔敦厚、怨而不怒之诗教。"

时下有个"屁股决定脑袋"的说法，虽是不雅，却是一条真理。"处江湖之远"的平民与"居庙堂之高"的官僚的境况不同，自然有不同的思维，也自然有不同的情感。"诗言志"，因而也一定有不同的诗歌。官场多伪饰，少真情，往往言不由衷。乾隆皇帝一生有"御制诗"四万一千八百首，恐怕很难找出一首至性真情的传世之作。平民对于社会生活，较官僚有更真切的了解，况且他们倘作诗，不过自娱，至多也只是在亲友之间传阅而已，因而多有性情之流露，而必无矫饰之言语。从诗的本质上说，平民诗人的诗，应该更能称之为诗。

因此，诗不必为追求发表而写。

因此，论诗不能唯名位，尤要重视"寒"或"野"的诗情诗境，尤要看重平民诗人。

读迪昌师《纳兰词选》一得

不久前中央电视台《百家讲坛》播出了《纳兰心事有谁知》，清代词人纳兰性德开始受到格外关注，也许不久就会出现很多有关纳兰词的书籍。正巧最近得到师母曹林芳先生所赠先师严迪昌先生遗著《纳兰词选》。严先生在清文学研究领域拥有迄今为止无可逾越的学术地位。捧读先生著作，感受到先生读诗读词的严谨态度，我们许多诗词爱好者由此可以得到启发。现举所选《浣溪沙·寄严荪友》一例如下：

藕荡桥边理钓筒，苎萝西去五湖东。笔床茶灶太从容。况有短墙银杏雨，更兼高阁玉兰风。画眉闲了画芙蓉。

许多人看到"画眉"一定会想到"张敞画眉"这个风流掌故，而"画芙蓉"，当然就是画莲花了。

然而严先生却评析道："严绳孙（严荪友名——笔者注）于康熙二十四年（1685）春辞官归里，从此隐逸不出，时年六十三岁。体审容若（纳兰性德字——笔者注）此词尽言脱羁宦海之乐，必作于是时，末句尤可证之"，而许多人正好由末句中的"画眉"二字想到了"张敞画眉"，因而"或解此为伉俪情之旖旎生活，并认定词之作年应推于严氏不太年老时云，实属误解"。这段"评析"告诉我们，读诗词既要能够从总体上把握作者表达的心志，又要能够通过对个别诗句的反复推敲确证这一认识，此词末句"画眉闲了画芙蓉"即属于这一类的个别诗句。

那么严先生是如何推敲的呢？先生说："画眉系巧用唐人朱庆馀《近试上张水部》诗'画眉深浅入时无'句意。此'画眉'已成趋时、悦人、唯上之意象。"朱庆馀的这首诗是入选《唐诗三百首》的，但我们往往停留在对于字面意义的理解上，并没有深入地思考朱诗"妆罢低声问夫婿，画眉深浅入时无"的深层含义，因而以为"画眉"只是画眉而已，全诗也似乎不过"闺意"而已。这里，严先生的意思是说，严绳孙在结束了"趋时、悦人、唯上"的官宦生涯之后，便能过上"画芙蓉"的生活了。至于"画芙蓉"，严先生首先据《水经注》和纳兰性德另外的词考定，"芙蓉"并非一般人所理解的莲花，而是位于无锡西北的芙蓉湖，此处用以指代严绳孙归隐之地的无锡；然后又解释那个"画"字说，其意为"始能骋己情，快意于自然山水"。所以，严先生说："末句摇落羁缚之自在快乐，即'江湖散人'之自葆个性、逍遥人生。句之关键在'闲'之一字。"

在学术界追名逐利、浮躁之风盛行的情况下，关于诗词的五花八门的选注、赏析甚至翻译文本，令人眼花缭乱，大多是相互抄袭，有的则纯属胡说八道。因此我想，我们不能认为"捡到篮里的都是菜"，确应该慎重选择一些名家的著作来读。

幸福而又自豪的回忆

  1988年，恩师严迪昌先生对我说："离开南通也已八年整，辗转江南，仍颇思恋那块很倒过霉但却又多情思的土地。每一偶返旧地，最可欣喜的是与当年在教室里交流过的学子。"我便正是那学子中的一员。作为严先生的学生，我深感幸福，又多自豪。我自1962年在南通中学读高三时有幸成为严先生的学生以后，受先生教诲凡四十一年。先生对我，恩重如山，我与先生，情深似海。往事历历，刻骨铭心。

  初见先生，是他刚到通中，临时寄住在学校浴室的低矮房间里。听说来了新班主任，我们欢欣鼓舞地去看他。局促的斗室里，满眼是他堆积如山的成捆成捆的书籍。先生很严肃，眼镜片后射出的目光甚至是冷峻的，但同我们交谈起来，却令人感到阵阵的暖意。以后的日子里，我们越发感受到他的善良、正直、诚恳和对我们深深的爱，他的风趣幽默，甚至他的热情奔放。他在班级的黑板报上，以"向阳人"笔名发表过不少诗文，我也曾斗胆评论过他的《梧桐小记》，而他《秋窗杂咏四绝句有赠》中"莫迟鸡唱拂霜行"的诗句至今激励我走过了大半个人生。可惜他的这些诗文现在是永远地散佚了。在班级的晚会上，先生往往乘兴欢歌，他雄浑的男低音，能使我们所有听众为之陶醉。班会上，先生从不空洞说教，他常常读一篇精彩的文章，或者讲述自己的一件往事，让我们自己去体会其中的人生哲理。

  高中毕业前夕，我因病回到农村休养。不久，同学们都上了大学，我心里十分难受。先生写了毛泽东的《咏梅》送我，让我在"已是悬崖百丈冰"的处境中看到"犹有花枝俏"的美景和"她在丛中笑"的未来。先生还不断地给我写信，鼓励我战胜病魔，并且邀请我经常前去畅谈。他甚至热切地说："你如能来，我当扫榻以待。"在先生的关爱下，我没有消沉，后来终于考进了先生的母校，先生曾经高兴地为我送行，详细地嘱咐我如何开始新的生活，并且把我介绍给他留校工作的同学。

  几十年里，先生始终牵挂着我。我给他写信，他信到必复，一来一去，绝不超过一个星期。在上百封信中，洋溢着先生深挚的爱意。有时先生实在太忙，他会让师母曹林芳先生先给我回信。有一次，师母来信说："接到你的信，严老师很高兴。最近他因忙于赶一本书稿，很少闲暇，他要我先代问好，以后他会给你写信的。他很惦念你。"六天以后，我便收到了先生的信。我常希望见到先生，而先生亦视之为乐事。先生晚年，繁忙劳顿之甚，但我去之后，他丢下一切，和我整天地在书房里一边喝茶一边谈话。向他告辞，他也必将我送过螺丝浜，有时竟一直把我送至公交车站，望着我上车离去。1995年5月去拜见先生，先生正要出门，"先去镇江"，"旋即走徐州，转返去杭州"。事后他说："这次你来吴门，适值诸事忙乱，未能畅谈，歉甚。"1988年，先生北上参加运河笔会途经南通，也打电话邀我到有斐饭店一聚，说一定要见一见我。我每有困惑，总向先生敞开心扉，恳求先生的指教，先生亦总能使我豁然开朗。我每有困难，总向先生陈述，先生则极力帮助解决。先生最能推己及人，体察别人难处，他告诫我："命运弄人，你我皆属过来人，故能不袖手时当不袖手，此乃我辈所以管'闲事'之不闲态度。"

"文革"劫难中先生受尽凌辱和苦难，我亦空耗生命，弄得用非所学，几无安身立命之地。先生是个真正能够向前看的人。1978年，先生对我说："我们要自己做主去做人。你三十三岁，发什么愁？我四十二岁了，苦干二十年，我坚信会好起来的。"有一次我们谈到当时许多人所谓的看破红尘，先生说："世上没有真所谓看破红尘的。他们其实倒是被眼皮底一点东西挡住了，看破了什么呢？把浑浑噩噩美化为'看破'是谬论。"我也曾像许多人那样，面对纷繁复杂的世事，牢骚满腹。先生并不反对发牢骚，他说："发牢骚其实不是罪恶，善发牢骚的往往还是心不很坏的书呆子"；"我不是鼓励你发牢骚，意思还是少发为好"。于是，先生教我取"身闲心不闲"之策，"身闲者，'潇洒'其形；心不闲者，'进取'以业——做自己愿意做的事"。他鼓励我学习，"能不为环境所左右，心中构筑一别有小洞天"。他说："中国要陈景润式的'书呆子'——民族英雄！"为此他为我精编了学习书目，向我提供了经他反复比较后选定的教材，并且给予读书方法的指导。先生说："读多了就会读通。可以把各本书比较着读，一旦读到觉得有所区别、各有其味时，就是开始通了。"每有论文寄去，他总是认真评阅，提出意见。谈到写作，先生说："我想途径：一是读书有得者，一是教学有悟者，三是就地取材。文章需练，能顺手写到三五千字，则火候已到，而短札则可连缀成组，字数每则当可不论。"关于工作，先生以他自己的切身体会告诫我："只要不想在那方面得功名，还是好办的。我若干年来就是抱这个态度。原则是两条：不误人子弟，不搞花架子去迎奉上司，投其所好。"先生的谆谆教导表现出的棱棱风骨、求实精神和人生经验，是我终生钦佩而努力学习奉行的，这样我才得有几希进步。

先生更以自己的行动为我树立了榜样。他在通中时曾以"岂能一日虚度"为斋名自励，而"文革"蒙冤，一事无成。但他并不怨天尤人。到南大工作以后，他非常着急地说："除了精力不济外，心里又急得慌，得赶时间过日子。放掉这几年，就更不行了"；"时机不易得来，这几年如不认真做点事，我们这辈人到六十岁时肯定做不动了"。于是他夜以继日地"在夹缝里（公务之隙）赶一点论文"，甚至"假中要找个地方躲起来了"，不久便诞生了先生学术生命新生的奠基之作《文学风格漫说》，而他则自谦为"算是在空白上抹上一笔"。在苏州大学时，他给我来信说："我只想在有可能、有能力的前提下尽量多而快的做点事。要想多做就得快做，慢工出细活是不错的，但是，时机失去，连什么粗活也做不成时，只好像'文革'时那样困居土室一筹莫展了。"有一个暑假，先生又"躲"到南通，但恰逢百年不遇的酷热，后来又突然转凉导致感冒，他不无遗憾而且着急地说："就这么一热一凉，三十天过去了，事情大都未完成，而归程已在眼前。"有一段时间先生小恙，他跟我说："年龄是上帝的砝码，似在敲警钟了。"这使他尤感争分夺秒之必要，想跟上帝争一点时间。他感慨地说："这些年来劳碌之甚，然绝非争眼前蝇头之利，全为打发有涯之生，以谋无涯之乐，一种非常迂无比傻之乐，事实上也许眼下常常毫无可乐之时。'不为无益之事，怎遣有涯之生'，此系清代一文人之悲慨语，我似尚未因此消沉，留点文字在人间，总也堪称积极者。"于是，他以每天五千字的速度写成四十五万字的《清词史》，接着又发愤著八十万字的《清诗史》，是时先生已患消渴之症，书成而消瘦乏力。而在"视力衰退严重，左目不能视一字"的情况下，先生又完成一百五十万字的《近代词钞》，注重词史演进、词派变化、词风变迁及群体运动，为二百余词人作传。直至病中，他还为南通写了《范伯子诗述略》一文。有一次，我偶与先生谈及海门市图书馆所存周雁石藏书，他兴趣盎然地要我先去看看。我给他抄了很多书目寄去，他说："周雁石是行家，故所抄之年谱及别集，大抵罕见"，"秋后我可能抽身来一阅"。可惜他终于未能抽出身来，而这些罕见的珍本则仍然尘封书库，无人问津。

　　回想起来，此生受业之师多矣，然而真正影响我一生的，则唯严迪昌先生而已。

严师之风，山高水长

恩师严迪昌先生离开我们十年了，然而许多往事却历历如在目前，先生是永远活在我的心里的。先生之风，山高水长。

1983年8月，先生在给我的信上说："在我读中学时，读到鲁迅说的，他之所以吃补药，与其说是为了爱人，倒不如说是为了仇人。当时觉得很警策新鲜，后来渐渐大了，算是懂了他的话。我其实也没有多少仇人，而且也不是睚眦必报的脾气，但这些年来总在想'别让人看笑话'倒是有一些。当然，最终是否被人笑话，这种结局是至少三十年后再说的，现在为时尚早。"到今天正好三十年，我们看到了先生所说的"这种结局"。而当年曾经对先生幸灾乐祸的人们，今天真不知做何感想？

我常常想，先生究竟是个什么样的人呢？后来我做张謇研究，读到张謇在年轻时说的一段话，我才恍然大悟。张謇说："观人于不得意时，于不得意时而忽得意时，于得意时而忽不得意时，经此三度，庶可为士。"历经"文革"的翻云覆雨，即使我们这些并未受过很多伤害的人，都已经心灰意冷，做事提不起精神。而先生在"文革"中不仅只是"不得意"，而且还受到过残酷的迫害，被囚禁达三年之久。他在恢复自由以后，寄了一首诗给我，写的正是他被关押在南通天宁寺光孝塔下一间囚室时的情景："院外钟声寂，墙边塔影圆。云轻随初月，露冷饮秋蝉。"荒唐岁月令他感慨"默语曾无术，深居竟有缘"，然而在此劫难之中，他并不消沉："此身犹自勉，人境耻逃禅。"后来，先生到了南大，很快打开了教学和科研的局面，甚至名列全校七名教学优秀一等奖获奖教师之中，但他仍然怕最终"被人笑话"，"只想在有可能、有气力的前提下尽量多而快点做点事"。而认为自己所出的书"也不能算是了不起的成果"，"算是在空白上抹上一笔"。先生到苏州大学以后，一次北上开会途经南通，约我见他。在有斐饭店的大堂里，我们遇到海门市政府的汪永传副秘书长，汪问起先生情况，先生了无得意之状，只是淡淡地说："我在苏大，转正了。"后来先生在学术和教学上取得举世瞩目的辉煌成就，是他呕心沥血的结果。他常常"几不知秋去冬来，而春神复又将敲窗而至"，晚年先生疾病缠身，而仍"力疾以赴"。然而他的书斋名却由"霜红簃"始，而以"枯鱼斋"终。总之，先生一生，真正经历过张謇所说的"三度"，而又始终能够"不失其常"，正如他所说的，"能不为环境所左右"，自能在"心中构筑一别有小洞天"，"绝非争眼前蝇头小利，全为打发有涯人生，以谋无涯之乐，一种非常迂无比傻之乐，事实上也许眼下常常毫无可乐之时"。先生确实堪称中国优秀知识分子的典范。

去年5月，我偕妻子参加了南大110周年校庆活动后，往苏州拜谒师母曹林芳先生。师母对我说："先生生前一直把你看作自己的家人。现在先生虽然走了，这里仍然是你的家，你在这里仍然能感受到先生的气息。"我知道从游先生四十一年，先生确实不仅把我当成学生，而且当成朋友，甚至看作家人。我比其他很多人更幸运的是，先生曾经给我写过上百封信，可惜由于历史的原因，绝大多数没能保存下来；先生与我有过许多次谈话，只要我去，他都是丢下手头的工作，在他的书房里与我整天地谈，无话不聊。

今天想来，先生的教诲大致有三个方面：

其一，做真学者。有一次，因为我说到一位大学教授回到家乡后自命不凡、不可一世的架势，先生便跟我谈到学者的品质问题。先生说："关于所谓学者教授的品质问题，原也不能想象得太美妙。固然有真学者，但冒牌货诚也到处有，混账一笔无从说起。你看到的那个人跑到农村，'衣锦荣归'，当然更加皮厚的了。"他"痛恨那些各式各样的权术专家"，甚至还痛骂过一些假学者"实属学界混蛋"。有一段时间，我很想研究海门籍南社作家陆秋心，于是抄录了一些资料请教先生。先生直截了当地对我说：那点单薄的材料，是没法研究的。先生教我读书，一再强调："读多了就会读通。这个通，不是低要求，本来就不大容易"，"可以把各本书比较着读，一旦读到觉得有所区别，各有其味时，就是开始通了"。后来听到顾启先生说，严先生一向认为，研究某人，非将他的著作读上三遍不可。1988年的时候，先生经过深思熟虑，建议我对江苏的当代散文做点研究，并且还明确了重点研究对象。先生知道我事务很多，常劝我不能卷入事务之中，而"作文之事急不得，也不能置之太松"。然而我终究"置之太松"，被事务牵累了几十年，辜负了先生的一片良苦用心。联想到当今社会浮躁之风盛行，一些人抓住一鳞半爪便做起文章，拼凑一点他人成果便动辄以学者自居起来，真是十分可笑。

其二，为有益事。人生在世，总要做事。先生认为知识分子，应当从知识分子的自身条件出发，为社会多做有益之事。他说，"不为有益之事，怎遣有涯人生"，因而要"留点文字在人间"。有一段时间，组织上有意让我去机关工作，我向先生请教此事。先生深知我的个性，他说："你工作如有变动，我建议你谋一清要之职，不能卷入事务中去。去机关必须当大官，不然成一机械人，万万不能。况目下之时世，当官我看也于国于己均无所益，不当为好。"这在许多人看来，可能被认为是书呆子的第一等傻话，但我知道先生的话是对的，"于国于己均无所益"的事，我何必去做？记得先生早在20世纪80年代初，就感慨地说过"中国要陈景润式的书呆子——民族英雄，否则要亡国"的话。于是我坚决拒绝了调去机关的"美差"。后来公务员与事业单位待遇产生了很大差距，不少人认为我吃了亏，但我认为正是因为这种选择，我才确实做了一些于社会有益的事。在社会不良风气很难扼制的情况下，许多人为人处世都以谋一己私利为准则，先生以身作则，告诫我说："我若干年来，……原则是两条：不误人子弟，不搞花架子去迎奉上司，投其所好。"先生说，有很多人"只要温饱安逸，别的与他们无干。如果受他们左右，会弄到心灰意懒。我们要自己做主去做人"，要有自己的"精神蜗庐"。于是，先生教育我说："处此时世，欲洁身远尘，唯取身闲心不闲之策：身闲者，潇洒其形；心不闲者，进取以业——做自己愿做的事。"

其三，有善良心。先生自己见人有难，总愿伸出援手。三十七年前，我的母亲病危住院，先生得知后，坚持要帮助我，他说："有什么困难一定要告诉我。"不久，我的母亲不治过世，他又劝慰说："慈母的逝去，我三年前也曾有此悲痛。但自然规律有什么办法呢？我相信她们九泉有知，是希望我们一天天好起来的。"今年清明祭扫先生墓后，我的一位同学与师母讲起五十年前的往事：那时他家庭条件很差，毕业以后又没有工作，有一次他在路上遇到先生，先生马上塞给他钱。师母回忆说，先生回到家里说起此事，我还怪他给得太少，但先生说身上就剩了这么多钱了呀。先生对人，从来采取宽容态度。我的另一位同学也给我讲过一件五十年前的往事：有一次，他在教室里贴了张小字报，引起了不小震动，惹得一些人十分不满。先生把他请到家里，让他坐下，他以为接下来一定要挨批评了。谁知先生却表扬说："写得很好。"紧接着，先生又说了三个字："何必呢？"那次只有七个字的谈话，却给了他很深的印象。后来在"文革"中，他不但不造反，而且非常反感"文革"的所作所为，起而反对"文革"，批判戚本禹，为此还坐了牢。先生爱才，尤能以善良之心对待有才能的人。有一次，他对我说："××之工作安排，如上下左右各环节大致可不生枝节，则烦你多加关照。这确实是一名可用之材，不应太亏待她。命运弄人，你我皆属过来人，故能不袖手时当不袖手。此乃我所以管闲事之不闲态度。"1995年夏天，我在先生家里，先生告诉我，今年西北有个非常优秀的学生来考博士生，真担心他在外语上被卡掉。我亲眼看到先生打电话，请求有关方面给予关照。

关于先生学术思想的形成，不少学者有过研究，特别说他"从自己生命经历中发现学术的意义、选择学术的方向"，我认为很有道理。而我不敢妄加揣测，只是隐约地感到，先生出身贫寒，决定了他一生关注寒士，从"毕生躬耕的诗人"沈谨学开始，到"不假诗外名位以为推力的本色诗人"范当世，"为三千灵鬼传存他们驻于纸上的心魂"。另外，先生常常与我谈及《红楼梦》和鲁迅，我认为这两者对于他的影响也很值得关注。他在跟我说到读作品选时，曾经特别提醒我"此外就读鲁迅的作品"。我每读到唐弢的《琐忆》，就觉得其中鲁迅的形象，几乎就是先生。先生表现出的棱棱风骨、韧性和善于"在夹缝中求生存"，不正是鲁迅的品格吗？

析"破灭""迁灭""革灭"

苏洵《六国论》中的"破灭""迁灭""革灭",许多人笼而统之地解释为"灭亡",但细想起来,实在不安。

1. 破灭:"六国破灭,非兵不利,战不善,弊在赂秦,赂秦而力亏,破灭之道也。"

破,作"攻破"讲,古来不乏其例,苏轼《前赤壁赋》中"方其破荆州"即是。破灭,便可释为"被攻破而灭亡"。秦灭六国,最后是通过战争解决问题。"攻破",是历史事实。《六国论》开篇便说"六国破灭",足见作者是尊重史实"论古今形势"的。而既为"破灭",必有兵刃相接之事,于是,"战败而亡"的误解便自然产生。紧接着,作者断然指出:"破灭"却是"非兵不利、战不善",从而排除了"战败而亡"的因素,澄清了误解,加强了正面肯定"弊在赂秦"这一中心论点的力量。从表面看,似乎六国的灭亡是"攻破",其实"赂秦"才是导致最后攻破的原因。作者明明要排除"破灭"说,却先来认定"破灭"的现象,这同下文的用"或曰"故意设置疑问,可谓异曲同工,显然作者用"破灭"是强调"攻破"的。

2. 迁灭:"齐人未尝赂秦,终继五国迁灭,何哉?与嬴而不助五国也。"

迁,离散,《国语·晋语四文公》有云:"故异德合姓,同德合义,义以导利,利以事姓,姓利相更,成而不迁,乃能摄固,保其土房。"书昭注曰:"迁,离散也。"所以,"迁灭"就是"离散而灭亡","迁灭"也是六国的史实。六国曾经"合从缔交,相与为一",但终于"从散约败""争割地而赂秦",遂至灭亡。(贾谊《过秦论》)一向以贾谊自比的苏洵在《六国论》中可以说是为了针砭时弊而发挥了贾谊的观点。"赂秦"是六国离散的主要原因和标志。此外,还有齐那样的不赂而"与嬴"。总之是以"赂秦"为上的离散,造成了"赂者力亏","不赂者"各"失强援"而"不能独完"的局面。因而"迁灭"作"离散而灭亡"才是妥帖的。还需指出:"迁灭"用在批评齐国"与嬴而不助五国"的地方,真是恰到好处,因为在整个"迁灭"的过程中,齐虽是"不赂者",但这个曾经成为秦以外的诸侯盟主的国家,却扮演了很不光彩的角色。

3. 革灭:"且燕赵处秦革灭殆尽之际,战败而亡,诚不得已。"

革,武器,因为"凡甲胄干盾之属,以皮革为之"(《中华大字典》),

如《诗·郑风·出其东门序》："兵革不息，男女相弃。"又如《战国策·秦》："兵革大强，诸侯畏惧。"由"武器"而引申为"武力"，"革灭"就是"用武力消灭"。"革灭"可以说是秦对六国的一贯政策。没有"革灭"，也决然不会有"赂秦"，不会有离散。秦自公元前278年开始，对六国展开了凌厉的攻势，到前231年，秦王政整顿了国内政治之后，战局便形成破竹之势，这时完全无须范雎的"远交近攻"策、张仪的"连横"策一类的外交活动了，用武力消灭就成了秦对付六国的唯一手段。于是前230年灭韩，223年灭楚，再过两年，到前221年便将六国灭尽，统一了中国。那么，燕赵灭亡的前222年，就是所谓"处秦灭未殆尽之际"了。在这个"未殆尽之际"，"革灭"二字除了释为"用武力消灭"，确乎再没有更恰当的解释。同时，只有这样解释，紧接的"战败而亡"四字才是顺当的，"六国破灭"的说法也才是合理的。而"革灭"用在这里，又不能不说是作者对燕赵的批评和为它们深深地惋惜，因为面对秦的"革灭"之举，燕赵却是"用武而不终"。"革灭"用在这里，同"迁灭"用在批评齐国的地方一样，其针对性是显而易见的，确是各得其所，各尽其妙。

  总之，似乎可以一概释为"灭亡"的"破灭""迁灭""革灭"，其实却是作者分别有所强调，而且精心地将它们用到了三个不同场合。老苏用词之精当巧妙，实在令人叹服！

（载《南通师专学报》1993年第三期）

构建教师指导下的学生"三自我"体系

我校(江苏省海门职业高级中学,下同)构建教师指导下的学生自我教育、自我管理、自我服务体系(以下简称为"三自我"体系)已经走过了七年的历程。

我校的学生"三自我",与一般意义上的学生"三自我"的显著区别,在于它是一个体系,即确立了学生组织之间垂直的领导关系,形成了以学生会为龙头、以班级为基础、以学生个人为落脚点的"三自我"组织结构,打破了学期和假期的时间界限,打破了校内和校外的空间界限,真正承认了学生在德育中的主体地位,发挥了学生在德育中的主体作用,做到了学生组织有权威、学生干部有威信、学生人人有岗位。凡是可以由学生自己做的事,甚至要经过很大努力才能做好的事,都由学生在教师的指导下,开动脑筋,自己做好。

这个体系的构建,使我校德育工作进入了一个新的发展阶段。几乎所有场合,都实现了老师不在与老师在一个样。学生在积极参与"三自我"的过程中得到了锻炼,用自身的精神力量使自己得到了不断完善,整体素质有了很大的提高,从而有效地提高了德育效益,促进了校风、学风、班风建设。市教育局的一位负责同志经"微服私访",察看了我校的晚自习,发现在没有教师看班的情况下,全校寂静无声,他不得不叹服。不仅如此,尤为重要的是,经过"三自我"的锤炼,学生具备了适应社会生活的各种习惯和能力,毕业后的表现明显地优于其他学生。最早参与启动"三自我"的一名学生,毕业后一度留校工作,同时担任生活指导和三个班的班主任,这三个班都被评为"文明班级"。另一位学生会干部毕业后到振华铜业公司工作,不到两个月,就在几十个竞争者中脱颖而出,担任了办公室主任。89级机械班一位原本被公认为"差生"的同学,参与"三自我"一个学期下来,评上了"优秀干部",成绩上也消灭了不及格,毕业后在市场经济大潮中敢于弄潮,成绩斐然。

缘 起

构建"三自我"体系,在理论上大而言之,在于真正解决了德育中谁是主体的问题。学生作为德育的对象,具有意识、意志、能动性和创见性等主体因素,要达到德育的目的,就不可回避学生的这些主体因素的中介作用。只有通过这些主体性因素的作用,并且只有当这些主体性因素按教师的要求产生相应作用的时候,也就是教师的教育要求转化为学生的内在自我要求的时候,我们才能达到德育的目的。所以,学生在德育中具有主体的地位,教师则处于主导的地位。

我们在注意到这个问题的同时,又注意到职业中学本身的诸多因素。

第一,职业中学有其特殊的培养目标。职中与普中培养目标的不同之处,在于它的毕业生都将很快走上社会参加工作。在短短的两年、三年或四年内,我们要真正完成学生"从需要教到不需要教,从需要管到不需要管,从接受服务到服务社会"的转变。因此,尽可能地培养学生适应社会生活的各种习惯和能力,使他们成为高质量的人力资源,是一项十分迫切的任务。尤其是随着经济和社会的发展,社会对人力资源所具备的基本素质提出了越来越高的要求。例如,随着技术现代化进程的加快,生产品种的复杂多变和劳动力市场不稳定性的增加,人力资源必须具备宽专多能、竞争能力良好的适应性;随着新型工作组织和管理机制的出现,人力资源必须具备良好的经营管理能力、社交能力和合作精神;等等。在这样的大环境下,我们不能不考虑在德育工作中更好地发挥学生的主动性、积极性,更多地引进管理意识、服务意识、竞争意识,让他们有更多的机会独立思考问题,独立安排工作,独立开展活动。否则,就会像苏霍姆林斯基所说的,"走出校门,一下子被摆脱了各种校规和限制的自由空气陶醉得不知所措"。构建"三自我"体系,可以有效地培养学生各种适应社会生活的习惯和能力,加快从学生到劳动者的转变过程,从而更好地达到我们教书育人的目标。

第二,职中学生有其特殊的心理和思想。随着"普高热"的升温和就业难度的增加,职中生源的匮乏和生源素质的下降,是不容回避的现实。职中的绝大多数学生由于初中时成绩不理想,在激烈的升学竞争中常常受到冷落。他们是升学竞争的"失败者",他们受到过严重的挫折,他们中的不少人是来"混"毕业的。长期的不公正待遇使他们产生了一种"无所追求,无可奈何"的"平衡"心态。针对此,我们要千方百计地破坏这种"平衡",以激发学生强烈渴求的需要。"三自我"体系的构建,可以激发和满足这部分学生自主的需要、归属的需要和声誉的需要。事实上,职中学生的自主需要是很强烈的,但长期以来受到了忽视和压抑。主要由于成绩差的原因,他们在校被老师管,在家被家长管,因而不可能对自己的活动进行自我意识、自我支配、自我控制和自我调节。他们在老师或家长面前似乎服服帖帖地听任摆布,实际上完全不理睬老师或家长那一套。随着"三自我"体系的构建,他们可以在教师的指导下,以主人翁精神独立自主地"登台唱戏",一切德育活动成了他们的分内之事,他们再也不可能漠然处之了。

职中学生的归属需要也是很强烈的，但长期以来，他们由于成绩差而被冷落，甚至被抛弃。少数学生不得不形成"差生"的组合，或者与校外品行不端青年发生联系。"三自我"体系的构建，使所有学生都成为"体系"中的一员，各在其位，各得其所，各谋其事，人人参与，人人出力，人人感到大有用武之地，人人感到集体的温暖，因而人人都觉得愉快，都不甘落后。

职中学生的声誉需要和其他所有的年轻人一样强烈，虽然他们普遍存在着心灵的创伤，存在着自卑感，但他们同样有很强的自尊心，对表扬与批评非常敏感。他们不能忍受老师和同学对自己的轻视态度；他们喜欢发表意见并希望得到认同，常常表现出一种跃跃欲试的姿态；他们力争承担一定的责任，有要把事情办好的愿望和自信力，有自我实现的迫切愿望。"三自我"体系的构建，可以让他们找到自己在集体中的位置，有一个为集体做贡献的岗位，有一个发挥才能的地方，有一个赢得声誉的机会。这样，他们的精神不但得到了补偿，而且还会将他们在各自岗位上的积极姿态迁移到其他方面，促进自身各方面的进步，从而开始他们个人整体化的进程。

第三，职业中学的教学工作有其自身的特点。教学是学校的中心工作。职业中学的教学工作，由于培养应用型人才的需要，必须重视技能训练，必须走上社会，注重实践。职中的教学工作是把学校和社会融为一体的。职中学生有三分之一以上时间需要在社会实践中接受教育。学生往往具有生产者和中学生的双重身份，他们脱离班级、脱离老师独处的机会很多。我校每年都有几百个学生分散在全国各地，教师怎能一一顾及？我们既很难动员学生投入到升学奋斗中去，使他们循规蹈矩，埋头读书；我们也不能关起校门来考虑如何教育、管理学生。像苏霍姆林斯基所描绘的那样，"甚至在节假日，学校里也要组织少年们集体休息，教师甚至在星期天也要给他们找一些娱乐，注视着不要让他们落入坏的同伙里去"。我们只能有意识地唤醒学生的主体意识，提倡"慎独"精神，让他们真正把自己的生活活动本身变成自己意志和意识的对象，引导他们自我设计，自我规划，自我控制，自我管理，自我评估。"三自我"体系本身是学生自己教育、管理、服务的组织系统，是一个由学生当家做主的"小社会"。例如，学代会在召开过程中讲究法制原则；各种管理、评比必须讲究公正、公开、公平的竞争，"执法人员"必须具备良好的素质；开展各种活动需要良好的组织能力、交际能力、口头表达能力、合作能力。"三自我"体系的构建，可以适应职业中学教学工作的需要。

正是出于以上几个方面的考虑，我们才认为有必要构建"三自我"体系；而同时，我们又在实践中加深了对于这些问题的认识。

过　程

构建"三自我"体系的过程是艰苦的。我们只知道方向是对的，但没有现成的经验可供借鉴，只好"摸着石头过河"。这个过程大体上可以划分为三个阶段。

第一阶段：启动。

我们在充分调查研究的基础上，确定以1991年11月底召开的三届一次学代会为契机，启动"三自我"的构建。在此之前，我们大力宣传马克思关于"人始终是主体"的观点，让学生懂得人对于世界总处于主导、主控、主要的地位；学生是学习的主人，不是教师管束的被动对象，而是教育、教学的主体；当代学生应当有主体意识；学生会是学生自己的组织，应当独立自主地开展工作。我们引导学生学习《中学德育大纲》等文件，开展对我校德育工作现状的大讨论，进行实习中接触社会后切身体验的漫谈，使学生深切认识到，职中学生十分迫切地需要做好适应社会生活的思想准备并提升各种能力，因此，必须改进德育工作，找到比现在更为完善、更为切合实际的途径。经过这样一系列的舆论准备，"三自我"的问题便呼之欲出了。

在筹备学代会时，我们提出了三大原则：（1）学生是主体，教师是主导，不喧宾夺主；（2）学生当"司令"，教师当"参谋"，不越俎代庖；（3）学生在台前，教师在台后，不包办代替。这样，这次学代会便具有了很浓的"三自我"色彩。学生代表们第一次真正以主人的姿态参加会议，各抒己见。他们一下子看到了自己的力量，享受到了成功的快乐，增强了主体意识。会议选举产生的学生会领导机构成了"三自我"的龙头。这次学代会是"三自我"的一个范例，为"三自我"体系的构建做了思想上和组织上的准备。学代会牵动了全校同学的心。学代会后，我们立即放权，学生的几乎一切，都由学生自己管理起来，包括过去连教师也管不到的"死角"。学校气氛大变，校园面貌焕然一新，上上下下井然有序，活动开展得格外丰富多彩。同学们在实践中发现了自我，看到了自己的力量，认清了自己的责任，无不踊跃参与到"三自我"中去，"三自我"开始启动了。

第二阶段：形成。

这是一个特别艰苦的阶段。旧的教育观念顽固地占领着人们的思想，即使是很年轻的，而且是系统地接受过教育学、心理学教育的教师，由于他们毕竟是从传统的教育模式中走过来的，他们也很难自觉地进行"三自我"的实践。

"三自我"启动以后，尽管发展势头十分喜人，但不久便显出其后劲不足。问题在于校级以学生会为龙头，"三自我"开展得轰轰烈烈，而班级仍在按照老模式运转。于是在1992年3月召开了三届二次学代会，会议的中心议题是如何实现班级"三自我"，各班代表在会上汇报了班级管理情况和今后打算。会议通过了与上次学代会制订的《学生会干部岗位职责》相对应的《班委会干部岗位职责》，力图促成学生会和班委的垂直领导关系。与此同时，我们为支持"三自我"的开展，提出了"优秀学生干部"和"文明学生"评选的改革意见，之后又提出了班集体建设的目标：（1）有明确的奋斗目标；（2）有健全的组织和尽可能多的积极分子，实现"人人有岗位"；（3）有正确的舆论和优良的班风；（4）在班主任指导下，开展学生"三自我"活动。这些目标后来又概括成20个字：目标明确，组织健全，分工具体，舆论正确，纪律严明。学生会主要干部在92级家电班进行了班集体建设的试点，并且总结出了很好的经验。在1993年4月召开的四届二次学代会上宣传了试点经验，并再次研讨班级"三自我"问题。与此同时，我们适时地将"职中学生的思想状况及德育内化规律"和"学生'三自我'活动中教'导'的艺术"作为重点，在教师中开展了多次研讨活动，提高了广大教师特别是班主任的理论水平，较好地解决了观念转变问题。这样，班级"三自我"开始逐步实现，班委会一方面接受学生会的直接领导，一方面根据班主任的治班方案，搞好班集体建设；班主任从台前退到了台后，当起了"导演"。

但是这还不够。我们认识到，在"三自我"体系中，学生会是龙头，班级是基础，而每个学生则应该是落脚点，只有这样，才能真正把"三自我"落到实处。1994年12月召开的六届一次学代会将研究以学生立志达标活动为主要形式的学生个体"三自我"作为会议主题。立志达标活动，一有方向性。学生立的志，应与国家、民族、阶级的根本利益一致，与教育方针、教育目标一致，与班集体建设目标一致。二有针对性。不同专业的学生有不同的奋斗目标，每个学生的目标包含其本人的个性和特点。三有层次性。不要求学生在同一起跑线上向同一目标齐步前进，而是遵循实事求是的原则，各自扬长补短，解决主要矛盾。四有多维性。达标内容多种多样，有德育、智育、体育，也有近期、中期、短期。总之，让学生有自由发展的广阔天地，使他们的潜能得以充分发展。为了与此相配合，我们结合本校实际，制订了《学生思想品德考核标准》和考核办法。

到1995年上半年，"三自我"体系框架基本形成。与此同时，我们又积极指导学生会将"三自我"向校外拓展。学生会干部利用星期天等假日去天补机械厂、六匡印机厂等企业一边参加义务劳动,一边探索打破校内、校外空间界限的可能性,此举得到了有关企业的热烈欢迎和大力支持。我校学生会又与海师、海中、卫校、建校、南通航校等校的学生会加强交往,互通信息,交流经验。1992年暑假,我校学生会与海门镇各居委会联系,将该镇学生划分成5个小组,开展假期"三自我"活动。当年寒假,在总结海门镇经验的基础上,我校学生会将全县各乡镇学生组成6个大组下属38个小组,在当地政府的领导、关心、支持下,开展了丰富多彩的活动,使假期生活过得很有意义,受到了社会的好评,并从此形成了我校的假期活动制度。我们又将原本在学期结束时进行的评选学生先进集体和优秀个人的工作推迟到假期结束以后进行,这样,学期和假期的时间界限便被打破了,德育的全程控制得以实现。

第三阶段:完善。

这是一个漫长的实践、探索阶段。现在所做的工作仅是一个开头。

在"三自我"体系形成以后,我们开始逐步调整指导"三自我"的工作重点:一是从以调动积极性为主调整为以提高学生干部素质、增强工作能力为主;二是从以自我管理为主调整为以自我教育为主。

在一段时期中,学生会认为提倡"人人参与"就可以扩大干部队伍,这无疑导致了学生会干部队伍素质的下降;在加强文明评比的过程中,标准和办法层层加码,越搞越烦琐,导致班级和学生会花费了大量不必花费的精力。我们向学生会提出了"以整顿为重点,再创'三自我'佳绩"的任务。组织整顿的原则是精兵简政,一方面控制干部数量,提高干部质量;一方面减轻工作负担,提高工作质量。思想整顿以"为同学服务,做同学表率"为口号,每一个学生会干部都要为树立学生会的良好形象、维护学生会的权威而努力。我们每年都举办一次为期一周的学生会干部培训班。我们提出班主任的工作重点是"抓两头",即抓好干部队伍建设和"差生"转化。学生会制订了《学生干部守则》作为学生干部的行为准则,并加强了每月和每学期的干部评比,经常开展批评和自我批评,对个别不再具备条件的干部进行免职处理。

长期以来,在"三自我"中,自我管理的比重最大,因为它容易搞,见效快,且更符合青年人的心理。而事实上,自我教育必须是第一位的,也是最为重要的。学生会根据学校的部署,认真组织了"中国精神""纪念周恩来百年诞辰""迎澳门回归"等系列读书教育活动中的演讲、歌咏、征文、知识竞赛等活动,并且将读书与假期活动结合起来,边读书边实践,在实践中加深理解,提高认识;积极推广爱国主义歌曲,把不健康歌曲挤出校园;创办了贴近学生生活的《"三自我"周报》和《评议天地》,各班创办了《班级周报》。自我教育活动的蓬勃开展使"三自我"开始向深层次发展。

同时,我们又注意进一步将"三自我"向社会拓展。1997年开始的与东洲街道共建文明社区活动,使我校学生在社会上树立了良好的形象。4名学生已被聘为街道所属的居委会主任助理,正式以在校学生的身份担任了实实在在的社会领导工作。

特　点

我校的"三自我"体系,有以下五个特点:

第一,面向全体学生,着眼全面发展。职中不少学生是应试教育的"牺牲品",升学大战的"失败者"。他们受过挫折,灰心丧气,"三自我"体系绝不因其成绩差而将其一票否决,也绝不因其成绩好而"一俊遮百丑"。它使每个学生都能找到一个为别人服务的岗位,找到一个施展才华的机会。许多学生在自己的岗位上做出了成绩,人们对他们刮目相看,使他们受到尊重,很多学生有生以来第一次有这样愉快的体验,从而开始了向优秀学生转化的历程。

第二,把民主和法制作为"体系"运转的基本保证。历届学代会,都由学生自己当家作主,充分行使民主权利,选举产生学生会领导机构,根据学校的大政方针确定一年内"三自我"的构想,制订学生会的规章制度。学生会干部必须严格按照学代会精神行事,为同学服务,做同学表率,任何个人都没有超越规章制度的权力。这样做,培养了学生干部的好作风,抵制了社会不正之风的影响。

第三,实施了德育的全程控制。无可讳言,教师在德育中起着极其重要的作用,但是教师不可能时时处处与学生在一起生活,所以不可能做到德育的全程控制。我们把学生在校内的所有生活、假期活动小组和其他校外社会活动全部纳入"三自我"体系,再加上努力落实个人"三自我"的各项措施,这样,学生意识到,不管何时何地自己始终都没有脱离组织。事实上,学生的互相检查督促随时随地存在,因而真正实现了德育的全程控制。假期中,各乡镇的活动小组主动与当地政府联系,参加各项社会活动和公益劳动,为民做好事,有效地抑制了违反法纪现象的发生。

第四,以培养学生的社会生活习惯为主要目标。学校的德育目标,包括培养学生的学校生活习惯和社会生活习惯两个方面。就职中而言,仅仅把学生培养成为循规蹈矩的"好学生"是远远不够的,必须把培养学生适应社会主义市场经济的社会生活习惯作为主要目标。"三自我"确定这一目标,对于培养和锻炼广大学生的社会工作和生活能力起到了无可置疑的作用；同时又可彻底消除"被教师利用"的思想障碍，有利于最大限度地调动广大学生参与的积极性。

第五，建立有效的评估机制。这种评估机制，包括学生会工作的评议制、学生干部的考核制、文明评比制和学生操行评定制。评估机制的建立，不仅保证了"体系"在运作过程中能够不断抵制和克服社会不正之风的影响，更重要的是促进了学生干部队伍的建设，促进了全校文明程度的提高，起到了提高学生整体素质的作用。

职 教 三 问
——学习张謇教育思想的思考

张謇的教育思想，有着极其丰富的内容。学习张謇的教育思想，对当今的职业教育进行思考，我觉得可以提出三个问题。

一、究竟什么是职业教育

职业教育的提出，最早大概是1902年的壬寅学制。壬寅学制规定了两个系列的学制，即"小学—中学—大学"的主系列和被称为"实业学堂"的另一个教育系列。那个主系列，让学生一个个台阶爬上去，逐渐淘汰，最后少数人大学毕了业，然后去做官。对此张謇却不以为然，他说："往时鄙观察为言大学与政界相近，必先有大学，乃得有多数政界之人。其意以大学为科举时代举人、进士之阶梯而已。鄙意所谓政界之人者，官也；所谓大学者，养成可以为官之国民，不必尽为官也。"[1]张謇办教育，并没有一定冠以何种名目，而是在创办实业的过程中，轰轰烈烈地办了许多学校，做到了他所说的"以实业辅助教育，以教育改良实业，实业之所至，即教育之所至"[2]。张謇对于教育的兴趣，首先不在大学，而在让学生之所学能够适用于社会，并以此能够谋生。这就是壬寅学制所说的"实业学堂"，也就是我们今天所说的职业教育。

但是，在很长时期内，我们并不知道职业教育，而事实上大量的普通中专应该便是职业教育。我们现在所说的职业教育，大致是20世纪80年代开始出现的。首先是出现了区别于普通中学和普通中专的职业高中；后来为了吸引人，又在职业高中大办地位略高于职业高中的职业中专班，并且其比例很快大大地超过了职业高中班；再进一步，是在职业高中内办普通中专班，号称享受普通中专生待遇，其地位又高于职业中专。这是很耐人寻味的现象，说明当时普通中专还不在职业教育的范围。世纪之交，随着高等学校规模的超常发展，一部分普通中专开始"掉价"，逐渐等同于职业高中或职业中专，正式进入职教行列；而大部分普通中专则升格为高等职业技术学院，虽然也进入职教行列，却又被列为普通高校，毕业生拿的是普通高等学校毕业证书。这又是一个耐人寻味的现象，至少说明职业教育的身价不高。

职业教育与所谓普通教育，一般是从学科体系、培养人才的规格等方面来加以区别的。职业教育是近代大工业生产发展的产物。18世纪英国产业革命时期，产业革命的发展推动了初等教育的普及，而为了生产发展的需要，则必须改变过去师傅带徒弟的教育方式，以大量培养工业革命所需要的技术工人和熟练工人，于是职业教育逐步被人们所重视。今天，我国的现实是，社会上大量需要的不是能够从事理论研究的人才，而是具有职业技能的人才。这是显而易见、人所共知的。然而，我们的教育并没有适应这一形势，而是本一、本二不够，还得搞个本三，似乎需要大量培养的正是理论研究人才。其实，无论是教育者还是受教育者，他们对此从未有过奢望。但是，人们宁愿一方面脱离现实去大力发展或者接受普通教育，一方面又十分苦恼地面对毕业生无法就业的严峻局面。这就促使我们不能不认真地思考一下：针对我国的现实状况，有没有必要将职业教育与所谓普通教育区分得如此泾渭分明？能不能将两者的界限模糊起来呢？

我以为是可以的，甚至在当前是必要的。按照教育理论家杨贤江的说法，"教育的发生就植根于当时当地的人民实际生活的需要，它是帮助人营社会生活的一种手段"，"所以教育的定义应是社会所需要的劳动领域之一，是给与社会的劳动力以一种特殊的资格的"[3]。即是说，受教育是为了具有某种特殊的资格来参与社会生活，第一自然是在社会谋生，第二也就是为社会服务，"营社会生活"。这不就是职业教育吗？我想，从这个意义上说，所有的教育，都是可以算作职业教育的。除了职业教育，其他教育算是什么教育？壬寅学制所说的大学，无非文、法、理、工、农、医六科，也是给予学生一种"特殊的资格"以"营社会生活"而已。谁能回答：现在的普通高等教育（包括本一、本二、本三）究竟是干什么的呢？

现在我们讲到张謇所说的"学必期于用，用必适于地"，几乎无不奉为张謇职教思想最精辟的言论。其实，这是张謇当时在《通州张氏家塾经史国文补习科答问序》中说的话，与之前后连贯的是"夫塾义主专，而校义主溥，诚不可并为一。顾学必期于用，用必适于地"[4]。"通州张氏家塾经史国文补习科"恐怕未必就是我们所说的职业教育，而张謇在这里议的又是"塾"和"校"，泛指所有教育。即是说，无论何种学校，也无论教学的内容是"专"还是"溥"，都应该是学以致用。我们并不能认为只有职业教育学校是教学生"用"，而所谓普通教育学校则不必教学生"用"。我以为张謇的话，反倒可以作为所有教育都是职业教育的佐证。

张謇在《请设工科大学公呈》中描述的工科大学，是为了"苟欲兴工，必先兴学"，以培养"工学生徒"，"各省热心从事工业之处，得有相助为理之人"，"其于国计民生，关系实重且要"[5]似亦可以归入职业教育一类。然而它是当时的"大学"之一科，当然与当今的普通高校相类。可见张謇只注重于科目或曰专业门类，而并不拘泥于是普教还是职教。又如，

1907年创办的通州师范学校附属农科，最早是张謇于1902年规划的通海垦牧农学堂，它是近代中国最早的农业职业教育专科之一，后来它衍生出南通农业学校和南通学院农科，再后来更成为苏北农学院、江苏农学院和扬州大学的重要组成部分。在这里，谁能将职业教育和普通教育区分开来？

现在将普通教育和职业教育分出了层次，实际上有了"贵贱"之分。而社会上许多单位在招录新员时盲目提高学历门槛的做法，对造成这种"贵贱"之分起了推波助澜的作用。我以为，当今的问题在于整个社会对于职业教育的歧视。这与张謇的教育思想有着很大的差距。

二、如何评价当今的职业教育

现在一般意义上的职业教育，已经具备了相当的规模。特别是中等职业教育，在整个高中阶段教育中，已经占了半壁江山。随着大多数普通中专升格为高职，高等职业教育也在整个高等教育中占了很大比例。我们也确实看到了不少办得相当出色的中等和高等职业学校。但是，由于整个社会对于职业教育的歧视，我以为当今职业教育还不算成功。

据我所知，中等职业学校中有很大比例改为了"综合高中"。所谓"综合高中"，进可以和普通高中一样参加高考，退可以以职教毕业生的身份直接就业。而前者，对家长和学生便具有了一定的吸引力。值得注意的是，学校办"综合高中"的立足点已不在职教，而在于高考。尽管竞争力有限，却同样用普通高中的方式，拼死拼活地鼓励学生去挤高考独木桥。在家长和学生看来，相较于普通高中，选择综合高中毕竟既省力而又现实。

报考职业学校，对于几乎所有家长和学生来说，是不得已而求其次，决不像20世纪90年代末以前，在中专和普通高中的选择上，还是颇费踌躇的事。家长之所以把孩子送到职业学校，是因为孩子上不了普通高中，而又起码得让孩子有个相当于高中毕业的资格；而且对于忙于生计的家长来说，孩子有个学上，自己毕竟可以省心。至于从职业学校毕业以后，是否一定要从事所选定和学习的专业，相当多的家长和学生是茫然的；事实上，毕业后真正从事所选定和学习专业的学生，在所有毕业生中所占比例非常有限。这就是说，在很大程度上，职业教育出现了严重的浪费。

从国家来说，当今对于职业教育的渴望不亚于甚至超过了张謇的时代。张謇当时面临帝国主义经济侵略的空前严峻形势，发现"环球大通，皆以经营国民生计为强国之本"[6]，因而开始实业救国；而兴办实业，亟须知识，亟须技术，亟须各种各样的专业人才，于是迫切地需要兴办区别于传统教育的新式学校，其中大多便是我们今天所说的职业教育。而今天，中国在经济全球化和世界制造业梯度转移的情况下，有机会成为一个高水平的制造业中心,并且逐步发展成为研发中心,这就急需通过职业教育培养出大量的高水平技能型人才。所以国家采取了许多政策和措施以图解决这个问题。温家宝总理早在2005年11月7日就在全国职业教育工作会议上强调说:"加快职业教育发展,是全面建设小康社会、加快推进现代化事业的重大而紧迫的任务","抓职业教育,就是抓就业、抓产业素质、抓投资环境、抓发展后劲和竞争力"。但事实上,各个方面都缺乏当年张謇大力兴办职业教育的眼光。于是,绝大多数本科毕业生不得不"屈尊"去从事高职毕业生的工作,但是却又缺乏应有的技能;大量的农民工当然与先进的生产设备和技能要求之间发生了很大矛盾,因而很难适应现代企业的工作。这样,我国的国际竞争力就受到较大影响。

三、对职业教育歧视的根源是什么

诚如前述,当今职业教育不算成功,是由于整个社会对于职业教育的歧视。而产生这种歧视的根源是什么呢?

我以为根源在于至今无法摆脱的中国传统教育观念的影响。在中国教育的起源时期,本无所谓职业教育与普通教育,教育只是一种传授知识的工具,所有的教育其实都是教人谋生,教人在一个群体中起到他所能起的一定作用。因此,我们甚至可以说,那时的教育其实都是职业教育。后来孔夫子提出"学而优则仕",形成了教育的目的是培养统治人才的中国传统教育理念。这反映了封建制兴起时的社会需要,成为当时知识分子积极学习的巨大推动力量,也与"任人唯贤"的路线配合一致。这个传统教育也因此得以延续了几千年,在人们的观念中可谓根深蒂固。直到晚清的时候,先进知识分子和一些开明的官僚终于认识到了传统教育的弊病,中国的职业教育正是在那个时候被呼唤出来。张謇说:"教育期人人知行艺,知邦法。"[7]张謇的朋友、时任张之洞幕僚的海门周家禄说的"今之民五:士、农、工、商、兵。人知士当学矣,抑知农、工、商、兵莫不当学乎"和提倡"重艺学"[8],恐怕不单是他一个人的想法,应该包括了他的幕主张之洞的思想。但是,无论是壬寅学制还是其后的癸卯学制,都没有摆脱传统教育思想的束缚。

张謇反对教育只是培养官的。他认为,教育"与其得无意识之官,不如得有意识之民"[9]。他勉励学生"当思世界虽大,我是其中一份子。只须努力于学业,将来无论为士为农为工为商,皆为健全之国民"[10]。显然,他并不以做官作为吸引学生的诱饵。张謇甚至直截了当地说:"国何为而须教育?教育者,期人民知有国而已。"[11]"有国"即是负起对国家的责任,而不是当官,不是为个人着想,打个人的小算盘。张謇对于学生"毕业后,总期无负其学，有所贡献社会"[12]。这才是张謇兴办教育的根本目的。所以，张謇自己即使攀登上了科举的最高峰，也仍然不肯当官。张謇真正意识到了职业教育对于国家至关重要的意义，他在考察了各国情况后得出的结论是"未有不致力于工而能国者也"，而"苟欲兴工，必先兴学"，这样才"不至如今日实业之擿埴冥行，瞎骑盲进"[13]。张謇本着这样的思想去办职业教育，大获成功，自然是情理中事。

与张謇相比，我们当代的一些做法令人汗颜。比如，当时不属于职业教育范围的普通中专与职业中专、职业高中的区别，只在于一张由省人事部门签发的派遣证。有了派遣证，就有了干部身份。干部者，犹官也。没有派遣证，就是铁定的劳力者。"劳心者治人，劳力者治于人"。直到世纪之交，甚至更迟一点，仍然有所谓派遣证。尽管事实上毕业生已经自谋职业，但人事部门还在搞所谓人事代理。这种情况，就像张謇当年所说的，"科举未停以前，欲士人之移向科学，则以科举所重名目诱之。科举既停，专重科学，若仍旧称，则在人心理上，为科举留一永远纪念，恐将并科举时不高尚之思想亦留之，此则足为科举之障害"[14]。在人们眼里，只要能够取得放在人事局的"关系"，无论实际上是否有意义，也总还被国家承认为干部，而"关系"在劳动局，则只能是工人了。所以，对于职业教育的歧视，并不只是普通百姓才有，中国传统教育影响之深之广，是可以想见的。

时至今日，国家行政机构改革后，将人事部门和劳动部门合并，把人事部门所管的干部和劳动部门所管的工人统称为"人力资源"，即将人们心目中的"劳心者"和"劳力者"糅合起来而为一体，这是既现实而又有深远意义的举措。那么，我们为什么不能打破所谓的普通教育和职业教育的界限呢？也许只有这样，我们才能走出当今无论教师、学生还是家长都叫苦不迭的中小学教育的怪圈，切实开启素质教育的良好局面。

参考文献：

[1] 张謇：《策划南洋大学致端江督函》，《张謇全集》卷四，江苏古籍出版社1994年，第68页。

[2] 张謇：《暑期讲习会演说》，《张謇全集》卷四，江苏古籍出版社1994年，第214页。

[3] 杨贤江：《杨贤江教育文集》，教育科学出版社1982年，第413—414页。

[4] 张謇：《通州张氏家塾经史国文补习科答问序》，《张謇全集》卷四，江苏古籍出版社1994年，第99页。

[5] 张謇：《请设工科大学公呈》，《张謇全集》卷四，江苏古籍出版社1994年，第52—53页。

[6]张謇:《江苏教育总会咨呈江督苏抚宁苏提学司请开办实业教员讲习所文》,《张謇全集》卷四,江苏古籍出版社1994年,第90页。

[7]张謇:《南通教育年鉴序》,《张謇全集》卷四,江苏古籍出版社1994年,第219页。

[8]周家禄:《答问学校》《答问艺学》,《寿恺堂集》卷二十四,1922年刊本,第11页、第15—16页。

[9]张謇:《策划南洋大学致端江督函》,《张謇全集》卷四,江苏古籍出版社1994年,第68页。

[10]张謇:《为沪案召集学生演说》,《张謇全集》卷四,江苏古籍出版社1994年,第218—219页。

[11]张謇:《初等教育必须改良之缘起》,《张謇全集》卷四,江苏古籍出版社1994年,第83页。

[12]张謇:《北京商业学校演说》,《张謇全集》卷四,江苏古籍出版社1994年,第114页。

[13]张謇:《请设工科大学公呈》,《张謇全集》卷四,江苏古籍出版社1994年,第52—53页。

[14]张謇:《答教育总会问学部考试奖励名目议》,《张謇全集》卷四,江苏古籍出版社1994年,第93页。

后 记

潜心成学问，寿世有文章。在高广丰老师谢世周年之际，告慰先生于泉下最好的方式，莫过于其生前文稿得以结集出版。

先生在世时，多年前已自为手订若干，厘作《两不厌斋文稿》初编。本次整理，进行了增补与分卷。先生是个笔耕不辍的学人，其文稿数量大，体裁多。鉴于先生生前对于研究会的建设，最重"以学术为本位"，并全力提倡、亲身示范，本次文稿编选，即以"窥其学问"为宗旨。大量写给亲友故旧的私密文字、在职时撰写的教育教学论文，独抒性灵的杂文、散文、诗歌以及纪事怀人等文字，除有特别意义的数篇不忍割舍外，大多并未辑入。全书以学术类文章为主，大体分为"张謇研究""地方史研究""序跋杂稿"三部分。因先生晚年全身心致力于张謇研究，取得突出成就，担任海门市张謇研究会领导职务后，对学术团体建设进行了一系列艰辛探索，因此"张謇研究"部分文章最多，又析为"经世篇""人物篇""学会篇"。我们努力以学术眼光对先生所遗文稿进行系统整理，力求呈现先生的为人与治学旨趣，以示对先生学术精神的传承，并借此表达对先生的深切怀念。

正如先生所自述，他是在退休之后才开始从事张謇研究的，文稿中收录的张謇研究文章，最早的约写于21世纪初，至其去年9月遽归道山，前后不过10余年，但因先生文史功力深厚，治学勤勉刻苦，故肆力于张謇研究后，每能钩深致远、张皇幽眇，言人所未言，在短时间内取得令人瞩目的成就。先生在前人很少涉及或者并未关注的张謇与王宾、周家禄、薛时雨、张之洞、沙元炳、沈云沛、许鼎霖、王清穆、江导岷、刘桂馨、沈敬夫、高清、张衡等人的关系方面做了深入研究，对张謇与沈绣、张謇海军建设思想、张謇家风家诫、张謇基本史料细读等方面进行的探讨，提出的观点，受到了学界重视。

先生于学会建设，在惨淡经营中最可见其一片苦心。自2009年担任海门市张謇研究会副秘书长，其后任副会长兼秘书长、常务副会长，尤其是2014年担任会长以来，先生鲜明地提出"以学术为本位"的立会思想，坚持张謇研究与张謇宣传并重，2016年7月又发起成立海门市历史学会，大力推进研究队伍的专业化与年轻化。先生多次说过:"我担任第四届会长最大、最迫切的课题就是研究如何'下台',如何找到一批比较年轻的、能够发展我们事业的人。"在这方面,先生呕心沥血,不遗余力。他在《海门市张謇研究会第四届理事会工作报告》中说:"有些人可能认为,当会长是荣耀,是享受。其实不是,在那个特定的时候,特定的历史环境中,历史偶然地选择了你,这是一种历史的责任,你得受苦,你可能得被人误会,但你得动脑筋、花力气去完成这一历史使命。"为此,先生组织了3次青年学者座谈会,邀请著名学者来海讲学,与重点青年研究人员逐一谈心,鼓励他们根据实际情况开展学术研究。在先生的大力倡导和亲身示范下,研究会不断锤炼"认真读书,深入研究,谨慎为文"的优良学风,深入践行"以张謇精神研究张謇",使研究队伍的学术素养迅速得到提升,影响力持续增强,被誉为张謇故里的一支张謇研究"劲旅"。

除张謇研究外,先生时亦注意于地方史研究,对海门历史上的城市变迁、经济社会发展历程、思想文化建设、著名人物、重大事件等,都能独抒己见、匡正舛讹;多篇关于海门教育史的研究文章,则体现了一个老教师的情怀。先生以其深厚学养和高洁品格,乐与学界同仁交流,尤其对提携后进不遗余力,因此"序跋杂稿"部分收入了他给学界友朋及年轻研究者撰写的部分序跋文字。同时,先生依仁游艺,对古典诗词深有研究,且终生不改书生意气,对社会现实、世道人心多所关注,时有议论,本书也略选几篇,以示先生性情。享誉学界的著名文学史家严迪昌教授是先生高中时的班主任和语文老师,他们数十年间保持密切交往,情逾师生。先生在《幸福而又自豪的回忆》一文中说:"回想起来,此生受业之师多矣,然而真正影响我一生的,则唯严迪昌先生而已。"因此,本书也收录数篇记述与严教授交往的回忆文章,以示先生学问气质渊源有自。

先生将学术研究视为生命,但在职期间长期致力于教育教学和学校管理工作,没有太多条件从事学术研究。退休后,先生在张謇研究方面找到了充分发挥自己专长和兴趣的领域,正如先生所言:"投身张謇研究以来,我虔诚于张謇研究事业。一个人虔诚于自己钟爱的事业,他便属于事业,而不属于个人。"先生是真正将张謇研究作为"最后的事业"而全身心投入的。对于研究会的最主要学术阵地《张謇研究》,先生担任主编以来,恪守学术标准,不管作者身份如何,亦不论其文章其他方面作何评价,始终坚持以研究水平为唯一衡量标准。每期杂志先生必逐字逐句审阅,修改稿上朱墨累累。他主编的最后一期杂志(2019年第2期),是在病重期间,以极度虚弱的身体,躺在病榻上坚持审阅完成的。

此书的编辑出版,在先生过世后,由张裕伟提议,得到了先生的亲人、朋友、学生的大力支持。经过认真准备，今年年初正式启动编辑整理工作。研究会徐晓石、黄彩萍、陈松林、吴开宇、朱凌佳、施愉等，前期对文稿进行了初校，为此付出了辛劳。全书篇目筛选及整体架构由张裕伟、徐俊杰共同商定，二人并就文稿内容进行了多轮通校，最后由张裕伟审阅定稿。

  作为学生，我们深受先生训迪教诲、培育提撕之恩。本书的编辑整理，我们虽已勉力从事，但由于水平所限，编选时间又较为紧迫，编次恐有不当之处，甚或将先生重要文稿遗漏，不足之处均由我们整理者负责。

  还需说明的是，书中所收文章体例未尽一致，内容总体上以类相从，兼及文稿形成时间，个别文章进行了删减和技术处理。部分文章注释因写作时间原因，引用《张謇全集》版本不尽一致，为尽量保存文章原貌，本书未做统一。两篇与人合作的文章，已随文予以标示。

  至于先生斋名由来，似已难确知。我们更愿理解为在与夫人徐美红师母"相看两不厌"之外，还有"微斯人，吾谁与归"，寻求赏心知音、研究同道的意味，深愿此书能够成为先生嘤鸣求友、找到"相看两不厌"同仁的媒介，那么先生于泉下，亦当感到快慰。

  苏州大学出版社薛华强先生担任本书责任编辑，为出版事宜尽心尽力。本书封面书名用字由徐俊杰集自张謇先生传世楹联墨迹，封底篆刻为先生学界挚友南通赵鹏老师所制。本书的出版得到了先生当年学生徐翔、陆海勇的资助。凡此均表衷心感谢！

海门市张謇研究会、海门市历史学会
2020 年 8 月